Albert Christian Sellner
Immerwährender Heiligenkalender

DIE ANDERE BIBLIOTHEK
Herausgegeben
von Hans Magnus Enzensberger

Albert Christian Sellner

IMMER-
WÄHRENDER-
HEILIGEN-
KALENDER

Eichborn Verlag
Frankfurt am Main 1993

Inhalt

Vorbemerkung 9

Immerwährender Heiligenkalender 13

Januar

1. Fulgentius 13 / 2. Odilo 14 / 3. Gordius 15 / 4. Angela von Foligno 15 / 5. Paulus von Theben 17 / 6. Nilammon 18 / 7. Raimund von Peñafort 18 / 8. Severin 19 / 9. Julian und Basilissa 21 / 10. Wilhelm von Bourges 22 / 11. Theodosius 23 / 12. Arcadius 25 / Tatiana 26 / 13. Hilarius von Poitiers 26 / 14. Felix von Nola 27 / Felix in Pincis 28 / 15. Francisco Fernández de Capillas 29 / 16. Honoratus von Arles 29 / 17. Antonius von Ägypten 30 / 18. Margareta von Ungarn 32 / 19. Launomar 33 / Wolstan 34 / 20. Sebastian 34 / 21. Agnes 36 / 22. Vinzenz von Saragossa 38 / 23. Salamanes 39 / 24. Babylas 40 / 25. Praejectus 40 / Dwynwen 41 / 26. Paula 42 / 27. Angela Merici 43 / 28. Karl der Große 44 / 29. Franz von Sales 45 / 30. Andreas Corsini 48 / 31. Marcella 49.

Februar

1. Brigida von Kildare 50 / 2. Laurentius von Canterbury 51 / 3. Blasius 52 / 4. Gilbert von Sempringham 54 / 5. Agatha 55 / 6. Dorothea 57 / 7. Romuald 59 / 8. Hieronymus Aemiliani 61 / 9. Apollonia 63 / 10. Scholastika 63 / 11. Benedikt von Aniane 65 / 12. Eulalia von Barcelona 66 / 13. Martinian 67 / 14. Valentin von Rom 68 / Valentin von Terni 69 / 15. Sigfrid 70 / 16. Ludanus 71 / 17. Fintan von Clonenagh 71 / 18. Constantia 72 / 19. Konrad von Piacenza 72 / 20. Sadoth 73 / 21. Leodegar von Lechsgemünd 74 / 22. Petrus Damiani 74 / 23. Milburga 76 / 24. Mathias 77 / 25. Margareta von Cortona 78 / 26. Edigna 78 / 27. Baldomer 79 / 28. Romanus von Condat 80.

März

1. Suitbert 82 / 2. Ceadda 82 / 3. Kunigunde 83 / 4. Kasimir 85 / 5. Gerasimus 86 / 6. Perpetua und Felicitas 86 / 7. Thomas von Aquin 88 / 8. Johannes von Gott 89 / 9. Franziska von Rom 91 / 10. Vierzig Märtyrer von Sebaste 92 / 11. Heinrich Seuse 94 / 12. Gregor der Große 96 / Fina 97 / 13. Euphrasia 98 / 14. Mathilde 99 / 15.

Longinus 100 / 16. Jean de Brébeuf und Gabriel Lallemand 101 / 17. Patrick 102 / 18. Narcissus von Gerona 104 / 19. Joseph 104 / 20. Cuthbert 106 / 21. Niklas von Flüe 108 / 22. Basilius von Ancyra 110 / 23. Joseph Oriol 110 / 24. Erzengel Gabriel 111 / 25. Dula 112 / 26. Kastulus 113 / 27. Rupert 114 / 28. Guntram 115 / 29. Cyrill von Baalbek 116 / 30. Amadeus 117 / 31. Benjamin von Persien 117.

April

1. Procopius 119 / 2. Franz von Paula 120 / 3. Maria von Ägypten 120 / 4. Isidor von Sevilla 121 / 5. Irene, Agape und Chionia 122 / 6. Notker 123 / 7. Hermann Joseph 125 / 8. Redemptus 127 / 9. Waltraud 127 / 10. Paternus 128 / 11. Stanislaus 128 / 12. Alferius 130 / 13. Ida von Boulogne 130 / 14. Lidwina von Schiedam 131 / 15. Clemens Maria Hofbauer 133 / 16. Benedikt-Josef Labre 134 / 17. Agapitus I., Papst 135 / 18. Herkula 135 / 19. Elphegus 136 / 20. Hildegundis von Schönau 137 / 21. Konrad von Parzham 138 / 22. Opportuna 139 / 23. Georg 139 / 24. Alexander von Lyon 141 / 25. Markus 141 / 26. Wilhelm und Peregrinus von Antiochia 142 / 27. Zita 142 / 28. Vitalis und Valeria 143 / 29. Hugo von Cluny 144 / 30. Katharina von Siena 145.

Mai

1. Walburga 147 / 2. Athanasius 148 / 3. Eberward 149 / 4. Florian 150 / 5. Tarbo 152 / 6. Edbert 154 / 7. Flavia Domitilla, Nereus und Achilleus 155 / 8. Friedrich von Hirsau 156 / 9. Beatus 156 / Volkmar 159 / 10. Comgall 159 / 11. Gangolf 161 / 12. Pankratius 162 / 13. Servatius 163 / 14. Bonifatius von Tarsus 164 / Pachomius 165 / 15. Dympna und Gerbert 165 / Sophia und Quirilla 167 / 16. Johannes Nepomuk 167 / 17. Paschalis 169 / 18. Dioscoros 170 / 19. Dunstan 171 / 20. Bernhardin von Siena 172 / 21. Godric 174 / 22. Julia von Korsika 175 / 23. Desiderius von Vienne 177 / 24. Rogatian und Donatina 178 / 25. Maria Magdalena dei Pazzi 179 / 26. Philipp Neri 180 / 27. Augustinus von Canterbury 182 / 28. Germanus von Paris 184 / 29. Conon 186 / Sisinnius, Martyrius und Alexander 186 / 30. Ferdinand von Kastilien 187 / 31. Petronilla 189.

Juni

1. Simeon von Trier 190 / 2. Blandina 191 / 3. Erasmus 192 / 4. Jakobus der Jüngere 193 / 5. Bonifatius 195 / 6. Norbert von Magdeburg 196 / 7. Tarasius 198 / 8. Kilian 199 / 9. Pelagia von Antiochia 200 / 10. Heinrich von Treviso 201 / 11. Gregor von Nazianz 202 / 12. Onuphrius 203 / 13. Antonius von Padua 204 / 14. Basilius der Große 205 / 15. Vitus, Modestus und Crescentia 206 / 16. Cyprian von Karthago 208 / 17. Theodot von Ankyra, Thekusa und Gefährtinnen 208 / 18. Marina 210 / 19. Gervasius und Protasius 210 / 20. Berthold und Menrich 211 / 21. Aloysius von Gonzaga 213 / 22. Achatius 215 / 23. Audrey 215 / 24. Johannes der Täufer 216 / 25. Febronia 218 / 26. Salvius und Superius 218 / 27. Anektus 219 / 28. Potamiäna und Basilides 220 / 29. Petrus 220 / 30. Paulus 222.

Juli

1. Theobald von Provins 224 / 2. Otto von Bamberg 225 / 3. Heliodorus 226 / 4. Isabella von Portugal 227 / 5. Zoa 228 / 6. Godoleva 228 / 7. Procopius von Cäsarea 229 / 8. Edgar der Friedfertige 230 / 9. Veronica Giuliana 231 / 10. Amalia 232 / 11. Benedikt von Nursia 233 / 12. Johannes Gualbertus 234 / 13. Mildreda 235 / 14. Camillus von Lellis 236 / 15. Rosalia von Palermo 237 / 16. Reineldis 238 / 17. Alexius 238 / 18. Symphorosa mit ihren sieben Söhnen 239 / 19. Makrina die Jüngere 240 / 20. Margareta von Antiochia 241 / 21. Goar 242 / 22. Maria Magdalena 243 / 23. Birgitta von Schweden 245 / 24. Christina, Märtyrerin 247 / 25. Jakobus der Ältere 249 / 26. Anna 250 / 27. Pantaleon, Hermolaos, Hermippus und Hermokrates 252 / 28. Botwin 253 / 29. Martha 253 / 30. Julitta 255 / 31. Ignatius von Loyola 255.

August

1. Friardus 256 / 2. Siebenschläfer von Ephesus 257 / 3. Christophorus 258 / 4. Justus 260 / 5. Afra 261 / 6. Eigil 262 / 7. Nantovin 263 / 8. Cyriacus 264 / 9. Oswald 265 / 10. Laurentius 267 / 11. Equitius 268 / 12. Clara von Assisi 269 / 13. Radegunde 270 / 14. Athanasia 272 / 15. Mechthild von Magdeburg 273 / 16. Rochus 274 / 17. Clara vom Kreuze 275 / 18. Agapitus, Märtyrer 276 / 19. Sebald 277 / 20. Bernhard von Clairvaux 278 / 21. Johanna Franziska von Chantal 280 / 22. Symphorian 282 / 23. Sidonius Apollinaris 283 / 24. Bartholomäus 284 / 25. Ebba die Ältere 285 / 26. Irenäus und Abundius 286 / 27. Monika 287 / 28. Augustinus 288 / 29. Sabina und Serapia 289 / 30. Rosa von Lima 289 / 31. Aidan 291.

September

1. Ägidius 293 / 2. Symeon Stylites der Ältere 294 / 3. Symeon Stylites der Jüngere 295 / 4. Rosa von Viterbo 296 / 5. Laurentius Giustiniani 297 / 6. Magnus 298 / 7. Regina 299 / 8. Korbinian 300 / 9. Petrus Claver 301 / 10. Pulcheria 303 / 11. Theodora 304 / 12. Mechthild von Hackeborn 305 / 13. Notburga 306 / 14. Johannes Chrysostomus 308 / 15. Prophyrius 312 / 16. Editha von Wilton 312 / 17. Hildegard von Bingen 313 / 18. Joseph von Copertino 315 / 19. Januarius 316 / 20. Eustachius 316 / 21. Matthäus 318 / 22. Mauritius und die Thebäische Legion 319 / 23. Thekla 321 / 24. Hermann der Lahme 322 / 25. Georgia von Clermont 323 / 26. Cyprian von Antiochia und Justina von Nikomedien 324 / 27. Kosmas und Damian 325 / 28. Wenzeslaus 326 / 29. Erzengel Michael 328 / 30. Hieronymus 329.

Oktober

1. Remigius 331 / 2. Ositha 332 / 3. Dionysius von Paris 332 / 4. Ammon 333 / 5. Ebba die Jüngere 334 / 6. Bruno 334 / 7. Gerold 335 / 8. Thais 336/ 9. Gunter 338 / 10. Cerbonius 340 / 11. Guntmar 340 / 12. Eduard der Bekenner 341 / 13. Koloman 343 / 14. Fortunatus 343 / 15. Theresia von Jesus 344 / 16. Gallus 346 / 17. Margareta Maria

Alacoque 348 / 18. Lukas 349 / 19. Fredeswitha 350 / 20. Wendelin 351 / 21. Ursula und die elftausend Jungfrauen 352 / 22. Cordula 353 / 23. Ignatius von Konstantinopel 354 / 24. Armella Nicolas 355 / 25. Crispinus und Crispianus 357 / 26. Amandus 358 / 27. Ivo Helory 359 / 28. Simon der Eiferer und Judas Thaddäus 360 / 29. Abraham und Maria von Kiduna 361 / 30. Dorothea von Montau 363 / 31. Wolfgang 364.

November

1. Adalbert und Ottokar 366 / 2. Willibold 367 / 3. Hubertus 367 / 4. Winifred 369 / 5. Emerich 370 / 6. Leonhard 371 / 7. Herculanus 372 / 8. Willehad 373 / 9. Malachias O'Morgair 374 / 10. Theodistis von Paros 376 / 11. Martin 377 / 12. Johannes der Almosengeber 380 / 13. Maurus 381 / 14. Philippus 382 / 15. Albert der Große 383 / 16. Edmund Rich 385 / 17. Gregor der Wundertäter 386 / 18. Vincentius von Lérins 387 / 19. Elisabeth von Thüringen 388 / 20. Edmund 390 / 21. Columbanus 391 / 22. Cäcilia 392 / 23. Clemens 394 / 24. Portian 395 / 25. Katharina von Alexandria 395 / 26. Genovefa 397 / 27. Virgil 399 / 28. Anna und Stephanus von Chalcedon 400 / 29. Findanus 401 / 30. Andreas 401.

Dezember

1. Eligius 402 / 2. Bibiana 403 / 3. Franz Xaver 404 / 4. Barbara 405 / 5. Sabbas 406 / 6. Nikolaus 407 / 7. Ambrosius 409 / 8. Zeno 410 / 9. Leocadia 410 / 10. Sabinus von Canosa 411 / 11. Sabinus von Piacenza 412 / 12. Franz von Assisi 412 / 13. Lucia 416 / 14. Spiridion 416 / 15. Christina, Sklavin 418 / 16. Adelheid 418 / 17. Honoratus von Fondi 420 / 18. Ignatius von Antiochia 421 / 19. Pelagia von Alexandria 422 / 20. Philogonius 423 / 21. Thomas 423 / 22. Phokas 424 / 23. Servulus 425 / 24. Irmina 426 / 25. Petrus Nolascus 427 / 26. Stephanus 428 / 27. Johannes, Apostel und Evangelist 429 / 28. Unschuldige Kinder 431 / 29. Winthir 432 / 30. Sabinus von Assisi, Exuperantius, Marcellus, Venustianus und Angehörige 433 / 31. Silvester 434.

Wie wird man heilig? Ein Nachwort 437

Register der Heiligen 459

Register der Patronate 467

Vorbemerkung

Eine internationale Wertestudie in Nordamerika und Europa hat Anfang der 80er Jahre nicht nur für traditionell säkulare Länder wie die skandinavischen oder Holland, sondern auch für das erzkatholische Italien ergeben, daß bei den unter 40jährigen nur noch ein Fünftel den (christlichen) Glauben an einen persönlichen Gott teilt, etwas weniger, als der (nichtchristliche) Glaube an eine Wiedergeburt Anhänger hat. In der Bundesrepublik ist dieser Trend noch ein wenig stärker, besonders deutlich zeigt sich dies am Verlust religiöser Riten: 1982 praktizierten nur noch 5–6 Prozent der unter 45jährigen ein Tischgebet (1965: 24–27 Prozent). Regelmäßige Bibellektüre ist zu einer reinen Minderheitenbeschäftigung geworden.

Wenn aber die Tradition schwindet, dann verlieren auch die alten Frontstellungen zwischen Aufklärung und Religion ihren Sinn. Noch mehr als die Kirchen leiden die Freidenkervereine an Auszehrung. Von zahnlosen Institutionen fühlt sich kaum mehr einer bedroht, ideologisch gefestigter und kämpferischer Antiklerikalismus wird zur nostalgischen Attitüde. Womit der Blick frei wäre auf einen kulturellen Code, der es an ethnologischer Komplexität allemal aufnehmen kann mit dem »Wilden Denken« der Stammesgesellschaften, an imaginativem Reichtum mit den Götterwelten polytheistischer Religionen und an literarischer Erfindungskraft mit den Märchen und Sagen der Völker.

Für katholische und orthodoxe Christen gehörte einst die Heiligenverehrung zu den bestimmenden Elementen der religiösen Kultur, insbesondere des Volksglaubens. Die römische Kirche brachte sie in ein komplexes theologisches, juristisches und liturgisches System, mit dessen

Hilfe das Kirchenjahr strukturiert wurde. Es entstand eine unübersehbare Fülle gemeinschaftsstiftender Rituale: Heiligenfeste gewährten arbeitsfreie Feiertage, heilige Stätten waren das Ziel wallfahrender Volksmassen, Regionen gewannen in einem vielgestaltigen Brauchtum ihren Zusammenhalt. Die fromme Literatur lieferte einen ganzen Kosmos an pädagogischem Erzählstoff, an Geschichten, Anekdoten, Legenden und Sagen. Die bildende Kunst versorgte die fromme Phantasie mit Gemälden und Statuen, Altarplastik und Totenschreinen; die Musik lieferte Lieder und Messen; der Devotionalienhandel wurde zeitweise zu einem der mächtigsten Wirtschaftszweige. Frühe religiöse Entwicklungsstufen lebten in der Heiligenverehrung fort, etwa Magie und Totenkult im Reliquienwesen, Totemismus in Standes-, Berufs- und Namenspatronaten, das Tabu in den Asyl- und Friedensgeboten heiliger Stätten.

Trotz mancher Wiederbelebungsversuche durch Papst Wojtyla ist diese Art religiöser Kultur unwiederbringlich dahin. Blasiussegen und Leonardiritt, Ignatiuswasser und Walpurgisöl überleben zwar noch in manchen Enklaven, aber doch wesentlich als Folklore. Von der Gnadenwirkung heiliger Gebeine sind nur noch wenige überzeugt, obgleich ein gewisses Glaubenspotential anscheinend nie verschwindet, trotz ungebrochenem Säkularisierungstrend. Es sucht sich aber seine Orientierung woanders, etwa in der esoterischen Subkultur, bei Geistheilern, Astrologen oder Okkultisten der unterschiedlichsten Disziplinen.

Die fromme Literatur hat ebenso wie die auf den Zeitgeist reagierende Hierarchie diesen Trend unfreiwillig verstärkt. Seit den 20er Jahren, und verstärkt seit dem Tod Pius XII. (1958) hat die historische Kritik dergestalt Einzug gehalten, daß die märchen- und legendenhaften Elemente der Tradition ausgetrieben wurden, daß mit Kalenderreformen zugunsten eines einheitlichen Todestagsprinzips und der Streichung historisch zweifelhafter Heiliger das klassische System zerrüttet wurde. Zudem führte der soziologisch begründbare Siegeszug der mittelständischen Gesittung unter den Gläubigen zur Tilgung des Anstößigen, Sonderbaren, Skandalösen in der Heiligenliteratur. Das phantastische Material an Obsessionen, Perversionen, paranormalen Geisteszuständen, Mirakeln und Gewaltorgien wurde so lange gesiebt und verdünnt, bis nur noch ein fades Gebräu von Allerweltsmoral übrigblieb.

Das vorliegende Buch soll seine Leserinnen und Leser mit der ungeheuren Produktivität der religiösen Phantasie und Überlieferung bekannt machen. Ich habe das Verfahren der hagiographischen Tradition gewählt, d.h. ich erzähle aus der Überfülle des Materials diejenigen Geschichten nach, die ich für bemerkenswert halte. Im Zweifelsfall habe ich mich an die alten Überlieferungen gehalten, an die Märtyrerakten, die Kirchenväter, Gregor den Großen und Gregor von Tours, Beda Venerabilis, die *Legenda Aurea* des Jacobo de Voragine, die mittelalterlichen und barocken Heiligenviten, an verschiedene Regionalkalender und schließlich an die vielen Heiligenkalender des 18. und 19. Jahrhunderts, meist von Jesuiten oder anderen Ordensleuten verfaßt, die auf dem Monumentalwerk der seit 1643 erscheinenden *Acta Sanctorum* fußen. Dennoch sind die vorliegenden Kalendergeschichten nicht zu verwechseln mit Historie. Sie gehören zum größten Teil in die Abteilung Fiction. Kirchengeschichtliche Fakten wird der Leser im Lexikon nachschlagen müssen.

Von Ausnahmen abgesehen, habe ich mich auf Heilige konzentriert, die vor der Reformation wirkten und gewissermaßen als gemeinchristlich gelten können. Ein Blick in protestantische Versuche zu Heiligenkalendern (etwa Jörg Erbs vierbändige *Wolke der Zeugen* oder Ferdinand Pipers ebenfalls vierbändige *Zeugen der Wahrheit*) bestätigt dies. Verzichtet habe ich auf die Schar der angeblich von Juden ritualgemordeten heiligen Knaben, die Anderl, Simon, Werner, Richard, Rudolf, Hugo usw., deren Stories sich zwar durch eine bemerkenswert blutrünstige Phantasie auszeichnen, aber doch eher in Karl Deschners *Kriminalgeschichte des Christentums* denn in einen *Immerwährenden Heiligenkalender* gehören. Aus anderen Gründen fehlt die allerseligste Jungfrau Maria in diesem Buch; ihre Auftritte würden den vom Verlag zugestandenen Umfang bei weitem überdehnen. Formell gehören auch die Patriarchen des Alten Testaments zu den Heiligen, und sie spielen für die christliche Ikonographie eine bedeutende Rolle, aber die Geschichten der Heiligenliteratur erzählen über sie nirgendwo mehr als die Bibel selbst.

Bei der kalendarischen Zuordnung habe ich mich an die Tradition gehalten und die modernistische Reform nach dem 2. Vatikanum nicht nachvollzogen, d.h. verbindlich waren das *Römische Martyrologium* (von 1914), für Regionalheilige und Zusatzfeste Stadlers *Vollständiges Heiligenlexikon* (1858–1882), Franz Doyés *Heilige und Selige der röm.-kath Kirche* (1929), Thrasolts *Martyrologium Germaniens* (1939) und Torsys *Lexikon der deutschen Heiligen* (1959), D'Arcys *Saints of Ireland* (1974), das *Oxford Dictionary of Saints* (1978), Baudot-Chaussins *Vies des Saints* (1935–1959) sowie das *Herder Lexikon der christlichen Ikonographie* (1973).

Im kleingedruckten Nachsatz am Ende der Geschichten steht »A« für Attribute, also für jene Kennzeichen, an denen die Heiligen in der bildlichen Darstellung erkannt werden können; »P« bezeichnet die Patronate; »F« die anderen Festtage, an denen die betreffenden Heiligen ebenfalls verehrt werden. Auf die Unterscheidung »heilig« (hl.) und »selig« (sel.) geht das Nachwort ausführlich ein.

Immerwährender Heiligenkalender

1. Januar

HL. FULGENTIUS

Bischof von Ruspe, Kirchenvater, 467–532

Fulgentius, aus reichem Hause stammend, hatte schon als junger Mann die Stelle eines römischen Obersteuereinnehmers in Nordafrika erhalten. Die Ermahnungen seiner Vorgesetzten zu immer mehr Härte ließen ihn jedoch bald seines Amtes überdrüssig werden. Bei Besuchen in Klöstern lernte er, daß mit dem Verzicht auf die Freuden auch der Ekel an der Welt schwindet. Er bat deshalb den Abt Faustus von Byzacene um Aufnahme in dessen Kloster.

Die Nachricht von diesem Ereignis verbreitete sich in der ganzen Provinz mit Windeseile. Völlig außer sich geriet die Mutter, der er das liebste Kind gewesen war. Sie eilte zum Abt und überhäufte ihn mit Schmähungen. Faustus hörte sie gleichmütig an, aber zu ihrem Sohn ließ er sie nicht. Da lief sie Stunde um Stunde vor den Klostermauern auf und ab und schluchzte ohne Unterlaß, als ob er gestorben wäre. Das Weinen seiner Mutter rührte Fulgentius zutiefst. Aber mit frommer Herzenshärte überwand er diese erste schwere Anfechtung. Und der Abt sprach zu den übrigen Mönchen: »Leicht wird dieser junge Mann jede Last ertragen können, die wir ihm auferlegen, da er sich bereits über den Schmerz der Mutter hinwegsetzen kann.«

Fulgentius fastete nun hart und kasteite sich zur Abtötung aller Leidenschaften.

Die arianischen Häretiker, die unter dem Vandalenkönig Hunerich Nordafrika beherrschten, verfolgten damals die Rechtgläubigen. Auch Fulgentius und sein Freund Felix wurden gefangengenommen. Dessen flehentliche Bitten für seinen schwächlichen Mitbruder ersparten Fulgentius die Marter. Felix aber wurde öffentlich aufs schwerste ausgepeitscht. Man schor ihnen Bart- und Haupthaare ab und trieb sie ohne Kleider, nackt und mittellos, vor die Stadt.

Fulgentius wurde 508 zum Bischof von Ruspe geweiht. Seine Schriften gegen die verschiedenen Irrlehren der Zeit machten ihn zu einem berühmten Kirchenlehrer. Am meisten zitiert wird stets sein »unerschütterlicher Glaubenssatz«: »Nicht nur alle Heiden, sondern auch alle Juden, alle Häretiker und Schismatiker, die außerhalb der katholischen Kirche ihr Leben beschließen, werden in das ewige Feuer eingehen.«

A: in einer Höhle betend; mit seinen Schriften in der Hand.

2. Januar

HL. ODILO

Abt von Cluny, 961–1048

Als Kind wurde Odilo vor einem Marienbild plötzlich von einer Lähmung geheilt und beschloß, sein Leben der Gottesmutter zu weihen. Mit 29 Jahren kam er nach Cluny, und wegen seiner Frömmigkeit und Tugendhaftigkeit erwählte ihn der hl. Abt Majolus als Gehilfe. Nach dessen Tod übertrug man ihm die Leitung der berühmten Abtei.

Eines Tages kam ein Mönch von einer Pilgerfahrt aus dem Heiligen Land zurück. Er berichtete, daß er auf dem Rückweg am Berge Ätna einem Einsiedler begegnet sei. Dieser habe ihm erzählt, in dem Vulkan würden viele Seelen gemartert, man könne ihr Jammern und Seufzen hören. Er habe ihn zum Rand des Kraters geführt, und wirklich seien aus der Tiefe schauderhafte Laute der Klage und der Qual nach oben gedrungen.

Odilo ordnete daraufhin regelmäßige Gebete und Messen für die Verstorbenen an. Später begründete er in seinem Kloster die Einrichtung, am ersten Tage nach dem Fest Allerheiligen das Andenken der Verstorbenen mit Messen und durch Übung guter Werke zu feiern. So entstand der Feiertag Allerseelen.

A: mit Krummstab, neben sich das Fegefeuer, aus dem Engel arme Seelen in den Himmel führen; auch Mönche unterrichtend.

P: von Cluny, Souvigny; gegen Gelbsucht, Glasbruch (weil er zersprungenes kostbares Glas wieder heil machte); der armen Seelen im Fegefeuer.

3. Januar

HL. GORDIUS

Märtyrer, † 303

In der Verfolgung unter Kaiser Diokletian gab der christliche Hauptmann Gordius seinen Dienst auf und floh in eine wüste Einöde. Doch je länger er hier in Andacht und Askese ausharrte, desto mehr wuchs in ihm der Drang, für Jesus sein Blut zu vergießen. An den Festspielen zu Ehren des Mars kehrte er nach Cäsarea zurück, suchte sich im Amphitheater eine gut sichtbare Stelle, und kurz vor dem Beginn der Wagenrennen erhob er sich und bekannte sich als Christ. »Ein Mann von verwahrlostem Aussehen«, beschreibt ihn der hl. Basilius, »schmutzig und zerwühlt die Haare, wild wuchernd der Bart, zerrissen sein Gewand, dürr und hager der ganze Leib.« Doch ging eine Würde von ihm aus, die seine Glaubensgefährten freudig stimmte. Der Präfekt ließ ihn vor sich treten und versuchte ihn mit allen Mitteln der Drohung und Bestechung zum Widerruf zu bewegen. Doch Gordius blieb unbeugsam und nahm freudig den Urteilsspruch entgegen: Tod durch das Schwert.

A: jung mit Bart.
P: von Cäsarea.

4. Januar

SEL. ANGELA VON FOLIGNO

Witwe, 1249–1309

Angela war von vornehmer Geburt, schön, gebildet und viel umschwärmt. Jung wurde sie mit einem reichen Patriziersohn verheiratet und hatte nun ein großes Haus zu führen. Trotz reichen Kindersegens fand sie genug Zeit für Geselligkeit, modischen Putz und Repräsentation. Doch dann trafen sie schwere Schicksalsschläge. Zuerst starb ihr Gemahl, und kurz darauf mußte sie alle ihre Kinder zu Grabe tragen. Da bestimmte sie ihr Vermögen zur Unterstützung der Armen und Kranken, legte ein Keuschheitsgelübde ab und trat dem Dritten Orden (der weniger strengen Laiengemeinschaft) des hl. Franziskus bei.

Sie streifte ihre frühere Gefallsucht ab und wollte nur mehr Jesu Dienerin sein. Dieser Vorsatz erfüllte sich so vollkommen, daß sie von einem nicht enden wollenden Gefühl des Mitleidens mit dem Gekreuzigten erfaßt wurde und unablässig bittere Tränen vergoß. Mit der Zeit trocknete ihre Gesichtshaut völlig aus, sprang auf und entzündete sich, was ihr große Schmerzen bereitete.

Ihre Dienerin entfernte schließlich das Kruzifix aus dem Zimmer, da sie ernsthaft um Leben und Verstand ihrer Herrin fürchtete. In vielfachen Erscheinungen hatte Angela unter grausamen Schmerzen demütig und dankbar teil am Leidensweg Jesu. Auch gegenüber heftigen Versuchungen, die ihren Geist und ihr Fleisch peinigten, bewährte sich ihre Glaubensstärke. Sie klagte einmal: »Es wäre mir erträglicher, alle Krankheiten zu leiden, welche nur immer den Leib durchwühlen können, und die härtesten Martern, welche die Bosheit von Tyrannen zu ersinnen vermag, als mich satanischen Versuchungen ausgesetzt zu sehen.« Auf eindringliche Veranlassung ihres Beichtvaters schrieb sie schließlich die Geheimnisse ihres inneren Lebens auf. Der Kardinal Colonna las die Aufzeichnungen und setzte trotz ihres Widerstrebens durch, daß sie zur Leiterin einer kleinen, ordensnahen Gemeinschaft von Brüdern und Schwestern bestimmt wurde.

In den letzten zwölf Jahren ihres Lebens war sie häufig so entrückt, daß sie tagelang tränenüberströmt und regungslos am Boden kniete. Sie schrieb darüber: »Ich bekomme eine so große Wonne im Gebet, daß ich alles Verlangen nach dem Essen verloren habe und wünsche, niemals mehr essen zu müssen, um stets im Gebet zu verbleiben.« Auf ihrem Totenbett verabschiedete sie sich mit den Worten: »Sucht klein und wahrhaftig, demütig und sanft zu sein.«

A: mit Teufel an der Kette.

5. Januar

HL. PAULUS VON THEBEN

um 228–341

Paulus von Theben (in Ägypten) gilt als der Vater des Einsiedlerlebens. Er entfloh als 22jähriger der Christenverfolgung des Decius und ließ sich in der thebaischen Wüste nieder. Dort lebte er in einer Felsenhöhle, die eine Öffnung nach oben hatte, so daß er stets gen Himmel blikken konnte. In der Höhle sprudelte eine Quelle, und davor wuchs eine mächtige Palme. Diese nährte ihn mit ihren Früchten und bot ihm mit ihrer Bastrinde Kleidung. Nach 30 Jahren grünte sie nicht mehr, aber von da an flog allabendlich ein Rabe herbei und brachte dem Eremiten ein halbes Brot.

Paulus war schon 113 Jahre alt geworden, als endlich die Menschen von seiner Tugend und Heiligkeit erfuhren. In einer anderen Region der Wüste hauste der 90jährige Einsiedler Antonius, der von dem selbstgefälligen Gedanken heimgesucht wurde, es habe noch keiner so lange und standhaft in der Wüste ausgeharrt wie er selbst. Gott aber offenbarte ihm, daß ein noch älterer Eremit in der Thebais lebe, der ihn an Vollkommenheit weit übertreffe. Den solle er besuchen. Er machte sich auf die Reise und fand wie durch ein Wunder den Weg. Die beiden Greise umarmten sich zur Begrüßung, und Paulus fragte Antonius, ob es in der Welt immer noch Menschen gebe, die sich vom Teufel verführen ließen. Während des Gesprächs flatterte der Rabe heran und legte ein ganzes Brot vor sie hin.

Am nächsten Tag offenbarte Paulus seinem Gefährten, daß Gott ihn nun in sein Reich heimholen werde. Antonius weinte und bat darum, mitgenommen zu werden, aber Paulus ermahnte ihn, nicht den Weg der Bequemlichkeit zu gehen, sondern den Frommen als Vorbild zu dienen. Zwei Tage später fand Antonius seinen Lehrmeister bewegungslos kniend im Sande vor. Erst wollte er mitbeten, aber dann merkte er, daß die Seele den Körper verlassen hatte. Er sann darauf, wie er ohne Werkzeug den Leichnam begraben könne. Da liefen aus der Tiefe der Wüste zwei Löwen heran. Beim Leichnam des

Heiligen blieben sie stehen, heulten kläglich und gruben mit ihren Tatzen eine gerade so große Grube, daß man den Toten hineinbetten konnte. Antonius nahm als Andenken an Paulus dessen Palmenrock mit.

A: in Palmblätter gekleidet, mit Raben, mit zwei Löwen.
P: der Korb- und Mattenmacher.

6. Januar

HL. NILAMMON

Eremit, † 404

Nilammon lebte als Eremit in einer mit Steinen verrammelten Hütte in der ägyptischen Wüste. Der Ruf seiner Heiligkeit war so groß, daß ihn die Stadt Geras als Bischof erwählte. Er weigerte sich jedoch, seine Zelle zu verlassen. Selbst den Bitten des Patriarchen von Konstantinopel setzte er Widerstand entgegen. Die Gläubigen aber wollten sich nicht mit seiner Hartnäckigkeit abfinden und machten Anstalten, ihn mit sanfter Gewalt aus seiner Behausung zu holen. Da kniete er unter Tränen nieder und flehte zu Gott, ihm eher das Leben zu nehmen, als zuzulassen, daß ihm eine so furchtbare Last aufgebürdet würde. Er wurde erhört: Noch bevor er sein Gebet beendet hatte, starb er.

A: in der Zelle vor Kruzifix betend.

7. Januar

RAIMUND VON PEÑAFORT

Ordensgeneral der Dominikaner, 1175–1275

Schon in jungen Jahren wurde Raimund Professor an der ehrwürdigen Universität von Bologna, wo er allgemein gefeierte juristische Werke schrieb. Der Bischof von Barcelona holte den Gelehrten als Domherr in die Heimat zurück. Auch der Orden des hl. Dominikus umwarb ihn und zog ihn schließlich in seine Reihen. Doch bald berief ihn Papst Gregor IX. als Berater und Beichtvater nach Rom. Innerhalb von nur drei Jahren gab er eine Sammlung sämtlicher päpstlicher Verordnungen heraus.

Sein grenzenloser Arbeitseifer untergrub seine Gesundheit, und schließlich erkrankte Raimund so schwer, daß er dem Tod nahe war. Die Ärzte befanden, der einzige Weg zur Heilung sei seine Rückkehr in die Heimat. So mußte ihn Gregor widerstrebend nach Barcelona entlassen, wo sich Raimunds Gesundheitszustand tatsächlich wieder besserte. Im Jahre 1238 wählten ihn die Dominikaner zu ihrem Ordensgeneral. Dieses Amt legte er allerdings zwei Jahre später wieder nieder, nicht ohne in dieser Zeit die gesamte Konstitution neu überarbeitet und kodifiziert zu haben. Besonderen Nachdruck legte er auf die Mission unter Mauren und Juden. Auf seine Anregung hin wurde im Generalkapitel seines Ordens Arabisch und Hebräisch gelehrt. Er stiftete zwei Genossenschaften in Tunis und Murcia und bewirkte dadurch den Übertritt Tausender zum Christentum. Seinen Ordensbruder Thomas von Aquin regte er zum Verfassen der *Summe gegen die Heiden* an.

Der Ruhm Raimunds war so groß, daß ihn Jakob I. von Aragon als Berater und Beichtvater haben wollte. Er nahm ihn mit auf eine Reise nach Mallorca. Heimlich führte der König jedoch auf dem Schiff eine Mätresse mit sich, deretwegen Raimund ihm schon des öfteren Vorhaltungen gemacht hatte. Als er bei der Ankunft in Mallorca feststellte, daß der König ihn hintergangen hatte, drohte er mit seiner Abreise. Jakob verbot daraufhin allen Schiffern bei Todesstrafe, den heiligen Mann überzusetzen, und verschwand zufrieden im Boudoir seiner Geliebten.

Raimund eilte empört in den Hafen, merkte, was die Stunde geschlagen hatte, und betete zu Gott. Hierauf suchte er sich eine versteckte kleine Bucht, breitete seinen Mantel über das Wasser, schlug das Kreuzzeichen und fuhr mit dem seltsamen Gefährt wie auf einem festen Schiff nach Barcelona zurück, wo er trockenen Fußes an Land stieg.

A: auf einem Mantel über das Meer fahrend; im Boot auf dem Wasser, mit dem Mantel als Segel.

P: von Barcelona, des Königreichs Navarra; der Kirchenrechtler.

8. Januar

HL. SEVERIN

Abt und Apostel von Österreich, † 482

Die meisten Biographen vermuten, daß der hl. Severin aus einem vornehmen Geschlecht Nordafrikas stammte. Zunächst als Einsiedler in der Wüste, dann als Missionar ergab er sich in den Willen Gottes. Es trieb ihn nach Norden, damit auch bei den Völkerschaften an der Donau das Evangelium wieder verbreitet würde. Diese Regionen, die damalige römische Provinz Noricum, wurden von wilden Horden heimgesucht. Alemannen, Rugier, Heruler und schließlich die Hunnen plünderten und brandschatzten die fruchtbaren Landstriche. Der Glaube der alteingesessenen Bewohner war am Erlöschen.

In der Stadt Asturis (dem heutigen Stockerau) herrschte große Sittenverderbnis. Severin warnte in leidenschaftlichen Predigten vor dem gänzlichen Untergang, wenn man nicht Buße tue und durch Gebet, Fasten und Almosen den nahenden Zorn Gottes zu besänftigen suche. Doch er wurde nur verspottet und verhöhnt. Kurz danach eroberten die Hunnen die Stadt und hinterließen Blut, Rauch und Ruinen. Severin predigte nun in Comagenis (Greifenstein), wo man ihm nach den vorangegangenen Ereignissen glaubte und schleunigst Buße tat. Der Feind, der sich schon genähert hatte, zog sich, von einem Erdbeben erschreckt, überraschenderweise zurück. Verstockt zeigten sich im weiteren Vilshofen und Passau, während Lorch durch Einsicht und Buße gerettet wurde.

Da Severins Vorhersagen stets eintrafen und meist von Wundern begleitet waren, verbreitete sich sein Ruf. Als er nach Wien kam, herrschte dort gerade große Hungersnot. Eine reiche, geizige Witwe, die aus Gewinnsucht riesige Mengen Getreide gehortet hatte, fühlte sich von einer Strafpredigt Severins derart angerührt, daß sie alles an die Darbenden verteilte. Außerdem erreichte der Heilige durch sein Gebet, daß die gefrorene Donau auftaute, wodurch die Kornschiffe wieder bis zur Stadt gelangen konnten.

Selbst auf die Fürsten der wilden Völker begann Severin Eindruck zu machen.

So empfing er den Herulerhäuptling Odoaker mit den Worten: »Du bist zwar noch mit abgetragenen Fellen bedeckt, aber in Italien wirst du sie dereinst gegen königlichen Schmuck umtauschen und in der Lage sein, vielen vieles zu schenken.« Als sich die Weissagung erfüllte, schrieb ihm Odoaker einen Brief und gewährte ihm die Erfüllung eines Wunsches. Severin bat um die Freilassung verschiedener Gefangener und Verbannter, und Odoaker hielt sein Versprechen.

Bis an sein Lebensende wanderte Severin mahnend und predigend durch die Lande. Er starb an heftigem, unheilbarem Seitenstechen.

A: als Abt an einem Grabmal, mit Kruzifix, Heiden unterrichtend; mit Odoaker.

P: von Bayern, Erzherzogtum Österreich, Wien; der Leinweber, Winzer; der Gefangenen; für Fruchtbarkeit der Weinstöcke; gegen Hungersnot.

9. Januar

HL. JULIAN VON ANTINOË

Märtyrer, und

HL. BASILISSA

Klostergründerin, † 304

Der fromme Jüngling Julian aus Antinoë wurde gegen seinen Willen von den reichen Eltern verheiratet, damit der Familienstamm nicht aussterbe. Seine Braut war die ihm an Tugend und Geist ebenbürtige Basilissa.

Am Hochzeitstag, während die Musik spielte und die Gäste Reigen tanzten, war dem jungen Bräutigam bang ums Herz. In stillen Seufzern flehte er den Himmel um Rettung seiner Keuschheit an. Als das Paar das Schlafgemach betreten hatte und zum gemeinsamen Gebet niederkniete, wehte ein wundersamer Duft von Rosen und Lilien durch den Raum. Seltsam berührt fragte Basilissa, woher dieser Wohlgeruch ströme. Julian faßte sie zärtlich bei der Hand und sprach: »Meine geliebte Braut, dies ist der süße Duft der jungfräulichen Reinheit. Er gibt uns eine Ahnung von der ewigen Seligkeit, die Gott für diejenigen bereithält, die hienieden in Keuschheit leben. Wie wunderbar wäre es, wenn du dich entschließen könntest, in mir nur den Bruder zu sehen.«

Basilissa konnte ihre Tränen nicht zurückhalten, aber schließlich küßte sie ihn auf die Stirne und gelobte ihm, stets seine treue Schwester zu sein.

Nach dem Tode ihrer Eltern öffneten sie ihr Haus den Hilfe- und Trostbedürftigen, so daß es schnell zu einem wahren Pflegeheim wurde. All ihre beträchtlichen Einkünfte verwendeten sie nun zur Unterstützung der Armen und Kranken. Basilissa widmete sich den Frauen, Julian den Männern. So entstand mit der Zeit ein zweigeteiltes Kloster, an dessen Spitze das edle Paar stand.

Doch nun brachen schreckliche Zeiten an. Basilissa erkrankte an einem ansteckenden Fieber, dem sie mitsamt ihren Genossinnen erlag. Dadurch blieben ihr jedoch die gräßlichen Qualen erspart, die auf Julian warteten. Denn unter dem neuen Präfekten Marcian begann eine schwere Christenverfolgung.

Julian gehörte zu den ersten, die von Marcian zum Opfer aufgefordert wurden. Als er sich weigerte, brannten die Schergen des Präfekten das gesamte Kloster nieder. Alle noch nicht verhafteten Bewohner kamen in den Flammen um. Julian aber wurde auf Geheiß des Statthalters nackt zwischen vier Pfähle gespannt und öffentlich aufs grausamste gefoltert. Von seinem Beispiel angefeuert, festigten sich jedoch die Reihen der Gläubigen um so mehr. Aus Angst vor einem drohenden Aufruhr ließ Marcian den Märtyrer daher schnell enthaupten. Er selbst wurde kurz danach wahnsinnig und bei lebendigem Leibe von Würmern zernagt.

A: als jugendlicher Märtyrer mit Schwert und Palme; im Gebet, das die nackten Götzenstatuen durch Flammen zerstört.

F: auch 21. Juni.

10. Januar

HL. WILHELM

Erzbischof von Bourges, um 1150–1209

Wilhelm Beruyer war ein Sohn der berühmten Grafen von Nevers. Früh entschied er sich für das geistliche Studium, wurde Chorherr und lebte in den Klöstern von Soissons und Grandmont. Wegen eines Streits mit den Laienbrüdern wechselte er zu den Zisterziensern, wo er bald nacheinander in zwei Klöstern zum Abt gewählt wurde.

Als in Bourges der Stuhl des Erzbischofs neu besetzt werden mußte, wurde Wilhelm neben zwei gleichermaßen würdigen Kandidaten vorgeschlagen. Der Bischof von Paris ließ die drei Namen auf drei Lose schreiben und zog, nachdem er um den Beistand des Hl. Geistes gebeten hatte, mit dem ersten Zettel den Namen Wilhelms aus der Urne. In der Regel hielt es die Kirche für unziemlich,

Gottes Willen durch das Los zu erproben. Es gab jedoch Ausnahmen, wie die Wahl des Mathias in die Apostelrunde durch Losentscheid beweist.

Wilhelm erfüllte alle Hoffnungen, die in seine Amtsführung gesetzt worden waren. Er verteidigte die Rechte der Kirche auch gegenüber dem König von Frankreich, dem er andererseits in allen weltlichen Dingen gehorsam war. Schon zu Lebzeiten bewirkte er viele Heilungen durch Händeauflegen. Ein schwer verwachsenes Kind wurde gesund, als es seinen Leichnam umarmte.

Die vielen Wunder an seinem Grabe führten schon 1218 zur Erhebung in den Heiligenstand. Das Kloster Chablis erhielt vom Domkapitel in Bourges, wo seine Reste in einem kostbaren Schrein aufbewahrt wurden, einen Armknochen, das Collegium von Navarra in Paris eine seiner Rippen. 1562 verbrannten Hugenotten die Reliquien und streuten die Asche in alle Winde.

A: sterbend auf dem Boden liegend.
P: für Kinder, die schwer gehen lernen.

11. Januar
HL. THEODOSIUS
Abt, um 423–529

Theodosius war Vorleser in der Kirche einer kleinen Stadt Kappadoziens. Einmal las er der Gemeinde Gottes Worte an Abraham vor: »Geh aus deinem Land, aus deiner Verwandtschaft und aus deines Vaters Haus und komme in das Land, das ich dir zeigen will.« Der junge Lektor empfand diesen Befehl an sich gerichtet und pilgerte nach Jerusalem. Unterwegs besuchte er auch den berühmten Säulensteher Symeon. Wie erstaunte er, als ihn dieser schon von weitem mit dem Ruf begrüßte: »Theodosius, du Geschenk Gottes, sei mir willkommen!« Symeon ließ ihn zu sich auf die Säule steigen, umarmte ihn und gab ihm guten Rat für seinen weiteren Weg.

Theodosius vertraute sich zunächst der Leitung des Mönchs Longinus an, der als Eingeschlossener in einer Kammer des Turmes Davids lebte und als erfahrener Lehrmeister der Abtötung und Versenkung galt. Die Fortschritte des Jüngers waren bald so groß, daß er es wagte, ganz allein zu leben. Er suchte sich eine verborgene Höhle auf einem öden Berg, nicht weit von Bethlehem. Hier brachte er 30 Jahre mit Fasten, Abtötung und Beten zu.

Mit der Zeit stießen mehrere Schüler zu ihm, die wie er Gott in stiller Abgeschiedenheit dienen wollten. Anfangs versuchte er ihre Zahl auf sieben zu begrenzen, aber schließlich wies er keinen zurück, dessen körperliche Verfassung und seelische Reife ausreichend erschienen, das harte mönchische Dasein zu ertragen.

Gegenstand der ersten Unterweisung, die er seinen Novizen gab, war die Notwendigkeit, beständig an den Tod zu denken. Er ließ sie ein Grab ausheben und fragte vor der offenen Grube: »Wer wird es wohl einweihen?« »Ich«, rief da der Priester Basilius, warf sich zu Füßen des Abtes und bat um seinen Segen. Und in der Tat, 40 Tage später starb Basilius, ohne vorher krank gewesen zu sein.

Da sich die Zahl der Mönche ständig vergrößerte, baute Theodosius bei Bethlehem ein großes Kloster, das aus drei Anstalten bestand. Eines für die Pflege von Kranken, eines für alte, gebrechliche Leute und eines, das für ehemalige Eremiten bestimmt war, die in der Einsamkeit den Verstand verloren hatten. Etliche waren auch von Teufeln besessen. Theodosius sah den Anfang aller Übel in der Untätigkeit. Deshalb hielt er die Mönche dazu an, sich einer nützlichen Arbeit zu widmen und damit auch von fremder Vorsorge unabhängig zu sein.

Als Kaiser Anastasius häretische Strömungen begünstigte, versuchte er den inzwischen 90jährigen Heiligen für sich zu gewinnen und übersandte ihm viel Geld. Dieser aber verteilte es auf der Stelle und ließ dem Kaiser ausrichten, er werde dessen Irrtümer nicht unterstützen. Im Gegenteil, er predigte im ganzen Lande gegen die Ketzer und verfluchte ihre Lehren. Eine Frau, deren Körper ganz von offenen Krebsgeschwüren bedeckt war, wurde bei der Berührung der Kleider des Heiligen gesund. Solche Wunder und der Eifer des greisen Abtes belebte den Glauben der vielen, die unter dem staatlichen Druck wankend geworden waren. Anastasius verbannte den Heiligen außer Landes, aber der plötzliche Tod des Kaisers machte den Vollzug der Strafe hinfällig.

So wurde Theodosius 106 Jahre alt und war bis zu seinem Tod allen Gläubigen ein Beispiel.

A: mit Geldbeutel; Totenschädel; eiserne Fesseln um Hals und Arme; mit einer knienden, dankbaren Mutter; Almosen spendend.

P: der Feilenhauer.

12. Januar

HL. ARCADIUS

Märtyrer, † 260

In einer Zeit heftigster Verfolgungen entzog sich der Christ Arcadius den Häschern durch die Flucht in die Wälder. Der Präfekt aber ließ einen Verwandten als Geisel für den Gesuchten festnehmen. Arcadius war zu edel, um den anderen für sich leiden zu lassen, und stellte sich dem Statthalter.

Dieser befahl angesichts der Glaubenstreue des Bekenners, ihn so zu foltern, daß er den eigenen sterbenden Körper noch mit Bewußtsein ansehen müsse. Die Henker schnitten ihm Gelenk um Gelenk ab, von den Fingerkuppen angefangen, über die Wurzeln, dann die Hände, die Unterarme, die Oberarme. Und in gleicher Weise die Zehen, die Füße, die Beine bis zu den Knien und endlich die Schenkel unterhalb der Hüften.

In seinem Blute schwimmend, betete Arcadius mit lauter Stimme: »All meine Glieder opfere ich dir, mein Herr, du wirst sie mir wieder zurückgeben bei der Auferstehung der Toten vor dem Jüngsten Gericht. O meine Glieder, ich habe euch nie so geliebt, als ihr noch an meinem Körper angewachsen wart. Wir müssen für kurze Zeit getrennt sein, damit ihr, jetzt sterblich, unsterblich wiederauferstehen werdet.«

Zuletzt legte man ihn auf den Rücken, weil nun an dem gliederlosen Rumpf auch noch der Bauch aufgeschnitten und die Eingeweide herausgerissen werden sollten. Da gab Arcadius, erschöpft von dem gewaltigen Blutverlust, seinen Geist auf. Die Christen sammelten alle Teile des verstümmelten Leibes und beerdigten ihn.

A: hält brennende Kerze; mit Schwert und Keule.

HL. TATIANA VON ROM

Jungfrau und Märtyrerin, † um 200

Die edle Jungfrau Tatiana wurde unter der Regierung des Septimius Severus ergriffen und, als sie sich zu opfern weigerte, zur Folter verurteilt. Man entkleidete sie und schor sie am ganzen Körper kahl. Dann zerfleischten die Henker ihren Leib mit eisernen Haken und Kämmen. Man warf sie den Löwen vor, die sie jedoch verschonten, und brachte sie auf einen Scheiterhaufen, dessen Flammen in einem plötzlichen Gewitter verloschen. Unter dem Schwert hauchte sie schließlich ihr Leben aus. Tatiana wurde besonders in der griechischen und später in der russischen Kirche verehrt.

A: Jungfrau mit langem Gewand; mit kahlgeschorenem Kopf; mit Löwen, die sie nicht angreifen.

13. Januar

HL. HILARIUS VON POITIERS

Bischof, 315–367

Der hl. Hilarius wurde 315 in Pictavium (Poitiers) geboren und entstammte einem gebildeten, reichen, heidnischen Elternhaus. Er war aufgeweckt und lernbegierig und studierte mit Feuereifer die Schriften der Klassiker. Bei seiner mit jugendlicher Maßlosigkeit betriebenen Lektüre stieß er auf das Evangelium des Johannes. Der Prolog erschütterte seine Seele bis auf den Grund. Immer wieder dachte er über die einfachen Worte nach: »Und das Wort ist Fleisch geworden und hat unter uns gewohnt.« Von da an schritt er langsam, aber beharrlich auf dem Pfad des Christentums voran.

In der Osternacht 345 ließ er sich mit Frau und Tochter, der späteren heiligen Apra, taufen. Wegen seiner vorbildlichen Lebensart erwählten ihn 354 die Christen von Pictavium zu ihrem Bischof. Hilarius trennte sich von seiner Frau und nahm den Hirtenstab.

In jener Zeit wurde die junge Kirche, die seit Konstantin dem Großen zur römischen Staatskirche erhoben worden war, durch die arianische Häresie erschüttert. Die Geistlichen, die gebildeten Damen der höheren Stände, das Volk auf der Straße, alle stritten über Einheit, Zweiheit oder Dreiheit, Wesensgleichheit oder Wesensähnlichkeit.

Als sich Kaiser Konstantius, der zweite Sohn Konstantins, auf der Mailänder Synode zugunsten der Arianer entschied, nahm Gallien unter Führung des Hilarius den Kampf gegen die neue Lehre auf. »Die plötzliche Verwüstung von Städten und die Vernichtung ihrer gesamten Einwohnerschaft«, schrieb er, »ist nicht so schrecklich wie diese unheilvolle Irrlehre, die aus der Kirche die Gemeinde des Antichrists macht.«

Er verfaßte eine flammende Anklage gegen den Imperator und zog Vergleiche mit den Christenverfolgern Nero, Decius und Maximian. Allerdings veröffentlichte er die Schrift erst nach dem Tode von Konstantius.

Von seiner Heiligkeit gaben schon zu Lebzeiten mancherlei Wunder Zeugnis. So befreite er auf einer Reise eine Insel vor Genua von einer Schlangenplage. In Pictavium erweckte er ein ungetauftes Kind wieder zum Leben, dessen Eltern ihm das traurige Schicksal des Kleinen vor Augen geführt hatten (Ungetaufte Kinder kamen nach damaliger kirchlicher Auffassung zwar nicht in die Hölle, jedoch auch nicht in den Himmel).

A: Schlangen niedertretend oder Drachen mit Bischofsstab durchbohrend (Symbol der Irrlehren); mit Buch; mit von den Toten auferwecktem Kind.

P: von La Rochelle, Luçon, Poitiers; für Kinder, die schwer gehen lernen; der Gebärenden; der Totgeborenen; gegen Schlangen.

F: auch am 14. und 31. Januar, 19. Februar, 26. Juni, 22. August, 1. November.

14. Januar

HL. FELIX VON NOLA

Priester, † 260

In einer der großen Verfolgungen wurde der Priester Felix von Nola verhaftet. Sein Bischof Maximus war geflüchtet, da er es für eine höhere Pflicht hielt, dem ersehnten Märtyrertod auszuweichen, um sich seiner Gemeinde zu erhalten. Felix wurde in Ketten geschlagen und in ein dunkles Loch geworfen, dessen Fußboden mit Scherben bedeckt war. Der Bischof litt unterdessen in einem öden Gebirge, ohne Obdach, im Schnee frierend, ohne Nahrung und ausreichende Kleidung.

Um Mitternacht erschien in der Zelle des Felix ein strahlender Engel, der ihn weckte und aufforderte, Maximus zu helfen. Felix wies nur traurig auf seine Fesseln, aber der Engel hob den Arm, und schon fielen die Ketten von dem Gefangenen ab. Durch offene Türen, an eingeschläferten Wächtern vorbei, führte der Gottesbote den Priester auf verborgenen Pfaden zum Aufenthalt des Bischofs — und verschwand. Ohne ein Lebenszeichen lag Maximus auf dem Boden.

Während Felix ein Stoßgebet zum Himmel sandte, sah er auf einmal eine Traube mitten in einem Dornengesträuch hängen. Ihren Saft preßte er durch die bleichen Lippen des Greises. Plötzlich öffneten sich dessen Augen, die Lebenswärme kehrte langsam zurück und mit ihr die Sprache. Er bat Felix, ihn nach Nola zu tragen. Dieser fühlte in sich eine ungeahnte Kraft und schaffte noch in derselben Nacht seinen Bischof auf dem Rücken in die Stadt zurück. Ein altes Mütterchen verbarg ihn, bis die Verfolgung aufhörte.

Felix aber suchten die Häscher, fanden seine Spur und sahen in sogar von ferne. Im letzten Moment versteckte er sich in einer Höhle. Da sich aber bei der Ankunft seiner Verfolger über die Öffnung wunderbarerweise ein riesiges, dichtes Spinnennetz spannte, hielten sie es für ausgeschlossen, daß er da hineingeflohen sein könne.

Felix starb lange Jahre danach in Frieden. Wenn Beklagte an seiner letzten Ruhestätte ihren Eid leisteten, so stellte sich stets heraus, ob der Schwur recht oder falsch war. Vom Grabe des Heiligen tropfte außerdem eine Flüssigkeit, die gegen Augenkrankheiten half.

A: Höhle mit Spinngewebe; mit Scherben und im Fußblock; mit Traube.

P: der Haustiere; gegen Augenkrankheiten; gegen Meineid.

HL. FELIX IN PINCIS

Priester und Märtyrer

Die genaue Lebenszeit dieses Heiligen ist unbekannt. Er war Lehrer und Priester in Rom. Da er seine Schüler mit großer Strenge zur Tugend und zum Glauben anhielt, schuf er sich unter den nichtsnutzigen, zum Teil heidnischen Knaben viele Feinde. Als er einmal mehrere gerecht, aber hart züchtigte, erhoben sie sich wider ihn. In der Gegend des Monte Pincio lauerten sie ihm auf, fielen über ihn her und erstachen ihn mit ihren spitzen Griffeln.

A: Darstellung eines Martyriums.

15. Januar

SEL. FRANCISCO FERNÁNDEZ DE CAPILLAS

Märtyrer, 1607–1648

Der Dominikanerpater Capillas missionierte seit 1641 in China. Im Jahre 1647 gab es heftigen Volksaufruhr gegen die Christen, den die Mandschu-Tataren zu ihren Zwecken ausnutzten. Capillas fiel in die Hände eines Tatarenmandarins, der von chinesischen Gelehrten gegen die Christen aufgestachelt worden war. Er ließ den Pater der Kiakuen-Folter unterwerfen. Sie bestand darin, daß man die Füße zwischen drei Holzklötze legte und diese durch Zudrehen eines darumgeschlungenen Strickes so gewaltsam zusammenpreßte, daß die Knöchel plattgedrückt und ins Innere des Fußes getrieben wurden. Capillas gab unter dieser Qual keinen Laut von sich, selbst dann nicht, als die erbitterten Tataren mit Hämmern auf die Klötze einschlugen.

Man warf ihn in den Kerker der zum Tode Verurteilten, wo er noch viele Mitgefangene taufte. Am 15. Januar 1648 wurde er enthauptet. Sein Mitbruder García konnte später den Kopf des Märtyrers an sich bringen, der bis heute in Valladolid aufbewahrt wird. Pater Capillas wurde 1909 als erster Märtyrer in China seliggesprochen.

16. Januar

HL. HONORATUS VON ARLES

Abt, 365–430

Vor der Küste von Cannes liegen die Iles de Lérins, die am Anfang des 5. Jahrhunderts als kahle, unwirtliche Einöden und wegen ihrer zahllosen Schlangen gemieden wurden. Auf der zweitgrößten der Felseninseln landete um das Jahr 410 ein Mann und blieb dort. Er hieß Honoratus, entstammte einer adeligen Familie, war äußerst gebildet und beredt, dabei schon von Jugend an den religiösen Dingen zugetan.

Zum Priester geweiht, begann er auf dem erwähnten Eiland ein Kloster zu errichten. Es sammelten sich zahlreiche Jünger, die Arbeit und Gebet unter der Anleitung des Honoratus verbanden. Die Schlangen wichen vor seiner Beschwörung, und der menschenfeindliche Ort wandelte sich. Aus Ödland wurden üppige Felder und saftige Wiesen, begrenzt von schattenspendenden Bäumen und von frischen Bächen durchrieselt.

Ein Jüngling schrieb über seinen Abt Honoratus nach Hause auf einem der damals üblichen Wachstäfelchen: »Es ist lauter Honig, den er wieder in dies Wachs eingegossen hat, Honig aus seiner unerschöpflichen Herzensgüte.« Fromme Schriftsteller glaubten beim Anblick der heiteren Mönche eine Heerschar ruhender Engel zu erblikken. Die Diözese Arles nötigte den bewunderten Abt von Lérins, ihr Erzbischof zu werden. Doch nur vier Jahre lang reichten seine von harter Askese geschwächten Kräfte für dieses Amt. Dann starb er im Kreise seiner Jünger.

A: über Schlangen oder Drachen schreitend.

P: für und gegen Regen; bei Unglück jeglicher Art.

17. Januar

HL. ANTONIUS VON ÄGYPTEN

Einsiedler, 251–356

Im Süden Ägyptens, in der thebaischen Wüste, wo zur Pharaonenzeit die Toten in natürlichen Höhlen und künstlichen Grabkammern bestattet wurden, begannen sich im 3. Jahrhundert christliche Einsiedler niederzulassen. Hierher zog auch der junge Antonius.

Er nahm seine Wohnung in einer schauerlichen Grabhöhle. Der Teufel aber, in seinem Haß gegen das Gute, konnte es nicht ertragen, einen jungen Mann so standhaft auf dem Wege der Tugend wandeln zu sehen. Um ihn von der Askese abzubringen, erregte er einen Sturm sorgenvoller Gedanken im Innern des Frommen. Er rief in ihm die Erinnerung an seine kleine verwaiste Schwester wach, an seinen unbestellten Besitz, an die Verwandten und Freunde. Als dies nichts nützte, führte er Antonius die Schwachheit des Leibes, die mannigfachen Lüste des Gaumens und alle anderen Freuden des Lebens vor Augen. Auch diese Versuchungen vermochten den Eremiten nicht irrezumachen.

So griff der Teufel zu den Waffen »am Nabel seines Bauches«, wie es bei Hiob heißt. Er gab ihm schmutzige Gedanken ein — Antonius verscheuchte sie durch sein Gebet. Jener erregte sein Fleisch — Antonius bekämpfte den lüsternen Stachel durch Fasten und Kasteiung. Die bösen Geister wiederholten ihre Angriffe und veranstalteten um ihn einen Reigen von ungeheuer schönen unzüchtigen Weibern. Antonius aber erwog bei sich die Drohung des ewigen Feuers und die Plage des Wurms, der an den Verdammten nagt.

Einst lag Antonius in einem Grab zu kurzer Ruhe, da kam eine ganze Schar von Dämonen, zerrte ihn heraus und schlug ihn derart roh, daß Vorüberkommende am nächsten Morgen ihn für tot hielten. Kaum hatte er das Bewußtsein wiedererlangt, da stürmte der Teufel abermals heran in der Gestalt der greulichsten Tiere und versetzte dem Heiligen Bisse und Hiebe. Der jedoch betete laut zu Gott, und plötzlich verjagte ein heller Schein von oben den bösen Spuk.

Als Antonius den Feind besiegt hatte, kamen immer mehr heilsbegierige Schüler zu ihm. Innerhalb von zehn Jahren war die thebaische Wüste so mit Mönchen bevölkert, daß Antonius ein Kloster ums andere erbauen ließ. Obgleich er aus Demut den leisesten Schein des Ruhmes floh, genoß er am Ende seines Lebens ein solches Ansehen, daß sogar die Kaiser ihn um Rat fragten. Auch Athanasius holte sich bei ihm in seinem Kampf gegen die Arianer Stärke und Mut.

Als Antonius im Alter von 105 Jahren gestorben war, erhielt er bald von den Geschichtsschreibern den Beinamen »der Große«.

Das Schwein, das dem Heiligen in der Verehrung oft beigegeben wird, ist eine Personifikation des Teufels. Da aber im Mittelalter die Antonius-Chorherren Landbau trieben und das Privilegium der Schweinemast in den

Eichenwäldern hatten, wurde Antonius allmählich als Beschützer der Haustiere verehrt (im Rhld. als »Schweinetünnes«, in Tirol als »Fackentoni« bekannt).

A: mit ägyptischem T-Kreuz; mit geöffnetem Buch in Höhle, Kreuzstab mit Glöckchen; mit Schwein; in Szenen aus seinem Leben.

P: von Äthiopien, der Dauphiné, Hildesheim, Menorca, Neapel, Paderborn, Paris; der Bauern, Büchsenmacher, Bürstenbinder, Glöckner, Handschuh- und Korbmacher, Metzger, Pächter, Hirten, Schweinehändler, Totengräber, Anstreicher, Tuchscherer und Weber, Wurstmacher (Fleischselcher), Zuckerbäcker; der Haustiere, Schweineherden; gegen Rotlauf und Entzündungen, Epilepsie, Furunkel, Hautkrankheiten, Jucken, Krätze, Rose, Seuchen, Skorbut, Warzen, Kopfweh, Viehseuchen; gegen Furcht, gegen die Qualen des Fegefeuers.

18. Januar

HL. MARGARETA

Prinzessin von Ungarn, 1242–1270

Als die Gemahlin des ungarischen Königs Béla IV., Maria Laskaris, eine byzantinische Prinzessin, schwanger war, schlugen mongolische Reiterhorden das Heer Ungarns am Sajo-Fluß. Wehrlos lag das Land vor den grausamen Eroberern. In ihrer Not versprachen die Eltern das noch ungeborene Kind Gott, wenn er sie vor der tödlichen Gefahr rette. Da starb der Großkhan in der fernen Mongolei, und Batu-Khan, der Führer der Goldenen Horde, befahl den schnellen Rückzug, um bei der Verteilung des Erbes nicht leer auszugehen.

Maria Laskaris gebar kurz danach ein Töchterchen, Margareta, und gab sie mit vier Jahren den Dominikanerinnen von Vesprin zur Erziehung. Der König ließ auf der Donauinsel zwischen Buda und Pest ein Kloster erbauen und die Tochter dorthin bringen.

Margareta stürzte sich mit Eifer in das Ordensleben. Während frommer Versenkung empfing sie Mitteilungen des Heiligen Geistes, die nur wenigen zuteil werden. Von klein an trug sie beständig einen Splitter des Kreuzes von Golgatha bei sich. Ihre größte Freude fand sie in der Ausübung gänzlicher Selbsterniedrigung. Wenn eine andere Schwester wegen einer Übertretung bestraft wurde, wünschte sie sehnlichst die Demütigung an ihrer

Stelle erleiden zu dürfen. Schien eine Schwester auch nur den geringsten Unmut gegen sie zu hegen, so warf sie sich ihr zu Füßen und bat sie um Verzeihung. Am liebsten pflegte sie Kranke mit ekelerregenden oder ansteckenden Leiden. Aufopfernd verband sie stinkende Gebreste und fürchtete sich auch bei Aussätzigen nicht vor der Berührung.

Margareta starb 28jährig einen sanften Tod. Ihr Leib ruht in Preßburg, dem heutigen Bratislava. Die Insel aber, wo ihr später von den Türken zerstörtes Kloster stand, heißt bis heute Margareteninsel.

A: Als Prinzessin mit Lilienstab; mit kugelförmiger Flamme über ihrem Haupt.

P: gegen Überschwemmung.

19. Januar

HL. LAUNOMAR

(Laudomar, Laumer, Léomer)

Abt, † 593

Launomar wuchs als einfacher Hirte auf, erregte jedoch durch seine Frömmigkeit die Aufmerksamkeit eines Priesters von Chartres, der ihn für die geistliche Laufbahn gewann. Als Gründer und Abt des Klosters Corbion wurde er im ganzen Lande berühmt, denn er wirkte die verschiedensten Wunder.

Sein Gebet besaß die seltene Kraft, die hartnäckigsten Sünder zu bekehren und die schlimmsten Krankheiten zu heilen.

Der Bischof von Chartres ließ sich von ihm die Zukunft prophezeien. Launomar sagte die Katastrophen, die Chartres treffen sollten, richtig vorher, aber er tröstete den den Bischof, daß er selbst sie nicht mehr erleben werde. Und wirklich starb dieser 594, während Chartres erst im Jahre 600 von den Soldaten Theuderichs und Theudeberts geplündert und verwüstet wurde.

Die Gebeine Launomars dienten als heilige Reliquien bei der Gründung der Abtei Saint-Laumer bei Blois im Jahre 874. Die Hugenotten verbrannten 1567 die Reliquien des Heiligen, aber ein Armknochen konnte für die Nachwelt gerettet werden. Außerdem wird bis heute das

Haupt des Heiligen verehrt, das sich seit 912 in der Prioratskirche Saint-Laumer von Maissac, Auvergne, befindet.

HL. WOLSTAN VON WARWICK

Bischof von Worcester, 1008–1095

Ein tanzendes Weib führte einst den jungen, frommen Wolstan in Versuchung. Weinend eilte er davon und legte sich nackt auf Dornengesträuch. Seit jener Zeit besaß er die Gnade der vollkommenen Beherrschung seiner sinnlichen Triebe. Wolstan wurde Priester, Prior von Worcesterabbey und schließlich 1062 mit Zustimmung König Eduards Bischof von Worcester.

Als sich Wilhelm der Eroberer 1066 des Throns von England bemächtigte, ersetzte er alle angelsächsischen Bischöfe durch Normannen. Unter dem Vorwand, es mangle ihm an wissenschaftlicher Bildung, sollte auch Wolstan abgelöst werden. Man befahl ihm, Stab und Ring abzuliefern, er aber ließ antworten: »Da mir mein Amt von König Eduard verliehen wurde, kann nur er es mir wieder nehmen.« Und er ging nach Westminster und legte den Bischofsstab auf den Grabstein Eduards. Wilhelm wollte ihn von dort holen lassen, aber keine menschliche Hand war in der Lage, den Stab von der Stelle zu bewegen. Da befahl der König, Wolstan möge sein Eigentum zurücknehmen, und wie von selbst glitt der Stab in seine Hände. Von da an hielt Wilhelm den Bischof in großen Ehren. Wenn sich die Engländer bei Wolstan über die normannische Unterdrückung beklagten, so antwortete ihr geliebter Bischof stets: »Es ist eine Züchtigung, die euch Gott wegen eurer Sünden geschickt hat.« Wolstan wurde 87 Jahre alt. Ein Jahrhundert nach seinem Tode fand man in seinem Grab Leib und Kleider unversehrt.

A: mit Dornenzweig.

20. Januar

HL. SEBASTIAN

Märtyrer, † 288

Sebastian war Hauptmann der Prätorianergarde des Kaisers Diokletian. Dieser hatte ebenso wie sein Mitkaiser

Maximian Gefallen an der schönen Gestalt und der Klugheit des Offiziers gefunden. Sie ahnten beide nicht, daß ihr Günstling Christ war. Während die beiden Kaiser die Bekenner des dreieinigen Gottes verfolgen ließen, bestärkte Sebastian heimlich die Zaudernden und Ängstlichen, tröstete die Hinterbliebenen und lehrte die Unwissenden. Viele gingen dank seiner geistlichen Hilfe freudig wie Sieger in den Tod.

Eines Tages erfuhr Diokletian durch einen abtrünnigen Christen, daß sein liebster Soldat ebenfalls Anhänger dieser Religion sei, ja daß er zu den eifrigsten gehöre und schon viele Vornehme den Göttern abspenstig gemacht habe. Außer sich vor Zorn schickte der Kaiser nach Sebastian und überhäufte ihn mit Vorwürfen.

Er sah aber bald ein, daß er Sebastian nicht umstimmen konnte, und übergab ihn wütend den mauretanischen Bogenschützen. Diese rissen ihm die Kleider vom Leib und fesselten ihn nackt an einen Pfahl. Zahllose Pfeile bohrten sich in seinen Körper, doch kein Schmerzenslaut kam über Sebastians Lippen, bis er scheinbar tot in seinem Blute zusammensank. In der Nacht kam die fromme Witwe Irene heimlich an die Richtstätte. Sie beugte sich über den Leichnam und küßte weinend die Wunden. Da gewahrte sie überrascht noch leise Herzschläge. Sie brachte den Bewußtlosen in ihr Haus, pflegte ihn liebevoll und sah ihn unter ihrer Obhut vollständig genesen.

Auf die Bitten der christlichen Gemeinde, sein Leben durch die Flucht zu retten, erwiderte Sebastian nur: »Ich werde tun, was Gott will.« Dann betete er lange und stellte sich an den Eingang des Jupitertempels. Als der Kaiser im festlichen Zug an das Portal kam, redete er ihn unerschrocken an und sagte: »Die Götzendiener betören deine Seele durch ruchlosen Betrug. Sie verleumden uns Christen als Feinde des Imperiums. Dabei beten wir unablässig für das Heil von Kaiser und Reich!«

Diokletian fragte: »Bist du nicht Sebastian, den wir jüngst hinrichten ließen?« »Der bin ich«, antwortete dieser, »Christus machte mich wieder leben, damit ich dir das Unrecht vorhalte, seine Diener zu verfolgen.«

Die freimütige Sprache reizte den Kaiser aufs äußerste, und er ließ Sebastian in der Arena so lange mit Geißeln,

Ruten, Bleikolben und Knüppeln schlagen, bis er den Geist aufgab. Die Christen bestatteten den Leichnam zu Füßen des Grabes der Apostel Petrus und Paulus. Der Name des Märtyrers wurde besonders zu Pestzeiten angerufen. Mit außerordentlichem Erfolg in Rom 680, in Mailand 1575 und in Lissabon 1599. Im oberbayerischen Ebersberg wurde früher während der Wallfahrten die Hirnschale des Heiligen als Weinbecher verwendet.

A: als entblößter, an Baum oder Säule gebundener Jüngling, von Pfeilen durchbohrt; in Ritterrüstung, Pfeile in der Hand.

P: gegen Pest; von Asti, des Bistums Chiemsee, von Deutschland, Gent, Lamego, Lodi, Oppenheim, Grafschaft Oettingen, Rom, St. Sebastiano, Soissons; der Armbrustschützen, Büchsenmacher und Pfeilschnitzer, Schützen, Soldaten, der Bürstenbinder, Eisenhändler, Gärtner, Gerber, Kornhändler, Leichenträger, Nadler, Raketenmacher, Steinmetzen, Töpfer, Tuchmacher, Zinngießer; der Frauen und Sterbenden; gegen Ketzerei und Religionsfeinde; Seuchen, Viehseuchen.

21. Januar

HL. AGNES

Jungfrau und Märtyrerin, † 258 oder 304

Agnes stammte aus vornehmer, reicher Familie und wuchs zu einer berückend schönen Jungfrau heran. Vor allem ihr langes blondes Haar entzündete die Sehnsucht der jungen Römer. Doch sie hatte schon im Alter von zehn Jahren ewige Keuschheit gelobt.

Der Sohn des Stadtpräfekten Symphronius bemühte sich mit besonderer Hartnäckigkeit um ihre Hand. Er sprach zu ihr von der Glut seiner Gefühle und wollte sie mit Gold und Edelsteinen gewinnen. Doch Agnes beschied ihn höflich, aber bestimmt mit den Worten: »Laß ab von mir, du Speise des Todes, ich bin einem Unsterblichen verlobt, in dessen sanften Armen ich ewig keusch bleibe und den ich unaussprechlich liebe.«

Die Qual seiner unerfüllten Wünsche machte den Jüngling schließlich sterbenskrank, und der Vater wurde bei Agnes vorstellig. Als sie ihm denselben Bescheid gab, bedrängte er sie, ihm den Namen des geheimen Bräutigams zu offenbaren. Schließlich erkannte er aus ihren Reden, daß er eine Christin vor sich hatte. Ergrimmt stellte er sie vor die Wahl, entweder in die Ehe einzuwilligen oder unter die jungfräulichen Priesterinnen der Göttin Vesta aufgenommen zu werden. Als sie beides ablehnte, ließ er sie verhaften und strengte den Prozeß gegen sie an.

Man riß ihr die Kleider vom Leibe, um ihren Willen zu brechen, und führte sie nackend, zur Kränkung ihres Schamgefühls, in ein Freudenhaus. Doch auf dem Weg dorthin wuchsen ihre Haare so schnell, daß sie im Nu ihre Blöße bedeckten. Und Agnes sprach zum Präfekten: »Jesus ist um die Makellosigkeit seiner Bräute sehr besorgt. Du magst mich peinigen oder morden, meinen Leib zu entweihen, wird dir nie gelingen.« Tobend vor Wut stachelte der Richter einige wüste Gesellen auf, an der zarten Jungfrau ihre unzüchtigen Gelüste zu befriedigen. Doch der erste, der sich auf sie stürzte, fühlte sich von einem Feuerstrahl so getroffen, daß er geblendet und halb tot niedersank. Seine Kumpane hoben ihn auf und baten Agnes um Verzeihung. Da segnete sie ihn, und sofort erlangte er seine Sehkraft wieder.

Nur der Sohn des Präfekten, den seine Leidenschaft vom Krankenlager getrieben hatte, wagte einen erneuten Versuch. Als er sie brutal an sich ziehen wollte, traf ihn ebenfalls ein Feuerstrahl und ließ ihn auf der Stelle leblos zu Boden stürzen. Daraufhin rottete sich eine große Volksmenge zusammen und schrie: »Tötet die Zauberin!« Agnes wurde auf einen Scheiterhaufen gezerrt. Hell loderten die Flammen auf, doch Kleid und Leib des Mädchens blieben unversehrt. Da überfiel alle Anwesenden große Furcht. Sie befreiten Agnes und flehten sie an, den Jüngling wieder lebendig zu machen. Wortlos schlug sie das Kreuzzeichen über der Leiche, worauf sich der Jüngling sofort erhob und den Gott der Christen pries.

Sein Vater, der Präfekt, wollte Agnes nun freilassen, doch die Götzenpriester drohten ihm mit einer Anzeige beim Kaiser. Da verurteilte der feige Mann die Retterin seines Sohnes zum Tod durch das Schwert. Als sie ihren Nacken dem kalten Stahl entgegenneigte, zögerte der Henker. »Schlag zu«, rief sie, »töte endlich den Leib, der so vielen Augen gefällt, denen ich nicht gefallen will.« Und so empfing sie den Todesstreich.

A: auf Scheiterhaufen und mit Schwert; nackt mit langen Haaren; mit Lamm; mit Blumenkranz um den Hals.

P: von Kloster Neuburg; Ordensheilige der Trinitarier; der Gärtner; der Jungfrauen und der Keuschheit, der Verlobten.

22. Januar

HL. VINZENZ VON SARAGOSSA

Diakou, † 304

Einer der heldenmütigsten Märtyrer war der Diakon Vinzenz aus Saragossa. Der Präfekt Dacian ließ ihn während des Prozesses entkleiden und an Händen und Füßen mit Stricken dehnen. Das geschah mit solcher Gewalt, daß die Glieder aus den Gelenken sprangen. Dazu bürstete man den Körper des Heiligen mit eisernen Krallen, die ihn grauenvoll zurichteten.

Vinzenz aber machte den Schergen Vorwürfe, daß sie kraftlos und feigherzig verführen. Zur Strafe ließ Dacian die Knechte auspeitschen, worauf diese mit Rachegelüsten im Herzen an die Foltergeräte zurückkehrten und Vinzenz dergestalt zerfleischten, daß man an mehreren Stellen die Gebeine und Eingeweide sah.

»Habe doch Mitleid mit dir selbst«, sagte Dacian zu dem Gemarterten, »opfere den Göttern, und du wirst sofort freigelassen.« Der Märtyrer aber antwortete, er fürchte falsches Mitleid mehr als alle Qual und Pein. Aufs höchste erzürnt, befahl Dacian, ihn auf einen glühenden Rost zu legen. Vinzenz aber bestieg selbst das Martergerät, das mit nach oben ragenden Spitzen versehen war, und ließ sich ausgestreckt darauf festbinden. Alle Teile seines Körpers, die dem Feuer nicht zugewandt waren, wurden mit Geißeln geschlagen, mit glühendem Blech versengt und obendrein mit Salz bestreut.

Das Feuer selbst wurde durch das herabtropfende Fett immer heftiger angefacht. Während all dieser Martern verlor Vinzenz nie seine heitere Seelenruhe. Schließlich ließ ihn der Präfekt in einen finsteren Kerker werfen. Dort legte man ihn auf Scherben und spannte seine Füße in einen knochenbrechenden Stock. Es wurde streng verboten, mit dem Gefangenen zu sprechen. Doch der Kerkermeister sah durch einen Türritz, wie der Heilige, ungeachtet der Scherben, auf und ab wandelte, mit Engeln lobsingend. Der Augenzeuge bekehrte sich auf der Stelle zum Christentum und empfing wenig später die Taufe.

Dacian aber gab sich geschlagen und erlaubte den Christen, ihren Märtyrer in der Zelle zu besuchen. Sie sammelten sein Blut mit Tüchern auf, um sie später als Reliquien zu verehren. Dann legten sie ihn auf ein weiches Bett. Kaum war dies geschehen, ging Vinzenz lächelnd in die ewige Ruhe hinüber. Der Präfekt ließ den Leichnam auf einen sumpfigen Anger werfen, wo ein Rabe ihn gegen wilde Tiere verteidigte, bis er endlich von seinen Glaubensgenossen bestattet werden konnte.

A: auf Rost mit emporragenden Nadelspitzen nebst anderen Marterwerkzeugen; mit Raben.

P: von Aragonien, Badajoz, Bern, Bayeux, Châlons-sur-Saône, Cortona, Grenoble, Huesca, Lamego, Leon, Lissabon, Mâcon, Magdeburg, Mailand, Oporto, Portugal, Salzburg, Saragossa, Valencia, Viviers; der Brotverwalter, Cafetiers, Dachdecker, Essigbrauer, Holzhauer, Küfer, Schüler, Seeleute, Winzer, Ziegelbrenner; für Wiederfinden gestohlener Sachen; gegen Körperschwäche und Krankheiten der Eingeweide.

23. Januar

HL. SALAMANES

Einsiedler, † um 390

Gegenüber seinem Heimatdorf, dem Ort Kapersama am westlichen Ufer des Euphrat, fand der Einsiedler Salamanes eine Hütte ohne Türe und Fenster. Dort schloß er sich ein. Einmal im Jahr bepflanzte er das Land um die Hütte und zog daraus seine ganze Nahrung. Mit Menschen sprach er nie.

Der Bischof hörte von seiner Tugend und kam, um ihn zum Priester zu weihen. Er ließ eine Öffnung in die Hütte brechen, trat ein, legte dem Salamanes die Hände auf, betete und erklärte ihm die Gnade seines neuen Amtes. Da aber dieser kein Wort sprach, entfernte sich der Bischof und ließ die Öffnung wieder verschließen.

Ein andermal kamen die Bewohner seines Geburtsortes nachts über den Fluß, brachen seine Wohnung auf und trugen ihn in ihr Dorf. Er widersetzte sich nicht, stimmte aber auch nicht zu. Morgens bauten sie ihm eine ähnliche Hütte und schlossen ihn ein. Auch dazu schwieg er wie gewohnt.

Nach einiger Zeit setzten die Bewohner des Dorfes am anderen Flußufer über, brachen die Hütte auf und führten ihn wieder in seine alte Behausung zurück. Auch da äußerte der Heilige keinen Widerspruch, jedoch auch keine Freude über die Rückkehr.

A: Hütte mit vermauertem Eingang.

24. Januar

HL. BABYLAS

Bischof von Antiochia, Märtyrer, † um 250

Babylas war einer der frömmsten und berühmtesten Bischöfe Antiochiens. Während der Verfolgung des Decius starb er im Kerker an den zuvor erlittenen Mißhandlungen unter der Folter. Auf eigenen Wunsch hin begruben ihn die Christen mit seinen Ketten. 351 ließ der Cäsar Gallus die Gebeine des Märtyrers in die Burg Daphne bei Antiochia überführen, wo man ein Orakel des Apollo verehrte. Unter dem Vorwand heiliger Rituale veranstaltete man dort regelmäßig Orgien und blutige Spektakel. Neben diesem berüchtigten Tempel wurde nun eine Kirche mit den Reliquien des Babylas errichtet, und von da an verstummte der höllische Geist.

Als Julian 362 nach Daphne kam, brachte er dem Apollo viele Opfer dar, um die Ursache des Stillschweigens zu erfahren. Endlich erhielt er vom Teufel die Antwort, er könne so lange nicht reden, als die Leiche in der Nähe sei. Julian verstand dies sofort und ließ die Reliquien des hl. Bischofs wegschaffen. In der folgenden Nacht fuhr der Blitz in Apollos prächtigen Tempel, und er brannte bis auf die Außenmauern nieder. Aus Furcht stellte der Kaiser den Tempel nicht wieder her. Er faßte aber den festen Vorsatz, nach dem persischen Feldzug an den Christen Rache zu nehmen. Doch dazu kam es nicht mehr, denn in eben diesem Kriege ereilte Julian ein elender Tod.

A: als Bischof mit dünnem Bart.

P: mehrerer Kirchen Frankreichs, Italiens und Spaniens.

25. Januar

HL. PRAEJECTUS

(Prix, Priest und Preils)

Bischof von Clermont, Märtyrer, † 676

Als Priester zeichnete sich Praejectus durch sein tiefes Verständnis des Kirchengesanges aus, der zur damaligen

Zeit als wesentlicher Teil der geistlichen Ausbildung angesehen wurde. Als Bischof der Auvergne bemühte er sich um einen zivilisierenden Einfluß auf den Merowingerkönig Childerich II.

Zu den berüchtigtsten Fürsten jener Zeit gehörte Hector, der Graf von Marseille. Er mordete und raubte, wie und was ihm beliebte. Eines Tages entführte und schändete er sogar eine adelige Jungfrau. Außerdem eignete er sich widerrechtlich Kirchengüter an. Childerich ließ Hector festnehmen und hinrichten.

Dessen Anhänger gaben Praejectus die Schuld dafür und schworen Rache. Sie legten einen Hinterhalt und fielen über den Zug des Bischofs her. Zuerst erschlugen sie aus Versehen seinen Begleiter, den hl. Amarin. Der Bischof aber stellte sie zur Rede, worauf ihn sofort ein Dolchstich traf. Und kaum hatte Praejectus sein letztes Stoßgebet gesprochen, »Herr, vergib ihnen, denn sie wissen nicht, was sie tun!«, da spaltete ihn ein Kriegsknecht mit dem Säbel von Kopf bis Fuß in zwei Teile.

P: gegen Fieber und unheilbare Krankheiten.

HL. DWYNWEN

(Dwyn, Donwenna, Dunwen)

Prinzessin von Wales, 5./6. Jahrhundert

Die walisische Königstochter Dwynwen gilt in ihrer Heimat als Schutzherrin der Liebenden. Sie hatte früh Keuschheit gelobt. Ein fremder Prinz namens Maelon entbrannte jedoch wegen ihrer Schönheit in heftigster Begierde zu ihr. Unermüdlich warb er um sie und bot ihr die Heirat an. Sie aber, obgleich sie seine Gefühle erwiderte, wies ihn wegen ihres Gelübdes ab und betete inbrünstig, vom Schicksal einer Ehefrau verschont zu bleiben.

Eines Nachts hatte sie einen seltsamen Traum: Man kredenzte ihnen beiden einen Heiltrunk. Während sie sofort von der Leidenschaft befreit war, erstarrte Maelon zu einer Eissäule. Dwynwen fiel in bitterste Verzweiflung, denn sie fühlte sich mitschuldig am Tod des Geliebten. Da erschien ein Engel und gewährte ihr drei Wünsche, die in Erfüllung gehen würden. Nach eingehender Besinnung trug sie ihre Bitten vor: Maelon solle dem Leben wieder geschenkt werden, alle unglücklich Liebenden sollten vereint werden oder Befreiung von ihrer Leidenschaft erfahren, und sie selbst solle zeitlebens ehelos bleiben dürfen.

Als sie aufwachte, fühlte sie sich stark genug, um Maelon endgültig zu entsagen und den Schleier zu nehmen. Dwynwens Kloster auf Anglesey blieb zeit ihres Lebens Zuflucht für Kranke und unglücklich Liebende. Ihr Name ist erhalten in den Ortsnamen von Llanddwyn und Porthddwyn.

P: der Liebenden von Wales.

26. Januar

HL. PAULA

Witwe, 347–404

Paula stammte aus dem höchsten römischen Adel; unter ihren Ahnen waren die Scipionen und die Gracchen. Sie wurde nach damaliger Sitte früh vermählt mit Toxotius, der seinen Stammbaum von Äneas herleitete. Aus dieser Ehe gingen fünf Kinder hervor, vier Töchter und ein Knabe.

Paula war gerade einunddreißig, da starb ihr Gemahl, und die Trauer ergriff sie mit solcher Gewalt, daß sie beinahe selbst gestorben wäre. Erst als sie den Entschluß faßte, sich ohne Rückhalt Gott zu weihen, wurde sie wieder gesund.

Sie verteilte den größten Teil des reichen Erbes unter Arme und Kranke. Bald war ihre Frömmigkeit stadtbekannt. Als man sie einmal wegen ihres unentwegten Evangeliumlesens, auch bei Dämmerung und Kerzenlicht, aufforderte, wenigstens ihr Augenlicht zu schonen, antwortete sie: »Im Gegenteil, ich muß ein Gesicht entstellen, auf das ich die Künste der Eitelkeit verwendet habe.«

In jener Zeit lernte sie den hl. Hieronymus kennen, dessen Seelenführung sie sich anvertraute. Ihre Beziehung wurde so eng, daß sich viel böser Klatsch um sie spann. Wegen der anhaltenden Verdächtigungen verließ Hieronymus nach dem Tode des ihm günstig gesonnenen Papstes Damasus die Hauptstadt und gründete in Bethlehem ein Kloster. Als kurz nacheinander zwei ihrer

Töchter starben, schöpfte Paula aus dem Briefwechsel mit Hieronymus den einzigen Trost. Schließlich reiste sie zusammen mit ihrer jüngsten Tochter Eustochium nach Bethlehem, wo sie ihn endlich wiedertraf. Bevor sie sich jedoch endgültig niederließ, wallfahrte sie zu heiligen Orten wie Jerusalem, Jericho, Nazareth, Tabor und suchte auch die Einsiedler in der Wüste Ägyptens auf.

Danach gründete sie zu Bethlehem ein Pilgerhospiz und ein Kloster, dem sie persönlich vorstand. In ihrer Tugendhaftigkeit war sie stets allen ein Vorbild. Sie speiste niemals zusammen mit einem Mann, selbst mit Hieronymus nicht. Bäder besuchte sie nur bei gefährlicher Krankheit. Weiches Bettzeug gestattete sie sich selbst bei heftigstem Fieber nicht.

Trotz ihrer vielen Pflichten erlernte sie noch das Hebräische, um tiefer in die Heilige Schrift eindringen zu können. 20 Jahre lebte sie so in Bethlehem, in ihrer letzten Zeit sehr krank und schwach. Ihre Tochter pflegte sie mit zärtlichster Sorgfalt. Als Paula gestorben war, konnte Eustochium von der Leiche nicht fortgebracht werden; sie küßte ihre Augen, schlang die Arme um sie und verlangte, gemeinsam mit der Mutter begraben zu werden. Aber schließlich fügte sie sich in das Schicksal und trat die Nachfolge Paulas im Kloster an — eine Lebens aufgabe, die sie würdig erfüllte, ehe sie an der Seite ihrer Mutter die letzte Ruhestätte fand.

A: mit dem Pilgerstab in der Hand, in Betrachtung der Hl. Schrift versunken; von ihren Kindern Abschied nehmend; auch mit Geißel, Kürbisflasche oder Weihwasserwedel.

27. Januar

ANGELA MERICI

Gründerin der Ursulinen, 1474–1540

Blondes Haar gilt in Italien als Zeichen großer Schönheit. Die kleine Angela färbte es sich dunkel, als man sie deswegen mehrfach bewunderte. Sie spielte als Kind mit ihrer Schwester gerne Kloster und versagte sich den Genuß von Lieblingsspeisen, schlief auf der blanken Erde und stand nicht selten um Mitternacht zur Andacht auf. Nach dem Tode ihrer Eltern hatte Angela eine Erscheinung. Sie sah eine leuchtende Leiter, auf deren Sprossen

Jungfrauen in reichem Schmuck und mit Strahlenkronen zum Himmel hinaufstiegen, zur Rechten und zur Linken von Engeln geleitet. Und eine Stimme ertönte: »Angela, du wirst die Erde nicht verlassen, bis du eine Gesellschaft von Jungfrauen gestiftet haben wirst.«

Angela trat dem Laienorden des hl. Franziskus bei und begann mit einigen Freundinnen in ihrer Wohnung armen Mädchen Unterricht zu geben. Neben dem Unterricht für die weibliche Jugend widmete sie sich der Kranken- und Armenpflege. Angela arbeitete nach einigen Jahren eine Regel aus, die den Grund zum Orden der Ursulinen legte. Im Gegensatz zu den damaligen strengen Vorstellungen über Erziehung empfahl sie ihren Mitschwestern: »Bemüht euch, die Mädchen mit Liebe an euch zu binden und sie mit sanfter und milder Hand zu führen, nicht gebieterisch und mit Härte.« Besonders liebte Angela das Wallfahren und kannte bald jedes der zahlreichen Heiligtümer ihrer näheren und ferneren Heimat. Schließlich erfüllte sie sich den langgehegten Wunsch einer Pilgerfahrt nach Jerusalem. Auf der Hinreise wurde sie während eines Zwischenaufenthalts auf Kreta plötzlich blind, setzte aber dessenungeachtet die Reise fort. Im heiligen Land ließ sie sich an die geweihten Orte führen. Am Kalvarienberg, den der Heiland einst mit seinem Blut färbte, netzte sie mit ihren Tränen die Erde. Auf der Rückreise kehrte vor dem Bild des Gekreuzigten in einer kretischen Kirche ihr Augenlicht ebenso überraschend zurück, wie es verschwunden war.

A: in Ordenstracht, mit Regelbuch; manchmal mit Himmelsleiter; junge Mädchen unterrichtend.

F: auch am 21. Februar und 31. Mai.

28. Januar

HL. KARL DER GROSSE

Kaiser, 747–814

Karl der Große ist aus den Geschichtsbüchern bekannt. Der Erzbischof Turpin beschreibt ihn als schön von Leib, aber wild von Angesicht. Seine Gestalt war acht Fuß hoch, sein Gesicht anderthalb Hand lang und seine Stirn einen Fuß hoch. Einen gewappneten Ritter zu Roß spaltete er mit einem Schwerthieb vom Scheitel mitsamt dem Roß. Vier Hufeisen vermochte er mit seinen Händen auf einmal zu dehnen. Er konnte einen ganzen Hasen oder zwei Hühner oder eine Gans auf einmal essen, aber im Trinken war er mäßig und genoß Wein nur vermischt mit Wasser. Er stand den Päpsten gegen ihre Feinde bei und gründete viele Klöster. Doch in seinem geistlichen Leben gibt es manche dunkle Flecken; so machte er sich schwerster Sünden der Unzucht schuldig. Der Mönch Wettin von Reichenau sah Karl kurz nach dessen Tod in einer Vision, wie er an einem Strafort in großer Not seine Unzuchtssünden büßen mußte. Es war jedoch offenbar, daß es sich nur um zeitliche Qualen handelte.

Erzbischof Turpin sah in der Todesstunde Karls in einer Vision viele schwarze, häßliche Krieger nach Aachen reiten. Sie wollten seine Seele holen. Aber als sie unverrichteter Dinge zurückkehrten, berichteten sie ihm, der »Galicier ohne Kopf« — der hl. Jakob von Santiago de Compostela — habe an der Gerichtswaage so viele Steine von den Kirchenstiftungen Karls aufgehängt, daß sie die Unzuchtssünden überwogen. Karl wurde schon zu Lebzeiten manch seltene Gnade zuteil. Ein Engel übergab ihm die Vorhaut Jesu, die seit dessen Beschneidung im Tempel verschollen gewesen war. Karl nahm sie ehrfürchtig entgegen und ließ sie im Dom zu Aachen beisetzen. Später aber überführte er sie nach Carosium; in unseren Tagen soll sie in der Kirche Sancta Sanctorum in Rom ruhen — zusammen mit Jesu Nabelschnur und seinen Schuhen.

A: in kaiserlichem Mantel mit Krone, Schwert und Reichsapfel; auch mit Modell des Aachener Domes.

P: von Aachen, Halberstadt, Hildesheim, Bistum Münster, Nimwegen, Osnabrück, Ostfriesland, Paderborn, Sitten und des Kantons Zürich; der Universitäten von Paris und Pavia; der Lehrer, Handelsmakler und Zinngießer.

29. Januar

HL. FRANZ VON SALES

Kirchenlehrer, 1576–1622

Er wird der »sanftmütige Heilige« genannt. Als Siebenmonatskind in ein savoyardisches Fürstenhaus geboren, überlebte der kleine Franz dank der aufopfernden Pflege und Liebe der ganzen Familie. Die Mutter überwachte seine Erziehung und legte größte Sorgfalt auf die Ausbildung der vortrefflichen Anlagen, insbesondere seines Scharfsinns, seiner angenehmen Gestalt und seiner natürlichen Sanftmut.

Der dem Papst treu anhängende Vater schickte den Sohn auf das Jesuitenkolleg von Paris, wo Franz mit glänzendem Erfolg Rhetorik und Philosophie studierte. Auch die Ausbildung höfischer Manieren kam nicht zu kurz. So manche Dame begehrte den weltgewandten Jüngling. Daß er sogar mit dem Degen dreinzuschlagen wußte, erfuhren einige Mitstudenten, als sie ihn eines Abends überfielen. Sie hatten sich an seiner Feigheit ergötzen wollen, die sie bei einem »Frömmling« voraussetzten.

Unvermutet geriet Franz in eine schwere Krise. Calvins Lehre, nach der Gott von Ewigkeit her Rechtfertigung oder Verdammnis eines jeden Menschen festgesetzt hat, und die bange Frage nach der eigenen Bestimmung stürzten den jungen Studenten in tiefe Niedergeschlagenheit. Als er jedoch vor dem Bild der Mutter Gottes ewige Keuschheit gelobte, fühlte er sich mit einmal wunderbar getröstet und gefestigt. Nun leuchtete ihm die theologische Lösung seines Problems durch die Jesuiten ein, wonach Gott zwar des Menschen Los vorherbestimmt, aber nur weil er gleichzeitig die künftige freie Entscheidung seines Geschöpfes sieht.

Dem Vater zuliebe studierte Franz nun in Padua Rechtswissenschaften, obwohl er längst im geheimen den Entschluß gefaßt hatte, Priester zu werden. Nach vorübergehender Beschäftigung am savoyardischen Staatsgerichtshof verhalf ihm die Empfehlung eines einflußreichen Vetters zur Stelle des Vorsitzenden im Domkapitel von Annecy. Gegen eine Zukunft des Sohnes als hoher geistlicher Würdenträger sperrte sich auch der Vater nicht länger.

1594 wurde Franz zum Priester geweiht. Im Gebiet von Thonon, das nach der Eroberung durch die Berner gewaltsam zum Calvinismus bekehrt worden war, aber nun wieder zum katholischen Savoyen gehörte, missionierte er unter den Abtrünnigen, wobei er jede Herbheit und Strenge ablehnte. »Ein Tropfen Honig«, sagte er, »ist hier wirksamer und erfolgreicher als ein Faß mit Essig.« Unbeirrbar und phantasievoll warb er für seine Sache, ließ Flugblätter drucken und Schauspiele aufführen. Insgesamt soll er über 72000 Protestanten bekehrt haben.

Bei seinem Freund, dem Erzbischof von Bourges, fiel sein Blick auf eine in Trauer gekleidete Dame — und sie ging ihm von da an nicht mehr aus dem Sinn. Es war dessen Schwester, Jeanne Françoise Fremiot de Chantal. Die Anziehung war beidseitig. Françoise beichtete bei ihm, und er wurde ihr Seelenführer.

Mit seiner Hilfe gründete sie den Orden von der Heimsuchung Mariens, einen recht milden Orden, dem auch ältere und kränkliche Personen beitreten sollten. Aus der glücklichen Beziehung der beiden Ordensstifter erwuchs eine große Gemeinschaft mit zahlreichen Niederlassungen. Obwohl Franz die äußeren Bußwerke zu schätzen wußte und den Weltdamen auch die Geißel empfahl, zog er doch Milde und Sanftmut vor. Man dürfe im Kampf gegen Fehler nicht die Übung der Tugend selbst vergessen. Obwohl immer kränklich, bereiste Franz unablässig Pfarreien und Sprengel. Das Volk schätzte seine Gabe zu heilen und seine geistlichen Kollegen die heroische Geduld, mit der er auch den wirrsten und umständlichsten Bittstellern sein Ohr lieh.

Von seiner Gefährtin zog er sich in den letzten Jahren weitgehend zurück, nicht aus Groll, sondern weil er fürchtete, sie ebensosehr zu lieben wie Gott. 1622 brach er mit einer Gehirnblutung zusammen. Alle Bemühungen der Ärzte waren vergebens.

In Annecy liegt Franz unverwest in einem Glasschrein neben dem Altar, gegenüber seiner Seelenfreundin Franziska.

A: als Bischof mit durchbohrtem und dornenumwundenem Herz in der Hand; mit Franziska zusammen unter dem Kreuz.

P: der Schriftsteller; der katholischen Presse; von Annecy und Chambéry.

30. Januar

HL. ANDREAS CORSINI

Bischof von Fiesole, 1302–1373

Einer der berühmtesten Familien von Florenz angehörend, neigte der Jüngling Andreas zu Ausschweifung und schlechter Gesellschaft. Seine Mutter war darüber so betrübt, daß sie ihr Leid der Gottesmutter klagte. Als sie einmal aus der Kirche trat, begegnete ihr der Sohn, der festlich gekleidet und geschmückt eben zu einer Lustbarkeit eilte. Weinend redete sie ihn an: »Wahrlich, du bist der Wolf, den ich in einem Traum gesehen habe. Aber die Jungfrau hat mir offenbart, daß aus dem Wolf ein Lamm werden wird!« Andreas war von diesen Worten tief berührt. Er eilte in eine Karmeliterkirche, betete und fühlte sich so mächtig ergriffen, daß er gar nicht mehr ins Elternhaus zurückkehrte, sondern gleich im Kloster blieb. Zwei Jahre später sandte man ihn zum Studium nach Paris. Als Doktor der Theologie kam er zurück und wurde Sekretär seines Vetters, des Kardinals Corsinus.

Früh stellten sich die besonderen Gaben des jungen Priesters heraus. Ein Verwandter wurde vom Knochenfraß befallen, einer langwierigen, schmerzhaften Krankheit. Um sie zu vergessen, machte er aus seinem Haus eine wahre Spielhölle, in der alle Kartenspieler und Würfler der Stadt sich Stelldichein gaben. Andreas besuchte ihn und fragte: »Willst du nicht gesund werden?« Der Verwandte dachte, Andreas wolle ihn verspotten, und wies ihm die Tür. Aber der ließ nicht ab und sagte: »Wenn du gesund werden willst, so verzichte sieben Tage auf das Spiel. Bete und faste statt dessen, und ich verspreche dir Hilfe und Linderung.« Obgleich der Kranke keineswegs fromm war, befolgte er den Rat, und am achten Tag war er völlig gesund. Von da an führte er ein gottesfürchtiges Leben.

Auch als er zum Bischof ernannt wurde, blieb Andreas demütig. Er wusch jeden Donnerstag einigen Armen die Füße. Und als sich einer wegen der Geschwüre an seinen Beinen zierte, redete Andreas so lange auf ihn ein, bis er nachgab. Kaum aber hatte der Bischof die Fußwaschung beendet, da war der Kranke vollkommen geheilt. Besonders gerühmt wurde die Fähigkeit des Heiligen, haßerfüllte Herzen zu versöhnen.

Wegen der vielen Wunder nach seinem Tode verehrte ihn das Volk sogleich als Heiligen. Sein Leib liegt noch heute unversehrt in der Kirche S. Maria del Carmine.

A: als Karmeliter oder Bischof, mit Wolf und Schaf zu Füßen.
P: der Karmeliter.

31. Januar

HL. MARCELLA

Witwe, † 410

Zahlreiche Konsuln und Präfekten hatte der Stammbaum Marcellas aufzuweisen. Nach dem frühen Tod ihres Mannes weihte sie sich der Keuschheit und verschloß sich allen Werbungsversuchen. Ihr vorbildlicher Lebenswandel ließ auch die klatschsüchtigsten Lästermäuler verstummen. Sie schminkte sich nie, trug stets züchtige Kleider, an Gold nur einen Siegelring, und besuchte selbst Geistliche nie ohne fromme Begleiterinnen. Das Fasten übte sie in mäßiger Weise durch Enthaltung von Fleisch. Wein kannte sie wegen ihres schwachen Magens mehr dem Geruch als dem Geschmack nach. Ihrer Mutter gehorchte sie so sehr, daß sie ihr nicht widersprach, als diese Schmuck und Wertsachen den Kindern ihres Bruders zukommen ließ, obgleich Marcella diese Schätze für die Armen bestimmt hatte.

Als sie von den ersten Eremiten in Ägypten hörte, zog sie sich mit anderen Frauen in ein Landhaus vor der Stadt zurück und begann mit ihnen als erste Frau der Kirche im Okzident eine Art Klosterleben. Der hl. Hieronymus verkehrte gerne mit Marcella, denn sie unterstützte ihn in verschiedenen dogmatischen Streitigkeiten, die öffentlich und erbittert ausgefochten wurden. Zudem schätzte er die anregenden geistlichen Gespräche mit ihr und empfahl sie seiner Schülerin Principia als Lehrerin in der Hl. Schrift.

410 verwüsteten die Westgoten unter Alarich Italien. Plünderer drangen in das Kloster ein und forderten von Marcella Gold. Man schenkte ihrer Behauptung, sie lebe in freiwilliger Armut, keinen Glauben und schlug sie mit

Stöcken und Geißeln. Auf den Knien flehte sie die Barbaren an, die ihr anvertrauten Jungfrauen zu schonen, und wunderbarerweise erweichte sie das Herz der blutrünstigen Krieger. Sie zogen ab, ohne Principia und die anderen Mädchen zu schänden oder in die Sklaverei zu entführen. Marcella aber starb wenige Tage nach der Mißhandlung.

A: ein Mädchen unterrichtend.

1. Februar

HL. BRIGIDA VON KILDARE

(Efraid, Birgit, Bridget)

Äbtissin, um 453–525

Der irische König Dubtach schwängerte einst eine Sklavin, verkaufte sie aber aus Rücksicht auf seine Gemahlin an einen Mann namens Magus. Bei ihm wurde Brigida geboren, die zu einer ausnehmend schönen Jungfrau heranwuchs. Ihren Vater reute es, sie verstoßen zu haben, und er versuchte vergeblich, sie an seinen Hof zu ziehen. Viele begehrten sie zur Frau, aber sie hatte sich Jesus anverlobt und betete zu ihm, daß er sie häßlich mache. Ihre Bitte wurde erhört und ihr Gesicht durch den Verlust eines Auges gänzlich entstellt. Nun rieten ihr auch die Angehörigen, in ein Kloster zu gehen.

Von einem Schüler des hl. Patrick, dem hl. Mel, empfing sie im Kloster Meath den Schleier. Als sie bei der Prozeßfeier den hölzernen Altar berührte, fing dieser zu grünen an. Und in dem Augenblick, da man ihr den Schleier auflegte, wurden ihr das verlorene Auge und die Schönheit ihres Antlitzes wiedergeschenkt.

Später baute sie sich unter einer großen Eiche eine Klause. Nicht nur verfolgte Menschen, auch Tiere fanden an dieser Stätte Zuflucht, so etwa Enten und Hühner, die dem Messer des Schlächters entflogen waren. Wenn die Heilige eine Kuh molk, dann gab diese hinfort soviel Milch wie drei Kühe.

Aus der Klause ging später das Kloster Kildare hervor. Dieses zog fromme Jungfrauen in so großer Zahl an, daß im Laufe der Jahre die Gründung weiterer Abteien folgte.

Auf einer Visitationsreise durch verschiedene Klöster erkrankte Brigida und starb bald darauf.

Um ihr Grab wurde ein Feuerkreis angezündet, den die Nonnen ihres Klosters jahrhundertelang unterhielten. Männlichen Personen war es unmöglich, in diesen Kreis einzudringen.

A: als Äbtissin mit Kerze oder Lampe; mit Feuerflamme über dem Haupt, mit Krone; mit Enten und Gänsen; mit Haus oder Scheune.

P: von Irland und Kildare; der Wöchnerinnen, der unehelichen und der kranken Kinder; der Geflügelhöfe, für sonstiges Vieh und Kühe; gegen Unglück und Verfolgung.

2. Februar

HL. LAURENTIUS VON CANTERBURY

Bischof, † 619

Laurentius war einer der Gefährten des hl. Augustin, des Apostels Englands, den Papst Gregor als Missionar nach Britannien gesandt hatte. Nach dem Tode Augustins wurde Laurentius Nachfolger auf dem Bischofsstuhl von Canterbury. In jener Zeit erlebte die noch junge Kirche einen herben Rückschlag. Auf König Ethelbert von Kent, der sie sehr gefördert hatte, folgte sein Sohn Eadbald. Dieser lehnte es nicht nur ab, den Glauben zu übernehmen, sondern er lebte zudem in einer Art schmutziger Buhlerei, die damals nicht nur von der Kirche, sondern sogar von den Heiden auf das schärfste verworfen wurde. Er teilte nämlich sein Bett mit der Frau seines verstorbenen Vaters. Sein Geist wurde durch häufige Anfälle von Wahnsinn verdunkelt.

Schwer hatten es auch Laurentius' Mitbischöfe Mellitus und Justus bei den Ostsachsen, wo der Dämonenkult mit seinen finsteren Riten wieder um sich griff. Als sie gar des Landes verwiesen wurden, kamen sie zu Laurentius und besprachen mit ihm, was zu tun sei. Einstimmig befanden sie es für besser, in die Heimat zurückzukehren und in einer zivilisierten Umwelt dem Herrn zu dienen, als erfolglos unter abtrünnigen Barbaren zu leben. Als erste reisten Justus und Mellitus nach Gallien heim, Laurentius sollte ihnen folgen.

In der letzten Nacht auf britannischem Boden, als er nach vielen Tränen und Bitten zu Gott seine Glieder zur

Ruhe gebettet hatte und eingeschlafen war, erschien ihm der Apostel Petrus. Er fragte ihn zornig, wie er als Hirt seine Schafe den Wölfen überlassen könne. Dann zog er eine Geißel hervor, versetzte dem Bischof damit derbe Hiebe und sprach: »Hast du mein Beispiel vergessen, der ich als Hirt meiner anvertrauten Herde Fesseln, Schläge, Kerker, Beleidigungen und schließlich den Kreuzestod ertragen habe?« Darauf peitschte er ihn erneut so stark, daß sich am ganzen Leibe Striemen bildeten und an einigen Stellen sogar das Blut hervorschoß.

Durch diese Geißelung und die Ermahnungen des Apostels gleichermaßen erregt, eilte Laurentius sofort nach Tagesanbruch zum König und riß sich die Kleider vom Leibe. Erstaunt nahm dieser die deutlichen Spuren einer schweren Züchtigung wahr. Er wunderte sich sehr und fragte, wer es gewagt habe, einem so großen Mann solche Wunden zuzufügen. Als er hörte, daß Laurentius um seines Seelenheiles willen solche Qualen und Schmerzen von der Hand des aus dem Himmel herabgestiegenen Apostels erduldet habe und er sich darüber auch noch äußerst fröhlich zeigte, erschrak der König zutiefst. Er verfluchte auf der Stelle den Götzenkult und nahm den Glauben an Christus an. So begann die Kirche in England langsam wieder zu wachsen.

Elf Jahre lang stand Laurentius dem Bischofsamte in Canterbury vor, bis er sich, zufrieden mit der Entwicklung des Glaubens in seinem Bistum, zur ewigen Ruhe niederlegte.

3. Februar

HL. BLASIUS

Bischof von Sebaste, Märtyrer, † um 316

Blasius war Bischof im armenischen Sebaste. Während einer Verfolgung der Christen wollte Blasius seine Herde keinesfalls verlassen. Erst als ihn Gott selbst in einer Erscheinung ermahnte, den Bitten seiner Freunde Folge zu leisten und sich dem politischen Ungewitter eine Zeitlang zu entziehen, floh er in eine Einöde. Er wohnte in einer Höhle und rüstete sich durch Andacht und Bußübungen zu Standhaftigkeit. Vögel brachten ihm täglich etwas Speise. Die wilden Tiere kamen ganz zahm zu ihm, und er legte ihnen die Hand auf und segnete sie. Auch viele Menschen mit Gebrechen heilte Blasius — meist durch das Kreuzzeichen und ein kurzes Gebet.

Eines Tages ritten Jäger, die auf der Suche nach Wild waren und im ganzen Wald kein einziges Tier angetroffen hatten, an der Höhle vorbei und fanden dort alle Tiere um den sonderbaren Einsiedler geschart. Es gelang ihnen nicht, auch nur ein einziges zu fangen oder zu erlegen. Bei ihrer Rückkehr meldeten sie ihr Erlebnis dem Präfekten, der sofort seine Häscher aussandte. Blasius wurde ergriffen und in den Kerker geworfen.

Dorthin kamen viele Kranke, auch ein Weib mit ihrem kleinen Sohn, der zu ersticken drohte, weil ihm eine Fischgräte in der Kehle steckengeblieben war. Blasius legte ihm seine Hände auf den Hals und bat für ihn und alle anwesenden Kranken um Heilung. Und sofort wurden alle gesund. Ein armes Weib hatte ein einziges Schwein, das ihr ein Wolf raubte. Sie bat Blasius, daß er ihr das Schwein wieder beschaffe. Da lächelte der Heilige und sprach: »Weib, geh nach Hause, du sollst dein Schwein wiederhaben.« Und alsbald trabte der Wolf heran und trieb das Schwein vor sich her zu ihrer Hütte.

Als Blasius vor den Präfekten geführt wurde, begrüßte ihn dieser mit den Worten: »Heil dir, Blasius, den ich und die Götter lieben.« Dieser antwortete: »Heil auch dir, Statthalter, aber die du Götter nennst, das sind Teufel, die wie alle ihre Verehrer die ewige Pein erleiden müssen.« Da wurde der Präfekt sehr zornig und ließ ihn aufs grausamste mit Ruten und Stöcken schlagen. Drei Stunden mit nur kurzen Unterbrechungen dauerte diese Marter, dann warf man Blasius wieder ins Verließ. Die Witwe aber litt mit dem Bischof, und sie ging nach Hause und schlachtete ihr Schwein. Die größten Leckerbissen von dem Tier sowie Brot und eine Kerze brachte sie dem Gefangenen. Er nahm dankbar die Gaben der armen Frau, aß und sagte zu ihr: »Opfere nach meinem Tod zu meinem Gedenken jährlich eine Kerze, dies wird dir und allen, die so tun, zum Segen gereichen.« Sie tat, wie er ihr geheißen, und es brachte ihr viel Glück.

Am nächsten Tag wurde Blasius erneut aus dem Kerker geholt und mit den Händen an ein Holzgestell gehängt.

Mit eisernen Kämmen riß man ihm nun das Fleisch von den Knochen. Als man ihn zurückschleifte, sammelten gläubige Frauen seine Blutstropfen am Wege mit feinen Linnen auf. Über Blasius wurde schließlich das Urteil gefällt, im Wasser ersäuft zu werden. Die Schergen führten ihn an das Ufer eines Sees und stießen ihn hinein. Er aber ging trockenen Fußes bis zur Mitte und setzte sich dort auf dem Wasser nieder. »Wenn ihr glaubt, eure Götter haben dieselbe Macht, so kommt mir nach«, rief er von dort den Häschern zu. Alle, die dies versuchten, versanken sofort im Wasser. Nach einiger Zeit kehrte Blasius ans Ufer zurück, wo er enthauptet wurde.

A: mit Chorknaben, der eine Kerze hält; mit eisernem Kamm; mit Schwein; mit Tieren des Waldes; mit zwei Kerzen, die er kreuzweise über Kind hält; mit Modell einer Stadt (Ragusa).

P: gegen Halsentzündungen, Angina, Husten, Blähungen, Kropf und Zahnweh; der Ärzte, Bäcker, Maurer, Gerber, Steinhauer, Schneider, Schuster, Spinnereibesitzer, Strumpfwirker, Tucherzeuger, Weber, Rinder- und Schweinehirten, Seifensieder, der Windmüller; der Packpferde, Schweine und der wilden Tiere sowie deren Krankheiten; gegen Sturm; gegen Gewissensbisse; von St. Blasien, Braunschweig, Mühlhausen/Thür., Neapel, Ragusa (Dubrovnik); »Nothelfer«.

4. Februar

GILBERT VON SEMPRINGHAM

Ordensstifter, 1083–1189

Wegen Gilberts körperlicher Gebrechlichkeit, die ihm das Ritterleben verwehrte, wurde er schon als Knabe für den geistlichen Beruf erzogen. Er studierte in Paris und erbte nach seiner Rückkehr die väterlichen Besitzungen in Sempringham und West Torrington, wo er als Pfarrer wirkte. Als eine Gruppe von sieben jungen Frauen sich an ihn wandte und ihn um geistliche Unterweisung und Seelenführung bat, wies er ihnen ein Haus zu und gab ihnen eine eigene Regel.

1131 wurde der Gilbertistenorden vom Papst anerkannt. Er hatte bis zur Reformation in England Bestand. Bezeichnend für ihn waren Doppelklöster mit einer gemeinsamen Kirche und zwei durch hohe Mauern getrennte Wohngebäude für Nonnen und Mönche. Einem solchen Kloster stand immer ein Abt vor, Äbtissinnen gab es nicht. Im Laufe seines langen Lebens gründete Gilbert noch weitere dreizehn Klöster, sie beherbergten zum Zeitpunkt seines Todes über 1500 Insassen.

Gilbert behielt auch als Ordensleiter seine gewohnte Strenge und asketische Lebensweise bei. Er zimmerte Möbel, half beim Hausbau und kopierte viele Bücher. Als Neunzigjähriger sah er sich einer Rebellion der Laienbrüder gegenüber, die sich über die harte Arbeit bei kärgster Ernährung empörten und ihre Anklagen sogar in Rom vortrugen. Obgleich der Papst Gilbert nicht fallenließ, milderte dieser nun die strenge Zucht ein wenig.

Blind, aber ungebeugt im Geiste, starb er im Patriarchenalter von 106 Jahren. An seinem Grabmal geschahen bald zahlreiche Wunder. So saßen einmal eine arme Witwe und ihr blindes Söhnchen, die beide vom Betteln lebten, an den Stufen des Schreins. Da fiel einem Laienbruder auf, daß der Kleine oft den Blick zu einer brennenden Lampe hob. Überglücklich stellte die Mutter fest, daß ihr Kind wieder sehen konnte. Alle jubelten und wollten das Wunder begrüßen, aber die Kleriker warnten vor verfrühten Erklärungen. So kehrte die Mutter mit dem Knaben in das Heimatdorf zurück, wo alle ihn als blind kannten. Und da er seine Sehkraft behielt, bezeugten die Bewohner des Ortes das Wunder. 1202 schon wurde der Kult des hl. Gilbert von Innozenz III. bestätigt.

A: als väterliche Gestalt im Gewand des Ordens; mit langem Gewand und Siegel des Generalpriors.

5. Februar

HL. AGATHA

Jungfrau und Märtyrerin, † um 251

Agatha stammte aus einer vornehmen christlichen Familie Palermos. Den Präfekten Quintian gelüstete es sowohl nach der Schönheit wie dem Reichtum der 14jährigen Jungfrau, die schon als Mädchen immerwährende Keuschheit gelobt und ihn mehrmals abgewiesen hatte. Als die Edikte des Kaisers gegen die Christen erlassen wurden, sah Quintian seine Stunde gekommen. Er ließ Agatha festnehmen und stellte sie vor die Wahl, entweder ihm anzugehören oder die schrecklichsten Qualen zu erleiden. Agatha lehnte sein Ansinnen wiederum ab. Nun versuchte Quintian mit einem besonders hinterhältigen Mittel, die Tugend der Widerspenstigen zu besiegen. Er lieferte sie einer erfahrenen Kupplerin aus, die zusammen mit ihren Töchtern ein vielbesuchtes Freudenhaus unterhielt. Doch Agatha verlor nicht den Mut. Unablässig flehte sie zum Heiland, ihre Reinheit zu bewahren. Und mit seiner Hilfe vermochte sie ihre Keuschheit vor den Nachstellungen gemeiner Schandbuben wie lüsterner Buhldirnen zu retten. Als Quintian dies erfuhr, ließ er ihr zahlreiche Backenstreiche geben und sie in den Kerker werfen. Nach einem weiteren Tag fruchtloser Drohungen befahl er seinen Schergen, sie zu packen und ihr die Kleider vom Leibe zu reißen. Dann hielt sie einer fest, und ein anderer nahm ein Instrument zur Hand, das wie ein Mohnkopf aussah. Es öffnete sich an drei Stielen wie ein Mund. Mit diesem Werkzeug schnitt er ihr erst die eine, dann die andere Brust ab. Die Marterknechte hatten die Grausamkeit, ihr die Brüste höhnend vor das Angesicht zu halten. Dann warfen sie sie ihr vor die Füße. Die Brüste waren klein und noch gar nicht voll ausgereift, die Wunden ganz rund und fast glatt. Das Blut spritzte aus vielen Strählchen heraus.

»Errötest du nicht, den Teil eines Menschen zu zerreißen, der dir an deiner Mutter einmal Nahrung gegeben hat?« rief Agatha unter diesen Qualen Quintian zu. Sie blieb während der ganzen Folter stark und ruhig und sagte: »Meine Seele hat edlere Brüste, die kannst du mir nicht nehmen.« Quintian schickte sie in den Kerker zurück und untersagte es, sie zu verbinden. Doch des Nachts erschien ihr der Apostel Petrus und heilte ihre Wunden. Agatha spürte, daß ihre beiden Brüste vollkommener und schöner als zuvor wiederhergestellt waren.

Nach vier Tagen holte man sie aufs neue zur Folter. Zuerst wälzte man sie nackend auf Glasscherben, dann steckte man sie in einen Eisenkasten, der innen mit lauter Spitzen gespickt war und unten von einem Feuer erhitzt wurde. Doch da entstand ein gewaltiges Erdbeben, das zwei Freunde des Quintian erschlug. Man brachte die Jungfrau wieder in den Kerker, wo sie endlich verschied.

Der größte Teil ihrer Gebeine liegt in Catania. Mehrmals konnten die Einwohner Ausbrüche des Ätna dadurch aufhalten, daß sie in einer Prozession den Schleier der hl. Agatha um den Vulkan trugen. Die Einwohner von Malta schreiben ihrer Hilfe die Rettung der Insel 1551 vor den Türken zu.

A: mit Palme, Zange oder Schere, in welcher die abgeschnittenen Brüste stecken, oder die Brüste auf einem Tablett; auch mit glühenden Kohlen neben sich und einer Fackel; mit dem Horn eines Einhornes (als Zeichen der Jungfräulichkeit).

P: von Catania, Malta und Mirandola; der Malteser, der Römerinnen; der Glockengießer, der Ammen, der Geschmeidemacher und Weber; gegen Brustkrankheiten, rektales Wundsein (»Wolf«) und gegen Pest; gegen Feuer, Erdbeben, Vulkanausbrüche und Hungersnot; für schönes Wetter, gegen Blitz und Gewitter, zu langen Regen; für Fruchtbarkeit der Felder; gegen allgemeines Unglück.

6. Februar

HL. DOROTHEA
(Doris, Dora, Dorit)

Jungfrau und Märtyrerin, † um 305

Während einer schweren Christenverfolgung verließ der reiche römische Senator Dorus um seines Glaubens willen all seine Besitzungen und floh zusammen mit seiner Gattin Thea und den Töchtern Chresta und Kalliste über das Meer nach Kappadozien. Hier wurde ihm eine Tochter geboren, die der Bischof heimlich auf den Namen Dorothea taufte. Schon im Kindesalter klug, fromm und gesittet, wuchs sie zur schönsten Jungfrau der Stadt heran.

Ihr Anblick entflammte den Statthalter Sapricius, der bald seine gesamten Schätze aufbot, um sie als Gemahlin zu erlangen. Sie aber erklärte auf das bestimmteste, daß ihr einziger Bräutigam Jesus sei und es immer bleiben werde. Sapricius lud sie nun vor seinen Richterstuhl und hieß sie, den Göttern zu opfern. Dorothea weigerte sich mit der Erklärung, daß es nur einen Gott gebe.

Da zeigte ihr der Statthalter die Folterwerkzeuge, um sie zu erschrecken. Sie blieb jedoch ruhig und forderte ihn auf, mit der Folter endlich zu beginnen. Nachdem die Jungfrau einem Bottich mit siedendem Öl nicht nur unverletzt, sondern schöner denn je entstiegen war, ließ Sapricius sie wegen Zauberei in den Kerker werfen. Neun

Tage lang bekam sie weder Speise noch Trank, doch Christus erschien ihr und speiste sie verschwenderisch. Als am zehnten Tag Dorothea vor einer Statue des Apollo opfern sollte, flehte sie zum Allmächtigen, und ein Blitzstrahl zermalmte das Götzenbild.

Da ließ der Statthalter die Jungfrau zu ihren Schwestern bringen, die beide aus Furcht vor Folter und Tod vom Glauben abgefallen waren. Er versprach ihnen höchste Belohnung, wenn sie Dorothea zur Vernunft brächten. Und sie versuchten es mit allen Mitteln; allein Dorothea sprach mit solcher Begeisterung von den ewigen Freuden des Himmels, daß die Schwestern bange wurden und weinend fragten: »Können wir denn noch Gnade bei Gott erlangen, wo wir ihn verleugnet haben?« Sie antwortete: »Der Zweifel an seiner Barmherzigkeit wäre eine größere Sünde als euer Götzenopfer.«

Als Sapricius die Jungfrauen neugierig zu sich befahl, gestanden ihm Chresta und Kalliste ihren Sinneswandel. Außer sich vor Zorn, ließ er sie sogleich von zwei Henkern packen, rücklings zusammenbinden und in einen Kessel voll brodelnden Schwefels werfen. Dorothea traf der Grimm des Statthalters mit doppelter Gewalt. Gräßlich wurde sie auf die Folter gespannt, mit Geißeln zerfleischt, in siedendes Öl getaucht, mit Zangen gekniffen und mit Dornen ins Angesicht geschlagen. Aber sie achtete nicht der Wunden, sondern dachte nur an die Wonnen des Himmels, um so mehr beglückt, als sie doch dem Teufel ihre Schwestern entrissen hatte. Ratlos befahl Sapricius ihre Enthauptung. Auf dem Gang zur Richtstätte äußerte sie: »In dieser Welt ist es kalt. Ich bin froh, in ein Land gehen zu dürfen, in dem es keinen Winter und keinen Schnee gibt und wo die Sonne nie untergeht.« Ein junger Mann namens Theophil hörte dies und rief ihr spöttisch zu: »Wenn du in dieses schöne Land kommst, dann schicke mir doch Rosen und Äpfel aus dem Garten deines Bräutigams.« Dorothea blickte ihn milde an, kniete zum letzten Gebet nieder und empfing den tödlichen Streich.

Wie erschrak jedoch der junge Mann, als ein schöner Knabe vor ihn trat mit einem Körbchen in der Hand, in dem drei duftende Rosen und köstliche Äpfel sich befanden. Er bekehrte sich sofort zum Glauben und starb kurz darauf ebenfalls den Martertod für Christus.

A: Blumen und Früchte zur Seite, auch mit Knaben.

P: der Bierbrauer, Blumengärtner; der Bräute, Neuvermählten, Wöchnerinnen; gegen falsche Anschuldigungen.

7. Februar

HL. ROMUALD

Stifter des Camaldulenser-Ordens, um 952–1027

Der Sprößling aus dem herzoglichen Hause Ravennas lebte bis zum zwanzigsten Jahre so, als ob er nur für Gelage, Reiten, Jagen, Fechten und Lustbarkeiten auf der Welt wäre, und er überließ sich völlig dem Ungestüm seiner Leidenschaften. Doch fühlte er sich oft seltsam leer, weshalb ihm gelegentlich der Gedanke vorschwebte, einmal eine Heldentat zur Ehre Gottes auszuführen. Seine endgültige Bekehrung bewirkte ein unglückliches Ereignis, dessen Zeuge Romuald wurde. Sein Vater Sergius lag mit einem Verwandten im Zwist und forderte ihn zum Duell. Von seinem Sohn verlangte er, dem Kampf als Zuschauer beizuwohnen. Der weigerte sich zuerst, aber aus Angst vor Enterbung gehorchte er schließlich. Der Vater traf in diesem »Gottesurteil« seinen Gegner tödlich. Beim Anblick des Leichnams wurde Romuald von Entsetzen gepackt. Er hielt sich für mitschuldig an dem Mord und beschloß die Sünde zu sühnen. Anstelle des Vaters nahm er die strenge Kirchenstrafe von 40 Tagen freiwillig auf sich und büßte im Kloster des hl. Apollinaris mit Selbstgeißelung, Fasten und Nachtwachen. Während eines Gebets zu später Nacht strahlte auf einmal die Kirche in himmlischem Glanz. Apollinaris erhob sich aus seinem Sarg unter dem Marienaltar, schritt in der Kirche mit einem goldenen Rauchfaß umher und zündete die Kerzen an allen Altären an. Dann kehrte er wieder in seinen Sarg zurück. Die Erscheinung machte auf Romuald einen solchen Eindruck, daß er sogleich um Aufnahme in die Gemeinschaft bat.

Mit derselben Leidenschaft, mit der er sich zuvor den Vergnügungen gewidmet hatte, unterzog er sich in den nächsten sieben Jahren der härtesten Askese. Er eilte so rasch auf dem Weg zur Vollkommenheit voran, daß sein Überschwang den anderen Mönchen bald lästig wurde. Als er — der jüngste der Brüder — sie gar zu ermahnen begann, wenn sie die Regel weniger streng auslegten, steigerte sich der Ärger darüber bei manchen bis zum Haß. Einige faßten sogar den heimlichen Entschluß, ihn zu beseitigen, aber einer der Verschwörer fühlte Gewissensbisse und entdeckte Romuald den Plan. Dieser ging daraufhin zum Abt und bat um seine Entlassung.

Romuald schloß sich nun dem in der Nähe Venedigs hausenden Eremiten Marinus an, der ihn willig aufnahm, aber mit äußerster Strenge behandelte. Er überlud ihn mit den verdrießlichsten Arbeiten, nötigte ihn täglich 150 Psalmen zu beten und schlug ihn für jeden Lesefehler mit einer Rute aufs linke Ohr. Romuald nahm die Züchtigungen gelassen hin, bis ihn doch einmal der Schmerz besiegte. »Meister«, bat er, »erweise mir die Liebe und schlage mich auf das rechte Ohr, damit ich auf dem linken nicht ganz taub werde.« Voll Bewunderung für seinen Schüler verminderte Marinus von da an seine strenge Zucht. Gemeinsam schlossen sie sich einer Gruppe venezianischer Adeliger an, die der Welt entsagt hatten und nach Kusan in Katalonien wollten, um dort ins Kloster St. Michael einzutreten. Der Abt Guerin nahm sie freundlich auf, aber bald kam es wegen der unerbittlichen Askesevorstellungen Romualds zu einem Aufstand der Mönche. Er wurde mit seinen Gefährten vertrieben. In einer nahe gelegenen Wüstenei ließen sie sich nieder und gaben sich als Regel das härteste Bußregiment. Dennoch wuchs ihre Gemeinschaft schnell so sehr an, daß Romuald bald verschiedene Klöster in Spanien und Italien gründen konnte. Als ihr Vorsteher züchtigte er sich selbst, als ob er der größte Sünder wäre. Stets trug er unter der Kutte ein rauhes Bußkleid, und oft geißelte er sich unbarmherzig. Seine Sinne tötete er ab, indem er ihnen alles versagte, was ihnen schmeichelte. Seine Nahrung bestand aus schlecht zubereiteten Kräutern. Stieg ihm ein angenehmer Essensduft in die Nase, so pflegte er zu sagen: »Sinneslust, wie, Sinneslust — willst du mich berücken? Ich kündige dir Krieg an, ewigen Krieg!«

Zahlreiche Wunderheilungen und sein Lebenswandel bewirkten, daß sich Tausende und Abertausende bekehrten. Der Ruf Romualds drang sogar bis zu Kaiser Otto III., der ihn bei der Gründung mehrerer Klöster unterstützte; das bedeutendste wurde Camaldoli in der Toscana. Ein Traumgesicht, in welchem er seine Freunde weißgekleidet auf einer Leiter in den Himmel steigen sah, veranlaßte ihn, dem neuen Orden einen weißen Ordenshabit zu geben.

Unter seinen Schülern befand sich ein junger Edelmann, der sich den Ausschweifungen der Unkeuschheit hingab. Romuald versuchte ihn mit Strenge auf den Weg der Pflicht zurückzuführen, aber statt sich zu bessern, trieb jener es noch wüster und bezichtigte sogar Romuald selbst solcher Verfehlungen. Dies war eine Verleumdung, doch die beschränkten Mönche schenkten der Anklage Glauben, ohne den mindesten Beweis zu haben. Sie schlossen Romuald von der Messe aus und belegten ihn mit schwersten Bußen, worin er sich schweigend und duldend fügte. Erst als Gott selbst ihm offenbarte, er solle diese Ungerechtigkeit nicht hinnehmen, legte er Beweise seiner Unschuld vor.

Von Arbeit und Alter gebeugt, begab sich Romuald ins Kloster Val de Castro bei Ancona. Dort baute er sich eine eigene Zelle samt einem Kirchlein und bereitete sich auf den Tod vor, den er auf die Stunde genau vorhersah. An seinem Grab geschahen zahllose Wunder. Als man 1466 seinen Sarg öffnete, war der Leichnam noch völlig unversehrt und ohne Merkmale von Verwesung. Als er aber 1480 durch gottesschänderische Hände entwendet wurde, zerfiel er in Staub.

A: In weißem Ordenshabit, eine Himmelsleiter zu Füßen, als Eremit mit Kruzifix, Buch und Totenschädel.

8. Februar

HL. HIERONYMUS AEMILIANI

Ordensstifter der Somasker, 1486–1537

Der vornehme Venezianer Hieronymus wurde schon mit 15 Jahren Soldat, und der Kriegsdienst machte ihn zu einem Raufbold und Wüstling. Einmal geriet er in Gefangenschaft und wartete in einem finsteren Verließ, angekettet und mit einer Steinkugel beschwert, auf seine

Hinrichtung. Er fürchtete sich nicht vor dem Tod, wohl aber vor dem himmlischen Richter. In seiner Verzweiflung sandte er ein Gebet zur Jungfrau Maria, und plötzlich wurde es ganz hell im Gewölbe. Die Muttergottes erschien, gab ihm einen Schlüssel zu seinen Ketten und zur Gefängnistür — und verschwand. Hieronymus entkam.

In der Kirche von Treviso hängte er die mitgenommenen Ketten sowie den Schlüssel zum Andenken an das Wunder neben dem Altar auf und kehrte nach Venedig in die Arme seiner Familie zurück.

Nun trat ein grundsätzlicher Wandel in seinem Verhalten ein. So jähzornig und rachsüchtig er früher war, so sanftmütig und heiter war er jetzt. Einmal benahm sich ein Geschäftsmann sehr grob gegen ihn und drohte, ihm die Barthaare einzeln auszureißen. Der frühere Haudegen aber blieb ganz ruhig, lächelte nur und hielt ihm fröhlich das Kinn hin: »Da ist mein Bart. Reiß ihn nur aus, wenn du das für gottgefällig hältst.« Da zog jener beschämt von dannen.

Während Hieronymus vorher das Geld mit vollen Händen verschwendet hatte, gab er nun alles, was er nur konnte, für die Armen aus. Besonders half er jenen Familien, die arm waren, aber sich schämten zu betteln. Von so manchem Mädchen wendete er sittliche Gefahren ab, indem er es mit Heiratsgut unterstützte. Während einer großen Hungersnot, der sogleich eine schwere Seuche folgte, waren die Straßen Venedigs voll von bettelnden Waisenkindern. Hieronymus sammelte sie von der Straße auf und richtete ein Haus für sie ein. Er stellte Handwerker an, die den Kindern Unterricht in nützlichen Tätigkeiten gaben. Auch um ihr Seelenheil bemühte er sich. So führte er ein, daß während der Arbeit aus religiösen Büchern vorgelesen wurde.

Um seinem Werk die Zukunft zu sichern, stiftete er zu Somasca bei Bergamo ein Kloster zur Heranbildung neuer Mitstreiter. In kurzer Zeit verbreitete sich die Kongregation der Somascer über Italien und arbeitete an der Verbesserung des Loses von Waisen, Armen und Kranken.

A: mit Kette und Kugel.

P: von Venedig und Treviso; der Waisen, der verwahrlosten Jugendlichen.

F: seit Heiligsprechung durch Papst Clemens XIII. auch am 20. Juli.

9. Februar

HL. APOLLONIA

Jungfrau und Märtyrerin, † um 249

Gegen Ende der Regierung des Kaisers Philippus Arab hetzte in Alexandria ein heidnischer Sternendeuter das Volk gegen die Christen auf. Er behauptete, die Stadt werde vernichtet, weil jene die Götter als Dämonen lästerten. Viele Gläubige retteten in eiliger Flucht wenigstens das blanke Leben, doch diejenigen, die in die Hände der blutdurstigen Meute fielen, erlitten Entsetzliches.

Unter ihnen leuchtet besonders das Martyrium der Jungfrau Apollonia hervor. Der entfesselte Mob stieß sie mit Kolben, schlug ihr mit Steinen auf den Kopf und ins Gesicht. Schon war die Nase zerschmettert, von Wangen und Hals quoll das Blut in Strömen, da packte sie ein Scherge von hinten und zwang sie, sich auf einen Stein zu setzen. Er riß ihr den Kopf zurück, ein anderer sperrte ihr den blutenden Mund auf und zwängte ihr einen bleiernen Klotz hinein. Nun brachen sie ihr nacheinander mit einer Beißzange die Zähne aus und rissen ihr dabei noch Stücke der Kinnlade weg.

Inzwischen hatten andere aus der Menge ein gewaltiges Feuer entzündet. Der Anführer des Pöbels höhnte: »Wo ist dein Gott der Liebe, der dir jetzt die Schmerzen wegnehmen könnte? Widerrufe, dann bist du frei.« Apollonia tat, als ob sie sich besinnen müßte, sprang aber plötzlich leichtfüßig, wie von einer unsichtbaren Hand gehoben, in die lodernden Flammen.

A: mit rotem Unterkleid und grünem Mantel, mit Palme, Zange mit Zahn; Scheiterhaufen.

P: der Zahnärzte; gegen Zahnweh.

10. Februar

HL. SCHOLASTIKA

Äbtissin, um 480–547

In Italien lebte ein frommes Ehepaar, dem lange keine Kinder vergönnt waren. Mit Gebet, Fasten und reichlichen Almosen flehten sie unermüdlich den Himmel um Nachkommenschaft an. Und endlich wurde die Frau schwanger und gebar ein außergewöhnliches Zwillingspaar: der hl. Benedikt von Nursia wurde Stifter des Benediktinerordens, und auch die hl. Scholastika weihte ihr Leben Gott.

Sie war die schönste Jungfrau der ganzen Gegend, hatte jedoch früh ein Keuschheitsgelübde abgelegt. Obgleich von fröhlicher, lebhafter Natur, mied sie Gesellschaften und liebte die Einsamkeit. Als ihr Bruder das Kloster Monte Cassino gestiftet hatte, war sie begierig, ihm nachzufolgen. Sie verschenkte ihr Hab und Gut und machte sich mit einer Dienerin auf den Weg.

Benedikt, der weiblichen Personen den Zutritt zum Kloster versagt hatte, ging seiner Schwester entgegen, um allen Argwohn zu vermeiden. Er ließ ihr eine kleine Zelle unweit des Klosters bauen. Später sammelten sich noch andere Jungfrauen um sie, und es entstand ein Frauenkloster. Lange Jahre leitete Scholastika als Äbtissin ihre zahlreichen Nonnen zu einem gottseligen Leben an.

Einmal im Jahr trafen die Geschwister in einem Landhaus zusammen, das gleich weit von ihren jeweiligen Klöstern entfernt war. Hier berieten sie sich und pflegten in vertrauter Weise die Kunst der geistlichen Betrachtung. Bei einem dieser Gespräche war es schon dunkel geworden, und Benedikt wollte aufbrechen. Scholastika aber bat ihren Bruder, noch die Nacht über zu bleiben, um bis zur Frühe von den Freuden des himmlischen Lebens sprechen zu können. Er antwortete, er könne unter keinen Umständen außerhalb des Klosters übernachten. Sie war darüber sehr betrübt, legte ihr Gesicht in die Hände und weinte bittere Tränen. Im stillen flehte sie zu Gott, daß er ihr helfen möge. Kaum hatte sie ihr Gebet geendet, als aus heiterem, wolkenlosen Himmel ein heftiges Gewitter hereinbrach. Es blitzte und donnerte so fürchterlich, daß Benedikt das Haus nicht verlassen konnte. »Der Himmel mag dir verzeihen, was du getan hast!« mahnte er seine Schwester. Sie aber antwortete: »Du hast mir eine Bitte abgeschlagen, und ich habe meine Zuflucht zum Herrn genommen. Er hat mich im Gegensatz zu dir erhört.«

Benedikt mußte also bleiben und die Nacht mit ihr in geistlichem Gespräch verbringen. Drei Tage später schaute Benedikt aus seiner Zelle und sah eine weiße Taube zum Himmel fliegen. Da wußte er sofort, daß die Seele seiner Schwester auf dem Weg in die ewige Glückseligkeit war. Er ordnete an, sie auf Monte Cassino im selben Grab zu beerdigen, das er für sich selbst bestimmt hatte.

A: als Äbtissin mit Taube; zusammen mit ihrem Bruder.

P: von Le Mans und Vique in Katalonien; der Benediktiner und Benediktinerinnen; gegen Blitz und für Regen.

11. Februar

HL. BENEDIKT VON ANIANE

Abt, um 750–821

Als Sohn einer vornehmen Familie diente Benedikt am Hofe Pippins und Karls des Großen. Obwohl ihn beide mit Gunst und Reichtümern überhäuften, ekelte ihn die Eitelkeit der Welt. Endgültig entsagte er ihr, als sein Bruder tödlich verunglückte und trotz aller Rettungsversuche vor seinen Augen in einem Fluß ertrank. Daraufhin nahm Benedikt in der Abtei St-Seine bei Dijon das Ordenskleid.

Zwei Jahre lebte er dort in strengster Askese. Seinen Leib behandelte er wie einen widerspenstigen Sklaven. Wasser und Brot waren seine einzige Nahrung. Als Kellermeister übte er sein Amt mit solcher Tugend aus, daß ihn die Mönche nach dem Tode des Abtes zu dessen Nachfolger haben wollten. Aber weil er ihre Abneigung gegen strengere Regeln kannte, lehnte er ab und verließ das Kloster.

Im Languedoc erbaute er auf einem Landgut seiner Familie am Fluß Aniane eine Klause. Schüler wies er zunächst aus Demut zurück, endlich nahm er aber einige Gefährten an, darunter den frommen Greis Guimer. Benedikt als Vorsteher unterschied nichts von den anderen als seine außerordentliche Tugend; wie sie unterzog er sich den mühseligsten Arbeiten.

Seine Liebe zur Armut war so groß, daß er sich beim Meßopfer nur hölzerner, gläserner oder zinnener Kelche bediente. Wenn man ihm kostbaren Schmuck schenkte, gab er ihn anderen Kirchen.

Mit den Jahren wurde Benedikt jedoch milder gegenüber den Schwächen seiner Mitmenschen. Er ließ eine prachtvolle Klosterkirche errichten, mit Marmorpfeilern, reichen Ornamenten und silbernen Kelchen auf dem Altar. Auch sammelte er eine große Bibliothek.

Karl der Große beauftragte den Heiligen, für die Wiederherstellung der Sitten in den Klöstern des Frankenreiches zu sorgen. Unter seinem Einfluß faßte das Konzil von Aachen zahlreiche Beschlüsse zur Besserung der Mönche. Ludwig der Fromme stiftete für ihn das Kloster Kornelimünster bei Aachen, wo Benedikt am 11. Februar 821 starb. Sowohl während seines Lebens wie auch nach seinem Tode löschte er bei Anrufung auf wunderbare Weise Brände.

A: als Abt mit Feuer neben sich.
P: gegen Feuersnot.

12. Februar

HL. EULALIA VON BARCELONA

Jungfrau und Märtyrerin, † um 305

Eulalia war von ihren Eltern christlich erzogen und hörte als 14jähriges Mädchen von den Martern erzählen, mit welchen der Statthalter Dacian ihre Glaubensgenossen quälte. Da erwachte in ihr das Verlangen, ihnen nachzueifern. Heimlich verließ sie das Elternhaus und eilte nach Barcelona, wo sie kühn vor Dacian trat. Freimütig gab sie sich als Christin zu erkennen und klagte ihn wegen seiner Grausamkeit an. Sofort befahl Dacian den bereitstehenden Schergen, ihr die Kleider vom Leib zu reißen und sie aufs schärfste zu geißeln. Die Jungfrau aber sprach: »Schlagt mich, solange ihr wollt. Gott ist in mir, Gott stärkt mich.«

Ihre Haut wurde mit eisernen Kämmen zerrissen, man drückte Fackeln in Achselhöhlen und andere Stellen ihres Körpers, goß geschmolzenes Blei über ihr Haupt und ihre Glieder. Die Wunden wusch man mit Essig aus, und schließlich wurden ihr die Augen mit Wachslichtern ausgebrannt. »Brenne, schneide, zerteile die aus Erde gemachten Glieder«, rief Eulalia ihren Henkern zu, »aber meine Seele ist nicht zu zerstören. Ich leide für meinen geliebten Jesus.« Der Statthalter sah ein, daß er sie nicht bezwingen würde, und verurteilte sie zum Kreuzestode. Das Mädchen jubelte noch im Sterben darüber, gerade diese Todesart erleiden zu dürfen.

A: als Jungfrau mit Lilie und Buch; mit Taube und Kreuz; mit Folterknecht, der sie mit Fackel brennt.

P: von Barcelona; der Schwangeren und Wöchnerinnen; der Reisenden; gegen Ruhr; für Regen; gegen Unglück.

13. Februar

HL. MARTINIAN

Einsiedler, † 487

Eine Lebedame aus Cäsarea, Zoe, schloß mit ihren liederlichen Bekannten eine Wette gegen die Keuschheit des schönen und tugendhaften Einsiedlers Martinian ab. Sie verkleidete sich als Bettlerin, packte ihr schönstes Gewand und ihre teuersten Schmucksachen in ein Bündel und machte sich bei starkem Regen auf den Weg. Durchnäßt und durchfroren kam sie am späten Abend bei der Höhle Martinians an. Jammernd klopfte sie an seine Tür und bat ihn, ihr für die Nacht ein Lager zu gewähren. Obgleich er die Versuchung fürchtete, folgte der Jüngling schließlich der Stimme seines Herzens. Er öffnete ihr seine Klause, setzte ihr einige Kräuter zur Erquickung vor, zündete ein Feuer zum Trocknen ihrer Kleider an und zog sich dann ohne ein weiteres Wort in den innersten Winkel seiner Höhle zurück. Während der Nacht nun wechselte Zoe ihre Kleider, legte ihren Schmuck an und begrüßte den erwachenden Einsiedler mit gleisnerischem Gebaren. Dieser zitterte vor Schrecken, denn er erkannte sie nicht wieder. Zoe erklärte ihm, sie sei die Bettlerin, die er aufgenommen habe. Wie er für sie Mitleid gezeigt habe, so empfinde sie auch für ihn innigste Gefühle: »Wie willst du das Vergraben deiner Manneskraft in der Einöde rechtfertigen? Wo sagt die Heilige Schrift, daß man nicht essen, nicht trinken, nicht fröhlich in Gesellschaft mit anderen leben, nicht heiraten darf, wenn man in den Himmel gelangen will? Waren nicht Abraham und Jakob, Isaak und selbst Moses verheiratet, und sind sie nicht jetzt im Himmel? Ich bin eine christliche Jungfrau, und ich liebe die Tugend. Deine Frömmigkeit könnte mich beglücken.« Und damit warf sie ihm die zärtlichsten Blicke zu und nahm eine verführerische Haltung ein.

Martinian schwirrte es vor den Augen. Er verließ die Klause, trug dürres Holz zusammen, entzündete ein Feuer und legte seine Füße hinein. Bald mußte er jämmerlich schreien, und erschrocken lief Zoe herbei. Auf ihre entsetzten Fragen sprach er ernst: »Bevor ich mein Gelübde breche und mit dir den Freuden der Wollust erliege, wollte ich die Probe machen, ob ich auch die Peinigungen der Hölle ertrage. Dies Feuer hier kann man mit Wasser löschen, aber die Flammen der Hölle brennen ewig. Möge Gott mir mein Verweilen in sündhafter Gelegenheit verzeihen und dir deine Bosheit.« Dieses Erlebnis erschütterte Zoe derart, daß sie strenge Buße tat und nach zwölf Jahren im Kloster der heiligen Paula starb.

Martinian tat das Gelübde, sobald er von den Brandwunden geheilt sei, wolle er seinen ständigen Wohnsitz in der Einsamkeit aufgeben, um überall fremd und vor einer Wiederholung dieser Versuchung sicher zu sein. Er genas und beschloß nach mühsamen Jahrzehnten immerwährender Pilgerschaft sein frommes Leben in Athen.

A: als Eremit, Korb flechtend.

14. Februar

HL. VALENTIN

Priester und Märtyrer, † um 269

Der römische Priester Valentin wurde wegen seines Glaubens vor den Kaiser Claudius II. gerufen. Als der Herrscher ihn fragte, warum er nicht die alten Götter ehre, sprach Valentin: »Diene Götter waren arme Menschen voll Unreinheit und Sünden. Christus allein ist der wahre Gott. Wenn du an ihn glaubst, wird deine Seele gerettet und du siegst über alle deine Feinde.« Dem Kaiser gefiel das, doch seine Berater überzeugten ihn, daß er die Religion seiner Ahnen nicht beleidigen lassen dürfe. Da wendete sich der Sinn des Herrschers wieder, und er übergab den Priester dem Richter Asterius. Sobald Valentin in dessen Haus angelangt war, warf er sich auf die Knie und betete laut für die Bekehrung des Richters und seiner

Familie mit den Worten: »Christus, der Du uns zum Licht führst, entreiße die Bewohner dieser Wohnstätte der Finsternis.« Nach einigem Nachdenken sagte Asterius zu seinem Gefangenen: »Ich werde dich auf die Probe stellen. Wenn du ein Betrüger bist, stirbst du.« Er holte seine Tochter, die schon seit zwei Jahren blind war, und verlangte, daß Valentin sie wieder sehend mache. Der legte seine Hände auf die Augen des Mädchens und sprach: »Erleuchte Deine Dienerin, Jesus Christus!« Und sogleich erlangte sie ihr Augenlicht wieder.

Durch dieses Wunder überzeugt, bat Asterius um die Taufe. Valentin trug ihm auf, die alten Götzenbilder zu zerbrechen, seinen Feinden zu verzeihen und drei Tage zu fasten. Danach taufte er ihn mitsamt Frau, Kindern und Gesinde. Asterius ließ sogleich alle gefangenen Christen in seinem Machtbereich frei.

Als der Kaiser von den Vorgängen erfuhr, sandte er seine Büttel aus. Asterius und seine Familie, der Perser Marius mit Frau und zwei Kindern sowie viele von den Dienstboten wurden in Ostia hingerichtet. Valentin aber wurde mit Knütteln geschlagen und an der Flaminischen Straße enthauptet. Die an dieser Stelle im vierten Jahrhundert erbaute Kirche wurde wegen zahlreicher Wunder von vielen Pilgern besucht.

A: mit Schwert und Palme, manchmal mit Epileptiker zu Füßen.

HL. VALENTIN

Bischof zu Terni in Umbrien, Märtyrer, † 273

Als bekannt wurde, daß Bischof Valentin mehrere Pestkranke geheilt hatte, wurde er nach Rom eingeladen, um dem verkrüppelten Sohn des Rhetors Craton Hilfe zu bringen. Valentin vollbrachte auch dieses Wunder, worauf sich der Rhetor mit seiner gesamten Familie taufen ließ. Als auch noch der Sohn des Präfekten Abundius und andere Edle zum Christentum übertraten, wurden die Behörden auf Valentin aufmerksam und ließen ihn festnehmen. Nach einem kurzen Prozeß wurde er enthauptet. Die Bollandisten, die Heiligenforscher der katholischen Kirche, sind der Meinung, daß es sich bei dem Bischof Valentin um den nämlichen Märtyrer wie den Priester Valentin handelt.

Warum in Frankreich, Belgien, England und vor allem in den Vereinigten Staaten der Valentinstag als Tag der Liebenden gefeiert wird, läßt sich aus dem Leben des oder der Heiligen nicht erklären. Manche glauben, daß es an der alten, schon bei Chaucer bezeugten Meinung liegt, die Vögel begännen sich am 14. Februar zu paaren. Andere halten den Brauch, nach dem Liebende sich beschenken, für die überlebenden Elemente des um die Mitte des Monats gefeierten altrömischen Luperkalienfestes.

A: mit Hahn neben einem verkrüppelten Knaben.

P: der Bienenzüchter; der Reisenden, der Jugend, der Verlobten; der Fallsüchtigen und Gichtbrüchigen; gegen Epilepsie, Ohnmachten, Pest; für gute Heirat.

15. Februar

HL. SIGFRID

Apostel der Schweden, † um 1045

Auf Bitte König Olavs wurde der Priester Sigfrid aus York als Missionar nach Schweden gesandt, um den heidnischen Nordländern das Christentum zu bringen. Auf langen Reisen bekehrte er viele Menschen, weshalb die Anhänger der alten Religion ihn zu hassen begannen. Sie ermordeten drei seiner Neffen, die er an seinen Bischofsitz in Wexlow im südlichen Gotland zurückgelassen hatte.

König Olav war aufs höchste erzürnt, ließ die Mörder ausforschen und verurteilte sie zum Tode. Doch Sigfrid war von solcher Menschenliebe beseelt, daß er den König bewog, sie zu begnadigen. Dieser gab endlich den Bitten des Heiligen nach und erlegte den Schuldigen statt dessen eine hohe Geldbuße auf. Sigfrid lehnte es jedoch ab, etwas davon anzunehmen, obwohl er in großer Armut lebte und das Geld für den Kirchenbau nötig gehabt hätte.

Der Heilige starb um das Jahr 1045, und an seinem Grab geschahen sogleich zahlreiche Wunder. Papst Hadrian IV., der die Schwierigkeiten der Missionsarbeit in Norwegen aus eigener Erfahrung kannte, sprach ihn 1158 heilig.

A: als Bischof, der die Köpfe seiner drei Neffen auf den Händen trägt; auf Schiff das Meer segnend.

16. Februar

HL. LUDANUS PEREGRINUS

Pilger, † 1202

Ludanus war ein Sohn des schottischen Herzogs Hildebold. Nach dem Tod seines Vaters verteilte er seine Erbschaft unter die Armen, stiftete ein Spital für Ausländer und Unglückliche und pilgerte zu den Apostelgräbern nach Rom. Der Rückweg führte ihn über das Elsaß, wo er eines Abends erschöpft unter einer Eiche Rast machte. Geschwächt von Hunger, Durst und dem langen Marsch, starb er unter dem Baum.

An dem Ort entstand später das Dorf St-Ludan. Seine Gebeine ruhen in der Pfarrkirche von Hipsheim. Die Schweden zerstörten 1632 sein Grabmal, aber nach dem Dreißigjährigen Krieg wiederhergestellt, wurde es zu einem beliebten Wallfahrtsort.

A: in Pilgertracht, sterbend unter einer Eiche.
P: gegen Fußschmerzen und Beinleiden.
F: auch am 12. Februar.

17. Februar

HL. FINTAN

Abt von Clonenagh in Leinster, † 603

Fintan übertraf in der Strenge seines Lebens und der Regel in seinem Kloster alle Äbte und Einsiedler seiner Zeit. Dies erzürnte seine geistlichen Nachbarn. Unter der Führung des hl. Kenneth verabredeten sie sich zu einer Visite in Clonenagh. Ein Engel aber warnte Fintan. Als die besorgte Gesandtschaft eintraf, empfing Fintan sie mit ausnehmender Freundlichkeit. Statt der erwarteten Düsternis herrschte in Clonenagh Fröhlichkeit und Gastfreundschaft. Die Tafel war reichlich, der Wein gut und die Laune der Clonenaghmönche heiter. Die Besucher trauten dem Frieden nicht und blieben mehrere Tage. Aber die Verbindlichkeit der Gastgeber änderte sich ebensowenig wie die Güte der Küche und des Kellers.

Kaum waren sie jedoch abgereist, kehrte das alte Bußregiment mit voller Härte zurück. Dennoch, oder vielleicht deswegen, zog Clonenagh die Jugend Irlands an. Fintan konnte sich der vielen Novizenanwärter kaum erwehren. Unter seinen Schülern befand sich auch der hl. Comgall, welcher seinerseits Lehrer des hl. Columban wurde.

18. Februar
HL. CONSTANTIA
Jungfrau, 4. Jahrhundert

Der Feldherr Gallicanus verlangte vom Kaiser Konstantin als Lohn für viele zu dessen Zufriedenheit geleistete Dienste die Hand der Tochter Constantia. Diese hatte aber während einer tödlichen Krankheit, von der sie am Grab der hl. Agnes durch ein Wunder errettet worden war, ewige Keuschheit gelobt. Sie überredete den Vater, dem Heerführer in den bevorstehenden Krieg gegen die Skythen zwei christliche Diener mitzugeben.

Gallicanus wurde von den Feinden in der ersten Schlacht geschlagen und mit großer Übermacht in einer thrakischen Stadt belagert. Die beiden Diener drängten ihn, er möge seine Hoffnung auf den Gott der Christen setzen. In der Nacht erschien ihm ein überirdisch strahlender Jüngling mit einem Kreuz auf der Schulter und redete ihn an: »Nimm dein Schwert und komm mit mir.« Gallicanus folgte ihm ins feindliche Lager, tötete den Skythenkönig und unterwarf durch den bloßen Schrecken dessen Heer. Nach diesem Sieg wurde er Christ und verzichtete auf Constantia, ja er zog sich bald ganz aus der Welt zurück und schloß sich den Wüstenmönchen in Ägypten an. Constantia aber nahm seine Töchter Attika und Artemia zu sich und trat mit ihnen gemeinsam in ein Kloster ein.

A: als vornehme Römerin mit kaiserlichen Insignien, mit Taube.

19. Februar
KONRAD VON PIACENZA
(Conradus, Corrado)
Franziskanereremit, † 1351

Das liebste auf der Welt war dem reichen Edelmann Konrad die Jagd. Um Wild aus dem Unterholz zu vertreiben, zündete er das Dickicht an, aber der Wind schlug um, und bald stand der ganze Wald in Brand. Man ergriff einen armen Landmann, der mit Holzscheiten unterm Arm in der Nähe angetroffen worden war, erzwang unter der Folter ein Geständnis und verurteilte ihn zum Tode. Nach der Hinrichtung begann das Gewissen Konrad so sehr zu peinigen, daß er alle Lust an weltlichen Dingen verlor und beschloß, den Rest seines Lebens zur Buße für seine Feigheit zu verwenden.

Seine Gattin hatte schon länger ihren Sinn auf den himmlischen Bräutigam gerichtet und willigte gerne in die Trennung ein. Während sie bei den Klarissinnen eintrat, verschenkte er sein Vermögen an die Armen, pilgerte nach Rom und fand Aufnahme im Laienorden des hl. Franziskus. Dann reiste er weiter nach Sizilien, wo er in der Nähe von Syrakus ein strenges, entbehrungsreiches Einsiedlerleben führte. Er erlangte die Gabe der Weissagung und vollbrachte manches Wunder.

A: im Franziskanerhabit, mit kleinen Vögeln neben sich; mit Pilgerstab, Kürbisflasche und Bußgeißel.

P: von Piacenza, von Noto in Sizilien; der Jäger; gegen Bruchleiden.

20. Februar

HL. SADOTH

(Schahdost, Sadoc, Sciadustus, Zaduk) und Gefährten

Märtyrer in Persien, † um 345

Sadoth war der Nachfolger des hl. Bischofs Simeon von Seleukia und Ktesiphon. Während einer großen Verfolgung wurde er zusammen mit 128 anderen Christen ergriffen und für fünf Monate in den Kerker geworfen. Mehrfach bedrängte man sie mit Daumenschrauben und anderen harten Foltern, daß sie der Sonne opfern sollten. Aber alle blieben standhaft.

Der König ließ ihnen melden, er schenke ihnen das Leben, wenn sie gehorchten, aber sie antworteten: »Du hast das Schwert, wir haben den Nacken. Säume nicht eine Stunde, unser Blut zu vergießen.« Auf dem Weg zur Richtstätte beteten sie laut zu Gott: »Räche uns an dem erbarmungslosen Volk und erlöse uns von den Meuchlern und Betrügern.« Und während einem nach dem anderen der Kopf abgeschlagen wurde, priesen die übrigen Christus — so lange bis auch der letzte hingerichtet war.

A: im Todeskampf, durch Erscheinung Jesu und Mariens getröstet.

21. Februar
SEL. LEODEGAR
Graf von Lechsgemünd, Domherr in Eichstätt,
† um 1080

Leodegar war ein reicher und mächtiger Graf, aber aus unbekannten Gründen tat er Buße, entsagte allen irdischen Ehren und wurde schließlich Priester. An die 40 Jahre diente er in Demut und wurde endlich Domherr in Eichstätt. Fünf Jahre vor seinem Tode aber verlor er das Augenlicht. Er tröstete sich mit dem Schicksal des Tobias. Damit nicht genug, begann sein Fleisch zu faulen. Aber Leodegar gedachte der Heimsuchung des Hiob und pries geduldig und heiter den Herrn.

Der Priester, der ihm das Sterbesakrament spendete, sah im Augenblick seines Todes eine Flamme aus seinem Mund aufsteigen, gleichwie das Licht einer Kerze.

22. Februar
HL. PETRUS DAMIANI
Kirchenlehrer, 1007–1072

Petrus wuchs in einer kinderreichen, aber güterarmen Bürgerfamilie in Ravenna auf. Die Mutter versagte ihm die Brust, der Vater starb früh, und ein Onkel schmähte und züchtigte ihn täglich. Nur in der Schule war er vor Mißhandlung sicher, wo sich ein Pater Damian seiner annahm. Ihm zuliebe nannte er sich später Damiani.

Er wurde ein glänzender Lehrer und Prediger, trat in das Benediktinerkloster Fonte Avellana in Umbrien ein, dessen Leitung er bald übernahm. Als Reformator seines eigenen Ordens, als päpstlicher Legat in schwierigen diplomatischen Aktionen und schließlich als Kardinal von Ostia gehörte er zu den einflußreichsten Persönlichkeiten der zeitgenössischen Kirche. Er kämpfte gegen die Verwilderung der Sitten, die Käuflichkeit der geistlichen Ämter und den Hang zur Macht, Luxus und Reichtum beim hohen Klerus. Die Würde von Bischöfen bestehe nicht in hohen Mützen von Zobelfell, schrieb er einmal, nicht in prächtigen Marderpelzen, mit Edelsteinen unter dem Kinn befestigt, sondern in der Übung heiliger Tugenden.

Den späteren Papst Nikolaus II., dem er im übrigen gewogen war, hielt er der öffentlichen Geißelung für würdig, weil dieser einmal nachts in einer Herberge öffentlich Schach gespielt hatte.

Die leidenschaftliche Bußgesinnung predigte er jedoch nicht nur anderen, sondern unterzog sich selbst unbarmherziger Züchtigung. Stets trug er unter dem Gewand einen eisernen Bußgürtel, fastete streng, schlief wenig und speiste täglich Arme an seinem Tisch. Wollüstige Versuchungen bekämpfte er, indem er so lange in eiskaltes Wasser eintauchte, bis sein Körper völlig erstarrt war. Von Mönchen und Nonnen forderte er die regelmäßige Selbstgeißelung, wie er sie an sich selbst mit nie erlahmendem Eifer vollzog. Nach seiner Lehre galt das Absingen von 10 Psalmen mit 1000 Streichen für ein Jahr Buße und das Absingen des gesamten Psalters mit den damit verbundenen Streichen für fünf Jahre Buße.

Dabei hielt er es für unerläßlich, daß die Züchtigung im Zustand völliger Nacktheit zu erfolgen habe. Wegen dieser Auffassung war er heftigen Angriffen von Klerikern ausgesetzt, die dies für unzüchtig hielten. Er aber verteidigte sich mit dem Hinweis auf Jesu öffentliche Entkleidung und Geißelung: »Was werdet ihr tun, wenn ihr Ihn, dessen Blöße ihr geringschätzt, auf einem erhabenen Thron sitzen seht, mit Feuer umgeben, und wenn er alle Menschen auf schreckliche Art richten wird? Was werden dann euer Gewand und eure Kleider für einen Nutzen bringen, mit welchen ihr euch jetzt bedeckt und die ihr nicht ablegen wollt? Wie könnt ihr hoffen, an der Größe dessen teilzunehmen, dessen Nacktheit und Schande ihr nicht habet teilen wollen?«

Petrus starb im Ruf der Heiligkeit und wurde als »ein zweiter Hieronymus« verehrt. Leo XII. zeichnete ihn 1828 mit dem Ehrentitel »Kirchenlehrer« aus.

A: als Einsiedler mit Geißel und Kardinalshut, im Hintergrund Bücher; betend oder schreibend; mit Kruzifix und Totenkopf.

P: von Faenza; gegen Kopfweh und Migräne.

23. Februar

HL. MILBURGA

Äbtissin, † um 722

Die hl. Milburga war die Tochter des Königs Merewald von Mercia und seiner Gattin, der hl. Ermenburga, sowie die älteste Schwester der hl. Mildreda und der hl. Mildgitha. An der Grenze zwischen den Angelsachsen und den Kelten Cambriens lag am Flusse Severn das Kloster Wenlock. In diese wilde und unwirtliche Gegend sandte der Erzbischof Theodor die tugendhafte Prinzessin als Äbtissin. Kaum hatte sie ihr Amt angetreten, war sie schon den Nachstellungen eines benachbarten jungen Fürsten ausgesetzt, der sie durchaus heiraten und deshalb mit bewaffneter Hand in seine Gewalt bringen wollte. Wie sie vor der Meute der Verfolger über einen Bach floh, schwoll dieser plötzlich so an, daß der um seine Beute geprellte Jäger aufgab und Milburga künftig in Frieden ließ.

Eines Tages, als Milburga alleine in ihrer Kapelle betete, kam eine arme Witwe herein, warf sich ihr zu Füßen und wies ihr totes Kind vor. Weinend beschwor sie die Heilige, den Leichnam wieder zum Leben zu erwecken. Diese aber sprach: »Begrabe dein Kind und bereite dich selbst zum Sterben vor, denn wir sind alle nur geboren, um zu sterben.« Doch die junge Mutter antwortete starrsinnig, sie werde nicht weggehen, bevor das Kind nicht wieder lebendig sei. Da kniete Milburga neben dem Leichnam nieder und begann zu beten. Der armen Frau erschien sie wie von einem himmlischen Feuer umgeben. Einen Augenblick später begann das Kind wieder zu atmen und kehrte ins Leben zurück.

Dreieinhalbhundert Jahre nach ihrem Tode wurde ihr von den Dänen zerstörtes Kloster durch Kolonisten aus Cluny wiederaufgebaut. Bei den Renovierungsarbeiten offenbarte ein himmlischer Wohlgeruch den Ort des Grabes der heiligen Milburga. Ihre Reliquien wurden in einem kostbaren Schrein unter dem Altar der Klosterkirche beigesetzt. Aus allen Landesteilen strömten die Pilger herbei, und Blinde und Aussätzige verließen als Gesunde die heilige Stätte. Ebenso erwies sich ihre Anrufung gegen einen gefährlichen Wurm erfolgreich, von dem böse Krankheiten ausgingen.

A: als Nonne mit Kerzen und mit ihren Schwestern.

24. Februar

HL. MATHIAS

(Matthias, Mattias, Mathes, Hias)

Apostel, 1. Jahrhundert

Als die Apostel nach dem Tode des Herrn auf die Herabkunft des Hl. Geistes warteten, forderte Petrus, einen 12. Apostel an Stelle des Verräters Judas zu wählen. Sowohl Joseph, genannt Barsabbas, wie Mathias wurden dieser Auszeichnung für würdig erachtet. Man betete sogleich, um den Willen des Himmels zu erkennen, und warf dann das Los. Es fiel auf Mathias.

Dieser predigte in Judäa, heilte Blinde und Aussätzige, trieb den Teufel aus und erweckte Tote wieder zum Leben. Nach einer alten Überlieferung predigte er später in Kappadozien, am Schwarzen Meer und in Makedonien. Einmal wurde ihm ein giftiger Trank gereicht, von dem alle blind zu werden pflegten. Mathias aber leerte den Becher in Christi Namen und nahm keinen Schaden. Als verstockte Zuhörer gegen ihn schrien, prophezeite er ihnen, sie würden lebendig zur Hölle fahren. Und die Erde tat sich auf und verschlang sie. Da bekehrten sich die anderen.

Über den Tod des Apostels gibt es unterschiedliche Erzählungen. Die einen berichten, er sei in Frieden entschlafen. Andere schreiben, er sei gekreuzigt, noch andere, er sei gesteinigt und wieder andere, es sei ihm das Haupt mit dem Beil abgeschlagen worden. Dieses soll in Rom in der Kirche Santa Maria Maggiore ruhen. Andere Reliquien befinden sich in Trier und waren viele Jahrhunderte das Ziel von Wallfahrten.

A: mit einem blutigen Beil auf der Schulter; auch mit Buch, Schwert, Lanze und Steinen.

P: von Goslar, Hannover, Hildesheim, Bistum Trier; der Metzger, Schmiede, Schneider, Zimmerleute, Bauhandwerker, Zuckerbäcker, Schulknaben; gegen Blattern und eheliche Unfruchtbarkeit.

25. Februar

HL. MARGARETA VON CORTONA

Büßerin, 1247–1297

Ein reicher Kaufmann aus Montepulciano verführte die putz- und gefallsüchtige 16jährige Margareta. Heimlich verließ sie das elterliche Haus und lebte neun Jahre mit ihm in Reichtum und Glanz, doch im Stand der Sünde, ohne das Sakrament der Ehe.

Da ereignete es sich, daß der Kaufmann von einer Reise nicht wie angekündigt zurückkam. Margareta wurde immer unruhiger und begann schließlich nach ihm zu suchen. Vor der Stadt stürzte plötzlich sein Hund auf sie zu, zupfte sie jaulend am Rock und sprang in das nahe Wäldchen. Sie folgte ihm zu einem Reisighaufen, wo er winselnd scharrte. Als sie ein paar Zweige entfernte, lag vor ihren Augen der ermordete Geliebte. Räuber hatten ihn überfallen, ausgeplündert und abgeschlachtet. Würmer krochen schon in den klaffenden Wunden, der Modergeruch der begonnenen Verwesung war betäubend. Stumm vor Schmerz starrte die junge Frau auf den Leichnam, bis es plötzlich aus ihr hervorbrach: »Um dieses faulenden, stinkenden Körpers willen habe ich gesündigt. Ich habe Gott verachtet. Barmherziger, ich will Buße tun.«

Mit einem Strick um den Hals kniete sie am Sonntag vor der Kirchentüre. So begann ihre Sühne. Im Frauenkloster des hl. Franziskus zu Cortona tat sie Buße bis an das Ende ihres Lebens. An ihrem Grab geschahen viele Wunder, und als man nach vierhundert Jahren ihren Sarkophag öffnete, fand man ihren Leib ohne das kleinste Merkmal der Verwesung in ausnehmender Schönheit.

A: als Franziskaner-Terziarin mit Kreuz und Marterwerkzeugen Christi; mit Hund; kniet vor Kruzifix, einen Strick um den Hals.

P: von Cortona (Toscana); der Büßerinnen und reuigen Dirnen.

F: auch am 22. Februar.

26. Februar

SEL. EDIGNA

Einsiedlerin, † um 1109

Edigna war eine Prinzessin aus Frankreich, möglicherweise eine Tochter König Heinrichs I. oder Philipps I. Da sie sich von ihren Eltern nicht zur Ehe zwingen lassen wollte, fuhr sie eines Nachts heimlich auf einem Ochsenkarren davon. Sie hatte einen Hahn mitgenommen und ein Glöcklein aufgehängt und ließ dem Gespann freien Lauf. Die Fahrt ging immer weiter ostwärts, bis nach Bayern hinein. Bei Fürstenfeldbruck im Orte Puch, krähte plötzlich der Hahn ganz laut, und das Glöcklein bimmelte von selbst. Edigna erkannte, daß dies der ihr bestimmte Platz war, und bezog in einer hohlen Linde Wohnung. Dort betete und fastete sie 35 Jahre. Den Menschen, die sie wegen Leiden und Unglücksfällen aufsuchten, schenkte sie Rat, Hilfe und Heilung. Nach ihrem Tode mehrten sich die Wunder. Aus ihren Gebeinen und aus der Linde floß ein Öl, das viele Kranke heilte. Als aber die Bewohner der Gegend damit Handel zu treiben anfingen, hörte der Ölfluß auf.

A: in der Linde mit Lilie, auch mit Pilgern; auf Ochsenkarren mit Hahn und Glocke; mit Buch, Hahn und Krone.

P: zur Wiedererlangung verlorener oder gestohlener Gegenstände.

27. *Februar*

HL. BALDOMER

(Galmier)

Schlosser, † um 650

Von allen Geboten, die das Christentum den Franken auferlegte, war für sie die Heiligung des Sonntags am schwersten zu begreifen. Daß man an einem bestimmten Tag der Woche die Arbeit gänzlich unterlassen solle, wollte ihnen nicht eingehen. Verschiedene Ereignisse, von denen der hl. Gregor von Tours berichtet, offenbarten hingegen die verderblichen Folgen der Sonntagsarbeit. Bauern wurden blind, Mägden verdorrte die Hand, und Hausfrauen wurden von schrecklichem Ausschlag befallen. In der Sonntagsnacht gezeugte Kinder kamen als Mißgeburten auf die Welt, denn in dieser Nacht sollte man sich auch des Beilagers enthalten.

Um so bemerkenswerter erscheint in solcher Umgebung die Tugend des hl. Baldomer. Er war von Stande ein Schlosser und hielt sich schon als Geselle von Frauen und

Lustbarkeiten fern. Jeden Tag verrichtete er vor der Arbeit sein Morgengebet und suchte danach die Kirche auf. Bekannt war er für seinen Wahlspruch, den er zu allen Anlässen gern im Munde führte: »Im Namen des Herrn, Gott sei allzeit gedankt.« Die Arbeit ging ihm stets leicht von der Hand, und er erwarb sich ein hübsches Vermögen. Da er unverheiratet war, wählte er die Armen zu seinen Kindern. Er besorgte ihnen Nahrung und Unterkunft, im Winter schenkte er ihnen Kleidung. Seine Lehrjungen hielt er zu Zucht und Anstand an, lehrte sie alle Fertigkeiten seines Handwerks und ermahnte sie zum häufigen Besuch des Gottesdienstes.

Als Baldomer schon ein hohes Alter erreicht hatte, sah ihn an einem Sonntag der Abt Viventius in der Kirche beten. Die Andacht, die aus dem Antlitz des frommen Meisters leuchtete, machte ihn aufmerksam, und er redete ihn nach der Messe an. Als er im Gespräch feststellte, welch seltenen Menschen er vor sich hatte, empfahl er ihm, sich in sein Kloster aufnehmen zu lassen. Baldomer befolgte den Rat, verschenkte seine Habe an die Armen und führte im Kloster ein so heiligmäßiges Leben, daß sogar die Vögel seine Herzensgüte bemerkten, zu seinen Mahlzeiten herbeiflogen und Brosamen aus seinen Händen pickten.

Die Reliquien des Heiligen bewirkten zahlreiche Wunder, sein Grab wurde zu einem vielbesuchten Wallfahrtsort.

A: mit Schurzfell, Hammer und Zange in der Hand.
P: der Schlosser.

28. (29.) Februar

HL. ROMANUS

Abt von Condat, † um 460

Gemeinsam mit seinem Bruder Lupicinus zog sich Romanus in die Einsamkeit zurück, um ein frommes, beschauliches Leben zu führen. Sie siedelten sich in der Bergwildnis nahe der Stadt Aventicum an und füllten ihre Tage damit, Psalmen zu singen und nach Wurzeln zu suchen, ihrer einzigen Nahrung. Oft wurden sie jedoch in ihrer Andacht durch Steinschläge gestört und vermuteten darin das Werk böser Dämonen. Als sie sogar ernstliche Verwundungen erlitten, wichen sie in ein bewohntes Tal und nahmen Herberge bei einer armen, gottesfürchtigen Frau. Nach einiger Zeit machte ihnen ihre Gastgeberin Vorwürfe, daß sie zu schnell vor den Dämonen kapituliert hätten. Da kehrten sie in die Wälder zurück und gründeten das Kloster Condat, dessen Ruf sich bald im Lande verbreitete und das viele heilsbegierige Männer anzog. Der Andrang war so groß, daß noch zwei weitere Niederlassungen gebaut wurden. Der strenge und rauhe Lupicinus führte die Gesamtleitung, während Romanus mit seinem stillen, sanften Wesen das geistliche Leben in den Klöstern beförderte.

Romanus besaß auch die Gabe des Heilens. Als er einmal unterwegs war, mußte er, von einem Unwetter überrascht, in einem Siechenhaus einkehren. Darin wohnten neun Aussätzige. Er verlangte sofort nach warmem Wasser und wusch ihnen mit eigener Hand die Füße. Dann ließ er ein großes Bett bereiten, um mit ihnen allen gemeinsam zu schlafen. Während die Siechen schlummerten, berührte Romanus unter Gebeten die offenen Eiterbeulen an der Seite des einen. Dieser erwachte und tat desgleichen mit seinem Nachbarn, jener wiederum mit dem nächsten und so fort, bis sich alle gesund fühlten. Sie standen auf und stellten fest, daß ihre Haut heil und frisch geworden war.

Als sich Romanus auf den Tod vorbereitete, wollte sein Bruder eine gemeinsame letzte Ruhestätte im Kloster anlegen. Aber Romanus wandte dagegen ein, daß dann keine Frauen Zugang zum Grabe hätten. Und so wurde er nach seinem Hinscheiden etwa zehn Meilen abseits auf einem kleinen Berg bestattet. Lupicinus überlebte ihn um 20 Jahre und wurde in der Klosterkirche beigesetzt. Sein Fest wird am 21. März gefeiert.

A: als Mönch mit Kette um den Leib; als Einsiedler unter einem Feigenbaum, ein Buch lesend; vom Teufel mit Steinen beworfen; heilt Kranke mit Kruzifix; mit Handglocke und Brotkorb an einem Seil.

1. März

HL. SUITBERT

(Swidberd, Suitbrecht, Swibert)

Missionar, † 713

Suitbert war geborener Engländer und wurde vom hl. Wilfried zum Wanderbischof geweiht. Er kam zusammen mit dem hl. Willibrord nach Deutschland und missionierte hauptsächlich am Niederrhein. Bekehrungen gelangen ihm vor allen unter den an Lippe und Ruhr siedelnden Brukterern. Er zeigte ihnen zunächst, wie man Land rodet, ertragreich Getreide anbaut und Pferdezucht betreibt, und weckte auf diese Weise ihre Aufgeschlossenheit für die neue Religion. Bald aber drangen die Sachsen aus ihren dichten Wäldern hervor und schlugen die Brukterer vernichtend.

Suitbert mußte fliehen und rettete sich auf fränkisches Gebiet. Pippin von Heristal schenkte ihm die Rheininsel Kaiserswerth bei Düsseldorf. Dort baute Suitbert ein Kloster, in dem viele junge Missionare für die Zivilisierung der barbarischen Germanenstämme ausgebildet wurden. Er sorgte außerdem dafür, daß nachts auf der Insel stets ein großes Feuer brannte, um den Schiffen den Weg zu weisen.

Nach dem Tode des Heiligen fiel einmal das Töchterchen eines Rheinschiffers über Bord und ertrank. Der verzweifelte Vater begab sich mit der Leiche auf den Armen zum Altar des hl. Suitbert und rief sein Mitleid an. Sogleich erschien ihm dieser, lächelte tröstend und berührte das Mädchen mit der Hand. Das Kind regte sich, setzte sich auf und fragte verwundert, was geschehen sei. Aber der Heilige war schon verschwunden.

A: als Bischof mit Stab und Stern; einen Toten erweckend; Gefangene befreiend.

2. März

HL. CEADDA

(Chad, Cedda)

Abt von Lastingham, Bischof von Lichfield, † 672

Ceadda war ein Schüler des hl. Aidan und ein Bruder des hl. Cedd. Als Abt von Lastingham in Yorkshire und später als Bischof von Lichfield wirkte er segensreich für die Festigung des Glaubens im Königreich Mercia.

Einst hatte er sich allein zum Gebet in die Kapelle zurückgezogen. Da hörte der Mönch Owine, der sich gerade als einziger in der Nähe befand und Gartenarbeiten verrichtete, plötzlich ein lautes Singen und Jauchzen vom Himmel herabkommen. Die Musik drang über das Dach in die Kapelle ein und erfüllte sie. Nach Ablauf etwa einer halben Stunde stieg der Freudengesang wieder durch das Dach nach oben und kehrte in den Himmel zurück. Während Owine noch verzückt der Musik nachlauschte, öffnete Ceadda ein Fenster und winkte ihn zu sich. Er vertraute ihm an, daß seine Todesstunde bevorstehe, und bat darum, die anderen Geistlichen zu verständigen, damit sie für ihn beteten und auch künftig die Regeln einhielten. Owine aber fragte ihn nach der Bedeutung des überirdischen Gesanges. Ceadda gebot ihm, darüber bis zu seinem Tod zu schweigen, und gab ihm dann die Antwort: »Es waren tatsächlich die Engel. Sie haben versprochen, in sieben Tagen wiederzukommen und mich in den Himmel zu holen.« Und so geschah es.

An Ceaddas Grab ereigneten sich zahlreiche Heilungen. So erlangte, wie der hl. Beda erzählt, ein Wahnsinniger, der nachts umhergeirrt und schließlich dort eingeschlafen war, am andern Morgen wieder seinen Verstand.

A: im Meßornat mit Mitra und Stab.

3. März

HL. KUNIGUNDE

Kaiserin, † 1033

Kunigunde von Luxemburg war eine fromme Jungfrau von außerordentlicher körperlicher Schönheit und glänzenden Geistesgaben. Von ihren Eltern mit dem späteren Kaiser Heinrich II. verheiratet, entdeckte sie in der Hochzeitsnacht ihrem Gemahl den Wunsch nach ewiger Reinheit. Der Bräutigam war weit davon entfernt, ihr zu zürnen. Im Gegenteil, er legte selbst sofort das gleiche Gelöbnis ab. Diese Verpflichtung erwies sich der Eintracht der beiden Gatten keineswegs nachteilig. Sie knüpfte das Band der Liebe nur um so enger, denn nach den Worten des einzig eingeweihten Beichtvaters wurde sie »nicht verunreinigt von sinnlichen Genüssen«.

Nachdem Heinrich 1014 in Rom zum Kaiser gekrönt worden war, eiferten sie weiterhin geradezu im Wettstreit miteinander darum, wer Gott durch Andacht, Unterstützung der Armen und Ausschmückung der Kirchen mehr erfreuen könne. Doch erregte solche Tugendhaftigkeit auch Mißgunst. Boshafte Menschen flüsterten dem Kaiser Gerüchte ins Ohr, seine Gemahlin unterhalte ein sündiges Verhältnis zu einem jungen Ritter am Hofe. Tatsächlich begann Heinrich an der Keuschheit seiner Gattin zu zweifeln. Kunigunde litt schwer unter diesen Anschuldigungen. Um sich zu rechtfertigen, erklärte sie sich bereit, ein Gottesurteil auf sich zu nehmen.

Man hatte auf fünfzehn Schritt rotglühende Pflugscharen aneinandergelegt Mit den Worten »Herr, sei mein Zeuge, daß ich weder mit meinem Gemahl noch mit einem anderen Mann ehelichen Umgang gepflogen habe«, schritt sie barfüßig, ohne den geringsten Schmerzenslaut über die Leidensstrecke. Ärzte bezeugten nach sorgfältiger Untersuchung, daß sie nicht die geringsten Brandwunden aufweise. Unter nicht enden wollendem Jubel des Volkes verließ die Kaiserin an der Seite des reumütigen Gemahls die Richtstätte.

Heinrich starb 1024. Kunigunde verschenkte ihr gesamtes Erbe an die Kirche, an Arme und Sieche, und gegen Ende ihres Lebens nahm sie den Schleier.

Als sie im Sterben lag, bemerkte sie, daß man ein kostbares, goldgesticktes Tuch herrichtete, um ihre Leiche damit zu bedecken. Da bot sie ihre letzte Kraft auf und gab nicht länger Ruhe, bis man ihr versprochen hatte, sie im gewöhnlichen Ordenskleid zu bestatten. Erst dann entschlief sie heiter.

A: mit Kaiserkrone und Kirchenmodell; Pflugschar neben sich; als Nonne mit Buch.

P: der Kinder und schwangeren Frauen.

4. März

HL. KASIMIR

Königssohn in Polen, 1458–1484

Kasimir war ein Sohn des polnischen Königs und mit vortrefflichen Anlagen ausgezeichnet: scharfsinnig und klug, ernst und gefällig, bescheiden und züchtig, gehorsam und eifrig. Von der Pracht und Weichlichkeit des Hofes hielt er sich fern. Wenn der Hofmeister seinen Fleiß belohnen wollte und ihn nach einem Wunsch fragte, antwortete Kasimir stets: »Ich finde nirgends mehr Freude als in der Kirche vor dem Altar.« Auf bloßem Leibe trug er ein Bußhemd aus rostigen Eisenringen, und er fastete mit erfinderischer Strenge. Stets schlief er auf dem kalten Steinfußboden und ließ das fürstliche Daunenbett neben sich unberührt.

Maria zu Ehren legte er das Gelübde ab, seine Reinheit unversehrt zu bewahren. Mit 24 Jahren wurde Kasimir lebensgefährlich krank. Die zu Hilfe gerufenen Ärzte erklärten, es gebe nur ein Mittel: Der Prinz müsse heiraten. Diese Zumutung rötete das bleiche Antlitz des Kranken und er sprach: »Selbst wenn ich 1000 Leben hätte, so würde ich in keinem einzigen meine Keuschheit aufs Spiel setzen.« Trotz der flehentlichen Bitten von Verwandten und Volk bewahrte er sein Gelübde. Sterbend bat er, ein selbstverfaßtes Marienlied in den Sarg gelegt zu bekommen.

Als nach 120 Jahren der in einem feuchten Gewölbe abgestellte Sarkophag geöffnet wurde, fand man Kasimir unversehrt vor, in frischen Kleidern, das Papier mit dem Lied auf der Brust.

Viele Wunder ereigneten sich nach seinem Tode. Als 1518 der russische Zar mit einer starken Streitmacht die Stadt Polozk belagerte, eilten ihr die Polen zu Hilfe. Aber zwischen ihnen und der Festung lag die tiefe und reißende Dwina. Vergeblich bemühten sich die Heerführer, eine Furt aufzuspüren. In ihrer Not riefen sie den hl. Kasimir an. Plötzlich erschien ein Jüngling in weißer, glänzender Rüstung auf einem Apfelschimmel und rief: »Hieher — mir nach!« Er leitete sie durch die Fluten. Die Polen überraschten den Feind, errangen einen großen Sieg und befreiten Polozk, das sich schon verloren glaubte.

A: in polnischer Tracht mit Zepter und Königskrone, mit Lilie.

P: der Jugend, Keuschheit; Polens und Litauens; bei Kämpfen gegen Religions- und Vaterlandsfeinde; gegen Pest.

5. März

HL. GERASIMUS

Eremit in Palästina, † 475

Der Ruf von der strengen Lebensweise des Gerasimus durchdrang alle Länder des Orients. Seine Speise bestand in der Fastenzeit nur aus der hl. Hostie.

Als er eines Tages am Jordan entlangwanderte, begegnete er einem Löwen. Dieser schrie jämmerlich und streckte eine Pfote in die Höhe, denn er hatte sich einen Stachel eingetreten. Der fromme Greis nahm unerschrokken die wunde Tatze der Bestie, zog den Stachel heraus, reinigte die Wunde von Eiter und verband sie. Dann wollte er wieder seines Weges gehen, aber der Löwe verließ nun seinen Wohltäter nicht mehr. Er folgte ihm brav und treu wie ein Hund und verrichtete manche Botendienste für ihn.

Gerasimus gab ihm fünf Jahre lang täglich Nahrung und lebte mit ihm bis zu seinem Tod zusammen. Am Tag jedoch, als er verschied und begraben wurde, war der Löwe gerade nicht zugegen. Nach einiger Zeit kam er zurück und suchte seinen Wohltäter. Er nahm keine Nahrung an und brüllte immer mehr. Ein Mönch führte schließlich das Tier zum Grab des Heiligen, kniete davor nieder, weinte und betete. Da warf sich auch der Löwe zu Boden, schlug das Haupt in den Sand und verließ den Ort nicht mehr, bis er ebenfalls starb.

A: mit Löwen, der ihm einen Korb nachträgt.

F: auch am 20. März.

6. März

HLL. PERPETUA und FELICITAS

Märtyrerinnen, † 202/203

Die edle Perpetua aus Karthago war zusammen mit ihrer Sklavin Felicitas des Christentums verdächtig. Im Gefängnis blieben beide Frauen standhaft, aber Felicitas fürchtete, nicht mit den übrigen Christen gemeinsam den Martertod sterben zu können; denn sie war schwanger. Nun vereinigten alle Mitgefangenen ihre Gebete, und bald gebar sie ein Mädchen, das von einer Schwester aufgenommen und erzogen wurde.

Ein Bruder Perpetuas war im Alter von sieben an einem Gesichtskrebs gestorben. Alle, die diesen gesehen hatten, waren von Grauen geschüttelt worden. Nun sah Perpetua des Nachts in einer Erscheinung, wie der Bruder an einem düsteren Orte an Hitze und Durst litt, im Gesicht das riesige Geschwür, an dem er gestorben war. Perpetua betete inbrünstig für ihn, und in der nächsten Nacht hatte sich das Bild gänzlich verwandelt. Ihr Bruder erfrischte sich wohlgekleidet und in lichter Umgebung an einem reinen Wasser, und wo das Gebrest gewesen, war nur noch eine Narbe. Als er schließlich davonlief, um nach Kinderart zu spielen, erkannte Perpetua, daß er von seiner Strafe befreit worden war.

Diese Geschichte wurde später oft als Zeugnis dafür angeführt, daß schon die alten Christen ein Fegefeuer kannten.

Am Tage ihrer Prüfung schritten sie freudig entschlossen aus dem Kerker zur Arena. Das Volk forderte die übliche öffentliche Geißelung vor dem eigentlichen Zirkusschauspiel.

So mußten alle nackend durch ein Spalier der Tierwärter laufen, die mit Geißeln zuschlugen, an deren Ende eiserne Kugeln befestigt waren. Nur mit einem Netz bekleidet, wurden Felicitas und Perpetua einem besonders bösartigen Stier preisgegeben. Das Volk aber murrte, weil die eine so zart war, die andere erst vor drei Tagen entbunden hatte. Man warf ihnen daher ein flatterndes Gewand ohne Gürtel zu. Der Stier griff an und stieß als erste Perpetua zu Boden. Sie bemerkte, daß ihr beim Sturz das Kleid über den Lenden aufgerissen worden war, und zog es schamhaft über die entblößten Schenkel. Dann eilte sie zu der ebenfalls hingestreckten Felicitas, gab ihr die Hand und richtete sie auf.

Einem menschlichen Gefühl folgend, begnadigten die Zuschauer alle Gefangenen zum Schwerttod. Ohne einen Laut von sich zu geben, starben Felicitas und die anderen

Christen. Perpetua aber fiel in die Hände eines jungen Gladiators, den man durch solche Übungen an Blutvergießen gewöhnen wollte. Sein Schwert rutschte ab und traf sie zwischen die Rippen. Laut schrie sie auf, und ihr Schrei ließ die Zuschauer erbeben. Dann aber führte sie selbst die zitternde Hand des Athleten und richtete die Schwertspitze gegen die eigene Kehle.

A: beide mit Stier neben sich. Perpetua, in der Arena zum Himmel weisend. Felicitas mit Kreuz in der Hand und Kind auf dem Schoß.

7. März

HL. THOMAS VON AQUIN

Kirchenlehrer, 1225–1274

Thomas von Aquin war von klein an unerhört gescheit und wurde schon als Vierzehnjähriger für fähig befunden, die Universität zu besuchen. Als er sich später dem Bettelorden der Dominikaner anschließen wollte, war die Familie, das vornehme Grafengeschlecht der Aquino, empört. Seine Brüder nahmen ihn gefangen, warfen ihn in den Schloßturm und schnitten seinen Habit in Stücke.

Weil Thomas festen Sinnes blieb, schickten sie ihm eine der schönsten Buhlerinnen des Landes auf sein Zimmer, der sie reichen Lohn versprachen, wenn sie ihn umstimmen könne. Sie setzte alles ein, was sie an Verführungskunst und schamlosen Reizen aufzubieten hatte, aber Thomas ergriff eine Fackel, ging damit auf sie los und jagte sie schließlich in die Flucht. Trotz seines Sieges empfand er jedoch eine geheime Beschämung und dankte dem Herrn, daß er dieser demütigenden Lage entronnen war. Und von nun an blieb er während seines ganzen Lebens nicht nur von allen Versuchungen frei, sondern sogar von der mindesten Regung des Fleisches.

Einige verkleidete Ordensbrüder ermöglichten ihm die heimliche Flucht aus dem Kerker, und als der Papst selbst zugunsten des jungen Gelehrten eingriff, fügte sich die Familie. Thomas, von seinem Orden nach Paris und Köln geschickt, studierte dort bei Albertus Magnus und wurde zum größten Gelehrten des Mittelalters.

Nach seinem Tod ruhte sein Leichnam mehrere Jahre frisch, unverwest und wohlriechend im Kloster Fossanuova, bis ihn Papst Urban V. 1368 nach Toulouse überführen ließ. Die Dominikaner von Paris erhielten einen Arm, und für die Ordensbrüder von Neapel trennte man eine Hand ab. Sie wurde in San Severino aufbewahrt, wohin nach Jahrzehnten ein Reliquienhändler kam. Als man ihm die Hand zeigte, äußerte er sich ungebührlich darüber, und augenblicklich befiel ihn ein Zittern am ganzen Leib. Sein Kopf dünkte ihn dick und schwer wie ein Faß. Da erkannte er seine Sünde, fiel auf die Knie und bereute. Sogleich verschwand das Übel. Beim Weggehen nahm er einen so starken Wohlgeruch mit sich, daß alle sich wunderten.

A: im Dominikanerhabit mit Buch und Kelch, mit Monstranz; mit Taube; Sonne auf der Brust; mit Lilie, Mitra, Stab und Kardinalshut zu Füßen (weil er alle geistlichen Ehren abwies); mit Fackel gegen eine Versucherin; von Engeln gegürtet.

P: von Neapel; der Keuschheit; der katholischen Wissenschaft und der studierenden Jugend; der Dominikaner, der Buchhändler und Bleistiftfabrikanten; gegen Blitz und Sturm.

8. März

HL. JOHANNES VON GOTT

Ordensgründer, 1495–1550

Der Portugiese Johannes diente als spanischer Soldat. Die Ausschweifungen des Lebens im Felde verdarben seinen ursprünglich keuschen Sinn, und er befleckte sich mit mancherlei Sünden. Im Krieg gegen die Türken errang er sich vor Wien eine Ehrenmedaille. Nach dem Friedensschluß reiste er zurück in die Heimat und erfuhr, daß seine Eltern an Gram gestorben waren.

Da ging Johannes wieder in die Fremde und wurde bei einer frommen Witwe Schäfer. Auf einsamen Weiden fand er Muße, sein Leben zu überdenken, und es keimte der Wunsch in ihm, anstelle unvernünftiger Schafe unsterbliche Seelen zu hüten. Er verfiel der Idee, den unter muslimischer Herrschaft leidenden afrikanischen Christen zu helfen, aber dazu brauchte er Geld. So begann er auf den Dörfern mit Heiligenbildern, Gebetbüchern und Katechismen zu hausieren. Er gab manch guten Rat dabei und machte besonders auf Kinder großen Eindruck.

Das Geschäft entwickelte sich so erfolgreich, daß er in Granada einen Buchladen eröffnen konnte — ebenfalls mit Erfolg, denn Johannes war höflich, leutselig und wußte seine Kunden vom Nutzen des Lesens und der Ehre des Wissens zu überzeugen. Im Schaufenster legte er aber auch schlechte und unzüchtige Romane aus, um Neugierige in den Laden zu locken. Verlangten sie danach, dann belehrte er sie über die Gefährlichkeit solcher Schriften und brachte es fast stets zustande, daß die eben noch Lüsternen mit frommen Werken unter dem Arm davonzogen. 1539 erschütterten ihn die Worte eines Bußpredigers so sehr, daß er Ströme von Tränen vergoß, laut seine Sünden hinausschrie und sich ächzend, die Haare raufend und die Brust zerkratzend im Straßenkot wälzte. Der Pöbel und die Gassenbuben verhöhnten ihn und schlugen auf ihn ein. Er aber spornte sie an: »Mehr, mehr, Schimpf und Schläge verdiene ich, der ich Gott beschimpft und geschlagen habe!« Im Irrenhaus wurde er acht Monate von den Ärzten, die seinen »Wahn« brechen wollten, aufs entsetzlichste traktiert.

Nach der Entlassung begann er einen erfolgreichen Holzhandel, aus dessen Erlösen er die Armen und Kranken unterstützte. Schließlich stellte ihm der Bischof von Tuy ein größeres Spital nebst reichen Almosen zur Verfügung. So entstand der Orden der »Barmherzigen Brüder«, der schnell anwuchs. Die ungeheuren Anstrengungen verzehrten rasch die Kräfte des Gründers. Als er todkrank auf seinem Strohsack lag und man ihn zu besserer Pflege in das Haus einer reichen Dame übersiedeln wollte, bat er, allein gelassen zu werden. Am nächsten Tag fand man ihn angekleidet auf der Betbank kniend. Er war tot.

A: Körbe auf dem Rücken tragend, mit Quersack, zwei Töpfe an den Hals gebunden (als Almosensammler); mit Kruzifix und Rosenkranz in der Hand; mit Jesuskind auf dem Arm, das einen Granatapfel hält (es sagte ihm den Tod in Granada voraus).

P: der Buchdrucker, Buchhändler und Papiermüller; der Kranken und des Krankenhauspersonals.

9. März

HL. FRANZISKA VON ROM

Witwe, 1384–1440

Die hl. Franziska, von angesehenen Eltern in Rom geboren, weinte schon als Säugling, wenn die Mutter sie in Gegenwart des Vaters oder eines anderen Mannes baden oder wickeln wollte. Noch weniger duldete sie es, daß ein Mann ihr schmeichelte oder ihr Gesichtchen berührte. Vom sechsten Jahr an legte sie sich für begangene Sünden strenge Bußen auf und hegte den Herzenswunsch, ihre Jungfräulichkeit unversehrt für Jesus zu bewahren. Allein die Eltern verlobten sie zwölfjährig mit einem römischen Edlen, Lorenzo Ponzani. Sie fügte sich und war ihrem Gemahl vierzig Jahre lang eine treue Ehefrau.

Vom ersten Tag der Verheiratung an jedoch mied Franziska alle gefährlichen Ergötzlichkeiten. Die Damen ihrer Bekanntschaft forderten sie auf, zu Gesellschaften, Bällen und öffentlichen Lustbarkeiten mitzukommen, doch sie weigerte sich beharrlich. Am liebsten widmete sie sich dem Gebet und der geistlichen Betrachtung. Dennoch zögerte sie keinen Augenblick zu gehorchen, wenn ihr Gemahl sie rief, und sie bemühte sich, ihren häuslichen Geschäften pünktlich nachzukommen. Mit seiner Erlaubnis legte sie alles Gold und Silber ab und trug nur ein Gewand aus grober Wolle. In ihrem Hause fanden sich kein überflüssiges Prunkgerät, keine die Sinne reizenden Bilder, keine abergläubischen oder liederlichen Bücher.

Trotz — oder wegen — ihrer Frömmigkeit mußte Franziska schlimm unter den Bedrängungen böser Geister leiden. Sie erschienen ihr während der Hausarbeit in Form von Schlangen, Hunden, widerwärtigen Menschen, gossen Jauche in den frisch gereinigten Speisesaal, packten sie von hinten an den Haaren und rissen sie zu Boden. Manchmal nahmen sie die Gestalt von Engeln an, sausten mit ihr hoch in die Luft und ließen sie dann unter Hohngelächter auf den Boden stürzen. Sie stellten ihr beim Tragen von Küchengerät das Bein oder warfen sie mit großer Gewalt die Kellertreppe hinunter. Als sie einmal mit dem Lesen heiliger Bücher beschäftigt war, erschienen mehrere Teufel in Gestalt wilder Tiere, zerrissen ihre Lektüre und warfen sie in einen großen Aschenhaufen. Dann schindeten sie Franziska so sehr, daß sie kaum noch als weibliches Wesen zu erkennen war.

Die Heilige ließ sich durch all diese Peinigungen nicht einschüchtern. So änderten denn die bösen Geister ihre Methode und versuchten sie durch gleisnerische Versuchungen zu besiegen. Aber Franziska war auch dagegen gewappnet. Beistand erhielt sie von ihrem Schutzengel, mit dem sie sehr vertraut umging. Außerdem erreichte sie eine große Meisterschaft darin, die Sinne abzutöten. Sie untersagte sich den Genuß all dessen, was dem Gaumen schmeicheln kann. Nur bei Krankheit erlaubte sie sich Fleisch. Hartes, verschimmeltes Brot war ihre gewöhnliche Nahrung. Hielt sie sich für schuldig, so züchtigte sie sich ohne Nachsicht. Sündigte sie z.B. mit der Zunge, so biß sie darauf. Ebenso streng verfuhr sie mit den übrigen Gliedern. Mehrmals mußte sie der Beichtvater ermahnen, diese Härte gegen sich zu mildern. So befahl er ihr, einen Bußgürtel abzulegen, weil dadurch schwärende Wunden an Lenden und Bauch entstanden waren.

Franziska gebar vier Kinder, die sie in Ehrfurcht vor Gott mit großer Sorgfalt erzog, unablässig über deren Unschuld wachend. Als ihr Gemahl 1436 starb, eilte sie barfuß, mit einem Strick um den Hals, zum Haus einer frommen Damenvereinigung, die sie selbst vor Jahren gegründet hatte. Auf Befehl ihres Beichtvaters übernahm sie die Leitung des Hauses und wurde so zur Stifterin des Olivetaner-Oblatinnen-Ordens.

A: im Benediktinerhabit; einen Engel an der Seite, vor Monstranz kniend, deren Strahlen ihr Herz treffen; mit Maultier, das mit Holz für die Armen beladen ist; mit Brotkorb; mit zerbrochenen Pfeilen.

P: der Frauen; der Autofahrer und des Verkehrs (neben Elias und Christophorus); gegen Pest; gegen die Qualen des Fegefeuers.

10. März

DIE VIERZIG HLL. MÄRTYRER VON SEBASTE

† um 320

Bei der in Armenien stationierten römischen Legion wurde der kaiserliche Befehl verlesen, alle sollten den

Göttern opfern. Da traten 40 Soldaten vor und bekannten sich als Christen. Der Richter überlegte lange, wie er ihren Willen brechen könne, und schloß in Erwägung ihrer soldatischen Tapferkeit alle gewaltsamen Mittel wie Schwert, Feuer und Folter aus. Statt dessen ließ er sie nackt auf einem gefrorenen Teich anpflocken, bei härtester Winterkälte und Nordwind. In der Nähe aber standen Dampfbäder und geheizte Zimmer für jeden Abschwörenden bereit.

Drei Tage dauerte das Martyrium. Der hl. Basilius hat in einer Preisrede auf die Märtyrer von Sebaste die Qual des Erfrierens geschildert: »Wenn der Körper die Wärme verliert, so wird er zunächst bleich und blau durch das geronnene Blut, die Zähne schlagen krampfhaft aufeinander, die Nerven und die ganze Masse des Körpers zieht sich gewaltsam zusammen. Ein scharfer Schmerz, eine unbeschreibliche Pein dringt bis in das Mark und macht dem Erstarrten ein unerträgliches Weh. Dann sterben die äußeren Glieder ab, wie wenn sie durch Feuer versengt wären. Denn wenn die Wärme aus den äußeren Teilen zurückgedrängt ist und zu den inneren, dem Herzen näheren flüchtet, läßt sie die Glieder, von welchen sie gewichen ist, tot zurück; die Teile aber, wohin sie getrieben wird, quält sie mit Schmerzen, und der Tod rückt so immer weiter vor.«

Da geschah es, daß einer schwach wurde. Er lief mit dem Vorsatz zu widerrufen in das warme Bad. Aber kaum hatte er es betreten, da brach er vom Schlag gerührt tot zusammen. Einer der Badewärter sah jedoch über den Leibern der Standhaften einen hellen Schimmer, und es schwebten strahlende Kronen vom Himmel herab. Wie ein Blitz durchzuckte ihn der Entschluß: Ich will auch Christ sein. Und so riß er sich die Kleider vom Leib und stellte sich zu auf den auf dem Eise Ausharrenden.

Die Leichen wurden verbrannt, aber die Asche gelangte als kostbare Reliquie in zahllose Kirchen des Ostens wie des Westens. Die Namen der Märtyrer sind überliefert als Acacius, Aetius, Alexander, Angias, Athanasius, Cajus, Candidus, Chudion, Claudius, Cyrillus, Domitian, Domnus, Ecditius, Eunoicus, Eutychius,

Eutyches, Flavius, Gorgonius, Helianus, Helias, Heraclius, Hesychius, Johannes, Leontius, Lysimachus, Meliton, Nicolaus, Philoctimon, Priscus, Quirion, Sacerdos, Severian, Sisinius, Smaragdus, Theodulus, Theophilus, Valens, Valerius, Vivianus und Xanthias.

A: als Gruppe nackter Männer, der Abtrünnige verschwindet in der offenen Tür des Badehauses, der Bekehrte wird begrüßt.

F: auch 9. März.

11. März

SEL. HEINRICH AMANDUS SEUSE
(Suso)

Dominikanermönch, 1295–1366

In Konstanz aus einem alten Rittergeschlecht geboren, zeichnete sich Heinrich unter allen Geschwistern durch eine besondere Frömmigkeit aus. Mit 10 Jahren beschloß er, dem Glanz der Welt zu entsagen, und trat bei den Dominikanern ein. Die Oberen schickten den begabten Jüngling zum Studium nach Köln und wünschten auf Grund seiner Erfolge, er möge die Doktorwürde erwerben. Seine Demut aber ließ ihn so inständig um Verschonung von dieser Auszeichnung bitten, daß man ihm erlaubte, sich ganz der Seelsorge zu widmen. Als Beichvater und Prediger hatte er erstaunliche Erfolge in ganz Deutschland, in der Schweiz und in Belgien. Dies schuf ihm jedoch auch viele Neider, und bald sah er sich bösartigen Verleumdungen ausgesetzt. Er wurde als Kirchenräuber, scheinheiliger Betrüger, als Giftmischer und sogar als Ketzer verschrien. Ein loses Weib behauptete, er sei der Vater ihres Kindes, und Heinrich mußte ein Jahr lang ihren Unterhalt bezahlen, die Mißachtung seiner Brüder und den Spott der Welt ertragen, bis sich seine Unschuld schließlich erwies.

Zu allem Überflusse fiel seine Schwester, die ebenfalls in ein Kloster eingetreten war, der Finsternis der Todsünde anheim. Sie floh und gab sich einem jungen Ritter hin, mit dem sie längere Zeit unverheiratet zusammenlebte. Nur mit unendlicher Geduld gelang es Heinrich, sie wieder auf den Pfad der Tugend und ins Kloster zurückzubekommen.

In diesen Betrübnissen stand er jede Nacht von seinem harten Lager auf und übte sich in der Beschauung der Leiden Jesu. Mit einem eisernen Griffel ritzte er den Namen Jesu so tief in seine Brust ein, daß das Blut auf den Boden der Zelle hinabfloß.

Auf dem Gebiet des Fastens hielt er strengste Disziplin. Einst kam er in eine Anfechtung, daß es ihn nach Fleisch gelüstete. Jahrelang hatte er keines mehr gegessen. Unmittelbar nach dem Genuß desselben erstand vor ihm eine ungeheure Höllengestalt. Sie zog einen greulichen Bohrer heraus und sprach zu ihm: »Da mir mehr nicht erlaubt ist, will ich deinen Leib mit diesem Bohrer peinigen, daß es dir ebenso weh tut, wie deine Lust, Fleisch zu essen, groß war.« Und der Dämon machte Ernst: Heinrich schwollen die Kinnbacken und Zähne, daß er den Mund nicht mehr auftun konnte. Drei Tage lang vermochte er nur zu sich nehmen, was er durch die Zähne saugen konnte.

Zur Ertötung anderer fleischlicher Regungen dachte er sich wirksame Mittel aus. Er nähte selbst eine lederne Hose, in die er einen Schmied 150 Nägel einarbeiten ließ. Tag und Nacht trug er sie unter seinem Habit. Mit der Zeit nisteten sich Wanzen und andere Parasiten ein und peinigten ihn ununterbrochen, was er aber heroisch ertrug. Damit er nicht etwa nachts in Versuchung käme, die Hose auszuziehen, steckte er seine Hände in Lederschlaufen und genagelte Handschuhe, so daß er bei jeder Bewegung im Schlaf sofort schmerzhaft geweckt wurde. Auch andere Körperteile züchtigte er so sehr, daß oft sein ganzer Leib von offenen Wunden bedeckt war. Das Ungeziefer und die Fliegen, die sich an den Schwären gütlich taten, ertrug er mit beispielhafter Geduld. Seiner Gesundheit allerdings setzten diese Formen der Selbstkasteiung so zu, daß er in ernster Lebensgefahr schwebte. In seiner Autobiographie schreibt er in dritter Person über sich: »Als seine Natur und seine Adern erkaltet und verwüstet waren, erschien ihm in einem Gesicht am Pfingsttage ein himmlisches Gesinde und verkündigte ihm, daß Gott es von ihm nicht länger haben wollte. Da ließ er davon ab und warf alle Werkzeuge der Abtötung in einen Fluß.«

50 Jahre wirkte Seuse unermüdlich für die Ehre Gottes. Seine vielen Schriften gehören zu den bedeutendsten Zeugnissen der christlichen Mystik. Er starb 1366 als Prior des Dominikanerklosters von Ulm.

A: mit Baum, von dem ihm das Jesuskind Zweige zuwirft; kniend vor einer Frau mit Lilie und Kranz von Rosen um das Haupt; mit Griffel in der Hand und Hund, der rotes Tuch im Maul trägt; mit Teufel als Mohr.

F: auch 25. Januar und 2. März.

12. März

HL. GREGOR I. DER GROSSE

Papst und Kirchenlehrer, um 540–604

In der Zeit, da Gregor von Papst Pelagius zum Kardinaldiakon gemacht wurde, gab es eine große Überschwemmung des Tiber, die viel totes Getier, namentlich Schlangen und einen Drachen, an dessen Ufern auswarf. Durch den Fäulnisgestank ward die Luft vergiftet, und in Rom brach die Beulenpest aus. Man sah Pfeile vom Himmel fliegen, und wen sie trafen, der war tot. Als erster starb Papst Pelagius. Weil die Christenheit aber nicht ohne Papst sein wollte, ertönte einstimmig der Ruf nach Gregor.

Dieser veranstaltete große Prozessionen, doch zunächst stieg die Zahl der Sterbenden auf 80 in der Stunde an. Gregor ermahnte das Volk, unbeirrt im Gebet zu verharren. Als die Seuche schwächer wurde, floh er jedoch vor seinem hohen Amt aus der Stadt. Er wanderte in die Wälder und suchte sich eine verborgene Höhle. Nach drei Tagen aber entdeckten die Römer, die nach ihm forschten, eine klare Lichtsäule, die bis zum Himmel reichte, und ein Eremit im selben Wald sah, wie die Engel darin auf- und niederstiegen. Man fand Gregor und führte ihn nach Rom zurück. Gregor fügte sich, aber er bekannte einem Freund: »Wisset, ich bin so sehr betrübt, daß ich es nicht zu sagen vermag.«

Obwohl er zeitlebens kränklich war, entfaltete er eine rastlose Betriebsamkeit. Er ordnete den päpstlichen Besitz, baute soziale Fürsorge und Armenpflege auf, reformierte die Kirchenzucht, förderte das Klosterwesen, regelte die Liturgie der Messe, redigierte das Meßbuch neu und begründete den »gregorianischen Choral«. Außerdem verfaßte er zahllose Schriften, deretwillen er unter die vier großen lateinischen Kirchenväter gerechnet wird. Er schickte Missionare zu den Angelsachsen und durfte erleben, wie sich die Langobarden in Oberitalien nach der Heirat ihres Königs Agilulf mit der katholischen Bayernprinzessin Theodelinda zum römischen Glauben bekehrten.

A: als Papst mit Buch und Federkiel, Taube auf der Schulter; Arme an seinem Tisch speisend (zwölf waren geladen, aber es kam noch einer ungeladen: Christus); mit Fegefeuer.

P: der Gelehrten, Lehrer, Maurer, Musiker, Sänger, Schüler, Studenten, Schulen; gegen Gicht, Pest.

HL. FINA

Jungfrau, 1238–1253

Fina war eine höchst fromme, bescheidene und sittenreine Jungfrau in San Gimignano. Als sie an einer schweren Krankheit darniederlag, bettete sie sich zur Abtötung des Fleisches auf ein hartes Brett, von dem sie nicht mehr aufstehen wollte. Ihr Leib begann an dem Holz festzuwachsen, endlich zu faulen und einen unerträglichen Gestank zu verbreiten. Dennoch befielen sie Versuchungen. So näherte sich ihr der Teufel in Gestalt einer ungeheuren Schlange, und erst im letzten Moment konnte sie ihn durch das Kreuzzeichen vertreiben. In einer Vision erschien ihr schließlich der hl. Gregor der Große und versicherte ihr, daß sie am Tage seines Gedächtnisses sterben werde. Und so geschah es. Die Glocken begannen im Augenblick ihres Todes von selbst zu läuten. Der üble Geruch ihres Körpers verwandelte sich in paradiesischen Duft. Aus dem fauligen Brett sprossen bunte Blumen in Fülle und bildeten dem Leichnam eine sanfte Ruhestätte. An ihrem Grab wurden viele Kranke gesund.

A: als Mädchen in langem Mantel, mit Blumenbukett.

P: von San Gimignano (Toscana).

13. März

HL. EUPHRASIA

Jungfrau, um 380–410

Die hl. Euphrasia stammte aus einem Nebenzweig des kaiserlichen Hauses von Byzanz. Ihre Mutter, ebenfalls Euphrasia mit Namen, verlor 22jährig den Gemahl und entfloh dem Hofleben, um in Frömmigkeit zu leben. Sie begab sich nach Ägypten, wo sie große Ländereien besaß. Nahebei lag ein Kloster mit 130 Jungfrauen, von deren Gottesliebe sich die junge Witwe heftig angezogen fühlte. Sie bot der Äbtissin eine bedeutende Schenkung an, aber jene lehnte mit den Worten ab: »Wir haben auf alle Güter und Bequemlichkeiten der Welt verzichtet, um das Himmelreich zu erkaufen. Wir sind arm und wollen in Armut sterben.«

Die siebenjährige Euphrasia fühlte sich zu diesem Leben noch mehr hingezogen als ihre Mutter. Als beide einmal den ganzen Tag im Kloster geweilt hatten, wollte Euphrasia nicht mehr fortgehen. Die Oberin belehrte sie, daß an diesem Orte nur bleiben dürfe, wer sich Gott in ewiger Jungfräulichkeit verlobe. Da umfaßte das Kind mit beiden Armen das Bild des Gekreuzigten und rief: »So verlobe ich mich auf ewig mit meinem Heiland und will nur noch hier leben und sterben!«

Die Mutter zeigte sich erschüttert, übergab ihr Kind der Oberin und verließ das Kloster mit Tränen in den Augen. Als sie kurz danach tödlich erkrankte, rief sie ihr Töchterlein und sprach: »Denke nie an deine hohe Herkunft. Sei demütig und arm auf Erden, damit du dir die Schätze des Himmels verdienst.« Und die Jungfrau folgte treu diesem Rat.

Wenn der Teufel sie heftig mit Versuchungen wider ihre Keuschheit plagte, dann kämpfte sie mit Gebeten und kalten Waschungen dagegen an. Die Vorsteherin, der sie diese Anfechtungen offenbarte, trug ihr auf, in der Mittagshitze einen Haufen Steine über den Hof in eine Ecke zu tragen. War sie damit fertig, so sollte sie alles wieder an den alten Platz bringen. Euphrasia tat ohne Widerworte, was ihr aufgetragen ward. Nach 30 Tagen hörten die Versuchungen auf.

Als sie in die Jahre der Reife gelangte, forderte der Kaiser sie in einem Brief auf, zu heiraten. Sie aber schrieb zurück: »Willst Du, daß ich mein Gelübde verletze und mich an einen Sterblichen binde, welcher bald die Speise der Würmer sein wird?« Als er das Schreiben las, weinte der Kaiser und gab nach. Ihr großes Vermögen verschenkte er nach ihrem Willen an die Armen und Kranken. 30jährig starb Euphrasia an einem hitzigen Fieber. An ihrem Grab ereigneten sich viele Wunder.

A: als Nonne; mit Teufel, der sie versucht; mit Lilie und Buch; schlafend, einen Stein unter dem Haupt.

14. März

HL. MATHILDE

Königin und Witwe, um 895–968

Mathilde gebar ihrem Gemahl Heinrich dem Vogler drei Söhne und zwei Töchter. Nach dem Tode des Königs stellte sie sich im Kampf um die Nachfolge zwischen ihren Söhnen Otto und Heinrich auf die Seite des letzteren. Heinrich unterlag, und die Mutter mußte schwer dafür büßen. Es war nämlich nicht nur Kaiser Otto, sondern fast mehr noch ihr Liebling Heinrich, der sie herzlos drangsalierte. Man hatte sie verleumdet, sie verschwende alles an die Armen, und so nahmen ihr die Brüder das Witwengehalt und sogar das Brautvermögen weg und nötigten sie zum Eintritt in ein Kloster. Sie trug dieses Schicksal ergeben und als Strafe für die eigene Sündhaftigkeit — den Söhnen aber brachte ihr Verhalten der Mutter gegenüber wenig Glück. Der eine verlor fortwährend Kriege, der andere zog sich schwere Krankheiten zu und starb schließlich bald darauf. Mathilde trauerte tief um ihn und stiftete zu seinem Gedenken das Kloster Nordhausen.

Otto aber versöhnte sich auf Betreiben seiner Frau Editha und seines Bruders Bruno, des Erzbischofs von Köln, wieder mit der Mutter und besuchte sie mit großem Gefolge. Am Tag der Abreise gingen sie gemeinsam zur hl. Messe, dann umarmten sie sich vor dem Kirchenportal, küßten sich zum Abschied, und Otto schwang sich auf sein Roß. Mathilde aber kehrte in die Kirche zurück, warf sich zu Boden und küßte weinend die Stelle, wo er gestanden hatte. Ein Hofmann berichtete dies dem Kaiser, und dieser kehrte sofort um, fand sie noch kniend am selben Platze vor und sprach zu ihr: »Mutter, wie soll ich Euch solche Liebe vergelten?«

Eine göttliche Eingebung verriet ihr das Nahen des Todes. Sie begab sich nach Qdedlinburg und legte sich, angetan mit einem grauen, härenen Bußkleid auf das Sterbebett. Der Erzbischof von Mainz, ihr Enkel Wilhelm, eilte herbei und konnte ihr noch die letzte Ölung erteilen. Als er wieder aufbrach und ihr einen Priester als Beistand zurücklassen wollte, da sagte sie ihm prophetisch: »Den Priester wirst du auf der Reise nötiger brauchen als ich.« Und Wilhelm starb auf der Reise eines plötzlichen Todes.

A: als Königin und Klosterstifterin (mit Klostermodell im Arm); Almosen austeilend; mit Geißel; mit Hahn oder Hirschkuh.

P: von Quedlinburg, Nordhausen.

15. März

HL. LONGINUS

Soldat und Märtyrer, † um 68

Der Legionär Cassius, der Jesu Seite mit dem Speer durchbohrte, war ein wenig kurzsichtig. Aus der Wunde floß Blut und Wasser die Lanze hinab. Cassius wollte sie abwischen, wobei er mit der blutverschmierten Hand die Augen berührte. Sofort sah er mit der Schärfe eines Adlers nicht nur die weltlichen, sondern auch die himmlischen Dinge. Er ließ sich von den Aposteln taufen und nahm den Namen Longinus an. Bald darauf zog er sich vom Militärdienst zurück und lebte über Jahrzehnte in Kappadozien, wo er durch seinen vorbildlichen Wandel viele zum wahren Glauben bekehrte.

Auf der Suche nach Christen spürten ihn eines Tages die Behörden auf. Longinus wurde zunächst die Zunge abgeschnitten, dann fiel sein Kopf unter dem Schwert. Der verantwortliche Präfekt Octavianus aber büßte seinen Verfolgungseifer schwer: er erblindete. Da begann er zu bereuen. Weinend kniete er am Leichnam des Hingerichteten nieder und bat um Vergebung. Auf der

Stelle kehrte sein Augenlicht zurück, und hinfort tat er viel Gutes.

Die Gebeine des Heiligen werden besonders in Mantua verehrt, seine Lanze hingegen wird im Vatikan, die Spitze derselben in Paris aufbewahrt.

A: als römischer Soldat, mit Speer.

P: der Schmiede; bei Augenleiden, zur Blutstillung bei schweren Wunden.

16. März

HLL. JEAN DE BRÉBEUF und GABRIEL LALLEMAND

Märtyrer der Indianermission, † 1649

In der ersten Hälfte des 17. Jahrhunderts missionierten die Jesuiten unter den wilden Indianern Kanadas, besonders unter Huronen, Irokesen und Algonquins. Die beiden gelehrten französischen Patres Brébeuf und Lallemand waren seit einigen Jahren erfolgreich in der Huronenmission tätig, als 1649 Irokesen die Station St. Ignace überfielen. Da die Krieger der Huronen auf der Jagd waren, trafen sie auf keinen nennenswerten Widerstand und metzelten Greise, Frauen und Kinder nieder. Am nächsten Tag eroberten die Irokesen die Stadt St. Louis, wo ihnen auch die beiden Patres in die Hände fielen. Gefangene Huronen, die entfliehen konnten, haben ihr Schicksal überliefert.

Zunächst band man Brébeuf an den Marterpfahl. Er schien sich jedoch mehr um seine bekehrten Huronen zu sorgen, und ermahnte sie, standhaft zu bleiben. Die wütenden Irokesen brannten ihn an Kopf und Beinen, um ihn zum Schweigen zu bringen. Als er fortfuhr zu sprechen, schnitten sie ihm die Unterlippe ab und stießen ihm ein rotglühendes Eisen in die Kehle. Er gab keinen Laut des Schmerzes von sich. Nun führten sie Lallemand herbei, dem sie um den nackten Körper Streifen aus mit Pech beschmierter Baumrinde gebunden hatten. Als dieser Brébeuf sah, warf er sich ihm zu Füßen und bat ihn um seinen Segen. Er rief noch: »Wir wollen der Welt, den Engeln und den Menschen ein Schauspiel sein!«, da packten ihn die Krieger, fesselten ihn an einen Pfahl und steckten die Rinde in Brand. Er flehte zu Gott, aber es sollte noch Stunden dauern, bis ihn der Tod erlöste. Die Irokesen hängten unterdessen eine Kette aus glühenden Beilen um den Hals Brébeufs und klemmten ihm glühende Steine in die Achselhöhlen. Doch er schwieg immer noch.

Ein vom Glauben wieder abgefallener Hurone, der von den Irokesen adoptiert worden war, schlug boshaft vor, man solle siedendes Wasser über die Köpfe der Missionare schütten, da sie selbst immer so viel kaltes Wasser bei der Taufe verbrauchten. Und also wurde aus einem großen Kessel kochendes Wasser langsam über die Patres gegossen. Dann schnitten sie Brébeuf Fleischstreifen aus den Gliedern, und nach weiteren unbeschreiblichen Martern skalpierten sie ihn. Kurz vor seinem letzten Atemzug öffnete der Häuptling mit einem großen Messer die Brust des Märtyrers, riß das noch zuckende Herz heraus und verschlang es.

Der eher schwächliche und kränkliche Lallemand mußte noch viel länger leiden. Da er alle Qualen überlebte, trugen ihn die grausamen Krieger in eine Hütte und marterten ihn die ganze Nacht hindurch. Erst am Morgen verlor einer der Männer die Geduld und schlug dem Pater mit einer Axt den Schädel ein.

F: Gabriel Lallemand auch 26. September.

17. März

HL. PATRICK

Apostel Irlands und Schottlands, um 385–461

Im römischen Britannien gebürtig, wurde Patrick 16jährig von Seeräubern als Sklave nach Irland verschleppt. Er mußte sechs Jahre als Hirte dienen, aber dann hörte er im Traum Stimmen, die ihm zur Flucht rieten. Er eilte zum Meer und fand ein reisefertiges Schiff, das ihn sogleich mitnahm. Wieder in der Heimat, träumte er mehrmals von einem Boten, der ihn aufforderte, als Missionar nach Irland zurückzukehren. Daraufhin begab er sich zu theologischen Studien auf jahrelange Wanderschaft durch Gallien und Italien, bis er der göttlichen Weisung folgend im Jahre 432 mit 24 Gefährten an der irischen Küste landete.

Die Eingeborenen glaubten noch an ihre keltischen Götter und zeigten sich wenig aufgeschlossen für die neuen Lehren. Patrick bekam Streit mit einem Druiden, der das Christentum und seine Verkünder schmähte. Er behauptete, er sei selber ein Gott und erhob sich vor aller Augen in die Lüfte. Patrick aber schlug das Kreuzzeichen, und der Zauberer fiel zu Boden und blieb zerschmettert liegen.

Dennoch blieb die Zahl derer, die sich bekehren lassen wollten, nur sehr gering. Da betete Patrick darum, daß ein Eingang zum Fegefeuer geöffnet werde. Er schickte viele Heiden hinein, und manche blieben darin verschwunden. Die aber wieder herauskamen, nahmen angesichts der entsetzlichen Dinge, die sie gesehen hatten, den wahren Glauben an.

Im Laufe seines Lebens baute Patrick 365 Kirchen und bekehrte Tausende. Einem Häuptling erläuterte er einmal das Leiden Christi und setzte im Eifer der Erzählung versehentlich seinen spitzen Stab auf dessen Fuß. Dieser hielt still, und so wurde der Fuß durchbohrt. Als Patrick es endlich bemerkte, betete er zu Gott um Heilung, und in kürzester Frist war die Wunde wieder geschlossen. Große Missionserfolge hatte der Heilige in der Dreifaltigkeitsfrage. Wann immer Ungläubige ihn damit zu verwirren suchten, holte er ein Kleeblatt aus der Tasche und fragte sie, ob dies eine oder drei Pflanzen sei.

Einmal hatten ihm Druiden Gift in den Wein gegossen. Patrick segnete das Glas, da schwamm das Gift oben. Dann neigte er den Becher, das Gift floß ab, und er trank ohne Nachteil.

Als sich sein über hundertjähriges Leben langsam dem Ende zuneigte, bat er Gott, die Insel von allen widerwärtigen Kriechtieren zu verschonen. Und bis heute gibt es in Irland keine Schlangen.

A: mit Schlangen zu Füßen; Feuer bricht aus der Erde; mit Kleeblatt.

P: von Irland und der Iren; der Bergleute, Barbiere, Böttcher, Schmiede; des Viehes; gegen die Hölle.

18. März

HL. NARCISSUS

Bischof von Gerona, Apostel Augsburgs, Märtyrer, † um 304

Bischof Narcissus, der mit Hilfe der hl. Afra (siehe 5. August) Augsburg missioniert hatte, starb zusammen mit seinem Diakon Felix in seiner Heimat Spanien als Märtyrer.

Als in späteren Jahrhunderten einmal die Franzosen Gerona besetzten, stürzte sich eine Gruppe verrohter Soldaten auf das kostbar geschmückte Grab des Heiligen. Sie verwüsteten es und begannen alles, was wertvoll aussah, einzusacken. In diesem Augenblick fiel ein so riesiger Schwarm Stechmücken über sie her, daß den Plünderern nur mehr die Flucht blieb. Die Angriffe der Insekten weiteten sich jedoch auf die ganze Armee aus, und bald gab es kein Stehen und Halten mehr. Panisch zerstreute sich das französische Heer, die fast geschlagenen Spanier ermannten sich wieder und verfolgten die Fliehenden. Mehr als 40000 Mann und 24000 Pferde verloren dabei ihr Leben.

A: als Bischof mit Schwert; mit Mückenschwarm.
P: von Gerona.

19. März

HL. JOSEPH

Nährvater Jesu

Nazareth in Galiläa war Josephs Geburtsstadt, und seine Abstammung führte er auf den König David zurück. Nach dem Evangelisten Matthäus war er ein Sohn Jakobs, nach Lukas ein Sohn des Heli. Als er schon weit über 40 Jahre zählte, verlobte sich der ehrbare Zimmermann mit der 14jährigen Maria. Nach der damaligen Sitte unter den Juden wurde die Verlobung etwa 14 Monate vor der Hochzeit gefeiert. Die Brautleute bekamen einander dabei nicht zu Gesicht. Maria hatte aber während dieser Zeit empfangen, was Joseph bei der Vermählung bemerkte. Die Offenlegung dieses scheinbaren Aktes der Untreue hätte gemäß den Bestimmungen des Gesetzes die

Steinigung Mariens nach sich gezogen. Da Joseph jedoch seine junge Frau liebte, andererseits ein undurchschaubares Geheimnis vermutete, entschloß er sich, diese schwierige Angelegenheit der Weisheit Gottes anheimzustellen und seine Braut heimlich zu verlassen. Kaum hatte er jedoch diesen Vorsatz gefaßt, erschien ihm ein Engel und weihte ihn in das Mysterium ein: »Fürchte dich nicht, Maria zu dir zu nehmen; denn was in ihr gezeugt worden, das ist vom Heiligen Geiste!«

So wurde Joseph der erste, der in jener Nacht von Bethlehem den Heiland in der Welt willkommen heißen durfte. Er empfing die Hirten und die Weisen aus dem Morgenland, die ihm kostbare Geschenke für den ersehnten Messias aushändigten. Acht Tage darauf übte er seine väterliche Pflicht, ließ den Kleinen an der Vorhaut beschneiden und gab ihm den Namen »Jesus«. Bald darauf zog Joseph mit seiner Familie nach Ägypten, um den Nachstellungen des Herodes zu entgehen. Mehr als 200 Meilen durch öde, sandige Wüste mußten sie wandern, bis sie endlich ihren Zufluchtsort erreichten. Die alten Schriftsteller der Kirche meinen, daß durch diesen Aufenthalt der Heiligen Familie in Ägypten der Grund jener wunderbaren geistlichen Fruchtbarkeit erzeugt wurde, welche dieses Land mehrere Jahrhunderte lang mit unzähligen Einsiedlern und Märtyrern segnete.

Nach dem Tod des Herodes kehrten die Flüchtlinge zurück. Sie nahmen ihren Wohnsitz in Nazareth, Josephs Heimatstadt. Hier ging er seiner Arbeit als Zimmermann nach und sorgte für Maria und Jesus. Nach Auffassung des hl. Hieronymus, des hl. Augustinus und anderer berühmter Kirchenlehrer blieb er neben seiner jungfräulichen Gemahlin ebenfalls keusch, weshalb solche Ehen »Josephsehen« heißen. Nach anderen Auffassungen hatte er nach Jesus mit Maria noch andere Kinder, was damit begründet wird, daß in den Evangelien mehrfach von den »Brüdern Jesu« die Rede ist. Namentlich werden genannt: Jakobus, Joses, Judas und Simon. Für die orthodoxen Griechen stammen diese Brüder Jesu aus einer früheren Ehe Josephs. Nach katholischer Auffassung hingegen handelt es sich bei Jakobus und Joses um Söhne einer anderen Maria, die später mit unter dem Kreuze stand. Simon und Judas hatten einen gewissen Cleophas zum Vater, ihre Mutter hieß möglicherweise ebenfalls Maria und stand vielleicht auch unter dem Kreuze, da beim Evangelisten Johannes nicht klar ist, ob er von drei oder vier Frauen spricht. Was immer es mit dem Geheimnis der immerwährenden Jungfräulichkeit Mariens auf sich hat, ein einziger Mensch außer ihr selbst hat den Sachverhalt gekannt: der hl. Joseph. Er starb noch vor der Hochzeit von Kana und hat Jesu Passion nicht mehr erlebt.

Jesus empfahl am Kreuze seine Mutter dem Johannes. Daraus schlossen die Kirchenväter: »Wenn Jesus am Kreuz seine schon bejahrte Mutter keinem anderen als dem jungfräulichen Johannes anvertraute: wie hätte er sie in ihrer Jugend Joseph anvertraut, wenn dieser nicht jungfräulich gewesen wäre.«

A: in Zimmermannswerkstatt, mit Axt, Säge, Winkelmaß, Wanderstab; in Szenen aus dem Evangelium; Stab mit Lilienblüte in der Hand.

P: von Böhmen, Boulogne, China, Kärnten, Krain, Österreich, Rom, Salzburg, Steiermark, Bistum Verdun, Westfalen; der ganzen katholischen Kirche; der Handwerker, Holzhauer, Wagner, Schreiner und Zimmerleute; der Eheleute und der christlichen Familie, der Jugend, Jungfrauen und der Keuschheit; der Reisenden, Verbannten und Sterbenden; in Wohnungsnöten, in verzweifelten Situationen.

20. März

HL. CUTHBERT VON LINDISFARNE

Abt und Bischof, † 687

Eines Nachts, als der Knabe Cuthbert in den Bergen mit der Schafherde seines Vaters unterwegs war, sah er plötzlich, wie die Seele des hl. Aidan von einer Engelschar in den Himmel getragen wurde. Sofort machte er sich auf den Weg zum Kloster Melrose, wo er freundlich aufgenommen wurde. Cuthbert gehörte bald zu den gelehrtesten und sittenstrengsten Mönchen seiner Zeit. Er wurde Prior und wirkte nicht nur im Kloster, sondern auch unter dem abergläubischen Landvolk, das besonders in den weit abgelegenen Orten an Zauberei, Amulette und allerlei teuflische Beschwörungen glaubte. Cuthbert brachte den Menschen die Macht des Schöpfers aller

Dinge nahe und überzeugte viele, weil er selbst über die Gabe der Wunder in reichem Maß verfügte.

Einmal war er mit einem Knaben auf Wanderschaft. Sie waren beide hungrig und müde, aber noch weit entfernt von der nächsten Siedlung. Das Kind klagte, doch Cuthbert zeigte ihm einen Adler, der sich eben auf einen nahen Felsen niedergeschwungen hatte. Der Weg führte sie dorthin, der Knabe lief voraus, und der Adler überließ ihm bereitwillig einen großen Fisch. Aufgeregt zeigte er die Beute dem Prior, doch dieser fragte ihn: »Mein Sohn, warum gibst du nicht dem Boten Gottes seinen Teil?« Und er hieß ihn, die eine Hälfte geschwind abzuschneiden und zurückzubringen.

Nach einigen Jahren sehnte sich Cuthbert nach vollkommener Einsamkeit. Er zog sich auf die kleine, nur von bösen Geistern bewohnte Insel Farne bei Lindisfarne zurück, ein Eiland, arm an Wasser, felsig, ohne Frucht und Baum. Bei seiner Ankunft zogen sich die Dämonen zurück. Einige Brüder halfen ihm, eine Kapelle und eine Klause zu errichten, und sie gruben schließlich auch nach seiner Weisung ein Loch in den Boden. Der Grund war hart und steinig, weshalb sie alle Hoffnung auf eine Quellader aufgaben. Doch am nächsten Morgen war das Loch mit frischem Süßwasser gefüllt. Es stieg niemals über den Rand, wurde aber auch durch Schöpfen nicht weniger.

Cuthbert wollte nun allein von eigener Arbeit leben und säte Weizen, doch bis zum Sommer ging nicht der kleinste Halm auf. Da ließ er sich von den Mönchen Gerste bringen. Und obwohl es für die Aussaat viel zu spät war, sproß in kurzer Zeit so reiche Ernte heran, daß er sich davon ernähren konnte.

Nach einigen Jahren beschloß eine Synode unter Anwesenheit des Königs, Cuthbert zum Bischof von Lindisfarne zu ernennen. Der Heilige ließ sich jedoch nicht aus seinem Schlupfwinkel locken. Erst als der König selbst, Bischöfe, Äbte und Edle zur Insel übersetzten, vor ihm niederknieten, weinten und ihn vereint anflehten, brach er selbst in Tränen aus und gab endlich nach. Zwei Jahre übte er das Amt aus, bis ihn eine himmlische Eingebung wissen ließ, daß sein Ende bevorstehe. Er zog sich wieder auf seine Insel zurück und rief nach dem getreuen Mönch

Pallistod. Dieser aber war selbst krank und wurde von Tag zu Tag elender. Dennoch erhob er sich, als er Cuthberts Stimme hörte, und schleppte sich an dessen Lager, um ihn zu pflegen. Kaum hatte er seinen Bischof berührt, fühlte er die Lebenskräfte zurückkehren, und nach wenigen Stunden ward der Mönch völlig gesund. Cuthbert nahm ihm und den anderen Brüdern das Versprechen ab, ihn auf seinem geliebten Eiland zu bestatten. Doch sein Nachfolger, der hl. Bischof Edbert (6. Mai), erfüllte den letzten Wunsch Cuthberts glücklicherweise nicht. Er ließ ihm in der Kirche von Lindisfarne eine prächtige Gruft neben dem Altar errichten. Und von da an geschahen unzählige Wunder.

A: mit Feuersäule; mit Adler, Schwan oder Fischottern; mit dem gekrönten Haupt König Oswalds.

P: von Durham, der Farne Inseln, Northumberlands; der Hirten und Seeleute; gegen Pest.

21. März

HL. NIKLAS VON FLÜE

Einsiedler, 1417–1487

Niklas war Großbauer, Landrat und Richter, und er zeichnete sich als Fähnleinführer im alten Zürcher Krieg sowie im Feldzug der Eidgenossen gegen Sigmund von Österreich aus. Er hatte mit seiner Frau Dorothea Wyss fünf Töchter und fünf Söhne.

Mit zunehmendem Alter erinnerte er sich immer häufiger einer Vision, die er als Sechzehnjähriger gehabt hatte: ein Turm in der wilden Ranftschlucht. Diese Erscheinung hielt stets eine wehmütige Sehnsucht nach Einsamkeit in ihm wach. Nachdem seine Frau das zehnte Kind geboren hatte — er war inzwischen 50 geworden —, drängte er sie, ihn für das Einsiedlerleben freizugeben. Sie widersetzte sich zunächst tief getroffen diesem Vorhaben, aber am Ende sah sie ein, daß sie ihn nicht halten konnte, und ließ ihn ziehen.

Erst wollte er auf Pilgerschaft gehen, aber eines Nachts umgab ihn ein heller Schein, und dieser schnitt mit unsäglichem Schmerz in seine Eingeweide. Da beschloß Niklas, künftig nichts mehr zu essen. Er kehrte in seine Heimat zurück und baute mit Nachbarn in der Ranftschlucht beim Flüeli eine Kapelle und ein enges Hüttchen, wo er den Rest seines Lebens zubrachte. Seine Zelle war drei Schritt lang, anderthalb Schritt breit, und Bruder Klaus, wie er bald überall hieß, reichte mit dem Scheitel bis an die Decke, wenn er sich aufrichtete. Es gab kein Bett in dem Raum, sondern nur einen Schemel. Über zwanzig Jahre fastete er und nahm außer der hl. Hostie, die er einmal im Monat erhielt, keine Speise zu sich. Diese wunderbare Enthaltsamkeit wurde von der weltlichen und geistlichen Obrigkeit genau untersucht und als zweifelsfrei bewiesen erachtet. Auf den Befehl des Weihbischofs Thomas von Konstanz nahm er einmal drei Bissen Brot zu sich. Aber kaum hatte er einen Mundvoll Brot und einen Schluck Wein zu sich genommen, als ihn ein krampfhaftes Zucken und so schmerzhafte Nervenanfälle überkamen, daß der Bischof seine Anordnung bereute und nicht weiter durchzusetzen suchte.

Mit den Jahren kamen viele Ratsuchende zu Bruder Klaus und gingen meist ermutigt oder getröstet von dannen. Gegen anmaßende Prälaten oder hochmütige Standespersonen konnte er allerdings sehr abweisend sein. Auch sein Weib besuchte ihn öfters mit den Kindern, und er belehrte sie gerne und liebevoll, doch sprach er nie mit ihnen von zeitlichen Dingen.

1481 gerieten die Schweizer Kantone in so große Uneinigkeit, daß ein Bürgerkrieg drohte. Es ging um die Teilung der Beute aus dem burgundischen Krieg sowie um die Aufnahme von Freiburg und Solothurn in die Eidgenossenschaft. Umsonst hatten die Abgeordneten alles versucht, den Zwist beizulegen, da trat Niklas in die Runde. Alle entblößten ihre Häupter und erhoben sich. Er schilderte ihnen den Nutzen, den die Aufnahme der beiden Städte mit sich bringe, und mahnte dann: »Verteidigt in Einigkeit eure sauer errungene Freiheit. Beladet euch nicht mit fremden Angelegenheiten und vermeidet jeden Krieg ohne hochwichtigen Grund. Wenn man euch aber unterdrücken will, dann streitet tapfer für Gott, Freiheit und Vaterland.« Alle stimmten ihm erleichtert zu, und so rettete sein Eingreifen die Eidgenossenschaft.

A: als kniender Einsiedler; in einem Dornbusch liegend, in den ihn der Teufel geworfen hat; mit hölzernem Becher am Bach; mit Kreuzesstock und Rosenkranz.

P: der Schweizer Eidgenossenschaft.

22. März

HL. BASILIUS VON ANCYRA

Priester und Märtyrer, † um 362

Der Priester Basilius von Ancyra schalt den Kaiser Julian Apostata wegen seines Heidentums und weissagte ihm, er werde bald seinen Thron verlieren. Sein Leib werde mit Füßen getreten und unbeerdigt bleiben. Julian ordnete daraufhin erzürnt an, man solle dem Priester jeden Tag sieben Stückchen Haut abschneiden, bis nichts mehr übrig sei. Als die ersten Einschnitte getan waren, verlangte Basilius wieder nach dem Kaiser. Der glaubte an einen Sinneswandel und beschied ihn in den Tempel des Äsculap. Als er ihm jedoch von Angesicht zu Angesicht gegenüberstand, erklärte Basilius, er werde nie stummen und blinden Götzen opfern. Statt dessen nahm er ein Stück seiner Haut, das man ihm an diesem Tage abgeschnitten hatte, und warf es dem Kaiser ins Gesicht. Julian geriet in schreckliche Wut und ließ die Peinigungen verdoppeln. Man schnitt nun so tief in seinen Leib, daß man die Eingeweide sehen konnte. Basilius aber ertrug die neuerlichen Torturen ohne Seufzer in stillem Gebet.

In der Nacht verheilten die Wunden am Körper des Märtyrers vollständig. Die Schergen gerieten darüber in rasende Wut, legten ihn auf den Bauch und durchstachen mit glühenden Eisen seinen Rücken. Unter diesen grausamen Qualen verschied der Heilige.

A: als Greis.

23. März

HL. JOSEPH ORIOL

Weltpriester zu Barcelona, 1650–1702

Obwohl er ein glänzendes Studium absolviert hatte und seine wissenschaftlichen Fähigkeiten offenbar waren, gehörte Josephs Herz den kleinen Leuten Barcelonas. Da er stets alles an die Armen verschenkte, mußten seine

Amtsbrüder einen Teil seines Gehaltes einbehalten, um ihm die notwendigsten Dinge des alltäglichen Bedarfs zu kaufen. Er konnte es tatsächlich nicht ertragen, selbst Geld zu besitzen. Eine Münze in der Tasche quälte ihn so, daß er sogar während der Messe oder nachts auf die Straße laufen mußte, um sie einem Bedürftigen in die Hand zu drücken.

Lange versah Joseph seinen Dienst als Armeleutepriester in aller Stille und völlig unbeachtet. Einmal legte er jedoch gerührt seine Hand auf einen besonders erbarmenswerten Krüppel— und dieser erhob sich gesund. Es dauerte nicht lange, bis ganze Heerscharen von Kranken und Gebrechlichen nach Santa Maria del Mar pilgerten und von Josephs Hand Heilung suchten. Man nannte ihn nur noch den »Wundertäter«, und seine Popularität in Katalonien überstieg jede Vorstellung.

Ein gewisser Vergant bettelte immer vor der Kirche. Er hatte das Rückgrat gebrochen, nahe beim Kreuzbein, und konnte sich nicht aufrichten. Zudem waren Hände und Füße verkrüppelt. Um die Knie hatte er Filz gewikkelt und bewegte sich darauf rutschend, mit niedrigen Krücken vorwärtsschiebend. Joseph begegnete ihm einmal am Treppenaufgang und fragte ihn scherzend: »Alle bitten mich immer um Heilung. Warum hast du eigentlich nie danach verlangt, obwohl du mich täglich siehst?« Der Krüppel antwortete: »Ich bin schon über dreißig. Was soll ich für einen Beruf ausüben, wenn ich jetzt gesund würde?« Joseph mußte lachen und sagte: »Ich werde dich trotzdem heilen, und das weitere wird sich finden.« Damit besprengte er den Gelähmten mit Weihwasser, schlug das Kreuzzeichen über ihn und legte ihm die Hand auf die Stirn. Vergant stand sofort auf, hängte seine Krücken an einen Nagel neben das Muttergottesbild und diente hinfort als Gehilfe des Totengräbers.

24. März

HL. ERZENGEL GABRIEL

Der Erzengel Gabriel erscheint in der Heiligen Schrift dreimal als Überbringer froher Botschaften. Er gibt dem Propheten Daniel Kunde vom genauen Zeitraum bis zur

Ankunft des Messias, nämlich 70 Wochen, was soviel bedeutet wie 70 Jahre. Danach bringt er dem Priester Zacharias die Verheißung, daß sein Weib Elisabeth noch einen Sohn, Johannes, gebären werde: »Er wird keinen Wein trinken oder andere starke Getränke und wird viele Kinder Israels bekehren.« Damit zeigt Gabriel an, wer der Vorläufer des wahren Messias ist, nämlich Johannes der Täufer. Und schließlich verkündet er der Jungfrau Maria, daß der Heilige Geist über sie kommen werde: »Du wirst empfangen und einen Sohn gebären und sollst ihm den Namen Jesus geben. Dieser wird groß sein und Sohn des Höchsten genannt werden. Und Gott der Herr wird ihm den Thron seines Vaters David geben; herrschen wird er über das Haus Jakob in Ewigkeit, und seiner Herrschaft wird kein Ende sein.«

Eine babylonische Legende erzählt, daß Gabriel zeitweise in Ungnade gefallen war, »weil er einen Befehl nicht im genauen Sinn des Wortlautes ausführte«.

A: als Verkündigungsengel, Lilie tragend; auch mit Kreuzstab, Zepter und Schriftrolle, auf der die Worte stehen: »*Ave Maria gratia plena*«.

P: der Boten, Postbeamten, Briefträger, Zeitungsausträger, der Briefmarkensammler, des Telefon- und Fernmeldewesens, des Nachrichtendienstes (seit 1951); gegen eheliche Unfruchtbarkeit.

25. März

HL. DULA
(Theodula)

Jungfrau und Magd, 3. oder 4. Jahrhundert

Dula stammte von frommen, aber bitterarmen christlichen Eltern aus Nikomedia in Bithynien ab. Um sie besser unterstützen zu können, trat die Jungfrau in den Dienst eines reichen heidnischen Offiziers. Dieser war sehr freigebig, hatte aber ein cholerisches Temperament. Es dauerte nicht lange, da wurde ihm seine neue Dienerin unersetzlich, und schließlich entbrannte er in unreiner Begierde zu ihr. Einige Zeit konnte sie seinen Nachstellungen ausweichen, doch schließlich wollte er sie mit Gewalt mißbrauchen. Sie hatte aber Gott vor Augen und wies ihn zurecht, daß er Ehebruch begehe. Als er darüber nur hohnlachte, gestand sie ihm, daß sie Christin sei und ihre Jungfräulichkeit um jeden Preis verteidigen werde. Da riß er in einem heftigen Wutanfall sein Schwert aus der Scheide und stach sie auf der Stelle nieder.

A: an den Haaren in Zypresse aufgehängt; Scheiterhaufen.

P: der Dienstmägde.

26. März

HL. KASTULUS

Märtyrer, † um 286

Kastulus war oberster Kammerherr des Kaisers Diokletian. Im geheimen trat er zum Christentum über und beherbergte viele Verfolgte, darunter auch Papst Cajus. Das römische Martyrologium gab ihm deshalb den Ehrentitel »Gastfreund der Heiligen«. Auf Grund von Denunziationen mußte sich jedoch auch Kastulus vor Gericht verantworten. Er weigerte sich zu widerrufen und wurde zum Tode verurteilt. Man stürzte ihn bei lebendigem Leib in eine Grube und schüttete sie mit Sand zu. 826 erbaten adelige Herren und Benediktiner aus Moosburg a.d. Isar von Papst Eugen II. die Reliquien heiliger Märtyrer. Damals wurden viele Katakomben geöffnet, und die Begierde der Christen im Norden nach »heiligen Leibern« war groß. Der Papst schenkte den Mönchen einen beträchtlichen Teil der Überreste des hl. Kastulus. Er wurde Patron der Stadt und des bald darauf erbauten Münsters. Zahlreiche Wunder breiteten die Verehrung des Heiligen in ganz Altbayern aus. 1604 ließ Herzog Maximilian I. den größeren Teil der Moosburger Reliquien, feierlich begleitet von Adel, Militär und hoher Geistlichkeit, nach Landshut überführen. In St. Martin erhielt der Märtyrer eine neue, prachtvolle Ruhestätte. Moosburg behielt jedoch seinen Ruf als Wallfahrtsstätte und gedenkt seines Märtyrers bis heute mit einer Kastulus-Prozession am ersten Sonntag im Juli.

A: mit Palme, in Tunika und Pallium; als Römer in Rüstung; mit Spaten.

P: Moosburgs; gegen Blitz; Pferdediebe; Rotlauf und Wildfeuer.

27. März

HL. RUPERT

(Ruprecht, Robert)

Klostergründer und Bischof, † 718

Rupert stammte aus dem Geschlecht der merowingischen Könige und war Bischof von Worms. Um 580 begann er, lehrend und taufend durch die Donaulandschaften zu wandern. Schließlich fühlte er sich von der alten römischen Siedlung Juvavia angezogen, die seit der Völkerwanderung in Ruinen lag. Der Bayernherzog Theodo nahm auf Ruperts Anfrage den Flecken in Augenschein, und er sah nur Wildnis allerorten: Trümmer, geborstene Hallen, zerbrochene Säulen, verwitterte Türme und zerbröckelnde Mauern, alles überwuchert von wildem Strauchwerk und dichtem Gebüsch. Er schenkte Rupert den öden Landstrich, dazu Rechte an der Salzquelle von Reichenhall, Knechte und Steuern.

Mit Umsicht und Tatkraft ging Rupert ans Werk, zog aus Italien Siedler heran und begann mit ihnen, die brauchbaren Reste der Römerzeit der Wüstenei zu entreißen. Aus dem Frankenland holte er Priester und Mönche und stiftete die Klöster St. Peter in Salzburg, Weltenburg und St. Maximilian im Pongau sowie das Frauenkloster auf dem Nonnberg, dem er seine Nichte Ehrentrud als Äbtissin gab. Das Christentum lebte wieder auf, es wurden Schulen und Kirchen gebaut und Pfarreien begründet. Mit kluger Wirtschaftlichkeit vergrößerte Rupert die Besitztümer der Kirche. Er sorgte aber auch für die leibliche Wohlfahrt des Volkes und stellte verfallene Straßen wieder her, förderte Ackerbau und Viehzucht und brachte die Salinenindustrie in Gang.

Als dem Bischof durch eine höhere Eingebung Kunde von seinem bevorstehenden Ende zuteil wurde, sprach er zu Ehrentrud: »Bete für mich, meine Stunde ist nah.« Sie warf sich ihm zu Füßen und flehte ihn an, nach seinem Hinscheiden Gott zu bitten, daß er auch sie bald zu sich nehme. Rupert versprach es, ernannte seinen Schüler Vitalis zum Nachfolger und starb, kurz nachdem er noch einmal die Messe gelesen hatte. Ehrentrud aber folgte ihm nicht lange danach.

A: als Bischof mit Salzkübel in der Hand.

P: Salzburgs; des Bergbaus, der Salzarbeiter; gegen Rotlauf und Kinderkrämpfe.

F: auch am 24. September.

28. März

HL. GUNTRAM

König der Burgunder, um 525–592

In jungen Jahren lebte Guntram, der Sohn des Frankenkönigs Chlotar und Herrscher von Burgund, so sittlich verwahrlost, wie es an den Höfen der Merowinger üblich war. Er nahm die Magd eines seiner Gefolgsmänner als Beischläferin in sein Bett, bis sie ihm einen Sohn gebar. Dann heiratete er die fränkische Herzogstochter Marcatrud. Als sie ihm ebenfalls einen männlichen Nachkommen schenkte, wurde sie eifersüchtig und mischte dem unehelichen Sohn Gift in den Wein. Dieser starb, aber kurz danach verlor sie auch den eigenen Sohn, und Guntram verstieß sie im Zorn. Nun erhob er Austrichild zu seiner Gemahlin. Nach dem Tode seines Bruders Charibert, der gleich mehrere Witwen hinterließ, bot sich eine von ihnen, Theodichild, dem König Guntram aus freien Stücken als Gemahlin an. Der versprach ihr die Ehe, und sie kam mit ihren Schätzen zu ihm. Er aber nahm ihr den größten Teil davon ab und schickte sie in ein Kloster. Seine Schwäger führten zu der Zeit viele schändliche und abscheuliche Reden gegen Königin Austrichild. In einem Wutanfall ließ Guntram sie köpfen und zog auch ihre Güter ein.

Als jedoch auch die beiden Söhne starben, die er von Austrichild hatte, begann Guntram in sich zu gehen. Er stand mit den Bischöfen in herzlichem Verkehr und bat sie um ihren Segen. Am St. Martinsfest ließ er sogar die Geistlichen ihre Kirchengesänge als Unterhaltung bei seiner Festtafel singen. Und von da an zeigte er sich sehr großzügig und beschenkte Kirchen und Arme reichlich.

Obwohl König Guntram jähzornig war, ließ er sich doch oft von Geistlichen besänftigen und verzieh denen, die zuvor seine Wut erregt hatten. Sogar einem Attentäter, der ihn in der Kirche hatte erstechen wollen, schenkte er das Leben. Er hielt es nämlich für unrecht, einen zu töten, den man mit Gewalt aus einem Gotteshaus geschafft hatte.

Im Alter gab Guntram Almosen in Fülle, richtete während einer Pestzeit Gebet- und Fastentage ein und ging selbst mit gutem Beispiel voran.

Ein Weib, dessen Sohn mit schwerem Fieber darniederlag, näherte sich einst dem König im Volksgedränge von hinten. Sie riß heimlich einige Fransen von seinem Mantel ab, brühte sie in heißem Wasser und gab sie dem Kranken als Medizin ein. Er stand sofort gesund von seinem Lager auf.

A: mit drei Kästen voller Schätze neben sich.

29. März

HL. CYRILL VON BAALBEK

Diakon und Märtyrer, † um 364

Als Kaiser Julian der Abtrünnige seine heidnische Gesinnung offenbarte, bekam in vielen Städten der Pöbel Auftrieb. Unter der Regierung Konstantins hatte der Diakon Cyrill viele Götzenbilder zerstört. Jetzt erinnerte sich die Partei der Ungläubigen an diese Tat; sie rotteten sich zusammen und erschlugen den Gottesmann. Doch sie begnügten sich nicht damit, sondern schnitten ihm auch den Unterleib auf und verzehrten seine Leber. Dafür mußten sie teuer bezahlen. Alle nämlich, die sich an der Greueltat beteiligt hatten, verloren ihre Zähne. Außerdem verloren sie ihre Zungen, die von fauligen Geschwüren bedeckt und zerfressen wurden. Und endlich verloren sie auch die Sehkraft und wurden alle zur gleichen Zeit blind.

A: als Diakon, jung und bartlos.

30. März
SEL. AMADEUS IX.
(Amedeus), »der Glückliche«
Herzog von Savoyen, 1435–1472

Amadeus war es nicht vergönnt, lange zu regieren, aber in diesen Jahren nannte man Savoyen »das Paradies der Armen«. Er litt an der Epilepsie, weshalb er seine edlen Absichten nur zum Teil verwirklichen konnte, und die Regierungsgeschäfte seiner Gemahlin Yolanta überließ. Doch der Adel von Savoyen war mit der Art ihres Regimentes unzufrieden. Der Mißmut wuchs, die Unzufriedenheit steigerte sich, und schließlich brach ein Aufstand gegen die Herzogin los. Auch Amadeus wurde gefangengenommen.

Ludwig XI. von Frankreich, der Heilige, brachte ihm Hilfe und gab ihm die Freiheit wieder. Die friedfertige Gesinnung des Herzogs zeigte sich auch darin, daß er dem Herzog von Mailand, der Savoyen mit Krieg überzog, sofort Versöhnung anbot und ihm seine Schwester Bona zur Gemahlin gab.

Einmal fragte ein fremder Gesandter den Herzog, ob er viele Jagdhunde besitze. Da zeigte ihm dieser anderntags im Schloßhof einen langen Tisch, an dem zahlreiche Arme gespeist wurden, und sprach: »Seht, mein Freund, diese da sind meine Hunde. Mit ihnen mache ich Jagd auf einen Platz im Himmelreich.«

Amadeus starb, vom Volk verehrt, im Ruf eines heiligmäßigen Lebens. An seinem Grab geschahen viele Wunder.

A: als Herzog mit Beutel in der Hand, Almosen austeilend; auch mit Spruchband *»Diligite pauperes«* (Liebet die Armen).

P: des piemontesischen Königshauses.

31. März
HL. BENJAMIN
Diakon in Persien, Märtyrer, † 424

Unter dem Perserkönig Jezdegerd hatte der christliche Bischof Abdas einen Feuertempel zerstören lassen. Der König verlangte, daß er den Tempel wieder aufbaue.

Andernfalls drohte er die Zerstörung aller christlicher Kirchen und die Verfolgung der Gläubigen in ganz Persien an. Abdas jedoch blieb bei seiner Weigerung und wurde hingerichtet. Der König machte, unterstützt von den einflußreichen Magiern, mit seinen Worten Ernst, und es begann eine jahrzehntelange Christenverfolgung. Schwerste Strafen wurden über die Gläubigen verhängt: Den einen zog man die Haut von den Händen ab, anderen vom Rücken, wieder anderen löste man die Haut von der Stirne bis zum Nacken. Einigen legte man halbierte Rohrstengel an den Leib, umwickelte sie mit enganschließenden Binden und zog hierauf die einzelnen Stengel mit Gewalt wieder heraus. Dadurch wurden die an den Schnittflächen anliegenden Teile der Haut und ganze Fleischstücke mit herausgerissen. Manche wurden auch gefesselt in gemauerte Gruben geworfen, in denen man Ratten eingesperrt hatte. Vom Hunger getrieben, griffen die Tiere die Märtyrer an und fraßen sie nach und nach bei lebendigem Leibe auf.

Nach dem Tode Jezdegerds wütete sein Sohn Gororanes noch schlimmer unter den Christen. Den Diakon Benjamin ließ er in den Kerker werfen und unter härtesten Bedingungen gefangenhalten. Auf Intervention eines römischen Gesandten kam er jedoch nach einiger Zeit wieder frei. Er setzte nun seine gewohnte Tätigkeit fort und belehrte die Unwissenden über den wahren Glauben. Es dauerte etwa ein Jahr, bis der Herrscher davon erfuhr. Er befahl Benjamin vor den Thron und forderte ihn auf, zu widerrufen. Aber der Diakon fragte ihn, welche Strafe er für denjenigen vorsehen würde, der ihn verrate und zum Feind übergehe. »Den Tod auf die allerschwerste Weise«, antwortete ihm Gororanes. Da entgegnete der Heilige: »Welche Strafe verdient dann erst derjenige, der seinen Schöpfer verrät und dafür einem seiner Mitknechte göttliche Ehren erweist?«

Erzürnt über solche Reden, ließ der König zwanzig Rohrstengel zuspitzen und sie ihm unter die Finger- und Zehennägel bohren. Als er aber sah, daß Benjamin diese Strafe wie ein Kinderspiel betrachtete, befahl er, einen weiteren Stengel zuzuspitzen, in das Zeugeglied hineinzustoßen und ihm durch fortgesetztes Herausziehen und

Zurückstoßen unaussprechliche Schmerzen zu bereiten. Nach dieser Marter befahl er, sein Opfer zu pfählen. Benjamin wurde ein dicker, knorriger Stock in den Darm getrieben, ehe ihn endlich der Tod erlöste.

1. April

HL. PROCOPIUS

Abt, † 1053

Procopius lebte mehrere Jahre als Einsiedler in einem tiefen Wald. Dort verfolgte eines Tages Fürst Ulrich bei der Jagd einen kapitalen Hirsch. Das Tier flüchtete sich an die Seite des gerade Holz suchenden Procopius. Erstaunt ließ der Jäger seinen Bogen sinken und bat, ebenso erschöpft wie das Tier, den Einsiedler um Wasser. Dieser schöpfte aus der nahen Quelle einen Becher und reichte ihn dem Fürsten. Kaum hatte dieser gekostet, rief er aus, er habe noch nie so guten Wein getrunken. Procopius dachte zuerst, der Fremde wolle ihn narren, aber schließlich versuchte er selbst und überzeugte sich von der Wahrheit.

Ulrich ließ nun in der im Sávazagebiet in Mähren gelegenen Wildnis ein Kloster bauen und bestellte Procopius zu dessen Abt. Dieser rodete die Wildnis und zog Bauern und Handwerker in die Gegend. Es geschahen auch künftig dort noch manche Wunder. So erhaschte der Abt einmal beim Pflügen den Teufel, als dieser ihm stets besonders große Wurzeln in den Weg legte. Er packte ihn beim Kragen und spannte ihn vor den Pflug. Von da an ging die Arbeit mühelos und schnell voran. Procopius sagte auch viele zukünftige Ereignisse voraus, nicht zuletzt den Tag seines eigenen Todes. Und alles bewahrheitete sich so, wie er es prophezeit hatte.

A: als Einsiedler mit Hirsch; den Teufel im Pflug oder in Kette.

P: von Böhmen; der Bergleute (weil später in der Gegend Bergbau betrieben wurde).

F: auch am 23. März, 4., 5. und 8. Juli.

2. April
HL. FRANZ VON PAULA
Ordensstifter, 1416–1507

Als Stifter des Ordens der Minimen wollte Franz von Paula ein noch geringeres, demütigeres und strengeres Leben führen als die franziskanischen Minoriten. Die Regel der Minimen zeichnete sich neben strengster Beachtung von Armut, Gehorsam und Keuschheit durch ein viertes Gelübde aus: das immerwährende Fasten, d.h. nicht nur die Entbehrung von Fleisch, sondern auch von Eiern und Milchspeisen. Außerdem durften die Minimen keine Unterkleider tragen und nur in der Kutte schlafen.

Franz von Paula besaß die Gabe der Prophetie und wirkte zahlreiche Wunder. Sein Lieblingswort dabei war: »aus Liebe«. Einst wollte er nach Sizilien übersetzen und bat einen Schiffer, ihn mitzunehmen. »Wenn ihr bezahlt«, sagte der Kapitän zu dem Bettelmönch. »Aus Liebe«, antwortete Franz, »ich besitze nichts.« »Dann fährt das Schiff ohne Euch.« »Verzeiht mir aus Liebe, wenn ich gehe«, sagte darauf Franz, kniete nieder, betete, betrat die Wasseroberfläche und schritt zu Fuß nach Sizilien.

A: In schwarzem Ordenshabit, dessen Halskragen über den Gürtel hinabreicht, das Wort *»Caritas«* über ihm oder auf seinem Stab; als Asket mit Geißel, Buch und Totenkopf.

P: der Einsiedler, der italienischen Seeleute; für Nachkommenschaft; gegen Pest.

3. April
HL. MARIA VON ÄGYPTEN
Büßerin, † 421

Der Abt Zosimos begegnete auf einer Reise durch die Wüste jenseits des Jordans einem menschlichen Wesen, dessen Leib nackt und von der Sonne ganz schwarz gebrannt war. Es war anscheinend eine Frau, die bei seinem Anblick scheu davonlief. Zosimos eilte ihr nach. Da rief sie: »Warum verfolgst du mich? Ich bin ein Weib und ganz nackend. Reiche mir deinen Mantel, damit ich meine Blöße bedecken kann.« Der Abt warf ihr seinen Umhang zu, und sie hüllte sich darin ein. Dankbar betete sie mit ausgebreiteten Armen, und Zosimos sah, wie sie etwa eine Elle über dem Boden schwebte.

Mit zwölf Jahren war Maria nach Alexandria gekommen und verdiente als Spinnerin ihren Unterhalt. Ihr Laster war jedoch die Unkeuschheit, die sie so heftig in Bann hielt, daß sie keinem Mann ihren Leib verweigerte. Als sich einst eine Pilgerschar nach Jerusalem einschiffte, wollte sie mitziehen. Die Schiffer fragten sie nach dem Fährlohn, und sie antwortete: »Den kann ich euch nicht geben, aber nehmt meinen Leib und macht euch damit bezahlt.« Und so diente sie die ganze Reise über der Besatzung mit den Freuden ihres Körpers.

Als sie in Jerusalem die Kirche betreten wollte, fühlte sie sich von einer unsichtbaren Macht zurückgestoßen. Dies wiederholte sich bei jeglichem Versuch. Und sie hörte eine Stimme: »Geh über den Jordan, so bist du gerettet.« Ein Mann schenkte ihr drei Brote, und davon zehrte sie in der Wüste 47 Jahre lang. Ihre Kleider verfaulten ihr am Leib, und lange noch peinigten sie martervolle Versuchungen. Sie schlug ihr rebellisches Fleisch mit Ruten und betete ohne Unterlaß zur Gottesmutter. Endlich, nach siebzehn Jahren — ebenso lange, wie sie in Alexandria gesündigt hatte, hörten die Anfechtungen auf. Zosimos war gerührt und spendete ihr die Kommunion. Er mußte ihr versprechen, in der nächsten Fastenzeit wieder vorbeizukommen.

Er hielt Wort, aber er fand nur ihren Leichnam und einen Zettel daneben mit ihrem Namen und der Bitte um ein würdiges Begräbnis und sein Gebet für ihre Seele. Ein Löwe half dem Zosimos, eine Grube auszuheben, und er bestattete sie darin, kehrte heim in sein Kloster und lobte Gott.

A: drei Brote in der Hand; statt eines Gewandes in ihr langes Haar gehüllt.

P: von Paris; der Büßerinnen und reuigen Dirnen; gegen Fieber.

F: auch 2. und 4. April, 28., 29. und 31.März.

4. April

HL. ISIDOR VON SEVILLA

Bischof, um 560–636

Der Gote Isidor ist der Nationalheros der spanischen Kirche, der »letzte abendländische Kirchenvater« und der »große Schulmeister des Mittelalters«.

Sein älterer Bruder, der hl. Leander, sorgte nach dem frühen Tod der Eltern dafür, daß Isidor eine glänzende Ausbildung erhielt. Er bemerkte jedoch, daß die Natur diesem bei allen Talenten ein unruhiges Blut und einen flüchtigen Geist gegeben hatte, der sich nicht mit geregelter und anstrengender Arbeit vertrug. So mußte Leander ihn oft im Arbeitszimmer einschließen, um durch die Last der Einsamkeit die Unlust zur Arbeit zu brechen. Es glückte: Isidor lernte Latein, Griechisch und Hebräisch, studierte die klassischen Schriftsteller und wuchs zu einem glänzenden Redner heran.

Nach dem Tode Leanders folgte ihm Isidor auf Wunsch des Königs wie des Volkes als Bischof von Sevilla. Man war in Spanien von der Vorstellung abgekommen, daß man nur in schauerlichen Wüsteneien, auf steilen Gebirgen oder unzugänglichen Tälern den Geist von der Welt abziehen und das Gemüt nur durch Abtötung des Körpers zu Gott erheben könne. Aus Afrika vertriebene Mönche brachten gewaltige Bücherschätze in das spanische Exil, und Isidor nutzte ihre Bildung, um sein geistliches Ideal zu verbreiten: die Verbindung von beschauender Andacht mit ernstem Studium und gemeinnütziger Arbeit. Die ihm unterstellten Klöster wurden zu Horten der Gelehrsamkeit, des geregelten Unterrichts und praktischer Nächstenliebe.

In den vierzig Jahren seines Wirkens verfaßte er zahllose Schriften über fast alle Gebiete des menschlichen Wissens. Von den alten, heidnischen wie christlichen, Autoren bewahrte er durch viele Auszüge und Zusammenstellungen Kenntnisse, die sonst in Zeiten allgemeiner Geistesfinsternis unrettbar verloren gewesen wären.

A: als Bischof in weißem Gewand, mit Buch und Federkiel.

5. April

HLL. IRENE, AGAPE und CHIONIA

Märtyrerinnen, † 304

In Thessaloniki lebten um das Jahr 304 drei schöne Jungfrauen. Die eine hatte den Namen Agape, zu deutsch Liebe. Die andere hieß Chionia, zu deutsch die Schneeweiße. Die dritte und schönste von ihnen aber hieß Irene, zu deutsch Friede.

Während der Christenverfolgung des Kaisers Maximin wurden sie verraten und gefaßt. Der Richter entbrannte zu ihnen in Begierde und versprach ihnen das Leben, wenn sie ihm zu Willen seien. Als sie sich weigerten, versuchte er sie gewaltsam zu umarmen. Aber Gott entrückte sie, und der Richter umfaßte statt ihrer drei Töpfe. Wütend verurteilte er Agape und Chionia zum Feuertod. Die beiden Mädchen wurden sofort auf den Scheiterhaufen gestellt und lebendig verbrannt. Zu Irene sprach der Richter: »Deine Schwestern sind bereits gestraft. Du aber sollst nicht so schnell sterben. Du sollst vielmehr nackt und gefesselt in einem Schandhaus zur Schau gestellt werden und alle Tage ein Brot bekommen.« Und so geschah es. Dennoch litt ihre Keuschheit dabei keinen Schaden, denn es wagte keiner der Neugierigen, sie zu berühren oder schamlose Worte über sie zu reden.

Nach einiger Zeit versuchte sie der Richter ein letztes Mal zu überreden, wieder ohne Erfolg. Da ließ er ihr die Zähne einschlagen und die Zunge abschneiden. Nachdem sie mit einem Pfeil durchschossen worden war, starb auch sie schließlich wie ihre Schwestern den Feuertod.

A: mit Töpfen in der Hand, Irene auch mit Pfeil.
P: gegen Blitz und Feuergefahr.
F: 1. April, 22. Dezember.

6. April

SEL. NOTKER DER STAMMLER
(Balbulus)
Benediktinermönch, um 840–912

Der Klosterschüler in St. Gallen hatte schon früh alle seine Zähne verloren, weshalb er nur mühsam und stammelnd sprechen konnte. Von den übermütigen jungen Adeligen, die gleich ihm die vornehme Schule besuchten, wurde er deshalb häufig verspottet. So lernte er zu schweigen und zog sich in die Klosterbibliothek zurück. Über den eifrig betriebenen Studien vergaß er seine körperlichen Mängel und die ätzenden Bemerkungen der Kameraden.

Notker der Stammler war bald der beste Schüler. Er nahm die Kutte des hl. Benedikt und wurde Mönch — der gelehrteste von St. Gallen. Unnütze Gespräche verabscheute er als eines Mönches unwürdig. In den Stunden der allgemeinen Erholung, wenn die anderen auf dem Hof lärmten und lachten, ging er still hinauf in die Krankensäle, verabreichte Arzneien, bettete um oder reinigte das Bettgeschirr.

Konnte er sich hier nicht betätigen, so geißelte er sich in seiner Zelle. Nach seiner Meinung sollte sich der Mensch gegenüber seinem Leibe streng verhalten. Wie ein Bauer seinen Acker pflüge, um im Herbst zu ernten, so müsse der Körper mit Fasten und Schlägen bestellt werden, wolle man die Seele nicht im Unkraut ersticken lassen. Sein inneres Leben spiegelte sich in seinen Gesichtszügen, und sein ganzes Wesen strahlte geradezu, wenn er sang. Dann war nichts mehr von seiner stammelnden Redeweise zu bemerken. Besonders liebte er die Hymnen Gregors und unterwies viele Lehrer der Kirchenmusik darin. Er selbst komponierte zahlreiche Lieder, die jahrhundertelang von den Gläubigen gesungen wurden. Einmal sah er einen Knecht auf einem schmalen Steg über einen schwindelnd tiefen Abgrund schreiten. Da ersann er die Weise: »Mitten im Leben sind wir vom Tod umgeben« *(Media vita/in morte sumus./Quem quaerimus adjutorem,/nisi te, Domine?)*.

Notker war auch ein gesuchter Ratgeber für Hohe und Niedrige. Besonders schätzte ihn Kaiser Karl der Dicke. Einst traf ihn der Bote des Herrschers im Klostergarten an, wie er Unkraut jätete, Pflanzen umsetzte und Beete goß. Als er um Belehrung für seinen Herrn bat, sprach Notker: »Melde dem Kaiser nichts anderes, als was du mich soeben tun siehst.« Und Karl erfaßte sogleich den Sinn der Botschaft, denn er kannte die Lehren des Heiligen: »Glücklich der Fürst, der die Leidenschaften aus dem Garten seines Herzens entfernt; groß seine Verdienste, wenn er Irrtümer und Laster der ihm zum Schutz befohlenen Kirche ausrottet und die Tugenden fördert.«

Bisweilen kam der Kaiser persönlich nach St. Gallen, und einmal begleitete ihn sein stolzer Hofkaplan. Dieser hegte eine Abneigung gegen Mönche und Klöster. Herablassend besichtigte er mit dem Fürsten die Gebäude, den Chor und beobachtete dort Notker im Gebet. Er lachte über den gelehrten Ruf des unscheinbaren Kuttenträgers, trat vor ihn hin und sagte: »Erzähle mir, du Leuchte der Wissenschaft, was Gott gerade im Himmel macht?« Notker blickte ernst auf und antwortete: »Er tut, was er immer getan hat und bald an dir tun wird. Er erhöht die Demütigen und erniedrigt die Stolzen.« Bei der Abreise bäumte sich das Pferd des Kaplans jäh im Tor auf und warf ihn in den Kot. Er zerschlug sich das Gesicht, brach sich den Fuß und beschmutzte sein kostbares Gewand über und über.

A: wie er mit einem Stock auf den Teufel in Gestalt eines Hundes losschlägt (stört sein Gebet); mit Buch oder Mühlrad.

F: auch 7. Mai und 19. Mai.

7. April

HL. HERMANN JOSEPH

Prämonstratensermönch, um 1150–1241

Hermann wurde in Köln geboren. Schon im Knabenalter trat seine geistliche Begabung hervor. Es hat wenige Heilige gegeben, die so oft Gelegenheit hatten, mit der heiligen Jungfrau Umgang zu pflegen. Dies veranlaßte später seine Ordensbrüder, ihm den Beinamen Joseph zu verleihen. Wenn andere Kinder in der schulfreien Zeit herumtollten, so schlich sich der kleine Hermann in die Kirche und redete mit der Gottesmutter, als wäre sie leibhaftig zugegen. Einst schenkte ihm jemand einen saftigen Apfel. Sofort eilte er in die Kirche und streckte die Hand zum Marienbild empor: »Liebste Mutter, iß du ihn!« Da griff die Statue nach der frommen Gabe und dankte ihm in huldvollster Weise. Ein andermal kam er barfuß in die Kirche, weil seine verarmten Eltern kein Geld für Schuhe hatten. Auf die Frage Marias, warum er barfuß laufe, erzählte Hermann von seiner Not. Und die Gottesmutter wies auf einen Stein und sprach: »Darunter findest du genau so viel Geld, daß du dir ein Paar Schuhe kaufen kannst.« Hermann hob den Stein an und fand das Versprochene. Seine Mitschüler erfuhren davon und suchten unter den Steinen der Kirche ebenfalls nach

Pfennigen. Aber sie gingen leer aus. Wieder ein andermal half ihm Maria über das Chorgitter hinweg, damit er mit ihrem Sohn und dem hl. Johannes spielen konnte.

Mit 13 Jahren bat er bei den Prämonstratensern in Steinfeld so demütig um Aufnahme, daß sie ihn nicht abwiesen, obgleich er noch viel zu jung war. Sie schickten ihn nach Friesland in die Klosterschule. Dort war er der Eifrigste im Studieren und Beten. Einem Lehrer freilich, der die Götterlehre der Griechen vortrug, machte er den freimütigen Einwand: »Das sind sehr schmutzige Fabeln. Man entehrt unseren Herrn, wenn man diese erdichteten, lasterhaften Wesen mit dem göttlichen Namen belegt.«

Nach der Profeß erklomm er bald mit Abtötung, Fasten und Selbstgeißelung die höchsten Stufen des beschaulichen Lebens. Am liebsten hätte er sich ausschließlich dem Umgang mit Maria gewidmet, seinem fast täglichen Gast. Statt dessen mußte er im Speisesaal auftragen. Maria aber erschien ihm im Traum und sprach zu ihm: »Lieber Hermann, wisse, daß du mir und meinem Sohn nichts Angenehmeres tun kannst, als wenn du gehorsam deine Arbeit verrichtest und deinen Brüdern in Liebe dienst.« Hermann war von nun an keine Pflicht zu schwer, alles erfüllte er heiteren Sinnes.

Sein Verlangen nach Erniedrigung und Verachtung war unersättlich. Einst sagte er zu einem vorübergehenden Landmann: »Schlage mir ins Gesicht.« Erstaunt fragte dieser zurück, warum er ihn schlagen solle. Hermann antwortete: »Weil ich ein Geschöpf voller Sünden und Greuel bin. Ich werde nie so gedemütigt und verachtet, als ich es verdiene.« Lob vertrug er überhaupt nicht. Beim leisesten Anschein, daß man ihm schmeicheln könnte, wurde er unwirsch und wandte sich ab. Diese Geringschätzung gen sich selbst ließ ihn in den Augen der Weltmenschen als fast Blödsinnigen erscheinen. Den Gläubigen aber erschien er als ein Engel in Menschengestalt.

A: wie er Maria einen Apfel überreicht; als Knabe mit Federkasten, Schreibheft und Tintenfaß; in Ordensgewand mit Schlüssel, Kelch und Rosen; auch als Jüngling, der das Jesuskind trägt.

F: 4. April, 24. Mai.

8. April

HL. REDEMPTUS

Bischof von Ferrentino, † um 586

Der Lebenswandel des Bischofs Redemptus wurde von allen Gläubigen aufrichtig bewundert. Eines Tages besuchte er die Kirche des h. Eutychius. Als es Abend wurde, bereitete er sein Lager neben dem Grab des Märtyrers und ruhte von der Arbeit aus. Gegen Mitternacht, er lag im Halbschlummer, erschien ihm der Märtyrer, fragte ihn: »Bist du wach?« und sprach dreimal den Satz: »Das Ende allen Fleisches kommt.« Da stand Redemptus auf, klagte und weinte.

Und bald danach fielen die wilden Krieger der Langobarden in die Gegend ein, die Städte wurden entvölkert, die Klöster niedergebrannt, das Land verödete, und die Saat verdorrte.

9. April

HL. WALTRAUD

(Waldetrudis)

Witwe und Klostergründerin, † um 686

Die hl. Waltraud stammte aus der heiligmäßigsten Familie des Hennegaus: Ihre Eltern Walbertus und Bertilia werden ebenso wie ihre Schwester Adelgunde, ihr Ehemann Vincentius Madelgarius und ihre Kinder Dentlinus, Landricus, Adeltrudis und Madelberta als Heilige verehrt.

Als sie nach dem Tode ihres Mannes den Schleier nehmen wollte, befielen sie heftige Gewissensskrupel, daß man ihr die Weltentsagung als ein Unrecht vorwerfen könne. Aber da erschien ihr ein Engel und versicherte ihr, sie brauche die Sprühfünkchen der Verleumder nicht fürchten, die zwar schnell entzündet, aber ebenso leicht von ihr gelöscht werden könnten. Da gründete sie das Kloster Castrolicus bei Mons und führte als dessen Vorsteherin ein so tugendhaftes Leben, daß sie bald im Ruf der Heiligkeit stand. Besonders kranke Kinder wurden durch ihr Gebet geheilt; bei Armen, die sie mit Almosen beschenkt hatte, vermehrte sich die Gabe auf wunderbare Weise.

A: mit Armen oder ihren Kindern; mit dem Modell einer Kirche.
P: von Mons.

10. April

HL. PATERNUS

Benediktinermönch und Inkluse, † 1058

Im Paderborner Kloster Abdinghof lebte der gebürtige Ire — andere schreiben Schotte — Paternus. Dieser hatte ein Gelübde getan, sich für den Rest des Lebens als Inkluse in seiner Zelle einzuschließen, und verbrachte so mehrere Jahre in strenger Abgeschiedenheit. In einer Vision sah er einst ganz Paderborn in Flammen, und er meldete seinen Oberen, daß Stadt und Kloster in 30 Tagen niederbrennen würden, wenn nicht alle sofort aufrichtig Buße täten. Zum vorhergesagten Termin brach ein großer Brand aus, der große Teile der Stadt und des Klosters verzehrte. Paternus weigerte sich, sein Gelübde zu brechen und die Zelle zu verlassen. Er kam in dem Feuer um. Die Matte aber, auf welcher er gelegen hatte, blieb völlig unversehrt.

11. April

HL. STANISLAUS

Bischof, um 1030–1079

Der hl. Stanislaus war Bischof von Krakau. Wegen seiner Frömmigkeit wurde er zum Widersacher des Königs Boleslaus II., genannt »der Grausame«. Dieser zügellose Wüterich scherte sich nicht das geringste um Maß und Sitte, sondern schändete Jungfrauen, wo immer er ihrer habhaft werden konnte. Seine Geilheit machte auch vor verheirateten Frauen nicht halt, gleichgültig ob sie adelig waren oder aus dem niedrigen Volk. Niemand wagte es, sich ihm entgegenzustellen.

Bischof Stanislaus aber ging zum König und sprach: »Wie lange noch befleckst du den Tempel Gottes, zu dem er deinen Leib geweiht hat, und machst ein Lusthaus für seine Widersacher daraus?« Boleslaus heuchelte Zerknirschung und versprach Besserung. Kurz darauf aber erregte die wunderschöne Gattin eines Edelmanns seine Begierde. Er entführte sie mit Gewalt auf eines seiner Schlösser und zeugte mit ihr drei Kinder.

Stanislaus bezichtigte ihn öffentlich in seinen Predigten des schändlichen Ehebruchs — und der König schwor ihm Rache. In einem Prozeß mit gekauften Zeugen wurde Stanislaus der Erschleichung des Erbes eines jüngst verstorbenen Ritters angeklagt. Stanislaus aber betete drei Tage und drei Nächte an dessen Grab und befahl ihm, für die Wahrheit Zeugnis abzulegen. Da erhob sich der Tote aus der Gruft, schritt in den Gerichtssaal, beeidigte die Rechtmäßigkeit des Kaufabschlusses, ermahnte seine Verwandten wegen ihrer falschen Beschuldigungen und legte sich danach wieder in seinen Sarg.

Boleslaus mußte wohl oder übel von seiner schon sicher geglaubten Beute ablassen. Er stürzte sich in einen Krieg gegen die Russen und erfocht infolge seines Ingrimms einen glänzenden Sieg.

Nach seiner Rückkehr trieb er es noch ärger, worauf ihn Stanislaus schließlich exkommunizierte. Da stürzte sich Boleslaus während des Gottesdienstes auf den Heiligen und spaltete ihm eigenhändig mit dem Schwert den Schädel. In rasender Wut zerrte er den Leichnam ins Freie und zerhackte ihn in kleine Stücke. Diese streute er den Geiern zum Fraße vor. Vier große Adler jedoch bewachten die Gliedmaßen, von denen des Nachts ein überirdisches Licht ausging. Schließlich faßten sich Volk und Geistlichkeit trotz des strengen Verbotes ein Herz, sammelten die Überreste auf und bestatteten sie in einer feierlichen Prozession in der Domkirche.

Boleslaus aber floh, vom Papst gebannt, unter Gewissensqualen nach Ungarn. Dort irrte er verstört in den Wäldern umher und wurde immer elender. Manche behaupten, er habe sich selbst getötet. Andere erzählen, seine eigenen Hunde hätten ihn eines Tages angefallen und zerrissen.

A: mit Bischofsstab und Schwert; vor dem Altar den Todesstreich empfangend; als nackter Leichnam, den vier Adler bewachen.

P: des Bistums Krakau; in Kämpfen.

F: auch 7. und 8. Mai.

12. April
HL. ALFERIUS
Abt, † 1050

Alferius war Stifter und Abt des Klosters Cava bei Salerno. Dieses liegt in einer einsamen, gegen das Meer hin offenen Schlucht. Räuber erschlugen einst einen Kaufmann, und Mönche aus der Abtei fanden ihn im Walde. Sie brachten den Toten in die Klosterkirche. Alferius befahl, mit der Beerdigung zu warten, und brachte die Nacht betend bei der Leiche zu. Am frühen Morgen war der Ermordete wieder lebendig und lobte Gott.

Gegen Ende seines langen Lebens wurde Alferius zu einem vom Teufel Besessenen gerufen, um ihn aus den Fesseln des Bösen zu befreien. Der greise Abt erklärte: »Er wird erst nach meinem Tode erlöst werden.« Kurz danach starb der Heilige im Alter von 120 Jahren. Man führte den Besessenen herbei, und dieser wurde durch Berühren des Leichnams sofort gesund. Da er ein vortrefflicher Maler war, schmückte er aus Dankbarkeit die Klosterkirche mit einem Gemälde des Wunders.

A: als Abt einen Toten erweckend.

13. April
SEL. IDA VON BOULOGNE
Mutter Gottfrieds von Bouillon, um 1040–1113

Ida wurde 16jährig mit dem Herzog Eustach II. von Niederlothringen verheiratet. Einmal träumte sie, daß die Sonne vom Himmel herabgestiegen sei und einen Augenblick an ihrem Busen ruhte. Und nicht lange danach wurde sie Mutter von drei Söhnen: Eustachs III., der die Nachfolge des Vaters antrat, Gottfrieds von Bouillon, der den Kreuzzug gegen die Sarazenen führte, und Balduins, der zum König von Jerusalem werden sollte.

Ida überließ keines ihrer Kinder einer Amme. Sie wollte vermeiden, daß sie durch die Milch aus einer anderen Brust mit schlechten Sitten infiziert würden. Nach der Geburt ihrer Söhne lebte sie an der Seite ihres Mannes keusch wie eine Jungfrau. Auch als er gestorben war, verzichtete sie auf neue Ehefreuden. Statt dessen sorgte sie für die Armen und förderte den Bau von Kirchen und Klöstern.

Schon zu Lebzeiten vollbrachte sie Wundertaten. Ein taubstummes Mädchen kauerte sich eines Morgens unter ihren weiten Mantel. Und sogleich fing es zu reden an. Sein erstes Wort war »Mutter«.

14. April

HL. LIDWINA VON SCHIEDAM

(Lydia, Lidwiga)

Jungfrau, 1380–1433

Am selben Tag, an dem die zwölfjährige Lidwina aus Schiedam in Holland einem vornehmen Jüngling das Jawort verweigerte, gelobte sie ewige Keuschheit. Wenige Zeit danach rutschte sie beim Schlittschuhfahren auf dem Eise aus und brach sich eine Rippe. Von diesem Augenblick an wurde sie so sehr von Krankheiten verzehrt, daß kein Werber sie je noch belästigte.

Zunächst bildete sich inwendig ein schmerzhaftes Geschwür, welches sich erst nach anderthalb Jahren öffnete. Dabei ergoß sich eine unerklärliche Menge Eiter aus ihrem Mund und schwächte sie derart, daß sie drei Jahre lang nur kriechen konnte, bis sie schließlich vollends ans Bett gefesselt war. Ein Brand im Leibe, den die Ärzte Antoniusfeuer nannten, verursachte ihr unstillbaren Durst. Wenn sie aber trank, dann mußte sie es sofort wieder erbrechen.

Zu der grenzenlosen Schwäche kam Schlaflosigkeit. Die inneren Organe wurden von der Fäulnis um die einst gebrochene Rippe angegriffen. Große Würmer krochen aus ihren Wunden hervor, zum Schauder aller, die sie pflegten oder besuchten. In ihren Knochen brannte es wie Feuer. Dazu kamen unerträgliches Kopfweh und unaufhörliche Zahnschmerzen, die sie monatelang bis zum Wahnsinn quälten.

Die Fäulnis im Unterleib dehnte sich so aus, daß man mit einem Verband das Herausfallen der Eingeweide verhindern mußte. Über Stirn und Kinn bildete sich ein tiefer Spalt, weshalb sie nur mühsam zu reden vermochte. Aus den Ohren und der Nase, sogar aus den Augen flossen stets große Mengen Blut. Im ständigen Wechselfieber glühte sie bald vor Hitze, bald zitterte sie vor Frost. Ihr rechtes Auge wurde blind und das linke so schwach, daß sie fast immer in Finsternis lag. Bewegen konnte sie nur den linken Arm und den Kopf. Am ärgsten aber peinigten sie Gallensteine und ein schweres Darmleiden. Die letzten 19 Jahre ihres Lebens genoß Lidwina nur die hl. Hostie und etwas Wasser.

Anfangs litt Lidwina sehr unter ihrer Lage, und wenn sie von ihren gesunden Freundinnen besucht wurde, mußte sie weinen. Auf Empfehlung ihres Beichtvaters erwählte sie sich jedoch die Leiden des Heilands zur Betrachtung, und bald ging in ihr ein glücklicher Wandel vor. In ihren Schmerzen fand sie nur noch Süßigkeit und Trost. Infolgedessen betete sie nicht mehr um Genesung, sondern um die Vermehrung ihrer Leiden. Eines Nachts wurde ihr Zimmer von einem so starken Licht erhellt, daß ihre Verwandten glaubten, es brenne, und herzueilten. Lidwina aber schickte sie hinaus. In einer Vision erschienen ihr verschiedene Engel mit den Marterwerkzeugen des Heilands, dann die Muttergottes mit dem Jesuskinde. Dieses betrachtete die Kranke zärtlich, breitete seine Arme aus und wurde plötzlich zu einem Mann reifen Alters. Sein Antlitz war von fahler Blässe und ganz mit Blut bedeckt. An Händen, Füßen und unter dem Herzen klafften große Wunden. Wie sie später ihrem Beichtvater berichtete, erzeugte dieser Anblick in ihr eine mit Schmerz und Mitleid vermischte Freude. Während sie die Wundmale betrachtete, sah sie leuchtende Strahlen daraus hervorgehen, die sich auf sie richteten und ihr selbst die Wundmale einprägten.

Beim Anblick der großen Wunden, die sie nicht vor den Menschen hätte verbergen können, bat Lidwina Jesus, die Zeichen wieder wegzunehmen. Denn sie befürchtete den Beifall frommer Besucher und den eigenen Stolz darauf. Im Nu bildete sich eine Haut über den Malen, und nur eine leichte Blässe blieb zurück.

An Ostern 1433 hörte sie im Himmel das Hallelujah singen, und ein Engel kündete ihr an, daß sie in drei

Tagen sterben werde, was auch geschah. Nach ihrem Tode war keine Spur der Wunden und Geschwüre mehr zu sehen. Der unversehrte Leib verbreitete einen paradiesischen Wohlgeruch.

A: mit Kranz von Rosen auf dem Haar, Kruzifix in der einen, einen blühenden Zweig in der anderen Hand; mit Engel an der Seite.

P: der Kranken und Leidenden.

15. April

HL. CLEMENS MARIA HOFBAUER

Apostel Wiens, 1751–1820

Aus einer armen Familie stammend, konnte Clemens seinen Wunsch nach dem Priesterberuf nur auf langen Umwegen und nach vielen Fehlschlägen verwirklichen. Er wurde Bäckergehilfe, bevor er sich in Italien den Redemptoristen anschloß. Diese ermöglichten dem 34jährigen endlich die Weihe.

Gemeinsam mit seinem Gefährten Thaddäus Hübl versuchte Hofbauer seinen Orden auch nach Österreich zu verpflanzen, aber dies mißlang angesichts der politischen Verhältnisse. Und so sollte es für den Rest seines Lebens bleiben. Er begann viele Vorhaben zunächst sehr erfolgreich, aber immer wieder mußte er seine Unternehmungen scheitern sehen. Nach vielen Enttäuschungen kam er nach Wien, wo er als Beichtvater und Prediger wirkte. Und die Stadt bemerkte bald tief erstaunt, wie der einfache, ungelehrte Mann, der stets eine abgeschabte Kleidung und grobe, viel zu große Schuhe trug, Tausende bekehrte. Die Gläubigen gaben ihm deshalb den Titel »Apostel Wiens«. Dichter wie Friedrich Schlegel und Zacharias Werner waren mit ihm befreundet, und letzterer zählte ihn zu den drei bedeutendsten Menschen seiner Zeit — neben Goethe und Napoleon.

Jahrelang wurde Hofbauer von der Polizei bewacht und bespitzelt, man zwang ihn sogar, noch auf dem Sterbebett seine Ausweisung zu unterschreiben. Einen Monat nach seinem Tod jedoch bewilligte Kaiser Franz persönlich die Zulassung des Redemptoristenordens in Österreich.

A: als Redemptorist im schwarzen Talar mit weißem Halskragen und schwarzem Stoffgürtel mit Rosenkranz.

P: von Wien und der Diözese Brünn; der Gesellenvereine.

16. April

HL. BENEDIKT-JOSEF LABRE

Bettler, 1748–1783

Als ungewöhnlich sanft, gefügig, schweigsam und träumerisch wird der Knabe Benedikt beschrieben, dessen Eltern auf dem Lande mit Kurzwaren handelten. Ein Onkel, Pfarrer in einer Nachbargemeinde, nahm sich seiner an, gab ihm Lateinunterricht und suchte ihn für die geistliche Laufbahn zu gewinnen, aber der schwärmerische Junge fand wenig Geschmack an Studium und Priesterberuf. Ihn zog es zum Trappistenorden, dessen Schweigegelübde seinem nach innen gerichteten Sinn entsprach. Seine Familie widersetzte sich diesem Wunsch – bis der Onkel in einer Pestepidemie hinweggerafft wurde.

Benedikt versuchte sich immer wieder an verschiedenen kirchlichen Schulen, scheiterte aber jedes Mal. Als ihn nach mehrmaligen Ablehnungen die Trappisten schließlich doch als Novizen annahmen, wurde er darüber krank und mußte das Noviziat wieder verlassen.

In diesen Wirren bildete sich ihm die Überzeugung, daß es seine Bestimmung sei, als Landstreicher, elend und zerlumpt, in der Welt umherzuirren. Von nun an wanderte er unaufhörlich über die Straßen Europas, nahm gerade so viel Almosen, daß er nicht verhungerte oder erfror, und lehnte jedes Angebot ab, sich niederzulassen. Der genaue Verlauf seiner Wanderungen ist unbekannt, sicher sind nur Aufenthalte in Rom, Neapel, Süditalien, Loretto, Assisi, Compostela und Burgos und eine Pilgerreise durch Deutschland. 1783 brach er in Rom, erschöpft und ausgezehrt, auf den Stufen von Madonna dei Monti zusammen. Nach seinem Tode wurde vielfach bezeugt, daß er an zwei Orten gleichzeitig gesehen wurde. Verschiedene Herbergsväter etwa gaben zu Protokoll, daß Benedikt in ihren Armenhospizen übernachtet habe und die Häuser nach geltender Gepflogenheit am Abend abgeschlossen worden seien. Um Mitternacht aber habe man ihn in verschiedenen Kirchen beten sehen, wohingegen er am Morgen wie die übrigen Gäste im Schlafraum vorgefunden worden sei.

A: mit Rosenkranz und Pilgerstab in der Hand.

P: der Landstreicher, Bettler und Heimatlosen.

17. April

HL. AGAPITUS I.

Papst, † 536

Als Agapitus nach Konstantinopel zu Kaiser Justinian reiste, brachte man ihm in Griechenland einen Krüppel, der weder gehen noch sprechen konnte. Seine Verwandten weinten, und Agapitus fragte sie, ob sie an eine Heilung glaubten. Sie versicherten ihm, daß sie feste Hoffnung in den hl. Petrus und seinen Statthalter, den Papst, setzten. Da begab sich Agapitus mit ihnen in die Kirche und zelebrierte das Hochamt. Nach der hl. Wandlung schritt er zu dem Kranken, richtete ihn auf und legte ihm die Hostie auf die Zunge. Und sogleich begann dieser zu sprechen und zu gehen.

A: bärtig mit Papstmantel (Pallium).

F: auch 18. und 28. April, 20. September.

18. April

SEL. HERLUKA

Jungfrau, † 1127

Das Mädchen Herkula, eitel und auf weltliche Dinge gerichtet, gelobte in einer schweren Krankheit, künftig ein frommes Leben zu führen. Kaum war sie gesund, da wurde sie wieder leichtsinnig. Und abermals traf sie die Krankheit. Erneut gab es gute Vorsätze und einen Rückfall ins alte Leben nach der Genesung. Jetzt aber verlor sie ihr Augenlicht.

Einer inneren Stimme folgend, tat Herluka nun das Gelübde ewiger Jungfräulichkeit und zündete dem hl. Cyriacus eine Kerze an. Bald konnte sie auf einem Auge wieder sehen — schärfer als viele mit beiden Augen.

Die Pfalzgräfin Adelheid nahm Herluka und andere fromme Jungfrauen zu sich, und sie führten ein Leben in Tugend und Andacht. Herluka wurde durch viele Erscheinungen von Heiligen ausgezeichnet, u.a. des Erzmärtyrers Laurentius, der sie fast regelmäßig zur Kommunion begleitete. Während einer Andacht allerdings störte auch einmal der Teufel als scheußliches Gespenst, das alle Lichter in der Kirche löschte. Herluka rief gegen das Trugbild Jesus an und entzündete eine Kerze. Augenblicklich verschwand der Böse mit fürchterlichem Krach, so daß man glauben konnte, die Kirche breche zusammen. Als es Tag geworden war, fand man jedoch alles völlig unversehrt. Herluka aber behielt von jener Nacht ein geschwollenes Knie, das ihr lebenslang große Schmerzen bereitete.

A: mit Teufel, der ihre Lampe auslöschen will; mit Heiland.
F: auch am 18. März.

19. April
HL. ELPHEGUS
Erzbischof von Canterbury, Märtyrer, † 1012

Um das Jahr 1009 wurde der Friede in England durch einen Einfall der Dänen gestört. Sie plünderten, mordeten, verheerten die Provinz Kent und belagerten Canterbury. Erzbischof Elphegus wurde von den Bewohnern bestürmt, sich in Sicherheit zu bringen, aber er verließ seine Herde nicht, sprach ihnen Mut zu und gab geistlichen Trost, wo er konnte. Endlich erlag die Stadt dem Ansturm der Barbaren. Sie rächten sich für den mutigen Widerstand, indem sie alt und jung, Mann und Weib über die Klinge springen ließen. Der Bischof eilte an den Ort des blutigsten Gemetzels und suchte die Wut der Eroberer zu besänftigen. Diese mißhandelten ihn und schlachteten vor seinen Augen viele seiner Mönche ab. Dann warfen sie ihn in den Kerker.

Nach sieben Monaten wurden die Dänen von einer ansteckenden Seuche befallen, und bald zweifelten sie nicht mehr, daß dies die Strafe für ihre Grausamkeit gegen den Erzbischof sei. Sie holten ihn aus dem Gefängnis und baten ihn um Fürsprache bei den himmlischen Gewalten. Und tatsächlich erreichte sein Gebet die erhoffte Wirkung. Die Anführer dankten ihm und erwogen, ihn freizulassen. Aber dann siegte der Geiz, und sie forderten 3000 Goldstücke Lösegeld. Elphegus aber verweigerte ihnen dies, denn er wollte alles Geld für den Wiederaufbau des Landes verwenden. Da bedrohten sie ihn mit dem Tod. Er aber prophezeite ihnen unerschrocken, daß England nicht lange unter ihrer Herrschaft sein werde. Wenn sie sich nicht besserten, würden sie schlimmer als dereinst Sodom heimgesucht werden. Daraufhin mißhandelten sie ihn so grausam, daß einer der Barbaren selbst von Mitleid ergriffen wurde und seinen Qualen mit einem Axthieb in den Kopf ein Ende bereitete. Kurz danach wurden beinahe alle 200 Schiffe der dänischen Flotte in einem Sturm vernichtet, und alle ihre Anführer ertranken.

A: mit Bischofsstab und Palmzweig; im Mönchshabit mit Axt und Steinen, am Kopf blutend.

20. April

HL. HILDEGUNDIS VON SCHÖNAU

Zisterziensermönchin, † 1188

Im Alter von zwölf Jahren unternahm Hildegund mit ihrem Vater, einem wohlhabenden Bürger aus Neuß, eine Pilgerfahrt ins Heilige Land. Er erkrankte jedoch auf der Rückreise und starb. Die kleine Waise verkleidete sich als Knabe und trat unter dem angenommenen Namen Joseph als Novize ins Zisterzienserkloster Schönau ein. Sie schlief unter Männern, aß und trank mit Männern und mußte zur im Kloster üblichen Züchtigung auch ihre Rückseite entblößen. Sie arbeitete härter als alle anderen und übertraf alle an klösterlicher Tugend. Um sich nicht zu verraten, führte sie gelegentlich leichtfertige Reden. So bewog sie einen jungen Mönch namens Hermann einmal, mit ihr gemeinsam in den Spiegel zu schauen, und fragte: »Wer von uns hat das schönere Gesicht?« Er antwortete: »Dein Gesicht scheint mir geformt zu sein wie das eines Weibes.« Da ging sie unwillig davon. Beide bekamen aber dafür Schläge, weil sie das Schweigen gebrochen hatten.

Während sie einmal krank darniederlag, gestand ein Mönch den anderen, er könne Joseph nie ansehen ohne Versuchung. Als ihr Zustand lebensbedrohlich wurde, nahm ihr der Prior die letzte Beichte ab. Er fragte den vermeintlichen Jüngling, ob er je geschlechtlich verkehrt habe. Hildegund sagte zu seinem Befremden: »Weder mit einer Frau noch mit einem Mann.«

Nach ihrem Tode eilten der Abt und die übrigen Brüder zur Bestattung herbei. Als sie den Körper zur Waschung entblößten, zeigte sich das weibliche Geschlecht. Alle bestaunten dieses Wunder, und im Text der Leichenrede wurde das Wort »Mönch« durch »Mönchin« ersetzt.

A: in Männerkleidung, einen Engel zu Pferde neben sich.

21. April

HL. BRUDER KONRAD VON PARZHAM

Pförtner, 1818–1894

Bruder Konrad, der »ewige Pförtner«, hieß eigentlich Johann Birndorfer und sollte den großen Hof seiner Eltern im Rottal übernehmen. Doch mit 31 trat er als Laienbruder in das Kapuzinerkloster St. Anna in Altötting ein und nahm den Namen Konrad an.

Bis zu seinem Tode 1894 versah er nun den Dienst an der Klosterpforte, war für Hunderttausende Pilger, für Bettler, Lieferanten und Besucher die erste Ansprache. Bruder Konrad arbeitete 18 Stunden am Tage, betete vier und schlief nur ein bis zwei. Nuntius Pacelli, auf dessen Betreiben Konrad heiliggesprochen wurde, sagte über ihn: »Bei diesem Helden des Glaubens, treuer Pflichterfüllung und christlicher Nächstenliebe, sucht ihr vergebens nach den wunderbaren Großtaten anderer Heiliger, aber ihr seht einen Tugendheroismus, der dem tätigen Leben der großen Heiligen in nichts nachsteht.« Zudem wirkte Konrad auch Wunder, wenngleich kleinere. Die Altöttingerinnen Elisabeth Hofer, Maria Münchsdörfer, Maria Schober, Maria Hafner, Anna Hainzl und Fanny Tilser sahen mehrmals das dem Hauptaltar am nächsten liegende Fenster hell erstrahlen. Diese Erscheinung trat immer nur gegen 1 Uhr 30 auf, eine halbe Stunde nach dem nächtlichen Chorgebet der Kapuziner. Es glich keinem gewöhnlichen Lampen- oder Kerzenlicht, sondern dem Glutschein eines Brandes. Der Beichtvater der Frau Hofer, Pater Wolfgang Berger, glaubte, die Ursache für dieses Licht könne niemand anderes sein als Bruder Konrad.

A: als bärtiger, auf den Knien betender Kapuziner.

P: der Pförtner; der katholischen Burschenvereine, des Seraphischen Liebeswerks; bei allen Nöten.

22. April

HL. OPPORTUNA

Äbtissin von Montreuil, † um 770

Opportuna war die Schwester des Bischofs Chrodegang von Séez und Äbtissin des Klosters von Montreuil. Als ihr Bruder eine Wallfahrt nach Jerusalem und Rom unternahm, übertrug er unterdessen die Verwaltung des Bistums seinem Vetter Chrodobert. Dieser mißbrauchte das Vertrauen, streute das Gerücht aus, der Bischof sei unterwegs gestorben, und maßte sich die geistliche Würde an. Doch Chrodegang kam nach sieben Jahren zurück und kehrte bei seiner Schwester ein. Der Vetter heuchelte Freude und sann auf Meuchelmord. Er sandte einen ihm völlig ergebenen Neffen nach Montreuil, der den Bischof nach Séez zu geleiten vorgab, ihn jedoch in einem Wald nahe des Klosters ermordete.

Als man den Toten fand und in die Kirche bringen wollte, vermochten die stärksten Männer nicht, ihn aufzuheben. Da erschien Opportuna, legte ihn sich mühelos über die Schulter und trug ihn ins Kloster. In der Nacht schaute sie in einer Vision ihren Bruder unter den Heiligen im Himmel. Als sie selbst starb, begrub man sie neben Chrodegang, und viele Wunder an ihrem Grab zeigten, daß auch sie unter die Heiligen aufgenommen worden war.

A: als Benediktineräbtissin mit Buch.
F: auch 22. Juni.

23. April

HL. GEORG

(Jörg, Jiři)

Märtyrer, 3. oder 4. Jahrhundert

Eigentlich gibt es gar keine Lebensbeschreibung des hl. Georg, denn Papst Gelasius verbot 496, die damals noch bekannten apokryphen Akten des Märtyrers zu lesen. Die frommen Erzählungen liefen jedoch weiter unter den Gläubigen um, und sie zeigen den hl. Georg als musterhaften, tapferen Ritter, der den Drachen mit Lanze und Kreuzzeichen besiegt und die Prinzessin rettet, den Armen hilft und Tote erweckt.

Später erleidet er ein Martyrium, das sich sowohl durch die Zahl wie die Grausamkeit der Qualen kaum mehr überbieten läßt. Vor allem die morgenländische Kirche hat ihn deshalb zu einem Erz- oder Großmärtyrer erhöht. Neben üblichen Folterarten werden ihm 60 Nägel in den Kopf getrieben, er wird drei Tage lang in frischgelöschtem Kalk eingelegt, in glühende Schuhe gestellt, auf ein glühendes eisernes Bett gelegt und mit siedendem Blei übergossen, in einen glühenden ehernen Stier eingeschlossen. Man wälzt einen schweren Stein auf sein Haupt, wirft ihn in einen Brunnen, in einen Abgrund, martert ihn sieben Tage oder sieben Jahre lang. Er überlebt alle Qualen, leert unbeschadet mehrere Giftbecher und wird schließlich unter Kaiser Diokletian oder unter dem Perserkönig Dacian oder unter dem König von El-Maucil am achten Tag oder im achten Jahr enthauptet.

Seiner Gebeine rühmen sich unzählige Kirchen, sein Haupt ließ 896 Erzbischof Hatto von Mainz auf die Insel Reichenau übertragen. Als angerufener Heiliger griff St. Georg häufig bei Schlachten auf Seiten der bedrängten Christen ein. Vorzüglich in den Kreuzzügen gegen die Sarazenen, namentlich zugunsten Kaiser Barbarossas, Richard Löwenherz' und Jakobs I. von Aragonien.

A: als Ritter mit Schwert, Lanze und Kreuzbanner, im Kampf gegen den Drachen; auch mit erretteter Prinzessin oder der Königin Alexandra, die sich durch ihn bekehrte; mit Rad und Giftbecher als Hinweis auf Martyrium.

P: von England, Rußland, Schweden, Georgien, Deutschland, Frankreich, Piemont, Aragon, Bosnien, Bayern, Sachsen, Schleswig, Lothringen, Krain, Katalonien und des Kirchenstaats; von Amersfort, Antiochia, Antivari, Bamberg, Bremen, Casale, Dinkelsbühl, Eisenach, Ferrara, Friedberg, der Republik und der Bank von Genua, Granada, Hannover, Konstantinopel, Limburg, Lüttich, Luzern, Mansfeld, Mantua, Modena, Nimwegen, Nördlingen, Petershausen, Pettau, Philippsburg, Ravensburg, Schlettstadt, Stade, Überlingen, Ulm, Urbino, Valencia, Wismar; Allgäu; der Büchsenmacher, Krieger, Reiter, Ritter, Waffenschmiede, Schützen, Soldaten, der Artisten, Bauern, Böttcher, Sattler; der Kavallerie, des Deutschen Ritterordens, der Heere, der Gefangenen; der Krankenhäuser; des Viehes; für schönes Wetter; gegen die Macht des Satans, gegen Religionsfeinde, Beschimpfungen, schweren Fall, Kriegsgefahr und Unglück; zählt zu den 14 Nothelfern.

24. April

HLL. ALEXANDER
und Gefährten
Märtyrer von Lyon, † 178

Alexander wurde in der Verfolgung des Antoninus Verus eingekerkert. Im Prozeß schlug man ihn so grausam, daß ihm nicht bloß das Fleisch vom Leibe hing, sondern die Verbindung der Rippen sich löste, die Eingeweide austraten und die inneren Organe sichtbar wurden. Nichtsdestoweniger wurde er auch noch ans Kreuz genagelt, wo ihn bald der Tod von seinen Qualen erlöste. Mit ihm zusammen erlitten 34 Gefährten das Martyrium.

25. April

HL. MARKUS
Evangelist und Märtyrer, † um 67

Markus war Jude und wurde erst nach der Auferstehung Jesu bekehrt. Nach Auffassung mancher Kirchenväter war er ein leiblicher Sohn des hl. Petrus. Jedenfalls schrieb Markus in Rom das Evangelium nach den Erzählungen des Petrus, und dieser soll es Wort für Wort bestätigt haben. Später sandte er ihn nach Ägypten und bestellte ihn zum Bischof von Alexandrien.

Die erstaunlichen Fortschritte des Christentums unter der Mission des Markus brachte die Heiden in Wut. Sie hielten ihn für einen Zauberer und beschlossen seinen Tod. Eine aufgestachelte Volksmenge ergriff Markus, schleifte ihn unter Mißhandlungen an Stricken durch die Straßen, daß Erde und Steine von seinem Blut gefärbt waren, und warf ihn am Abend in den Kerker. In der Nacht erschien ihm Christus, tröstete ihn und heilte seine Wunden. Am nächsten Tage holte ihn der Pöbel wieder aus dem Gefängnis und schleifte ihn zu Tode. Sein Leib sollte verbrannt werden, aber ein Regen löschte das Feuer aus, und die Christen konnten seinen Leichnam bergen.

A: mit Buch, Feder und geflügeltem Löwen; auch mit Posaunen blasenden Engeln.

P: von Alexandria, Albanien, Antivari, Arlon, Bergamo, Kotor, Korčula, Dalmatien, Korfu, Kreta, Peloponnes, Reichenau (Bodensee), Treviso, Valencia, Venedig, Insel Zante; der Glaser, Korbmacher,

Laternenmacher, Mattenmacher, Maurer, Notare und Schreiber; gegen Krätze, Qualen und unbußfertigen Tod; gegen Blitz, Hagel, Ungewitter; für gute Ernte. Am Markustag gesegnetes süßes Nußbrot hieß Marcipanis (Marzipan).

F: auch 2., 11., 14. und 31. Januar, 26. März, 9. April, 25. Juni, 23. September, 3. und 8. Oktober.

26. April

HLL. WILHELM und PEREGRINUS VON ANTIOCHIA

Pilger, 12. Jahrhundert

Nach dem Tode seiner Gemahlin zog sich Wilhelm mit seinem Sohn Peregrinus in die Einöde zurück, um dort ein gottgefälliges Leben zu führen. Als dieser das Mannesalter erreicht hatte, bat er den Vater darum, nach Jerusalem pilgern zu dürfen. Dieser ließ ihn ziehen, machte sich aber Sorgen, als er lange nichts von seinem Sohn hörte. Er unternahm selbst eine Reise zu den Heiligen Stätten, suchte vergeblich nach dem Verschwundenen und erkrankte schließlich ernstlich. In jenem Spital, in das er zufällig eingeliefert wurde, tat aber inzwischen Peregrinus als freiwilliger Krankenwärter Dienst, um durch gute Werke himmlische Verdienste zu erlangen. Der Vater erkannte den Sohn nicht, und dieser gab sich nicht zu erkennen, bis die Krankheit bedenklich wurde. Da endlich nannte er seinen Namen, und der Vater wurde vor Freude schnell wieder gesund.

Sie begaben sich beide nach Antiochia, wo sie all ihre verbliebene Habe verkauften und an die Armen verschenkten. Dann reisten sie nach Italien und ließen sich in Foggia bei Neapel nieder. Sie starben im Ruf der Heiligkeit und werden bis heute verehrt.

F: auch 6. April.

27. April

HL. ZITA

Jungfrau, um 1219–1278

Mit zwölf Jahren ging Zita als Magd nach Lucca und diente im Hause Fatinelli. Obwohl sie sich nie ein Versäumnis ihrer Pflichten zuschulden kommen ließ, widerfuhr ihr keine Gerechtigkeit. Ihre Bescheidenheit hielt ihr Herr für Beschränktheit, ihre Genauigkeit die Herrin für heimlichen Ehrgeiz. Die Dienerschaft verlachte und verspottete sie. Doch sie ertrug schweigend alle Unbill, außer als ein Knecht ihr in unkeuscher Absicht nachstellte. Da zerkratzte sie ihm das ganze Gesicht. Sie aß das ganze Jahr kein Fleisch, ernährte sich meist nur von Wasser und Brot, schlief auf dem bloßen Boden und nutzte jeden freien Augenblick zur Andacht.

Mit der Zeit wandelte sich die Abneigung ihrer Herrschaft in Achtung, ja in Bewunderung. Die Herrin übertrug ihr die Leitung des Hauses, und der jähzornige Herr verstummte beim ersten Wort von ihr.

Eines Tages beobachtete man Zita in der Küche im vertrauten Gespräch mit einer vornehmen Dame, um deren Haupt ein Strahlenkranz leuchtete. Nun wußte man endlich, woher die ausnehmend köstlichen Rezepte der alten Magd stammten. Sie verriet sie anderen Frauen aber nur, wenn diese sich verpflichteten, anstrengende Wallfahrten zu Ehren der himmlischen Lehrmeisterin zu unternehmen. Außerdem dürfen die »Rezepte der Madonna«, für welche die Küche Luccas berühmt ist, bis heute nur mündlich von der Mutter an die älteste Tochter weitergegeben werden.

Als sie in ihrem 60. Lebensjahr starb, ging am hellen Tage über Lucca ein Stern auf. Die Anrufung Zitas bewirkte allein 150 gerichtlich bestätigte Wunder.

A: als Dienstmagd am Brunnen; mit Buch, Sack, Schlüsselbund oder Krüglein in der Hand; reicht altem Mann Pelzmantel; mit Stern.

P: von Lucca; der Dienstmägde und Haushälterinnen.

28. April

HLL. VITALIS und VALERIA

Märtyrer, † um 62

Der Christ Vitalis wurde Zeuge eines Prozesses, den man seinem Glaubensbruder Ursicinus machte. Dieser schien eine Zeitlang unter der Folter abfallen zu wollen. Vitalis eilte zu ihm und ermahnte ihn zur Standhaftigkeit, bedachte dabei aber nicht, daß er sich ebenfalls der Gefahr aussetzte. Ursicinus ermannte sich wieder und erlitt das

Martyrium. Vitalis wurde die Bestattung gewährt, danach aber verhaftete man ihn. Nachdem er auf der Folterbank schreckliche Qualen erleiden mußte, wurde er langsam über einer offenen Glut geröstet und schließlich noch lebend begraben.

Seine Frau Valeria befand sich auf dem Rückweg nach Mailand, als sie einer Schar heidnischer Bauern in die Hände fiel, die sie nötigen wollten, an einem ausschweifenden Fest teilzunehmen. Sie weigerte sich und wurde getötet.

A: als römischer Ritter; neben offener Grube.
P: von Ravenna.

29. April

HL. HUGO

Abt von Cluny, 1024–1109

Hugo stammte aus dem herzoglichen Geschlecht von Burgund. Er trat nach einer kurzen Zeit des Kriegsdienstes in den geistlichen Stand und wurde Prior von Cluny. Bald gewann er sich das Vertrauen seiner Mitbrüder, so daß sie ihn auf die freigewordene Abtstelle wählten. Seine Amtsführung zeichnete sich durch Strenge und Gerechtigkeit aus, und während in jener Zeit allerorten große Sittenverderbnis in der Geistlichkeit herrschte, wurde Cluny zu einem Zentrum der Reform der gesamten Kirche.

Hugo beriet Päpste und Könige, sprach auf Konzilien und Synoden und gründete viele Klöster. Am bemerkenswertesten war das Frauenkloster von Marcigny, das er erbaute, »damit auch sündigen Frauen, welche aus den Schlingen der Welt fliehen und ihre Fehltritte bereuen wollen, der Eintritt in den Himmel geöffnet werde«. Die Abtei war schnell mit vielen Nonnen gefüllt, die mit solcher Strenge Buße leisteten, daß sie nicht einmal bei einem Brand die Gebäude verlassen wollten. Der zufällig anwesende Erzbischof von Lyon, ebenfalls des Namens Hugo, rief gegen die Flammen Gott an, und tatsächlich legte sich das Feuer.

Abt Hugo besaß ein tiefes Wissen geheimer Fehler seiner Untergebenen. Bei einer Visite im Kloster la

Charité empfing er von allen Brüdern den Begrüßungskuß, nur einem entzog er seinen Mund. Eine Untersuchung wurde eingeleitet und ergab, daß der Bruder heimlich Totenbeschwörungen betrieben hatte.

A: als Cluniazenserabt mit Stab.

P: gegen Fieber.

F: auch am 13. Mai und 5. Juli.

30. April

HL. KATHARINA VON SIENA

Jungfrau, 1347–1380

Die Eltern Katharinas waren Färber. Sie führten eine fromme Ehe und hatten zusammen 25 Kinder. Katharina war früh wegen ihrer Anmut und Güte der Liebling aller. Schon mit sechs Jahren beschloß sie, sich Gott zu weihen, und mit sieben legte sie das Gelübde immerwährender Reinheit ab. Doch ab dem zwölften Lebensjahr setzten ihr die Eltern beständig mit Verheiratungswünschen zu. Sie versuchten den Willen der Widerspenstigen zu brechen und demütigten sie mit den niedrigsten Magddiensten.

Katharina nahm diese Prüfungen nicht nur bereitwillig auf sich, sondern tötete mit großer Energie alle leiblichen und geistigen Strebungen nach Vergnügen und Weltlichkeit in sich ab. Sie fastete oft wochenlang und aß ansonsten nur gekochte Kräuter, trank nur Wasser und schlief stets auf dem nackten Fußboden. Unter dem groben Gewand trug sie heimlich einen Bußgürtel, dessen nach innen gerichtete Stacheln den gesamten Unterleib peinigten. Täglich geißelte sie sich dreimal. Je einmal für sich, für die Toten und für die Lebenden. Eines Nachts hatte ihr Vater einen Traum, in dem er über seiner schlafenden Tochter eine weiße Taube erblickte. Dies bewog ihn, jeden Widerstand aufzugeben, und Katharina durfte in den Dritten Orden des hl. Dominikus eintreten. Drei Jahre lang verließ sie, außer zum Kirchgang, ihre Zelle nicht und redete mit niemandem außer ihrem Beichtvater auch nur ein Wort. In ihrer Abgeschiedenheit erfuhr sie die zärtliche Liebe des Heilands, der ihr oft in einem übernatürlichen Licht erschien. Während einer dieser Ekstasen schenkte ihr Jesus als Vermählungsring seine Vorhaut, die seit der Beschneidung im Tempel an einem geheimen Ort aufbewahrt worden war. Der Ring ziert bis zum heutigen Tag den Ringfingerknochen Katharinas, der zusammen mit ihrem Haupt in S. Domenico in Siena ausgestellt ist (wohingegen die übrigen Gebeine in Rom aufbewahrt werden). Allerdings ist das Kleinod für gewöhnliche Menschen nicht sichtbar. Dieser Gnade wurden jedoch zwei fromme Französinnen teilhaftig, die vor rund hundert Jahren in der Kapelle beteten. (Es kann freilich nicht geleugnet werden, daß auch 18 andere Orte Anspruch auf den Besitz der gleichen Reliquie erheben.)

Doch auch schwere Anfechtungen hatte Katharina abzuwehren. Unzüchtige Bilder von abscheulichen Wollüsten, unbeschreiblich häßliche Wünsche und Vorstellungen verfolgten sie hartnäckig.

Mit Jesu Hilfe überwand sie die satanischen Versuchungen in drei Jahren und widmete sich danach auf seinen Wunsch hin mit allem Eifer den Armen und Kranken.

Eine Frau litt an Brustkrebs und wurde von jedermann wegen des unerträglichen Gestanks und aus Furcht vor Ansteckung gemieden. Auch Katharina fühlte starken Ekel. Um sich zu besiegen, küßte sie die furchtbare Wunde, reinigte und verband sie. Als sie 27 Jahre alt war, befahl ihr der Heiland, öffentlich zu predigen und zur Umkehr zu mahnen. Dies tat sie so erfolgreich, daß drei Dominikanergeistliche Tag und Nacht im Beichtstuhl verharren mußten, um den Andrang der durch sie zur Reue bewegten Sünder zu bewältigen.

Auf ihre Mahnungen kehrte Papst Gregor XI. aus dem Exil in Avignon zurück. Doch nach seinem Tode erhob sich gegen den rechtmäßigen Urban VI. ein Gegenpapst, Clemens VII., der wieder von Avignon aus regierte. Katharina litt so sehr unter dieser Spaltung der Kirche, daß sie bald bis zum Skelett abmagerte. Auch wurde sie von einem immer heftigeren Seitenstechen befallen. Bei ihrem Tode im Alter von 33 Jahren gewahrte man an ihrem Körper die fünf Wundmale Christi. In ihrer Demut hatte sie den Herrn gebeten, sie während ihres Lebens vor den Augen der Welt zu verbergen.

A: in Dominikanertracht, mit Lilie, Buch, Kruzifix; mit Ring; mit Herz, aus dem bisweilen ein Kreuz herauswächst; leuchtende Stigmata.

P: Italiens; der Wäscherinnen; der Sterbenden; gegen Kopfweh und Pest.

1. Mai
HL. WALBURGA
(Walpurgis)
Äbtissin, † 779

Walburga stammte aus England und wurde in einem Kloster erzogen. Ihre heiligen Brüder Willibald und Wunibald leisteten dem Oheim Bonifatius bei der Missionierung Deutschlands Beistand. Sie sorgten für die Gründung verschiedener Frauenklöster und holten dazu auch Walburga. Diese starb als Äbtissin in Heidenheim nach einem vorbildlichen Leben. 871 kamen ihre Reliquien nach Eichstätt, wo bald ein wunderbarer Ölfluß aus ihren Gebeinen bezeugt wurde. Besonders gegen die Pest erwies die Flüssigkeit eine wunderbare Wirkung. Noch viele andere Kirchen, etwa Monheim, Walberberg, Brüssel, Köln, Wittenberg und Furnes besitzen ebenfalls Gebeine der Heiligen.

Einst wurde ein Pilger, der das Grab der Heiligen aufsuchen wollte, von Räubern überfallen und erschlagen. Einer der Mörder nahm die Leiche auf den Rücken, um sie irgendwo zu verscharren. Wie er aber die Last abwerfen wollte, war sie angewachsen. Sein Spießgeselle versuchte die beiden mit dem Schwert auseinanderzuschneiden. Doch blieb er selbst an der Leiche hängen. Erst ein reuiges Gebet zur hl. Walburga befreite ihn. Der andere aber wollte sich aus Verzweiflung ertränken, doch das Wasser spie ihn stets wieder an Land. Schließlich hoffte er am Grabe der Heiligen Vergebung zu erlangen. Aber immer, wenn er dorthin losgehen wollte, konnte er kein Bein mehr bewegen.

A: als Äbtissin mit Ölfläschchen; mit Stab, von einer Schlange umwunden; mit kleinen Mädchen; mit Taube; mit Apothekerschüssel.

P: von Antwerpen, Bistum Eichstätt, Furnes, Groningen, Oudenarde, Weilburg, Zuthphen; der Bauern, Feldfrüchte; gegen bissige Hunde; Tollwut, Husten und Pest.

F: auch am 25. Februar.

2. Mai

HL. ATHANASIUS

Kirchenlehrer, 295–373

Der hl. Athanasius war über ein halbes Jahrhundert hindurch der hervorragendste Streiter gegen die arianische Häresie, ein Mann von ungewöhnlichen Verstandesgaben. Als junger Mann und Sekretär des Bischofs von Alexandria verteidigte er, zwar ganz im Hintergrund, aber gerade dadurch sich mächtige und erbitterte Feinde schaffend, auf dem Konzil von Nicäa 325 die Orthodoxie gegen die Angriffe des Arius. Dieser behauptete, Christus sei nicht *homo-ousios* (wesensgleich), sondern nur *homoi-ousios* (wesensähnlich) mit Gott. Dank der Beredsamkeit des Athanasius setzte sich das sogenannte nicäische Glaubensbekenntnis durch, in dem in Abgrenzung zu der arianischen und zu anderen Ketzereien festgestellt wird: »Wir glauben an Jesus Christus, Gottes eingeborenen Sohn, das heißt aus dem Wesen des Vaters, Gott von Gott, Licht vom Licht, wahrer Gott vom wahren Gott, gezeugt, nicht geschaffen, eines Wesens mit dem Vater, durch ihn ist alles geschaffen, was im Himmel und auf Erden ist.«

328 erhoben die Gläubigen den Athanasius auf den Bischofsstuhl von Alexandria, wogegen seine Feinde bei Kaiser Konstantin alle Mittel der Intrige und Verleumdung einsetzten. So behaupteten sie, Athanasius habe den verschwundenen Bischof Arsenius getötet und die Hand des Ermordeten zu teuflischer Zauberei mißbraucht. Zum Beweis zeigten sie eine verdorrte Hand vor. Der Kaiser berief ein Konzil nach Tyrus, das die Vorwürfe untersuchen sollte. Als erstes trat eine angeblich von Athanasius geschändete Jungfrau auf. Da erhob sich der Archidiakon Timotheus und rief der bestochenen Dirne zu: »Wie, ich bin es also, der diese abscheulichen Laster mit dir getrieben hat?« Das Weib bestätigte es dreist, denn sie hatte den Angeschuldigten noch nie zuvor gesehen. Athanasius sah seine Ehre wiederhergestellt, ohne ein Wort verloren zu haben.

Arsenius aber hatte sich vor den Arianern versteckt gehalten. Nun erschien er überraschend auf der Versammlung, und Athanasius hob die beiden Hände des angeblich Ermordeten mit der Frage hoch: »Wem gehört nun die dritte Hand?« Dennoch verurteilte ihn die mehrheitlich arianisch gesinnte Versammlung, weil er den Kelch eines arianischen Priesters zerschmettert haben sollte. Athanasius wurde seines Amtes enthoben und vom Kaiser nach Trier ins Exil geschickt, die erste einer bitteren Folge von fünf Verbannungen.

Unter Konstantins Sohn Konstantius zum Tode verurteilt, flüchtete er in die thebaische Wüste und hatte das Glück, den greisen hl. Antonius noch kennenzulernen. Dessen Leben beschrieb er später in einer berühmten Vita.

Arius hatte zuerst seinen Sieg in Alexandria feiern wollen, aber die dortige Gemeinde hielt treu zu Athanasius. Deshalb mußte das Fest nach Konstantinopel verlegt werden. Bei der großen Prozession vermißte man plötzlich den Arius und suchte nach ihm. Man fand ihn mit herausgequollenen Eingeweiden auf einem Abort. Unter entsetzlichen Qualen brachen auch Leber, Milz und Herz aus ihm heraus, er schrumpfte zusammen und verschwand durch den Abfluß mit einem Plumps in der Jauche. Viele sahen dies als einen Fingerzeig Gottes an. Athanasius erhielt jedoch erst wenige Jahre vor seinem Tode den angestammten alexandrinischen Bischofsstuhl zurück. Als er starb, durfte er die Gewißheit mit ins Grab nehmen, daß die arianische Ketzerei in der Kirche besiegt war.

A: als griechischer Bischof mit kahlem Haupt und langem Bart, mit Evangelienrolle; in Barke auf dem Nil, seinen Verfolgern entfliehend.

P: gegen Kopfweh.

3. Mai

SEL. EBERWARD

(Everword)

Gründer des Damenstifts Freckenhorst, † 863

Eberward stammte aus vornehmstem westfälischem Adel und besaß reiche Güter. Seine Familie war vom hl. Bonifatius zum Christentum bekehrt worden, und dieser hatte der Urgroßmutter Eberwards seinen Reisestab geschenkt, bevor er den Märtyrertod starb. Als die fromme Frau davon hörte, steckte sie den Stab bei einem Gang durch den Wald in die Erde, und in kurzer Zeit trieb er Wurzeln, bekam Blätter und Blüten und trug bald das köstlichste Obst, das man in der Gegend je gegessen hatte.

Eberward setzte die fromme Tradition fort, heiratete die selige Gewa aus Friesland und nahm, als ihre Ehe kinderlos blieb, seine Nichte, die hl. Thiadildis, an Tochter Statt an. Eines Nachts kehrte der Schweinehirt Frecko aufgeregt aus dem Wald zurück und berichtete, an einer Stelle glänze ein gewaltiges Licht. Alle eilten dorthin, und das Licht war noch viel herrlicher, als der Knecht berichtet hatte. Eberward schlug sein Zelt an dem Ort auf, und in der nächsten Nacht schwebte in überirdischem Leuchten eine Kirche herab und ein Mann davor, der mit Seilen den Grund abmaß. Alle Bäume in dem Geviert waren am Morgen versengt, so daß keine Unklarheit über die himmlischen Absichten herrschte. An dieser Stelle wurden Kirche und Kloster Freckenhorst errichtet. Gewa übersiedelte mit verschiedenen Jungfrauen dorthin, und Thiadildis wurde die erste Äbtissin des Damenstifts. Eberward aber überließ ihnen zwei Drittel seines Vermögens und schenkte das letzte Drittel dem Kloster Fulda, wo er selbst als Mönch den Rest seines Lebens zubrachte.

Der Stab des hl. Bonifatius aber, der heute noch im Freckenhorster Besitz ist, stammt wahrscheinlich aus dem Holz des Baumes, der aus dem ursprünglichen Stab gewachsen war.

4. Mai

HL. FLORIAN

Märtyrer, † 304

Florian wurde in der Mitte des dritten Jahrhunderts im niederösterreichischen Zeiselmauer geboren. Der Knabe rettete einmal seinen Eltern das Leben, als durch die Hitze der Nachmittagssonne ein Heuhaufen neben dem hölzernen Wohnhaus in Brand geriet. Während alle anderen gerade in einer Arbeitspause schlummerten, eilte der wachsame zehnjährige Florian mit einem Schaff Wasser herbei und löschte das aufzüngelnde Feuer. Im

Christentum erzogen, diente er Gott auch, als er Berufssoldat geworden war. Solange nichts gegen sein Gewissen von ihm verlangt wurde, erfüllte er treu seine Pflicht.

In der Provinz Noricum ging jedoch der Befehl des Kaisers ein, daß man die Christen verfolgen solle. Viele flüchteten in die Berge. 40 Soldaten wurden festgenommen und zum Gefängnis transportiert. Auf dem Weg begegnete ihnen Florian, der eben von einem Heimaturlaub zurückkehrte. Als er sich nach ihren Verbrechen erkundigte und vernahm, daß sie wegen ihres Glaubens in Ketten seien, drängte es ihn, das Los seiner Kameraden zu teilen. Er trat mit ihnen vor den Präfekten Aquilinus und bekannte öffentlich, ein Christ zu sein. Dieser ließ ihn als Rädelsführer festnehmen und forderte ihn zum Opfer an die Götter auf. Als Florian sich weigerte, wurde er entkleidet und mit schweren Stöcken grausam geschlagen. Mit spitzigen Eisen riß man ihm das Fleisch von den Schultern. Doch der Heilige blieb standhaft. Man brachte ihn auf eine Brücke, wo Florian das Zögern der Schergen nutzte, Gott für das Martyrium zu danken. Mit einem Strick um den Hals, an welchem ein Stein befestigt war, ertränkte man ihn schließlich in der Enns. Einer der Henker, der sich den Erfolg seiner Tat ansehen wollte, verlor auf der Stelle das Augenlicht. Der Leichnam wurde eine Strecke weit vom Fluß hinweggetragen und an einer Uferwindung an Land gespült. Ein Adler schwang sich aus den Lüften herab und wachte über ihn.

In der Nacht erschien Florian der frommen Matrone Valeria im Traum und zeigte ihr die Stelle, an der sie seine sterblichen Überreste suchen sollte. Sofort machte sie sich mit einem Ochsengespann auf, barg den Leichnam und wollte ihn zu einem heimlichen christlichen Friedhof überführen. Doch unterwegs ermatteten die Ochsen vor Durst und weigerten sich weiterzulaufen. Da der Tagesanbruch bevorstand, drohte dem Weibe die Entdeckung durch römische Ordnungskräfte. Verzweifelt ließ sie sich zum Gebet auf die Knie nieder, und da war ihr, als ob sie abermals den Florian sähe, der ihr zulächelte und Mut zusprach. Als sie sich wieder aufrichtete, sah sie, wie neben ihrem Rastplatz plötzlich zwischen den Steinen eine Quelle herausrieselte. Die Ochsen konnten trinken, soviel sie wollten, und bevor der Hahn zum erstenmal krähte, hatte Valeria ihre kostbare Fuhre in Sicherheit gebracht.

In der Reformation legte einmal ein dem katholischen Heiligenwesen feindselig gesinnter Protestant Feuer an die Kirche mit Florians Grab. Schon stand sie in hellen Flammen, aber aus heiterem Himmel brach ein Gewitter hervor und löschte mit seinen Wassermassen den Brand. Den Bösewicht soll dieser Vorfall zur Reue bewogen und in die Arme der alten Kirche zurückgeführt haben.

A: als geharnischter Ritter, Kreuz auf der Brust, Fahne in der Wand; gießt aus Kübel Wasser in Feuer; mit Haus und Storchennest (weil auch Störche gegen Feuer schützen).

P: von Bologna, St. Florian, Krakau, Oberösterreich; der Bierbrauer, Böttcher, Feuerwehrleute, Kaminkehrer, Seifensieder; gegen Feuersbrunst, Dürre, Unfruchtbarkeit der Felder, Wassersgefahr.

5. Mai

HLL. TARBO

und ihre Leidensgefährtinnen

Märtyrerinnen, † 345

Am Hofe des persischen Königs Schapur II. kämpften die Feueranbeter, die Juden und die vom römischen Nachbarn begünstigten Christen um den politischen Einfluß. Als die jüdische Gemahlin des Herrschers offenbar wegen einer Vergiftung schwer erkrankte, fiel der Verdacht auf die christliche Hoffrau Tarbo, ihre Schwester und beider Dienerin, an dem Mordversuch beteiligt zu sein. Man brachte sie vor das Gericht des Großmopets und zweier vornehmer Beisitzer. Als diese die schönen Frauen sahen, kam allen dreien ein einziger unreiner Gedanke. Sie ließen sich jedoch nichts anmerken und warfen den Jungfrauen das vermeintliche Verbrechen vor, das diese mit Hilfe von Zauberei begangen haben sollten. Tarbo erwiderte: »Was bringt ihr gegen uns falsche Anklagen vor? Wißt ihr nicht sehr gut, daß wir nur einem Gott dienen und uns an das Gebot halten: Ein Zauberer, der gefunden wird, sterbe durch die Hand seines Volkes!« (Exod. 20, 27) Heimtückisch hörten die Richter diese Rede an, während sie schweigend die reizvolle Gestalt der Angeklagten musterten. Und jeder dachte bei sich: »Ich werde sie vor dem Tode erretten, und dann muß sie mein sein.« Der Großmopet ließ die drei ins Gefängnis bringen. Schon in der Nacht aber sandte er eine Botin, die Tarbo meldete, sie werde sich und die beiden Gefährtinnen retten, wenn sie sich dem Großmopet hingebe. Tarbo aber beschied sie: »Ich lasse eure unreine Stimme nicht in mein reines Ohr tropfen, noch gehen eure geilen Worte in meinen Sinn. Ich bin einzig die Braut Christi.« Auch die beiden anderen Adeligen schickten Botinnen, aber ihnen wurde ebenso heftige Antwort zuteil. So verabredeten sich die Männer untereinander und beschlossen, die Frauen als Zauberinnen schuldig zu sprechen. Der König aber sandte eine Botschaft, darin er die Verurteilung untersagte, wenn sie sich bereit erklärten, die Sonne anzubeten. Dies könne als Beweis gelten, daß sie keiner Magie anhingen. Tarbo und ihre Leidensgenossinnen aber weigerten sich standhaft mit den Worten: »Wir vertauschen nicht die Sonne mit ihrem Schöpfer!« Da beauftragte der König die Priester Zarathustras, einen beliebigen Tod zu ersinnen. Diese empfahlen nach langen Beratungen, die Körper zu zerschneiden. Wenn die Königin dann zwischen den Hälften hindurchgehe, werde sie wieder gesund.

Am Tag der Hinrichtung versuchte der Großmopet noch ein letztes Mal, sein Ziel zu erreichen. Er versprach Tarbo das Leben, wenn sie ihm ihren Leib überlasse. Doch sie wies ihn abermals empört ab.

Man führte nun die drei Frauen vor die Stadt, schlug für jede zwei Pfähle in den Boden und band sie nackend dazwischen. Noch in ihren letzten Augenblicken beteten sie um Vergebung für ihre Henker und um Gesundheit für die Königin. Dann führte man eine Säge durch ihre Leiber und schnitt sie in zwei Hälften. Die sechs Teile wurden in sechs Körbe gelegt und an Querhölzern zu beiden Seiten eines Weges befestigt. Als erste schritt die Königin hindurch und, da es der Tag des Aufbruchs in den Krieg war, das gesamte persische Heer. Die Bitten der Heiligen hatten Erfolg. Die Herrscherin genas von ihrem Leiden, und das Heer siegte unter der Führung des Königs. Dieser begann nach einigen Jahren die Christen wieder mit Milde zu behandeln.

F: auch 22. April.

6. Mai

HL. EDBERT

(Eadbert)

Bischof von Lindisfarne, † 698

Als volkstümlichster Heiliger Englands gilt der hl. Abt Cuthbert (20. März) von Lindisfarne. Der Begründer seiner Verehrung aber war sein Amtsnachfolger Edbert, dem allein darum schon der Rang der Heiligkeit zugesprochen wurde. Er unterließ es verdienstvollerweise, dem letzten Wunsch Cuthberts zu willfahren, auf dem nur schwer zugänglichen kleinen Eiland Farne bestattet zu werden. Statt dessen errichtete er ihm in der Klosterkirche von Lindisfarne ein Grab. Als der Leichnam nach 11 Jahren immer noch völlig unverwest war, ließ ihn Edbert in eine prächtige Gruft umbetten. Er verzeichnete alle Gegenstände, die Cuthbert berührt und benutzt hatte, und verwahrte vor allem das Kelchtuch, das dieser bei der heiligen Messe zu gebrauchen pflegte. »Das Grab«, erklärte er seinen Untergebenen, »das durch solche Wunder geheiligt ist, wird nicht lange leer bleiben.« Damit deutete er den eigenen nahen Tod an. Seine Prophezeiung erfüllte sich: Edbert erkrankte und starb und wurde im Grabe Cuthberts beigesetzt. Auch seine Fürbitte bewirkte mehrere Wunder.

Die mit Edberts Vorkehrungen beginnende Geschichte der Reliquien des hl. Cuthbert würde Bände füllen. Allein die Rettung der Gebeine des Heiligen vor den Dänen im neunten und zehnten Jahrhundert ist voll der merkwürdigsten Episoden. Die Reliquien wurden hoch oben auf einer steilen Gebirgskette in Sicherheit gebracht, umgeben von einer fast undurchdringlichen Wildnis. 995 errichtete man hier die Kapelle Durham. Daraus entstand eine der schönsten und reichstdotierten Domkirchen der Welt. Besonders rühmte man die gewissenhafteste Beachtung des Asylrechts in Durham. Ein Ring von Bronze diente als Griff an der Kirchentür. Wer ihn erfassen konnte, ob Verbrecher oder unschuldig Verfolgter, jeder hatte Anspruch auf den Schutz des Heiligtums. Nur wenige Hochgestellte wagten es, dem Asylrecht Trotz zu bieten, und sie fanden immer eine schaurige

Strafe. Aber der Heilige griff auch gegen die Tyrannei und Schuldsklaverei der Mächtigen ein. Den armen Leuten, die seine Hilfe anriefen, erschien Cuthbert in den tiefsten Verließen, wo sie lebendig begraben lagen. Auf sein Wort hin fielen die Ketten, zerbrachen Folterwerkzeuge, führte er sie an schlafenden Gefängniswärtern vorbei in Sicherheit.

Das von Edbert bewahrte Kelchtuch diente den vereinten Normannen und Sachsen als Banner im Kampf gegen die Schotten, die 1297 mit 30000 Soldaten mordend und brennend bis an die Mauern von Durham vorstießen. Die Gemahlin des Königs, Philippine, führte eine weit geringere Anzahl von Streitern zum Entsatz heran. Im Augenblick, als die Schlacht begann, ließ der Prior von Durham das Kelchtuch Cuthberts auf einem Hügel entfalten, und alle Mönche knieten im Gebet nieder. Die gefürchteten englischen Bogenschützen trafen nun unfehlbar und machten den schottischen Reitern den Garaus. Das Kelchtuch half noch viele andere Siege erfechten, bis es unter Heinrich VIII., zusammen mit den Gebeinen Cuthberts, von der Frau eines abgefallenen Geistlichen ins Feuer geworfen wurde.

7. Mai

HLL. FLAVIA DOMITILLA, NEREUS und ACHILLEUS

Märtyrer, † 97

Flavia Domitilla war eine Verwandte des Kaisers Domitian. Verlobt mit Aurelian, einem der vornehmsten Jünglinge Roms, tat sie ganz nach Art nobler Römerinnen: Sie putzte, pflegte und schmückte sich den lieben langen Tag und trachtete nur nach der Bewunderung und dem Beifall der Welt. Ihre christlichen Diener Nereus und Achilleus betrübte es, ihre Herrin so in die Netze der Eitelkeit verstrickt zu sehen. Nereus sprach eines Tages zu ihr: »Wenn du soviel Zeit aufwenden würdest, um deine Seele für den himmlischen Bräutigam so zu zieren wie deinen Leib, so wärest du in der Tat glückselig.« Domitilla erzürnte sich darüber und schalt den Sklaven, aber ihre Neugier ward geweckt. Sie forschte nach dem

Glauben der beiden und bald beschloß sie, ihrem Verlobten zu entsagen und sich ganz dem himmlischen Bräutigam zu weihen. Papst Clemens, dem man vom Übertritt der Jungfrau berichtete, warnte sie persönlich vor den schweren Folgen, den ihr Entschluß nach sich ziehen könne. Aber Domitilla bekräftigte in frommer Begeisterung ihr Gelöbnis und empfing aus der Hand des Papstes den Schleier.

Aurelian entbrannte in Zorn über den plötzlichen Sinneswandel seiner Braut und gab den Sklaven die Schuld. Aber Domitilla stand treu zu ihren Dienern und wurde schließlich mit ihnen zusammen auf die Insel Pontia verbannt. In den Christenverfolgungen des Trajan erinnerte man sich ihrer wieder. Nereus und Achilleus wurden vor den Richter geführt und, als sie sich zu opfern weigerten, enthauptet. Über Domitilla hielt Aurelian, der sie immer noch liebte, seine schützende Hand. Mit Gewalt ließ er die Jungfrau nun in sein Haus bringen und beraumte die Hochzeit an. Während alles freudig tanzte und den vermeintlichen Sieg des Bräutigams feierte, zog sich Domitilla in ein Nebengemach zurück und flehte zu Christus, ihr die Entehrung zu ersparen. Da stürzte Aurelian plötzlich zu Boden und verschied. Sein Bruder hielt dies für Zauberei. Er ließ am folgenden Tag das Haus umstellen, in dem Domitilla wohnte, und zündete es selbst mit einer Pechfackel an.

F: auch 12. Mai.

8. Mai

SEL. FRIEDRICH VON HIRSAU

Abt, † 1071

Aus altem schwäbischem Adel stammend, hätte Friedrich überall offene Türen gefunden, wäre seinem Herzen nicht jeglicher Ehrgeiz fremd gewesen. Es zog ihn in die Einsamkeit eines Klosters, und er wurde in Einsiedeln zum Mönch des hl. Benedikt geweiht.

In jener Zeit bemühte sich die Gräfin Wiltrudis von Calw darum, das von den Avaren verwüstete Kloster Hirsau wiederherzustellen. Sie bat den Abt Heinrich von Einsiedeln um zwölf Mönche für den Chor- und Gottesdienst, und so reiste im Jahr 1065 Friedrich mit elf anderen ausgesuchten Benediktinern zu Wiltrudis. Der Bischof von Speyer weihte Friedrich zum ersten Abt von Hirsau. Bald sproß die junge Pflanzung empor, gedieh und begann zu blühen. Der junge Abt stand in der Tugend allen voran, unerreicht im Fasten wie im Arbeiten und Studieren.

Unter den Mitgefährten gab es jedoch einige, deren Eifer allmählich erkaltete und denen das Joch der klösterlichen Regel zu beschwerlich wurde. Da Friedrich stets auf strengster Befolgung der Nachtwachen, des Fastens und der Arbeitsordnung bestand, erhob sich — zunächst heimlich — wider ihn ein Murren, und am Ende löckten die Abweichler offen wider den Stachel der Disziplin. Einige verleumdeten Friedrich beim Grafen Adalbert und behaupteten, er sei ein Heuchler und gebe sich im geheimen der abscheulichsten Unzucht hin. Dem Grafen war der Abt nie hold geworden, da dieser stets Einmischungsversuche in geistliche Belange zurückgewiesen hatte. Er sprach ihn ohne weitere Untersuchung schuldig und ließ ihn ins Gefängnis werfen. In vollkommener Demut und ohne einen Versuch der Rechtfertigung nahm Friedrich die harte Buße für nicht begangene Verfehlungen auf sich, dankte Gott für die Züchtigungen und ergab sich ganz in sein Schicksal.

Nun hatte aber der Abt Ulrich von Lorch Nachricht von den merkwürdigen Vorgängen in Hirsau erhalten. Er erkannte das Unrecht sofort, eilte herbei und brachte Friedrich in Sicherheit. Doch dessen Gesundheit war schon zu schwer getroffen. Er verschied in den Armen seiner Pfleger. Bei der Waschung des Leichnams zeigte es sich, daß Friedrich seit vielen Jahren eine schwere, eiserne Kette mit scharfen Stacheln um den Leib getragen hatte. Seine mageren Lenden waren teils mit alten Narben, teils mit noch blutenden Wunden bedeckt, aus denen ein süßer Wohlgeruch strömte. Einige Kranke, die ihre Finger in die Wundmale legten, wurden sofort gesund.

F: auch am 19. Februar.

9. Mai

HL. BEATUS

erster Apostel der Schweiz, † um 100

Den gebürtigen Gallier Beatus weihte der Apostel Petrus zum Priester und entsandte ihn in die Schweiz, um das Evangelium zu verbreiten. In Vindonissa predigte Beatus so eindrucksvoll von der Wiederauferstehung der Toten und dem letzten Gericht, daß Legionäre und Bürger der Stadt die heidnischen Tempel zerstörten.

Einmal saß Beatus im Kirchlein von Einigen, während sein Schüler Justus die Predigt hielt. Da sah er unter der Kanzel in einem Winkel den Teufel sitzen, der sich auf einer Bockshaut die Namen der Schläfer notierte. Sie war aber zu klein, um alle Namen darauf zu fassen. Wütend zerrte der Teufel an dem Leder, um es zu strekken, bis es zerriß und sein Kopf mit einem lauten Knall an die Unterseite der Kanzel schlug. Davon wachten die Schläfer auf und waren, da dies noch vor dem Amen geschah, mit knapper Not dem Zugriff des Widersachers entgangen.

Als Beatus mit fortschreitendem Alter ein wenig gebrechlich wurde, suchte er einen Ort, wo er als Eremit sein Leben beschließen wollte. Die Bewohner des linken Thunerseeufers zeigten ihm die großen Höhlen jenseits des Sees, die jedoch ein grausamer Drache behauste. Der Heilige aber fürchtete sich nicht. Als der Drache mit Feuer und Schwefel auf ihn losfuhr, schlug Beatus nur das Kreuzzeichen, und sofort wand sich das Ungeheuer im Todeskampf.

Beatus konnte nun die Höhle beziehen und verbrachte dort gemeinsam mit dem Gefährten Achates den Rest seines Lebens. Er starb im Alter von 90 Jahren. Von seinem Grab nahe der heute nach ihm benannten Beatushöhle sind unzählige Wunder ausgegangen.

A: in einer Höhle, neben sich den Drachen.

P: der Schweizer; gegen Krebs.

SEL. VOLKMAR VON NIEDERALTAICH

Abt, † 1282

Im 13. Jahrhundert wurde der ehrwürdige Benediktinerorden von schweren Entartungen heimgesucht. Faulheit, Völlerei und Unzucht machten sich breit. Viele Mönche sahen das Kloster nur als Versorgungsanstalt an, in dem man sich den Bauch vollschlagen konnte, wenig oder nichts zu arbeiten brauchte und immer genug Bier oder Wein hatte. Von der strengen Regel des hl. Benedikt war oft nichts mehr übriggeblieben.

Einer, der diese Zustände ernsthaft verändern wollte, war der Abt Volkmar von Niederaltaich. Er versuchte, die Nachtwachen, das pünkliche Gebet und die Arbeitsdisziplin wiederherzustellen. Viele folgten ihm wegen des guten Vorbildes, das er selbst abgab, denn er war bei allem Harten, Unbequemen und Entsagungsvollen immer der erste. Einige Müßiggänger aber, die sich an den Schlendrian und das Lotterleben zu sehr gewöhnt hatten, sannen auf Mord. Sie legten sich am Donauufer in einen Hinterhalt. Als der Abt eines Tages allein in einem Boot übersetzen wollte, um ein Feld zu bestellen, traf ihn ein Pfeilhagel. Sterbend betete der Abt noch für seine Verfolger und gab seinen Geist auf.

10. Mai

HL. COMGALL

Abt von Bangor, † 603

Der Knabe Comgall wurde von seinen armen Eltern zu Frömmigkeit und Fleiß erzogen. Eines Tages arbeitete er auf dem Feld und ruhte sich schweißüberströmt aus, angelehnt an einen Felsen. Da sah seine Mutter, die gerade vorbeikam, von dem Stein aus eine feurige Säule in den Himmel ragen, und sie wußte, daß ihr Sohn von Gott berufen war. Als Jüngling trat er in das Kloster Clonenagh ein. Der dortige Abt Fintan war so streng, daß sogar die eifrigsten Verfechter der Askese gegen seine Vorschriften murrten. Nur der Mönch Comgall befolgte alles mit unbedingtem Gehorsam, so daß er bald der

Liebling des Oberen war und von diesem allmählich in die Aufgaben der Klosterleitung eingeführt wurde. Schweren Herzens empfahl er seinen Günstling, als der Landesherr einen Gründungsabt für Bangor suchte.

Comgall ließ am Südufer des Belfast Lough eine Siedlung anlegen, die ganz der Arbeit und dem Gebet gewidmet war. Bangor bestand nur aus Holzgebäuden, denn der Abt hielt das von sieben Chören ohne Unterlaß gesungene Lob Gottes für wichtiger als ruhmsüchtige Zeugnisse steinerner Baukunst. Bangors Ruhm, pflegte man zu sagen, waren Heilige, nicht Bauten. Comgall hielt auf sehr strenge Sitten, wie er es bei Fintan gelernt hatte. Und oft verwünschten die Brüder heimlich die harte Regel, die sie befolgen mußten.

Einst kam der heilige Columba mit mehreren Gefährten auf dem Schiff nach Bangor. Unterwegs verstarb einer der Brüder, der durch harte Bußübungen sehr geschwächt war. Columba befahl, ihn zwischen das Gepäck an eine dunkle Stelle zu legen, um die Wiedersehensfreude nicht zu trüben. Als sie aber ankamen, wusch Comgall den Reisenden die Füße und fragte schließlich ernst, ob er wirklich alle bedient habe. Der heilige Columba sagte, einer sei noch auf dem Schiff, doch er komme nur, wenn Comgall ihn hole. Dieser fand den Leichnam, schickte ein Stoßgebet zum Himmel und rief mit erhobener Stimme: »Im Namen Jesu Christi, ich befehle dir, steh endlich auf und folge deinen Brüdern!« Der Mönch stand auf wie im Traum und folgte dem Abt mit halb geschlossenen Augen. Als Comgall den Zustand des Mannes bemerkte, sagte er: »Ich habe von Gott keinen Einäugigen oder Blödsinnigen ins Leben zurückerbeten, sondern einen Menschen mit allen seinen Sinnen.« Und er befahl dem Mönch, sich an einer kleinen Felsenquelle das Gesicht zu waschen. Kaum war dies getan, so kehrte der Patient mit adlergleichem Sehvermögen und hellerem Verstand, als er zuvor je besessen hatte, unter die Gesunden zurück.

Die letzte Zeit seines Lebens wurde Comgall von überaus schmerzhaften Krankheiten befallen. Die Spötter im Kloster sagten, es sei die Strafe Gottes für die übertriebene Disziplin, die er immer befohlen und geübt habe. Doch der heilige Abt trug seine Qualen mit Demut und dankte

Gott, daß er ihn auserwählt habe, der Leiden des Erlösers teilhaftig zu werden.

A: mit glühendem Stein in der Hand; Engel neben sich, der Fische bringt; mit Brot.

P: für die Erlangung von Milch (weil auf seine Bitte für den kranken Bischof Finbar Milch vom Himmel regnete und er zudem einmal einen Topf Milch ohne Boden trug).

11. Mai

HL. GANGOLF

Märtyrer, † um 760

Zu Zeiten Pippins des Kurzen lebte der tapfere und gottesfürchtige Graf Gangolf, der eine böse Frau zum Eheweibe hatte. Auf der Jagd in Gallien plagte ihn einst der Durst, aber ein Gutsherr wollte ihm nur Wasser geben, wenn er das Grundstück mit der Quelle kaufe. Gangolf tat so und wurde zu Hause in Burgund von seiner Frau gescholten. Da steckte er einen Stock in die Erde, und das Wasser sprudelte daraus hervor, während es bei dem Verkäufer versiegte.

Seine Gemahlin zeigte sich aber von diesem Wunder nicht beeindruckt, sondern unterhielt ein ehebrecherisches Verhältnis zu einem Kleriker. Gangolf erfuhr davon, und als sie einst im Garten saßen, machte er ihr bittere Vorwürfe. Sie aber leugnete dreist und schwor alle Eide auf ihre Unschuld. Da verlangte er von ihr, sie solle ein Steinchen vom Grunde der Quelle aufheben; wenn ihr Arm unverletzt bliebe, werde er ihr glauben. Sie langte zuversichtlich hinein, doch sogleich zog sie ihn wie vom Feuer verbrannt wieder heraus. Er trennte sich von ihr, schenkte ihr jedoch die Hälfte seines Besitzes.

Nicht lange danach ließ sie ihn von ihrem Buhlen im Schlaf ermorden. Als sein Leichnam auf der Bahre lag, wurden viele Kranke, die ihn berührten, geheilt. Seine Frau spottete darüber und sagte: »Gangolf vollbringt ebenso sicher Wunder, wie mein Hintern Lieder singt.« Und sogleich tönten aus ihrem Hintern starke unanständige Geräusche. Dies geschah ihr an jedem Freitag, sowie sie nur ein Wort sagte; denn an diesem Tag war er zum Märtyrer geworden.

A: als Ritter mit Stab oder Lanze, Schild mit Kreuz, Schwert und darunter eine Quelle.

P: der Gerber und Schuhmacher; der Brunnen; gegen Ehebruch.

12. Mai
HL. PANKRATIUS
Märtyrer, † um 305

Pankratius war noch ein Knäblein in der Wiege, als er Vater und Mutter verlor. Ein Oheim erzog ihn aber zum Christen, und mit 14 Jahren wurde er von Papst Cornelius getauft. Die Späher Diokletians forschten den Vorgang aus, und der Kaiser, der den Vater gekannt hatte, ließ Pankratius vor seinen Thron führen. Er sprach zu ihm: »Du sollst keines bösen Todes sterben, wenn du meinem Rat folgst. Du bist doch von vornehmer Geburt, und ich habe deinen Vater sehr geschätzt. Ich bitte dich, laß ab von dem Wahn, und ich werde dich wie einen eigenen Sohn halten.«

Pankratius aber erwiderte: »Die Götter, die du mich anbeten heißest, waren Betrüger. Sie schändeten ihre leiblichen Schwestern und trieben Unzucht mit Knaben und mit Tieren. Ihre Mordlust verschonte nicht einmal die eigenen Eltern. Vollbrächte heute einer deiner Diener solche Taten, ließest du ihn auf der Stelle hinrichten. Schämst du dich nicht, solche Götter zu verehren?« Da sah Diokletian, daß er nichts ausrichten konnte, und befahl, den Knaben zu enthaupten.

Nach dem Bericht Gregors von Tours schützt Pankratius den Eid. Wenn einer bei seinem Grabe falsch schwört, so fährt der Teufel in ihn und macht ihn irrsinnig, oder er stürzt bald darauf tot zu Boden.

A: als Jugendlicher mit Schwert und Marterkrone oder Palme.

P: von Albano, Bergen, Gießen, Leyden, Schwetzingen; gegen Kopfweh, Krämpfe; gegen Meineid und falsches Zeugnis; der Erstkommunikanten; der jungen Saat und der Blüten (1. Eisheiliger; wird gelegentlich zu den 14 Nothelfern gezählt).

13. Mai
HL. SERVATIUS
Bischof, † 384

Bischof Servatius von Tongern stammte aus einer jüdischen Familie, deren einer Zweig sogar mit derjenigen der Gottesmutter verwandt war. Er besaß die Gabe, so zu predigen, daß ihn alle in ihrer eigenen Sprache verstanden. Als der große Hunnenzug sich Gallien näherte und kein Heer zu seinem Schutz bereit stand, entsandten die Bischöfe Galliens den Servatius nach Rom, um dort für seine Heimat zu beten. Servatius betete drei Tage und drei Nächte am Grabe des hl. Petrus, ohne Erholung, Essen oder Trinken. Endlich übermannte ihn der Schlaf. Im Traum schaute er, wie sich Christus auf einem strahlenden Thron niederließ, umgeben von den Chören der Seraphim und Cherubim. Zu den Füßen des Heilands knieten Petrus und Paulus und schienen lange auf ihn einzureden. Nach einer Weile erhob sich Petrus, kam zu Servatius herüber und sprach zu ihm: »Mann Gottes, warum dringst du andauernd in mich? Der Herr hat unabänderlich beschlossen, Gallien den Heiden zu überlassen — als Strafe für die himmelschreienden Laster der Christen. Kehre heim, bestelle dein Haus, verkündige den göttlichen Ratschluß und laß dein Grab in Maastricht bereiten. Dieses wird Gott verschonen, damit du in Frieden ruhen mögest. Die bevorstehenden Schrecken wirst du nicht mehr erleben.«

Nachdem Servatius das ihm Aufgetragene erfüllt hatte, begab er sich nach Maastricht. Dort starb er kurz vor dem Einfall der Hunnen. Gallien aber wurde schrecklich verwüstet, Tongern fast dem Erdboden gleichgemacht — nur Maastricht blieb verschont. Das Grab des Servatius fand man im Winter stets schneefrei, selbst wenn die ganze Umgebung verschneit war.

A: mit Adler, Engel, Stab und Schlüssel; mit Holzschuhen; ein Drache (arianische Ketzerei) verendet zu seinen Füßen; betet an den Gräbern der Apostel.

P: von Maastricht, Quedlinburg, Abtei Tongern, Bistum Worms; gegen Ratten, Mäuse, Rotlauf der Schweine, Fußleiden, Fieber, für Lahme; für gutes Gelingen, gegen Todesfurcht; 2. Eisheiliger.

14. Mai

HL. BONIFATIUS VON TARSUS

Märtyrer, † um 290

Bonifatius von Tarsus war vor seiner Läuterung Aufseher auf dem Landgut einer reichen Christin namens Aglaë. Diese war dem Wohlleben zugeneigt und unterhielt mit ihm ein sündiges Verhältnis. Er selbst war dem Trunk ergeben, dem Spiel verfallen und neigte zu jederlei Ausschweifung. Einen Vorzug aber hatte er sich bewahrt: Er war immer barmherzig gegen Arme und Fremde.

Als Nachrichten von der schweren Christenverfolgung des Diokletian bekannt wurden, überkamen Aglaë Gewissensbisse. Sie sandte ihren Verwalter mit viel Geld auf die Reise, um ihre Glaubensbrüder loszukaufen oder wenigstens deren Reliquien mitzubringen. Bei der Ankunft des Bonifatius in Tarsus wurden auf dem Richtplatz gerade 20 Christen gemartert, jeder nach einer anderen Methode. Da begab sich Bonifatius unverzüglich zum Statthalter Simplicius, umarmte ihn und rief: »Groß ist der Gott der Christen! Groß der Gott der Märtyrer! Bittet für mich, daß ich an ihrem Kampf gegen Satan teilnehmen kann!«

Simplicius glaubte seinen Ohren nicht zu trauen, befragte den Neuankömmling wiederholt und ließ ihn nach stets gleicher Antwort zu den übrigen bringen.

Zunächst riß man ihm mit Haken das Fleisch von den Knochen; unter die Fingernägel wurden ihm zugespitzte Schilfrohre getrieben. Man wollte ihn eben zwingen, glühendes Blei zu trinken, da stürmte das Volk den Platz und verhinderte die Fortsetzung der Tortur. Anderntags warf man Bonifatius in einen Kessel mit kochendem Pech, das ihn jedoch dank des Eingreifens eines Engels nicht verletzte. Die Schergen allerdings trugen durch die siedenden Spritzer bedeutende Wunden davon. Als er endlich geköpft wurde und sein Haupt fiel, bebte die Erde. Wie staunten seine Diener, die in der Herberge ahnungslos gewartet hatten, als sie erfuhren, auf welche Weise ihr einst so leichtfertiger Herr zu Tode gekommen war. Sie erstanden von dem Golde aus seinem Gepäck die Leiche und brachten sie zurück zu Aglaë. Diese entsagte auf der

Stelle den Eitelkeiten der Welt, schenkte all ihren Sklaven und Sklavinnen die Freiheit und verteilte den Erlös aus ihren Gütern an die Armen. 15 Jahre brachte sie in Einsamkeit und Kasteiung zu, bis sie endlich neben dem Grabe des Geliebten ihre letzte Ruhe fand.

A: mit Pechkessel; auch mit Gerstenähre.

P: der Bierbrauer; Wetterpatron, 3. Eisheiliger.

HL. PACHOMIUS DER ÄLTERE

Vater des Klosterlebens, um 287–347

Pachomius der Ältere ist der eigentliche Vater eines geregelten Klosterlebens. Als Jüngling besuchte er einen Einsiedler in der Wüste, um von ihm ein gottgefälliges Leben zu lernen. Dieser sprach zu ihm: »Bedenke, mein Sohn, ich genieße nur schlechtes Kraut und Brot, kein Öl, keinen Wein. Ich esse im Sommer nur einmal täglich, im Winter nur jeden zweiten Tag. Ich arbeite ohne Unterbrechung bis Sonnenuntergang und wache die halbe Nacht in Gebet und geistlicher Lesung. Solche Lebensweise ist nichts für dich!« Pachomius aber blieb, und er wurde ein großer Büßer. 12 Jahre lang legte er sich zum Ausruhen nicht hin, sondern schlief nur eine Weile stehend an der Wand. Beim Holzsammeln erschien ihm einmal ein Engel, der ihm befahl, ein Kloster zu bauen. Im Laufe der Jahre gründete er 9 Klöster mit 9000 Mönchen. Mit strenger Vorsicht hielt er sich vom weiblichen Geschlecht fern. Als eine Kranke um Heilung von einem Frauenleiden nachsuchte, forderte er ihr Unterkleid, segnete es, und als sie es wieder anzog, wurde sie auf der Stelle gesund.

A: mit Fellkleid oder kurzem Rock, mit Fell über der Schulter; Gesetzestafel von Engel in Empfang nehmend; Teufel versucht ihn in Gestalt eines hübschen Mädchens.

F: auch am 9. Mai.

15. Mai

HLL. DYMPNA und GERBERT

Märtyrer, † 7. Jahrhundert

Die schöne Dympna war die Tochter des heidnischen Königs von Irland, die sich vom Geistlichen Gerbert heimlich hatte taufen lassen. Als ihre Mutter starb, verfiel ihr Vater auf den Gedanken, die leibliche Tochter zur zweiten Gemahlin zu nehmen.

Dympna erschrak zutiefst über dieses widernatürliche Vorhaben und führte ihm entrüstet seine Vermessenheit vor Augen, die ihn unfehlbar dem göttlichen Fluch aussetzen werde. Der König aber sprach nur: »Du sollst, du mußt, du wirst tun, was ich will!« In ihrer Not erbat sie sich eine Frist von 40 Tagen, wobei sie vorgab, sich ausreichend auf das Ereignis vorbereiten zu wollen. Der König, erfreut über den scheinbar so schnellen Sinneswandel, gewährte ihr gerne die Bitte. Dympna wandte sich nun an ihren geistlichen Vater Gerbert. Der sah kein anderes Mittel, die Blutschande zu verhindern, als die Flucht. Er besorgte ein kleines Schiff, und unter Gottes Schutz gelangten sie nach Antwerpen, wo sie das Schiff verkauften. Dann übersiedelten sie in das nahe Dorf Gheel und bauten dort ein Häuschen mit zwei Zellen, eine für Dympna, die andere für Gerbert.

Als der König der Flucht seiner Tochter gewahr wurde, brüllte er wie ein wütender Stier und schickte seine Schergen aus, um sie in ganzen Lande zu suchen. Doch unverrichteter Dinge kehrten die Häscher zurück. Nun rüstete er ebenfalls ein Schiff aus, um jenseits der Meere nach seiner Tochter zu spüren. Gottes unerforschlicher Ratschluß fügte es, daß auch er bei Antwerpen landete. Seine Männer kehrten in einem Gasthause ein, aßen und tranken und kauften eine größere Menge Lebensmittel. Als sie mit ihren irischen Münzen bezahlten, betrachtete der Wirt aufmerksam das Geld und sprach: »Woher sind diese Münzen? Ich bekomme in letzter Zeit öfter solche Währung.« Da horchten die Knechte auf und forschten ihn weiter aus. Der Wirt ahnte nichts Böses und erzählte alles, was er wußte.

Es dauerte nicht lange, und die Männer hatten das Häuschen gefunden. Als der König in die Zelle seiner Tochter trat, erbleichte Dympna in böser Ahnung. Der Vater schmähte sie aufs heftigste wegen ihrer Flucht, erneuerte aber dann sein frevelhaftes Begehren. Die Jungfrau warf sich ihm zu Füßen und beschwor ihn unter Tränen, davon abzulassen. Doch er rief nach Gerbert und forderte ihn auf, sofort die Trauung vorzunehmen. Gerbert weigerte sich entschieden, diesem Ansinnen nachzukommen. Daraufhin ließ ihn der König auf der Stelle enthaupten. Dympna, die sich nun noch entschiedener weigerte, sollte das gleiche Schicksal erleiden, aber keiner seiner Soldaten mochte die Hand gegen sie erheben. Da riß der ruchlose Vater sein Schwert aus der Scheide und versetzte der eigenen Tochter den Todesstoß.

A: mit gefesseltem Teufel; mit Schwert.

P: der Besessenen und Geisteskranken.

HLL. SOPHIA und QUIRILLA

Märtyrerinnen, Zeit unbekannt

Die Jungfrau Sophia wurde zusammen mit ihrer Freundin, der hl. Quirilla, in einer Badeanstalt ergriffen. Das Ansinnen, den heidnischen Göttern zu opfern, wiesen die beiden von sich. Man sperrte sie deshalb in einen Raum und leitete heißen Dampf ein, der sie fast erstickte. Als sie immer noch standhaft blieben, wurden drei Gladiatoren gerufen, die sie schänden sollten. Doch ein Engel erschien und rettete die Jungfräulichkeit der Mädchen. Beide ließen ihr Leben schließlich unter dem Schwert.

Der Name der Märtyrerin lebt im Volksmund fort in der Bezeichnung »Kalte Sophie« für ihren Kalendertag. Er wird den »Eisheiligen« zugerechnet, einer Periode, die in Mitteleuropa häufig Kälterückschläge bringt.

A: mit Palme, neben sich Rutenbündel, eine Art Trog und ein Beil.

16. Mai

HL. JOHANNES NEPOMUK

Generalvikar von St. Veit in Prag, Märtyrer, um 1350–1393

Weil Johannes ein schwächliches Kind war, wallfahrten seine Eltern mit ihm zu einem Gnadenbild der Gottesmutter in der Nähe Prags und weihten ihn dem geistlichen Beruf. Johannes erstarkte zu einem gesunden Knaben, der sich durch große Wißbegier und rednerisches Talent auszeichnete. Sein Studium in Prag vollendete er in kürzester Zeit mit der Erlangung der Doktorwürde im kanonischen Recht.

Sein vorbildlicher Lebenswandel und seine feurige Beredsamkeit ließen ihn als Domprediger große Erfolge feiern, und Königin Johanna wählte ihn zu ihrem Beichtvater. Diese unglückliche Tochter des Bayernherzogs Albrecht war die Gemahlin des berüchtigten Königs Wenzel, der aller Welt als das Gegenteil seines hl. Namenspatrons erschien. Von allen liederlichen Aristokraten der liederlichste, unübertroffen in Trunksucht und Hurerei, entwickelte er zudem mit den Jahren einen Hang zu ausgesuchter Grausamkeit. Niemand aus seiner Umgebung wagte es, sich ihm zu widersetzen.

Johanna hingegen, die schwer unter den Ausschweifungen ihres zügellosen Gemahls litt, wurde unter der geistlichen Anleitung ihres Beichtvaters zum Muster einer christlichen Dulderin. Stunden verbrachte sie täglich in der Kirche auf den Knien; ihre Wohltätigkeit gegen Arme und ihre Barmherzigkeit gegen Kranke erregten bald die Bewunderung der ganzen Hauptstadt.

Nicht jedoch die ihres Gemahls. Er konnte nicht begreifen, warum seine Gattin so oft den Beichtstuhl aufsuchte, und bald nagte die Eifersucht in ihm. Er verdächtigte seine Gemahlin schwerer, heimlicher Sünden. So bedrängte er Johannes, die Geheimnisse des Beichtstuhls zu offenbaren. Entsetzt wies dieser ein solches Ansinnen zurück. »Keine Macht der Erde«, sprach er, »kann das Siegel brechen, mit welchem die heilige Pflicht den Mund des Beichtvaters verschließt.« Der König schwieg tückisch und verbarg seinen Groll.

Bald danach geschah es, daß an der Hoftafel ein Kapaun vorgesetzt wurde, dessen Zubereitung dem verwöhnten Gaumen des Königs nicht genehm war. Der Herrscher geriet über seinen Koch in solche Wut, daß er den Befehl gab, man solle den Unglücklichen an einen Spieß stecken und ihn über dem Feuer rösten. Keiner wagte dem Wüterich Einhalt zu gebieten, da warf sich Johannes ihm zu Füßen und bat um Gnade. Wenzel hielt nun seinen Haß nicht länger zurück. Er ließ den Priester ergreifen und in den Kerker werfen. Standhaft verweigerte Johannes den abermaligen Befehl, die Beichtgeheimnisse der Königin zu verraten. Schließlich ordnete Wenzel die Folter an. Der Widerspenstige wurde aufs

Rad gespannt und mit eisernen Gerten gezüchtigt. Der Tyrann selbst drückte glühende Eisenstäbe in seinen Leib. Als Johannes aber weiter schwieg, als hätte ihm ein unsichtbares Schloß die Lippen verriegelt, ließ Wenzel ihm endlich die Hände auf den Rücken und die Füße an den Kopf fesseln. Vor seinen Mund band man ein Stück Holz. Schergen warfen ihn bei Nacht und Nebel in die Moldau. Doch der schwimmende Leichnam erstrahlte in einem Lichterglanz, der die ganze Stadt erhellte. Die Gläubigen bargen die sterblichen Überreste und bestatteten sie.

1719 öffnete man das Grab. Der Körper war längst vollständig verwest, die Zunge jedoch so frisch wie die eines Lebenden. Als man einen Schnitt hinein machte, floß rotes Blut heraus.

A: mit Anker; mit Brücke und Strom, Kranz von sieben oder zwölf, manchmal nur fünf Sternen ums Haupt; mit Inschrift: *»Tacui«* (ich habe geschwiegen); auch mit Kruzifix, im Beichtstuhl mit Königin Johanna; mit Finger oder Schloß vor dem Mund; wird von Wenzel mit Fackel gebrannt.

P: von Böhmen, Coreggio, Prag, Salzburg, Santander und Seckau; der Beichtväter; der Flößer, Müller, Priester, Schiffer; gegen Brückeneinsturz; gegen irrige Urteile und Verleumdungen; der Verschwiegenheit; gegen Wassersgefahr. Volksbrauch: Tragen einer silbernen Nepomukzunge gegen üble Nachrede und Zungenkrankheiten.

17. Mai
HL. PASCHALIS BAYLON
(Pascal)
Franziskaner, 1540–1592

Paschalis war Sohn armer Eltern in Aragonien. Der lernbegierige Knabe nahm beim Schafehüten stets den Katechismus mit und fragte Vorüberkommende bald nach diesem, bald nach jenem Buchstaben. So lernte er in unermüdlichem Fleiß sowohl lesen und schreiben wie auch den Katechismus auswendig. In seinen Hirtenstab schnitzte er ein Muttergottesbild und ein Kreuz darüber. Häufig trieb er seine Herde in die Nähe einer Marienkapelle, in der er lange Andachten verrichtete. Der Oberschäfer tadelte ihn deswegen, denn die Umgebung der Kapelle war schon sehr abgeweidet. Paschalis aber antwortete zuversichtlich: »In der Nähe Mariens werden die Schafe gewiß nicht mager!« Und wirklich war seine Herde immer die fetteste.

Sein Dienstherr begann ihn immer mehr zu schätzen und bot ihm gar eines Tages die Hand seiner Tochter an. Aber Paschalis dankte ihm herzlich und machte sich auf die Wanderschaft.

Im Kloster der Unbeschuhten Franziskaner fand er Aufnahme als Laienbruder. Hier verrichtete er eifrig die niedrigsten Dienste und lehnte es aus Demut stets ab, Priester zu werden.

Ein einziges Mal verweigerte er einem Vorgesetzten den Gehorsam. Eine Frau war an die Pforte gekommen und hatte nach einem Pater zur Beichte verlangt. Der Priester, der sich gerade andere Geschäfte vorgenommen hatte, sagte zu Paschalis: »Sag ihr, ich bin nicht da.« Paschalis entgegnete: »Ich sage lieber, Ihr seid verhindert.« Hierauf forderte der Pater: »Du tust wie geheißen. Ich weiß warum.« Paschalis aber antwortete mit Sanftmut: »Das kann und will ich nicht tun, denn es wäre eine Unwahrheit. Und davor behüte mich Gott.«

Als er in seinem 52. Jahre eine schwere Krankheit bekam und der Arzt ihm den nahen Tod ankündigte, dankte er diesem mit den Worten, er habe nichts Angenehmeres hören können. Mit lächelnder Miene gab er seinen Geist auf. Sein Körper blieb auch nach dem Tode noch weich und biegsam. Acht Monate später fand man den Leichnam immer noch unverwest, obgleich man ihn mit Kalk überschüttet hatte.

A: mit Hirtenstab und Schafen; mit Hostie über Kelch; mit Ketten um Leib.

P: der Köche und Hirten; aller eucharistischen Vereinigungen und Bruderschaften.

18. Mai

HL. DIOSCOROS

Märtyrer, † 305

Zu Kynopolis in Ägypten wurde unter dem Kaiser Konstantius der Lektor Dioscoros ergriffen. Da er seinen Glauben standhaft verteidigte, ließ ihn der Richter aufs grausamste quälen. Zuerst riß man ihm die Nägel an

Fingern und Zehen bis auf die Wurzel aus. Dann brannte man ihm die Hüften mit Fackeln, doch diese Folter wurde durch ein Unwetter unterbrochen, während dessen Blitze in die Schar der Schergen einschlugen. Zuletzt wurde der Heilige mit glühenden Platten zu Tode traktiert.

19. Mai

HL. DUNSTAN VON CANTERBURY

Bischof, 910–988

Dunstan stammte aus einer der edelsten Familien Englands und schlug schon als Knabe die geistliche Laufbahn ein. Von den Mönchen Glastonburys erzogen, wurde er einer der gelehrtesten Kleriker seiner Zeit. Dabei zeigte er stets das artigste Betragen und wußte mit Freimut und Freundlichkeit für sich einzunehmen.

Nie aber verlor er bei aller Weltgewandtheit den Tod und das himmlische Gericht aus dem Sinn. Der Bischof Elfegius bestimmte ihn zum Priester an der Marienkirche von Glastonbury. Hier baute er sich eine so enge Zelle, daß sie einem Grabe glich. Sie war nur fünf Fuß lang, drei Fuß breit und nur so hoch, daß man gerade aufrecht stehen konnte.

Die Pilger drängten sich bald um seine Zelle und schrieben seinem Gebet wundertätige Wirkung zu. Dunstans Ruf wuchs so sehr, daß ihm König Edmund die Leitung der Abtei Glastonbury übertrug und sein Nachfolger Eldred ihn als einflußreichen Berater, Schatzkanzler und Archivar an den Hof berief.

Doch Eldred starb früh, und sein Nachfolger, der junge Wüstling Edwin, haßte Dunstan wegen seiner Sittenstrenge. Schon bei den Krönungsfeiern trat die liederliche Gesinnung des jungen Herrschers offen zutage. Von der Tafel der Edlen hinweg eilte er in die Nebengemächer, um sich mit seinen verschiedenen Geliebten zu vergnügen. Auf Bitten der empörten Vornehmen folgte Dunstan dem König und stellte ihn wegen der Unschicklichkeit seines Verhaltens zur Rede. Der trunkene Tyrann jedoch wies Dunstan mit scharfer Stimme ab und verbannte ihn anderntags außer Landes.

Dunstan ging nach Gent, wo sein heiligmäßiges Leben großes Aufsehen erregte. Nach zwei Jahren verlor der lasterhafte Edwin den Thron, und die Edlen erhoben seinen frommen Bruder Edgar zum König.

Dieser rief Dunstan sofort zurück. Er ernannte ihn zum Oberhirten von London und schließlich zum Erzbischof von Canterbury. Dunstan nutzte seine Stellung, um die verluderte Kirchenzucht wiederherzustellen. Mit unerbittlicher Strenge verfuhr er gegen beweibte Priester. Verheiratete Bischöfe jagte er aus dem Amt, und Äbte, die in ihren Mauern Frauen hielten, vertrieb er aus den Stiften. Die gemaßregelten Geistlichen versammelten sich, um einen Beschluß gegen den ihrer Meinung nach ungerechtfertigten Druck ihres Oberen zu fassen. Als eben der Wortführer des Aufruhrs gegen Dunstan zu reden anhub, brach der Boden des Saales ein, und viele wurden schwer verletzt. Nur Dunstan blieb unversehrt.

Nach dem Tod des Heiligen verwilderten Englands Sitten. Die Folgen waren schlimm. Seuchen und Hungersnöte wüteten, die Dänen verheerten das Land, und schließlich unterwarfen sie es ganz ihrer Herrschaft.

A: umgeben von Engeln; mit Zange in der Hand (wegen seiner handwerklichen Künste, besonders bei Metallarbeiten), Teufel in die Nase zwickend.

P: von Canterbury; der Musiker, Goldschmiede, Hufschmiede, Schlosser, Wagenschmiede.

20. Mai

HL. BERNHARDIN VON SIENA

Generalvikar der Franziskanerobservanten, 1380–1444

Bernhardin entstammte der berühmten Patrizierfamilie Albizzeschi aus Siena. Da er früh Waise wurde, nahm ihn seine tugendhafte Tante Diana zu sich und erzog ihn zu einem sittenstrengen Knaben. In Bernhards Gegenwart durfte kein unanständiges Wort fallen. Obwohl von Natur höflich und ehrerbietig gegen jedermann, konnte er bei zweideutigen Anspielungen in heftigsten Zorn geraten. Als einst ein Wüstling den Knaben zu schamlosen Dingen mißbrauchen wollte, holte dieser schnell seine Mitschüler zu Hilfe und verfolgte mit ihnen den

Unhold mit Steinwürfen. Dieser ließ sich nie mehr in der Stadt blicken.

Nachdem er Philosophie, Staats- und Kirchenrecht studiert hatte, warf er sich ganz auf die Erforschung der Hl. Schrift und widmete sich mit unermüdlichem Eifer der Krankenpflege. Im Jahre 1400 wütete die Pest in Siena, jeden Tag starben zwei Dutzend Menschen. Bald waren außer Bernhard alle Krankenwärter von der Seuche dahingerafft. Er verlor jedoch nicht den Mut, auch als er selbst, völlig erschöpft, von einem heftigen Fieber niedergeworfen wurde.

Wieder genesen, kniete er eines Tages vor dem Bild des Gekreuzigten, als er von dort eine Stimme rufen hörte: »Mein Sohn, du siehst mich nackt ans Kreuz genagelt. Eile, auch dich nackt und bloß zu kreuzigen. Dann wirst du dich leichter meiner erfreuen!« Bernhard trat daraufhin dem Franziskaner-Orden der strengen Observanz bei. Im Kloster Colombaio bei Siena übte er sich Tag und Nacht in christlicher Demut. Dann sandten ihn seine Oberen als Prediger ins Volk, um zu Umkehr und Buße zu mahnen. Seine schwache Stimme und eine fast beständige Heiserkeit behinderten ihn zunächst bei diesem Berufe, und anfangs mußte er häufig Spott oder sogar Steinwürfe ertragen. Doch bald überwand er seine Hemmungen und predigte mit solcher Glut, daß die hartgesottensten Sünder zu Tränen gerührt wurden und beschlossen, den Lastern und Ausschweifungen ein Ende zu machen.

In Perugia zerfleischten sich die Parteien der Bürgerschaft. Bernhard eilte dorthin und hielt vier Predigten über die Notwendigkeit eines Friedens. Danach forderte er alle Friedenswilligen auf, an seine rechte Seite zu treten. Nur ein einziger Edelmann blieb auf der Linken stehen. Diesem machte Bernhard ernste Vorhaltungen und prophezeite ihm, daß er eines elenden Todes sterben werde. Und so geschah es auch.

Bernhard wanderte rastlos von Stadt zu Stadt, heilte Kranke, erweckte vier Tote zum Leben und wurde 1438 zum Generalvikar seines Ordens erwählt. Während der 40 Jahre seines Wirkens als Franziskaner erhöhte sich die Zahl der Klöster der strengen Observanz in Italien von 20 auf 300, hob sich die Zahl der Mönche von 200 auf 5000. Wegen seiner Verdienste wurde er schon fünf Jahre nach seinem Tod heiliggesprochen.

A: mit einem dreigipfeligen Berg; als Franziskaner, bartlos und hager, mit den Buchstaben I.H.S. *(Jesus Hominum Salvator)*; zu Füßen drei Bischofsmitren.

P: von Siena; der Wollweber; gegen Heiserkeit, Blutfluß, Brust- und Lungenkrankheiten.

21. Mai

HL. GODRIC

Einsiedler, 1069–1170

Godric aus Walpole in Norfolk brachte es vom Hausierer zum erfolgreichen Kaufmann und Schiffseigner, der seine Geschäfte bis Flandern, Dänemark und Schottland trieb. Um das dreißigste Lebensjahr besuchte er Lindisfarne und die Orte, an denen der hl. Cuthbert gewirkt hatte. Eine unstillbare Sehnsucht nach geistlichen Dingen ergriff ihn. Er unternahm Wallfahrten nach Jerusalem, Compostela, St-Gilles in der Provence und mehrmals nach Rom, ehe er im Jahre 1105 beschloß, künftig als Einsiedler zu leben. Er verteilte seine Habe an die Armen und zog sich in eine Wildnis bei Carlisle zurück. Als es ihn wieder in die Ferne drängte, unternahm er eine zweite Wallfahrt nach Palästina, wo er in der Wüste mit anderen Eremiten nach dem Vorbild Johannes des Täufers lebte. Doch nach einiger Zeit zog es ihn wieder in die Heimat — zu seinem anderen Vorbild. Er diente als Messner an der Kirche von Durham, dem Grab des hl. Cuthbert, und nahm schließlich seinen endgültigen Wohnsitz im nahen Finchale.

Hier erbaute er sich in der Abgeschiedenheit eine Blockhütte und eine Holzkapelle, ernährte sich in äußerster Kargheit von Baumfrüchten, Beeren, Waldhonig und selbstangebautem Gemüse und tat strenge Buße für die Sünden seines früheren Lebens. Ein besonderes Verhältnis pflegte er zu wilden Tieren. Im Winter kamen Rehe, Hasen, Vögel und Feldmäuse zu ihm, und er teilte mit ihnen seine schmalen Vorräte. Ein Hirsch suchte einmal auf der Flucht vor Jägern den Schutz des Einsiedlers. Dieser verbarg ihn in der Hütte, und als die Verfolger herankamen und wegen des Tieres fragten, antwortete Godric ausweichend, ohne zu lügen: »Gott weiß, wo er ist.«

63 Jahre führte er sein Eremitendasein. Er wurde bei hoch und niedrig berühmt wegen seiner Weisheit, der Fähigkeit, Unglückliche wiederaufzurichten, und seiner prophetischen Gabe. Er verfaßte Gedichte auf die Gottesmutter und vertonte sie. Päpste und Bischöfe suchten seinen Rat und korrespondierten mit ihm. Gegen Ende seines Lebens wurde er häufig von Dämonen und Poltergeistern gequält. Als ihn zudem schwere Krankheiten heimsuchten, nahmen sich die Mönche von Durham seiner an und pflegten ihn. Kurz nach Vollendung seines hundertsten Lebensjahres kündigte er an, daß er an Himmelfahrt sterben werde. Und so geschah es.

A: mit Rosenkranz im Gras kniend, mit Muttergottes und Jesuskind; Schlangen vertreibend.

22. Mai

HL. JULIA VON KORSIKA

Märtyrerin, † 439

Die hl. Jungfrau Julia stammte aus reichem nordafrikanischem Hause. Germanische Barbaren hatten jedoch ihre Heimat mit Krieg und Plünderung überzogen und sie in die Sklaverei entführt. Julia wurde wie viele auf dem Sklavenmarkt feilgeboten und an den Kaufmann Eusebius verkauft. Der plötzliche Übergang von Reichtum zu Armut, von der Freiheit zur Sklaverei schien ihr anfangs unerträglich, aber sie tröstete sich mit dem Gedanken an den Heiland, der für die Menschheit die Gestalt eines Mannes aus dem gewöhnlichen Volke angenommen hat. Schließlich gewann sie ihren Stand lieb, verrichtete die niedrigsten Dienste ohne Murren und erwarb durch Fleiß und Pünktlichkeit bald die Gunst des Eusebius. Dieser schätzte sie so sehr, daß er sie nicht mehr entbehren mochte. Bei alldem achtete sie streng auf ihre Reinheit und blieb unter lauter unzüchtigen Heiden makellose Jungfrau.

Eusebius nahm sie mit auf eine Schiffsreise nach Gallien. Als sie in Korsika vor Anker gingen, feierten die heidnischen Einwohner dort gerade ein Fest zu Ehren ihrer Götzen. Eusebius nahm mit der ganzen Mannschaft daran teil, nur Julia blieb zurück. Inzwischen kamen einige Beamte des Statthalters, kontrollierten das Schiff und fragten Julia, warum sie nicht zum Fest gehe. Diese bekannte ihnen freimütig: »Ich bin Christin und opfere nur dem einen wahren Gott!« Die Beamten hinterbrachten dies ihrem Präfekten Felix, welcher sie holen ließ — und auf der Stelle in sinnlicher Begierde zu ihr entbrannte. Er versuchte sie dem Eusebius gegen vier andere Sklavinnen abzutauschen. Aber der weigerte sich und sagte: »Lieber verliere ich alles als diese Sklavin!«

Da ließ ihn Felix mitsamt seinen Leuten so reichlich und hartnäckig bewirten, bis sie alle trunken in Schlaf fielen. Dann überschüttete er Julia mit Komplimenten und versprach ihr die Freiheit, wenn sie den Göttern opfere. Julia aber lehnte ab mit den Worten: »Ich bin frei, solange ich Christus diene!«

Das erzürnte den Statthalter, und er schlug ihr so heftig ins Gesicht, daß ihr ein Blutstrom aus dem Munde quoll. Julia aber sagte nur: »Mein Jesus hat auch Backenstreiche empfangen. Wie habe ich wohl die Ehre verdient, seiner Schmach teilhaftig zu werden?«

Der ergrimmte Felix riß ihr nun die Kleider vom Leibe und hieß sie auf eine Folterbank spannen. Dann geißelte er sie selbst bis aufs Blut. Julia aber hauchte kaum mehr vernehmbar: »O mein Jesus, auch du bist gegeißelt worden. Dank dir, daß du mich derselben Marter würdigst.« Der Anblick ihrer entblößten Schönheit brachte den Statthalter fast um den Verstand. Er beteuerte ihr seine Liebe und versprach, all ihre Wünsche zu erfüllen, wenn sie sich ihm freiwillig hingebe. Sie aber antwortete: »Nein, dazu wirst du mich nie bringen und solltest du mich auch kreuzigen, wie es meinem Jesus geschah!« Felix schrie: »Das kannst du haben, du Närrin!«, und befahl, sie sofort ans Kreuz zu schlagen. Julia aber betete um Barmherzigkeit für ihre Mörder, während die Nägel ihre zarten Gliedmaßen durchbohrten. Im Augenblick ihres Hinscheidens schwebte eine weiße Taube zum Himmel.

Als Eusebius erwachte, konnte er nur noch den Leichnam seiner geliebten Dienerin mit auf das Schiff nehmen.

A: an einem Kreuz hängend.
P: von Brescia, Bergamo, Korsika und Livorno.

23. Mai

HL. DESIDERIUS

Erzbischof von Vienne, um † 611

Desiderius entstammte einem altgallischen Adelsgeschlecht. Früh schritt er auf der geistlichen Laufbahn voran und übernahm bald den vakanten Hirtenstuhl von Vienne.

Zu dieser Zeit war gerade der Landesherr, König Siegbert von Burgund, während er zum Krieg gegen seinen Bruder rüstete, von Meuchelmördern aus dem Wege geräumt worden. Seine Witwe Brunhilde war so zügellos, noch in der Trauerzeit mit dem Sohn ihres Schwagers blutschänderischen Umgang zu pflegen. Dazu durfte der Bischof nicht schweigen. Er versuchte es mit Überredung und, als das nichts nützte, mit deutlichen Hinweisen von der Kanzel. Die Gefolgschaft der Königin begann daraufhin Verleumdungen über Desiderius auszustreuen. Man verdächtigte ihn schöngeistiger Neigungen. Er lese heimlich mit größerem Vergnügen die schändlichen Geschichten der antiken Götter als das Evangelium. Eine Synode sollte die Vorwürfe gegen den Bischof untersuchen. Seine Feinde brachten eine junge Edelfrau namens Justa zu der Aussage, er habe die Vertraulichkeit im Beichtstuhl benutzt, um sie zu verführen. Unter dem Druck der Königin entschied die Versammlung, daß dieses Zeugnis Beweis genug sei, und verurteilte den Oberhirten zur Verbannung auf die Insel Livisio.

An einem Sonntag im vierten Jahre seines Exils zündete Desiderius in der Kirche eine Lampe an. Diese brannte eine ganze Woche hindurch bis zum nächsten Sonntag, ohne daß sich Öl oder Docht verminderten. Das Wunder blieb nicht verborgen. Aus der ganzen Gegend eilten die Leute herbei. Kranke salbten sich mit dem Öl und wurden gesund. Sogar ein Aussätziger genas von seinem Leiden. Inzwischen erhob sich gegen Brunhilde ein Teil des fränkischen Adels und ermordete ihren Majordomus. Außerdem starb am selben Tag die unglückselige Justa.

Brunhilde und ihr Urenkel Theuderich, der Thronfolger, sahen in diesen Ereignissen Warnungen des Himmels und ließen den Bischof zurückkehren. Bald schloß sich der junge König dem weisen Mann an. Desiderius warnte ihn vor dem unzüchtigen Vorbild der Regentin und pries die Ehe als Möglichkeit eines tugendhaften Lebens. Brunhilde erzürnte nun wieder aufs heftigste. Mit Hilfe falscher Zeugen beschuldigte sie den Bischof der Untreue, worauf bei den Germanen die Steinigung stand. Drei Hofleute erhielten den Auftrag, das Willkürurteil zu vollstrecken. Sie lauerten dem heiligen Mann auf. Es gelang ihm zwar, den Steinen auszuweichen, aber einer der Mörder zerschmetterte ihm mit einer Keule den Schädel. Nach anderen Berichten wurde er am Ende mit einem Strick erdrosselt. Als der Frankenkönig Chlotar II. erfuhr, wie der Bischof umgekommen war, wurde er von gerechtem Zorn ergriffen. Er erklärte Burgund den Krieg und siegte.

Brunhilde erhielt eine schreckliche Strafe. Sie wurde lebendigen Leibes in Stücke gerissen, indem man an jeden Fuß und jede Hand wilde Pferde spannte und diese nach vier Richtungen auseinandertrieb.

A: mit Strick in der Hand.

P: von Vienne; gegen Fieber.

24. Mai
HLL. ROGATIAN und DONATIAN
Märtyrer, † 287

Die Brüder Rogatian und Donatian waren in Nantes heimlich Christen geworden. In der Verfolgung unter Maximian wurden sie verdächtigt, ergriffen und vor Gericht gestellt. Ungeachtet aller Drohungen blieben sie standhaft und fielen auch unter den gräßlichsten Foltern nicht von ihrem Glauben ab. Da durchstach man erst ihre Hälse mit Lanzen und enthauptete sie dann mit dem Beil.

A: zu zweit mit Beil und Lanze.

25. Mai
HL. MARIA MAGDALENA DEI PAZZI
Karmeliterin, 1566–1607

Die 1566 in Florenz als Kind reicher Eltern geborene Katharina Pazzi zeichnete sich durch außergewöhnliche Schönheit aus. Aber schon als Zehnjährige gelobte sie ewige Jungfräulichkeit. Sie fastete sehr streng, schlief auf einem groben Sack, geißelte sich oft bis aufs Blut und trug ganze Nächte unter fürchterlichen Schmerzen eine Dornenkrone auf dem Haupt.

Die Eltern drängten auf eine Verheiratung, denn viele edle Bewerber hielten um ihre Hand an. Aber Katharina verteidigte unbeirrt ihr Gelübde und erweichte am Ende den Sinn des Vaters.

Bei der Einkleidung als Novizin der Karmeliterinnen betete sie darum, ihr Herz zu einem lebenslänglichen Brandopfer machen zu dürfen, und länger zu leben, um länger leiden zu können. Während des Probejahrs bewies sie einen so vollkommenen Gehorsam, daß sie bei keinem Befehl je die Miene verzog. Am Ende der Probezeit wurde sie todkrank. Sie durfte auf dem Krankenbette die Profeß ablegen und erhielt den Namen Schwester »Maria Magdalena«. Dies erfüllte sie mit einer so großen Freude, daß sie in eine zwei Stunden währende Verzükkung fiel. Vierzig Tage hindurch wurde sie jeden Tag nach der Kommunion entrückt, wobei sie sich nach ihren eigenen Worten wie in einem Meer von Licht und Liebe schwimmen fühlte. Diese Gabe blieb ihr erhalten. Oft mußte sie ihre Hände in kaltes Wasser tauchen und nasse Tücher auf die heißen Brüste legen, um das Feuer im Innern zu kühlen. Eines Tages erschien ihr Jesus und kündigte ihr eine fünfjährige Prüfungszeit an. Von da an wurde es in ihrem Geist kalt und dunkel. Brennende Lust nach Sinnlichkeit, unzüchtige Gedanken, Gier nach Essen, die Versuchung zu Ungehorsam, Unkeuschheit und Auflehnung durchzuckten sie. Vor ihren Augen taten böse Geister die unflätigsten und gemeinsten Dinge. Und selbst das Gebet gegen diese Erscheinungen ekelte sie nur an. Mehr noch, sie fühlte Reiz zur Gotteslästerung in sich. Und trotz aller äußerlichen Anstrengungen blieb ihr

Herz wie Eis. Dazu kam die Verachtung ihrer Mitschwestern, die sie eine Heuchlerin und Betrügerin schalten. Nur die Demut und der Gehorsam hielten sie aufrecht. Endlich, am Pfingstfest 1590, war die Prüfungszeit zu Ende. Nach der Kommunion erglühte sie plötzlich lieblich wie ein Engel. Sie drückte ihren Oberinnen die Hände und rief: »Das Gewitter ist vorbei!« Jesus erschien ihr nun oft und vermählte sich schließlich mit ihr durch die Übergabe eines Ringes. Als er ihr eine Dornenkrone aufs Haupt drückte, wuchs ihre Liebe ins Unbeschreibliche. Ein gewaltiger Eifer entzündete sich in ihr gegen Sünder, besonders gegen schlechte Priester. Bald wurde sie Subpriorin und legte in allen Werken eine bemerkenswerte Weisheit an den Tag. Als sie 1607 starb, ging mit ihrem von Leiden und Krankheit gezeichneten Leib eine wunderbare Verwandlung vor sich. Ihr ausgezehrtes, bleiches Antlitz erblühte; paradiesischer Wohlgeruch erfüllte das ganze Kloster.

Unter dem Volk, das die Tote betrachtete, befand sich auch ein frecher Jüngling, der ihre vollkommene Schönheit mit lüsternem Blick verschlang. Da wandte die Leiche zum Schrecken des Wüstlings ihr Angesicht weg von ihm zur Seite. Dies wirkte so machtvoll auf ihn, daß er sich sogleich reumütig bekehrte und Buße tat.

A: mit den Wundmalen des Heilands; als Karmeliterin mit brennendem Herzen; mit Christus, der ihr Kreuz, Schwamm und Speer überreicht oder ihr die Kommunion gibt; mit Maria, die ihr weißen Schleier reicht.

P: der Barfüßer-Orden.

26. Mai

HL. PHILIPP NERI

Ordensgründer, 1515–1595

Bei einem reichen Onkel sollte der Advokatensohn Philipp Handelsgehilfe werden, um später einmal dessen Erbe anzutreten. Aber der 18jährige fand wenig Geschmack an diesem Dasein und schlug sich nach Rom durch. Er fand eine Stelle als Erzieher für die beiden Knaben eines Zollbeamten und studierte nebenbei Philosophie und Theologie. Bald verschenkte er jedoch seine wenigen Bücher an noch ärmere Studenten und beschloß, mitten in Rom Einsiedler zu werden — nicht durch Absonderung, sondern durch geistige Unabhängigkeit, die er sich durch den selbstlosen Dienst am Nächsten erwerben wollte.

Pippo, wie ihn seine Freunde nannten, pflegte eine besonders innige Beziehung zum Heiligen Geist. Während einer Andacht ergriff ihn einmal eine solch heftige Ekstase, daß er zu Boden sank. Er entblößte seine Brust, um das Feuer darin zu dämpfen. Bald zitterte er am ganzen Leibe, und als er die Hand aufs Herz legte, fühlte er darüber eine faustdicke Schwellung, die ihn nie mehr verließ. Schmerzen empfand er dabei nicht. Wenn ihn später sein Zittern überfiel, so wurden der Stuhl, auf dem er saß, oder die Betbank, auf der er kniete, so heftig geschüttelt, als rückten an ihnen zwei unsichtbare Hände. Sein Beichtvater redete ihm zu, seine Fähigkeiten auch in den Dienst des Priesteramtes zu stellen. Kurz vor seiner Ordination hatte er eine Erscheinung Johannes des Täufers, die ihn in seinen Zitterzustand versetzte. Er erkannte daraus, daß er sich nicht sträuben dürfe.

In einem anderen Gesicht erschienen ihm zwei selige Geister. Der eine hatte ein Stück trockenen Brotes in der Hand, das er ohne Zutat aß. Als Philipp nach der Bedeutung fragte, vernahm er die Worte: »Gott will, daß du mitten in Rom leben sollst, wie wenn du in einer Wüste wärest, und dich, so weit es dir möglich ist, von Fleischspeisen enthalten sollst.« Diese Vision brachte Philipp über die Wahl seines Standes ganz ins reine und erfüllte ihn mit einer inneren Freudigkeit und Klarheit des Geistes, die ihn im Laufe seines Lebens nie mehr verließ.

Philipps Taten zogen viele Menschen an. Beichtkinder, die unter hartnäckigen Versuchungen oder Gewissensängsten litten, wurden davon befreit, sobald er sie an seine Brust drückte. Auch Kranke wurden dadurch geheilt.

Sein Herz strahlte eine so starke Hitze aus, daß man mitten im Winter die Fenster weit öffnen mußte.

Allmählich sammelte sich um Philipp eine riesige Gemeinde, von Kindern, Jünglingen, Handwerkern bis hin zu höchsten politischen und kirchlichen Würdenträgern, die ihn als Seelenführer anerkannten. Er liebte die volkstümliche Sprache und nannte seine Anhänger gerne kosend »Tölpel«, »dummer Junge« und »Frau Eva«. Nicht selten versetzte er Leuten, die sein Kleid berühren wollten, Püffe und Nasenstüber. Drängten sich Frauen an ihn heran, so nahm er seine Brille ab und setzte sie einer nach der anderen auf. Bekannte wie Unbekannte faßte er mit Vorliebe an den Haaren, am Kinn oder an den Ohren. Versuchungen trieb er häufig mit Ohrfeigen aus, wobei er anmerkte, sie gälten dem Teufel. Bei der Kirche S. Maria in Vallicella siedelte er die Kongregation der Oratorianer an, eine Vereinigung von Weltpriestern, gründete dort eine reiche Bibliothek und förderte das Studium der Kirchengeschichte. Als einer der ersten Theologen setzte er sich für den Schutz von Tieren gegen Grausamkeit und Quälerei ein.

Einmal wurde Philipp von frommen Leuten gefragt, wie er zu solcher Heiligkeit habe gelangen können. »Ganz einfach«, antwortete er, »ich überlege mir bei allem, was ich beginne: Wie würde der hl. Ignatius von Loyola es machen? — Und dann mache ich das Gegenteil.«

Bei seinem Tod galt er bereits als neuer Apostel Roms und wurde 1622 heiliggesprochen. Er hatte schon zu Lebzeiten so viele Wunder gewirkt, daß man schließlich über ihn verbreitete, er vollbringe immer drei Wunder gleichzeitig an drei verschiedenen Orten.

A: als Oratorianerpriester mit Stock und Rosenkranz; oft mit flammendem Herzen; vor der Muttergottes kniend.

P: von Rom, Mantua und Neapel; der Humoristen, der Mädchen und Kinderschutzvereine; gegen Gicht und Gliederkrankheiten; gegen Erdbeben.

27. Mai

HL. AUGUSTINUS

Bischof von Canterbury, Apostel Englands, † 604

Als der Mönch Gregor auf einem römischen Sklavenmarkt einige blonde, blauäugige Angeln von den britischen Inseln sah, sprach er die prophetischen Worte: »Engel sollen sie werden!« Die schönen Jünglinge gingen ihm nicht mehr aus dem Sinn. Am liebsten hätte er persönlich das Kreuzesbanner in diesem fernen Nebelland aufgepflanzt. Papst Pelagius jedoch brauchte den scharfsinnigen Mönch und ließ ihn nicht von seiner Seite.

Als Gregor selbst zum Papst gewählt worden war, galt seine erste Sorge im neuen Amt der Mission Englands. An die Spitze der Expedition stellte er den Abt Augustinus, der 596 mit einer bedeutenden Schar gelehrter Mönche aufbrach. Die Sendboten des Glaubens landeten auf der Insel Thanet vor der englischen Küste. König Ethelbert von Kent, der mit einer katholischen fränkischen Prinzessin verheiratet war, erlaubte ihnen, ihm ihre Lehren vorzutragen. Als er sie aufmerksam angehört hatte, sagte er, ihre Reden seien zwar schön, die darin gemachten Versprechen herrlich, aber die Verwirklichung ein wenig ungewiß. Doch gewährte er ihnen die Möglichkeit zu predigen und behandelte sie als Gastfreunde. Der vorbildliche Lebenswandel der Missionare und die Wunder, die Augustin wirkte, beeindruckten viele, und bald waren über 10000 getauft, auch der skeptische König. Unter dem Einfluß Augustins gab er kluge Gesetze, schloß die Heidentempel und stiftete die Christuskirche, die Kathedrale von Canterbury.

Eine schwierige Angelegenheit wartete noch auf den Missionar. Die keltischen Briten waren schon im vierten Jahrhundert bekehrt, durch die Angriffe der heidnischen Angeln und Sachsen aber in die unwegsamen Gebirge von Wales verdrängt worden. Dadurch hatten sie den Kontakt zu Rom und zum Kirchenrecht verloren. Bei einer Zusammenkunft sollten die heiklen Fragen der richtigen Tonsur und des korrekten Termins des Osterfestes geklärt werden. Als die keltischen Geistlichen zum Treffen ankamen, blieb Augustin müde in seinem Sessel sitzen — er war zuvor lange gewandert —, begrüßte sie aber freundlich. Sie jedoch dachten, dies sei ein Zeichen von Anmaßung. Und da er ihnen zudem Nächstenliebe predigte, wo doch brennender Haß auf die Eroberer ihr Herz erfüllte, blieben sie verstockt bei ihrer eigenen Auffassung von der Tonsur und vom Datum des Osterfestes.

Augustin prophezeite ihnen, daß Gott sie für ihren Starrsinn strafen werde. Und so kam es. Die Nordangeln überfielen die Briten und brachten ihnen in der Schlacht von Chester eine vollständige Niederlage bei. Darauf verwüsteten die heidnischen Mordbrenner die keltischen Klöster, die sie für Horte gefährlicher Magie hielten, und erschlugen über zweitausend Mönche.

In Kent und den umliegenden Ländern aber bewirkte Augustin einen großen Wandel der Gewohnheiten. Waren die Engländer vor seiner Ankunft allen Lastern ergeben, rohester Unwissenheit ausgeliefert und pflegten sie sogar ihre Kinder zu verkaufen, so wurden sie nun neue Menschen. Sie lernten das Alphabet und liebten Bücher und Bibliotheken. Edelleute und Fürsten bauten Kirchen und Klöster, die sie reichlich mit Einkünften versahen. Innerhalb weniger Jahrzehnte entsagten acht Könige und zwei Königinnen dem Thron und verbrachten ihr Leben hinter stillen Klostermauern. Augustin aber wirkte auch nach seinem Tode durch zahllose Wunder an seinem Grab in Canterbury weiter.

A: als Bischof in Ornat, mit Pallium, Stab und Mitra.

F: auch 26. und 28. Mai und 25. Juli.

28. Mai

HL. GERMANUS

Bischof von Paris, um 496–576

Wegen seines musterhaften Lebenswandels erregte der junge Geistliche früh die Aufmerksamkeit des Bischofs von Autun. Dieser ernannte ihn zum Abt des Klosters St-Symphorian. Germanus tat sich in diesem Amt durch grenzenlose Freigebigkeit hervor. Einmal geschah es, daß er die letzten Vorräte des Klosters verschenkte und die Mönche zu murren begannen. Doch in derselben Stunde schickte eine Wohltäterin zwei Körbe Brote, und in den folgenden Tagen trafen mehrere Wagen gespendeter Lebensmittel ein, was die Unzufriedenen zutiefst beschämte. Früh zeigten sich auch andere Wundergaben. Er konnte die Zukunft vorhersagen und Katastrophen verhüten. Eine Feuersbrunst in einer Klosterscheune löschte er innerhalb eines Augenblicks, indem er einige Tropfen Weihwasser in das Feuer spritzte und unter Absingen des Hallelujas das Kreuzzeichen darüber schlug.

Einmal sah er im Traum einen ehrwürdigen Greis, der ihm die Schlüssel von Paris überreichte. Tags darauf erschien ein Bote des Königs Childerich, der ihn bat, Bischof von Paris zu werden. Auch im neuen Amt blieb der Heilige so schlicht und mäßig wie im Kloster. Er heizte selbst im Winter sein Zimmer nicht und lud immer Arme zu Tisch. Als ihm das Geld ausgegangen war, befahl er, das goldene und silberne Tafelgeschirr umzuschmelzen, um seine Wohltätigkeit nicht vermindern zu müssen.

Als Charibert 561 König von Paris wurde, begann eine unglückliche Zeit der Wirren. Der Herrscher verstieß seine Gemahlin und heiratete eine ihrer Zofen. Nach deren Tod holte er sich aus einem Kloster ihre Schwester zur Beischläferin. Germanus stellte dem König die ganze Ungeheuerlichkeit dieser Verbrechen vor, aber alle Bemühungen blieben fruchtlos. Sogar das letzte Mittel, der Kirchenbann, verfing bei dem verstockten Sünder nicht. Doch Charibert und seine Gespielin sollten sich nicht lange an der Wollust erfreuen. Beide starben kurze Zeit nach dem Urteil. Von seinen drei Töchtern nahmen zwei den Schleier, eine, Berta, heiratete Ethelbert, den König von Kent, der zum ersten katholischen König Englands werden sollte.

Nach dem Tode Chariberts stritten seine drei Brüder um den Besitz von Paris. Die berüchtigten Königinnen Fredegunde und Brunhild schürten Haß und Zwietracht und überboten sich gegenseitig in Schandtaten aller Art. Germanus tat alles, um die drohenden Kriege zu verhindern, doch vergebens. Auf schauervolle Weise wüteten die Nachkommen Chlodwigs gegeneinander.

In diesem Elend war der hl. Germanus die einzige Säule des Rechts, der Wahrheit und der Sitte. Ungeachtet seiner Körperschwäche, die er sich durch seine asketische Lebensweise zugezogen hatte, arbeitete er an der Besserung der Sünder. Als er im Alter von 80 Jahren starb, verherrlichten unzählige Wunder sein Grab in der Abtei St-Germain.

A: mit Petrus, der ihm einen Schlüssel überreicht; mit Ketten in der Hand; vor brennendem Haus.

P: von Paris; der Gefangenen; gegen Feuer und Fieber.

29. Mai

HLL. CONON und SOHN

Märtyrer, † 3. Jahrhundert

In Iconium lebte zurückgezogen mit seinem Sohn der Witwer und Christ Conon. Da er sich immer für einen großen Sünder gehalten hatte, war er im Laienstand geblieben, gab jedoch der Kirche seinen 12jährigen Sohn in Dienst. Dieser wurde zuerst Vorleser, später Diakon.

Unter den Verfolgungen des Aurelian wurde Conon als einer der ersten zum Richter gerufen. Dieser zeigte sich über den Greis gerührt und fragte ihn, warum er ein so hartes, trauriges Leben führe. Conon antwortete: »Diejenigen, welche das weltliche Leben genießen, haben hier ihre Freude und Vergnügung. Wer aber für Gott lebt, erbt das Himmelreich durch Leiden.«

Nun ließ man den Sohn vorführen. Beide wurden auf einen feurigen Rost gelegt und danach auf Kohlen, die man mit Öl glühend erhielt. »Deine Schergen dienen dir schlecht«, rief der Greis dem Richter zu, »mit so schwachen Qualen werden sie uns nicht zur Götzenverehrung bringen.« Sie wurden deshalb an den Füßen über einen qualmenden Rauchfang gehängt, bevor man ihnen die Hände mit einer hölzernen Säge abschnitt. »Errötest du nicht«, sprach Conon jedoch zum Richter, »zu sehen, daß Ohnmächtige über deine ganze Gewalt siegen?«

Nachdem die beiden Märtyrer noch einige Zeit gebetet und mit ihren Armstümpfen das Kreuzzeichen über sich gemacht hatten, gaben sie den Geist auf. Die Reliquien dieser Heiligen werden in einer Kirche ihres Namens in Acerra bei Neapel aufbewahrt und verehrt.

HLL. SISINNIUS, MARTYRIUS und ALEXANDER

Märtyrer, † 397

Der hl. Ambrosius schickte den Diakon Sisinnius, den Lektor Martyrius und den Türhüter Alexander in das Alpengebirge, das Christentum den noch weitgehend heidnischen Tirolern zu predigen. Und bald war es ihnen gelungen, eine kleine Herde von Christen um sich zu scharen. Dies behagte den örtlichen Götzenpriestern nicht. Bei einer Floralienfeier, wo man in einer Art Prozession die Götter um reiche Feldfrucht zu bitten pflegte, wollten sie die Christen nötigen, sich ihnen anzuschließen. Unter Ermunterung der drei Missionare aber blieben alle standhaft, versammelten sich in einer kleinen Kapelle und sangen das Lob Gottes. Da fielen die erbitterten Heiden über sie her und schlugen sie mit solcher Grausamkeit, daß sie halb tot auf dem Boden liegen blieben. Sisinnius war so mißhandelt worden, daß er nach einigen Stunden seinen Verletzungen erlag.

Am folgenden Tag lasen Martyrius und Alexander die Messe so ruhig, als ob nichts geschehen wäre. Bei der neuerlichen Zusammenrottung des Pöbels zogen sie sich jedoch etwas zurück. Der Mob mißhandelte darauf den Leichnam des Sisinnius auf die ekelhafteste Weise. Danach machten sie Hatz auf die Überlebenden. Den Martyrius fanden sie in einem Garten, wo sie ihn blutig prügelten, seine Füße an eine Stange banden und ihn so lange über Steine und Felsen schleppten, bis er den Geist aufgab.

Alexander, der allein übriggeblieben war, fesselte man und warf vor seinen Augen die Leiber seiner Gefährten auf einen lodernden Scheiterhaufen. Da er desungeachtet seinen Glauben bekannte, warf man ihn schließlich lebend in das Feuer.

Die Asche der Märtyrer wurde heimlich gesammelt und nach Trient gebracht, von wo aus die heiligen Reliquien an mehrere Kirchen verteilt wurden. Mit großer Pracht feierte man ihr Fest stets in Mailand.

30. Mai

HL. FERDINAND III.

(Fernando, Hernando)

König von Kastilien und Leon, 1199–1252

Ferdinands Eltern, König Alphons von Léon und Berengaria von Kastilien, mußten sich auf päpstlichen Befehl trennen, da sie im dritten Grade blutsverwandt waren. Ihre Kinder aber wurden als rechtmäßig anerkannt. Ferdinand ging mit der Mutter nach Kastilien und übernahm dort als 18jähriger den Thron. Aus seiner mustergültigen Ehe mit Beatrix, der Tochter des deutschen Königs Philipp, entsprossen 10 Kinder. Der junge Herrscher erwies sich seinem Lande gegenüber als segensreicher Regent. Er wählte zu seinen Ratgebern rechtschaffene und kluge Männer wie den Erzbischof von Toledo, der 30 Jahre lang das Wohl der Bevölkerung und die Ehre der Kirche förderte. Ferdinand beschränkte den Übermut der Großen, säuberte das Land von Räubern und Mördern und gründete zur besseren Rechtspflege den berühmten obersten Gerichtshof von Kastilien. Auch in den härtesten Zeiten weigerte sich der König, Steuererhöhungen zuzustimmen, denn der Fluch eines armen Weibes erschien ihm schlimmer als ein ganzes Kriegsheer der Mauren. 1225 zog er zum ersten Mal gegen die Muslime, und seine Siege waren von Mal zu Mal wunderbarer. Im Heer wurde stets das Bildnis der Muttergottes mitgeführt, und der König selbst trug ein kleines Marienbild als Glücksbringer am Hals. Unter seinem Befehl waren die spanischen Krieger unüberwindlich. Bei Xeres schlugen sie eine siebenmal größere Araberstreitmacht und verloren dabei nur 20 Mann. Mehrere gegnerische Gefangene sagten später aus, daß sie an der Spitze des christlichen Heeres den heiligen Apostel Jakob auf einem weißen Roß in der Waffenrüstung eines Ritters gesehen hätten. Nach der glücklichen Eroberung von Cordoba, das 500 Jahre lang in Maurenhand gewesen war, ließ Ferdinand die Hauptmoschee in eine christliche Kirche verwandeln. Ehedem hatten die Araber christliche Sklaven gezwungen, die Glocken der Jakobskirche von Compostela auf den Schultern nach Cordoba zu tragen. Nun wurde Vergeltung geübt. Auf Muslimenrücken brachte man die Glocken nach ihrem Heimatort zurück. Eine der schwierigsten Eroberungen war die von Sevilla. Sie dauerte 16 Monate, denn mehr als 100000 Mauren verteidigten die damals volkreichste Stadt Spaniens. Sie besaß einen doppelten Mauerring und 166 Streittürme. Dieser Macht konnte Ferdinand nur ein verhältnismäßig kleines Heer entgegenstellen. Dennoch mußte sich die Stadt schließlich ergeben. Der Feldherr der Muslime, der freies Geleit für sich und seine Leute ausgehandelt hatte, schaute beim Abzug von einer kleinen Anhöhe noch einmal zurück und rief unter Tränen: »Nur ein Heiliger konnte mit so wenig Mannschaft eine solche Veste bezwingen. Dies war ein Werk des Himmels.«

Die reiche Kriegsbeute verwendete Ferdinand zum Bau von Kirchen und Klöstern. Er selbst lebte fast ärmlich, fastete viel und kasteite sich. Während er sich zu einem Feldzug nach Afrika rüstete, wurde er von einer schweren Wassersucht befallen. Ganz Spanien war bestürzt. Er aber warf sich mit einem Strick um den Hals, das Kruzifix in den Händen dem Bischof von Segovial zu Füßen und bat um Vergebung für seine Sünden. Nachdem er das letzte Sakrament empfangen hatte, verschied er im Kreise seiner Kinder.

Wegen der zahllosen Wunder, die seine Anrufung bewirkte, nahm ihn Papst Clemens X. 1671 unter die Zahl der Heiligen auf.

A: mit Zeichen königlicher Würde und Kreuz auf der Brust oder Marienstatue im Arm; mit Schwert, den Teufel zu Füßen; mit Schwert zur Rechten und Kugel zur Linken, Hermelin um Schultern, langhaarig mit Krone; mit Schlüssel und Kreuzfahne; auf Schimmel reitend.

31. Mai

HL. PETRONILLA

Jungfrau, 1. Jahrhundert

Es ist strittig, ob Petronilla eine leibliche oder geistliche Tochter des heiligen Petrus gewesen ist. Sie lebte jedenfalls im Haushalt des Apostels, gottesfürchtig und fromm. Da sie von außerordentlicher Schönheit war, flehte Petrus eine Krankheit auf sie herab, damit die Vorzüge ihres Körpers sie nicht zur Eitelkeit verleiteten und ihrer Tugend gefährlich würden. Bald befiel sie ein bösartiges Fieber, das sie viele Jahre lang an das Krankenlager fesselte. Die Jungfrau ertrug alles mit viel Geduld, sie dankte Gott sogar dafür, daß er sie prüfe. Einige Jünger, die regelmäßig zum Unterricht kamen, stellten den Apostel zur Rede, warum er seiner eigenen Tochter nicht helfen könne, obwohl er so viele Kranke geheilt und sogar Tote zum Leben erweckt habe. Petrus erwiderte ihnen: »Die Krankheit ist ihr nützlicher als die Gesundheit.

Doch der Name Christi kann sie durchaus heilen.« Und damit rief er Petronilla zu: »In Christi Namen, steh auf und bediene uns bei Tisch.« Sogleich erhob sich die Kranke und tat freudig, wie ihr geheißen. Als die Gäste aber gegangen waren, legte sie sich wieder hin und war krank wie zuvor.

Schließlich hielt Petrus sie doch für genügend im Glauben gefestigt und machte sie mit seinen Gebeten gänzlich gesund. Da sie nun öfter auf die Straße ging, erblickte sie der vornehme Römer Flaccus, ein junger Richter, und entbrannte in heftiger Liebe zu ihr. Er trug ihr die Heirat an, aber sie wies ihn ab. Da stürmte er eines Abends mit mehreren bewaffneten Freunden ins Haus und wollte sie entführen. Auf Petronillas Bitten gestand er ihr jedoch drei Tage Bedenkzeit zu und kehrte nach Hause zurück, um dort die Vorbereitungen für die Hochzeit zu treffen. Petronilla aber begann zu fasten und zum Erlöser zu beten, er möge sie nicht in die Hände eines gierigen Mannes fallen lassen. Ihr Flehen wurde erhört. Das Fieber warf sie aufs Lager zurück und ließ sie von Stunde zu Stunde schwächer werden. Am dritten Tag kam der Priester Nikomedes und reichte ihr das letzte Abendmahl, nach dessen Empfang sie verschied.

Während seines politischen Bündnisses mit Papst Paul I. erwählte der Frankenherrscher Pippin d.J. Petronilla zur Patronin. Ihre Reliquien wurden daher im Jahre 757 in das Mausoleum an der Peterskirche gebracht. Dieses wurde später zur fränkischen Königskapelle.

A: mit Petrus, der sie heilt; mit Palme und Buch; auf Wolken zu Christus ziehend. Bauernregel: »Ist es klar an Petronell, mißt den Flachs man mit der Ell.«

P: Frankreichs, von Rom; der Reisenden und Pilger.

1. Juni

HL. SIMEON VON TRIER

Einsiedler, † 1035

Der Grieche Simeon hatte den größten Teil seines Lebens auf Wallfahrten verbracht, als er sich mit Erzbischof Poppo von Trier anfreundete. Er diente diesem als Dolmetscher und Führer im Heiligen Land und kehrte mit ihm in dessen Heimat zurück. 1028 erhielt er von Poppo die Gunst, sich im Turm der Porta Nigra, dem alten Römertor von Trier, einschließen zu dürfen.

Es wurde keine Zeit reiner Beschaulichkeit. Teufel suchten ihn heim und bedrängten ihn oft handgreiflich unter so lautem Getöse, daß man in der ganzen Stadt den Lärm vernehmen konnte. Doch Simeon blieb nichts schuldig und schlug sie immer wieder in die Flucht.

In jener Zeit herrschte in Trier eine große Hungersnot. Da kam beim unverständigen Volk das Gerücht auf, Simeon sei ein großer Sünder und Gottes Fluch laste wegen seiner Missetaten über der Stadt. Eine Abordnung der Bürger verlangte gar vom Erzbischof, daß man den Klausner davonjage. Als jener das Ansinnen ablehnte, rottete sich eine erregte Menge vor dem Turm zusammen, Steine flogen gegen Mauern und Fenster, die Scheiben gingen zu Bruch. Simeon aber blieb in alldem ruhig und betete für seine Verfolger. Der Sturm des Aufruhrs verebbte nach kurzem. Als Simeon im Juni 1035 starb, wurde er in der Porta Nigra begraben. Innerhalb weniger Monate geschahen unter seiner Anrufung so viele Wunder, daß er schon Ende des Jahres heiliggesprochen wurde.

A: als Pilger oder Einsiedler mit runder Mütze auf dem Kopf und Buch; auf dem Sterbebett mit Kreuz; mit zwei Teufeln und Palme.

P: von Trier.

2. Juni

HL. BLANDINA

Jungfrau und Märtyrerin, † 177

Die hl. Blandina war Dienstmagd in Lyon. In jener Zeit, unter dem Kaiser Marc Aurel, wurde von Götzenpriestern das Gerücht ausgestreut, daß Christen bei ihren Versammlungen kleine Kinder brieten, aufäßen und sich unzüchtigen Greueln hingäben. Das aufgereizte Heidenvolk zu Lyon fiel daraufhin über die Christen her, und am ärgsten sollte die von Angesicht zwar liebliche, aber sonst unscheinbare Blandina leiden. Ihr schwächlicher Leib machte die übrigen Christen besorgt, ob sie den Qualen der Folter standhalten würde.

Das Mädchen wurde von der Menge auf den Richtplatz geschleppt, vor aller Augen entkleidet und den verschiedensten Foltern unterzogen. Aber eine Schicht von ermüdeten Folterknechten löste die nächste ab, ohne daß Blandina das geringste Geständnis entrungen worden wäre. Am ganzen Leibe blutend, wurde sie in den schmutzigsten Kerker geworfen, wo sie, Arme und Füße in einen Holzblock eingeschraubt, die Nacht zubringen mußte. Am nächsten Tag ließ man sie erst den Qualen ihrer Glaubensgenossen zusehen. Aber ihr Mut wankte nicht. Als die Reihe wieder an sie kam, band man sie ausgestreckt zwischen vier Pfähle und hetzte wilde Bären, Löwen und Eber auf sie. Die Bestien jedoch rührten sie nicht an. Sie betete laut und ermunterte ihre Leidensgefährten, standhaft zu bleiben. Anderntags wurde Blandina zuerst gegeißelt, bis sie ohnmächtig niedersank, auf einen glühenden eisernen Stuhl gesetzt und endlich, halb verbrannt, in ein Netz gewickelt. So warf man sie einem wilden Stier vor, der sie mit den Hörnern in die Luft schleuderte und herumschleifte. Blandina überlebte und schwieg noch immer. Da forderten die Zuschauer die Schergen auf, ihr den Kopf abzuschneiden. Als dies geschehen war, mußten die Heiden bekennen, daß nie eine weibliche Person solche Qualen erduldet habe.

A: mit Stier und Netz oder Rost.

P: von Lyon; der Dienstmägde und der Jungfrauen.

3. Juni

HL. ERASMUS

(Rasmus, Elmo, Ermo)

Bischof und Märtyrer, † um 303

Von Erasmus ist überliefert, daß er lange Zeit als Einsiedler lebte. In dieser Zeit schaute er beharrlich das Paradies und ernährte sich nur von Brot, das ihm ein Rabe täglich vorbeibrachte. Später trat er als Prediger des Evangeliums auf und wurde Bischof. Zu Beginn der Verfolgungen des Diokletian versteckte er sich in den Bergen des Libanon, aber er wurde entdeckt und vor den Präfekten geführt. Dieser ließ Erasmus mit Keulen und Bleikolben schlagen, darauf mit heißem Harz, Schwefel,

Blei, Wachs und Öl übergießen. Doch blieb er unverletzt. Dieses Wunder veranlaßte viele zum Übertritt. Aus dem Kerker rettete ihn auf wunderbare Weise ein Engel. Er floh mit dem Schiff nach Italien. Während eines Sturmes predigte Erasmus den Matrosen, und der Himmel über ihnen wie auch die See um sie herum blieben ruhig und klar. Er ließ sich in Campanien nieder. Aber in der Verfolgung des Maximian wurde er erneut ergriffen und vor Gericht gestellt. Man legte ihm einen glühenden Panzer an, und nachdem er diese Marter überstanden hatte, schlitzten ihm die Folterknechte den Bauch auf und drehten ihm die Gedärme mit einer Schiffswinde aus dem Leib.

Nach ihm heißen die elektrischen Strahlenbündel, die bei Gewittern manchmal auf hohen Stangen, besonders auf Schiffsmasten beobachtet werden, »Elmsfeuer«.

A: als Bischof; Eingeweide werden ihm mit einer Winde aus dem Leib gedreht; mit Kessel; mit Raben.

P: der Drechsler, der Schiffer und Seeleute der romanischen Länder; der Gebärenden; der Haustiere; gegen Viehkrankheiten und Seuchen; gegen Geburtsschmerzen, Kolik, Krampf, Bauchweh, Unterleibskrankheiten; zählt zu den 14 Nothelfern.

F: auch 2. Juni.

4. Juni

HL. JAKOBUS DER JÜNGERE

(Jacobus Minor)

Apostel und Bruder des Herrn

Jakobus war der Sohn des Alphäus und der Maria, einer Schwester der Heiligen Jungfrau. Er wird allgemein als Verfasser des Jakobusbriefes angesehen. Bruder des Herrn wurde er nach Auffassung verschiedener Kirchenväter genannt, weil er diesem von Angesicht so ähnlich war. Darin lag auch der Grund für den Kuß des Judas, damit nicht an Stelle von Christus Jakobus ergriffen würde. Andere meinen, daß er als »der Mindere« (Minor) wegen seiner geringen Körpergröße bezeichnet wurde. Wieder andere glauben, daß es sich bei Jakob, dem Bruder des Herrn, und Jakob dem Minderen um zwei verschiedene Männer handelt — allerdings spricht dagegen, daß ihnen weitgehend dieselbe Lebensgeschichte zugeschrieben wird.

Wegen seiner Heiligkeit hatte Jakobus auch den Beinamen »der Gerechte«. Wein und geistige Getränke rührte er nicht an, er aß nie Fleisch, außer dem Osterlamm, wie es Vorschrift war. Kein Schermesser kam je an sein Haupt. Auch salbte er sich nicht mit Öl und badete nie. Und er trug nichts am Leib als ein grobes Leinengewand. Da er sich so oft zum Gebet niederwarf, wurden seine Knie so hart wie seine Fersen. In seinen Sitten war er von jungfräulicher Reinheit.

Im Augenblick seiner Auffahrt zum Himmel empfahl Christus die Kirche von Jerusalen dem Jakobus an. Deshalb übertrugen ihm die anderen Apostel das Bischofsamt. Auf dem Apostelkonzil in Jerusalem spielte er eine große Rolle. Er forderte von den Judenchristen die Einhaltung der mosaischen Gesetze, wollte aber den Heidenchristen die Beschneidung erlassen. Ungeachtet ihrer Abneigung gegen die neue Lehre schätzten ihn die Juden wegen seiner Gerechtigkeit. Nachdem Jakobus schon einige Jahre Bischof war, traf er sich mit den anderen Aposteln am Ostertage. Sie gingen in den Tempel und predigten dort sieben Tage lang vor Caiphas und den anderen Juden, und es war nahe daran, daß diese sich taufen lassen wollten. Da trat einer in den Tempel und rief: »Ihr Männer Israels, wollt ihr euch von diesen Zauberern betören lassen?« Im folgenden Aufruhr wurde Jakobus die Stufen hinabgeworfen, weshalb er seit jenem Tage hinkte.

Im 30. Jahr seiner Amtszeit als Bischof wurde er vor den Hohen Rat gerufen und beschuldigt, das Gesetz verletzt zu haben. Der Hohepriester Ananus stachelte das Volk zur Steinigung auf. Man führte Jakobus auf eine Tempelzinne und forderte ihn auf, seinem Glauben zu entsagen. Jakobus aber pries Jesus, der jetzt zur Rechten Gottes sitze und dereinst die Welt richten werde. Da schrien die Schriftgelehrten: »Oh, auch der Gerechte irrt!«

Und sie warfen ihn von der Zinne hinab. Dann bewarfen sie ihn mit Steinen. Jakobus aber war nicht tot, sondern erhob sich auf die Knie und betete für seine Verfolger. Da näherte sich ihm ein Tuchwalker mit einer großen Keule und hieb mit solcher Gewalt auf das Haupt des

Heiligen, daß sein Gehirn nach allen Seiten spritzte. Die Judenchristen schrieben seinem ungerechten Tod die Zerstörung Jerusalems zu.

A: mit Tuchwalkerstange; mit goldener Platte auf dem Haupt (bischöfliche Würde); auch mit Buch. Als Sinnbild der Festigkeit ist ihm der Topas geweiht.

P: Gemeinsam mit Philippus Patron der Hutmacher, Krämer und Tuchwalker, der Pastetenbäcker; von Dieppe und Friesland.

F: auch 11. Mai.

5. Juni

HL. BONIFATIUS

Apostel der Deutschen, Märtyrer, 675–754

Bonifatius hieß eigentlich Winfried und stammte aus hohem englischem Adel. Nach seiner Priesterweihe zunächst Berater und Verwalter von Bischöfen und Äbten, strebte er danach, heidnischen Völkern das Evangelium zu verkünden. Er unternahm zwei Missionsreisen zu den wilden Friesen, allerdings ohne sonderlichen Erfolg. Mehr Glück hatte er in Hessen, wo er bei Amöneburg eine Kirche gründete und einige tausend Heiden taufte. Auf die Nachricht dieser Bekehrungstat hin rief ihn Papst Gregor II. nach Rom, gab ihm den Namen Bonifatius und erteilte ihm unbeschränkte Vollmachten zur Missionierung aller deutschen Völker.

Bonifatius begann mit seinen apostolischen Anstrengungen in der Lombardei, wandte sich dann den Bayern zu und predigte anschließend unter den noch im Heidentum befangenen Thüringern. Überall gelangen ihm große Bekehrungserfolge. Als er nach Hessen zurückkehrte, mußte er allerdings feststellen, daß seine Mission einen großen Rückschlag erlitten hatte. Da beschloß er, den Heiden die Grenzen ihrer Götter zu zeigen. In Geismar stand eine mächtige Eiche, die von den Germanen als Heiligtum des Donnergottes Donar verehrt wurde. Zu dieser Donarseiche rief Bonifatius die Edlen der verschiedenen Stämme, fällte in ihrer Gegenwart den Baum, ohne von dem gefürchteten Gott bestraft zu werden, und baute an dem Ort eine Kapelle. In den Augen der heidnischen Barbaren hatte sich damit der Gott des Bonifatius als der Stärkere erwiesen, und dies öffnete ihre Herzen.

Papst Gregor III. ernannte Bonifatius nun zum Erzbischof, apostolischen Legaten und Primas von ganz Deutschland und erlaubte ihm, so viele Bischofssitze einzurichten, wie er für nötig halte. Bonifatius gründete nun in kurzer Zeit zahlreiche Kirchen, holte aus England noch Lullus, Wigbert, Witta, Willibald und Wunibald sowie eine Schar frommer Jungfrauen, namentlich Walburga, Lioba, Thekla, Kunigild, Berathgita und Kunitrud, und stiftete viele Bistümer und Klöster — am berühmtesten wurde Fulda.

Bereits im Greisenalter, versuchte er ein letztes Mal die Friesen zu bekehren und fuhr mit einigen Gefährten den Rhein hinauf. Tatsächlich taufte er viele und gründete das Bistum Utrecht. Doch die Götzenpriester hetzten gegen den neuen Glauben, brachten bewaffnete Horden zusammen und legten an der Grenze zwischen West- und Ostfriesland einen Hinterhalt. Am 5. Juni 755 überfielen sie das bischöfliche Lager und metzelten alles nieder, was ihnen vor die Klinge geriet. Von einem Schwerthieb tödlich getroffen, starb Bonifatius mit einem Gebet für seine Mörder auf den Lippen. Als die Barbaren die Zelte plünderten, fanden sie nur Bücher, die sie in der Wut enttäuschter Gier allesamt in die Sümpfe warfen.

A: mit Beil und gefällter Eiche; in Bischofstracht mit vom Schwert durchbohrtem Evangelium; mit Stab, unter dem eine Quelle entspringt; mit Geißel, Rabe und Fuchs.

P: von Arnstadt, Erfurt, Friesland, Fulda, Groningen, Hameln, Hersfeld, Mainz, Sachsen, Thüringen, Utrecht; der Bierbrauer, Buchhändler, Feilenhauer, Schneider.

F: auch 30. November.

6. Juni

HL. NORBERT

Stifter des Prämonstratenserordens und Erzbischof von Magdeburg, 1080–1134

Hohe Geburt, Vermögen, schöner Wuchs, ein heller Verstand und eine glänzende klassische Bildung lockten den Xantener Stiftsherrn Norbert auf sehr weltliche Pfade. Kaiser Heinrich V. berief ihn an seinem Hof in das Amt des Almosenverwalters, und bald lebte Norbert nur noch im Rausch des Ehrgeizes und der sinnlichen Vergnügungen.

Einst ritt er mit einem Diener über das Land, als ein schreckliches Unwetter hereinbrach. Verängstigt machte sich sein Begleiter davon ins nächste Dorf und rief im Wegreiten: »Kehrt mit um, denn die Hand des Herrn ist heute gegen Euch.« Norbert aber achtete seiner nicht, spornte sein Pferd und wollte im Galopp den Sieg über die entfesselten Elemente davontragen. Doch unter furchtbarem Krachen schlug ein Blitz vor Roß und Reiter ein, Norbert stürzte zu Boden und blieb eine Stunde lang besinnungslos liegen. Als er wieder zu sich kam, erinnerte ihn sein Gewissen an die Qualen der Hölle, denen er im Falle eines tödlichen Ausganges unweigerlich ausgeliefert gewesen wäre. Er beschwor Gott, ihm ein Zeichen zu geben, und hörte in seinem Innern eine Stimme, die ihm Buße befahl. Auf der Stelle änderte er sein Reiseziel und begab sich ins Kloster Siegburg. Dort blieb er zwei Jahre und erhielt vom Abte Konon die höheren Weihen.

Von seiner ersten Messe als Priester an predigte er fortan gegen die Eitelkeit der Welt, gegen Ämterkauf und Konkubinat der Kleriker. Es gelang ihm, viele zu bekehren, aber er hatte auch viele Feinde. Man verklagte ihn beim Papst als Ruhestörer, der unter dem Mantel der Frömmigkeit nur Zwietracht säen wolle. Doch dieser lud ihn zu sich, überzeugte sich von seiner Ernsthaftigkeit und beauftragte ihn, mit der Bekehrungsarbeit fortzufahren. Norbert verkündete also in den Niederlanden, in Frankreich und in Deutschland seine Lehren von Umkehr und Buße, bekämpfte Lauheit und Irrglauben und reformierte den Orden der Augustinerchorherren. Damit wurde er zum Begründer der Prämonstratenser.

Der Reichstag von 1126 wählte den Widerstrebenden auf den eben frei gewordenen erzbischöflichen Stuhl von Magdeburg. Bei seiner Ankunft an dem neuen Bestimmungsort verweigerte ihm der Pförtner des Bischofspalais den Zutritt, weil er den ärmlich gekleideten Besucher für einen Landstreicher hielt. Hinzutretende Gefährten wollten den Mann maßregeln, aber Norbert wehrte ihnen mit den Worten: »Er kennt mich besser als jene, die mich zu dieser Würde erhoben haben.«

Seine Maßnahmen gegen die Sittenverwilderung im allgemeinen und die der Geistlichkeit im besonderen trugen ihm zahlreiche Verleumdungen, mehrere Mordversuche und einige Volksaufstände ein. Einmal mußte er sich vor der aufgebrachten Menge in den Turm der Kathedrale flüchten. Er entkam in der Nacht auf sein Schloß nach Halle, kehrte jedoch auf Bitten der Bürgerschaft nach einiger Zeit wieder zurück.

A: in bischöflichem Gewand mit Buch und Kelch in der Hand; mit Spinne (die er einmal im Abendmahlskelch mittrank); mit Monstranz; gefesseltem Teufel; mit besiegtem Ketzer zu Füßen.

P: von Antwerpen, Böhmen, Magdeburg, Prag; der Wöchnerinnen.

F: auch 11. Juli.

7. Juni

HL. TARASIUS

Patriarch von Konstantinopel, † 806

Im 8. Jahrhundert wurde die griechische Kirche durch den großen Bilderstreit erschüttert. Die Partei der Ikonoklasten, der Bilderstürmer, wurde von der Furcht umgetrieben, unter der Maske des Christentums könne die Religion der Väter wiederhergestellt werden. Man hörte mit Schmerz den Vorwurf der Götzendienerei von seiten der Juden und Muslime. Letztere erschütterten zudem die Überzeugung vieler Rechtgläubiger durch ihre militärischen Siege und vor allem durch die Eroberung Edessas. Hier gab es nämlich eine Leinwand mit dem vollständigen Abdruck des Gesichtes Jesu. Nach syrischen Erzählungen hatte dieser es dem König Abgar geschenkt, und es galt als Unterpfand der göttlichen Verheißung, daß Edessa nie von einem auswärtigen Feind eingenommen werden könne. Die Stadt hatte den Persern getrotzt, doch den arabischen Heeren erlag sie, und diese führten das Bild als Beute davon.

Die Polemik der Ikonoklasten erhielt dadurch Auftrieb, und als sich drei Kaiser auf ihre Seite schlugen, begann ein gewaltiger Feldzug gegen Ikonen, Statuen und Reliquien. Gräber wurden geschändet, Klöster gebrandschatzt und geplündert, Mönche verstümmelt und gemordet.

Erst unter der Kaiserinwitwe Irene, die seit 780 für ihren unmündigen Sohn die Regentschaft führte, trat ein Umschwung ein. Sie machte ihren Geheimschreiber Tarasius zum Patriarchen von Konstantinopel. Dieser berief das 2. Konzil von Nicäa (787) ein und legte einen Entschließungsantrag vor. Danach sei die Verachtung der Kunst völlig ungerechtfertigt, denn Bilder stellten nicht Wesen oder Seele, sondern nur äußere Gestalt dar. Sie seien daher nicht Leben an sich, aber ihre Betrachtung wecke die Andacht und erhebe das Herz. Das Küssen der Bilder, das Räuchern, Anzünden von Lichtern, Verbeugung und Kniefall sei demzufolge Verehrung und keineswegs abzulehnende Anbetung.

Das Konzil, eingeschlossen die Vertreter des römischen Papstes, billigten die Ausführungen des Tarasius, und dieser begann nun mit kluger Mäßigung den Bilderdienst wiederherzustellen. Ebenso geschickt zeigte sich der Patriarch, als der junge Kaiser Konstantin VI. seine Gemahlin verstieß und sich ihre Kammerzofe als Geliebte nahm. Um den Herrscher nicht in die Hände der Ikonoklasten zu treiben, ließ er es ohne Kirchenstrafe geschehen, daß jener sich von einem gewissenlosen Priester mit seiner Mätresse trauen ließ.

Der Kaiser sollte schwer für seine Sünden büßen. Irene, die man aus der Leitung der Staatsgeschäfte entfernt hatte, organisierte einen Putsch gegen ihn mit Hilfe hoher Beamter und Offiziere. Konstantin wurde gefangengenommen und mit solcher Grausamkeit geblendet, daß daß er an den Verletzungen starb.

A: Heiligenbilder neben sich.
F: auch am 25. Februar und 9. März.

8. Juni

HL. KILIAN

Bischof von Würzburg, Märtyrer, † um 689

Im 7. Jahrhundert lagen noch riesige Regionen Mitteleuropas in heidnischem Glauben. Da machten sich aus Irland der Mönch Kilian und seine Gefährten Kolonat und Totnan auf, um unter den wilden Völkerschaften zu missionieren. Sie kamen nach dem heutigen Würzburg, wo auf einem Bergschloß der thüringische Herzog Gozbert hauste, der wie sein ganzes Volk die germanische Göttin Hulda verehrte. Kilian und seine Mitstreiter brachten den mühselig als Jäger und Sammler sich nährenden Eingeborenen die Grundlagen von Ackerbau, Holzwirtschaft und Viehzucht bei. Mit dem Steigen des häuslichen Wohlstands wuchs auch die Begierde nach der Taufe. Viele Adlige und endlich sogar der Herzog traten zum Christentum über. Diesen lehrte Kilian, daß die Ehe mit seiner Schwägerin Geilana blutschänderisch sei. Der Fürst erschrak, beugte sich aber schließlich schweren Herzens den Vorhaltungen des Heiligen.

Als die Verstoßene dies vernahm, entbrannte sie in Haß. Sie dingte mit Gold und Versprechungen zwei Höflinge, die mitternachts die Missionare überfielen. Den gezückten Schwertern wurde das Evangelium entgegengestreckt, aber die Meuchler ließen sich von ihrer Untat nicht abhalten. Das Blut der Heiligen besudelte den Einband des Buches, wie man noch heute in der Universitätsbibliothek in Würzburg sehen kann. Die Mörder warfen die drei Leichen mit allem, was sie hatten, Kreuz, Kelch, Bücher und Kleider, in eine tiefe, verborgene Grube. Dem aus einem Krieg heimkehrenden Herzog erzählte man, die Missionare seien abgereist. Doch plötzlich schrie der eine Meuchler laut auf: »Kilian, der Heilige Gottes, brennt mich mit unerträglichem Feuer!« In wilder Besessenheit schrie er sein Verbrechen hinaus und starb, indem er sich mit den eigenen Zähnen zerfleischte. Der andere wurde von Würmern befallen, die ihn von innen her auffraßen. Geilana selbst endete nicht lange danach im Wahnsinn.

Dieses Strafgericht trug viel zur Stärkung des christlichen Glaubens bei. 50 Jahre nach der Bluttat wurden die Gebeine der Heiligen durch ein Wunder aufgefunden und in der Domkirche beigesetzt.

A: als Bischof mit Palme und Schwert.

P: von Würzburg und Heilbronn; der Winzer; gegen Gicht und Rheuma.

F: auch 8. Juli.

9. Juni

HL. PELAGIA

Jungfrau und Märtyrerin, † um 284

In Antiochia lebte einst die 15jährige Jungfrau Pelagia. Die Soldaten, die sie wegen ihres christlichen Glaubens zum Richter führen sollten, warteten eine Zeit ab, wo sie allein zu Hause war. Als Pelagia sich plötzlich den Häschern gegenübersah, zweifelte sie nicht, daß ihre Keuschheit in großer Gefahr war. Indessen verlor sie die Fassung nicht und bat die Männer, sich in ihr Gemach zurückziehen zu dürfen, um sich schön zu machen und zu schmükken. Sie dachte nun bei sich: »Zu keiner Sünde will ich dem Fleische Gelegenheit geben. Gott wird durch das Rettungsmittel nicht beleidigt, und die Tat befreit den Glauben von drückender Not.« Dann stieg sie behende auf das Dach des Hauses und stürzte sich hinab.

A: als Jungfrau mit Palme.

10. Juni

SEL. HEINRICH VON TREVISO

Einsiedler, † 1315

In seiner Jugend wurde Heinrich wegen seiner Frömmigkeit von Ketzern aus Bozen vertrieben. Er zog nach Treviso und lebte dort als Taglöhner. Weil er weltliche Freuden und Sinnenkitzel verabscheute, erübrigte er viel von seinem Einkommen und teilte es an die Armen aus. Unter seiner ärmlichen Kleidung trug er ein Untergewand aus rauhen Haaren. Um die Lenden lag ein Bußgürtel von spitzigem Eisendraht. Oft geißelte er sich mit Riemen und Ketten, manchmal schlug er sich mit einem Stein an die Brust.

So lebte er bis ins hohe Alter und ertrug demütig den Spott der Weltleute. Als er sich nicht mehr gerade aufrichten und nur ganz gebeugt zum täglichen Kirchenbesuch gehen konnte, nahm sich ein vornehmer Bürger seiner an. Er sicherte ihm freie Wohnung und Essen zu, auch wenn er nicht mehr arbeiten könne. Einmal war Heinrich mit vielen anderen auf einem Begräbnis, als ein heftiger Platzregen losbrach. Alle eilten in die nächsten Häuser, nur Heinrich konnte wegen seiner Gebrechlichkeit nicht flüchten und blieb auf dem Friedhof stehen. Doch nach dem Unwetter ging er zum großen Erstaunen der Leute ganz trocken nach Hause.

Als er starb, blieb der Leichnam acht Tage im Dom aufgebahrt. Der Zulauf des Volkes war beträchtlich. Am

4. und 5. Tag floß frisches, wohlriechendes Blut aus der Leiche, und trotz heißen Sommerwetters war keine Spur von Verwesung festzustellen. Am achten Tag wurde Heinrich in einen Marmorsarg gebettet und in der Kirche beigesetzt. An dem über seinem Grab errichteten Altar ereigneten sich bald 349 beglaubigte Wunder.

A: als Arbeitsmann mit Werkzeug; mit Geißel.

P: von Treviso; der Holzfäller.

11. Juni

HL. GREGOR VON NAZIANZ

Kirchenlehrer und Patriarch von Konstantinopel,
† um 390

Seine lange Zeit unfruchtbare Mutter hatte gelobt, ein Kind, das sie austragen würde, Gott zu weihen. So wuchs Gregor mit der geistlichen Bestimmung im Herzen auf. Sein Zuhause verließ er nur für den Gang in die Kirche oder in den Hörsaal. Nach dem Studium in Athen mußte er zunächst das väterliche Landgut verwalten, aber schließlich folgte er der Einladung von Basilius in dessen Kloster im Pontischen Gebirge, wurde Priester und nach dem Tode seines Freundes Bischof von Konstantinopel.

Man lachte in der Hauptstadt zuerst über das kleine, kahlköpfige Männlein in ärmlichen Kleidern. Bald aber ging von seiner Gelehrsamkeit und Eloquenz eine solch magnetische Anziehungskraft aus, daß sogar der hl. Hieronymus die syrische Wüste verließ, um Gregors Jünger zu werden. Infame Intrigen seiner Widersacher trieben ihn jedoch zum Amtsverzicht. Er kündigte den Irrlehrern allerdings an: »Ihr patscht mit den Händen vor Freude, daß diese böse und geschwätzige Zunge endlich aufhört, euch zu treffen. Jawohl, sie hört auf, aber die Hand ist übriggeblieben. In Zukunft werden Feder und Tinte fechten.«

Bis zu seinem Tod lebte Gregor auf seinem ererbten Landgut und verfaßte Widerlegungen der falschen Lehren — in Versform, um sie den Lesern angenehmer zu machen.

A: mit Taube; schreibend.

P: der Dichter; für gute Ernte.

12. Juni

HL. ONUPHRIUS

Eremit, † um 400

Der hl. Eremit Paphnutius von Jerusalem befand sich einst in Ägypten unterwegs zu den Wüstenmönchen, von denen er sich geistliche Anleitung erhoffte. Er rastete unter einer großen Palme, als er plötzlich das Geräusch von Schritten vernahm. Vor ihm erschien eine Gestalt, die in eine Decke von geflochtenen Blättern gehüllt und mit Haaren völlig überwachsen war. Erschrocken floh er zum nächsten Hügel; allein das Wesen rief ihm zu: »Fürchte dich nicht, Paphnutius, ich bin nur ein sterblicher Mensch.« Auf die Frage, wer er sei, erwiderte die Erscheinung: »Ich heiße Onuphrius und lebe schon seit 70 Jahren hier.«

Und er erzählte, wie ihn ein Schutzengel einst hierher geleitet habe, zu einem ehrwürdigen Alten in einer Höhle, der ihn aufgenommen habe. Unter seiner Aufsicht habe er seine Laufbahn als Eremit begonnen und auch nach dem Tode des Meisters weiterbeschritten. Paphnutius fragte ihn, wovon er sich denn ernähre, und erhielt folgende Antwort: »Hunger und Durst, Kälte und Hitze wurden mir durch die Erinnerung an das Leiden des Herrn leicht. Täglich bringt mir ein Engel ein Stück Brot, Datteln und Wasser gibt es in der Nähe.« Nachdem er ihm seine Höhle gezeigt und das karge Mahl mit ihm geteilt hatte, fragte Paphnutius, ob er bei ihm bleiben dürfe. Doch der Greis beschied ihn mit den Worten: »Der Allmächtige hat dich nur zu meinem Begräbnis berufen.« Er kniete nieder, verrichtete sein letztes Gebet und starb. Paphnutius bestattete ihn und kehrte nach Jerusalem zurück.

Heinrich der Löwe soll die Hirnschale des Heiligen und ein berühmtes Gemälde von ihm nach München gebracht haben.

A: als alter Mann mit wallendem weißem Vollbart und Lendengürtel aus Laub; mit Stock in der Hand und Krone auf dem Haupt; mit Fellen und Palmblättern gekleidet; nackt auf allen vieren, mit Haaren bedeckt.

P: der Weber, der Eremiten; des Viehs.

13. Juni

HL. ANTONIUS VON PADUA

Prediger des Franziskanerordens, 1195–1231

Antonius ist bis heute einer der am meisten verehrten Heiligen. Er stammte aus Lissabon, war zuerst Augustinerchorherr und wurde 1220 Franziskaner. Im Verlangen nach dem Martyrium ging er nach Afrika, wurde jedoch nach Sizilien verschlagen und wirkte von da an als Volksprediger in Italien und Frankreich.

Er hatte einen solchen Zulauf, daß man oft die Kanzel im Freien aufstellen mußte. Schon in der voraufgehenden Nacht kamen die Zuhörer und warteten geduldig bis zu seinem Erscheinen. Wenn er sprach, erzählte man sich, glaubte man einem Engel zu lauschen; und die verstocktesten Sünder wurden erweicht, verbohrte Irrlehrer gaben ihre Häresien auf, und ganze Städte taten wegen ihrer Sünden Buße. Schon jetzt vollbrachte Antonius viele Wunder. So erweckte er verschiedene Tote zum Leben – darunter ein im Sumpf ertrunkenes Mädchen, auch eine von ihrem eifersüchtigen Mann ermordete Frau –, und er ließ das abgehackte Bein eines reuigen Mutterschänders wieder anwachsen.

Mit 36 Jahren fühlte Antonius sich so erschöpft, daß er seine Ordensoberen um Entlassung aus seinen Pflichten bat. Er zog sich an einen einsamen Ort zurück, um sich auf den Tod vorzubereiten. Da geschah es, daß sich eines Tages das Jesuskind auf dem aufgeschlagenen Evangelium niederließ, seine Hände um ihn schlang und ihn küßte. Entkräftet wie er war, kehrte er in seine Lieblingsstadt Padua zurück und hielt noch mehrere Fastenpredigten, bevor eine tödliche Krankheit ihn niederstreckte. Am 13. Juni liefen plötzlich die Kinder durch die Straßen und schrien: »Der Heilige ist tot.«

32 Jahre danach sollten die Gebeine des Heiligen in der ihm zu Ehren erbauten Kirche ihre letzte Ruhe finden. Als man den Sarg öffnete, fand man seinen Leichnam vermodert, aber die Zunge war noch ganz frisch und rein. Sie wurde in ein kostbares, mit Edelsteinen verziertes Kästchen gelegt und in einer Kapelle beigesetzt, wo sie bis heute verehrt wird.

A: als Mönch mit Jesuskind auf dem Arm oder auf Buch; mit Lilie oder flammendem Herz; mit Esel, der vor Hostie kniet; mit Fischen zu Füßen; Tote erweckend.

P: von Hildesheim, Lissabon, Paderborn und Padua; der Bäcker, Bergleute, Erdbeerverkäufer von Rom, Fayencefabrikanten, der Sozialarbeit; der Franziskaner; der Eheleute, Frauen, der Liebenden, Reisenden; der Haustiere; gegen Unfruchtbarkeit; für glückliche Entbindung, gegen Fieber; gegen Viehseuchen; gegen teuflische Mächte. Am populärsten ist sein Patronat für das Wiederfinden verlorener Sachen (weshalb er in Bayern »Schlamperltoni« genannt wird).

14. Juni

HL. BASILIUS DER GROSSE

Kirchenlehrer, 330–379

Die Großmutter des Basilius, Makrina, hielt sich mit ihrem Mann während der Christenverfolgungen Diokletians sieben Jahre lang in den waldreichen Gebirgen am Schwarzen Meer verborgen. Dadurch gewann sie das Einsiedlerleben lieb und übertrug diese Neigung auch auf ihren Enkel. Der Jüngling zeichnete sich früh durch Wissensdurst und Frömmigkeit aus. Er wurde zum Studium nach Athen geschickt und schloß dort eine Freundschaft fürs Leben mit Gregor von Nazianz. Die beiden teilten Geld, Tisch, Stube und ermunterten sich gegenseitig zum Lernen und zur Vermeidung schlechten Umgangs. Basilius wuchs schnell zu einer Leuchte der Gelehrsamkeit und Rhetorik heran. Er reiste zu den Wüsteneremiten Syriens, Mesopotamiens und Ägyptens. Nach deren Beispiel gründete er mit seiner Schwester, der nach der Großmutter benannten hl. Makrina, in der Gegend des Wohnsitzes der Großeltern ein Kloster für Männer und Frauen. Den Mönchen gab er jene Regel, die zur Begründung des gesamten christlichen Klosterlebens entscheidend beitrug. Nach vier Jahren gab er die Leitung an seinen Bruder, den hl. Petrus von Sebaste, weiter und widmete sich den damals anstehenden Auseinandersetzungen mit der arianischen Häresie so erfolgreich, daß ihn die Bischöfe Kleinasiens zum Metropoliten von Cäsarea und Kappadozien wählten. Einmal ließ er einen skeptischen Juden am Abendmahl teilnehmen. Als das Brot gebrochen wurde, sah dieser, wie ein Kind zerteilt und als blutendes Fleisch genossen wurde. Auch der Kelch war gefüllt mit Blut. Daraufhin bekehrte sich der Jude sofort.

In jene Zeit fiel eine der herausragenden theologischen Leistungen des Heiligen. Als erster formulierte er 374: »Ehre sei dem Vater und dem Sohn und dem Heiligen Geist«, während es bis dahin geheißen hatte: »Ehre sei dem Vater durch den Sohn in dem Heiligen Geist«. Der arianische Kaiser Valens wollte ihn zur Unterstützung der Häresie bringen, aber Basilius zeigte sich auch den Drohungen mit Folter und Tod gegenüber standhaft. Unter dem Druck erregter Volksmassen mußte man ihn freilassen. Als er, geschwächt durch strenges Fasten, Nachtwachen und eiserne Pflichterfüllung starb, hielt niemand anderes als sein Freund Gregor von Nazianz die Totenrede.

A: im bischöflichen Gewand der griechischen Kirche, mit einer Taube; auch mit Bettler; häufig zusammen mit Chrysostomus, Gregor von Nazianz und Leo I. als einer der vier griechischen Kirchenlehrer.

F: auch 1. Januar und 16. Juni.

15. Juni

HLL. VITUS, MODESTUS und CRESCENTIA

Märtyrer, † um 300

Vitus wurde als Knabe von den frommen Eheleuten Modestus und Crescentia im christlichen Glauben erzogen. Schon mit zwölf besaß er die Gabe, Wunder zu wirken, und machte mit dem Kreuzzeichen Blinde sehend, Lahme gehend und Stumme sprechend. Als sein reicher heidnischer Vater dies erfuhr, ergrimmte er darüber, daß sein Sohn ein Christ geworden war. Er forderte ihn zur Umkehr auf, und als dieser seinem Glauben treu blieb, brachte er ihn selbst zum Richter,

Der Richter redete Vitus erst gut zu und gab dann den Befehl zum Auspeitschen. Doch kaum hatten die Schergen damit begonnen, als ihre Arme unter unerträglichen Schmerzen erstarrten. Sie flehten Vitus um Hilfe an. Und kaum hatte er das Kreuzzeichen geschlagen, konnten sie ihre Arme wieder ohne Schmerzen bewegen. Man sah von weiteren Foltern ab und gab den Knaben seinem Vater zurück. Dieser pflegte ihn gesund und versuchte seinen Sohn mit allen Genüssen des Reichtums, des Wohllebens und der Wollust vom Glauben abzubringen. Doch Vitus schloß sich in seinem Zimmer ein und wollte von all dem nichts wissen. Durchs Schlüsselloch sah der Vater einen hellen Glanz und zwölf Engel im Zimmer. Aber da er ausrief: »Die Götter besuchen mein Kind!«, wurde er blind. Vitus segnete mit dem Kreuzzeichen die geschlossenen Lider, und auf der Stelle kehrte des Vaters Augenlicht zurück. Im Geiste aber blieb er verblendet, so daß er den Sohn in einen finsteren Kerker warf.

Als Vitus des Nachts Gott um Hilfe anflehte, da öffnete sich die Türe, Modestus und Crescentia traten herein und entflohen mit ihm nach Neapel. In dieser Zeit geschah es, daß die Tochter des Kaisers Diokletian von einem Teufel besessen war, der nach Vitus verlangte. Man holte den Jüngling, dieser schlug das Kreuzzeichen, und sogleich entwich der böse Geist unter schrecklichen Lästerungen. Bald danach geriet der Kaiser jedoch mit Vitus über Glaubensfragen aneinander.

Vitus, Modestus und Crescentia wurden in der Arena den wilden Tieren vorgeworfen, doch die reißenden Bestien umschmeichelten ihre Füße. Auch das Eintauchen in einen Kessel mit siedendem Pech und Blei überstanden die Heiligen unbeschadet. Und als die Schergen mit weiteren Martern fortfahren wollten, da brach ein schreckliches Wetter herein, und die Erde bebte. Kaiser, Henker und Zuschauer flohen. Ein Engel stieg hernieder und entführte die drei Märtyrer zum Flusse Siler, wo sie ihren Geist aufgaben.

Vitus' Gebeine wurden 1355 von Karl IV. nach Prag (Veitsdom) überführt. Vor der Kalenderreform galt sein Tag als längster Tag des Jahres (Sonnenwende).

A: als Jüngling (Kind) mit Palme, Buch, Raben oder Adler; Löwe oder Wolf neben sich; mit Kessel oder im Kessel siedend; mit Reichsapfel, Hahn.

P: von Böhmen, Corvey, Ellwangen, Krems, Mönchengladbach, Pommern, Prag, Sachsen, Sizilien; der Apotheker, Bergleute, Bierbrauer, Kesselschmiede, Schauspieler, Winzer; Jugend, Krüppel; der Haustiere, des Geflügels; der Quellen, Aussaat und Ernte; gegen Besessenheit, Bettnässen, Blind-, Stumm- und Taubheit, spastische Gebrechen, Hysterie, Tollwut, Schlangenbisse, Unfruchtbarkeit, bei Augenkrankheiten; für Bewahrung der Keuschheit; gegen Aufregung, Blitz, Unwetter. Gehört zu den 14 Nothelfern.

16. Juni

HL. CYPRIAN VON KARTHAGO

Kirchenlehrer und Märtyrer, † 258

Cyprian, Sohn aus reicher heidnischer Familie, folgte nur nach schweren inneren Kämpfen seiner Berufung. Als er von den früheren Freunden verspottet wurde, gelang es ihm, das Christentum mit außerordentlicher Schlagfertigkeit zu verteidigen. Er wurde daraufhin schnell in den geistlichen Stand aufgenommen und studierte ein Jahr lang die Hl. Schrift. Darin war er bald so bewandert, daß er zu jedem beliebigen Lehrsatz mehrere Schriftstellen aus dem Gedächtnis zitieren konnte. Das Volk und die Priester schätzten seine Fähigkeiten so sehr, daß sie ihn nach einem weiteren Jahr zum Bischof wählten.

Seine Schriften gegen die verschiedenen Irrlehren argumentierten damit, daß derjenige, der die Kirche nicht zur Mutter habe, Gott nicht zum Vater haben könne. »Außerhalb der Kirche kein Heil.« Diese Auffassung wurde für so glänzend gehalten, daß die Werke des hl. Cyprian neben die Bibel gestellt wurden. Er wird bis heute unter die Kirchenväter gezählt. Unter Kaiser Valerian wurde er 258 als Märtyrer enthauptet.

Reliquien von ihm sind in Compiègne bei Paris aufbewahrt, sein Kopf befindet sich in Kornelimünster bei Aachen.

A: als Bischof mit Schwert und Buch.

P: gegen Pest (weil er in Pestjahren den Krankendienst organisierte).

F: auch 14. Juni, 31. August, 14. und 16. September.

17. Juni

HL. THEODOTUS VON ANKYRA, HL. THEKUSA UND GEFÄHRTINNEN

Märtyrer, † 303

Zu Ankyra in Kleinasien war gegen die fromme Witwe Thekusa und die sechs Jungfrauen Alexandra, Klaudia,

Faina, Euphrasia, Matrona und Julitta Anklage wegen ihres christlichen Glaubens erhoben worden. Der Präfekt hatte gegen die letzteren als Strafe die öffentliche Schändung verfügt. Doch immer, wenn die Schergen zu ihrem ruchlosen Werk ansetzen wollten, hinderte sie eine jähe Lähmung daran. So band man schließlich allen sieben Frauen Steine an den Hals und versenkte sie in einem Sumpf. Der Christ Theodot, ein Gastwirt, zog ihre Leiber heraus und bestattete sie in allen Ehren. Die Obrigkeit erfuhr davon und lud ihn vor Gericht. Theodot wußte, was auf ihn zukam, verabschiedete sich von seinen Brüdern und bereitete sich im Gebet auf sein Schicksal vor.

Als er den Gerichtssaal betrat, waren dort Streckbank, Glutpfanne und andere Marterwerkzeuge aufgestellt. Der Richter behandelte ihn zuvorkommend und verhieß ihm Schonung, sogar reiche Belohnungen, wenn er dem gekreuzigten Gott entsage. Als Theodot sich jedoch unerschüttert zu seinem Glauben bekannte, begannen die Schergen mit der Folter. Zuerst zerfleischten sie ihn mit eisernen Haken, gossen Essig in die Wunden und versengten sie mit brennenden Holzscheiten. Dann befahl der Richter, ihn mit Steinen ins Gesicht zu schlagen und mit Zangen die Zähne herauszubrechen.

Die Folterarbeit ermüdete seine Peiniger, und so wurde er zunächst wieder ins Gefängnis gebracht. Nach fünf Tagen versuchte der Richter ihn aufs neue zur Abkehr von seinem Glauben zu bewegen. Vergebens. Da rissen die Schergen die verbundenen und verschorften Wunden wieder auf und wälzten den blutenden Leib in glühenden Scherben. Als auch dies den Bekennersinn des Geschundenen nicht zu wandeln vermochte, wurde er endlich enthauptet.

A: mit Fackel und Schwert.
P: der Gastwirte.
F: auch 18. Mai.

18. Juni

HL. MARINA

Mönchin, Zeit unbekannt

Ein Vater wollte mit seiner einzigen Tochter ins Kloster eintreten und kleidete sie daher als Jüngling. Die Mönche nahmen die beiden auf, und aus Marina wurde der Mönch Marinus. Als sie 27 Jahre alt wurde, starb ihr Vater, und sie mußte ihm am Totenbett versprechen, nie das Geheimnis zu lüften.

Oft holte sie Holz mit dem Ochsenwagen und pflegte dann im Hause eines Mannes zu rasten, der eine Tochter hatte. Diese wurde von einem Ritter schwanger, aber sie beschuldigte Marinus, er habe ihr Gewalt angetan. Zur Rede gestellt, bekannte er: »Ich bin ein großer Sünder.« Da wurde er aus dem Kloster verstoßen. Er hielt sich jedoch in der Nähe als Tagelöhner auf, und als das Kind entwöhnt war, gab der Abt es dem Marinus zur Erziehung. Zuletzt erbarmten sich die Brüder seiner und ließen ihn zurückkehren. Er mußte aber von nun an die niedrigsten Dienste verrichten, was er mit fröhlichem Angesicht, Demut und Geduld bis an sein zeitliches Ende trug.

Als die Brüder den Leichnam waschen wollten, erschraken sie gar sehr, daß sie die Gottesdienerin so schmählich behandelt hatten. Sie wurde ehrenvoll bestattet, und an ihrem Grab geschahen viele Wunder. So wurde das Weib, das einst Marinus verleumdet hatte, an den Ort geführt: denn sie war inzwischen vom Teufel besessen. Kaum berührte sie den Grabstein, wurde sie von dem Übel erlöst.

A: ein Kind tragend, vor der Klosterpforte, in Mönchsgewand; einen Wagen mit Holz fahrend.

F: auch 12. Februar und 17. Juli.

19. Juni

HLL. GERVASIUS und PROTASIUS

Märtyrer, † um 57

Im Jahre 386 wollten Kaiser Valentinian und seine Mutter Justina den hl. Bischof Ambrosius aus Mailand verdrängen. Die Kirchen der Stadt sollten den arianischen Ketzern übergeben werden. Als die Lage sich immer unerträglicher zuspitzte, erschienen eines Nachts dem Ambrosius im Traum zwei alte, ehrwürdige Männer, die ihn an den Ort führten, wo ihre Gebeine lagen. Es handelte sich nämlich um Gervasius und Protasius, heilige Märtyrer aus der Zeit des Kaisers Nero, deren Gedenken das Volk völlig vergessen hatte. Da rief der Bischof eilig die Geistlichen zusammen, führte sie an den geschauten Ort und fing selbst zu graben an. Obgleich mehr als 300 Jahre vergangen waren, schienen die zutage geförderten Leichname noch frisch, als ob sie erst seit einer Stunde bestattet wären, und ein wunderbarer Geruch breitete sich umher.

Ein Blinder, der die Bahre berührte, wurde sehend, und es sollte nicht das einzige Wunder bleiben. Die Dämonen von Besessenen konnten es nicht in der Nähe der Gebeine aushalten, und viele Kranke wurden geheilt, nachdem sie die Gewänder der Märtyrer berührt hatten. Die Reliquien wurden in einer Kirche beigesetzt, die nun ihren Namen trägt. Die Ketzer aber, verwirrt durch diese Vorgänge, gaben Mailand auf.

A: Gervasius mit Geißel oder Keule, Protasius mit Schwert.

P: von Mailand und Breisach; der Heumacher; der Kinder; gegen Harn- und Blutfluß.

20. Juni

SEL. BERTHOLD VON SCHEDA

Prämonstratenser, † 1214, und sein Bruder, der

HL. MENRICH

Domherr, † 1250

Auf dem Hasleiberg bei Werl gedieh eine riesige Linde, an der die Umwohner seit altersher heidnische Feste auf höchst unehrbare Weise feierten. Diese Sittenverderbnis konnte der Kanonikus Berthold aus der nahen Prämonstratenserabtei Scheda nicht ertragen. Nun besaß seine Schwester ein Bild der Gottesmutter, welches ihr der Vater einst von einer Wallfahrt aus dem Heiligen Land mitgebracht hatte. Berthold wollte seine Schwester um das Bild bitten, und als er bei ihr in Ahlen ankam, erzählte sie ihm, die Jungfrau sei ihr in der vergangenen

Nacht im Traum erschienen und habe sie ermahnt, ihm das Bild zu geben.

Berthold stellte das Werk in Städten und Dörfern aus und sammelte Geld für eine Kapelle am Fuß des Haslei. Während er einmal über die Ruhr setzte, fiel das Bild aus seinen Händen, und das Wasser riß es schnell davon. Da beschwor er verzweifelt Gott, ihm zu helfen, und das Bild schwamm gegen die Strömung zu ihm zurück. Berthold hatte bald genug Almosen für sein Vorhaben gesammelt und konnte seine Kapelle für das Gnadenbild bauen. Doch kurz danach starb er im Schlafe.

Sein Bruder Menrich war Kanonikus am Dom zu Lübeck. Der vernahm in jener Nacht eine Stimme von oben: »Geh eilig nach Westfalen und führe zu Ende, was dein Bruder zu meiner Ehre begonnen.« Menrich zögerte, seine glänzende Stellung mit freiwilliger Armut zu vertauschen, doch die Stimme mahnte ihn immer wieder, bis er sich endlich auf den Weg machte.

Am Ziel angekommen, begann er angesichts des Hüttchens seine Unternehmung zu bereuen, aber das Bild redete ihn an und versprach ihm reiche Unterstützung. Hinfort nahm er es bei allen Reisen mit sich, und bald ging es in großen Schritten voran: Den Erzbischof Heinrich von Köln forderte die Jungfrau in einem Traumgesicht auf, Menrichs Vorhaben zu fördern. Er ließ mehrere edle Herren rufen, und sie bestiegen zusammen mit Menrich den Hasleiberg. Auf ihre Frage, wieviel Land er für das Kloster brauche, erschien am Firmament ein goldenes Kreuz in einer Wolke, deren Ausdehnung den Umfang des geweihten Raumes genau bezeichnete. Und Heinrich schenkte Menrich das Land und schickte ihm nach Fertigstellung des Baues eine Äbtissin und zwölf Nonnen.

Als einmal das Geld knapp wurde, nahm Menrich das Bild mit nach Soest und stellte es aus. In der Nacht sah man ein wunderbares Licht von ihm ausgehen. Zwei Engel mit brennenden Wachskerzen standen zu beiden Seiten. Am nächsten Tag fragte eine Frau Menrich in der Kirche, ob er vom Kloster Fröndenberg komme. Er antwortete, wenn sie es sage, solle es eben Fröndenberg heißen. Darauf aber sprach sie, es werde durch Anrufung der Hl. Jungfrau viele von Feinden zu Freunden machen, und deshalb solle es mit Grund Fröndenberg heißen. Dann gab sie ihm einen Beutel mit so viel Geld, wie er benötigte, und verschwand. Die Geschichte wurde ruchbar, und alle glaubten, es könne sich nur um die Hl. Jungfrau selbst gehandelt haben.

Als Menrich starb, wurde er in Fröndenberg begraben, und sogleich geschahen viele Wunder. Einmal zu seinem Gedenktag strömte eine große Menge Pilger herzu, und der Küchenmeister des Klosters wußte nicht, wie er sie verpflegen solle. Er ging zur nahen Ruhr und rief den hl. Menrich an. Sofort fing er einen Fisch von ungewöhnlicher Größe und gleich darauf genug andere, so daß er nicht nur die Geistlichen, sondern alles Volk speisen konnte.

A: die Brüder als Mönche, aus beider Mund weht ein Zettel mit der Aufschrift »Maria hilf den Armen«.

P: von Fröndenberg.

F: Berthold auch am 13. Juli.

21. Juni

HL. ALOYSIUS VON GONZAGA

Jesuit, 1568–1591

Mit zehn Jahren kam Aloysius von Mantua nach Florenz, um eine dem berühmten Geschlecht der Gonzaga angemessene Erziehung bei Hof zu erhalten. Früh zeigte sich sein frommer Sinn, denn er wollte nie von den Spielen und Festlichkeiten seiner prunkliebenden Umgebung etwas wissen. Statt dessen besuchte er bei jeder Gelegenheit das berühmte wundertätige Gnadenbild in der Kirche dell'Annunziata und studierte im Büchlein *Die Geheimnisse des Rosenkranzes*. Die Lektüre weckte in ihm den Wunsch nach Jungfräulichkeit, und als er wieder einmal vor dem Bildnis kniete, gelobte er der Gottesmutter ewige Keuschheit.

Seine Beichtväter haben später bestätigt, daß Aloysius nie in seinem Leben den Stachel der Wollust, ja auch nur die geringste Regung des Fleisches verspürt habe. Allerdings wachte er selbst aufs äußerste über die Bewahrung seiner Reinheit. Er hielt aus Vorsicht stets die Augen niedergeschlagen, um nicht unvorhergesehen etwas seiner Tugend Unzuträgliches zu erblicken, und sah auch niemals einer Frau ins Antlitz, nicht einmal der eigenen Mutter.

Nach zwei Jahren wurde er von den Eltern zurückgeholt, verzichtete auf sein Recht als Erstgeborener und schlug ganz den geistlichen Lebensweg ein. Erleichtert wurde dies durch ein Gallenleiden, welches er durch strengstes Fasten bekämpfte. Wenn er einmal ein ganzes Ei zur Mahlzeit zu sich nahm (was nur selten vorkam), dann hatte er nach eigenen Worten schon üppig gegessen. Zeitlebens blieb er hinfort von den gefährlichen Koliken verschont, allerdings ward sein Magen derart geschwächt, daß er kaum mehr feste Nahrung aufzunehmen vermochte. Aloysius, ursprünglich von gesunder und kräftiger Erscheinung, hatte nun ein mageres, welkes Aussehen. Mindestens dreimal die Woche geißelte er sich bis aufs Blut, in seinen letzten Jahren dann täglich, und am Ende gar dreimal innerhalb von 24 Stunden. Nachts schlief er auf einem Brett, das er stets heimlich in sein Bett legte, und zur Mitternacht stand er selbst in der kältesten Witterung zum Gebet auf.

16jährig eröffnete er seinen Eltern den Entschluß, der »Gesellschaft Jesu« beizutreten. Sein Vater wollte ihm dies aufs entschiedenste verbieten und ihn fürs Hofleben zurückgewinnen. Aber Aloysius nahm alle Strafen demütig auf sich und ging unbeirrt seinen Weg. Als der Vater ihn einmal durchs Schlüsselloch beobachtete, wie er sich drei Stunden ohne Unterbrechung geißelte, bis sein Rücken nur noch eine blutige Schwarte war, gab er den Widerstand auf und entließ den Sohn ins mönchische Leben. Mit 18 Jahren konnte Aloysius endlich in Rom sein Noviziat bei den Jesuiten beginnen. Dabei zeichnete er sich durch unbedingten Gehorsam, Herzensreinheit, Liebe zu Armen und Kranken aus. Er nahm auch demütig solche Strafen seiner Oberen auf sich, die auf Mißverständnissen beruhten.

Im Pestjahr 1591 drängte er sich danach, die abstoßendsten Opfer der Krankheit zu pflegen. Obwohl ihn tiefer Ekel vor den stinkenden Geschwüren beherrschte, umsorgte er die Kranken beispiellos, ja er überwand sich und küßte sogar ihre Beulen. Es dauerte nicht lange, bis sein sehnlichster Wunsch, die Vereinigung mit Gott, in Erfüllung ging. Am Fronleichnamstag starb er, dreiundzwanzigjährig. 1756 dokumentierte der gelehrte Jesuit Budrioli in einem vierbändigen Werk insgesamt 2345 Wunder, die durch die Anrufung des hl. Aloysius geschehen waren.

A: in Jesuitenkleid mit Chorrock und Kruzifix; auch Lilie und Totenkopf; fürstliche Abzeichen.

P: von Castiglione, Mantua; der Jugend, der Studenten, der Berufswahl; gegen Augenleiden und Pest.

22. Juni

HL. ACHATIUS

(Achaz, Akazius)

Märtyrer, † unter Kaiser Hadrian 117–138

Achaz diente als Hauptmann im römischen Heer. Als sein Glaube entdeckt wurde, spannte man ihn zwischen vier Pfosten und schlug ihn mit Ochsensehnen. Darauf wurden ihm mit bleiernen Kolben die Wangen zerschlagen, die Zähne ausgebrochen, sein Rücken und sein Unterleib mit Dornenstöcken zerfleischt und zuletzt das Haupt abgeschlagen.

A: als Soldat, Dornenstrauch tragend oder großes Kreuz und Schwert.

P: in schweren Krankheiten und Todesangst; für Stärkung in Zweifeln; zählt zu den 14 Nothelfern.

23. Juni

HL. AUDREY

(Etheldreda, Ediltrudis)

Äbtissin, † 679

Audrey war die Tochter der hl. Hereswitha und Anna, des Königs von Essex. Die schöne und fromme Jungfrau wurde mit dem reichen Adeligen Tonbert verheiratet, der ausgedehnte, zur Hälfte mit Sümpfen bedeckte Ländereien besaß. In der Mitte davon lag der feste Platz Ely, auf dem die Kathedrale Norman Lady erbaut wurde. Tonbert vollzog auf Bitten Audreys die Ehe nicht. Er starb nach drei Jahren. Die Witwe wurde ein zweites

Mal vermählt, diesmal mit dem etwa zehn Jahre jüngeren Egfrid, dem Sohn des Königs Oswy von Northumbrien. Auch in dieser Verbindung blieb Audrey Jungfrau, trennte sich schließlich von ihrem Gatten und trat in das Kloster Coldingham ein. Egfrid reute jedoch seine Großzügigkeit, und er wollte Audrey notfalls mit Gewalt zurückholen. Audrey flüchtete mit zwei Begleiterinnen durch die Sümpfe nach Ely. Ihren Verfolgern verlegte eine plötzliche Überschwemmung den Weg, und sie erkannten, daß der Himmel eingegriffen hatte. Egfrid verzichtete endgültig auf Audrey, während diese auf Ely ein Doppelkloster für Mönche und Nonnen errichtete. Nach ihrem Tode wurde ihre Schwester, die hl. Sexburga, Witwe des Königs Erconbert von Kent, ihre Nachfolgerin als Äbtissin. Diese ließ 16 Jahre später den Sarg öffnen, und man fand den Leichnam ohne Anzeichen der Verwesung. Audrey erhielt in der neuerbauten Kirche ein prächtiges Grabmal, an dem bald viele Wunder geschahen. Auf Sexburga folgte 699 als Äbtissin ihre Tochter, die hl. Ermenhild, Witwe des Königs Wulfhere von Mercia. Aus dieser Ehe entsprang die hl. Wereburga, die nach dem Tod ihrer Mutter zunächst ebenfalls das Äbtissinnenamt von Ely bekleidete, später aber auf Wunsch ihres Onkels Ethelred, König von Mercia, verschiedene andere Klöster gründete. An die drei in Ely bestatteten Königinnen erinnern drei Kronen über dem Hauptaltar.

A: mit Lilie; mit Buch und blühendem Zweig; in Ordenshabit mit Stab; mit Krone und Truhe.

P: gegen Augenleiden.

F: auch 22. Juni.

24. Juni

HL. JOHANNES DER TÄUFER

(Johannes Baptista)

Die Geschichte des Vorläufers Jesu und seines Todes durch Enthauptung auf den Wunsch der Salome ist nicht nur im Evangelium, beim jüdischen Geschichtsschreiber Josephus und im Koran des Mohammed erzählt. Johannes wird auch von der Religionsgemeinschaft der Mandäer im Irak als der größte Prophet und Begründer ihrer Religion verehrt.

Einmal stritten zwei Meister der Hl. Schrift, von denen der eine den Täufer, der andere den Evangelisten Johannes besonders verehrte, darüber, welcher der größere sei. Sie setzten eine öffentliche Disputation an, in der sich die Sache entscheiden sollte. Da erschienen in der Nacht zuvor die beiden Heiligen, jedem Streitenden der seine, und sprachen: »Wir vertragen uns einträchtig im Himmel, darum sollt ihr auf Erden nicht über uns streiten.« Die Meister erzählten einander das Vorgefallene, verkündeten es dem Volk, und die Disputation wurde abgesagt.

Früher verbrannte man am Johannestag die Gebeine toter Tiere. Dies kam davon, daß in alter Zeit Drachen durch die Lüfte flogen und von den linden Lüften zur Wollust bewegt wurden. Dann ließen sie ihren Samen in dan Abgrund fallen, und es begann ein großes Sterben auf der Erde. Von dem Rauch der Gebeine aber wurden die Drachen verjagt. Und weil man diesen Brauch an dem Tag pflegte, an dem später Johannes verehrt wurde, behielt man ihn auch als Sitte des Johannisfeuers bei, nicht zuletzt deshalb, weil Ungläubige einst die Reliquien des Johannes, die zu Sebaste bestattet waren, in ein großes Feuer warfen.

A: mit Tierfell, Lamm im Arm und Kreuz; Jesus taufend; in Szene seiner Enthauptung, da sein Kopf auf einem Tablett der Salome vorgewiesen wird.

P: von Achaja, Amiens, Amsterdam, Aquitanien, Aragon, Avignon, Bajadoz, Bayern, Bearne, Besançon, Brederode, Breslau, Burgund, Cambray, Campen, Cleve, Köln, der Dauphiné, von Deutschland, Dijon, Dortmund, Flandern, Florenz, Frankfurt a.M., Frankfurt a.d.O., Frankreich, Geldern, Gent, Genua, Groningen, Gurk, Heidelberg, Henneberg, Hennegau, Herzogenbusch, Holland, Ingolstadt, Jülich, Kanada, des Kirchenstaates, Leipzig, Limburg, Lübeck, Lüneburg, Lüttich, Luxemburg, Lyon, Mainz, Malta, Mecklenburg, Modena, Montfort, Montserrat, Münsterberg, Nassau, Neapel, Nördlingen, Nürnberg, Oppenheim, Österreich, Oranien, Ostfriesland, Parma, Perpignan, der Pfalz, Poitiers, von Polen, der Provence, Rhodos, Roussillon, Saalfeld, Sachsen, Salzburg, Savoyen, Schlesien, Schweden, Seeland, Sizilien, Slawonien, Trier, Turin, Ungarn, Utrecht, Valence, Vienne, Wesel; der Architekten, Böttcher, Gastwirte, Kaminkehrer Kürschner, Maurer, Messerschmiede, Musiker, Restaurateure, Sattler, Schneider, Weber, Winzer; der schwangeren Frauen; gegen Epilepsie, Kinderkrankheiten, Krämpfe, Schwindel, Zuckungen; gegen Hagel; gegen Tanzwut, Furcht.

25. Juni

HL. FEBRONIA

Jungfrau und Märtyrerin, † 304

Die fromme Jungfrau Febronia versuchte durch strenges Fasten und anhaltende Bußübungen ihre Schönheit zu bekämpfen, um nicht Gegenstand männlicher Gelüste zu werden. Doch je mehr sie den Leib züchtigte, desto schöner wurde er.

Unter der Verfolgung des Diokletian ließ sie der Präfekt Selanus vor Gericht führen und entbrannte auf der Stelle in Begierde zu ihr. Sie aber weigerte sich, auch nur die geringsten Zugeständnisse hinsichtlich ihrer Keuschheit oder ihres Glaubens zu machen. Nun wurde sie mit Ruten und Bleikolben geschlagen, nackt auf die Streckbank geschnallt und ihr Leib mit eisernen Krallen zerrissen. »Was hast du nun von deiner Keuschheit«, höhnte der Präfekt, »da deine Blöße allen Blicken preisgegeben ist?« Febronia aber antwortete: »Ringen nicht auch die Athleten im Gymnasion mit nackten Körpern? Du besiegst mich nicht, ich kämpfe für Christus!« Als sie auch unter schrecklichsten Qualen standhaft blieb, ließ sie der gedemütigte Selanus enthaupten.

A: mit Krone und Schwert oder Beil.

26. Juni

HLL. SALVIUS und SUPERIUS

Märtyrer, 8. Jahrhundert

Bischof Salvius von Valenciennes war einst mit kostbaren Kirchengerätschaften unterwegs. Da legte ihm der habgierige Sohn des Gaugrafen, Winegard, einen Hinterhalt, nahm ihn mitsamt seinem Schüler Superius gefangen und sperrte ihn in ein dunkles Verließ. Den Kelch und die Monstranz brachte er zu einem Goldschmied, um sich davon Zierat für seinen Sattel machen zu lassen, die Meßgewänder hob er zu Hause auf. Als nach dem Bischof gesucht wurde, bekam es der Missetäter mit der Angst zu tun und befahl seinem leibeigenen Diener Winegar, den Bischof zu töten.

Als dieser jedoch vor seinem Opfer stand, ergriff ihn eine große Bangigkeit. Er gestand sein Vorhaben und beschwor Salvius, zu fliehen. Er selbst werde sich anschließen, um dem zu erwartenden Zorn seines Herrn zu entgehen. Der Bischof aber sprach zu Winegar: »Wenn dein Herr dir einen Auftrag gegeben hat, dann mußt du ihn ausführen, denn die Knechte sollen unterwürfig sein, nicht nur den guten, sondern auch den schlimmen Herren.« Als der Diener immer noch zögerte, entblößte Salvius den Nacken und sagte: »Was zauderst du so lang, erfülle endlich den Befehl.« Da schlug Winegar zu und tötete auch den Schüler.

Obschon Winegard die Leichen heimlich begraben ließ, wurde die Tat ruchbar. Kaiser Karl der Große stellte eine strenge Untersuchung an, und als der wahre Hergang ans Tageslicht kam, wurden Winegard und Winegar die Augen ausgestochen. Dieser aber flehte zu Salvius an dessen Grab und erlangte auf einem Auge seine Sehkraft zurück.

A: als Bischof mit Schwert.
P: gegen Gefahren für Vieh.

27. Juni

HL. ANEKTUS

Märtyrer, † 304

Während der Verfolgung des Diokletian ließ der Präfekt Urbanus in Cäsarea viele Christen festnehmen und martern. Als einige von ihnen schwach wurden, trat der bislang noch freie Anektus herzu und ermunterte sie, auszuhalten. Nun wurde er selbst ergriffen und sollte opfern. Aber auf sein Gebet hin zerbrachen die Marmorstatuen der Götzen. Da packte ihn eine Rotte von zehn Soldaten, geißelte ihn blutig und hieb ihm Hände und Füße ab, bevor sie ihn schließlich enthaupteten.

28. Juni

HLL. POTAMIÄNA und BASILIDES; PLUTARCHUS, SERENUS, HERAKLIDES, HERON, RHAIS und MARZELLA

Märtyrer, † um 204

In Alexandria erlitt eine große Anzahl Christen, unter ihnen die namentlich oben angeführten, in der Verfolgung des Severus den Martertod. Besonders zeichnete sich die Sklavin Potamiäna aus. Ihr Dienstherr hatte sie zu verführen versucht und als Rache für ihre Weigerung dem Richter angezeigt. Als sie nackt in siedendes Pech geworfen werden sollte, beschwor die Jungfrau den Beamten: »Beim Leben des Kaisers, laß mich nicht entkleiden. Taucht mich in meinem Gewand langsam in den Kessel, damit ihr seht, wieviel Geduld mir von Christus geschenkt ist.«

Der Soldat Basilides wurde beauftragt, sie zur Hinrichtung zu führen. Er behandelte sie schonungsvoll und schützte sie vor dem Spott der Menge. Während sie in das Pech geworfen wurde, verbrannte man gleichzeitig ihre Mutter Marzella auf dem Scheiterhaufen. Bald darauf erschien die Jungfrau mehreren Personen, wodurch nach dem Zeugnis des Tertullian und des Origines viele bekehrt wurden, auch der Soldat Basilides. Sein Glaube wurde bald offenbar, und er wurde zur Enthauptung verurteilt. So erlitt auch er das Martyrium.

A: mit dem Soldaten Basilides zusammen, mit Kessel und Schwert.
P: der Dienstmägde.
F: auch 7. Juni.

29. Juni

HL. PETRUS

Apostelfürst, † 67

Obwohl er von ihm verleugnet worden war, erklärte Jesus den Petrus zum Apostelfürsten und schuf damit die Grundlage für die kirchliche Hierarchie. Als erster Bischof der Christen in Rom erlitt Petrus zusammen mit Paulus das Martyrium. Auf eigenen Wunsch starb er an einem umgekehrten Kreuz.

Die Gebeine wurden zunächst in einem Grabmal am vatikanischen Hügel bestattet, später von orientalischen Christen gestohlen, aber bei den Katakomben gefunden. Da die Römer nun nicht wußten, wem sie welche Gebeine zuordnen sollten, baten sie Gott durch Fasten und Gebet, es kundzutun. Da ward vom Himmel geantwortet: »Die größeren Knochen gehören dem Prediger, die kleineren dem Fischer.« Danach schieden die Christen die Gebeine und errichteten jedem eine Grabstätte. Nach anderen Erzählungen aber hat Papst Silvester mit einer Waage die Überreste genau zur Hälfte getrennt. Heute liegen die Gebeine der beiden Apostel getrennt in der Peters- bzw. der Paulskirche, die Häupter aber sind vereint in der Laterankirche. Der Name Petrus wurde zu einem der beliebtesten in der gesamten Christenheit. Allein 556 Heilige dieses Namens führt Stadlers Heiligenlexikon aus dem 19. Jahrhundert an.

Einst wurde die edle Jungfrau Galla einem reichen Patrizier angetraut, der schon nach einem Jahr starb. Sie erklärte ihrer Familie, wie Ehen allezeit mit Freuden anheben und in Leid enden, und verweigerte eine zweite Heirat. Sie sehne sich nach jener Hochzeit, die traurig beginne und in ewige Freude münde. Da sie aber von sehr feuriger Natur war, rieten ihr die Ärzte von einem Klosterleben ab. Wenn sie nicht bald wieder die Umarmungen eines Mannes genießen könne, werde ihr infolge großer innerer Glut ein Bart wachsen. Sie aber scheute ein häßliches Äußeres nicht, sondern suchte ganz die innere Schönheit. Und wirklich wuchs ihr ein langer, schwarzer Bart, und sie nahm den Schleier in einem Kloster bei der Peterskirche. Dort diente sie Gott lange Jahre in Demut. Zur Nachtzeit brannten immer zwei Lichter vor ihrem Bett; denn als Freundin des Lichtes haßte sie nicht nur die geistige, sondern auch die irdische Finsternis. Als sie todkrank an Brustkrebs darniederlag, sah sie zu später Stunde den Apostel Petrus zwischen den Leuchtern stehen, und er nickte ihr milde zu. »Sind mir meine Sünden vergeben?« fragte sie. »Sie sind verziehen, komm!« antwortete er. Sie bat ihn, ihre liebste Mitschwester, Benedicta, mitnehmen zu dürfen. Er aber sagte ihr, daß eine andere Nonne aus dem Kloster sie begleiten dürfe,

Benedicta jedoch erst nach dreißig Tagen folgen werde. Galla erzählte der Äbtissin von ihrer Erscheinung. Und sie starb am dritten Tag, gleichzeitig mit jener Mitschwester, während Benedicta nach einem Monat folgte, so wie Petrus gesagt hatte.

A: meist mit kahlem Scheitel und mit (bis zu drei) Schlüssel(n); mit Hahn; umgekehrtem Kreuz; in altchristlicher Kunst auch als Hirte mit Stab oder Stabkreuz; auch mit drei erhobenen Fingern (dreimalige Verleugnung); vor Reue weinend; als Fischer.

P: von Bayern, Kanton und Stadt Bern, Böhmen, Brabant, Burgund, Calabrien, England, Flandern, Hessen, Lothringen, Luxemburg, Martinique, Northumberland, Ostfriesland, Pfalz, Sachsen, Schlesien, Schleswig, Sizilien, Westfalen, Yorkshire; Ancona, Aquila, Avignon, Brandenburg, Braunschweig, Bremen, Caen, Chartres, Cremona, Dorpat, Echternach, Emden, Ferrara, Fiesole, Foligno, Fritzlar, Geldern, Genf, Hamburg, Heidelberg, Laibach, Liegnitz, Lille, Limburg, Löwen, Lucca, Mailand, Mainz, Mantua, Maastricht, Minden, Mittelburg, Montpellier, München, Nancy, Nantes, Naumburg, Neapel, St. Omer, Orvieto, Ostende, Paderborn, Piacenza, Poitiers, Regensburg, Rennes, Rom, Saalfeld, Seligenstadt, Solferino, Spoleto, Stade, Trier, Troyes, Verdun, Viterbo, Weimar, Weißenburg, Worms, York und vieler anderer Städte; der Backsteinmacher, Bleigießer, Brotverwalter, Brükkenbauer, Eisenblechmacher, Eisenhändler, Fischer, Fischhändler, Flaschner, Glaser, Kupferschmiede, Mattenmacher, Maurer, Metallversilberer, Metzger, Netzmacher, Papierhändler, Schiffer, Schlosser, Schmelzer, Schnitter, Schreiner, Töpfer, Tuchweber, Schuhflicker, Uhrmacher, Walker, Ziegelbrenner; gegen Besessenheit, Fieber, Fußleiden, Schlangenbiß, Tollwut, »Wolf«; für die Auffindung der Leichen Schiffbrüchiger; der Büßer und Beichtenden; gegen Verfeindung von Eheleuten.

F: auch 18. Januar, 22. Februar, 16. April, 1. August, 16. August, 18. November.

30. Juni

HL. PAULUS

Apostel, † 67

Der Zeltmacher Saulus aus Tarsus war römischer Bürger und zugleich strenger Pharisäer, der die Christen bekämpfte. Er war bei der Steinigung des Erzmärtyrers Stephanus zugegen; doch auf dem Wege nach Damaskus, im Begriff, die dortige Christengemeinde zu verfolgen, erschien ihm Jesus und fragte ihn mit den berühmten Worten: »Saulus, Saulus, warum verfolgst du mich?« Aus dem fanatischen Verfolger wurde ein ebenso glühender Anhänger; Saulus ließ sich taufen und wandelte seinen Namen in Paulus. Er unternahm drei Missionsreisen und wurde unter Nero zusammen mit dem hl. Petrus zum Tode verurteilt.

Als römischer Bürger wurde er nicht gekreuzigt, sondern enthauptet. Auf dem Weg zur Richtstätte begegnete er der Witwe Plantilla. Er bat sie um ihr Kopftuch, damit er sich die Augen verbinden könne; er werde es ihr wiedergeben. Darüber spotteten die Henker. Paulus nahm nun Abschied von seinen Gefährten, verhüllte sein Gesicht mit dem Tuch und bot sein Haupt dar. Der Kopf sprang nach seiner Trennung vom Leibe dreimal von der Erde auf, und an jedem der drei Punkte, wo er den Boden berührte, sprudelte eine Quelle hervor. Ihr Wasser aber fließt noch heute und hat jeweils verschiedene Temperatur und unterschiedlichen Geschmack. An der Stelle entstand die Kirche S. Paolo alle tre fontane. Aus der Wunde aber floß ein Strom von Milch und bespritzte das Kleid des Scharfrichters, danach folgte Blut. Die Hände des Apostels lösten wunderbarerweise das Tuch von dem Haupt, sammelten darin das eigene Blut auf, wickelten den Stoff zusammen und reichten ihn der Plantilla. Ein Stück davon wird heute in der Kirche S. Agnese auf der Piazza Navona aufbewahrt.

A: mit Glatze und langem Bart, Buch in der Rechten, Schwert in der Linken; mit Blumengefäß, auf das eine Taube herabschwebt; mit Wolf und Lamm (vor und nach der Bekehrung); mit drei sprudelnden Quellen neben sich; zusammen mit Petrus stets auf der rechten Seite.

P: von Ancona, Avignon, Berlin, Bologna, Bremen, Frankfurt a.M. und a.d.O., Konstantinopel, London, Metz, Osnabrück, Rom, Saragossa, Utrecht, Weimar und vielen anderen Städten; der Arbeiterinnen, Sattler, Seiler, Teppichknüpfer, Theologen, Weber, Zeltmacher; gegen Krämpfe und Schlangenbiß; für Fruchtbarkeit der Felder, gegen Hagel und Regen; gegen Furcht; der katholischen Presse.

F: auch 25. Januar (Bekehrung), 16. April, 29. Juni, 6. Juli, 1. September, 18. November.

1. Juli
HL. THEOBALD VON PROVINS
(Thibaut, Dietbald)
Camaldulensereremit, 1033–1066
SEL. WALTER
Einsiedler, 11. Jh.

Die Lebensbeschreibungen der Wüstenväter flößten dem jungen Theobald früh Sehnsucht nach der Einsamkeit ein. Aus gräflichem Geschlecht der Champagne stammend, sollte er standesgemäß verheiratet werden und das Kriegerhandwerk erlernen. Er entfloh jedoch zunächst nach Reims, tauschte dort die Kleider mit dem Lumpen eines Bettlers und wanderte mit einem Freund namens Walter nach Luxemburg. Dort bauten sich die beiden tief im Pettinger Wald Klausen und lebten von Handlangerdiensten bei den Einheimischen, wofür sie sich mit Schwarzbrot — ihrer einzigen Nahrung — entlohnen ließen. Abends und nachts hielten sie Andacht.

Die fremden Einsiedler beschäftigten die Phantasie der Landleute, die richtig vermuteten, es handle sich um fromme Herrschaften aus edlem Haus. Da nun Entdeckung zu befürchten war, verließen sie die Gegend ohne Abschied und pilgerten nach Compostela. Auf dem Rückweg begegnete Theobald bei einer Herberge seinem Vater, der ihn aber wegen seines zerlumpten Äußeren nicht erkannte. Um sich nicht von den eigenen Gefühlen übermannen zu lassen, zog Theobald schleunigst davon und wallfahrte mit seinem Gefährten zuerst nach Rom. Dann siedelten sie sich in einer Einöde bei Vicenza an, wo Walter nach zwei Jahren starb. Theobald verdoppelte seine Bußanstrengungen, ernährte sich nur noch von Wasser und Wurzeln und schlief stets im Sitzen auf einer Bank. Sein Ruf verbreitete sich über ganz Europa. Der Bischof von Verona weihte ihn zum Priester, und viele angesehene Leute wählten ihn sich zum Seelenführer.

Schließlich erfuhren auch die Eltern vom Schicksal des Sohnes, reisten ohne Verzug zu ihm und waren bei seinem Anblick so gerührt, daß sie sich wortlos zu seinen Füßen niederwarfen. Mit einem Mal erschien ihnen die Welt in ihrer ganzen Nichtigkeit. Die Mutter blieb bei ihrem Sohn, während den Vater wichtige Standesangelegenheiten zurückriefen. Kurz darauf befielen Theobald Geschwüre, die seinen ganzen Leib bedeckten und ihm schneidende Schmerzen bereiteten. Er rief den Camaldulenserabt Petrus aus Vangadice und empfahl ihm die Mutter und seine Jünger. Dann starb er — erst 33jährig.

A: als Einsiedler oder Reiter; in einer Waldkapelle betend; mit Buch; mit Ackergerät, mit Falken.

P: von Thann im Elsaß; der Gerber, Schuhmacher, Köhler; gegen Fieber; »Nothelfer«.

F: auch 30. Juni.

2. Juli

HL. OTTO VON BAMBERG

Bischof, 1062–1139

Nach einer glänzenden geistlichen Laufbahn als kaiserlicher Kanzler und Siegelbewahrer wurde Otto 1103 zum Bischof von Bamberg ernannt. Er stellte die durch Brand verwüstete Domkirche wieder her, ordnete den Gottesdienst, richtete viele Schulen ein und stiftete mehr als zwanzig neue Klöster.

Auf Bitten des polnischen Herrschers Boleslaus III. unternahm er die Bekehrung der heidnischen Pommern. Deren Land war so fruchtbar, daß ihm »nichts fehlte als Öl und Wein, um dem gelobten Lande zu gleichen.« Sie hatten alle Missionare, die in evangelischer Armut zu ihnen kamen, höhnend nach Hause geschickt: ein großer Gott würde sicherlich keine Bettler als Boten senden.

Otto verschaffte sich mit einer anderen Methode Achtung. Er reiste hoch zu Roß mit fürstlichem Gepränge, eine lange Reihe hochbeladener Wagen mit sich führend, die wertvolles Kirchengerät und prunkvolle Geschenke enthielten. Als er auf Schloß Pyritz Einzug hielt, wo sich zahlreiche Edle zur Feier eines Götterfestes versammelt hatten, waren alle geblendet von seinem goldglänzenden Ornat und dem prächtigen Aufputz seines Gefolges.

Nun stellte er ihnen die Nichtigkeit ihrer Götter aus Holz und Stein vor und verkündete den einen mächtigen Gott, dem fast die gesamte übrige Welt schon huldige.

Viele waren beeindruckt und ließen sich taufen. Aber einige wandten ein, in den christlichen Landen gebe es — in Pommern unbekannt — Räuber und Diebe. Auch schneide man Leuten nach gerichtlichen Urteilen Nasen und Ohren, Hände und Füße ab, steche ihnen die Augen aus, was bei ihnen undenkbar sei. Otto konnte dies nicht in Abrede stellen und suchte Hilfe beim Pommernherzog Wratislaus. Da erklärten die Zauderer, sie würden doch die neue Religion annehmen, wenn er eine Verminderung der jährlichen Tribut- und Steuerlasten erreiche. Otto versprach dies — und so wurde trotz mancher Rückschläge Pommern ein christliches Land.

A: im bischöflichen Ornat mit Stab und Buch; predigend, Löwe zu Füßen; mit Pfeilen, mit einem Kirchenmodell.

P: gegen Fieber und Tollwut.

F: auch 30. Juni, 3. Juli, 30. September, 2. Oktober.

3. Juli

HL. HELIODORUS

Bischof von Aquileja, † um 407

Heliodor stammte aus Dalmatien und hatte einige Zeit am Hof und beim Militär verbracht, als ihn der Wunsch überwältigte, Einsiedler zu werden. Er verzichtete auf die Freuden der Ehe und wollte sich nach Ägypten begeben, als er zu Aquileja in seinem Landsmann Hieronymus einen Seelenführer fand. Er studierte bei ihm die Hl. Schrift und begleitete ihn später auf seiner Reise zu den Eremiten des Morgenlandes.

Beide waren von deren Lebensweise so angezogen, daß sie sich selbst in die syrische Wüste als Einsiedler zurückzogen. Nach einiger Zeit aber kehrte Heliodor zu seinem Vater nach Italien zurück. Hieronymus befürchtete, er könne der Armut untreu werden, und warnte ihn vor den Gefahren, die der Antritt der väterlichen Erbschaft berge. Doch seine Angst erwies sich als unbegründet. Heliodor widmete sich dem Seelenheil seiner verwitweten Schwester und erzog deren kleinen Sohn zur Tugend. Die Gemeinde von Aquileja wurde auf den gelehrten Mann aufmerksam und machte ihn zu ihrem Bischof. In den Kämpfen mit den verschiedenen Irrlehren der Zeit unterstützte er literarisch wie durch öffentliche Parteinahmen auf den Kirchenversammlungen seinen Freund Hieronymus sowie den hl. Ambrosius.

A: als kurzbärtiger Bischof mit Pallium und Buch.

4. Juli

HL. ISABELLA
(Elisabeth)

Königin von Portugal, † 1336

Von der hl. Isabella, der Großnichte der hl. Elisabeth von Thüringen, heißt es, sie sei ein Engel des Friedens und der Versöhnung vom ersten bis zum letzten Atemzug ihres Lebens gewesen. Dionysius, der König von Portugal, begehrte sie wegen ihrer Schönheit zur Braut, und er erhielt ihre Hand. Auf dem Thron wurde sie nicht hoffärtig und stolz, sondern sie vermehrte im Gegenteil ihre Anstrengungen zu einem gottgefälligen Leben. Ihren Gatten ehrte und liebte sie, war ihm untertan und ertrug seine Launen in nimmermüder Geduld. Dionysius hatte viele gute Eigenschaften, doch wurden sie durch einen Hang zur Wollust verdunkelt. Er befleckte die Heiligkeit des Ehebettes durch sündhafte Buhlschaften. Dennoch kam nie ein Wort der Klage über Isabellas Lippen, sie sorgte sogar für die Erziehung seiner unehelichen Kinder.

Die Königin hatte einen treuen Pagen, den sie für die Vermittlung ihrer geheimen Wohltaten brauchte. Auf diesen fiel eines Tages die ungerechte Eifersucht des Königs. Er sprengte zu Pferd in die königliche Kalkbrennerei hinaus und gebot dem Aufseher: »Wenn morgen ein Jüngling kommt und fragt, ob der Befehl vollzogen sei, so wirf ihn sofort in den Ofen!« Folgenden Tags schickte er den Pagen in die Fabrik. Unterwegs kam dieser an einer Kapelle vorbei, wo er sich die Zeit zu einem langen Gebet nahm. Der König aber sandte ungeduldig einen Kumpan zur Kalkbrennerei, um Auskunft über die vollzogene Tat zu erlangen. Auf die Frage, ob des Herrn Befehl vollzogen sei, wurde dieser sofort ergriffen und in die glühende Lohe gestoßen.

Dies Gottesgericht erschütterte den König so, daß er fortan seiner Gemahlin die Treue bewahrte.

A: als Nonne mit Königskrone und Rosen; Almosen austeilend.

P: von Portugal, Coimbra, Estremoz und Saragossa; Helferin in Kriegsnot (weil sie Schlacht zwischen ihrem Gatten und ihrem Sohn verhinderte).

F: auch 8. Juli.

5. Juli

HL. ZOA

(Zoe)

Märtyrerin, † 286

Zoa war die Gemahlin des Oberarchivars Nicostratus. Sie verlor die Sprache, wurde aber vom hl. Sebastian, der ihr als Gefangener auf dem Weg zum Gericht begegnete, geheilt. Beide Eheleute bekehrten sich daraufhin zum Christentum. Als Zoa am Grabe des hl. Petrus betete, wurde sie von Häschern ergriffen, gefesselt und in ein finsteres Loch geworfen. Man verurteilte sie zum Tode, hängte sie an den eigenen Haaren an einen Baum und erstickte sie im Rauch von angebranntem Kot. Ihr Mann wurde mit anderen hohen christlichen Beamten ertränkt.

A: mit den Haaren im Baum hängend.

6. Juli

HL. GODOLEVA

Märtyrerin, † 1070

Godoleva wurde von ihrem Vater dem reichen flandrischen Edelmann Bertulf von Gistel versprochen. Der war das Gegenteil seiner frommen, sittenreinen Verlobten: ein Mann ohne Glauben, ohne Anstand, ein grober und ungeschlachter Lümmel. Noch in der Hochzeitsnacht entbrannte er in Haß gegen sie. Zwar führte er sie ins eheliche Gemach, verließ dieses jedoch gleich wieder, um sie nicht mehr ansehen zu müssen. Diese Abneigung wurde von seiner Mutter geschürt. Ihren Einflüsterungen folgend, wies er Godoleva eine eigene Wohnung zu und unterstellte seine Gemahlin der Aufsicht eines Knechts, der den Auftrag hatte, ihr möglichst viel Unbill zu bereiten. Obwohl man ihr kaum das Allernötigste zum Leben ließ, zeigte sie sich als wahre Dulderin und betete stets für ihren mißratenen Gemahl. Doch schließlich wurde ihr klar, daß man es auf ihr Leben abgesehen hatte. Heimlich flüchtete sie eines Nachts und stellte sich unter den Schutz des Bischofs. Das geistliche Gericht urteilte zu ihren Gunsten. Bertulf unterwarf sich scheinbar dem Spruch und versprach Besserung. Er nahm die Gemahlin wieder bei sich auf. Eine Zeitlang heuchelte er Reue und spielte den Freundlichen. Derweil mietete er zwei Mordgesellen und gab vor, eine Geschäftsreise nach Lüttich unternehmen zu müssen. In der Nacht drangen die beiden in das Schlafgemach Godolevas ein, erstickten ihre Schreie in den Kissen und erdrosselten sie mit einer Seidenschnur. Die Schwiegermutter verbreitete die Lüge, ihre Schwiegertochter sei eines jähen Todes gestorben.

Bertulf heiratete erneut, diesmal eine Frau, die seiner Mutter angenehm war. Bald entsprang der Verbindung ein Töchterchen — doch es war blind. Nach 13 Jahren starb Bertulfs zweite Frau und wurde neben Godolevas Ruhestätte begraben. Eines Nachts schlich sich das blinde Mädchen an die beiden Gräber und betete innig zur Jungfrau Maria. Ohne es zu merken, kniete sie nicht vor dem Grab ihrer Mutter, sondern vor dem Godolevas. Plötzlich wurde es hell um sie — sie konnte sehen. Dieses Wunder rührte auch das Herz ihres verstockten Vaters. Er bekannte den Mord, trat in ein Kloster ein und tat harte Buße bis an das Ende seiner Tage.

A: Strick um den Hals oder in der Hand.

P: von Gistel; gegen Fieber.

7. Juli

HL. PROCOPIUS VON CÄSAREA

Märtyrer, † um 302

Einer der ersten Märtyrer der Christenverfolgung des Decius in Palästina wurde der Dolmetscher und Lektor Procopius. Er hatte von Jugend auf vollkommene Enthaltung geübt und das strengste Leben geführt. Sein Leib war durch die ständige Abtötung einer Leiche ähnlich geworden. Er war als Exorzist berühmt und hatte schon viele Teufel aus Besessenen ausgetrieben.

Als er auf Geheiß des Landpflegers Flavian den Göttern opfern sollte, antwortete er mit den Worten Homers: »Nimmer ist gut vielköpfige Herrschaft! Einer sei Herrscher, einer König!« Flavian ergötzte dieser Feinsinn wenig. Er befahl, Procopius auf der Stelle zu enthaupten.

A: mit Schergen, die ihm Weihrauch für die Götzen aufzwingen wollen.

F: auch 8. Juli.

8. Juli

HL. EDGAR DER FRIEDFERTIGE

König der Angelsachsen, 943–975

Als der lasterhafte Edwin starb, holten die Völker Englands seinen tugendhaften Bruder Edgar auf den Thron. Seine erste Tat war es, den verbannten hl. Dunstan zurückzurufen und ihn zu seinem Ratgeber zu machen. Daraus entsprang eine glückliche Zeit, in der das Wohl des Volkes und das Gedeihen der Kirche oberstes Ziel der Regierung waren. Schon nannte man den jungen König einen zweiten Salomo, da geriet er auf ähnlich gefährliche Abwege wie sein sittenloser Vorgänger. Er hatte nämlich lange vergebens der Jungfrau Wulfrida nachgestellt, die sich schließlich in ein Kloster flüchtete. Edgar griff zur Gewalt, entführte und entehrte sie.

Nun stellte sich Dunstan offen gegen den Herrscher. Er konnte Edgar in einer wortgewaltigen Predigt zur Reue bewegen und legte ihm eine siebenjährige Buße auf. Danach mußte der König zweimal die Woche fasten, reichliche Almosen geben und ein Frauenkloster gründen, um seine Sünde an der einen durch die Chance des Heiles für viele wiedergutzumachen. Wulfrida aber gebar eine Tochter, die hl. Editha, und trat mit dem Mädchen zusammen in das Kloster Wilton ein.

Nach Ablauf der Bußzeit und der Stiftung des Klosters Shaftesbury setzte Dunstan auf einer Versammlung der Edlen des Reiches Edgar wieder die Krone auf. Bis zu seinem frühen Tod gründete der Herrscher noch viele weitere Klöster und schuf weise Gesetze, deren Befolgung er selbst durch häufige Reisen im Lande überwachte. Als man sein Grab 70 Jahre nach seinem Tod öffnete, war sein Leib unverwest und blutete sogar, wenn man hineinschnitt.

A: als König neben Christus, der Madonna und dem hl. Petrus.
F: auch 24. Mai.

9. Juli

HL. VERONICA GIULIANI

stigmatisierte Nonne, 1660–1727

Die hl. Veronica Giuliani zeigte schon als Kind eine auffallende Bußgesinnung, dabei aber auch Eigensinn. Sie selbst sagte später von sich: »Ich war von Natur zum Zorne geneigt und jede Kleinigkeit brachte mich so auf, daß ich mit den Füßen zu stampfen anfing.«

Sie lernte jedoch, diese inneren Aufwallungen zu beherrschen. Ihre Liebe zur Askese nahm im selben Umfang zu wie ihr Ekel vor der Welt. Nachdem sie mehrmals Erscheinungen von Jesus hatte, erlaubte ihr der Vater, ein Steuerbeamter aus Piacenza, ins Kloster einzutreten. Das strenge Leben dort übte sie mit solcher Hingabe, daß ihre Oberen sie immer wieder zur Mäßigung mahnen mußten.

In ihrem 34. Jahre erschien ihr ein geheimnisvoller Kelch. Sie bat, ihn leeren zu dürfen. »Zu gegebener Zeit wirst du ihn kosten«, war die geheimnisvolle Antwort. Von da an begann eine nicht enden wollende Kette des Leidens. Veronica durchschritt Nacht, Finsternis und Todesangst. Immer wieder empfand sie die Pein der Dornenkrönung, deren Heftigkeit sie fast tötete. Am Karfreitag 1697 erschien ihr der Heiland, und sie erhielt unter großen Schmerzen die heiligen Wundmale an den Händen, den Füßen und der Seite. Die Inquisition unterzog sie einer ernsten Prüfung und behandelte sie wie eine Besessene, ja man drohte ihr mit der Todesstrafe. Gleichzeitig wurden mehrere Ärzte beauftragt, ihre Wunden zu heilen. Veronica ertrug alles in vollkommener Demut, doch ihre Wunden wurden nur noch größer. Erst drei

Jahre später zu Ostern verschwanden sie wieder, und es blieben nur rote Flecken zurück. Doch während ihres restlichen Lebens erneuerten sich die Wundmale mehrmals, so auch auf Befehl ihres Beichtvaters.

In den letzten Wochen ihres Lebens ließ Veronica eine Zeichnung vornehmen, in der sie eine plastische Stigmatisierung ihres Herzens — wie bei Clara von Montefalco — vorhersagte und erklärte. Am Tag nach ihrem Tode schnitt man das Herz auf und fand alles so, wie sie es beschrieben hatte: nicht weniger als 24 Einprägungen, darunter deutlich erkennbar Geißel, Hammer, Nägel und Lanze. Der Bischof ließ das Herz mit dem Körper zusammen bestatten, weshalb bei der Verwesung des Fleisches die wunderbare Reliquie verlorenging.

A: als Kapuzinernonne mit Wundmalen und Dornenkrone; mit Vermählungsring; mit vom Jesuskinde verwundetem Herz; im Herzen die Marterwerkzeuge Christi.

10. Juli

HL. AMALIA

(Amalberga, Alma, Emilie)

Jungfrau, um 740–772

Um das wohlgestaltete Mädchen aus fränkischem Fürstengeschlecht bewarb sich Karl Martell, der spätere Araberbezwinger, mit solchem Ungestüm, daß er ihr den Arm brach und die Schulter verrenkte. Amalia flüchtete vor seinen weiteren Nachstellungen nach Brabant. Im Kloster Münster-Bilsen fand sie Ruhe und konnte ihre Tage mit frommer Betrachtung und barmherzigen Werken füllen. Einst schöpfte sie Wasser in ein Sieb, trug dieses zu einem trockenen Hügel, und alsbald floß dort eine Quelle. Da in der Gegend Wildgänse großen Schaden anzurichten pflegten, verwandte sich die Heilige durch ihr Gebet für die armen Landleute — erfolgreich, denn von da ab brauchte sich kein Bauer mehr über Gänseschäden zu beklagen.

A: mit Sieb am Brunnen; mit Fischen (weil Fische das ruderlose Boot mit ihrem Leichnam zum Ort der von ihr gewünschten Ruhestätte lenkten), mit Wildgänsen.

P: der Seeleute und Bauern; gegen Armschmerzen und Prellungen; gegen Schiffbruch.

11. Juli

HL. BENEDIKT VON NURSIA

Vater des abendländischen Mönchtums, um 480–547

In Nursia von edler Familie geboren, kam Benedikt mit 14 Jahren nach Rom. Das Heimweh nach den Bergwäldern seiner Heimat ließ ihn das Studium abbrechen. Es zog ihn unwiderstehlich in die Einsamkeit. In einer fast unzugänglichen Höhle oberhalb Subiaco ließ er sich nieder und übte die strengste Askese. Beeren und Kräuter, ab und zu einen Korb voll Käse und Brot brachte ihm der Jüngling Romanus. Da lebte Benedikt einige Jahre in Armut, Abtötung und Andacht. Gegen Anfechtungen des Fleisches wälzte er sich nackt im Dornengesträuch am Höhleneingang. Mit der Zeit fanden sich Schüler ein und schlugen zwölf Zellen (aus denen später zwölf Klöster wurden) in die steilen Felswände.

Sie wählten Benedikt zu ihrem Abt und gelobten ihm Gehorsam. Benedikt hatte freilich auch Neider unter den Mönchen im Berg. Diese gossen ihm einmal Gift in ein Trinkglas, aber als Benedikt es segnete, zersprang es. Ein andermal wurde ihm vergiftetes Brot gereicht, aber ein Rabe kam geflogen und pickte es ihm aus der Hand. Sein größter Feind war der Mönch Florentius, der mehrere vergebliche Anschläge auf das Leben des Heiligen unternahm. Schließlich griff er zu einer List. Er holte sieben Dirnen aus der Stadt und ließ sie nackt im Klostergarten tanzen. Dies war Benedikt zuviel. Mit einigen wenigen Getreuen und drei gezähmten Raben zog er davon. Florentius sah ihm händereibend von einem Söller aus nach. Als er vor Freude über seinen Sieg gar in die Luft sprang, brach der Söller aus der Mauer und zerschellte mitsamt dem Bösewicht im Abgrund.

Am Monte Cassino zerstörte Benedikt den alten Apollotempel und errichtete auf seinen Trümmern eine Kapelle für Johannes den Täufer. Wieder gründete er eine neue Gemeinschaft. Ihre Prinzipien waren absoluter Gehorsam, strenge Disziplin, unaufhörliches Gebet, ständige schwere Arbeit, Genügsamkeit in Essen und Trinken, hartes Lager und grobe Kleidung. Papst Gregor der Große zog die Regeln Benedikts allen anderen vor — und so begann der Siegeszug des auf diesen Regeln gründenden abendländischen Ordenswesens.

A: im Benediktinerhabit, mit Dornen, mit Becher, aus dem eine Schlange sich ringelt; mit Raben, der Brot im Schnabel trägt; zusammen mit seiner Schwester, der hl. Scholastika.

P: des Abendlandes (seit Pius XII.), von Biel, Bologna, Mons, Monte Cassino, Palermo und Seligenstadt; der Kupferschmiede, Rotgießer, Bergleute, Höhlenforscher, Lehrer, Schulkinder; der Sterbenden; gegen Steinschmerzen, Gesichts- und Gürtelrose, Fieber und Vergiftungen.

F: auch 21. März und 4. Dezember.

12. Juli

HL. JOHANNES GUALBERTUS

Ordensstifter der Vallombrosaner, um 995–1073

Der vielversprechende Jüngling aus reichem Florentiner Hause ergab sich einem weltlichen Leben. Als sein Bruder in einem Duell umkam, wollte Johannes die damals verbreitete Blutrache üben. Am Karfreitag legte er mit einer Schar Freunde dem Mörder einen Hinterhalt. Als Johannes mit gezücktem Stahl über ihm stand, warf sich dieser auf die Knie und bat im Namen Jesu um Gnade. Da blitzte es in der Seele des Jünglings auf, er umarmte den Feind und sprach :»Was du in Jesu Namen von mir begehrst, kann ich dir nicht abschlagen!« Er eilte in die nahe Benediktinerabtei und warf sich vor dem Kruzifix zu Boden. Plötzlich war ihm, als ob ihm der Gekreuzigte zunicke — als Billigung der Schonung des Todfeindes, und kurzentschlossen bat er den Abt um Aufnahme ins Kloster.

Nach Jahren zog er in ein stilles Tal, das von den umliegenden Bergen beschattet wurde, und baute sich eine Einsiedlerhütte. Sein Ruf war jedoch so außerordentlich, daß sich bald viele Jünger einfanden. Daher ließ er auf geschenktem Grund ein Kloster erbauen. Von den Mönchen wurden neben Gebet und Arbeit besondere Leistungen der Demut und Selbstverleugnung verlangt. So entstand der von den Päpsten geförderte Orden der Vallombrosaner, aus dem viele hervorragende Kirchenmänner hervorgegangen sind. Gualbertus starb im 77. Jahr während des Gebets.

A: mit Bild Christi in der Hand; mit Kreuzstab und Buch.
P: gegen Besessenheit.

13. Juli

HL. MILDREDA

Äbtissin zu Minster-in-Thanet, † um 725

Mildreda war die Schwester der hl. Milburga (siehe 23. Februar) und der hl. Mildgitha, von welcher nur bekannt ist, daß sie eine hl. Nonne war. Als Tochter der hl. Ethelburga und Prinzessin aus dem Hause der Könige von Mercia erhielt sie eine ausgezeichnete Erziehung in Frankreich, in der Abtei Chelles bei Paris. Die dortige Oberin versuchte allerdings, Mildreda mit einem Jüngling aus ihrer Verwandtschaft zu verkuppeln. Der Widerstand der frommen Jungfrau reizte ihren Zorn, und so setzte sie nicht nur Drohungen, sondern sogar Mißhandlungen aller Art ein, um zum Ziel zu gelangen. Aber Mildreda blieb standhaft und kehrte nach England zurück.

Ihre Mutter hatte von König Egbert von Kent als Sühne für die Ermordung ihrer Söhne Ethelred und Ethelbricht das Kloster Minster-in-Thanet erhalten. Als erste Äbtissin führte sie 70 Nonnen zu einem gottgefälligen Leben, bis sie nach vielen Jahren die Leitung der Abtei an die Tochter weitergab. Mildreda zeichnete sich durch außerordentliche Sanftmut und Freigebigkeit gegenüber den Armen aus, insbesondere den Witwen und Waisen.

Sie starb nach langer schwerer Krankheit und wirkte nach ihrem Tode viele Wunder. Der von allen verlassenen, verzweifelten Gemahlin Eduard des Bekenners erschien sie als einzige Trösterin. Ein Glöckner, der vor ihrem Reliquienschrein eingeschlafen war, wurde von der Heiligen mit einer kräftigen Ohrfeige geweckt. »Es ist hier der Ort zu beten und nicht zu schlafen«, sprach ihre Erscheinung zu ihm.

A: als Äbtissin mit Buch, zusammen mit ihren Schwestern; auch mit Engeln, die ihr eine Krone reichen.

14. Juli
HL. CAMILLUS VON LELLIS
Stifter des Ordens der Kamillianer, 1550–1614

Seine Mutter träumte in der Nacht vor der Geburt, sie bringe einen Knaben zur Welt, der auf der Brust ein Kreuz trage und eine große Schar anderer Knaben im selben Gewand anführe. Die Bedeutung des Traumes erkannte man erst, als der hl. Camillus einen Orden stiftete, dessen Mitglieder auf der Brust ein rotes Kreuz tragen. Mutter und Vater waren da schon lange tot. Camillus hatte sie früh verloren und war ziemlich verwahrlost aufgewachsen. In der Schule lernte er nichts, dafür desto besser in Spelunken das Würfel- und Kartenspiel. Eine so unbändige Leidenschaft faßte er zum Spiel, daß er im Nu das ganze väterliche Erbe verloren hatte. Um das Unglück voll zu machen, brachen an seinen Füßen bösartige Geschwüre aus. Er diente bei Handwerkern als Taglöhner, aber sowie er nur ein wenig Geld auf der Hand hatte, verspielte er alles wieder.

Mit 25 Jahren jedoch ergriff ihn Verzweiflung über seine Sünden. Er bereute ernsthaft und bekehrte sich. Sein Gesuch um Aufnahme ins Kloster wurde wegen seines Fußübels abschlägig beschieden. So zog er nach Rom ins Jakobsspital, diente dort als Krankenwärter und wurde schließlich zum Verwalter der Einkünfte bestimmt. Er stellte schnell fest, wie schlecht die um Geld arbeitenden Krankenpfleger ihre Pflicht erfüllten, und überlegte, ob man nicht Menschen finden könnte, die in der Hoffnung auf einen ewigen Lohn freiwillig und ohne zeitliches Entgelt dienen wollten. So versuchte er es mit der Gründung einer Vereinigung, und tatsächlich fanden sich Mitglieder, die ohne Geld die Pflegearbeit leisteten. Bald konnte man sich ein eigenes Haus kaufen, in dem man gemeinschaftlich lebte. Daraus entstand der Orden der Kamillianer, die man auch »regulierte Kleriker für den Krankendienst«, »Väter vom guten Tod« oder »Agonizanten« nannte.

Camillus ging als Vorbild voran und pflegte mit Vorliebe Kranke, vor denen alle anderen Widerwillen hatten. Nicht selten fiel er in Ohnmacht, da er seines schmerzhaften Fußübels nicht geachtet hatte. Zur Zeit der Pest las er persönlich die Kranken von der Straße auf und schleppte sie auf den Schultern zu seiner Wohnung. Der hl. Philipp Neri bezeugt, daß er selbst öfter gesehen habe, wie Camillus beim Krankendienst Engel zur Hand gingen.

Dem Heiligen war kein leichter Tod beschieden. Zu den schwärigen Füßen kam ein Gallensteinleiden, zu dem sich Nierenkoliken gesellten. Es dauerte 33 Monate, bis er von den geduldig ertragenen Leiden erlöst wurde.

A: mit Ordensgewand und Kreuz auf der Brust, Engel neben ihm; Kranke pflegend.

P: aller in der Kranken- und Krüppelpflege Arbeitenden; der Kranken und Sterbenden.

F: auch 15. und 18. Juli.

15. Juli
HL. ROSALIA VON PALERMO
Einsiedlerin und Jungfrau, um 1100–1160

Als im Jahre 1624 in Palermo die Pest wütete, fanden Schatzsucher zufällig in einer Höhle auf dem Monte Pellegrino einen hervorragenden Felsen, unter dem sie Beute vermuteten. Sie zerschlugen ihn und entdeckten darunter einen Hohlraum, in dem ein Totenschädel lag. Da es seit langem die Sage einer im Berg ruhenden heiligen Rosalia gab, war die Stadt sofort davon überzeugt, daß es sich um ihre Gebeine handeln müsse. Die Obrigkeit ließ das Felsengrab untersuchen, und Anatomen gaben das Gutachten, es seien alles Knochen von einem weiblichen Körper. Im Volk wuchs das Vertrauen auf die Fürbitte der Heiligen, es glaubte fest an ein bevorstehendes Ende der Seuche. Nach langen Beratungen, während deren die Pest bald nachließ, bald wieder zunahm, wurden die Gebeine schließlich für echt erklärt und im Dom beigesetzt. Die Massen jubelten und strömten zu dem Grabmal, und tatsächlich verschwand die Seuche nach einiger Zeit. Nun wurde die Höhle erneut untersucht und die Verkrustungen, die sich durch Feuchtigkeit gebildet hatten, abgeschabt. Und endlich fand man eine eingegrabene Inschrift: »Ich, Rosalia, Tochter des Sinibald, Herrn von Quisquina und Rosa, habe aus Liebe zu Christus in dieser Höhle zu wohnen beschlossen.« Die

Gelehrten suchten und forschten begierig nach älteren Nachrichten vom Leben der Heiligen, aber die frühesten Meldungen waren nicht älter als etwa hundert Jahre. Danach war Rosalia eine Eremitin im zwölften Jahrhundert. Die Gläubigen in Italien und vor allem in Sizilien verehren sie seither als Pestheilige.

A: als Einsiedlerin im braunen Gewand, Bußkette um den Leib; als Nonne mit Kranz von weißen Rosen auf dem Kopf; mit Engel, Buch, Lilie, Totenkopf.

P: von Palermo; gegen die Pest.

16. Juli

HL. REINELDIS

(Reinilde, Rainalda)

Jungfrau und Märtyrerin, † um 680

Die jungfräuliche Gräfin Reineldis war die Tochter der hl. Amalberga, Schwester der hl. Gudula sowie Nichte des hl. Aldebert. Sie verschenkte den größten Teil ihres Erbes an die Armen und pilgerte ins Heilige Land. Nach ihrer Rückkehr lebte sie auf einem ihrer Landgüter in der Nähe von Hal in Brabant. Bei einem Einfall der Ostfriesen und Niedersachsen blieb auch sie nicht verschont. Schutzsuchend floh Reineldis in die Kirche von Saintes und schloß sich dort ein. Die rohen Heiden aber erbrachen die Tore, rissen Reineldis vom Altar, schleiften sie an den Haaren herum und hieben ihr schließlich den Kopf ab. Nach ihr ist bei Saintes eine Quelle benannt, deren Wasser gegen Geschwüre helfen soll.

A: als Pilgerin mit Palme oder vor der *Mater dolorosa* betend.

P: der Landschaft Condé; gegen Schwären und Wunden.

17. Juli

HL. ALEXIUS

Bettler, † 417

Der hl. Alexius stammte aus einer sehr reichen Familie. Obgleich er oft mit dem Gedanken an ewige Keuschheit gespielt hatte, fügte er sich dem Willen der Mutter und heiratete eine begüterte und fromme Braut. In der Hochzeitsnacht entspann sich ein furchtbarer Kampf in seiner Brust — doch der Himmel siegte. Alexius führte die Braut ins Schlafgemach, zog seinen Ring vom Finger und steckte ihn an den ihrigen. Dann löste er seinen Gürtel und reichte ihn ihr zum Angedenken.

Mit etwas Reisegeld lief er zum Hafen und bestieg ein segelfertiges Schiff. In Edessa und in Mesopotamien verschenkte er sein restliches Geld, zog stinkende Lumpen an und lebte 17 Jahre lang als Bettler vor Kirchentüren. Nach Ablauf dieser Zeit kehrte er unerkannt nach Rom zurück und richtete es so ein, daß er vor seines Vaters Haus unter der Haupttreppe leben konnte. Von den Abfällen aus der Küche ernährte er sich. Die Diener hielten ihn für einen Blödsinnigen, neckten und verhöhnten ihn, boten ihm Maulschellen, begossen ihn mit Spülwasser oder trieben anderen Mutwillen mit ihm. Er aber erduldete alles schweigend, obwohl er nur hätte sagen müssen: »Ihr Elenden, ich bin der Sohn des Hausherrn.«

So verbrachte er weitere 17 Jahre in Selbstverleugnung. Bei einem Hochamt des Papstes Innozenz I. ertönte eine Stimme, die verkündete, beim Hause des Euphemias sei ein Heiliger. Alles eilte zu dem Ort und fand dort den toten Alexius unter der Haupttreppe. Er hielt einen Zettel umklammert, auf den er seinen Lebensbericht gekritzelt hatte. Vor dem Schmerz der Eltern und der altgewordenen Braut versagt jede Beschreibung. Doch bald wurden sie getröstet, denn vom Grabe des Alexius gingen viele Wunder aus.

A: unter einer Treppe liegend, während eine Magd Wasser über ihn gießt.

P: der Bettler, Gürtelmacher, Pilger.

18. Juli

HL. SYMPHOROSA

mit ihren sieben Söhnen

Märtyrer, † um 130

Als Kaiser Hadrian einmal reiche Opfer geschlachtet hatte und das Orakel zu befragen wünschte, verweigerten ihm seine Götzen jede Auskunft. Sie sagten: »Die Witwe Symphorosa und ihre sieben Söhne quälen uns täglich durch die Anrufung ihres Gottes. Wenn sie damit aufhört und uns opfert, dann werden wir wieder weissagen.«

Hadrian ließ die Witwe mitsamt ihren Söhnen kommen und versuchte sie erst mit sanften Worten, dann mit Drohungen zum Opfer zu bewegen. Doch sie blieb standhaft. Da befahl er, sie mit Backenstreichen zu schlagen, damit ihr schönes Gesicht verunstaltet werde. Es focht ihren Glauben nicht an. Nun wurde sie an den Haaren aufgehängt und schließlich mit Steinen um den Hals ins Wasser geworfen. Am folgenden Tag gebot der Kaiser, die Söhne an sieben Pfähle zu binden. Mit Winden wurden ihnen die Gelenke auseinandergerissen, aber sie ermunterten sich nur gegenseitig zur Ausdauer. Nun wurde Crescentius erdrosselt, Julianus durch einen Dolchstich in die Brust getötet, dem Nemesius das Herz mit einer Lanze durchbohrt, Primitivus der Leib durchstochen, Justinus die Hüften zerschmettert, Stactäus die Seite aufgeschnitten und Eugenius, der Jüngste, von oben nach unten gespalten.

A: als Matrone mit turbanartiger Kopfbedeckung, mit ihren sieben Söhnen, alle mit Palme.

19. Juli

HL. MAKRINA DIE JÜNGERE

Jungfrau, um 327–379

Makrina war das älteste Kind der hl. Emmelia und des hl. Basilius des Älteren, Enkelin der hl. Makrina der Älteren und Schwester des hl. Basilius des Großen, des hl. Gregor von Nyssa und des hl. Petrus von Sebaste. Obgleich sie von außerordentlicher Schönheit war, bewahrte sie ihre Keuschheit, blieb stets bei ihrer Mutter und half dieser bei der Verwaltung der großen Liegenschaften der Familie. Als sie an einem Krebsübel erkrankte, litt sie lange Zeit heftige Schmerzen. Es bestand die Gefahr, daß man die Geschwulst an der Brust aufschneiden mußte, wenn das Leiden nicht unheilbar werden sollte. Ihre Mutter bat sie, einen Arzt zu Rate zu ziehen, aber Makrina hielt die Entblößung des Körpers vor männlichen Augen für schlimmer als die Krankheit. Eines Abends ging sie in die Kapelle und lag die ganze Nacht auf den Knien vor dem Kruzifix. Den von ihren Tränen feuchten Staub auf dem Boden rieb sie sich auf die Brust und bat am Morgen die Mutter, mit dem Daumen das Kreuzzeichen auf die Brust zu machen. Nach kurzer Zeit war das Krebsübel verschwunden, und es blieb nur ein unscheinbares Mal zurück, das der hl. Gregor am Leichnam seiner Schwester noch bemerkte.

Sie starb in äußerster, freiwilliger Armut. Sogar das Leichengewand mußte von der Kirche erbeten werden. Ihre gesamte Hinterlassenschaft bestand in einem kleinen Eisenkreuz und einem schlichten Kupferring. Diesen behielt Gregor für sich, während er das Kreuz der Klosterfrau Vestiana schenkte. »Du hast gut gewählt«, sagte sie zu ihm, »denn der Ring ist hohl und enthält einen Splitter von Christi Kreuz.«

A: zwei Hirschkühe neben sich (die sie einmal in der Einsamkeit ernährten).

20. Juli

HL. MARGARETA

Märtyrerin, † um 307

Obgleich Tochter eines Götzenpriesters aus Antiochia, wurde sie von einer Haussklavin im christlichen Glauben erzogen. Als der Vater bemerkte, daß sie dem Gekreuzigten anhing, versuchte er mit allen Mitteln ihren Willen zu brechen. Aber Margareta bewahrte auch bei schlechter Kleidung, karger Kost und härtester Arbeit ihren guten Sinn. Da verklagte sie der Vater beim Präfekten. Der entbrannte sofort in leidenschaftlicher Begierde zu ihr und bot ihr die Ehe an. Als sie ihn zurückwies, verwandelte sich seine Brunst in Abneigung. Er ließ sie entkleiden und auf die Folter spannen. Sie wurde mit Ruten gepeitscht und mit eisernen Kämmen gebürstet, bis sich das Fleisch von den Knochen ablöste. Das Volk begann wegen solcher Grausamkeiten zu murren, und so warf man sie in den finstersten Kerker.

Dort nahte sich ihr der Teufel in Gestalt eines Drachen und stürzte zischend auf sie. Die Jungfrau schlug das Kreuzeszeichen und setzte dem Untier unerschrocken den Fuß auf den Nacken. Das Reptil verwandelte sich in seine wahre Teufelsgestalt und schrie: »Oh, ich bin besiegt. Hätte es ein Mann getan, so wäre es zu ertragen, aber nun bin ich zu meiner Schande von einer Jungfrau überwältigt. Dabei ist dein Vater mein guter Freund.«

Margareta zwang ihn, sein Wissen zu offenbaren. Und er erzählte ihr, daß Salomo die ungezählte Schar der Geister in ein einziges Gefäß gebannt habe. Als Salomo aber tot war, hätten die Geister ein Feuer über dem Gefäß erscheinen lassen. Die Menschen hätten geglaubt, ein großer Schatz sei darin verborgen, und deswegen das Gefäß zerbrochen. So wurden die Geister befreit und erfüllten die Lüfte. Nun gab Margareta den Teufel frei. Sie dachte bei sich: »Wer den Herrn besiegt, der braucht vor den Dienern keine Angst zu haben.« Als sie anderntags erneut zum Götzenopfer geführt wurde, schleuderte sie dem Präfekten entgegen: »Du schamloser Hund, du hast Gewalt über den Leib, aber meine Seele bleibt Christo ergeben!« Der Erzürnte hieß sie nackend auf eine rotglühende Platte legen. Dann tauchte man sie, um ihren Schmerz aufs höchste zu steigern, in eiskaltes Wasser. Als daraufhin die Erde zu beben begann, bekamen es die Henker mit der Angst zu tun. Schnell zerrten sie Margareta aus dem Faß und enthaupteten sie.

A: mit Drachen (»Wurm«) zu Füßen und Kreuz; auch Weihwasserwedel; im Kerker mit fliehendem Teufel; mit Krone oder Perlenkranz, Fackel und Kamm, zusammen mit den hll. Barbara und Katharina.

P: von Corneto, Cremona, Montefiascone, Paris; der Ammen, der Bauern; der Frauen, Schwangeren und Wöchnerinnen; gegen Gesichtskrankheiten und Wunden; für Fruchtbarkeit; zählt zu den 14 Nothelfern.

21. Juli

HL. GOAR

Einsiedler, † 575

Woher der hl. Goar seine Priesterwürde hatte, war unbekannt. Aber in seiner Klause in Boppard fand jeder Reisende offene Tür, wurde bewirtet und erquickt.

Bald verleumdete man Goar beim Bischof Rusticus, er sei ein Schwelger und Saufaus, ein geschwätziger Gleisner, der seine Eremitenzelle zu einer Zechstube herabwürdige und mit gemeinem Lumpengesindel in brüderlicher Eintracht lebe. Rusticus schickte zur Überprüfung zwei Beamte, die von Goar tatsächlich mit dem Besten, was er hatte, bewirtet wurden. Zunächst dachte er sich nichts bei ihren höhnischen Kommentaren, auch dann nicht, als sie eine Wegzehrung für die Weiterreise ablehnten. Nach ihrem unfreundlichen Abschied wurde er jedoch stutzig und folgte ihnen. Die Abgesandten fühlten sich nach mehrstündigem Ritt, der sie immer tiefer in Wald und Gestrüpp geführt hatte, völlig erschöpft, und meinten schon verdursten zu müssen. Als Goar sie erreichte, flehten sie: »Hilf uns, wir sterben!« Goar kniete zum Gebet nieder, und alsbald traten drei Hirschkühe aus dem Dickicht, die sich von ihm melken ließen. Damit stärkte er die Herren und begleitete sie nach Trier. Bischof Rusticus aber ließ sich durch ihre Erzählungen nicht von seiner schlechten Meinung abbringen. Er wollte Goar bestrafen.

In diesem Augenblick trat ein Diener mit einem vor der Kirchentür ausgesetzten Säugling herein. Rusticus rief: »Wenn du, Einsiedler, uns die Mutter dieses Kindes nennen kannst, bist du ein Heiliger — wenn nicht, bist du ein Zauberer und mußt sterben!« Goar kniete nieder und betete zu Gott. Dann fragte er das Kleine: »Wer sind deine Eltern?« Das aber tat den Mund auf und sagte: »Meine Mutter ist Flavia und mein Vater Bischof Rusticus!« Da erblaßte der Bischof, fiel Goar zu Füßen, legte sein Amt nieder und büßte bis ans Ende seiner Tage.

A: mit drei Hirschkühen, Milchtopf in der Hand; Hut und Kutte an einem Sonnenstrahl hängend; mit Teufel auf der Schulter; auf Teufel tretend und Kirche in der Hand haltend.

P: von St. Goar am Rhein; der Gastwirte, Schiffer, Töpfer, Winzer und Ziegeleiarbeiter; für Erhaltung des ehrlichen Namens.

F: auch 6. und 9. Juli.

22. Juli
HL. MARIA MAGDALENA
Jüngerin Christi

Wie ihre Schwester Martha unterstützte Maria Magdalena Jesus mit ihrem Vermögen. Er hatte sie sehr lieb und verteidigte sie gegen die Vorwürfe, eine Müßiggängerin und Verschwenderin zu sein. Sah er sie weinen, weinte er auch. Für sie erweckte er Lazarus von den Toten, ihren

Bruder, und ihr erschien er nach der Kreuzigung als erster. In der Tradition der Kirchenväter war sie es auch, der er sieben Teufel austrieb (Luk. 8,2), die ihm mit ihren Tränen die Füße wusch und sie mit den Haaren trocknete, der er ihre schweren Sünden der Wollust vergab, »weil sie viel geliebt hat« (Luk. 7,47).

Nach Christi Himmelfahrt zogen die Jünger in mancherlei Länder, um den neuen Glauben zu verkünden. Magdalena kam zusammen mit Martha, Lazarus und Maximin, einem der 72 Jünger, sowie einigen anderen Christen nach Massilia (Marseille). Da sie keine Herberge fanden, lagerten sie in der Vorhalle eines Heidentempels. Dorthin kam ein Fürst, um wegen der Unfruchtbarkeit seiner Ehe Rat bei den Göttern zu suchen. Magdalena aber überzeugte ihn durch ihre Rede und durch mehrere Traumgesichte von Christus, und er zeigte sich zur Taufe bereit, wenn seine Frau einen Sohn gebäre. Bald ward diese schwanger, und beide reisten mit dem Schiff nach Rom, um dort den Segen des hl. Petrus zu erlangen.

Unterwegs wurde das Meer aber stürmisch, und Aufregung und Angst lösten bei der Frau die Wehen aus. Mitten im Unwetter gebar sie einen Sohn und starb. Die abergläubischen Matrosen wollten den Leichnam schon über Bord werfen, doch da kam ein Felseneiland in Sicht, und der Fürst bewegte sie mit vielen Bitten zur Landung. Er trug den Körper seiner Gemahlin an einen geschützten Platz, bettete ihn auf seinen Mantel und legte den wimmernden Säugling an ihre Brust. Denn er sah keine Möglichkeit, ihn auf See zu ernähren.

In Rom angekommen, suchte der Fürst den hl. Petrus auf, wurde sein Schüler und begleitete ihn nach Palästina. Nach zwei Jahren kehrte er zu Schiff nach Massilia zurück, und wieder führte die Route an der Insel vorbei. Mit Versprechungen gewann er die Mannschaft für die geringfügige Kursänderung, und man legte an. Als er am Felsenstrand hochstieg, sah er ein Kind mit Steinen spielen, doch als er näher trat, erschrak der Kleine, floh zu seiner Mutter und versteckte sich unter ihrem Mantel. Beglückt sah der Vater, daß sein Weib unversehrt war und das Knäblein aus ihrer Brust trank. Er rief in Gedanken Magdalena an, denn das Wunder schien ihm auf ihre Macht zurückzugehen. Im selben Moment schlug seine Frau die Augen auf und sagte, als erwache sie gerade aus dem Schlaf: »Heilige Maria Magdalena, Lob sei dir, daß du mir einen Sohn geschenkt hast und so für mich sorgst.« Dann erzählte sie dem staunenden Mann, daß sie von Magdalena die ganze Zeit an seiner Seite geleitet worden sei, zu Petrus, nach Jerusalem und wieder zurück.

In Massilia eilten sie sofort zu der Heiligen, warfen sich ihr zu Füßen und ließen sich von Maximin taufen. Dann zerstörte der Fürst alle Heidentempel im Lande, und Lazarus wurde Bischof von Massilia. Magdalena aber zog sich in eine rauhe Wildnis zurück. Dreißig Jahre lebte sie dort noch als Einsiedlerin, und jeden Tag wurde sie für eine Stunde von einer Engelschar in den Himmel getragen.

A: als Büßerin in einer Höhle, nur mit einem Fell bekleidet oder vom Haar wie einem Mantel umgeben, neben ihr ein Totenkopf und Bußinstrumente (Geißel); mit Salbgefäß; von Engeln gespeist oder von ihnen zum Himmel getragen; Jesu Füße mit den Haaren trocknend; unter dem Kreuz, den Balken umklammernd; beim Begräbnis oder der Auferstehung; im Gegensatz zu Maria von Ägypten immer jung und schön, gelegentlich in späteren Zeiten von den Künstlern halbnackt dargestellt.

P: von Autun, Marseille, Neapel, der Provence; der Drogisten, Friseure und Kammacher, Parfum- und Puderfabrikanten, der Salbenhändler, der Bleigießer, Böttcher, Futteralmacher, Gärtner, Handschuhmacher, Schüler, Studenten, Weißgerber, Winzer und Weinhändler, Wollweber; der reuigen Dirnen und der Verführten; der Frauen; der Kinder, die schwer gehen lernen; wird besonders angerufen bei der Salbenbereitung; gegen die Pest.

23. Juli

HL. BIRGITTA VON SCHWEDEN

Ordensstifterin, 1302–1373

Birgitta stammte aus edlem Geschlecht und wurde fromm erzogen. Schon als Mädchen war sie mit der Fähigkeit zur Gottesschau begabt. Dennoch gehorchte sie ihren Eltern und heiratete 14jährig den 18jährigen Ritter Ulf Gudmarsson. Diesem war sie bald zugetan, und sie schenkte ihm vier Söhne und ebenso viele Töchter. Eine von diesen, Katharina, sollte einst selbst eine Heilige werden.

Fast 20 Jahre lang wirkte Birgitta als Hausherrin, die allen Pflichten ihres adeligen Standes glanzvoll nachkam. Dabei blieb ihr Herz stets geöffnet für die Armen und Kranken. Die Kinder erzog sie zu Frömmigkeit, Zucht und Bescheidenheit.

1335 holte der König das edle Paar an den Hof, doch die Ränke und Intrigen dort erfüllten beide mit tiefer Sorge um Schweden. Deshalb unternahmen sie eine Wallfahrt zum Grab des heiligen Jakob nach Compostela. Große Strecken zu Fuß zurücklegend, kamen sie durch die kriegsverheerten Lande Flanderns und lernten das Elend der breiten Volksmassen kennen. Ulf war von dem Erlebnis so beeindruckt, daß er sich nach der Rückkehr in ein Zisterzienserkloster zurückzog. Dort starb er nach kurzer Zeit.

Sein Tod ließ in Birgitta einen lange zurückgedrängten Wunsch hervortreten. Damit sich ihre Seele ganz zu Gott erheben könne, legte sie mit Ulfs Ring ihre Vergangenheit ab. Von da an trug sie ein härenes Magdsgewand und schlief auch in der kältesten Winterszeit auf dem Boden. Jeden Freitag ließ sie heißes Kerzenwachs auf ihren Arm träufeln, bis eine Wunde entstand, die sich jeden Freitag erneuerte. Um nachzuempfinden, was der Gekreuzigte schmeckte, als man ihm den Essigschwamm reichte, nahm sie ein bitteres, in Essig eingelegtes Kraut zu sich. Dies tat sie auch, wenn ihr versehentlich einmal ein ungerechtes Wort entfahren war.

Die himmlischen Erscheinungen ihrer Kindheit kehrten zurück, und Jesus nahm sie darin förmlich als seine Braut an. Er trug ihr die Stiftung eines Ordens auf, dessen Fundament streng nach Geschlecht gesonderte Doppelklöster sein sollten. Jedem hatte eine Äbtissin vorzustehen, im Gedenken an Maria, die nach der Himmelfahrt Jesu Leiterin der jungen Kirche gewesen war.

1349 reiste Birgitta nach Rom und schaltete sich in die Kirchenpolitik ein. Sie sandte Mahnschreiben an die Päpste, aus dem Exil in Avignon wieder in die ewige Stadt zurückzukehren. Auf einer Wallfahrt ins Heilige Land verfaßte sie eine »Botschaft an alle Welt und Obrigkeit«, die den Mächtigen ins Gewissen redete und zu allgemeiner Buße und Umkehr mahnte. Als Jesus ihr längere Zeit nicht mehr erschien, war sie sehr niedergeschlagen, bis er ihr kurz vor ihrem Tod in einer Vision mitteilte: »Ich habe mit dir getan wie ein Gemahl, der sich verbirgt, um deine Liebe noch inbrünstiger zu machen. Doch jetzt ist deine Zeit gekommen.« Es war der 23. Juli 1373.

Der Birgittenorden zählte in seiner Blütezeit 79 Klöster. Er erlag später den Stürmen der Reformation.

A: ein Herz haltend, auf dem ein Kreuz abgebildet ist; als Nonne schreibend, manchmal auf Diktat eines Engels; als Pilgerin mit Hut und Stab; mit dem Kreuz Teufel bannend; mit (durch ihr Gebet) gefüllten Scheunen.

P: von Schweden; der Pilger; für gute Sterbestunde.

F: auch 8. Oktober

24. Juli

HL. CHRISTINA

Märtyrerin, † um 304

Christina war die Tochter des grausamen Obersten Urbanus. Schon als Kind hatte sie seinen Unwillen erregt und war in einen Turm eingesperrt worden, in dem goldene und silberne Statuen der Heidengötter aufbewahrt wurden. Christliche Dienerinnen brachten ihr jedoch heimlich die Lehre des Gekreuzigten nahe. Eines Tages, während der Vater unterwegs war, zerbrach Christina die Statuen und verschenkte das kostbare Metall an die Armen. Als der Vater nach seiner Rückkehr erfuhr, was geschehen war, riß er ihr in seinem Zorn die Kleider vom Leibe und ließ sie von zwölf Knechten auspeitschen.

Anderntags saß er über sie zu Gericht und forderte sie zum Opfer für die Götter auf. Sie aber sprach: »Ich bringe mein Opfer nur dem Vater, dem Sohne und dem heiligen Geist!« Da antwortete Urbanus: »Wenn du schon drei Götter anbetest, warum nicht die anderen dazu?« Sie aber sprach: »Die drei machen zusammen eine Gottheit.«

Da ließ er ihre zarten Glieder brechen und ihr Fleisch mit Nägeln zerreißen. Christina aber nahm einen Fetzen davon und warf ihn dem Vater ins Gesicht: »Nimm, Wüterich, und friß das Fleisch, das du selbst gezeugt hast!« Daraufhin ließ der Vater sie auf ein Rad binden und Öl unter ihr anzünden. Aber die Flamme fuhr zur Seite und tötete einige seiner Diener. Als auch die Hinrichtung durch Ertränken mittels schwerer Steine am Hals nicht gelingen wollte, weil Engel Christina über Wasser hielten, ordnete Urbanus ihre Enthauptung für den nächsten Tag an. Aber noch in der Nacht wurde er tot aufgefunden.

Sein Nachfolger ließ eine glühende eiserne Wiege mit Öl, Harz und Pech füllen, Christina hineinlegen und sie darin schaukeln, damit sie schneller brennen solle. Sie aber lobte Gott, daß er sie wie ein Neugeborenes wiegen lasse. Darüber wurde der Richter sehr zornig. Er befahl, ihr das Haupt zu scheren und sie nackend durch die Straßen zum Apollobild zu führen. Dort angekommen, betete sie zu Jesus, und flugs zerstob die Statue zu Staub. Als der Richter das hörte, brach er tot zusammen. Ihm folgte ein Julianus, der Christina in einen großen feurigen Ofen werfen ließ. Darin wandelte sie fünf Tage ohne Schaden, wurde von Engeln besucht und frohlockte zum Herrn. Julianus versuchte die vermeintliche Zauberei zu durchkreuzen und ließ je zwei Vipern, Nattern und andere Schlangen auf sie los. Aber sie züngelten harmlos zu ihren Füßen, ringelten sich zutraulich an ihren Brüsten und um den Hals, und leckten ihr den Schweiß ab. Julianus holte einen Zauberer und hieß ihn, die Tiere anzustacheln. Aber diese fielen ihn an und töteten ihn. Da gebot Christina den Schlangen zu verschwinden. Danach erweckte sie den Zauberer durch ein Gebet wieder zum Leben. Doch nun ließ ihr Julianus die Brüste abschneiden. Aus den klaffenden Wunden floß aber kein Blut, sondern reine Milch. Als man ihr die Zunge herausriß, verlor sie die Sprache nicht, lobte Gott und warf die abgeschnittene Zunge nach dem Richter. Sie traf ihn auf einem Auge, das sogleich erblindete. Da nahm der Rasende einen Bogen und schoß ihr zwei Pfeile ins Herz.

A: mit Messer, Zange, Armbrust, Mühlstein oder zwei Pfeilen; mit Schiff oder Schlangen in der Hand.

P: der Müller und Seeleute, der Bogenschützen.

25. Juli

JAKOBUS DER ÄLTERE

(Jacobus Major)

Apostel

Jakobus war Bruder des Evangelisten Johannes und Sohn des Zebedäus und der Maria Salome, deren Mutter die hl. Anna, die Großmutter Jesu, war. Als Apostel predigte Jakobus mit solcher Gewalt, daß er die Bösen erschreckte und die Trägen erweckte, weshalb ihn Jesus »Donnersohn« nannte. Nach dem Tode des Herrn missionierte Jakobus erst in Judäa und Samaria, dann in Spanien, wo er allerdings nur neun, nach anderen Berichten einen einzigen bekehrte, und endlich wieder in Judäa, wo er unter Herodes Agrippa enthauptet wurde.

Seine Jünger entführten seinen Leichnam auf einem Schiff und wurden damit nach Galicien in Spanien verschlagen. Sie bestanden dort viele Abenteuer und konnten endlich dem Heiligen ein Grab in Compostela bereiten. Diese Stadt hieß bald allgemein Santiago de Compostela und wurde neben Rom und dem Heiligen Land zum wichtigsten Wallfahrtsort der Christenheit. Ein galicischer Fürst, der in die Nähe der Reliquien des Heiligen kam, war plötzlich über und über mit Muscheln bedeckt. Eine Stimme von oben sagte ihm, daß die Muscheln zum Andenken an die Tugenden Jakobs von den Wallfahrern getragen werden sollten.

Im Jahre 1020 pilgerte ein Deutscher mit seinem Sohn nach Santiago. In Toulouse machte sie ein Herbergswirt betrunken und schmuggelte einen silbernen Becher in ihr Gepäck. Als sie am nächsten Morgen weiterzogen, lief ihnen der Wirt hinterher und beschuldigte sie des Diebstahls. Es entstand ein Volksauflauf, der Mantelsack wurde durchsucht, und es fand sich der Becher. Da wurde dem Wirt alle Habe der beiden zugesprochen, und einer sollte hängen. Der Vater wollte für den Sohn, der Sohn für den Vater sterben, und zuletzt ward der Sohn gehenkt. Der Vater besuchte das Grab des hl. Jakob, kehrte nach 36 Tagen zurück und verweilte unter dem Galgen. Plötzlich hub der Leichnam zu sprechen an: »Vater, Sankt Jakob hat mich am Leben gehalten und mich bis jetzt himmlisch erquickt.« Der Vater lief außer sich vor Freude in die Stadt, und das Volk strömte zum Galgen. Man nahm den Sohn ab, er war unversehrt, und henkte an seiner Statt den Wirt.

A: mit Buch oder Schriftrolle; als Pilger mit Tasche, Stab und Hut, an dem eine Muschel steckt, sowie mit Kürbisflasche; mit Schwert; predigend, mit Jakobskreuz (ein dolchartiges Kreuz, die Querbalken lilienartig endend), in der Mitte die Jakobsmuschel; auf Schimmel reitend vor dem spanischen Heer (wegen der Schlacht gegen die Sarazenen 844, wo seine Erscheinung den Sieg brachte); mit Winkelmaß.

P: von Chile, Ostindien, Portugal, Spanien; von Braunschweig, Chemnitz, Coimbra, Compostela, Einbek, Göttingen, Haag, Hannover, Innsbruck, Leeuwarden, Lorch, Lüttich, Münsterberg, Neiße, Perleburg, Pesaro, Pisa, Pistoja, Rostock, Straubing, Villach, Wasserburg; der Apotheker, Arbeiter, Drogisten, Hutmacher, Kettenschmiede, Lastträger, Strumpfwirker und Wachszieher; der Krieger und Ritter; der Pilger; gegen Rheumatismus; für Gedeihen der Äpfel (die ersten Äpfel im Jahr heißen Jakobiäpfel) und des Korns, für schönes Wetter.

F: auch 1. und 12. April., 30. Juni, 15. November, 27. und 28. Dezember.

26. Juli

HL. ANNA

Großmutter Christi

In Nazareth lebte ein reicher, gottesfürchtiger Mann, Joachim, der heiratete Anna, eine Jungfrau aus Bethlehem.

Als Joachim einst im Tempel opfern wollte, verweigerte ihm der Priester den Altar, weil Unfruchtbare Gottes Volk nicht vermehrten und deshalb unter Fruchtbaren nicht stehen dürften. Die Ehe mit Anna war nämlich 20 Jahre lang ohne Kinder geblieben. Joachim zog in die Wüste hinaus und klagte dem Herrn sein Leid. Seine Gebete wurden erhört, ein Engel erschien ihm und sprach: »Der Herr sah deine Schande und weiß, daß du unschuldig bist. Denn eure Unfruchtbarkeit kommt von der Natur und nicht von der Sünde. Wenn der Herr den Leib eines Weibes verschließt, so tut er es, um ihn hernach desto wunderbarer zu öffnen. Denn ein Kind ist Geschenk Gottes und nicht Frucht leiblicher Gier.«

Dieselbe Botschaft wurde Anna zuteil. Joachim kehrte zurück und teilte das Bett mit ihr in froher Erwartung des Verheißenen, und nach neun Monaten gebar sie Maria, die künftige Mutter des Herrn. Als Joachim bald danach starb, heiratete Anna zum zweitenmal, nämlich den Kleophas, dem sie ebenfalls eine Tochter gebar. Auch diese wurde Maria genannt, vermählte sich später mit Alphäus und hatte mit ihm die Söhne Jacobus Minor, Simon, Joseph und Judas. Als auch Kleophas vorzeitig verstarb, heiratete Anna ein drittes Mal, diesmal den Salomas. Und wieder wurde eine Tochter Maria geboren. Diese ehelichte später den Zebedäus, und daraus gingen Jakobus der Ältere und Johannes der Evangelist hervor.

Annas Schwester Hismeria aber wurde Mutter von Eliud und Elisabeth, und diese wurde Weib des Zacharias und gebar Johannes den Täufer. Eliud aber zeugte Emin, und dieser zeugte den hl. Servatius, dessen Leichnam in Maastricht verehrt wird.

In der Kirchengeschichte ist die Lehre eines gewissen Imperiali zu verzeichnen, der behauptete, Anna sei bei der Geburt der hl. Jungfrau Maria selbst Jungfrau geblieben. Der Heilige Stuhl verdammte diese Auffassung 1677 als Irrlehre, ebenso wie die Legende, Anna sei nach der Engelserscheinung nur durch einen Kuß von Joachim schwanger geworden.

A: immer mit grünem Mantel, weil sie die Hoffnung in die Welt trug; die kleine Maria unterweisend mit Buch; als Anna Selbdritt mit Maria und Jesus; unter Hinzunahme von Annas Mutter, der hl. Emerentia, entsteht eine Anna Selbviert; mit den übrigen Angehörigen der Familie die Heilige Sippe (bis zu 28 Personen).

P: von Annaberg, Braunschweig, Hannover, Hildesheim, Madrid, St. Anna bei Marienbad; der Arbeiterinnen, Besenbinder, Drechsler, Feuerwehr, Goldschmiede, Krämer, Kunsttischler, Müller, Näherinnen, Schiffer, der Schleppenträger der Kardinäle, Schneider, Seiler, Spitzenmacher, Stallknechte, Strumpfwirker, Weber; der armen Stände, des Gesindes und des Bergbaus; der Eheleute, Hausfrauen und Haushälterinnen; der Ammen, schwangeren Frauen und für eheliche Fruchtbarkeit; für reiche Heuernte, für Wiederfinden verlorener und gestohlener Gegenstände.

27. Juli

HL. PANTALEON

Arzt und Märtyrer

HLL. HERMOLAOS, HERMIPPUS und HERMOKRATES

Märtyrer, † 305

Der christliche Priester Hermolaos hielt sich mit seinen Gefährten Hermippus und Hermokrates wegen der Verfolgung des Maximin versteckt. Jeden Tag sahen sie an ihrer Zufluchtsstätte einen schönen und noblen Jüngling vorüberschreiten. Hermolaos fühlte sich zu ihm so hingezogen, daß er ihn eines Tages ansprach und einlud. Der Jüngling Pantaleon studierte auf Wunsch seines reichen, gebildeten Vaters, der noch die alten Götter verehrte, Medizin und rechnete damit, Leibarzt des Kaisers zu werden. Hermolaos erzählte ihm von einem Arzt, der durch sein bloßes Wort Taube hörend, Blinde sehend, Lahme gehend mache, Tote erwecke und die Seelen zur höchsten Herrlichkeit im Himmel führe.

Als Pantaleon einmal einen Feldweg entlangging, erblickte er ein Kind, das, von einer Schlange gebissen, tot am Boden lag. Da erinnerte er sich der Worte des Hermolaos und betete zum Gott der Christen: Wenn er wirklich Herr über Leben und Tod sei, solle er die Schlange töten und das Kind wieder lebendig machen. Und so geschah es. Da lief er freudig zum Priester und ließ sich taufen.

Pantaleon wurde ein berühmter Arzt, der Blinde, Lahme und Taube heilen konnte. Dies erregte jedoch die Mißgunst neidischer Kollegen. Sie denunzierten ihn beim Statthalter. Pantaleon bekannte vor Gericht seinen Glauben und wurde unter gräßlichen Martern hingerichtet. Aus seinem abgeschlagenen Haupt quoll statt Blut Milch, die von frommen Christen aufgesammelt und in Ampullen verwahrt wurde. Sie werden in Konstantinopel, Neapel, Ravello, Bari, Venedig und Lucca teilweise noch heute gezeigt.

Weil Hermolaos den Heiligen bekehrt hatte, erlitten auch er und seine Gefährten unter schrecklichen Qualen den Märtyrertod.

A: mit Palme, mit beiden Händen über dem Kopf an einen Ölbaum genagelt, mit Fläschchen und anderen ärztlichen Kennzeichen.

P: von Oporto und Köln; der Ammen (Milch), der Ärzte; der Haustiere; gegen Auszehrung und Heuschrecken; »Nothelfer«.

28. Juli

HL. BOTWIN

(Bodvidus)

Missionar in Schweden, Märtyrer, † 1120

Der Schwede Botwin aus Südgermanland hatte auf Reisen in England das Christentum kennengelernt. Nach seiner Rückkehr versuchte er seine Landsleute weniger durch das Wort als durch das eigene Vorbild zu bekehren. Er kaufte einmal einen Sklaven los und unterrichtete ihn im christlichen Glauben. Seine Wohltätigkeit ging sogar so weit, daß er ihn selbst mit dem Schiff in seine Heimat zurückbringen wollte.

An einem Abend waren sie vom Rudern sehr erschöpft, und Botwin verließ das Schiff mit einem Gefährten und dem Sklaven, um sich am Ufer auszuruhen. Nachdem sie ihre Andacht verrichtet hatten, legten sich alle zur Ruhe. Aber kaum waren Botwin und sein Gefährte eingeschlafen, erhob sich der tückische Sklave, ermordete beide mit einem Beil, raubte sie aus und flüchtete. Als man am nächsten Morgen die Leichname fand, brachte man sie in Botwins Heimat Südgermanland und errichtete über ihrem Grab eine Kirche.

A: mit Beil und Fisch.

29. Juli

HL. MARTHA

Jungfrau und Jüngerin Jesu

Martha war die Schwester Maria Magdalenas und des hl. Lazarus. Sie nahm Jesus so oft bei sich zu Hause auf, daß sie nicht zu Unrecht den Beinamen *»salvatoris hospitae«* (Gastwirtin des Herrn) erhalten hat. Nach dem Tode des Herrn verschlug es sie mit ihrer Schwester, Lazarus und anderen Christen nach Massilia (Marseille).

Sie verkündeten das Evangelium bis nach Aix, besonders die leutselige Martha bekehrte viele. Nun hauste zu dieser Zeit zwischen Arles und Avignon in einem tiefen Wald ein Drache, halb Tier, halb Fisch. Er war dicker als ein Rind und länger als ein Pferd. Er hatte Zähne spitz wie Dolche und einen undurchdringlichen Panzer am ganzen Leib. Aus Kleinasien war er durch das Meer gekommen, verbarg sich im Wasser und tötete alle, die vorbeikamen. Seine Eltern waren die Schlange Leviathan und der Onachus, ein Tier aus Galatien. Wenn es verfolgt wird, schießt es seine Exkremente weit hinter sich, und was davon getroffen wird, brennt wie Feuer. Gegen diesen Drachen zog Martha, weil die Gläubigen sie inständig darum baten. Sie fand ihn im Wald, wo er gerade einen Mann verspeiste. Martha näherte sich ihm unbemerkt, goß plötzlich Weihwasser über ihn und machte das Kreuzzeichen. Da war er besiegt und stand zahm wie ein Lamm. Martha fesselte ihn mit ihrem Gürtel, und das Volk schlug ihn mit Steinen und Speeren tot. Es wurde eine schöne Kirche gebaut, und Martha blieb in der Gegend, lebte fromm und streng, fastete viel, beugte täglich hundertmal das Knie und predigte den Bußfertigen.

Als sie sterben sollte, wurde ihr das ein Jahr zuvor durch ein Gesicht kundgetan. Sie lag die ganze Zeit über in schwerem Fieber, aber in der Todesstunde erschien ihr Jesus und sprach: »Liebste Wirtin mein, du hast mich bei dir als Gast aufgenommen, jetzt bist du im Himmel mein Gast, und wer dich anruft, den will ich aus Liebe zu dir erhören.«

Davon vernahm auch Chlodwig, der Frankenkönig, der sich zum Christentum bekehrt hatte. Da er schwer an Nierensteinen litt, besuchte er ihr Grab und wurde ganz gesund.

A: meist mit Maria Magdalena, wie sie Jesus bedient; mit Drachen und Weihwasserwedel; mit Kochlöffel und Schlüsselbund.

P: von Aix, Cadix, Castres, Tarascon; der Arbeiterinnen, Dienstmägde, Hausfrauen, Hospitalverwalter, Gastwirte und Hoteliers, Köchinnen, Wäscherinnen, der Bildhauer und Maler; der Barmherzigen Schwestern; gegen Blutfluß, Pest; der Sterbenden; der Häuslichkeit.

30. Juli

HL. JULITTA

Märtyrerin in Cäsarea, † 303

Julitta führte einen Prozeß gegen einen mächtigen Mann. Dieser hatte ihr viel Land weggenommen und sich Sklaven, Felder, Vieh und andere Habe angeeignet. Als die Frau vor Gericht die Brutalität des Kontrahenten schildern wollte, machte der Beklagte geltend, Julitta sei Christin, und deshalb verdienten ihre Ausführungen keinen Glauben. Dem Richter erschien dies wohlbegründet. Schnell wurden ein Kohlebecken und Weihrauch herbeigeschafft und der Vorschlag gemacht: Wenn Julitta opfere, werde sie den Gesetzesschutz genießen, wenn nicht, sei sie rechtlos.

Sie aber bekannte sich als Dienerin Christi. Der Richter sprach nun ihrem Bedränger die geraubten Güter zu und verurteilte sie selbst zum Feuertod. Julitta aber sprach. »Wir Weiber sind vom selben Fleische wie die Männer, und deshalb schulden wir Gott dieselbe Standhaftigkeit.« Nach diesen Worten sprang sie auf den Scheiterhaufen und hauchte ihr Leben aus. Der Körper aber blieb in den Flammen unversehrt und wurde von ihren Verwandten christlich bestattet.

A: auf Scheiterhaufen.

31. Juli

HL. IGNATIUS VON LOYOLA

Ordensstifter der Jesuiten, 1491–1556

Während er eine Kriegsverletzung ausheilen mußte, fielen dem aus angesehenem Geschlecht stammenden Ritter Ignatius zwei Erbauungsschriften über Christus und die Heiligen in die Hände. Dies änderte sein Leben von Grund auf. Er wurde Theologe und Priester und gründete in Paris mit sechs Gefährten den Jesuitenorden. Von den drei Tugenden Armut, Keuschheit und Gehorsam gab er letzterem den obersten Rang. »Durch Ablegung des eigenen Willens und Urteils sollen sich alle auszeichnen, die in unserem Orden dienen.« Es kommt nicht nur darauf an, die Befehle des Oberen auszuführen, sondern jedes Ordensmitglied soll »den Willen des Oberen zu dem seinigen machen« und außer dem Willen »auch den Verstand opfern, so daß er dasselbe denkt wie der Obere«.

Ignatius besaß eine außerordentliche Begabung zu weinen, besonders während des Gebets, was meist verbunden war mit »großer Süßigkeit«. Er selbst erzählt: »So intensiven Geschmack empfand ich an göttlichen Dingen, verbunden mit beständigen Tränen, daß es mir schien, als ob mein Gott und Herr, sooft ich ihn nannte, mein Innerstes erfüllte. Während des Messelesens weinte ich so stark, daß ich fürchtete, das Augenlicht zu verlieren. Mit dem Heiligen Geist unterhielt ich mich, weinte dabei und sah und fühlte ihn als Helligkeit und Flamme.« Wegen des verschwenderischen Tränenstromes konnte er das Brevier nicht mehr beten, ja die Menge der Tränen war so reich, daß sie in einem Gefäß aufgefangen wurden.

Im Gedenken an diese Gabe existiert bis heute der Brauch, Wasser an Altären zu weihen, die seiner Verehrung dienen. Von diesem »Ignatiuswasser« gehen wunderbare Wirkungen aus: In Brügge etwa hörte nach seinem Einsatz 1839 die Cholera auf, und es gibt viele Berichte über heilsame Wirkungen bei Schwergeburten.

A: als Priester mit Ordenskleid oder Meßgewand, die Buchstaben IHS auf der Brust; Teufel austreibend; Tote erweckend; Kreuz in der Sonne schauend; Ordensbuch in der Hand, Herz von drei Nägeln durchbohrt.

P: der Jesuiten; der Krieger; der Kinder; der geistlichen Übungen und Exerzitienhäuser; gegen Fieber, Gewissensbisse, Skrupel, Totgeburten; gegen Wölfe, Flöhe und Läuse; gegen Zauberei.

1. August

HL. FRIARDUS VON NANTES

Einsiedler, † um 570

Friardus war ein frommer Bauer, der alle Natur als Werk Gottes ansah. Wenn er in ein Wespennest trat, sagte er schnell: »Helfgott«. Und jedesmal kam er mit heiler Haut davon. Einmal steckte er einen dürren Stab in den Boden, und als er nach einiger Zeit daran vorbeikam, war daraus ein grüner Baum geworden, der herrliche Früchte trug.

Später wurde Friardus Einsiedler und baute sich auf einer kleinen Insel bei Nantes eine Klause, wobei ein treuer Gefährte, Secundellus, sein einsames Leben teilte. Der Ruf der Heiligkeit verbreitete sich schnell in der Gegend, und bald wurde Friardus zu jedem dürren Baum gerufen, um ihn wieder zum Tragen zu bringen.

Da packte Secundellus der Ehrgeiz, ebenfalls heilig zu werden, und er zog auf dem Festland umher. Dabei gelangen ihm so zahlreiche Wunderheilungen, daß er nicht wenig von sich eingenommen ward. Zurückgekehrt mit stolzgeschwellter Brust, begann ihn jedoch nachts der Teufel zu peinigen. Er behauptete, daß er es gewesen sei, der die Wunder bewirkt habe, und beanspruchte dafür als Lohn die Seele des Eremiten. Da vertraute sich der Geplagte dem Friardus an, und auf dessen Gebet verschwanden die Anfechtungen.

A: als Einsiedler mit Teufel.

P: der Bauern und Winzer; gegen Fieber und Nierenleiden.

2. August

DIE HLL. SIEBENSCHLÄFER VON EPHESUS

Märtyrer, 3. Jh.

Während der Verfolgung des Decius verbargen sich sieben christliche Jünglinge aus Ephesus in einer geräumigen Höhle. Ihre Zufluchtsstätte wurde jedoch entdeckt, der Präfekt verdammte sie zum Hungertod und befahl, den Eingang zuzumauern. Die Jünglinge versuchten erst gar nicht, sich wieder herauszugraben, sondern fielen sofort in tiefen Schlaf.

Nach Ablauf von ungefähr 187 Jahren wollte der Besitzer des Grundstückes, auf dem die Höhle lag, die Steine zum Bau eines Landhauses verwenden. Kaum leuchteten die ersten Sonnenstrahlen in die Höhle, erwachten die sieben und fühlten knurrenden Hunger. In der Meinung, nur wenige Stunden geschlafen zu haben, bestimmten sie einen, der in die Stadt schleichen und Brot besorgen sollte.

Der Bote wunderte sich nicht schlecht, als er die Umgebung sehr verändert fand und gar am Tor von Ephesus ein Kreuz stehen sah. Umgekehrt schien den Bürgern der seltsam gekleidete und fremdartig sprechende Jüngling verdächtig. Als er beim Bäcker mit einer nicht mehr gängigen Münze zahlen wollte, zeigte man ihn an.

Merkwürdig schienen dem Jüngling die Fragen des Richters, und dieser staunte nicht minder. Nach vielem Hin und Her machten endlich beide die Entdeckung der wunderbaren Wahrheit. Beinahe zwei Jahrhunderte waren verflossen, und aus der verfolgten Sekte war die Religion des Kaisers geworden. Eine Menge Volk, ja der Kaiser selbst eilte nun zu der Höhle, wo die verbliebenen Jünglinge die ganze Geschichte noch einmal erzählen mußten. Sie segneten alle Anwesenden und schlossen im selben Augenblick für immer die Augen. Ihre Namen lauten in der römischen Kirche: Maximilian, Johannes, Constantin, Malchus, Martinian, Serapion, Dionysius. Die Legende ist im Westen wie bei den Moskowitern, Persern, Kopten, Arabern (sogar im Koran), Syrern und Griechen bekannt. Die Namen allerdings differieren stark.

A: als junge und bartlose Jünglinge, in der Höhle zusammengekauert; mit Keulen, Beilen und einer Fackel.

F: auch 27. Juni, 27. Juli, 2. August, 22. und 23. Oktober.

3. August

HL. CHRISTOPHORUS

Märtyrer, 5./4. Jahrhundert

Der Heide Reprobus stammte aus Kanaan und hatte die Gestalt eines Riesen. Da er wild und hochmütig war, nahm er sich vor, nur dem mächtigsten Herrn auf Erden zu dienen. Er ging auf Reisen und kam zu einem großen König, der über viel Volk herrschte. Der konnte den starken Ritter gut gebrauchen und hielt ihn in Ehren. Bei einem Gastmahl aber kam ein Sänger und trug zur Harfe Lieder vor, eines erzählte von der Gewalt Satans. Reprobus sah den König sich bekreuzigen und fragte ihn, was das bedeute. Das Zeichen helfe gegen Satan, antwortete jener. »Du fürchtest also einen Mächtigeren?« entgegnete Reprobus. »Da muß ich dich denn verlassen.« Und er zog in die Wildnis hinaus und suchte Satan. In einer stürmischen Nacht kamen zwölf verwegene Ritter herangaloppiert, unter ihnen einer auf schwarzem Roß in schwarzer Rüstung. Er sprach: »Ich bin der, den du suchst.« Und Reprobus trat in seine Dienste. Eines Tages stand an ihrem Weg ein schlichtes Kreuz. Da wandte sich Satan mit seiner Schar zur Flucht und umritt den Ort im weiten Bogen. »Warum bist du vor diesem Zeichen geflohen?« fragte Reprobus. »Es gab einmal einen gewissen Christus, den man ans Kreuz geschlagen hat. Immer wenn ich ihn sehe, befällt mich Furcht.« »Also bist du nicht der Mächtigste!« sagte Reprobus. »Ich werde diesen Christus suchen.«

Lange wanderte er vergeblich umher, bis er an einem Fluß einen alten Einsiedler traf. Der verriet ihm, daß der König, den er suche, als Dienst vor allem Fasten, Beten und gute Taten fordere. »Bau dir hier eine Hütte und trage auf deinen starken Schultern die Reisenden ans andere Ufer.« Und Reprobus tat wie ihm geheißen und trug Tag und Nacht die Wanderer durch den Strom.

Eines Abends hörte er ein Kind rufen, stand auf, nahm das Kind auf die Schultern und trug es durch die Wellen. Das Wasser aber stieg immer höher, und die Last wurde immer schwerer. Der Träger bekam es mit der Angst und rief: »Kind, du bist so schwer, als hätte ich die ganze Welt auf dem Buckel.« Das Kind aber sagte: »Du trägst nicht nur die Welt, sondern auch den, der die Welt erschaffen hat. Künftig sollst du dich Christophorus, der Christusträger, nennen. Damit du mir glaubst, stecke den Stab neben deine Hütte und sieh morgen danach.« Und damit verschwand das Kind.

Reprobus tat wie ihm geheißen, fand am nächsten Morgen den Stab zu einem mächtigen Baum gewachsen, nannte sich künftig Christophorus und bekehrte nach einer Schätzung des hl. Ambrosius 48000 Menschen. Unter einem heidnischen König erlitt er später nach schweren Martern den Bekennertod. Die unterschiedlichsten Teile der Christenheit verehrten ihn als Heiligen. So feiern ihn die Katholiken am 25. Juli., die Griechen am 9. Mai, die arabischen Christen am 10. Juni, die Armenier am 14. Juli, die Syrer am 28. April und die Kopten in Ägypten und Äthiopien am 3. August. Die Betrachtung seines Bildes am Morgen gilt als Stärkungsmittel für die Bewahrung der Lebenskraft bis zum Abend.

A: als Riese, das Jesuskind auf der Schulter durch das Wasser tragend; mit Baum in der Hand.

P: von Braunschweig, Hildesheim, Mecklenburg, Rosenberg, Stuttgart, Württemberg und Würzburg; der Autofahrer, Bogenschützen, Buchbinder, Färber, Flößer, Gärtner, Geflügelhändler, Hutmacher, Lastträger, des Luftverkehrs und der Piloten, der Obsthändler, Schatzgräber (»christoffeln« = den Schatz beschwören, zaubern), Schiffer, Seeleute, Werftarbeiter, Zimmerleute, der Gebirgsreisenden, der schwächlichen Kinder; der Festungen und des Meeres; der Äpfel; gegen unbußfertigen Tod, Dämonen und allgemeine Widrigkeiten; gegen Hochwasser, Unwetter, Hagelschlag, Hungersnot, Pest, Wunden und Zahnweh; einer der 14 Nothelfer.

4. August

HL. JUSTUS

Bischof und Einsiedler, † 390

Als Bischof von Lyon nahm Justus am Konzil von Aquileja teil. Dort erklärte er in seiner in der ganzen Christenheit berühmt gewordenen Rede: »Wer nicht bekennt, daß der Sohn Gottes gleich ewig sei wie der Vater, der sei im Banne.«

Viele Jahre verwaltete er sein bischöfliches Amt, bis eine traurige Begebenheit sein Leben änderte. Ein Wahnsinniger hatte in einem Amoklauf mehrere Menschen schwer verwundet, wurde verfolgt und flüchtete sich in die Kirche des Bischofs. Die aufgebrachte Menge forderte seine Auslieferung und drohte das Gotteshaus anzuzünden. Nach der Zusicherung, man werde sich an dem Übeltäter nicht vergreifen, sondern ihn vor ein ordentliches Gericht stellen, übergab Justus den Mann. Doch der Pöbel hielt sich nicht an das Versprechen und brachte den armen Menschen um. Dies erschütterte Justus derart, daß er auf sein Amt verzichtete und beschloß, Einsiedler zu werden.

Er schiffte sich nach Ägypten ein und schloß sich den Eremiten in der Wüste an. Dort lebte er wie der niedrigste und geringste. Bei einer großen Zusammenkunft aber fiel einmal ein Fremder vor ihm auf die Knie. Er verriet den Anwesenden den Namen des demütigen

Heiligen, und beschämt versuchten nun alle, ihre frühere Geringschätzung durch Ehrenbezeugungen gutzumachen.

A: als Bischof mit Mitra und Stab.

5. August

HL. AFRA

Märtyrerin, † um 304

Afras Mutter Hilaria stammte aus Zypern und war ursprünglich mit ihrer Familie ins heutige Bayern gekommen, um den orgiastischen Venuskult zu verbreiten. Sie diente als Priesterin am Heiligtum der Göttin zu Augsburg und erzog auch die eigene Tochter zur Tempeldirne. Diese hatten sich wahllos allen männlichen Kultanhängern hinzugeben. Bald war das schöne Mädchen in allen Künsten der Verführung erfahren und konnte der Venus manch neuen Anhänger zuführen.

Auf der Flucht vor den Verfolgungen des Diokletian gelangten einst aus Spanien der Bischof Narcissus und sein Diakon Felix nach Augsburg. Im ersten besten Hause baten sie um Herberge: Es war das Haus der Venuspriesterin. Diese hielt die beiden für Verehrer ihrer Göttin und empfing sie gastfreundlich. Vor dem Mahl verrichteten die Männer ihr Tischgebet. Dabei verklärten sich ihre Gesichter in der Andacht und strahlten himmlischen Frieden aus. Afra fühlte sich vom Gebaren der Fremden so beklommen, daß sie ganz gegen ihre sonstige Gewohnheit ihren Körper in einem Hausmantel verbarg und die Gäste scheu und wortkarg bediente. Sie hörte von der Glaubensstärke der Christen, von deren Treue zu ihrem Gott, die oft in Marter und Tod geprüft wurde. Mit einem Mal sank Afra zu den Füßen des Bischofs und bat: »Geht hinweg von hier, ich bin das schändlichste Geschöpf der ganzen Stadt!« Und sie offenbarte ihren Beruf und alle sittlichen Greuel, die damit verbunden waren. Narcissus aber tröstete sie und erzählte ihr von Jesus und Maria Magdalena. Da vergoß Afra bittere Tränen und entschloß sich, ihr Leben zu ändern. Sie nahm die Flüchtlinge bei sich auf und stellte ihr Haus auch zur Feier des Abendmahls zur Verfügung. Ihr Eifer übertrug sich sogar auf ihre Mutter, und beide ließen sich taufen. Nach einem halben Jahr zogen ihre Gäste weiter, um anderswo das Evangelium zu predigen. Die Anhänger des Venuskultes hielten den Sinneswandel Afras zunächst für eine Weiberlaune und spotteten darüber. Als sie aber erkannten, daß sie es ernst meinte, zeigten sie die ehemalige Lustgefährtin an.

Afra wurde vor den Richter Gajus geladen, der ihr zuriet, den Göttern zu opfern. Sie antwortete: »Ich opfere mich selbst, und zwar für Jesus Christus, damit mein besudelter Leib gereinigt werde.« Der Richter versuchte all seine Überredungskünste, um das schöne Weib zu retten, doch Afra blieb standhaft. Nun ließ er sie auf eine Insel im Lech bringen, vor den Augen einer erwartungsvollen Menge entkleiden und blutig peitschen.

Afra aber dankte laut dem Herrn für die Schmerzen als Sühne ihrer früheren Sünden. Schließlich wurde ein Scheiterhaufen errichtet und Afra dem Feuertod überantwortet. Auch die Mutter und drei Mägde erlitten den Märtyrertod, sie wurden in einem Gewölbe eingesperrt und durch Rauch erstickt.

A: an Säule oder Baum gebunden; auf Scheiterhaufen; mit brennendem Holzscheit und Strick; mit Fichtenzapfen in der Hand.

P: von Augsburg, Meißen; der büßenden Dirnen.

6. August

SEL. EIGIL

(Egil, Aigilis, Ägilius)

Abt in Fulda, † 822

Nach dem hl. Sturmi wurde der überstrenge Rathgar Abt in Fulda. Für ihn galten nur harte Handarbeit und eherne Kasteiung. Die Brüder erhielten kümmerliche Verpflegung und mußten so viel arbeiten, daß an Werktagen nicht einmal mehr Zeit zur hl. Messe blieb. Sogar mehrere Feiertage schaffte Rathgar ab. Dagegen protestierten die Brüder bei Kaiser Karl dem Großen. Dieser schickte einige Bischöfe zur Visitation nach Fulda, aber auch sie vermochten die eiserne Zucht Rathgars nicht zu mildern. Nach Karls Tod wandten sich die Mönche an Ludwig den Frommen. Der sah ein, daß das Kloster zugrunde zu gehen drohte, setzte Rathgar ab, und nach einigen Wirren wählten die Brüder mehrheitlich einen aus ihrer Mitte zum Abt.

Mit Eigils mildem Regiment zog Friede zwischen den Mönchen ein. Nie gab er einem falschen Eifer, nie einem Verdacht Raum; er liebte alle und wurde von allen geliebt. Durch sein eigenes Beispiel förderte er Andacht und Gelehrsamkeit, den Arbeitseifer der Brüder hob er zunächst durch den Bau bequemerer Klostergebäude, was alle für nützlich hielten. Doch auch bei der Weiterführung der schon von Rathgar begonnenen Kirchenbauten und der Anlage einer Begräbnisstätte fehlte es nicht an tatkräftiger Mitarbeit. Schließlich war die Versöhnung so weit gediehen, daß sogar dem verbannten Rathgar die Rückkehr erlaubt wurde.

Als Eigil fühlte, daß seine Zeit gekommen war, ließ er sich zur neuen Begräbnisstätte, dem Coemeterium, bringen, wo er mit letzter Kraft einige Schaufeln Erde aushob. Wieder ins Bett gebracht, beichtete er, dichtete sich noch selbst eine Grabinschrift in klassisch elegischer Form und entschlief so sanft, wie es seinem Wesen entsprach.

F: anch 28. November.

7. August

HL. NANTOVIN

(Nantwin, auch Konrad genannt)

Pilger und Märtyrer, † 1286

Der Pilger Konrad Nantovin machte einst Rast im bayrischen Wolfratshausen. Dem Richter Ganthar stach das prächtige Roß des Wallfahrers ins Auge, und um wohlfeil in den Besitz des Pferdes zu gelangen, klagte er den Reisenden als Knabenverführer an und verurteilte ihn zum Tod auf dem Scheiterhaufen. Noch während die verkohlten Gebeine Nantovins auf der Richtstätte lagen, ritt Ganthar auf dessen Pferd vorbei. Doch plötzlich war das Tier blind. Ein Knecht, der von Nantovins Unschuld überzeugt war, riet seinem Herrn, einen Knochen des Hingerichteten vor die Augen des Tieres zu halten. Ganthar tat so, und sofort konnte das Pferd wieder sehen. Die Wunder häuften sich, vor allem erlangten Blinde durch das Gebet zu Nantovin ihr Augenlicht wieder. Als Berichte darüber nach Rom drangen, ließ Bonifaz VIII. den unschuldig Hingerichteten heiligsprechen und einen Ablaßbrief schreiben, der nach Wolfratshausen gesandt wurde. In Zeiten allgemeiner Wirren ging der Brief verloren, und die Wallfahrt nach Wolfratshausen geriet in Vergessenheit. Doch 1604 fand ein Franziskanerprediger das verschollene Dokument wieder, verkündete es vor allem Volk und belebte dadurch die Andacht an den Heiligen wieder. Man setzte seine Überreste in einer neuen Kirche bei, ließ seine Hirnschale in Silber fassen und reichte darin den Gläubigen gesegneten Wein. Auch die Fesseln wurden lange aufbewahrt. Als im 18. Jahrhundert ein Schmied sie für andere Zwecke umarbeiten wollte, wurde er wahnsinnig.

A: als Pilger auf Scheiterhaufen.
P: gegen Augenleiden.

8. August

HL. CYRIACUS

Märtyrer, † um 310

Die Tochter des Kaisers Diokletian war von einem bösen Geist besessen, der schrie: »Ich gehe nicht von ihr, es sei denn, daß der Diakon Cyriacus kommt.« Also wurde dieser zu der Jungfrau geführt und befahl dem Teufel, zu weichen. Der sagte höhnisch: »Wenn du mich hier vertreibst, mußt du nach Babylon kommen.« Unbeirrt betete der Heilige zu Christus, und der Dämon mußte weichen. Der dankbare Kaiser schenkte dem Cyriacus ein Haus, und die Jungfrau ließ sich taufen. Nicht lange danach aber meldete sich der König von Babylon bei Diokletian: Seine Tochter sei von einem Teufel besessen. Der Kaiser sandte Cyriacus zu dem Herrscher, und als dieser die Prinzessin untersuchte, rief aus ihr der böse Geist: »Siehst du, jetzt habe ich dich hierher gebracht.« Cyriacus schlug das Kreuzzeichen und rief den Namen Jesu an. Da fuhr der Teufel aus und schrie: »Welch furchtbarer Name, der mich zwingt, auszufahren!« Die Prinzessin ward gesund, und Cyriacus taufte sie mit ihren Eltern.

Nach seiner Rückkehr sah der neue Kaiser in Rom, Maximin, mit Mißmut auf den Einfluß des Heiligen. Als Cyriacus den Göttern nicht opfern wollte, spannte er ihn nackt vor seinen Wagen und befahl seinem Präfekten, ihn mit siedendem Pech zu begießen, dann auf die Streckbank zu spannen und am Ende zu enthaupten. Der Präfekt tat wie ihm geheißen und traf sich danach mit 19 seiner Freunde im Hause des Heiligen zu einem großen Bad und Gelage. Da starben sie alle eines plötzlichen Todes. Die Heiden aber fingen an, die Christen zu fürchten.

A: mit gefesseltem Drachen (Dämon) und Jungfrau; Almosen verteilend.

P: der Zwangsarbeiter, bei schweren Knechtsarbeiten; gegen Anfechtungen und böse Geister; einer der 14 Nothelfer.

9. August

HL. OSWALD

König von Northumbria, 604–642

Der alte Feind der northumbrischen Angelsachsen war der Keltenhäuptling Ceadwalla, der Oswalds Brüder getötet hatte. Auch Oswald mußte gegen ihn zu Felde ziehen, mit einem der Zahl nach weit unterlegenen Aufgebot. Doch vor der Schlacht pflanzte er vor seinen Mannen ein hölzernes Kreuz in den Boden, kniete nieder und legte sein Schicksal in die Hände des Christengottes. In der folgenden Schlacht siegten die Northumbrier vernichtend über ihre Feinde, und Ceadwalla verlor im Kampf sein Leben.

Von da an wurde Oswald zum großen Förderer des Christentums, Seite an Seite mit dem hl. Aidan, dem Bischof von Lindisfarne. Aus Irland und Schottland strömten viele Mönche in das bekehrungswillige Land, fast jeden Tag entstanden neue Kirchen, Klöster oder Hospitale für Arme oder Kranke. Oswald dolmetschte in der ersten Zeit persönlich die Predigten Aidans. Als er bei solch einer Gelegenheit einmal reiche Almosen an die Armen verteilte, faßte ihn Aidan beim Arm und sagte: »Möge diese Hand nie verwesen.«

Oswald besaß einen Raben, der Latein sprach. Als nun seine Edlen forderten, er solle sich eine Gemahlin suchen, erschien eines Tages ein alter Mann mit einem langen

Bart am Hof und verkündete dem König, die ihm bestimmte Jungfrau heiße Pia, sei Tochter des heidnischen Herrschers Gandon und müsse von ihm zu Christus bekehrt werden. Oswald sagte, er habe keinen Herold, der dieses Land, seine Sprache und das dortige Königshaus kenne. »Er würde dir auch nichts nützen«, antwortete der Alte, »denn ihr Vater hat schon bei ihrer Geburt geschworen, er werde sie freiwillig nie einem Mann geben. Aber denk an deinen Raben.« Dieser kam sofort herbeigeflattert und erklärte sich zu dem Dienst bereit. Oswald schrieb nun das christliche Glaubensbekenntnis in ein Briefchen und nähte es gut verborgen in das Gefieder, zusammen mit einem kostbaren Ring.

Der Rabe flog an sein Ziel, flatterte zierlich an Gandons Tafel und bat ums Wort. Der Herrscher ließ ihn verwundert gewähren, und der Rabe trug im Namen Gottes und seiner jungfräulichen Mutter die Brautwerbung vor. Der König wollte jedoch weder davon noch von Gott oder dessen angeblicher Mutter etwas wissen. Zornig befahl er, den Vogel zu fangen und zu töten. Pia jedoch hatte das Tier ins Herz geschlossen und bettelte so lange, bis der Vater ihr den Raben schenkte. Allein mit ihm in ihrer Kammer, entdeckte dieser ihr den Brief und den Ring. Sie las und entbrannte in Liebe zu dem fernen Herrscher. Auch vom christlichen Glauben war sie schnell überzeugt und schickte den Raben mit ihrem Jawort und einem klugen Plan zurück.

Oswald, hocherfreut über die Meldungen seines Raben, belud ein Schiff mit vielen Kostbarkeiten und nahm auch sieben Goldschmiede mit. Verkleidet als Kaufleute, schlugen er und seine Ritter in Gandons Hauptstadt Stände auf und begannen mit den Leuten zu handeln. Schnell sprach sich die Ankunft der Fremden herum. Auch Pia kam herzu und begleitete Oswald auf das Schiff, um dort angeblich ganz erlesene Waren zu besichtigen. Kaum war sie jedoch an Bord, lichtete man die Anker und stach in See. Oswald führte seine Braut nach England, hielt Hochzeit und lebte mit ihr rein und keusch zusammen.

Oswalds Regierung war so weise und gerecht, daß ihn fast alle Völker Englands mit ihren vier Sprachen, Britisch, Pictisch, Irisch und Angelsächsisch, zu ihrem Oberkönig erkoren. Nur Penda von Mercia, der letzte heidnische Sachsenkönig, war ihm feind. Er überfiel die Northumbrier überraschend, schlug deren Heer, tötete Owsald und ließ ihm den rechten Arm und das Haupt abschlagen. Beide steckte er auf Pfähle. Dreizehn Jahre danach aber kam die Abrechnung. Penda verlor in der Schlacht von Winwidfield Reich und Leben gegen Oswalds Bruder Oswy.

Oswalds Reliquien wurden zunächst in Lindisfarne bestattet, nur sein Arm kam in den Königspalast, wo ihn noch Jahrzehnte danach der ehrwürdige Beda mit eigenen Augen unverwest sah. In späteren Zeiten gelangten viele Reliquien Oswalds nach Deutschland, nach Österreich und in die Schweiz, und viele Kirchen wurden ihm in diesen Ländern geweiht.

A: mit königlichen Zeichen, Horn blasend; mit Raben, der Ring oder Brief im Schnabel trägt, manchmal auch ein Ölgefäß; mit Sonne auf der Brust; mit goldenem Hirsch, pflanzt Holzkreuz vor der Schlacht in den Boden.

P: von Nenzlingen und Zug, des Klosters Weingarten; der englischen Könige und der Kreuzfahrer; der Schnitter; des Viehs; für gutes Wetter; gelegentlich auch einer der 14 Nothelfer.

F: auch 5., 7. und 8. August, 8. Oktober.

10. August

HL. LAURENTIUS

(Lorenz)

Erzmärtyrer, † um 258

Unter allen römischen Märtyrern wird der hl. Laurentius besonders verehrt. Er war der Archidiakon von Papst Sixtus II., welcher in der Verfolgung des Valerian hingerichtet wurde. Laurentius beeilte sich, alles ihm anvertraute Kirchengut vor der Staatsgewalt zu sichern. Kaum hatte er alles an die Armen verteilt, da ließ ihn der Präfekt zitieren und forderte von ihm das kirchliche Vermögen. Laurentius führte ihn zu einer Kirche und zeigte ihm die dort versammelten Blinden, Stummen, Lahmen, Krüppel und Bresthaften. »Diese sind unsere Schätze, unsere Perlen und Kleinodien, denn in ihnen lebt Christus selbst. Das Gold aber ist die Quelle allen Verbrechens.

Schamhaftigkeit, Friede, das Gesetz und die Treue werden wegen ihm gebrochen. Pflege statt dessen diese Armen, dann wirst du die Wohlfahrt des Staates, das ewige Heil deiner selbst und des Kaisers begründen.«

Der Präfekt hielt dies für eine Verhöhnung und befahl die Folter. Der Heilige wurde mit Skorpionen gepeitscht, mit Bleikugeln geschlagen, mit glühenden Eisenplatten an den Seiten gebrannt und auf die Streckbank gespannt. Seine Standhaftigkeit bewirkte den Übertritt mehrerer Soldaten zum christlichen Glauben. Darüber erzürnt, hieß der Präfekt Laurentius auf einen Rost über glühende Kohlen legen. Nach einiger Zeit sagte der Heilige ruhig: »Nun kannst du meinen Leib wenden lassen, denn auf dieser Seite ist er gut gebraten.« Als auch die andere Seite von der Glut versengt und ausgedörrt war, sagte er: »Jetzt ist mein Fleisch fertig gebraten, nun magst du davon essen.« Er hob seine Augen zum Himmel und verschied.

Das Fest des hl. Laurenz war nach Peter und Paul das größte Heiligenfest der alten römischen Liturgie.

A: als Diakon mit Rost, Evangelium und Kreuz, mit Geldbeutel, Almosen verteilend; Märtyrerpalme.

P: der Armen, Bibliothekare, Bierbrauer, Feuerwehr, Glaser, Köche, Kuchenbäcker, Plätterinnen, Schüler, Studenten, Verwalter, Wäscherinnen, Wirte; gegen Brandwunden, Feuer, Fieber, Jucken, Rückenschmerzen, Hexenschuß; der armen Seelen im Fegefeuer; für das Gedeihen der Weintrauben. Die alljährlichen Sternschnuppen-Schwärme zur Zeit seines Fesstages heißen im Volksmund »Tränen des Laurentius«.

11. August

HL. EQUITIUS

Abt, 6. Jahrhundert

Wegen seines heiligmäßigen Lebenswandels war Equitius von vielen Klöstern in Unteritalien zum Abt erwählt worden. In seiner Jugend jedoch wurde er von sinnlichen Versuchungen aufs heftigste angefochten, weshalb er besonders eifrig Bußübungen und Gebet pflegte. Sein unablässiges Flehen zu Gott bewirkte, daß er eines Nachts einen Traum hatte. Ein Engel trat zu ihm, zückte ein strahlendes Messer und kastrierte ihn. Von jener Zeit an war er von allen Versuchungen so frei, als ob er dem Leibe nach kein Geschlecht hätte.

F: auch 7. März.

12. August

HL. CLARA VON ASSISI

Gründerin des Clarissenordens, 1194–1253

Die Jungfrau aus vornehmer Familie hörte eine Predigt des hl. Franziskus und beschloß auf der Stelle, allen irdischen Eitelkeiten zu entsagen. Bei einem persönlichen Zusammentreffen erkannte der Heilige in ihr eine Gleichgesinnte. Er forderte sie auf, ein Bußkleid anzuziehen und in Assisi für die Armen betteln zu gehen. Clara verließ daraufhin nachts heimlich das Elternhaus. Franziskus selbst schnitt ihr die Haare ab, legte ihr ein sackartiges Gewand an, das mit einem Strick gegürtet war, und führte sie in das Kloster der Benediktinerinnen.

Die Empörung ihrer Familie über diesen Schritt steigerte sich zu blanker Wut, als ihr die 14jährige Schwester Agnes ins Kloster folgte. Unter dem Kommando ihres Oheims Monaldo rückte eine Gruppe von Verwandten an, welche die noch unmündige Agnes mit Gewalt zurückholen wollten. Doch Claras Gebet war stärker. Das Mädchen wurde in den Händen der Entführer so schwer, daß sie es nicht mehr tragen konnten. Franziskus brachte die beiden Jungfrauen bald darauf nach San Damiano, und damit entstand das erste franziskanische Frauenkloster. Obwohl Clara die letzten drei Jahrzehnte ihres Lebens fast ausschließlich auf dem Krankenlager zubringen mußte, wuchs die Gemeinschaft unter ihrer Führung rasch an und zog viele junge Frauen gerade auch aus begüterten Familien an. 1228 gab es in Italien schon 23 dieser neuen Klöster.

Der entscheidende Unterschied der Clarissen zu anderen Orden wurde die Liebe zur Armut. Ein Leben lang mußte die Gründerin darum kämpfen, denn im Vatikan wollte man die Nonnen auch in schlechten Zeiten versorgt wissen und bestand darauf, daß das Kloster selbst Eigentum besitzen müsse. Erst zwei Tage vor ihrem Tod setzte Clara durch, daß der Papst das Ordensprivileg bestätigte: Niemand dürfe die Clarissen zwingen, Eigentum anzunehmen.

Die strengen Regeln des Ordens wurden aber stets von der Oberin überboten, was ihre eigene Person anlangte.

Sie trug abwechselnd zwei Bußgürtel auf der blanken Haut; der eine bestand aus verknotetem Roßhaar, der andere aus Schweinsleder, in dem noch kurzgeschorene Borsten steckten. Diese stachen ihr ins Fleisch und riefen eiternde Schwären hervor. Wenn diese zu gefährlich wurden, nahm Clara wieder den anderen Gürtel, bis die wunde Haut sich ein wenig erholt hatte. Der hl. Franziskus persönlich mußte ihr verbieten, auf der bloßen Erde zu schlafen und ganze Tage nichts zu essen. Claras Wirkung auf Menschen war außerordentlich, manchmal auch in unvermuteter Weise. Damals wurde Italien von marodierenden Sarazenen geplagt, die eigentlich im Dienste Kaiser Friedrichs II. standen, aber ihre Stellung zu Plünderung und Notzucht ausnutzten. Eine Schar dieser brutalen Söldner hatte sich zusammengetan, um des Nachts an den Nonnen von San Damiano ihre gewohnten Greuel zu verüben. Sie kletterten die Mauern empor und schauten schon durch die Fenster, während die Schwestern in Panik zu ihrer kranken Oberin stürzten. Diese ließ sich auf einer Bahre mit der Monstranz in der Hand zur Pforte tragen, und plötzlich ergriff ein geheimnisvoller Schrecken die Soldaten und trieb sie in die Flucht.

Am letzten Weihnachten vor ihrem Tod erlebte die sterbenskranke Äbtissin in einer Art übernatürlicher Television die Christmette in Assisi in allen Einzelheiten, weshalb sie 700 Jahre später von Pius XII. zur Patronin des Fernsehens ernannt wurde.

A: als Clarissin in schwarzem oder braunem Wollgewand und mit Kreuz, Lilie, Regelbuch oder Äbtissinnenstab; mit Monstranz oder brennender Lampe.

P: von Assisi; der Glaser, Glasmaler, Stricker, Vergolder, Wäscherinnen; gegen Augenleiden und Blindheit, Fieber; des Fernsehens.

13. August

HL. RADEGUNDE

Königin, 518–587

Die thüringische Königstochter Radegunde war die wertvollste Beute der Franken nach der gewonnenen Schlacht an der Unstrut 531. Die merowingischen Bruderkönige stritten sich um das in seiner Verlassenheit anrührend schöne Mädchen. Aus dem Kampf ging der rohe Chlotar als Sieger hervor. Er ließ sie im Christentum unterrichten und vermählte sich schließlich mit ihr — nach einem ihrer vergeblichen Fluchtversuche.

Radegunde war jedoch an Christus mehr gelegen als an ihrem Gemahl. Um sich seinen ehelichen Ansprüchen zu entziehen, erfand sie allerlei Listen. Nachts stahl sie sich, leibliche Notdurft vorschützend, aus dem Schlafzimmer, um im leichten Nachtgewand in der kalten Schloßkapelle der Andacht zu obliegen. Dabei erkältete sie sich so sehr, daß sie weder am Kamin noch im Bett mehr warm werden konnte. In der Fastenzeit trug sie ein härendes Hemd unter dem Seidenkleid.

Als Chlotar ihren Bruder ermorden ließ, flüchtete sie zum Bischof Medardus und bewog den widerstrebenden und furchtsamen Heiligen, sie als Nonne einzusegnen. Als Boten von Chlotar kamen, die ihr ausrichteten, er wolle nicht mehr leben, wenn er sie nicht wieder zum Weibe haben könne, legte sie sich die härtesten Bußübungen auf. Tag und Nacht flehte sie den Himmel um Schutz vor dem Gatten an. Als Chlotar mit seinem Sohn anreiste, um sie notfalls mit Gewalt zu entführen, warf sich ihm der Bischof Germanus von Paris in den Weg und bat ihn, den Willen Gottes zu respektieren. Da endlich zeigte der Rohling Einsicht. Er warf sich seinerseits dem Bischof zu Füßen und bat um Verzeihung für alle Sünden, zu denen ihn schlechte Ratgeber angestiftet hätten. Der Bischof vergab ihm, aber Radegunde sah der König nie mehr wieder.

Sie ließ ein mächtiges Kloster in Poitiers bauen, zu dessen Äbtissin sie das fromme Mädchen Agnes machte. Sie selbst lehnte alle Ehrenämter ab und ergab sich während ihrer letzten 30 Lebensjahre ganz der härtesten Buße. In der Fastenzeit spannte sie ihren Hals und ihre Arme in drei breite Eisenringe und schnürte den bloßen Leib in ebenso viele Ketten ein, bis er blutete. Um die Versuchungen zu besiegen, zwickte sie sich sogar mit glühenden Zangen. Noch zu Lebzeiten tat sie viele Wunder, heilte Mitschwestern von Krankheit und Besessenheit. Sogar verdorrte Bäume brachte sie wieder zum Blühen.

A: als Klosterfrau mit königlichen Insignien, betend vor einem Kreuzpartikel; mit Bischof, der ihr Schleier reicht; mit Wölfen.

P: von Burgos, Chinon, Péronne und Poitiers; der Töpfer und Weber; gegen Aussatz, Fieber bei Kindern, Geschwüre, Grind, Krätze.

14. August

HL. ATHANASIA

Nonne, † 860

Das Mädchen Athanasia saß einst bei einer Handarbeit, als ein Stern vom Himmel herabschwebte, vor ihrer Brust eine Zeitlang hielt und danach verschwand. Von da an war sie entschlossen, in ein Kloster zu gehen. Gegen ihren Willen zwangen sie die Eltern in die Ehe, doch sie war gerade 16 Tage verheiratet, da erschlugen afrikanische Seeräuber ihren Mann. Die junge Witwe wollte nun ihren alten Wunsch in die Tat umsetzen, aber just in jenen Tagen erging ein Edikt des Kaisers Michael, daß alle nichtverheirateten oder verwitweten Frauen unterhalb einer bestimmten Altersgrenze sich zu verehelichen hätten. Dadurch sollte dem drohenden Bevölkerungsschwund Einhalt geboten werden. Ihre Eltern führten ihr einen zweiten Gemahl zu, und sie fügte sich in ihr Los, ohne freilich ihre frommen Gewohnheiten der Andacht und der Sorge für die Armen aufzugeben. Als einmal eine Hungersnot auf Ägina herrschte, teilte sie ihre Vorräte nicht nur mit den rechtgläubigen Nachbarn, sondern sogar mit Angehörigen einer ketzerischen Sekte.

Mit der Zeit gelang es Athanasia, ihren Mann so zu beeinflussen, daß er hinter Klostermauern der Welt entsagte. Sie selbst gründete mit gleichgesinnten Schwestern eine Gemeinschaft, die ebenfalls klösterlich zusammenlebte. Nach einigen Jahren aber zog sie in die Einsamkeit und widmete sich ganz der Beschauung. Einmal erschien ihr in einer leuchtenden Wolke ein strahlend schöner, nackter Jüngling, und sie wunderte sich über dessen Herrlichkeit. Da hörte sie eine Stimme sagen: »Demut und Sanfmut verliehen ihm diese Schönheit. Wenn du weiter so eifrig bist, dann wirst auch du dereinst in solchem Glanz erscheinen.«

Athanasia wurde gewahr, daß sie plötzlich mit Wunderkräften begabt war, und sie heilte Blinde und andere Kranke. Ihr Ruf verbreitete sich bis an den Kaiserhof.

Sie starb so sanft, wie sie gelebt hatte. Kurz vor dem Jahrestag ihres Todes gingen zwei Nonnen an ihrem Grab vorbei und hörten daraus ein Geräusch. Als sie sich umsahen, erschienen zwei strahlend schöne Jünglinge, die Athanasia in ihrer Mitte geleiteten. Sie führten sie zum Altar, bekleideten sie mit königlichem Purpur, setzten ihr eine Krone auf und reichten ihr ein Zepter.

A: mit nacktem Jüngling und drei Nonnen.

15. August

HL. MECHTHILD VON MAGDEBURG

Begine und Zisterziensernonne, um 1210–1285

Die zwölfjährige Mechthild erfuhr in einer Vision, daß sie mit besonderer Gnade beschenkt sei. Da ihre Eltern von einer geistlichen Berufung nichts wissen wollten, verließ sie in der Nacht ihres 20. Geburtstags das Zuhause und klopfte an viele Klosterpforten. Doch nirgendwo wollte man die unbekannte und mittellose Jungfrau aufnehmen. Sie blieb schließlich in Magdeburg und lebte dort fast 40 Jahre als Begine, in apostolischer Armut, Frömmigkeit und klösterlicher Strenge, doch ohne Gelübde. Zahllose Erscheinungen bestätigten ihr, daß sie auf dem richtigen Wege war. Christus selbst sprach einmal zu ihr: »Ich will dir zwei Engel geben, einen Seraph, der deine Seele erleuchtet, und einen Cherub, der dich beschützt.« Doch auch gegen zwei Teufel mußte sie fortan kämpfen. Der eine versuchte sie zu heimlicher Unkeuschheit, der andere zu Hochmut. Mechthild begegnete diesen Anfechtungen mit entschlossenen Gegenmaßnahmen. Mit Frieren, Hungern und Selbstgeißelung besiegte sie alles Körperliche so sehr, daß sie sich niemals krank fühlte außer durch die Qualen der Reue. Die Fülle ihrer Visionen bewog sie, sich Aufzeichnungen zu machen und sie schließlich im Buch *Vom fließenden Licht der Gottheit* zu veröffentlichen. Darin offenbarte sie ihre Sehnsucht nach bräutlicher Vereinigung mit dem Gottessohn.

Über die Kirche ihrer Zeit sprach Gott zu Mechthild: »Du glänzende Krone der heiligen Kirche, wie ist dein Glanz verdunkelt. Deine Ehre ist verfault im Pfuhl der Laster. Du bist bettelarm geworden, denn dir fehlt der königliche Schatz der Liebe.« Solche Worte schufen ihr viele Feinde. Zuflucht vor ihnen fand sie gegen Ende ihres Lebens im Kloster Helfta bei Eisleben. Dort begegnete sie in der Äbtissin Gertrud und den Nonnen Mechthild von Hackeborn und Gertrud von Helfta endlich wahren Schwestern im Geiste.

Dante hat Mechthild in seiner Gestalt der Matelda in der *Göttlichen Komödie* ein Denkmal gesetzt.

A: als Nonne, an einem Buch schreibend, während ein Gnadenstrahl ihr Herz trifft.

16. August

HL. ROCHUS

Märtyrer, † 1327

Rochus stammte aus Montpellier, war schon als Knabe gottesfürchtig und pilgerte nach dem frühen Tod der Eltern nach Rom. In Italien aber wütete zu jener Zeit die Pest. Rochus trat ins Hospital von Aquapendente ein, um den Kranken zu dienen, und konnte viele durch seine liebevolle Pflege heilen.

Doch nun befiel ihn selbst die Pest. Rochus wollte den Kranken nicht beschwerlich sein und schleppte sich in einen nahen Wald. Dort fand er eine verfallene Hütte, wo er sich zum Sterben bereitete. Als er es jedoch mit letzter Kraft schaffte, aus einem Bächlein neben seinem Zufluchtsort zu trinken, platzten die Beulen auf, das Fieber nahm ab, und er verspürte wieder Hunger.

Ein reicher Bürger, der sich während der Seuche auf sein Landhaus zurückgezogen hatte, beobachtete mehrmals seinen Jagdhund, wie er ein Stück Brot vom Tisch schnappte und damit fortlief. Er folgte ihm eines Tages und sah staunend, wie das Tier einem auf dem Boden liegenden Mann das Brot auf die Brust legte. So wurde Rochus entdeckt. Der reiche Bürger nahm sich gerührt seiner an und sorgte für Medizin und Pflege. Nach seiner Genesung machte sich Rochus wieder auf die Wanderschaft. Auf dem Weg nach Compostela kam er durch seine Heimatstadt Montpellier – und wurde dort als Landstreicher festgenommen. Der von ihm als Zeuge benannte Oheim wollte ihn nicht kennen, und Rochus wurde ins Gefängnis geworfen. Fünf Jahre lang schmachtete er im Kerker, bis er an Entkräftung starb. Mehrere Wunder zeigten den Leuten von Montpellier, daß ein Heiliger in ihrem Stadtgefängnis gestorben war. Und plötzlich erkannte der gedächtnisschwache Oheim an einem kreuzförmigen Mal auf der Brust den Leichnam als seinen toten Neffen.

1656 wütete die Pest in Frascati. Da schälte sich eines Tages die Wand in der Kirche, und zum Vorschein kam ein altes Fresko, das den hl. Rochus zusammen mit dem hl. Sebastian zeigte. Das Volk betrachtete dies als Hinweis, zündete Kerzen vor dem Bild an und ernannte die beiden Heiligen zu Stadtpatronen. Von da an starb niemand mehr an der Seuche.

A: als Pilger mit Wunde (Pestbeule) am Schenkel, die ein Hund leckt; auch mit Hund, der Brot im Maul trägt; rotes Kreuz auf der Brust; mit Engel, der eine Arzneibüchse trägt.

P: Pestpatron, mancherorts einer der 14 Nothelfer; von Frascati, Montpellier, Parma und Venedig; der Apotheker, Ärzte, Bauern, Bürstenbinder, Chirurgen, Gärtner, Karrenführer, Krämer, Kunsthändler, Pflasterer, Raketenmacher, Schreiner, Steinhauer, Totengräber und Wollkämmer; der Gefangenen; der Krankenhäuser; gegen Cholera, Epidemien, Fußleiden, Infektionskrankheiten, Knieschmerzen, Krätze, Tollwut, Unglücksfälle und Viehseuchen.

17. August

HL. CLARA VOM KREUZE
(von Montefalco)

Äbtissin, um 1275–1308

Clara war wie ihre Schwester Johanna schon als kleines Mädchen in eine Reklusinnengemeinschaft eingetreten. Diese wurde in ein Kloster der Unbeschuhten Augustinerinnen umgewandelt, und nach dem Tode Johannas folgte Clara ihr im Amt der Äbtissin. Außergewöhnlicher Buß- und Gebetsgeist, verbunden mit visionären Gaben und Wunderkräften, zeichneten sie aus. In einem Gesicht hatte Clara ihrem himmlischen Bräutigam ihr Herz geschenkt. Nach ihrem frühen Tode öffneten ihre Mitschwestern die Brust der Leiche und fanden das Herz in der Größe eines Kinderkopfes. Sie schnitten es in zwei gleiche Hälften und sahen auf den Schnittflächen die

Mysterien der Passion verteilt. Auf einer Fläche fand sich in der Mitte das Bild des Gekreuzigten, etwas größer als ein weiblicher Daumen, auf der entgegengesetzten Seite flocht sich die Krone aus kleinen Fibern, mit Stacheln eng besetzt, zusammen. An deren Ende hingen die drei Nägel, dem Gefühl nach härter als Fleisch. Darunter war schief die Lanze gelegt, mit scharfer Spitze und so hart, daß der Generalvikar Berengar bei der Überprüfung den Finger wie von einem Stachel getroffen fühlte. Schließlich sah man an anderen Stellen den Schwamm, die Geißel und die Säule mit den Stricken.

Während der Seligsprechung wurden über 470 Zeugen verhört. Das Herz und der Leib Claras sind noch heute unverwest erhalten.

A: mit einem Herzen auf der linken Brustseite, auf dem die Leidenswerkzeuge Christi abgebildet sind; manchmal mit Lilie und drei Steinen, die sich in der Gallenblase fanden.

P: gegen Fußkrankheiten, weil zahllose Zeugen über Heilungen von Klumpfüßen etc. an ihrem Grabe berichteten.

18. August

HL. AGAPITUS

Märtyrer, † um 275

Der 16jährige Jüngling wurde unter Kaiser Aurelian (nach anderen Berichten unter Diokletian) wegen seines christlichen Glaubens vor Gericht zitiert. Da er selbst nach erbarmungsloser Geißelung und fünf Tagen ohne Nahrung im Kerker standhaft blieb, legte man ihm glühende Kohlen aufs Haupt. Apapitus aber sagte nur: »Ein Haupt, das bestimmt ist, im Himmel eine Krone zu tragen, darf sich nicht scheuen, auf Erden zu tragen, was brennt und schmerzt.« Daraufhin wurde er gegeißelt, bis sein Körper eine einzige Wunde war. Man hängte ihn an den Füßen auf, mit dem Gesicht in ein Feuer, doch der Bekenner wurde weder versengt noch erstickt und sprach zum Richter: »Alle Leute werden denken, daß dein Scharfsinn in Rauch aufgeht.« Abermals peitschten sie ihn aus, gossen siedendes Wasser in seine Wunden und zerschmetterten seine Kinnlade.

Als die wilden Tiere in der Arena den Jüngling verschonten, wurde Agapitus schließlich enthauptet. Der grausame Richter konnte sich nicht lange an den Qualen weiden; er stürzte plötzlich von seinem Stuhl und brach sich das Genick.

Die wundertätigen Reliquien des Agapitus werden in Kremsmünster/Öst., in Palestrina und Bologna verehrt.

A: Mit Kopf nach unten über Flammen hängend; mit einem Löwen; mit glühenden Kohlen; mit Krone.

P: der kranken Kinder und Schwangeren; gegen Bauchweh und Kolik.

19. August

HL. SEBALD

Pilger, † 740

Sebald stammte aus Dacien, dem heutigen Rumänien, und hatte in Paris seine Jugend verlebt. Seine Eltern verheirateten ihn mit einer frommen Jungfrau aus gutem Stande, doch in der Hochzeitsnacht machte er seiner Braut die Erklärung: »Heute sind wir geschmückt und morgen eine Speise der Würmer. Willst du wirklich deine Jungfräulichkeit, die Zierde der Ewigkeit, aufgeben und unter Schmerzen Kinder gebären? Wäre es nicht besser, wir unterstellten uns dem Schutz des hl. Joseph?«

Noch in derselben Nacht ergriff Sebald die Flucht und hielt sich drei Jahre verborgen. Danach ging er auf Wallfahrt und erhielt in Rom vom Papst den Auftrag, besonders in Deutschland zu predigen. Da er inzwischen mit der Gabe der Wunder begnadet war, gelangen ihm viele Bekehrungen. Bei Regensburg überquerte er auf seinem Mantel die Donau und machte in der Stadt ein zufällig zerbrochenes Glas wieder ganz. Einen Mann, dem seine Rinder entlaufen waren, segnete er, worauf dessen Hände augenblicklich hell leuchteten und er in dunkler Nacht nach kurzem Suchen seine Ochsen wiederfand. Einmal kehrte der Heilige im Winter unterwegs bei armen Häuslern ein. Er war vor Kälte fast erstarrt und bat die Hausfrau, Holz aufzulegen, damit er sich wärmen könne. Diese tat aus Geiz, als höre sie ihn nicht. Da sagte Sebald: »Wenn du kein Holz verschwenden willst, dann sammle Eiszapfen und Schneeklöße und wirf sie ins Feuer.« Widerwillig tat das Weib wie ihr geheißen, und augenblicklich brannten die Flammen lichterloh, als hätte man dürre Reiser auf die Glut gelegt. Von da an wandelte sich der Geiz der Hausleute zu Freigebigkeit.

Sebald begann sich nach der Einsamkeit zu sehnen und suchte sich einen geheimen Platz im sogenannten Reichswald zwischen den Flüssen Regnitz und Pegnitz. Doch auch hier suchten ihn die Einheimischen bald wegen seiner besonderen Kräfte in den mannigfaltigsten Anliegen auf.

Als Sebald gestorben war, wurde sein Leichnam auf einen Ochsenkarren gelegt — so wie er es kurz vor seinem Tode verfügt hatte — und den Tieren freier Lauf gelassen. Sie trotteten bis zu jener Stelle, wo sich noch heute sein Grab befindet. Darüber bauten die Nürnberger später die Sebalduskirche.

A: als Einsiedler vor seiner Klause, Nürnberg im Hintergrund; Bürgern oder Bauern predigend; mit zwei Ochsen an der Seite; als Pilger mit Stab; mit Modell der Sebalduskirche.

P: von Nürnberg; gegen Kälte.

20. August

HL. BERNHARD VON CLAIRVAUX

Abt und Kirchenlehrer, 1090–1153

Bernhard entstammte altburgundischem Hochadel. Schon als Kind wurde er zum Berufe des Geistlichen bestimmt, was seinen Neigungen entgegenkam. Bald erwarb er sich ein umfassendes Wissen und setzte seine Lehrer durch Zeugnisse ungewöhnlicher Begabung in Erstaunen. Allen Anfechtungen des Fleisches entzog er sich auf das entschiedenste. Einmal entbrannte eine junge Wirtsfrau, in deren Gasthaus er Herberge genommen hatte, in Begierde zu dem überaus schönen Jüngling und schlich sich an sein Schlaflager. Er aber bemerkte ihre Absichten und schrie laut: »Diebe, Mörder!« Damit nötigte er die Schamlose zur Flucht. Ein andermal waren es seine eigenen Augen, die mehr als wohlgefällig auf einer reizvollen weiblichen Gestalt ruhten, und er fühlte an sich die Regungen der Leidenschaft. Dafür bestrafte er sich unverzüglich, indem er trotz der Winterszeit an einen Teich eilte, die Eisdecke zerschlug und sich bis zum Hals ins Wasser stellte. Er blieb dort so lange, bis man ihn fast erstarrt herauszog. Von der Stunde an blieb er vor allen Anfechtungen seiner Keuschheit bewahrt.

Als er in den Orden eintreten wollte, setzte ihm der Vater zunächst Widerstand entgegen. Aber Bernhards wunderbare Beredsamkeit errang so vollständig den Sieg, daß ihm auch seine Brüder, seine Schwester Humbelina und später sogar der Vater selbst folgten.

Bernhard fand Aufnahme im Zisterzienserorden, dessen Abt ihn zusammen mit 12 anderen Mönchen in das wegen Räubern verrufene Wermutstal von Langres schickte. In kurzer Zeit verwandelte der unermüdliche Fleiß und die Frömmigkeit Bernhards die Landschaft in einen Hort des Glaubens, so daß es von da an Lichttal, *clara vallis* (frz. Clairvaux) hieß. Bald wohnten hier 700 Brüder, die der Ruf der Heiligkeit Bernhards angezogen hatte. Dieser hatte seinen Körper dem Geiste derart unterworfen, daß er nicht wußte, was er aß und wohin er ging. So trank er einmal Öl statt Wasser und wunderte sich hinterher, warum an seinen Lippen Öl war. Oder er ging in frommer Andacht am Ufer spazieren und fragte am Abend, wo denn eigentlich der See liege. Mit seiner Beredsamkeit stand er Papst Innozenz II. gegen dessen Widersacher bei. Es gelang ihm, den Gegenpapst Anaklet II. zum Verzicht auf die angemaßte Würde zu bewegen. Als »Wachhund Gottes«, wie ihn seine Mutter einst im Traum gesehen hatte, bekämpfte er unerbittlich alle Arten der Häresie, ob Katharer, Albigenser oder Waldenser. Den gelehrten Abälard klagte er der Vernünftelei an und ließ seine Werke verbrennen.

Bernhard war es auch, der ganz Frankreich zu ungeheurer Begeisterung für den heiligen Krieg gegen die Sarazenen entflammte. In Speyer bewegte er den anfangs zurückhaltenden deutschen Reichstag und Kaiser Konrad II. zur Teilnahme am Kreuzzug.

Das Unternehmen scheiterte jedoch kläglich an der Uneinigkeit der Führer, der Zügellosigkeit des Trosses und der außerordentlichen Habgier und Disziplinlosigkeit aller Beteiligten. Über 200000 Mann wurden in den Tod gejagt, und man beschimpfte Bernhard als falschen Propheten. Er aber schwieg zu den Vorwürfen und sagte einmal: »Besser sie geben mir die Schuld als Gott.«

Die gewaltigen Anstrengungen zerrütteten seine ohnehin schwache Gesundheit. Zur Entkräftung kamen entsetzliche Magenschmerzen und andere bösartige Gebrechen. Er starb mit den Worten: »Es ist an der Zeit, daß ein so alter und unfruchtbarer Baum abgehauen wird.«

Er ist als *»Doctor mellifluus«* (honigfließender Lehrer), als 2. Stifter des Zisterzienserordens und als Verfasser vieler Schriften und Lieder (darunter der lateinische Urtext von »O Haupt voll Blut und Wunden«) in die Geschichte des Christentums eingegangen.

A: Als Abt in weißer Kutte mit Kreuz und Leidenswerkzeugen; mit Hund; gefesseltem Teufel; mit Bienenkorb; mit Buch.

P: der Zisterzienser, von Burgund, Gibraltar und Ligurien; der Imker und Wachszieher; der Bienen.

21. August

HL. JOHANNA FRANZISKA VON CHANTAL

Witwe und Ordensgründerin, 1572–1641

Johanna hatte eine glückliche Ehe geführt und ihrem Gatten, dem Baron Chantal, sechs Kinder zur Welt gebracht, von denen vier am Leben blieben. Der Tod ihres Gatten änderte alles. Er starb durch eine unglückliche Verwechslung: Ein Jagdgefährte hatte ihn für einen Hirsch gehalten und versehentlich erschossen. Obgleich Johanna dem unglücklichen Schützen um Christi willen vergab, konnte sie doch lange Zeit keine Gesellschaft besuchen, auf der auch er zugegen war.

Sie fand sich in ihr Witwenschicksal und widmete sich ganz der Erziehung ihrer Kinder.

Die Begegnung mit dem hl. Franz von Sales führte zu einer erneuten Wende. Als Schwester des Erzbischofs von Dijon hatte sie ihn zuerst in der Kirche und anschließend auf einem kleinen Empfang kennengelernt. Franz sah sie an in ihrem vornehmen Gewand und den standesgemäßen Pretiosen und fragte nur: »Wenn du trauerst, warum trägst du Schmuck?« Ohne ein Wort hatte sie sofort die Geschmeide abgenommen. Von diesem Augenblick an war ein heimlicher Bund zwischen ihnen geschmiedet. Er wurde ihr geistlicher Berater. Sein jüngerer Bruder heiratete ihre älteste Tochter, wodurch sie nun auch durch verwandtschaftliche Bande verknüpft waren.

Sie widmete sich zunächst der Krankenpflege. Besonders den Verachtetsten und Verlassensten wurde sie eine unermüdliche Trösterin. So hatte einer armen Frau der Krebs Mund, Nase und Gesicht abgefressen. Während alle sie mieden, verband und salbte Johanna mit nicht nachlassender Güte und Freundlichkeit.

Eine Vision gab Franz die Idee der Gründung eines Frauenordens ein, mit Johanna als Vorsteherin. In dieser Vereinigung sollte auch Platz für körperlich gebrechliche Mitglieder oder Frauen in vorgerücktem Alter sein. Franz hatte die zahlreichen Witwen aus besseren Familien im Auge, deren Mittel und Bildung dem Selbstbehauptungskampf der Kirche von großem Nutzen sein konnten. Deshalb sollte der bald darauf im Jahre 1610 gegründete Orden von der Heimsuchung Mariens (auch Salesianerinnen oder Visitantinnen) seine Mitglieder zwar zu Gehorsam, Gebet und tätiger Nächstenliebe anhalten, aber auf die strengen Buß- und Kasteiungsregeln der üblichen Vereinigungen verzichten. Auf Anordnung Roms mußte schließlich doch die Klausur eingeführt, die Krankenpflege aufgegeben und an ihrer Stelle die Erziehung der weiblichen Jugend in die Ordensregel aufgenommen werden. Johanna erwies sich als glänzende Organisatorin und begabte Wirtschafterin. Bis zu ihrem Tode gründete sie 41 Klöster. Die emsige Tätigkeit hinderte sie nicht an der Ausbildung ihres Seelenlebens. Um ihren Entschlüssen einen sinnfälligen Ausdruck zu verleihen, brannte sie sich mit einem glühenden Eisen den Namen »Jesus« über ihrem Busen ein.

Alle Lästerungen über ihre Seelenverbindung mit Franz von Sales ertrug sie geduldig, ebenso schwerste Schicksalsschläge, deren schlimmster sie mit seinem viel zu frühen Tod traf. Oft geriet sie nun in Ekstase und erzählte davon ihren Mitschwestern: »Die ganze Welt würde aus Liebe zu Gott sterben, würde sie die Süße kennen, die eine Gott liebende Seele kostet.«

In ihrem fortgeschritteneren Alter erlangte sie Umgang mit dem hl. Vinzenz von Paul, der ihr Beichtvater wurde. Als sie auf einer Reise an einer tödlichen Brustentzündung erkrankte, sah er in der Nacht im Traum einen Feuerball auffliegen und sich am Firmament mit einem noch größeren Ball vereinigen. Der aus beiden entstandene Ball erhob sich immer höher und zerfloß schließlich in einem noch viel größeren und leuchtenderen.

A: in schwarzem Habit und schwarzem Schleier; Herz mit dem Namen Jesu in der Rechten, Buch in der Linken; auch kniend und Kreuz umfassend; mit Franz, der sie unterweist.

P: für glückliche Entbindung; der Salesianerinnen.

F: auch 13. Dezember.

22. August

HL. SYMPHORIAN

Märtyrer, † um 178

Symphorian war ein reicher römischer Patrizier im gallischen Autun. Hier erfreute sich unter den Heiden der Kult der Cybele großer Beliebtheit, deren Anhänger die Mysterien der Göttin mit rauschhaften Tänzen und Umzügen feierten, die zu später Nacht in zügellosester Unzucht mündeten.

Als wieder einmal das Fest begangen wurde und das Volk in Anbetung zur Erde sank, beugte ein einziger weder die Knie, noch murmelte er Lobpreisungen. Der Frevler wurde zum Präfekten Heraklius gebracht. Dieser kannte Symphorian als gebildeten, wohlhabenden Bürger und versuchte ihm sofort Brücken aus der mißlichen Situation heraus zu bauen: »Du hattest gewiß einen triftigen Grund stehen zu bleiben, während sich das Volk vor der Göttin in den Staub warf. Leidest du etwa an Gicht?« Symphorian aber bekannte: »Ich bin Christ.« »Du scherzest. Es gibt in der Stadt keine Christen. Wir haben sie längst alle ausgerottet«, antwortete der Präfekt. Doch Symphorian erwiderte: »Ihr werdet die Christen nie ausrotten, denn sie verehren den allein wahren Gott.«

Weder Versprechungen noch Drohungen, noch Mißhandlungen bewirkten einen Sinneswandel bei Symphorianus.

Nun versuchte es Heraklius mit Schmeichelei: »Du bist ein gebildeter Bürger, bewandert in vielen Wissensgebieten. Wenn du allen Göttern opferst, dann opferst du doch auch deinem Gott. Streu nur einmal ein wenig Weihrauch hin, und wir können beide zufrieden sein.« Symphorian aber blieb standhaft. Da sprang der Präfekt auf, bezeichnete mit einer kurzen Gebärde die Hinrichtungsart und verließ den Saal.

Als man den Bekenner zum Richtplatz führte, rief ihm seine alte Mutter von einer Mauer aus zu: »Bleib mutig bis zum Ende, mein Sohn. Das Leben kann uns Gläubigen nicht geraubt werden, es wird nur neugestaltet.« Festen Sinnes empfing der Märtyrer den Schwertstreich. Seinen Leichnam holten des Nachts die Christen Autuns und begruben ihn bei einem Brunnen.

A: als jugendlicher Märtyrer; als Kleriker mit Tonsur, Buch und Palme; als Ritter in Panzerhemd und Schnabelschuhen.

P: von Autun; der Falkner; gegen Verkrüppelung; gegen Dürre.

23. August

HL. SIDONIUS APOLLINARIS

Bischof von Clermont, um 430–489

Sidonius stammte aus dem römischen Hochadel Galliens und erhielt die beste Ausbildung, die damals in den Wissenschaften, der Musik, Dichtkunst und Rhetorik möglich war. Noch nicht 20 Jahre alt, vermählte er sich mit der Tochter des Kaisers Avitus, zog nach Rom und pries in blumigen Gedichten den Herrscher als Geschenk des Himmels und Heil der Welt.

Doch Avitus wurde gestürzt, und an seine Stelle setzte der Gotenfeldherr Ricimer den Majorian. Sidonius warf sich zu dessen Füßen, bat um Gnade und Huld — und verherrlichte in artigen Reden sowohl Ricimer wie Majorian als überirdische Lichtgestalten, Geißel der Barbaren und Renovatoren des Reiches. Als Majorian starb, verließ Sidonius Rom, suchte sein Landgut auf und strebte nach dem dauerhafteren Ruhm des Gelehrten und Schriftstellers. Doch als auf den Kaiser Severus Anthemius folgte, hielt es das ehrgeizige Genie nicht länger in der Provinz — Sidonius erschien in Rom und feierte in einem kunstvollen Gedicht den neuen Kaiser als Reinkarnation des Augustus. Der Besungene bedankte sich, indem er dem Dichter die Präfektenwürde verlieh.

Da erreichte ihn der Ruf der Heimat: Das Volk der Auvergne verlangte ihn einstimmig zum Nachfolger des

Bischofs Eparchius. Sidonius war Laie und verheiratet, aber die neue Aufgabe reizte ihn. Er lebte hinfort mit seiner Frau wie mit einer Schwester zusammen und trat das Amt an.

Er war den Ehrlichen eine Stütze, den Waisen und Witwen ein Tröster und den Armen eine Zuflucht. Doch auch er konnte nicht verhindern, daß die Auvergne in in Bürgerkrieg und Chaos versank und schließlich von den Westgoten erobert wurde. Sidonius wurde verhaftet und an den Hof ihres Königs Eurich gebracht. Sein Leben war in Gefahr, denn der Gote hing einer gefährlichen Irrlehre an und verfolgte alle entschiedenen Anhänger des alten Glaubens. Da rettete den Sidonius ein letztes Mal die Dichtkunst. Seine wohlgesetzten Worte besänftigten den Barbaren, und dieser entließ den Bischof in seine Heimat, wo er ruhig seine letzten Tage verlebte.

A: als Bischof mit Stab.

F: auch 11. Juli.

24. August

HL. BARTHOLOMÄUS

Apostel

Jesus begrüßte den Bartholomäus in seinen Reihen mit den Worten: »Seht, ein echter Israelit, in dem kein Falsch ist.« Bartholomäus, vorher Nathanael genannt, wurde unter die zwölf Apostel aufgenommen und missionierte nach der Himmelfahrt des Herrn in Armenien, Persien, Arabien und Indien. Er heilte Kranke, trieb Dämonen aus und bekehrte viele. Er soll auch das Evangelium des Matthäus ins Indische übersetzt haben. Als er einen Götzen in einem Tempel zerstörte, ließ ihn der heidnische König ergreifen, lebendigen Leibes die Haut abziehen und dann enthaupten. Andere aber meinen, er sei in Armenien mit dem Kopf nach unten gekreuzigt worden.

Da nun die Heiden sahen, daß die Gläubigen den Leichnam des Heiligen verehrten, taten sie ihn in einen Bleisarg und warfen ihn ins Meer. Er ging aber nicht unter, sondern schwamm durch Ozean und Mittelmeer bis zur Insel Lipari, wo er ehrenvoll bestattet wurde.

Im Jahre 831 verwüsteten arabische Seeräuber die Insel, öffneten auch das Grab und zerstreuten die Gebeine des Apostels. Als die Frevler abgezogen waren, erschien Bartholomäus einem Mönch im Traum und hieß ihn, seine Gebeine wieder einzusammeln. Dieser fragte ihn, warum er die Insel nicht geschützt habe. Der Heilige antwortete, seinetwegen habe der Herr sie lange verschont, aber nun hülfen seine Fürbitten nicht mehr. Die Bewohner hätten allzu viel und zu schwer gesündigt. Der Mönch wollte nun wissen, wie er die Gebeine finden solle. Und der Apostel hieß ihn, nachts auszugehen und alle Knochen, die leuchteten, einzusammeln. Der Mönch tat so und fand alles wie vorhergesagt. Er fuhr mit den Reliquien nach Benevent, wo sie ein neues Grab fanden.

Ein Teil der Reliquien gelangte auch nach Rom, einzelne Stücke nach Frankfurt a. M. und in andere deutsche Städte. Wie beliebt er war, zeigen viele abgeleitete Familiennamen wie: Barth, Bertel, Mebus, Möbius, Mies. Die Winzer sagen: »St. Bartholmä braucht Sonnenschein, soll's geben einen guten Wein.«

A: hält seine Haut in Händen oder steht darauf; auch mit Messer und Buch.

P: von Altenburg, Bethune, Korčula, Frankfurt a.M., Lüttich, Maastricht, Pilsen; der Buchbinder, Fellhändler, Gerber, Gipser, Handschuhmacher, Kornträger, Lederarbeiter, Metzger, Salzträger, Schneider, Schuhmacher, Winzer; der Sünder; gegen Nervenkrankheiten und Zuckungen.

F: auch 25. August.

25. August

HL. EBBA DIE ÄLTERE

Äbtissin von Coldingham, † 683

Ebba war die Schwester der Könige von Northumbria, Oswald und Oswy. Letzterer wollte sie mit dem Scotenkönig verheiraten, um einen zuverlässigen Bündnispartner gegen die heidnischen Mercier zu gewinnen. Aber Ebba lehnte alle Anträge beharrlich ab und erhielt vom hl. Finan zu Lindisfarne den Schleier.

Oswy schenkte ihr Land am Ufer des Dervent, wo sie erst das Kloster Ebchester, dann das Doppelkloster Coldingham für Männer und Frauen erbauen ließ. 30 Jahre lang stand sie als Äbtissin sowohl den Mönchen wie den Nonnen vor. Doch gelang es ihr nicht immer, den Geist des Eifers und der Ordenszucht zu erhalten. Ein frommer irischer Priester machte sie auf große Mißstände aufmerksam und prophezeite ihr unter Tränen: »All das Schöne und Große, was hier entstanden ist, wird bald in Asche verwandelt werden.« Als sie Einspruch erhob, berichtete er, daß ihm ein Unbekannter des Nachts erschienen sei. Dieser habe ihn davon unterrichtet, daß er bei der Durchsuchung der Schlafsäle und Betten nirgends Betende oder Studierende gefunden habe, sondern Faulpelze, Frivole und Gefräßige, die nur über Böses nachsännen. Die Nonnen verwendeten die Zeit zur Herstellung ungebührlich feiner Kleider. Deshalb werde das Kloster zerstört werden und die Bewohner bestraft. Die Äbtissin nahm sich die Mahnung zu Herzen und versuchte, soweit es in ihren Kräften stand, Ordnung zu schaffen. Doch nach ihrem Tod legte eine große Feuersbrunst das Stift in Asche.

26. August

HLL. IRENÄUS und ABUNDIUS

Märtyrer, † um 259

Die Christen Irenäus und Abundius bargen während der Verfolgung des Valerian den Leichnam der hl. Concordia. Man hatte sie zu Tode gepeitscht und in die öffentliche Kloake geworfen. Die Bestattung ward jedoch beobachtet und die beiden angezeigt, worauf sie in demselben schmutzigen Kanal ertränkt wurden. Doch der Priester Justinus zog ihre Leichen heraus und setzte sie in einer Grotte an der Seite des hl. Erzmärtyrers Laurentius bei.

Der Christenverfolger Valerian aber fand ein schimpfliches Ende. Er geriet in die Gefangenschaft der Perser, wo ihn der König Sapor als Fußschemel gebrauchte. Das sei die Wahrheit, pflegte dieser zu höhnen, nicht die schönen Bilder, die in Rom aufgestellt würden. Zu aller Schmach kam noch, daß niemand die Rückgabe des Valerian verlangte, und so starb er elend in der Fremde. Nach seinem Tod wurde ihm die Haut abgezogen, mit roter

Farbe getüncht und im Tempel des Sonnengottes als Trophäe ausgestellt.

27. August

HL. MONIKA

Witwe, Mutter des hl. Augustinus, 332–387

Monika wurde in einem christlichen Elternhaus in Nordafrika geboren. Ihre Eltern erzogen sie zur Tugendhaftigkeit, aber sie geriet auch früh in Gefahr. Der Vater schickte sie immer in den Keller, um Wein für den Tagesbedarf heraufzuholen. Dabei gewöhnte sie es sich an, ein wenig aus Mutwillen zu nippen. Daraus wurden Schlückchen und schließlich tüchtiges Schlürfen. Gott stand ihr jedoch bei. Eine Dienstmagd, die einst beobachtete, wie sie auf einen Zug einen Becher Wein leerte, geriet mit ihr in Streit und nannte sie eine Säuferin. Dieser Vorwurf traf Monika so tief in der Seele, daß sie von Stund an ihr Laster ablegte.

Die blühende Jungfrau wurde mit Patricius, einem reichen Heiden aus gutem Hause, verheiratet. Er hatte neben schönen Eigenschaften des Herzens auch alle Fehler des leichtsinnigen Weltmenschen und ein besonders reizbares Gemüt. Monika bewies ihm stets vollkommene Unterwürfigkeit, ehrte ihn als Herrn und Gebieter und versuchte unerschütterlich, ihn zum Evangelium zu gewinnen.

Verletzungen der ehelichen Treue, üble Launen und Jähzorn ertrug sie in Geduld. Wenn manchmal andere Frauen sich bei ihr über die eigenen Ehemänner beklagten, so pflegte sie zu sagen: »Die üble Behandlung habt ihr euren flinken Zungen zuzuschreiben! Frauen müssen die Kunst des Abwartens verstehen, dann wird aus dem größten Wüterich das sanfteste Lämmlein.« Monikas Selbstbeherrschung, ihr verständiges Walten im Hause und ihre Gabe, Streitende zu versöhnen, errangen am Ende den Sieg über den Starrsinn des Gemahls: Patricius entsagte den Ausschweifungen und wurde Christ. Im Jahr danach starb er.

Monika widmete sich nun ganz den mütterlichen Pflichten gegen ihre drei Kinder, besonders aber sorgte sie sich um Augustinus. Als dieser sich der Irrlehre des Manichäismus zuwandte, weinte sie Tränen um ihn, wie andere Mütter sie nur am Grabe ihrer Kinder weinen. Ein Traumgesicht aber gab ihr eines Nachts die Zuversicht, daß er wieder zum wahren Glauben zurückkehren werde. Es dauerte noch neun Jahre, bis es soweit war.

Als Augustinus gefährlich erkrankte, betete sie unablässig an seinem Krankenlager zu Gott, und er wurde wieder gesund. Monika verließ ihn nun nicht mehr. Sie folgte ihm nach Mailand, und hier gelang es ihr gemeinsam mit Bischof Ambrosius, Augustinus dem rechten Glauben zurückzugewinnen. Als sie 55jährig nach kurzer Krankheit starb, verbot er sich zunächst die Tränen angesichts eines so herrlichen Lebens und Sterbens im Herrn, bis ihn schließlich der Schmerz doch überwältigte.

A: als Matrone mit Schleier, weinend oder lesend, mit Rosenkranz, mit ihrem Sohn zusammen.

P: der Frauen und Mütter, der christlichen Müttervereine.

F: auch 9. und 20. April, 4. Mai.

28. August

HL. AUGUSTINUS

Bischof von Hippo, Kirchenlehrer, 354–430

Aurelius Augustinus wurde im numidischen Tagaste geboren und gilt als der größte Theologe des Christentums. Die Geschichte seiner Bekehrung hat er selbst in den *Bekenntnissen* niedergeschrieben, die Bücher über ihn und sein Werk füllen ganze Bibliotheken.

Einst ward ein frommer Mann im Geiste entrückt und schaute die Heiligen in ihrer Glorie. Doch er fand unter ihnen nicht St. Augustinus. Da fragte er einen anderen Heiligen, wo dieser denn geblieben sei. »Der thront in der Höhe«, war die Antwort, »und disputiert mit der Hl. Dreifaltigkeit über die ewige Glorie.«

A: in bischöflichem Ornat, ein Buch zur Seite und ein brennendes Herz in der Hand; mit Adler; mit Pfeil, der sein Herz durchbohrt; am Meeresstrand mit einem Knäblein, das einen Löffel hält.

P: von Mainz, Palermo und Pavia; der Bierbrauer, Buchdrucker und Theologen; der Augen.

29. August
HLL. SABINA und SERAPIA
Märtyrerinnen, † 119 oder 125

Die vornehme Römerin Sabina lebte wie fast alle Damen ihres Standes nur der Welt, dem Putz und dem Vergnügen. Nach dem Tode ihres Gemahls zog sie sich auf ihr Landgut zurück und gewann bald die Sklavin Serapia lieb. Diese unterschied sich vom übrigen Gesinde, weil sie jegliche Schmeichelei der Herrin gegenüber unterließ, dabei jedoch bescheiden, pünktlich und gewissenhaft ihren Dienst tat. Auch unrechte Bestrafung ertrug sie ohne Murren. Als Serapia einmal einem armen Waisenknaben ein Eitergeschwür am Bein verband, sprach Sabina die Sklavin an und erfuhr, daß sie eine Christin sei. Bald wollte Sabina mehr wissen, und nicht lange danach ließ sie sich taufen.

In der Verfolgung unter Hadrian ergriff man Serapia, unterzog sie der Folter und wollte sie zwei Freigelassenen zur Entehrung ausliefern. Doch Engel schützten ihre Jungfräulichkeit. Nun eilte Sabina herzu und begehrte wie ihre Freundin Ketten tragen zu dürfen. Wegen ihres Standes wurde sie jedoch zunächst geschont. So mußte sie mitansehen, wie man Serapia mit Knütteln schlug, mit Fackeln brannte und schließlich enthauptete. Sabina bestattete die Märtyrerin in der Familiengruft. Dafür zog man sie vor Gericht zur Rechenschaft. Nach einjähriger Kerkerhaft erlitt auch sie das Martyrium durch das Schwert.

A: mit Krone und Palme; ein Soldat schleift sie zur Hinrichtung.

P: der Hausfrauen und der Kinder, die schwer gehen lernen; für günstiges Wetter; gegen Blutfluß.

F: Serapia auch 3. September.

30. August
HL. ROSA VON LIMA
Jungfrau, 1586–1617

Rosa ist die erste Heilige der Neuen Welt. Sie war das Kind einfacher Eltern und eigentlich auf den Namen Isabella getauft. Als ihre Mutter jedoch einmal über dem Gesicht des schlafenden Mädchens eine wunderbar duftende Rose sah, wurde sie von da an nur noch Rosa genannt. Schon als kleines Kind zeigte sie eine außerordentliche Selbstbeherrschung. Als der zufallende Deckel einer Kiste der Vierjährigen den Daumen quetschte, verbarg sie ohne Wehgeschrei das Händchen flugs unter der Schürze, bis nach einiger Zeit die Mutter auf den entzündeten Finger aufmerksam wurde und einen Wundarzt holte.

Die weltlich gesinnte Mutter zwang die heranwachsende Jungfrau, sich ständig herauszuputzen und schön zu machen. Dann schnallte diese den Bußgürtel, den sie heimlich trug, noch enger und besetzte den Schmuckreif um ihr Haupt innen mit Nägeln, darin Christi Dornenkrone nachahmend. Obwohl die Mutter ihr ständig in den Ohren lag, sie sogar mißhandelte, erteilte sie allen Werbern eine Absage. Um andere durch ihre Schönheit nicht zu sündiger Begierde zu reizen, entstellte sie ihr Antlitz, indem sie es mit scharfem Chilipfeffer einrieb.

Sie schloß sich schließlich dem Dritten Orden des hl. Dominikus an, der seinen Angehörigen nicht das klösterliche Zusammenleben gebietet. Als sie ihre Bußtätigkeit immer weiter verschärfte, tadelte die Familie dies als Überspannung. Ihre häufigen Verzückungen trugen ihr Hohn, Spott und Verleumdungen ein. Schweigend erduldete sie alle Demütigungen und zog sich in eine kleine Zelle zurück, die sie sich am Ende des Gartens aus Brettern erbaut hatte. Die Stunden des Tages teilte sie sich so ein, daß zwölf der Andacht, zehn der Handarbeit und Pflege von Kranken und zwei der Ruhe gewidmet waren. Rosa wurde häufig von Engeln besucht. Mehrmals hatte sie Gesichte, in denen sie alle Herrlichkeit des Himmels schaute. Häufig aber auch wurde sie von Verlassenheit und Zweifel heimgesucht. Fünfzehn Jahre flehte sie beharrlich darum, am Leiden des Heilands teilnehmen zu dürfen. Schließlich begann ein innerlicher Brand sie aufzuzehren. In den letzten Tagen war ihre linke Seite gelähmt, alle Glieder bis zur Zunge erstarrt. Dazu gesellten sich eine eiternde Brustfellentzündung, Nierenkoliken, Gichtkrämpfe und mehrere Schlaganfälle sowie ein unstillbarer Durst. Aber je näher das Ende rückte, desto fröhlicher wurde sie. Mehrmals überkamen sie Verzükkungen. Sie starb mit dem Namen des Heilands auf den Lippen. Ihr Leichnam erstrahlte in unvergleichlicher Schönheit. Da ihre Anrufung viele Wunder bewirkte, sprach Papst Clemens X. sie schon 1671 heilig.

A: als Nonne mit Rosen in der Hand oder mit dornenbewehrtem Kranz um den Kopf, zwei Hasen neben ihr, mit Anker und Jesuskind auf einer Rose.

P: von Amerika, Peru, Lima.

31. August

HL. AIDAN

Bischof von Northumbria, Abt von Lindisfarne, † 651

Im berühmten Inselkloster Iona lebte der Priester und Mönch Aidan. Er lehrte nichts, was er nicht selbst vorlebte. Unterwegs ging er meist zu Fuß, um Menschen, die ihm begegneten, ansprechen und für den Glauben gewinnen zu können. Wenn er etwas besaß, schenkte er es sofort den Armen.

Als König Oswald die Mönche von Iona um einen Bischof bat, damit unter den Heiden in seinem Land das Gotteswort verkündet werde, schickten sie ihm einen Mann von strengem Geist. Dieser erreichte nichts, kehrte zurück und schilderte seinen Brüdern die Engländer als wilde, unbezähmbare Barbaren. Da stand einer auf und sagte: »Anscheinend bist du zu hart gewesen und hast ihnen nicht zuerst die Milch der sanfteren Lehre gereicht, bis sie allmählich auch die erhabeneren Gebote begreifen.« Es war niemand anders als Aidan, dem alle beipflichteten, und sogleich weihten sie ihn zum Bischof und entsandten ihn nach England.

Oswald aber folgte in allem den weisen Ratschlägen seines Bischofs, und es war ihm dabei viel Glück beschieden. Es gelang dem König, alle Völker Britanniens mit ihren vier Sprachen, Britisch, Pictisch, Irisch und Angelsächsisch, unter seiner Herrschaft zu vereinen. Als er im Kampf gegen den Barbarenkönig Penda fiel, wurde er bald von den Christen zum Heiligen erklärt, denn sein abgehauenes Haupt wirkte viele Wunder.

Aidan behielt von allen großzügigen Schenkungen des Herrschers nur Lindisfarne und das südlich davon gelegene Felseneiland Farne. Die flache, schwärzlich aussehende Insel Lindisfarne liegt vor der Küste zwischen Berwick und Bamborough. Unfruchtbar und steinig, macht sie Besucher eher melancholisch. »Nur die Religion vermochte es«, schrieb einmal ein frommer Schriftsteller, »ein so trostloses Gelände wohnlich zu machen, zu bebauen und zu kultivieren.« Zweimal am Tag erweitert die Ebbe das Küstenland bis zur Insel und gestattet so den Verkehr trockenen Fußes. Auf diesem ärmlichen Eiland entstand durch Aidans Energie und Umsicht die Klostermetropole des damaligen England, Residenz der Bischöfe Northumbrias.

Oswalds Nachfolger Oswin schätzte den Heiligen ebensosehr und schenkte Aidan ein gutes Pferd, damit er bei dringenden Aufgaben auch einmal schneller als üblich an sein Ziel gelange. Doch kurz danach begegnete diesem ein alter, gebrechlicher Bettler. Königlich aufgezäumt wie es war, schenkte er ihm das feurige Roß. Als Oswin das hörte, fragte er Aidan ärgerlich, warum er dem Armen nichts anderes habe geben können als sein kostbares Geschenk. Da antwortete dieser: »Ist dir das Kind einer Stute teurer als ein Kind Gottes?« Dem König gingen die Worte im Kopf herum, und vor dem Abendessen erhob er sich vom großen Lagerfeuer, an dem die Edlen saßen, ging zum Bischof hinüber und warf sich ihm zu Füßen. »Verzeih mir«, sagte er, »ich werde dir nie mehr Weisungen geben, was und wieviel du den Kindern Gottes geben sollst.« Aidan tröstete ihn und führte ihn zu der Tafelrunde zurück. Kurz danach aber wurde Aidan ganz niedergeschlagen. Fast alle Mitstreiter Aidans waren keltische Mönche aus Irland oder Schottland. Einer von ihnen fragte ihn auf Irisch, das der König nicht verstand, warum er weine. »Ich habe nie einen demütigen König gesehen. Er ist nicht wie die anderen; das heißt aber auch, daß er nicht lange mehr zu leben hat. Dieser Stamm ist seiner nicht würdig.« Und so geschah es: Oswin wurde bald darauf ermordet. Aidan aber folgte seinem königlichen Freund nach nur zwölf Tagen ins Grab.

A: als Bischof mit Pferd, das er einem Armen schenkt; mit Hirschkuh zu Füßen.

1. September
HL. ÄGIDIUS
Eremit und Abt, 640–725

Ägidius stammte aus hohem Athener Geschlecht und genoß die beste Erziehung. Von Kind auf war er gelehrt in der Heiligen Schrift und liebte die Armen. Als er einmal einem kranken Bettler begegnete, der am Straßenrande lag, zog er sein Gewand aus und gab es ihm. Kaum hatte dieser es übergestreift, war er genesen. Nach dem Tode der Eltern verteilte er seine Habe an die Armen und segelte nach Gallien, um dort abgeschieden von der Welt zu leben.

In einer Wildnis bei Nîmes baute er sich ein Hüttchen, doch im ersten Winter wurde es so bitter kalt und er mußte solchen Hunger leiden, daß er schon aufgeben wollte. Da kam eine schöne Hirschkuh zu ihm, ließ ihn an ihrem Euter trinken und wärmte ihn. Eines Tages erspähte der Gotenkönig Wamba das Tier auf der Jagd und verfolgte es. Die Fährte führte ihn zur Klause, wo er die Hirschkuh an den betenden Eremiten geschmiegt erblickte. Wamba hätte den Wundermann gerne an seinen Hof geholt, aber Ägidius zog die Einsamkeit vor. Der König besuchte ihn noch oft und gründete schließlich das Kloster St-Gilles, zu dessen Leitung er Ägidius bewog.

Karl Martell, der Sarazenenbezwinger, ließ einmal den Heiligen kommen und bat ihn um Lossprechung von einer Sünde, die so schwer war, daß er sie nicht zu beichten wagte. Bei der Messe legte ein Engel einen Zettel, darin das Vergehen geschrieben stand, auf den Altar. Ägidius offenbarte sein Wissen dem Herrscher, und dieser fiel vor ihm nieder und gelobte Buße.

A: als Einsiedler in Höhle, mit Hirschkuh.

P: von Edinburgh, Grätz, Heiligenstadt, Jülich, Kärnten, Klagenfurt, Nürnberg, Oschatz, Osnabrück, Toulouse; der Bettler, Bogenschützen, Hirten, Jäger, Pferdehändler, Schleifer; der stillenden Mütter; des Viehs und des Waldes; gegen Aussatz, Epilepsie, Irrsinn, Krebs, Pest und spastische Leiden; gegen eheliche Unfruchtbarkeit; gegen Dürre, Feuersgefahr, Sturm, Unglück, Furcht, in seelischer Not und Verlassenheit; für gute Beichte. Bauernregeln: »Ist Egidi ein heller Tag, ich dir guten Herbst ansag.« / »Wenn Sankt Egidi bläst das Horn, Bauer, säe dann dein Korn.« Zählt zu den 14 Nothelfern.

2. September

HL. SYMEON STYLITES DER ÄLTERE

Säulensteher, um 390–459

Bis zum 13. Lebensjahr weidete Symeon Schafe in Kilikien. Dann aber kam Gott über ihn, und er trat in das Kloster des hl. Abtes Timotheus ein. Er lernte den Psalter auswendig und mochte sich von dem Buche gar nicht mehr trennen. Dabei beachtete er streng die Regel, doch befand er sie bald als zu leicht.

Er wechselte in das Kloster des Abtes Heliodor über, wo die Lebensweise aketischer war. Aber auch hier übertraf er bald alle an Kraft der Buße. Wenn die andern alle zwei Tage einmal aßen, tat er es nur einmal die Woche. Aus Palmblättern drehte er ein rauhes Seil zusammen, das er sich unter seiner Kutte um die nackten Lenden schlang. Mit der Zeit entstand dadurch ein bösartiges Geschwür, und der Schmerzensgürtel mußte mit dem Messer aus seinem Fleisch gelöst werden. Da der Abt um die Einheit der klösterlichen Zucht fürchtete, entließ er ihn nach diesem Vorkommnis.

Nun baute sich Symeon im Gebirge ein Gemäuergeviert ohne Dach, das ihn weder vor der sengenden Sonne noch vor Stürmen und Gewittern schützte. Mit einer eisernen Kette ließ er sich an einen Stein schmieden. Um das Scheuern der Kettenringe zu mildern hatte ihm der Schmied ein Fell um den Fuß angepaßt. Symeon steckte darunter an die zwanzig Wanzen und ertrug deren Quälerei geduldig, obgleich er sie mit einer Handbewegung hätte beenden können. Meletius, der Bischof von Antiochia, besuchte ihn und hielt ihm vor, daß nur Tiere solche Ketten nötig hätten. Der Mensch müsse auf seinen guten Willen bauen und um himmlische Gnade bitten. Symeon ließ daraufhin einen Schlosser kommen, der die Eisenringe durchfeilte und das Fell abnahm.

Nun drängte es ihn, wie Moses und Elias 40 Tage lang zu fasten. Er entdeckte sein Vorhaben dem Priester Bassus, der ihm allerdings auftrug, zehn Brote und einen Krug Wasser neben sich zu stellen. Damit ließ Symeon sich einmauern. Nach 40 Tagen brach man die Lehmwand auf und fand ihn regungslos am Boden liegen, unberührt neben ihm die zehn Brote und der gefüllte Krug. Man befeuchtete seine Lippen mit einem Schwamm, und so konnte er bald einige Lattichblätter und die heilige Hostie zu sich nehmen. Sein Ruf wuchs gewaltig, und viel Volk strömte zu ihm, zumal er durch seinen Segen auch die hartnäckigsten Krankheiten vertreiben konnte. Doch die zahllosen Bewunderer, die seine Kleider berühren oder gar etwas davon abschneiden wollten, wurden ihm schließlich unerträglich. Um ihnen zu entgehen, erfand er eine unerhörte Lebensweise.

Er ließ sich eine sechs Ellen hohe Säule errichten, die er später auf 12, dann 22 und schließlich 36 Ellen (25 Meter) erhöhte und deren Fläche er oben mit der Zeit so verengte, daß er darauf weder liegen noch sitzen konnte. Nur eine Stange in seinem Rücken ermöglichte ihm, wenigstens die Nacht in angelehnter Stellung zuzubringen. Einmal die Woche empfing er in Wasser eingeweichte Linsen und die hl. Kommunion. Außer der Gabe der Geduld im Ertragen körperlicher Leiden besaß Symeon die Gnade der Weissagung — und er wirkte viele Wunder. Sein Ruhm reichte von den Iren bis zu den Chinesen. Tausende versammelten sich jeden Tag an seiner Säule. Gegen Ende seines Lebens befiel ein Eitergeschwür seinen Fuß. Der Heilige hielt ihn fortan ausgestreckt, erduldete ohne Klagen die ungeheuren Schmerzen und stand nur auf dem andern Fuß. Einmal wunderten sich seine Schüler, daß er sich drei Tage ununterbrochen wie zum Gebet niedergebeugt hielt. Schließlich merkten sie, daß er nicht mehr am Leben war.

A: auf einer Säule stehend oder kniend, mit Säule im Hintergrund.
P: der Hirten.
F: auch 25. Juli.

3. September

HL. SYMEON STYLITES DER JÜNGERE

Säulensteher, 521–592

Ein knappes Menschenalter nach dem Tod des ersten Säulenheiligen Symeon des Älteren fand sich ein Nachfolger, der den Meister an asketischem Eifer fast erreichte.

Symeon der Jüngere bestieg mit sechs Jahren seine erste Säule, mit zwölf Jahren eine zweite, die 40 Fuß (15 Meter) hoch war. In diesem Jahr wurde er zum Diakon geweiht. Vor dem großen Andrang der Gläubigen flüchtete er in ein Gebirge auf einen steilen Felsen, der später den Namen »Wunderberg« erhielt. Schließlich lebte er die restlichen 45 Jahre seines Lebens auf einer dritten, noch höheren Säule, deren genaue Ausmaße nicht überliefert sind. Diese stand am berühmten »Berg der Wunder« bei Antiochia und zog Ströme von Besuchern aus aller Welt an. Insgesamt brachte es Symeon auf unerhörte 69 Jahre, die er auf Säulen lebte.

A: auf einer Säule stehend, im Gegesantz zum älteren Symeon (gespaltener Bart) oft mit rundem Bart.

F: auch 1. September und 24. Mai.

4. September

HL. ROSA VON VITERBO

Jungfrau, 1234–1252

Mit drei Jahren bereits zeigte die kleine Rosa, welche Gaben in ihr steckten: Sie erweckte die für tot erklärte Großmutter wieder zum Leben. Damals schon trug sie nichts als ein rauhes Wollkleid, ging allzeit barfuß und barhaupt, und sie sparte sich jeden Bissen vom Munde ab, um soviel wie möglich an die Armen verteilen zu können.

Mit 13 Jahren wurde Rosa schwer krank, und die Ärzte gaben sie auf. Da erschien ihr die Gottesmutter, sicherte ihr Genesung zu und beauftragte sie, im Dritten Orden des hl. Franziskus die Laster zu bekämpfen und den Glauben zu verteidigen.

Nach einer weiteren Erscheinung wurde Rosa die Gnade zuteil, drei Tage lang die Schmerzen des Heilands zu empfinden. Sie litt furchtbar und entbrannte gleichermaßen in Liebe zu Jesus wie zum Haß gegen die Sünde. Mit dem Kreuz in der Hand predigte sie gegen die Feinde des Papstes und gegen Kaiser Friedrich II., auf dessen Seite die meisten Bürger Viterbos standen. Daraufhin wurde sie mitsamt ihrer Familie aus der Stadt gejagt. Doch sie weissagte Friedrichs baldigen Tod, und als er tatsächlich starb, wendete sich die Gunst des Volkes, und sie konnte unter großem Jubel wieder in Viterbo einziehen. Rosa lebte noch zwei Jahre zurückgezogen im väterlichen Hause. Sie starb, erst 18jährig, und wurde in der Kirche Santa Maria de Rosis begraben. An ihrem Grab geschahen außerordentlich viele Wunder.

Rosas mumifizierter Leichnam liegt in einem kunstvollen Glasschrein. Viterbo begeht jedes Jahr ihren Gedenktag mit einem großen Fest.

A: in Ordenstracht und mit Kranz von Rosen auf dem Haupt.
P: der katholischen Mädchen in Italien.

5. September

HL. LAURENTIUS GIUSTINIANI
(Lorenzo)

Ordensgeneral, Bischof und 1. Patriarch von Venedig
1381–1455

Laurentius stammte aus einem der edelsten Geschlechter Venedigs und zeigte von klein an eine ungemeine Ernsthaftigkeit. Seine früh verwitwete Mutter schalt ihn manchmal sogar deswegen. Er aber antwortete stets, daß er nichts anderes im Sinn habe, als ein eifriger Diener Gottes zu werden.

Mit 19 entfloh er heimlich den Fittichen der Mutter und nahm bei den Chorherren im St. Georgskloster das Ordenskleid. Um seine Demut zu prüfen, schickten sie ihn zum Almosensammeln, und geduldig ertrug er jeden Spott. Wenn er an seinem Elternhaus vorbeikam, ging er nie hinein, sondern wartete stets an der Türe, als wäre er ein Fremdling. Seine Mutter weinte jedesmal, weil sie ihn an der Stimme erkannte, und schickte die Diener mit reichen Gaben hinaus, aber er nahm nie mehr an als zwei Brote, für die er höflich dankte. Nur ein einziges Mal brach er mit dieser Gewohnheit: In der Todesstunde der Mutter betrat er sein Elternhaus und spendete ihr das Sterbesakrament.

Wegen seiner Bildung und seiner Gerechtigkeit wurde Laurentius General der Kongregation, später ernannte ihn der Papst zum ersten Patriarchen von Venedig. Als man ihm da bedeutete, er sei seiner Herkunft und seinem

Range auch Rücksichten schuldig, sagte er: »Die Armen lassen nicht viel für mich übrig, und Tugend allein ist Schmuck des Bischofs.« Einen Verwandten, der um Beihilfe für die Mitgift seiner Tochter bat, beschied er mit den Worten: »Gebe ich dir wenig, so genügt es dir nicht; gebe ich dir viel, so werden tausend andere dadurch verkürzt. Die Einkünfte der Kirche gehören den Armen, daher nimm es mir nicht übel, wenn ich deinem Wunsche nicht willfahre.«

A: Almosen austeilend, mit Buch.

6. September

HL. MAGNUS

(Maginold, Magnoald, Mang)

Abt von Füssen, um 699–772

Als Gefährte der Heiligen Columban und Gallus half Magnus bei der Missionierung der heidnischen Bewohner an den Ufern des Bodensees. Nach dem Tode seiner Lehrer wurde er Abt von St. Gallen. Bald darauf entging Magnus bei einem Überfall auf das Kloster nur mit knapper Not dem Tode.

Einer göttlichen Eingebung folgend, machten er und sein Mitbruder Theodor sich auf, den Allgäuern das Christentum zu bringen. Unterwegs schloß sich ihnen ein Blinder an, dem Magnus das Augenlicht wiedergab, indem er die Lider mit Speichel bestrich, sowie ein Priester namens Tozzo. Als sie auf das heutige Kempten zuwanderten, gab der ortskundige Tozzo den Rat, diese Gegend schnell und ohne Rast zu durchqueren, denn überall gebe es hier böse Geister, scheußliches Gewürm, ja sogar einen riesigen Drachen. Während sie noch beratschlagten, wälzte sich plötzlich das Untier schnaubend von einem Berg herab. Die Gefährten retteten sich auf die umliegenden Bäume, nur Magnus schlug das Kreuzzeichen, sprang über eine tiefe Kluft und warf dem Lindwurm Pechkugeln in den Schlund. Als er ihm schließlich den Stab des hl. Columban entgegenstreckte, stürzte das Ungeheuer wie vom Blitz getroffen darnieder, und auch die übrige giftige Natternbrut war zusammen mit den Dämonen verschwunden.

Dies und andere Wundertaten beeindruckte die Allgäuer, und viele ließen sich taufen. Magnus gründete das Kloster Füssen und wurde von Augsburgs Bischof Wigo zum Priester geweiht. Das rauhe Bergvolk aber zivilisierte sich, und in den zwanzig Jahren, die Magnus noch lebte, wuchs der Wohlstand beständig.

Ein naschhafter Bär war von Magnus einst aus dem Obstgarten gejagt worden, und bei der Verfolgung seiner Fährte entdeckte der Heilige in den Wildnissen des Hohen Seiling Eisenerz, dessen Abbau den Allgäuern im Laufe der Zeit viel Reichtum brachte.

A: mit Abtstab, mit Kreuz oder Fackel Drachen besiegend; wilde Tiere und Schlangen um sich; einen Bären unter einem Apfelbaum scheltend.

P: gegen Mäuse, Raupen, Schlangen, Ungeziefer und andere Schädlinge auf den Feldern.

7. September

HL. REGINA

Jungfrau und Märtyrerin, † um 250

Ein vornehmer heidnischer Richter, dessen Frau früh gestorben war, ließ seine kleine Tochter auf dem Lande von einer Amme erziehen. Diese aber war Christin und flößte Regina ihren Glauben ein. Als das Mädchen zu einer schönen Jungfrau herangewachsen war, verliebte sich der Präfekt in sie und wollte sie heiraten. Sie offenbarte ihm jedoch, daß sie eine Braut Christi sei, und wies ihn ab. Ihr Vater fiel aus allen Wolken, als er von der Religion seiner Tochter hörte. Als gutes Zureden nichts nützte, sperrte er sie in einen engen, eisernen Käfig, der an der Wand eines finsteren Verlieses befestigt wurde. Einen ganzen Monat mußte Regina in dieser schrecklichen Lage aushalten, aber ein Engel tröstete sie, und die Tage erschienen ihr wie Sekunden.

Noch schöner als zuvor erschien sie wieder vor dem Präfekten, der ihr in einer geheimen Unterredung versprach, wenn sie ihn eheliche, dürfe sie weiter ihrem Glauben anhängen. Regina aber erklärte ihm, sie wähle lieber den Tod als die Heirat mit einem Heiden. Wütend befahl dieser, sie zu entkleiden, zu geißeln, mit glühenden

Eisen zu brennen und sie abwechselnd in siedendes und eiskaltes Wasser zu tauchen. Während dieser Qualen schwebte eine weiße Taube vom Himmel, und eine Stimme ertönte: »Komm, Regina, und nimm an der Herrschaft des Heilands teil.« Daraufhin bekehrten sich 800 Heiden. Der Präfekt aber ließ Regina auf der Stelle enthaupten.

A: mit Schwert und Palme, neben ihr Schafe; mit siedendem Kessel oder in Flammen; manchmal mit über ihr schwebendem Kreuz oder mit Taube.

P: der Zimmerleute; gegen Geschlechtskrankheiten, Grind, Krätze und Räude.

8. September

HL. KORBINIAN

Bischof, um 680–720/30

Korbinian stammte aus der Nähe von Paris und zog sich in jungen Jahren mit einigen Gefährten in die Einsamkeit zurück. Doch bald lockte die fromme Gemeinschaft viele Menschen an, die Rat und Trost suchten. Korbinian fühlte sich durch die ständigen Besucher nach einiger Zeit gestört und entschloß sich, nach Rom zu wallfahren.

Unterwegs kam er an einem Galgen vorbei, an dem gerade ein rückfälliger Dieb namens Adalbert gehängt werden sollte. Voll Mitleid bat er die Leute um Aufschub — er wolle den König persönlich um Gnade bitten. Zwar hatte er Erfolg, aber als er zurückkam, hing der arme Sünder schon am Strick. Die Leute sagten: »Es ist zu spät, er ist tot.« Doch Korbinian ließ ihn herunternehmen, legte ihm die Hand auf die Brust, und nach kurzer Zeit atmete Adalbert wieder.

In Tirol übernachtete er am Fuße des Brenners im Walde. Als er morgens aufwachte, sah er sein Pferd tot daliegen, und ein großer Bär tat sich gütlich an dem Fleisch. Zornig befahl der Heilige dem Bären, das Gepäck zu tragen, und dieser gehorchte und wurde erst in Rom wieder entlassen.

Der Papst ehrte den Heiligen, ließ es aber nicht zu, daß Korbinian sich wieder in die Einsamkeit verkroch. Statt dessen ernannte er ihn zum ersten Bischof von Freising. Obgleich er immer wieder um Freistellung ansuchte, mußte er bis ans Ende seines Lebens unter den Sündern seiner Zeit gegen das Laster kämpfen. Weil er dem Herzog unbeirrt die Sünde der Blutschande vorwarf — dieser hatte seine Schwägerin geheiratet —, vertrieb man ihn zeitweise nach Tirol, aber schließlich konnte er unter veränderten politischen Umständen zurückkehren. Als Korbinian starb, bestattete man ihn gegen seinen letzten Willen im Freisinger Dom, aber ein 30 Tage währender Dauerregen bewog die Leute, ihn doch seinem Wunsch gemäß nach Tirol zu überführen. Sofort hörte der Regen auf. Erst vierzig Jahre später kehrten seine Gebeine wieder heim nach Freising. Deshalb feiert man im dortigen Bistum sein Fest am 20. November, dem Tag der Rückführung.

A: als Bischof mit Kirchenmodell und Buch; mit Bären.
P: der Diözese Freising (gemeinsam mit Sigismund).
F: auch 20. November (Translation).

9. September

HL. PETRUS CLAVER

Apostel der Neger, 1580–1654

Bis vor kurzem nannte man die Schwarzen Afrikas »Neger«, ohne damit — wie im englischen »Nigger« — eine abwertende Bedeutung anklingen lassen zu wollen. Der Heilige des heutigen Tages, Petrus Claver, wurde 1851 von Papst Pius IX. offiziell zum »Apostel der Neger« ernannt. Das hagiographische Material kennt nur diese Bezeichnung, und sie nicht zu verwenden, wäre in unserem Zusammenhang ein Anachronismus. Das Wort findet daher im weiteren Text um der sprachlichen Authentizität willen Gebrauch.

Der hochbegabte junge Jesuit, der in Barcelona und Mallorca studiert hatte, reiste mit Bewilligung seiner Oberen 1610 nach Amerika, um im kolumbianischen Cartagena unter den Negersklaven zu missionieren. Die Sklavenschiffe landeten hier, und angekettete, vor Schmutz und Elend starrende, halbverhungerte Neger wurden von hier aus auf die Sklavenmärkte der Umgebung getrieben. Mit einem Sack auf dem Rücken, in welchem sich Brot, Obst, Tabak, Wein und anderes Erbettelte befand, eilte

Petrus zum Kai, um die Armen zu erquicken und ihr Zutrauen zu gewinnen. Dann begleitete er die, die noch gehen konnten, in ihre Pferche, dunkle, feuchte Räume, in denen gar nichts als der nackte Boden war. Männer und Weiber, Alte und Junge wurden fast ohne Kleidung zusammengesperrt. Der Unrat, der Gestank, die Hitze, das Wutgeschrei der einen und das Stöhnen der anderen, Pocken, Typhus, Geschwüre, all dies machte die Schiffe zu einer Hölle.

Viele Sklaven hatten Skorbut, der im letzten Stadium den ganzen Körper in eine einzige Wunde verwandelt — von Würmern befallen und fliegenumschwärmt. Petrus widmete sich mit Vorliebe den ekelhaftesten Fällen. Zuerst war er fast ohnmächtig geworden, dann ging er zur Seite, geißelte sich blutig, kniete vor den Kranken hin und küßte die scheußlichen Schwären. Unter diesen Armen missionierte Petrus auf folgende Weise: An eine Wand hängte er ein großes Bild, das in lebhaften Farben Jesus am Kreuze darstellte. Aus den fünf heiligen Wunden flossen fünf Blutströme, welche ein Priester in ein großes Becken auffing, um einen neben ihm knienden Neger zu taufen. Im Vordergrund des Bildes waren die schon Getauften, von schöner Gestalt und mit freudigem Angesicht; im Hintergrund standen andere, die die Taufe verschmäht hatten, mit finsteren Mienen und umringt von bösen Dämonen. Vor diesem Bild lehrte sie Petrus, das Kreuz zu schlagen, das Vaterunser und das Ave Maria zu sprechen, und er erzählte in einfachen Worten von der Güte des allmächtigen Schöpfers. Vierzig Jahre lang wirkte er so Tag für Tag und soll 350000 Neger getauft haben. Die Sklavenhändler waren nicht gut auf ihn zu sprechen und verleumdeten ihn bei seinen Oberen, die ihn auch mehrmals maßregelten. Er ertrug jedoch alles in vollkommener Demut. Während der Pest 1650 war Petrus stets an den gefährlichsten Stellen, und schließlich erkrankte er selbst. Er starb zwar nicht, blieb aber gelähmt. Vier Jahre lang ließ er sich zur Messe tragen und hörte bis zu seinem Tode noch unzählige Beichten.

A: mit Negern um sich.

P: der Negermissionen.

10. September

HL. PULCHERIA

Kaiserin von Byzanz, 399–453

Pulcheria teilte als 15jähriges Mädchen die kaiserliche Würde mit ihrem jüngeren Bruder. Da sie selbst in den Sprachen, den Wissenschaften, aber auch in der Frömmigkeit weiter fortgeschritten war als er, übernahm sie die Sorge für seine Bildung. Im ganzen Palast herrschte unter ihrem Regiment eine strenge Zucht und eine auffallende Sittsamkeit der Dienerschaft. In der Kirche Hodegion stellte man auf ihre Anregung ein vom Evangelisten Lukas persönlich gemaltes Bild der Muttergottes auf, an dem sich viele wunderbare Heilungen ereigneten.

Besondere Ehrungen erwies die junge Kaiserin dem Andenken von Heiligen. So ließ sie die Gebeine des Johannes Chrysostomus in der Apostelkirche von Konstantinopel beisetzen und betete darum, Reliquien des Erzmärtyrers Stephan aus Jerusalem zu erlangen. Auf ihre Bitten sandte ihr Bruder riesige Summen an den dortigen Bischof, und dieser schenkte dem Kaiser schließlich die Hand des Heiligen. Bevor die Reliquie ankam, erschien Stephan der Pulcheria im Traum und sprach: »Du siehst, daß dein Flehen erhört wurde.« Sie stand sofort auf, weckte den Bruder und zog mit ihm der feierlich geleiteten Reliquie entgegen. In ihrem Palast ließ sie dafür eine eigene Kapelle bauen. Besonders glücklich war Pulcheria, als sie unter den Trümmern einer verfallenen Kirche die Gebeine der 40 Märtyrer von Sebaste auffand, und ließ für sie zwei wertvolle Schreine anfertigen.

Es war Pulcheria selbst, die für den Bruder eine schöne, kluge Gemahlin aussuchte, aber diese wurde mit der Zeit auf den Einfluß der Schwägerin eifersüchtig und verdrängte Pulcheria vom Hofe. In der Folge tummelten sich unter den Ratgebern Irrlehrer, Abenteurer und Verschwender, bis endlich Pulcheria in einer geheimen Unterredung den Bruder davon überzeugte, daß der Staat in höchster Gefahr war. Er beteiligte sie wieder an der Regierung, starb allerdings kurz danach. Man bewegte die 52jährige Pulcheria zu einer Heirat mit dem greisen Feldherrn Marcian, wozu sie sich im Interesse des Reiches bereit erklärte, freilich unter der Bedingung, daß dieser ihre Jungfräulichkeit respektiere. Der tugendhafte Mann versprach ihr dies mit Freuden. Die verbleibenden drei Jahre ihres Lebens wirkte sie unendlich viel Gutes für den Staat, die Kirche und die Armen, denen sie auch ihr ganzes Privatvermögen vererbte.

A: als kaiserliche Jungfrau mit Zepter und Lilie.

11. September

HL. THEODORA

Büßerin, 5. Jahrhundert

Die Geschichte der hl. Theodora ähnelt in verblüffender Weise der Vita der hl. Marina (18. Juni). Die vornehme Theodora war die blendend schöne Gemahlin eines frommen Mannes in Alexandria. Ein reicher Lebemann entbrannte zu ihr in ungestümer Begierde, schrieb ihr Briefe, sandte ihr Boten und Geschenke, aber sie wies alles ab. Da nahm er seine Zuflucht zu einer Magierin, die suchte in seinem Auftrag die Störrische auf und wandte alle Künste der Überredung auf. Schließlich sprach sie mit geheimnisvollem Nachdruck: »Was bei Tag geschieht, das kann Gott sehen, aber wenn die Sonne untergegangen ist, dann sieht er nichts mehr.« Durch diese Worte wurde Theodora verblendet.

Nachts ließ sie ihren Verehrer kommen, er schlief bei ihr und ging noch vor Morgengrauen wieder davon. Als Theodora aber tags wieder zu sich kam, fing sie an zu weinen, zerkratzte sich das Gesicht und klagte: »Wehe, ich habe meine Seele verloren, meine schönste Zier.« Da ihr Gemahl sie so traurig vorfand, wollte er sie trösten, sie aber wehrte allen Trost ab. Heimlich schor sie ihre Haare und verließ in Männerkleidern das Haus. Sie bat in einem Mönchskloster um Aufnahme und nannte als ihren Namen Theodorus. Unentdeckt blieb sie dort etliche Jahre und tat demütig alle Dienste, die man ihr auftrug.

Eines Nachts mußte sie auf der Rückreise ins Kloster in einer Herberge übernachten. Da kam eine Magd in ihre Kammer und wollte sich zu ihr ins Bett legen. Aber Theodora verwies es ihr, und die Magd schlief mit einem anderen Gast. Bald stellte sich heraus, daß sie schwanger war, und sie sagte: »Der Mönch Theodorus war es.« Sie sandte das Knäblein ins Kloster, der Abt verstieß den scheinbar sündigen Theodorus, und dieser blieb mit dem Kind in der Nähe und hütete Ziegen und Schafe. Nach sieben Jahren erbarmte sich der Abt des büßenden Mönches und nahm ihn mitsamt dem Knaben wieder auf. Es dauerte jedoch nicht lange, da erkrankte Theodora schwer und verschied in den Armen des Kindes. Der Abt aber hatte in derselben Nacht eine Vision: Chöre der Engel, der Märtyrer, Propheten und Heiligen umstanden eine wunderschöne Frau und bereiteten sie zur Hochzeit. Und eine Stimme sagte. »Dies ist der Mönch Theodorus. Sie büßte dafür, daß sie das Bett ihres Mannes mit Unzucht befleckte. Jetzt ist ihr vergeben.« Der Abt wachte auf, eilte in die Zelle des Mönches und fand ihn tot. Als er ihn aufdeckte, sah er, daß es ein Weib war.

Ihr Mann aber erfuhr von der Geschichte durch einen Engel. Er kam zum Kloster und blieb aus Schmerz um sein Weib gleich da. Bis zum Ende seines Lebens bewohnte er ihre Zelle. Der Knabe hingegen wuchs zu einem frommen Jüngling heran und wurde nach dem Tode des alten Abtes einmütig in dessen Amt gewählt.

A: im Mönchskleide mit Knaben in der Zelle.
F: auch 12. und 17. Juli

12. September

HL. MECHTHILD VON HACKEBORN
(von Helfta)
Nonne, 1241–1299

Mechthild stammte aus vornehmem Geschlecht und wurde als Siebenjährige zur Erziehung ins Zisterzienserinnenkloster Rodersdorf gegeben. Die kleine Gräfin bewies früh eine tiefe Abneigung gegen alle Welteitelkeiten. So befolgte sie alle Vorschriften mit der peinlichsten Genauigkeit und verstand es meisterhaft, die niedrigsten Arbeiten zugeteilt zu bekommen, ohne daß die anderen Nonnen ihre Vorliebe dafür bemerkten. Ebenso klug verbarg sie vor ihnen ihre täglichen Maßnahmen zur Abtötung des Fleisches, mit denen sie den Körper in selbstgewählter Strenge unterwarf.

Ihr sehnlichster Wunsch war daher, im Kloster bleiben zu dürfen. Bei der Verlegung desselben nach Helfta durfte sie — inzwischen 18jährig — mitziehen und endlich den Schleier nehmen. Danach begann sie häufig in Verzückungen zu fallen, blieb jedoch trotz solcher Gnade den anderen Nonnen gegenüber bescheiden.

Sowohl ihre leibliche Schwester, die Äbtissin Gertrud von Hackeborn, als auch die Nonnen Gertrud von Helfta, Mechthild von Magdeburg und die spätere Oberin Sophie von Querfurt übten wie sie selbst die Praxis der Liebesversenkung in Gott. Sie schrieben genaue Berichte von ihren zahlreichen Erscheinungen und gaben sie später als Buch *Liber specialis gratiae* (Buch der besonderen Gnade) heraus. Aufgrund stechender Kopfschmerzen war Mechthild fast immer krank, doch nie kam die leiseste Klage über ihre Lippen. In ihren Visionen erfuhr sie in »unaussprechlich süßer Weise«, wie Jesus sie als Braut erwählte. Dabei sprach er: »Du brauchst das Sterben nicht zu fürchten; denn du hast in deiner Brust mein Herz zum Unterpfand. Am Tag, da ich dich heimhole, wirst du es mir zurückgeben!«

Als sie in Todesschmerzen darniederlag, erschien ihr der Gottessohn in himmlischem Lichterglanz und lud sie ein: »Komm, Gesegnete meines Vaters!« Sie fragte ihn: »Erinnerst du dich an dein Unterpfand?« Er streckte lächelnd die Hand nach ihrem Busen aus, und so gab sie ihm das geliehene Herz zurück. Ihre Schwester Gertrud sah in einer Verzückung mit eigenen Augen, wie die Seele der Hingeschiedenen in die Arme Jesu eilte.

A: als Zisterzienserin, mit Schwester Gertrud vor Kruzifix; mit brennendem Herz in der Hand; mit Buch, auf dem eine Taube sitzt; eine blinde Klosterfrau heilend.

P: gegen Blindheit.

F: auch 26. Februar, 10. April, 15. August, 19. November.

13. September

HL. NOTBURGA

Dienstmagd, 1265–1313

Als Tochter eines Hutmachers zu Rattenberg im Unterinntal geboren, wurde Notburga mit 18 Jahren Dienstmagd bei den Landhofmeistern der Grafen von Tirol, den

Rottenburgern. Diese mächtigen Leute besaßen viele Schlösser und Burgen, zahlreiche Grundholden und Untertanen und ein Einkommen von mehreren tausend Dukaten im Jahr. Das Oberhaupt der Sippe und seine Frau Gutta waren gütige und milde Leute, sie gestatteten der jungen Beschließerin, dem Zug ihres Herzens zu folgen und Speisereste, abgetragene Kleider und unbrauchbar gewordenen Hausrat an die Armen zu verteilen. Im Schloß wohnten aber auch der Sohn Heinrich und seine junge Frau Ottilia, eine stolze, strenge und geizige Person. Dieser waren das Almosenverteilen und die Scharen von Bettlern vor dem Tor ein Greuel. Als die alten Herrschaften das Zeitliche gesegnet hatten, begann sie ein ganz hartherziges Regiment. Sie untersagte Notburga das Almosenverteilen und hieß sie, alle Reste an die Schweine zu verfüttern, denn »die sind doch zu etwas nütze«. Die unglückliche Magd sparte sich nun oft vom eigenen Munde Speis und Trank ab, um die Hungernden zu beschenken. Aber Ottilia wollte auch dies nicht dulden, »damit das Gesindel nicht fürderhin herumlungert um das Schloß«, und schließlich wurde Notburga aus dem Dienst entlassen.

Bei ihrem neuen Dienstherrn, einem reichen Bauern, hatte sie sich ausdrücklich ausbedungen, an jedem Vorabend eines Sonn- oder Feiertages beim ersten Glockenzeichen ruhen zu dürfen, um die Kirchenvesper nicht zu versäumen. Als eines Samstags während der Erntezeit das Geläute ertönte, wollte Notburga wie gewöhnlich gehen. Der Bauer aber drängte sie, noch den kleinen Rest Arbeit zu beenden. Sie berief sich jedoch auf das klare Wort des Vertrags und sprach, als jener weiterschalt: »Nun, so soll die Sichel entscheiden.« Sie hielt diese empor, zog die Hand zurück — die Sichel schwebte frei in der Luft, wie an einen Sonnenstrahl gehängt. Und Notburga ging in die Kirche davon.

Auf der Rottenburg verkümmerte inzwischen alles, Ottilia war eines schweren Todes gestorben, und Herr Heinrich wurde von seinem eigenen Bruder mit Krieg überzogen. Immer mehr begann er das ganze Unglück als Strafe für die Lieblosigkeit zu betrachten, die er gegen die Armen und seine ehemalige Magd begangen hatte.

Eines Tages suchte er Notburga auf und schilderte ihr seine schlimme Lage. Er habe jetzt vor, um ein reiches Fräulein zu werben, und bitte sie, das Geschehene zu verzeihen und wieder wie zuvor unter seinen Eltern als treue Haushälterin zu walten. Notburga willigte ein und kehrte unter dem Jubel der Armen zurück. Mit ihr kam der Segen Gottes wieder: Der Wohlstand mehrte sich so, daß der Ritter nicht nur die Folgen des Krieges überwand, sondern auch ansehnliche Armenstiftungen machen konnte.

Notburga sorgte nun unermüdlich für das Gedeihen der Herrschaft ebenso wie für die Notleidenden, bis sie im Jahre 1313 von schwerer Krankheit heimgesucht wurde. Sie starb eines sanften Todes und wurde gemäß ihrem letzten Willen auf einen Wagen gebahrt, den zwei Ochsen zogen. Die sich selbst überlassenen Tiere gingen von der Landstraße ab, trotteten den rauhen Bergweg gegen Eben hinauf und blieben endlich am Rupertuskirchlein stehen, wo man Notburga am Fuße des Altars begrub.

Die Kapelle wurde durch die Opfergaben und Stiftungen zahlreicher Wallfahrer aus Tirol und Bayern in eine ansehnliche Kirche umgebaut und 1434 auf den Namen Notburgas eingeweiht.

A: mit Sichel; mit Broten oder Krug in der Schürze.

P: der Bauern und Mägde, aller Dienenden; der Arbeitsruhe, gegen alle Nöte der Landwirtschaft; zählt zu den 14 Nothelfern.

14. September

HL. JOHANNES CHRYSOSTOMUS

Kirchenlehrer, um 347–407

Die vornehme Witwe Anthusa schenkte all ihre Liebe dem schwächlichen, aber reichbegabten Sohn Johannes. Obschon er von Gestalt auffallend klein und dünn war (er schreibt selbst von seinem »Spinnenleibchen«), schloß man von seinem mächtigen Kopf mit riesigen Ohren und gewaltiger Nase früh auf außerordentliche Geisteskräfte. Mit zwanzig zählte er schon zu den gesuchtesten Anwälten Antiochias, und nachdem er eine glänzend formulierte Lobrede auf den Kaiser verfaßt hatte, erhielt er den Beinamen Chrysostomus, d.h. »Goldmund«.

Der öffentliche Erfolg drohte Johannes in gefährliche Leidenschaften zu stürzen; es erwachte in ihm die Lust an schlüpfrigen Theaterstücken und anderen Vergnügungen. Doch plötzlich, in seinem einundzwanzigsten Lebensjahre, erkannte er die Gefahr und zog entschlossen eine äußere Schranke zwischen sich und die Welt: Er legte alle modische Kleidung ab und trug hinfort ein ganz schlichtes Gewand. Auch zu Festen und öffentlichen Anlässen erschien er in ärmlicher Kluft — und so nahm die Zahl der Einladungen immer mehr ab. Man hielt in Antiochia, das mit Rom, Konstantinopel und Alexandria die Ehre teilte, eine der vier Hauptstädte des römischen Weltreichs zu sein, große Stücke auf vornehme Lebensart.

Johannes verschloß sich in häuslicher Stille, schlief wenig — noch dazu auf bloßer Erde —, studierte die Heilige Schrift und empfing die Taufe. Nach dem Tode seiner Mutter schloß er sich den Mönchen im nahen Gebirge an, nahm vier Jahre an ihrem asketischen Leben teil und zog sich zwei weitere Jahre in eine einsame Höhle zurück, wo er sich dem Gebete, der Betrachtung und dem Auswendiglernen der Heiligen Schrift widmete. Eine schwere Krankheit zwang ihn, nach Antiochia zurückzukehren. Zwölf Jahre lang kämpfte er nun von der Kanzel herab unermüdlich gegen die Schwelgerei der Großen, die Eitelkeit der Frauen, den Geiz der Reichen, die Lauheit des Volkes, den Götzendienst der Heiden und die Verstocktheit der Juden. Dennoch strömten die Menschen zu seinen Predigten — oft mußte er seine Kanzel im Freien aufstellen. Seine Rede soll »scharf und gewaltig« gewesen sein: »Feurige Blitze zuckten aus seinen Augen, grollende Donnerworte entfuhren seinen Lippen, seine Bewegungen glichen denen eines Helden, der mit zielsicherer Hand den durchbohrenden Speer wirft und mit sieggewohntem Arm den fällenden Streich führt.«

Im Jahre 398 wurde Johannes vom Kaiser Arkadius zum Patriarchen von Konstantinopel bestellt. Das achtundzwanzig Provinzen umfassende Patriarchat war in einem kläglichen Zustand. Viele Bischöfe lagen miteinander in Fehde und bezichtigten sich gegenseitig des Irrglaubens. Am kaiserlichen Hofe regierten Liederlichkeit,

Luxus und Intrige. Das Volk war allgemeiner Sittenverderbnis anheimgefallen.

Johannes ging jedoch festen Mutes zu Werke. Er kleidete sich schlicht wie je, nahm keine Einladungen zu Gastmählern an, hielt selbst nie Tafel. Er wohnte sehr einfach — ohne Tapeten und Seidenzeug. Seine reichen Einkünfte verwendete er zur Linderung fremder Not. Besonders geißelte er in seinen Predigten diejenigen, die sich öffentlich in unanständiger Kleidung zeigten. Er klagte sie an, daß sie strafbarer seien als solche, die der Unzucht frönen: »Denn diese verführen durch ihre verderblichen Reize nur innerhalb ihrer Häuser, ihr aber sucht die öffentlichen Plätze auf, um der Unschuld Schlingen zu legen. Ihr habt den verderblichen Becher gemischt, den tödlichen Trank gereicht! Ich sehe in eurem Verbrechen sogar einen Grad von raffinierter Bosheit, der sich bei den Giftmischern nicht findet: Diese töten doch nur die Leiber, ihr aber die Seelen, was unendlich schrecklicher ist. Sind die Unglücklichen, die ihr verführt, etwa eure Feinde? Nein, ihr sucht nur euren närrischen Stolz, eure erbärmliche Eitelkeit zu befriedigen. Ihr macht den Mord der Seelen — zum Spiele.«

Sehr viele Frauen nahmen sich die Warnungen des Heiligen zu Herzen und entsagten hinfort Schmuck, Purpur und Seide. Einige Hofdamen und Eunuchen brachten jedoch die junge, schöne und übermütige Kaiserin Eudoxia gegen Chrysostomus auf. Man klagte über ihn, daß er nicht seinem Rang gemäß zu leben verstehe, daß er aus Geiz aller Schicklichkeit trotze, daß er ein stolzer, gallsüchtiger Mann sei, der mit der menschlichen Schwäche kein Erbarmen habe, und daß er besonders die Fehler der hohen Frauen in seinen Predigten übertreibe. Mit Hilfe intriganter Geistlicher wurde Chrysostomus seines Amtes entsetzt und zur Verbannung verurteilt. Am Abend der Einschiffung ereignete sich jedoch ein gewaltiges Erdbeben. Das Volk sah darin die Hand Gottes und drohte mit offenem Aufruhr. Der eingeschüchterte Hof rief Chrysostomus zurück, und dieser konnte unter dem Jubel der Massen wieder in seine Kathedrale einziehen.

Der Friede währte nicht lange. Eudoxia ließ sich einige Monate danach auf dem Platz vor der Sophienkirche eine silberne Bildsäule setzen und deren Aufstellung durch Theater, Spiele und Tänze feiern. Dies empörte den Patriarchen; er predigte über den Tod Johannes des Täufers und redete scharf gegen den Mutwillen der Weiber: »Noch wütet und tanzt die Herodias und möchte auf der Schüssel das Haupt des Johannes!« Dies ward der Kaiserin hinterbracht, die nun alle Bedenken in den Wind schlug. Johannes wurde zum zweitenmal abgesetzt und in die Verbannung nach Armenien geschickt, wo er nach einer gefahrvollen Reise von siebzig Tagen erschöpft und krank anlangte. Von seinen Freunden fürsorglich gepflegt, erholte er sich jedoch wieder.

In Konstantinopel aber herrschte Schrecken unter seinen Feinden. Einige erkrankten an abscheulichen Geschwüren, andere verloren die Sprache, wieder andere fielen in Raserei, die Sophienkirche und der Kaiserpalast brannten nieder, und zu alledem starb die Kaiserin in einem unglücklichen Wochenbett unter großen Leiden.

Johannes, der sich aus dem armenischen Exil längst wieder mündlich wie schriftlich in Erinnerung gebracht hatte, fiel nun doch noch seinen unerbittlichen Gegnern zum Opfer. Sie nötigten dem willenlosen Kaiser einen neuen Befehl zu noch härterer Verbannung ab. Die Schergen, die ihn abführten, waren bestochen, ihn so zu mißhandeln, daß er den Strapazen erliege. Sie erreichten ihr Ziel. Chrysostomus erkrankte nach dreimonatigem Marsch in Komana am Schwarzen Meer an heftigen Kopfschmerzen. Er kleidete sich noch in ein weißes Gewand und schied bei vollem Bewußtsein aus dem Leben.

Einunddreißig Jahre später wurde der Leichnam nach Konstantinopel zurückgebracht, um in der Kirche der Hl. Apostel, der Grabstätte der Kaiser und Patriarchen, feierlich beigesetzt zu werden. Der Sohn Eudoxias, Kaiser Theodosius II., und seine Schwester, die heilige Pulcheria, warteten mit dem ganzen Hofstaat und allen Behörden auf dem Landungsplatz. Sie gaben dem die letzte Ehre, den ihre Eltern im Leben verfolgt hatten.

A: mit Bienenkorb, Evangelienbuch, Taube und Engel.
P: gegen Epilepsie.
F: auch 27. Januar.

15. September

HL. PORPHYRIUS

Märtyrer, † um 362

Porphyrius war einer der gefeiertsten Schauspieler am Hoftheater von Byzanz. Vor Kaiser Julian trat er in einer Komödie auf, in der die Christen persifliert wurden. Er selbst äffte auf der Bühne mit albernen Ritualen eine Taufe nach. Doch plötzlich konnte er nicht weiterspielen. Ein abrupter Sinneswandel ging in ihm vor, und er bekannte sich laut zum Christentum. Vergebens versuchte der Kaiser, ihn umzustimmen. So endete er wenig später unter dem Beil.

A: Theaterrequisiten mit Füßen tretend; auch in Enthauptungsszene.

16. September

HL. EDITHA VON WILTON

Nonne, 961–984

König Edgar von England, später wegen seiner friedvollen Herrschaft und der Wohltaten, die er zugunsten der Kirche übte, als Heiliger verehrt (siehe 8. Juli), führte in jungen Jahren ein ausschweifendes Leben. Der Wollust ergeben, versuchte er erfolglos einen Anschlag auf die Tugend der hl. Wulfhilda. Zum Ziel gelangte er hingegen bei der hl. Wulfrida, die er ihrer Jungfräulichkeit beraubte und schwängerte. Als seine rechtmäßige Gemahlin Ethelfleda starb, wollte er die Entehrte ehelichen, aber diese zog sich ins Kloster Wilton zurück, wo sie Buße tat und später zur Äbtissin aufstieg. Die Frucht der Sünde, die kleine Editha, nahm Wulfrida mit und erzog sie fern der Welt in Frömmigkeit. Deshalb sagt das römische Martyrologium von Editha, »daß sie, Gott von Kindheit an sich weihend, nicht sowohl die Welt verlassen, als sie vielmehr nicht gekannt hat«. Als sie herangewachsen war, wies sie den Wunsch ihres Vaters zurück, an seinen Hof zu kommen. Sie legte statt dessen die Gelübde ab und zeichnete sich durch große Demut und Bußgesinnung aus. Bereitwillig pflegte sie Kranke, die von anderen wegen ekelhafter Geschwüre oder übelriechender Wunden vernachlässigt wurden. Besondere Andacht zeichnete ihr Verhältnis zum gekreuzigten Heiland aus. Sie war gewöhnt, sich, Speisen und Getränke sowie den verschiedensten Hausrat unzählige Male mit dem Daumen zu bekreuzigen. Als ihr Halbbruder, der hl. Edward, ermordet worden war, wie sie es vorher in einer Vision geschaut hatte, verzichtete sie auf den ihr angebotenen Thron. Editha blieb im Kloster von Wilton bei ihrer Mutter. Das Jahresgeld, das ihr als Prinzessin zustand, verwendete sie für die Armen und für den Bau einer schönen Kirche. Deren Einweihung nahm auf ihr Verlangen der hl. Dunstan (siehe 19. Mai) vor. Als er bei dieser Gelegenheit bemerkte, wie oft sie mit dem Daumen die Stirne bekreuzigte, verkündete er laut: »Dieser Daumen wird nie in Verwesung geraten.« Während der Messe fiel er plötzlich auf die Knie und weinte bitterlich. Befragt, antwortete er: »Unser leuchtender Stern Editha wird nur noch 33 Tage unter uns weilen.« Und so geschah es.

30 Tage nach ihrer Beisetzung erschien sie ihrer hl. Mutter und verkündete ihr, sie habe mit der Hilfe des Kreuzes Satan überwunden. 13 Jahre später ließ der hl. Dunstan ihre Gebeine erheben: Ihr Daumen war unverwest.

A: als Königstochter oder Nonne, Arme oder Kranke waschend.

17. September

HL. HILDEGARD VON BINGEN

Äbtissin, 1098–1179

In der Ortschaft Böckelheim wurde Hildegard in einem adeligen, reichen Hause geboren. Mit acht Jahren vertraute man sie dem Kloster Disibodenberg bei Mainz zur Erziehung an. Ihre äußere Lebensgeschichte ist arm an Ereignissen: Sie übernahm nach dem Tod der seligen Jutta die Leitung des Klosters und stiftete später auf dem Rupertsberg bei Bingen ein neues Kloster. Obwohl sie zeitlebens kränkelte, erreichte sie das hohe Alter von 81 Jahren.

Schon als Mädchen hatte sie Erscheinungen und Gesichte, die mit der Zeit immer häufiger wurden. Seit 1141 begann sie ihre Visionen aufzuschreiben, und bald interessierten sich Fürsten, Bischöfe, Könige und sogar der Papst dafür. Aus ihrem umfangreichen Werk ist vielleicht am merkwürdigsten ihre Prophezeiung über die Zukunft der Kirche, worin es heißt: »Es wird geschehen, daß ein Schisma den ganzen Klerus und die Kirche entzweit. Und wie der katholische Glaube allmählich sich ausbreitete, stufenweise zu Wahrheit und Gerechtigkeit anstieg, so wird er in dieser Zeit weibischen Leichtsinns ebenso stufenweise von Recht und Ordnung und Satzung abfallen. Zu dieser Zeit werden auch die römischen Kaiser herabsinken. Ihre Herrschaft verfällt langsam, weil sie selbst schmutzig und lau, knechtisch und unrein in den Sitten werden. Sie werden zwar vom Volke noch Achtung und Ehrfurcht verlangen, aber sie werden das Glück des Volkes nicht suchen und können deswegen auch von ihm nicht hochgehalten werden. Darum werden viele Könige und Fürsten zu ihrem eigenen Nachteil vom Römischen Reich abfallen. Jede Landschaft und jeder Volksstamm wird sich seinen eigenen König vorsetzen. Und wenn auf diese Weise das kaiserliche Zepter geteilt ist, wird auch die Kirche zerrissen werden. Weil nämlich in ihr keine Religion mehr gefunden wird, werden Fürsten und die übrigen Menschen ihr Ansehen geringschätzen. Sie werden sich andere Meister oder Erzbischöfe vorsetzen, so daß der Papst kaum mehr Rom und eines Wenige in der Nähe behält. Viele Menschen werden sich daraufhin zu den Gewohnheiten und Sitten der Alten zurückwenden; aber die Zeit wird nicht fern sein, wo jener Sohn der Verderbnis und Verruchtheit (der Antichrist) offenbar werden soll, der sich über alles, was Gott genannt wird, erhebt, bis dieser ihn endlich mit dem Atem seines Mundes tötet.«

Neben geistlichen Werken tat sich Hildegard auch mit Schriften über Heilkunst, Gartenpflege (Kräuter), Musik und Naturkunde hervor. Sie gilt als die erste schreibende Ärztin des Abendlandes.

A: Almosen austeilend; einem Boten Brief (an Papst) übergebend; mit drei strahlenden Türmen; zusammen mit dem hl. Bernhard, der ihre Schriften prüft.

P: der Philologen und Esperantisten.

F: auch 22. Juni.

18. September

HL. JOSEPH VON COPERTINO

Franziskaner, 1603–1663

Der 1963 zum Patron der Weltraumfahrt ernannte Pater Joseph von Copertino ist der Heilige mit der größten Zahl bezeugter — nämlich mehrerer Hundert — Levitationen. Schon als Kind geriet er beim Hören geistlicher Musik oder bei der Messe in Ekstasen, die von außerordentlichem Leuchten des Gesichtes und immer öfter von Schwebezuständen begleitet waren.

Für seine Ordensoberen war diese Eigenschaft nicht nur eine Quelle reiner Freude. Zwar kamen Volk und Adel, um den wunderbaren Minoritenpater zu sehen, immer war Joseph umlagert von Armen, Kranken und Hilfesuchenden; der protestantische Herzog Johann Friedrich von Braunschweig-Lüneburg konvertierte sogar seineswegen zum katholischen Glauben — aber das allgemeine Aufsehen erschien in dieser aufgewühlten Zeit nicht unbedenklich.

Zweimal ermittelte die Inquisition gegen Joseph, ohne Unwahrheit oder Ketzerei an ihm zu finden, doch man versetzte ihn vorsichtshalber in immer abgelegenere Klöster. Letzte Station wurde das Kloster Osimo bei Ancona, wo er im Kreise seiner musizierenden Mitbrüder in einer letzten Verzückung verschied.

Von seinen Schwebezuständen berichtete etwa der ehemalige Vizekönig von Neapel, Joseph habe sich in der Kirche von Assisi nach einer Kniebeuge vor dem Tabernakel der Statue der Unbefleckten Empfängnis zugewandt, habe seinen üblichen Schrei »Oh« ausgestoßen und sei mit ausgebreiteten Armen etwa zehn Doppelschritte weit auf den Altar geflogen, um die Statue zu umarmen. Er blieb dort etwa vier Credos lang, bis ihn sein Oberer zurückrief. Joseph flog gehorsam wieder auf den Boden nieder und entfernte sich scheu und wortlos.

Nach einem anderen Bericht besuchte Joseph die Kirche von den drei Kreuzen. Als er etwa zwölf Doppelschritte entfernt war, stieß er seinen Schrei aus und flog auf das mittlere Kreuz, wo er über eine Stunde sitzen blieb. Dann kehrte er im Fluge wieder auf den Boden zurück.

A: als Franziskaner in Verzückung (mit Flügeln).

P: der Schuster, Weltraumfahrer, der amerikanischen Piloten im Zweiten Weltkrieg; der Abstinenzler und Prüfungskandidaten; für Bekehrung verstockter Sünder.

19. September

HL. JANUARIUS

(Gennaro)

Bischof und Märtyrer, † um 305

Der hl. Januarius war im dritten Jahrhundert Bischof in Benevent, just in der Zeit, da Diokletian die Christen im Reich verfolgen ließ. Er tat alles, um die Verfolgten zu ermuntern, den Gefangenen beizustehen und den Familien zu helfen. Doch schließlich wurde er selbst ergriffen und in einen brennenden Ofen geworfen. Als dies ihn nicht weiter versehrte, warf man ihn den wilden Tieren in der Arena zum Fraß vor. Doch die Löwen und Tiger verhielten sich zahm wie junge Kätzchen. Schließlich ließ der Statthalter den Bischof und mehrere seiner Gefährten bei Pozzuolo enthaupten.

Seine Reliquien werden seit dem 5. Jahrhundert in Neapel verehrt. Die Gebeine sind in der Krypta unter der Hauptapsis des Domes aufbewahrt. Im Tabernakel hinter dem Hochaltar werden zwei Ampullen mit dem getrockneten Blut des Märtyrers aufbewahrt. Dieses wird an den Festen des Heiligen jedes Jahr wieder flüssig, wenn die Fläschchen in die Nähe des Hauptes gebracht werden. Bleibt das Blut ausnahmsweise einmal trocken, dann drohen Neapel schlimme Zeiten.

A: als Bischof mit Schwert, umgeben von wilden Tieren; in Flammen; mit Ampullen über Evangelium in der linken, Bischofsstab in der rechten Hand; mit ausbrechendem Vulkan.

P: von Neapel; der Goldschmiede; gegen Vulkanausbrüche.

F: auch 1. Mai.

20. September

HL. EUSTACHIUS

Märtyrer, 2. Jahrhundert

Kaiser Trajans tapferer oberster Feldherr Placidus, der schon viele Schlachten zugunsten des Imperiums entschieden hatte, eilte einst auf der Jagd einem großen Hirsche nach. Auf einer Lichtung stellte er ihn und bemerkte inmitten des Geweihs ein glänzendes Kreuz mit dem Bildnis Christi. Dieses Erlebnis bewirkte in ihm einen tiefen Wandel. Nachts besuchte er den Bischof von Rom und ließ sich zusammen mit seiner Frau Theopista und seinen beiden Söhnen taufen. Von nun an lautete sein Name Eustachius.

Eine Zeit schwerer Prüfungen erwartete sie. Tödliche Seuchen, vernichtende Unwetter und brandschatzende Räuber machten die heimatlichen Besitzungen dem Erdboden gleich. Eustachius und seine Familie überlebten als einzige und flohen bettelarm an die Küste, um in Ägypten ein neues Leben anzufangen.

Der Kapitän des Schiffes aber, dem sie sich anvertraut hatten, war ein heidnischer, wollüstiger Mann, den es nach der schönen Gemahlin des Eustachius verlangte. Als daher die Reisenden bei der Landung ihre Überfahrt nicht bezahlen konnten, behielt er Theopista als Sklavin und ließ Eustachius mit den beiden Knaben gewaltsam von Bord bringen. Bei der Wanderung landeinwärts durch eine wüste Gegend wurden ihm die Kinder von wilden Tieren geraubt. Gramgebeugt ergab er sich in sein Schicksal und arbeitete in einem nahe gelegenen Dorf 15 Jahre als Knecht bei einem Landmann.

Es kam eine Zeit, in der das Reich aufs äußerste bedroht war, und Trajan ließ in allen Provinzen nach seinem Kriegshelden Eustachius suchen. Tatsächlich erkannten ihn eines Tages zwei alte Soldaten an einer Narbe am Kopf. Eustachius übernahm angesichts der Not des Vaterlandes die angetragene Stellung und ordnete eine allgemeine Truppenaushebung an. Bei der Musterung entdeckte er unter den frisch eingezogenen Soldaten niemand anderen als seine totgeglaubten Söhne, und diese konnten ihn gar mit der verschollenen Gemahlin wieder zusammenführen. Sie hatten nämlich auf dem Weg zum Heerlager bei einer armen Frau Herberge gefunden und in ihr die Mutter wiedererkannt. Jedermann nahm Anteil an diesem anrührenden Ereignis.

Eustachius zog ins Feld, schlug die Feinde und wurde mit Triumph in Rom empfangen. Hier war inzwischen

Trajan gestorben, und der den Christen feindselig gesinnte Hadrian hatte den Kaiserthron übernommen. Als bei den großen Feierlichkeiten der oberste Feldherr fehlte, stellte er ihn zur Rede und erfuhr, daß Eustachius als Christ nicht den Göttern opfern könne. Vergeblich versuchte er ihn zu überreden und befahl schließlich in seinem Zorn, einen ehernen Stier glühend zu machen und Eustachius mitsamt seiner Familie darin zu verbrennen.

Als man ihre Asche ausräumen wollte, fand man die vier Leichname völlig unverletzt. Christen beerdigten sie, und später wurde über ihrer Grabstätte eine prächtige Kirche errichtet.

A: als Jäger oder Ritter, manchmal zu Pferd, Jagdhorn blasend (wurde seit dem 11.Jh. oft mit dem hl. Hubertus verwechselt); mit Hirsch, ein leuchtendes Kreuz im Geweih; mit glühendem Stier; mit seiner Familie vor den wilden Tieren.

P: der Jäger, Förster, Krämer, Strumpfwirker, Tuchhändler; bei traurigen Familienschicksalen, in verzweifelten Situationen.

21. September

HL. MATTHÄUS

Apostel und Evangelist

Matthäus bekleidete vor seiner Bekehrung das von den Juden so gehaßte Amt des Zöllners. Als der Heiland an seiner Mautbude vorbeizog und zu ihm sagte: »Folge mir nach«, verließ Matthäus auf dieses einzige Wort hin seine einträgliche Stellung und veranstaltete noch am Tage seiner Berufung ein großes Gastmahl, zu dem er viele ehemalige Kollegen vom Zoll und andere Sünder einlud. Als die Pharisäer darüber murrten, wies Jesus sie mit den Worten ab: »Ich bin nicht gekommen, die Gerechten zu berufen, sondern die Sünder.«

Matthäus rückte bald unter die zwölf Apostel auf. Nach dem Tode des Herrn wirkte er zunächst in der Umgebung Judäas und verfaßte sein Evangelium in der damaligen Volkssprache der Juden, dem Aramäischen. Als sich dann die Apostel für die Verkündigung den Erdkreis aufteilten, fiel dem Matthäus Äthiopien zu, welches er in 33 Jahren Mission bekehrte.

Auch König Egippus ließ sich samt Familie und Gefolge taufen. Iphigenie, die Tochter des Königs, sollte zusammen mit 200 anderen Jungfrauen ein Kloster gründen. Plötzlich jedoch starb Egippus, und den Thron bestieg Hirtacus. Der begehrte Iphigenie in rasender Leidenschaft und versprach Matthäus die Hälfte des Reichs, wenn er sie zur Ehe zu bewegen vermöge. Matthäus lud ihn zur nächsten Sonntagsmesse ein, bei der Iphigenie und ihre Jungfrauen bereit wären, einen Ehebund zu schließen. Der König dachte, Matthäus wolle sie zu seinen Gunsten überreden, und fand sich erwartungsvoll in der Kirche ein. Da sprach der Apostel: »Weil die Ehe so rein ist, hätte jeder den Tod verdient, der die Braut des Königs rauben würde. Doch auch für dich gilt dies, König. Wie kannst du wagen, dem die Braut zu rauben, der mächtiger ist als du?« Der Herrscher verließ wutschnaubend die Kirche und befahl einem Schergen, Matthäus zu töten. Dieser stürmte zum Altar und erschlug den Apostel von hinten mit dem Beil.

An das Gebäude, in dem Iphigenie und die 200 Jungfrauen wohnten, ließ Hirtacus Feuer legen. Doch die Flammen verschonten das Haus und sprangen auf den Königspalast über. Nur der Herrscher selbst und sein Sohn entrannen dem Brand. In den Sohn aber fuhr der Teufel und zwang ihn, am Grab des Apostels die Missetat zu gestehen. Der Vater, von unheilbarem Aussatz befallen, stürzte sich ins eigene Schwert. Daraufhin wählte das Volk Iphigenies Bruder zum Herrscher, der 70 Jahre regierte und die Kirche Äthiopiens stark machte.

A: das Evangelium schreibend an der Seite eines Kindes, eines Engels oder eines geflügelten Menschen; mit Hellebarde, Speer oder Beil; mit Geldbeutel (Zöllner) oder rundem Zahlbrett.

P: von Salerno; der Finanz-, Steuer- und Zollbeamten, der Wechsler, der Buchhalter.

22. September

HL. MAURITIUS

(Moritz) und die Thebäische Legion

Märtyrer, † 286 oder 303

Die thebäische Legion bestand hauptsächlich aus christlichen Soldaten aus Oberägypten, der Thebais. Auf einem

Feldzug unter Kaiser Maximian gegen gallische Aufrührer lagerte das Heer in Octodurum, dem heutigen Martigny, um durch Opferfeste die Götter günstig zu stimmen. Oberst Mauritius verließ daraufhin mit seinen Mannen das Lager und bezog bei Agaunum, dem heutigen Saint-Maurice Stellung. Hier wollten die christlichen Soldaten die heidnischen Festlichkeiten abwarten und sich dann wieder mit dem übrigen Heer vereinigen. Auf Maximians Befehl zur Teilnahme an dem Ritual ließ Mauritius dem Herrscher antworten: »Wir Christen beteiligen uns nicht am Götzendienst. Wenn du uns befiehlst, gegen den Feind zu kämpfen, werden wir sofort gehorchen und unsere Treue mit unserer Tapferkeit beweisen.«

Daraufhin wurde die Legion dezimiert, d.h. jeder zehnte Mann vor den Augen der Kameraden enthauptet. Der Oberst und seine Adjudanten Candidus und Exsuperius sprachen jedoch allen Mut zu, und die Legionäre blieben standhaft. Sie bildeten eine Abordnung, die dem Kaiser erklärte: »Wir sahen das Blut unserer Brüder fließen und rauchen, aber unsere Treue gegen dich, Kaiser, wankt nicht. Leben, Leib und Blut sind dein, aber Herz und Seele haben wir Gott verpfändet. Für ihn sind wir zu sterben bereit.« Diese Worte steigerten den Zorn des Herrschers zur Weißglut. Er ließ sein gesamtes Heer aufmarschieren und die Aufrührer umzingeln. Die Legion bestand aus mehr als 6000 tapferen Kämpfern, aber Mauritius überzeugte sie, keinen Widerstand zu leisten. Sie legten alle Waffen zur Seite, nahmen die Rüstungen ab und boten den entblößten Nacken dem Schwert der Henker. Den ganzen Tag über metzelten die heidnischen Soldaten ihre christlichen Kameraden nieder. Andere Angehörige der Legion, die zufällig nicht bei der Truppe geweilt hatten, zogen daraus keinen Vorteil. Sie stellten sich ebenfalls ihren Schlächtern. So wurden Ursus und Victor zu Solothurn gemartert. Ihre Reliquien werden dort noch heute aufbewahrt. Thyrsus mit seinen Mannen erlitt das Martyrium in Trier. In Turin fanden Octavius, Adventitus und Solutor den Martertod. Cassius und Florentinus starben mit sieben Gefährten in Bonn, Gereon mit 318 Legionären zu Köln. 330 Soldaten wurden bei Xanten hingerichtet.

A: als römische Soldaten mit Panzer und Schild; Mauritius, oft schwarz (wegen seiner afrikanischen Abstammung), trägt als Zeichen der Führerschaft eine Fahne.

P: der Heere, Infanterie, Messer- und Waffenschmiede, Soldaten, bei Gefechten, Kämpfen, Schlachten; von Angers, Appenzell, Coburg, Ferrara, Goslar, Halle, Le Havre, Ingolstadt, Lauenburg, Luzern, Magdeburg, Mainz, Mantua, Nanterre, Piemont, Pyritz, Sardinien, Savoyen, Tours, Vienne, Wiesbaden, Werth; der Färber, Glasmaler, Hutmacher, Krämer, Tuchweber, Wäscher; der kranken Kinder; gegen Besessenheit, Gicht, Ohrenleiden; der Weinstöcke, der Pferde.

23. September

HL. THEKLA

Jungfrau und Märtyrerin, 1. Jahrhundert

Wird der hl. Stephan als erster Märtyrer verehrt, so Thekla als erste Märtyrerin. Tochter angesehener heidnischer Eltern zu Iconium in Kleinasien, besaß sie neben ausgezeichneten Geistesgaben eine ungemeine Körperschönheit. Um das Jahr 45 kam der hl. Paulus in die Stadt, das Evangelium zu verkünden. Sie wurde seine Schülerin und ließ sich von ihm taufen.

Besonders hatten sie die Darlegungen des Apostels über die Würde des jungfräulichen Standes beeindruckt. Als daher ihre Eltern sie mit einem reichen Bräutigam vermählen wollten, verweigerte sie ihre Zustimmung und erklärte, daß sie ihren Leib nie von einem Mann berühren lassen werde. Der Verlobte fühlte sich dadurch beschimpft und verklagte sie beim Statthalter. Vor Gericht blieb die Jungfrau standhaft, weshalb sie nach drei Tagen Kerkerhaft in die Arena geschleppt wurde. Schamrot erhob Thekla ihre Augen zum Himmel, als man ihr die Kleider vom Leib riß und sie entblößt den wilden Tieren preisgab. Die Leoparden, Tiger und Löwen lagerten sich jedoch wie Lämmer zu ihren Füßen, und auch die wilden Stiere griffen sie nicht an. Die Richter schickten Thekla nun voller Wut auf den Scheiterhaufen. Doch die Flammen ließen sie ebenso unversehrt wie die Schlangengrube, in die man sie als nächstes stürzte. Nach diesen ebenso harten wie wunderbar bestandenen Prüfungen kam sie endlich frei, fand den hl. Apostel Paulus wieder und begleitete ihn auf seinen Reisen. Thekla starb nach vielen Jahren friedlich im Rufe der Heiligkeit.

Fast allen Kirchenvätern ist ihre Geschichte vertraut. Aus dem 4. Jahrhundert sind mehrere Verehrungsstätten bekannt, die wichtigste bei Seleukia am Tigris im heutigen Irak. Andere Wallfahrtskirchen gab es in Nordafrika, in Palästina und in Rom. Bis heute genießt Thekla besondere Hochschätzung in Spanien (mit dem Zentrum in Tarragona), in Zypern, Bayern, Köln und Mailand.

A: halbbekleidet an einen Pfahl gebunden; als Jungfrau mit Kruzifix, mit Palme, Löwe, Stier; auf Scheiterhaufen; im Kerker, mit Schlangen, die sich um ihre Arme winden; zuweilen mit dem hl. Paulus.

P: der Augenkranken, Sterbenden.

24. September

SEL. HERMANN DER LAHME

Mönch, 1013–1054

Graf Hermann zu Altshausen war von Geburt an nicht nur lahm, sondern seine sämtlichen Glieder waren verkrümmt und standen so quer zueinander, daß man später gar nicht mehr begriff, wie er überhaupt schreiben lernen konnte.

Wenn man ihn an einer Stelle niederlegte, vermochte er sich ohne fremde Hilfe nicht mehr zu erheben, noch nicht einmal auf die Seite zu wenden. Er konnte nur in einem besonders angefertigten Tragestuhl mühsam hocken. Wahrscheinlich hatte er auch einen Wolfsrachen, denn er tat sich schwer damit, verständliche Laute von sich zu geben. Seine Familie bewog das Bodenseekloster Reichenau dazu, ihn aufzunehmen. Was Hermann an äußeren Ausdrucksmöglichkeiten fehlte, glich er durch einen wachen Geist aus, der mühelos die schwierigsten Wissensgebiete aufzunehmen vermochte. Hermann wurde einer der hervorragendsten Gelehrten seiner Epoche. Seine besondere Liebe galt der Mathematik und der Astronomie. Er verfaßte Lehrbücher und baute mit seinen verkrüppelten Händen selbst ein Instrument, mit dessen Hilfe sich der Stand der Gestirne berechnen ließ. Außerdem schrieb er eine Weltchronik, die von Christi Geburt bis in seine Zeit reichte und in der er alles mit klarem Blick für das Wesentliche zusammenfaßte, was in den Klöstern von Reichenau, Einsiedeln und St. Gallen an quellenträchtigen

Handschriften und Büchern verfügbar war. Daneben dichtete er Verse von sicherem Stilgefühl, komponierte Hymnen und Lieder auf den heiligen Georg, auf Afra und den Bischof Wolfgang. Bis heute werden seine Hymnen *»Salve Regina«* und *»Alma redemptoris mater«* gesungen.

Er selbst beteiligte sich, verkrümmt in seinem Stuhl hockend, am Chorgesang der Benediktiner, und wenn er sang, wurde seine Stimme so klar, daß man alle seine Beeinträchtigungen vergaß. Als er 41 Jahre alt geworden war, wurde er von einem peinigenden Seitenstechen befallen. Zehn Tage lag er schwer darnieder, und nachdem er seinen Mitbrüdern erklärt hatte, es verlange ihn mit unaussprechlicher Sehnsucht nach der künftigen, unvergänglichen Welt, hauchte er seine Seele aus.

F: auch 21. Juli.

25. September

HL. GEORGIA VON CLERMONT

Jungfrau, † um 600

Von Georgia ist wenig bekannt, aber die Landleute der Auvergne ehren ihr Andenken. Das fromme Mädchen hatte sich von Clermont in ein kleines Dorf zurückgezogen, um ungestört von Geselligkeiten und sündigen Verlockungen ihr Leben mit Gebet und guten Werken zu verbringen.

Nach ihrem Hinscheiden brachte man sie in einem feierlichen Leichenzug wieder in ihre Heimat zurück. Da begab es sich, daß über der Totenbahre ein riesiger Schwarm von weißen Tauben herflog, der dem Leichnam überallhin folgte, wohin er getragen wurde. Als der Zug an der Kirche der Stadt angelangt war, setzten sich die Tauben auf das Dach und warteten das Ende des Gottesdienstes ab. Doch nachdem Georgia begraben war, erhoben sich die Vögel und entschwanden in den Himmel. Die Gläubigen waren sich gewiß, daß es nicht gewöhnliche Tauben gewesen sein konnten, sondern Engel, die durch ihre Anwesenheit die Heiligkeit der verehrten Jungfrau bezeugen wollten.

A: als Jungfrau mit Lilie und Tauben.
F: auch am 15. Februar und 11. März.

26. September

HL. CYPRIAN VON ANTIOCHIA

Bischof und Märtyrer

HL. JUSTINA VON NIKOMEDIEN

Jungfrau und Märtyrerin, † 304

Cyprian war ein Zauberer aus Antiochia, der alle Erkenntnis der Schwarzen Magie zu erlangen suchte. Auf weiten Reisen nach Ägypten, Persien und Indien bildete er sich bei Astrologen und Nekromanten zu einem Meister der okkulten Wissenschaften aus. Über Christen spottete er nur und nutzte jede Gelegenheit, gottlose Schmähungen über sie anzubringen. Um seine zahlreichen Anhänger zu beeindrucken, arbeitete er mit allen Künsten der Täuschung. Lüge, Betrug, Intrige — sie gehörten zu seinen gewöhnlichen Methoden. Aber selbst vor Mord schreckte er nicht zurück, wenn es galt, die vermeintlichen Wissenschaften zu fördern. So schlachtete er nicht selten kleine Kinder ab, um mit ihrem Blut die Dämonen der Unterwelt seinen Absichten dienstbar zu machen. Dabei schnitt er die kleinen Leiber auf, riß die pochenden Herzen aus der Brust und erforschte in den noch zuckenden Eingeweiden die Zukunft. Auf solchen dunklen Wegen errang Cyprian den Ruf des größten Schwarzmagiers von Antiochia.

Zur selben Zeit lebte in der Stadt eine edle Jungfrau, Justina von Nikomedien. Sie war die Tochter eines heidnischen Priesters, hatte sich aber früh durch einen christlichen Nachbarn zum Glauben bekehrt. Ihre unnahbare Schönheit verschaffte ihr gleichwohl viele Bewunderer. Am heftigsten, aber vergeblich wie alle anderen, begehrte sie der vornehme Jüngling Agladius, der schließlich Zuflucht bei den dämonischen Künsten Cyprians nahm. Dieser versprach ihm zu helfen, verfiel aber selbst der Schönheit Justinas. Der Magier zog alle Register seiner okkulten Macht, und Scharen von Dämonen setzten Justina böse zu. Aber vor dem Kreuzzeichen und ihrem frommen Sinn versagten alle Mittel. Die Machtlosigkeit seiner Geister einem schwachen Mädchen gegenüber stimmten Cyprian nachdenklich. Furcht vor der höheren Gewalt und Verzweiflung eingedenk aller Frevel der Vergangenheit ließen ihn bald völlig verzagen. Der christliche Priester Eusebius fand ihn als Schatten seiner selbst, tröstete ihn und nahm ihn mit zum Gottesdienst.

Die Gläubigen und der Bischof trauten ihren Augen kaum, als der berüchtigte Zauberer in ihren Reihen auftauchte. Aber Cyprian zerstreute ihre Bedenken, indem er öffentlich all seine magischen Bücher und Gerätschaften verbrannte. Schon bald erhielt er die Taufe und war nun wegen seiner Tugend unter den Mitbürgern ebenso berühmt wie zuvor wegen seiner Laster. Cyprian wurde zunächst Türhüter der Kirche, später Priester und schließlich sogar Bischof von Antiochia. Unter Kaiser Diokletian wurden Cyprian und Justina verhaftet. Gemeinsam trotzten sie grausamsten Foltern und wurden schließlich zusammen enthauptet. Ihre Leichname überführten Gläubige nach Rom, wo sie noch heute in der Lateranbasilika ruhen.

A: auf Bratrost (mit Justina und allein); mit Schwert oder Kessel mit siedendem Pech; als griechischer Bischof ohne Mitra, seine Zauberbücher am Boden; zusammen mit Justina ein Schwert haltend; Cyprian aufgehängt, Justina gegeißelt.

27. September

HLL. KOSMAS und DAMIAN

Märtyrer, † um 303

Die Zwillingsbrüder Kosmas und Damian stammten aus einer in Kilikien eingewanderten arabischen Familie, die sich sowohl durch Reichtum als auch durch Eifer für den christlichen Glauben auszeichnete. Als Ärzte gehörten sie bald zu den begehrtesten Koryphäen des ganzen Landes. Weil sie ihre Kunst jedoch bei Armen wie Reichen unentgeltlich ausübten, fanden sie Zutritt auch in die Wohnungen der überzeugtesten Heiden.

Wenn ein Kranker sie rief, bekreuzigten sie ihn zunächst, wiesen ihn auf die Allmacht Gottes hin, die Leben verlängern, aber auch verkürzen könne, und erkundigten sich dann nach ihrem Befinden, um endlich das eine oder andere Heilmittel zu verordnen. Gewöhnlich wurden die Kranken in kurzer Zeit gesund, oft konnten sie sogar unverzüglich vom Bett aufstehen. Es gab fast kein Übel, das nicht der Behandlung und dem Gebet der begnadeten Brüder wich. Das Zutrauen in sie wuchs täglich um so mehr, als sie nicht nur für ihre Bemühungen auf jedes Entgelt verzichteten, sondern überdies arme und hilflose Kranke mit Wohltaten unterstützten. So konnten sie viele Herzen gewinnen und zu Christus bekehren.

Viele Jahre lebten Kosmas und Damian in der Stadt Äga, bis sich neidische Kollegen und Götzenpriester verbündeten und sie wegen ihrer christlichen Religion anklagten. Sie wurden vor Gericht zitiert, zum Götzenopfer aufgefordert und nach einer Feuerfolter, die ihnen jedoch nichts anhaben konnte, durch das Schwert hingerichtet.

A: als bartlose Ärzte in langer Robe mit Pelzbesatz und Mütze, mit Schlangenstab, chirurgischen Instrumenten, Arzneigefäßen, Mörser, Spatel, Uringlas; mit Pfeil und Scheiterhaufen.

P: der Ärzte, Apotheker, der medizinischen Fakultäten, Bandagisten, Chirurgen, Drogisten, Physiker, Wundärzte, Zahnärzte; von Böhmen, Essen, Florenz, Goslar, Prag, Salamanca, Zürich; der Ammen, Barbiere, Bademeister, Friseure, Krämer, Wachszieher und Zuckerbäcker; gegen Drüsenkrankheiten, Epidemien, Geschwüre, ungesunde Säfte; gegen die Pferdekrankheit Druse.

F: auch 1. Juli, 17. Oktober und 1. November.

28. September

HL. WENZESLAUS

(Václav, Wenzel, Wjatscheslaw)

Herzog von Böhmen, Märtyrer, um 905–929

Der hl. Wenzel war der Sohn des Böhmenherzogs Wratislaus und seiner Frau Drahomira. Von seiner Großmutter erzogen, der hl. Ludmilla, wuchs er zu einem tugendhaften Jüngling heran. Als sein Vater starb, bemächtigte sich die noch der heidnischen Religion anhängende Mutter der Regentschaft und versuchte, ihre Söhne Wenzel und Boleslaus gegen das Christentum und Ludmilla aufzustacheln. Bei Boleslaus gelang ihr dies; Wenzel aber liebte seine Großmutter und blieb ein standhafter Anhänger der Kirche. Schließlich entschloß sich Drahomira, Ludmilla aus dem Wege zu räumen. Gedungene Meuchler drangen nachts in das Schlafgemach der Heiligen ein und erdrosselten sie mit dem Witwenschleier.

Obwohl Drahomira und Boleslaus Trauer heuchelten, wandten sich viele Vornehme von ihnen ab und bewogen

Wenzel, endlich selbst die Regierung zu übernehmen. Um weiteren Streit zu verhindern, teilte man das Land, und Boleslaus erhielt eine Region, die nach ihm »Boleslawia« benannt wurde, Wenzel den Rest Böhmens. Der junge Herrscher versuchte Frieden zu stiften, wo er nur konnte. Gleichzeitig förderte er die Kirche, die ihrerseits alles tat, um die Kultur des Landes zu heben und die Christianisierung der noch halb heidnischen Böhmen zu vollenden.

Kaiser Otto I. lud Wenzel zum deutschen Reichstag ein, doch die Versammlung mußte lange auf den Böhmenherzog warten, weil dieser unterwegs in einer Kapelle zum Gebet angehalten hatte. Einige Edle äußerten ihr Mißfallen, aber Otto empfing ihn ehrenvoll und hieß ihn zu seiner rechten Seite sitzen. Einige Chronisten berichten, Otto habe neben dem eintretenden Wenzel zwei Engel schreiten sehen. Der Kaiser war ihm so geneigt, daß er ihm einen beliebigen Wunsch freistellte. Wenzel erbat bescheiden nur einen Arm von den Reliquien des hl. Vitus sowie einige Gebeine des hl. Sigismund von Burgund.

In Böhmen aber nutzte Drahomira die offenkundige Freundschaft des Kaisers für Wenzel dazu, gegen diesen den Verdacht zu schüren, er liefere das Land den Deutschen aus. Der junge Herzog hatte sich ohnehin schon viele Feinde gemacht, da er das Volk vor Übergriffen der Edlen in Schutz zu nehmen pflegte. So bildete sich langsam eine große Verschwörung heraus, an deren Spitze Drahomira stand. Als Boleslaus ein Söhnchen geboren wurde, lud man Wenzel zu einem vorgeblichen Tauffest. Doch vor dem Kirchenportal überfielen Boleslaus und seine Mitverschwörer den Ahnungslosen und stachen ihn mit ihren Lanzen nieder.

Drahomira nahm ein schreckliches Ende. Ihr Wagen wurde von einer plötzlich aufklaffenden Erdspalte verschlungen. Gegen den treulosen Boleslaus aber führte Kaiser Otto einen zwölfjährigen Krieg, der Böhmen dem Reich tributpflichtig machte.

A: in ritterlicher Rüstung mit Speer in der Rechten, Schild mit Adlerwappen in der Linken; mit grüner Fahne; mit Herzogskrone auf langem Haar; bereitet Hostien und Wein.

P: von Böhmen und Olmütz.

F: auch 4. März, 27. Juni.

29. *September*

HL. ERZENGEL MICHAEL
und alle heiligen Engel

Durch ein Ereignis im Jahre 493 verbreitete sich die Verehrung des Erzengels Michael im Abendlande. Ein Hirt in Apulien hatte einen Stier seiner Herde verloren. Nach langem Suchen fand man ihn in einer Höhle, doch niemand wagte hineinzugehen. Ein Jäger schoß endlich auf das Tier, aber der Pfeil flog zurück und durchbohrte den Schützen. Die Angelegenheit erschien den Leuten unheimlich, und große Bestürzung erhob sich. In der dritten Nacht nach dem Vorfall hatte der örtliche Bischof eine Vision, bei der er deutlich die Worte vernahm: »Ich bin der Erzengel Michael, und diese Höhle steht unter meinem Schutz. Dort soll man die heiligen Engel verehren.« Gleich am andern Tag zogen der Bischof und viele Gläubige zur Höhle, fanden beim Betreten, sie habe die Gestalt einer Kirche, und hielten nun häufig Andachten darin ab. Als durch Anrufung des hl. Michael auch einmal ein heidnisches Heer in die Flucht geschlagen wurde, erbaute man bei der Höhle ein prachtvolles Gotteshaus.

Von da an verbreitete sich die Verehrung des Erzengels im ganzen Okzident, seine Anrufung bewirkte unzählige Wunder, und Frankreich erwählte ihn zu seinem Schutzpatron. Er zierte auch früher die deutsche Reichsfahne, weshalb man vom »deutschen Michel« spricht.

A: als gewappneter Engel mit Helm, Schild und Flammenschwert, den Teufel in die Tiefe stürzend; mit Waage in Darstellungen des Jüngsten Gerichts; Wächterengel (Kirchentüren, Paradiesdarstellungen); mit Kreuzfahne oder Speer, einen Drachen durchbohrend.

P: von Bayern, England, Frankreich, Galizien, des Kirchenstaats, der Lombardei, der Normandie, von Portugal, Spanien und Ungarn; von Amsterdam, Andernach, Benevent, Beromünster, Brüssel, Einsiedeln, Florenz, Schwäbisch Hall, Hildesheim, Horn, Jena, Konstantinopel, Luzern, Madrid, Neapel, Pavia, Pesaro, Puy, Salerno, Salzburg, Sibenik, Thorn, Treviso, Urbino, Zeitz, Zug, Zwolle; der Bäcker, Bader, Bankangestellten, Bleigießer, Böttcher, Drechsler, Eichmeister, Fechter, Gewichtemacher, Glaser, Hutmacher, Käsehändler, Kaufleute, Krämer, Maler, Pastetenbäcker, Papierfabrikanten, Radiofachleute, Ritter, Scherenschleifer, Schneider, Schwertfeger, Soldaten, Spezereienhändler, Tuchmacher, Vergolder, Vogelkäfigmacher, Waagenhersteller, Waffelbäcker, Waffenmeister, Walker und Zinngießer; der Sterbenden, der armen Seelen im Fegefeuer; gegen Blitz und Unwetter, für guten Tod; der Friedhofkapellen und Kirchhöfe; der streitbaren katholischen Presse.

F: auch 8. Mai.

30. September
HL. HIERONYMUS
Kirchenlehrer, um 347–420

Der aus Bosnien oder Dalmatien stammende wissensdurstige Hieronymus zog als Jüngling nach Rom, um alle Seiten der Gelehrsamkeit und Rhetorik kennenzulernen. Die Lehren der heidnischen Professoren und die Verlockungen der Weltstadt ließen die Grundsätze seines christlichen Elternhauses verblassen. Hieronymus war von Natur zu starker Sinnlichkeit veranlagt, und die Leidenschaften, vor allem die Fleischeslust, überwältigten ihn. Bald hatte er seine Unschuld in den Armen schöner Römerinnen verloren und teilte seine Tage zwischen Philosophenrunde und Lotterbett. Daß er nicht völlig in den Fluten der Wollust versank, verdankte er seinem Wissenstrieb, der ihn immer wieder in den Bibliotheken der Ewigen Stadt nach Erkenntnis suchen ließ.

Nach Vollendung seiner Studien besuchte er Gerichtssäle, um von der Beredsamkeit der Advokaten zu lernen. Aber früh ergriff ihn dabei der Ekel, stets nur von Elend und Bosheit zu hören. Er verließ Rom, um berühmte Lehrer und Schulen zu besuchen. Tag und Nacht arbeitete Hieronymus nun an der Vervollständigung seines Wissens. Es las des Tages Cicero und des Nachts Plato. Doch in einem Traum war ihm, als stände er vor Gottes Richterstuhl. Auf die Frage: »Wer bist du?«, antwortete er: »Ein Christ.« Da donnerte der Herr: »Du lügst, ein Ciceronianer bist du; denn wo dein Schatz ist, da ist auch dein Herz.« Daraufhin bekam er heftige Backenstreiche und begann bitterlich zu weinen. Am nächsten Morgen erwachte er mit Spuren schwerer Züchtigung am ganzen Körper.

Nun schlug seine gesamte Sinnesrichtung um. Er schrieb die Schriften des hl. Hilarius ab und beschloß, sein künftiges Leben der Religion zu widmen.

Mit seinem Freund Heliodor brach er in die Wüste Syriens auf und gab sich ganz der Abtötung der Leidenschaften hin. Die sengende Sonne schwärzte seine Haut und verdorrte sie zu Pergament. Große Drangsal litt er durch die Anfechtungen der Mächte der Finsternis. In verlockendsten Bildern gaukelten sie ihm die reizenden Frauengestalten seiner Vergangenheit vor, die rauschhaften Feste, die er besucht hatte. Hieronymus schrieb darüber: »Das rebellische Fleisch bändigte ich mit wochenlangem Fasten. Nicht selten schrie ich unaufhörlich ganze Tage und zerschlug meinen Leib. Oft suchte ich einsame Felsschluchten auf und züchtigte mich dort so lange, bis sich der Sturm ausgetobt hatte.«

Trotz seines Eremitendaseins hielt Hieronymus brieflich Kontakt mit den hervorragenden Geistern der christlichen Welt. Daneben lernte er von einem alten Einsiedler in vier Jahren Hebräisch. Wegen seiner Gelehrsamkeit berief ihn Papst Damasus schließlich als Geheimschreiber nach Rom.

In jener Zeit sammelte Hieronymus einen Kreis frommer Frauen um sich, von denen später einige, wie Marcella, Paula und ihre Tochter Eustochium ebenfalls Heilige wurden. Die Welt gab diesem Umgang die gehässigsten Deutungen. Deshalb übersiedelte Hieronymus nach Bethlehem, wo er ein Männerkloster und drei Klöster für Frauen gründete, deren Leitung er selbst übernahm. Hier übersetzte er das Alte Testament aus dem Hebräischen ins Lateinische und verbesserte die Übersetzungen des Textes des Neuen Testaments. Diese Ausgabe der Hl. Schrift, die »Vulgata«, galt lange Zeit in der katholischen Kirche als einzig autorisierte Fassung.

A: mit Kardinalshut (obwohl er keiner war); als Eremit, mit Totenkopf und Kerze, die Hl. Schrift lesend; als Gelehrter am Pult schreibend; mit Posaune, die über ihm schwebt; mit Löwen; nackt in Dornen kniend; mit drei Nymphen um sich; mit gebrochenen Säulen (gestürztes Heidentum).

P: von Dalmatien, Lyon; der Gelehrten, Lehrer, Schüler, Studenten, Theologen, Übersetzer; der Bibelgesellschaften, Schulen und theologischen Fakultäten; gegen schwache Augen.

F: auch 9. Mai.

1. Oktober

HL. REMIGIUS

(Saint-Remi)

Bischof, um 440–535

Der mit großer Wunderkraft, Beredsamkeit und Weisheit begnadete Bischof Remigius von Reims gilt als der Apostel der Franken. Auf seinen Rat hin gelobte König Chlodwig I. im Krieg gegen die Alemannen, er werde im Falle des Sieges zum Christentum übertreten — und tatsächlich gewann er die entscheidende Schlacht.

Als er sich bei Remigius zur Taufe einfand, fehlte das Salböl für die Zeremonie. Doch plötzlich öffnete sich der Himmel, eine Taube flog herab und brachte im Schnabel ein Fläschchen mit Chrisam. Das Glas wird noch heute im Münster von Reims aufbewahrt.

Der dankbare Chlodwig schenkte Remigius Land, und zwar soviel, als dieser während des königlichen Mittagsschlafes umschreiten könne — wunderbarerweise wurde es eine lange Ruhe und dadurch eine beträchtliche Fläche. Auf diesem neugewonnenen Kirchengrund lag auch eine Mühle, und der Müller wollte dem Bischof den Zugang verwehren. Remigius versuchte ihn zu besänftigen und fragte: »Warum sollen wir die Mühle nicht zusammen haben?« Aber der Müller blieb starrsinnig. Da drehte sich das Mühlenrad plötzlich in der verkehrten Richtung. Den Geizhals packte die Reue und er bot dem Heiligen an: »Also gut, laß uns die Mühle zusammen haben.« Aber Remigius beschied ihn jetzt mit den kurzen Worten: »Weder mir noch dir.« Und alsbald tat sich die Erde auf und verschlang die Mühle.

Einmal sah der Heilige eine große Hungersnot vorher und legte in einem Dorf Speicher an. Betrunkene Bauern spotteten jedoch darüber und setzten sie in Brand. Remigius eilte herzu und wärmte sich die Hände an dem Feuer, denn es war sehr kalt. Dann aber sprach er: »Alle Männer und ihre männlichen Nachkommen sollen hinfort als Strafe dafür an Hodenbruch leiden. Die Frauen aber und ihre Töchter und deren Töchter sollen Kröpfe haben.« Und so geschah es.

A: als Bischof mit Taube, die ihm das Ölfläschchen bringt; mit einem Ungeheuer mit Menschenkopf (Symbol des Heidentums); oder Teufel austreibend.

P: von Reims und der Abtei Saint-Rémi; gegen Versuchungen des Teufels, religiöse Gleichgültigkeit, Verzagtheit, für die Gnade des guten Gebetes; gegen Schlangen; Epidemien, Fieber, Halsweh.

F: auch 13. und 15. Januar, 29. März, 30. Dezember.

2. Oktober

HL. OSITHA

(Osgyth)

Jungfrau und Märtyrerin, † um 870

Die Prinzessin aus Mercia wurde unter den Augen ihrer gottesfürchtigen Tante Editha zur Frömmigkeit erzogen. Sie gelobte dem Heiland ewige Jungfräulichkeit, wurde aber von ihren Eltern mit Gewalt gezwungen, dem König der Ostangeln das Jawort zu geben. Am Tag der Trauung mußte jedoch der Bräutigam vom Altar weg ins Feld eilen, um einen feindlichen Angriff abzuwehren.

Ositha nutzte die Gelegenheit zur Flucht in ein Kloster, ließ sich die Haare scheren und nahm den Schleier. Den König rührte ihre Entschlossenheit. Er entsagte allen Ansprüchen auf sie und schenkte ihr das Schloß Chich in Essex, wo sie ein Kloster errichten ließ.

Im Jahr 870 fielen die Dänen in England ein. Sengend, mordend und plündernd drangen sie bis zum Kloster vor. Betört von Osithas Schönheit, wollte sie der Häuptling der Barbaren sogleich als Weib besitzen. Sie aber widerstand dieser frechen Zumutung mit Entschiedenheit, und so zückte der erbitterte Däne das Schwert und schlug ihr das Haupt ab.

P: gegen Feuer.

F: auch 27. April, 3. Juni, 7. Oktober.

3. Oktober

HL. DIONYSIUS VON PARIS

(Saint-Denis)

Bischof und Märtyrer, † um 250

Dionys wurde vom Papst mit sechs anderen Bischöfen nach Gallien gesandt und missionierte von Paris aus. Zur Ehre des dreieinigen Gottes baute er die erste christliche

Kirche in Paris und bekehrte eine Menge Ungläubiger. Darüber empörten sich die Heidenpriester und zeigten ihn an. Er wurde erst mit Ruten gepeitscht, dann über einen glühenden Rost gelegt. Da er unverletzt blieb, warf man ihn den wilden Tieren vor. Diese legten sich aber nur friedlich zu seinen Füßen, und so wurde er zuletzt enthauptet. Dionys aber erhob sich wieder und trug seinen Kopf auf den Händen noch zwei Stunden weit weg vom Ort seines Martyriums. Erst als ihm die fromme Matrone Catulla begegnete, brach er zusammen und wurde an dieser Stelle, dem heutigen Saint-Denis, ehrenvoll bestattet.

A: als Bischof mit abgehauenem Kopf in der Hand.

P: von Paris und Frankreich; der Schützen; der französischen Könige; Bewahrer des königlichen Banners; in Kämpfen; gegen Kopfweh und Tollwut; zählt zu den 14 Nothelfern.

F: 9. Oktober.

4. Oktober

HL. AMMON

Eremitenabt in der nitrischen Wüste, † um 350

Der hl. Ammon war als Jüngling gegen seinen Willen verheiratet worden. Er überredete aber in der Hochzeitsnacht seine Braut zu ewiger Keuschheit und lebte mit ihr 18 Jahre im selben Haus geschwisterlich zusammen. Danach schenkte er ihr alles Hab und Gut und zog in die nitrische Wüste. Wegen seiner Frömmigkeit kamen viele Schüler zu ihm, die er zur Abtötung des Leibes erzog. Es sollen zwischen 2000 bis 5000 gewesen sein. Als er einst mit seinem Jünger Theodor den Fluß Lykus durchschreiten mußte, scheute er sich, seine Kleider abzulegen, denn er wollte sich nicht nackt vor seinem Begleiter zeigen. Da befand er sich plötzlich am anderen Ufer — vollständig bekleidet und ohne auch nur einen Fuß auf eine Schiffsplanke gesetzt zu haben.

Als er hochbetagt starb, sah der hl. Antonius, wie seine Seele von Engeln in den Himmel getragen wurde.

A: als Eremit; Antonius schaut den von Engeln getragenen Leichnam.

5. Oktober

HL. EBBA DIE JÜNGERE

Äbtissin von Coldingham, Märtyrerin, † 869

Fast 200 Jahre nach der hl. Ebba der Älteren (siehe 25. August) war eine andere Ebba Äbtissin in Coldingham. Als die Dänen Britanniens Küste verheerten und sich der Abtei näherten, rief sie alle Nonnen zusammen. Sie stellte ihnen die Gewalttätigkeit der Barbaren vor Augen und fragte sie, ob sie alles tun wollten, ihre Keuschheit dennoch zu bewahren. Ihre Mitschwestern gelobten einstimmig, für die Jungfräulichkeit auch in den Tod zu gehen. Da schnitt sich Ebba die Nase und die Oberlippe ab, und alle Nonnen folgten ihrem Beispiel. Als die Dänen das Kloster stürmten und die Bewohnerinnen so verstümmelt sahen, erschraken sie im Innersten und eilten überstürzt davon. Anderntags jedoch kehrten sie wieder und steckten das Kloster in Brand. Alle Frauen kamen in den Flammen um.

A: mit abgeschnittener Nase und Oberlippe.
F: auch 2. April und 25. August.

6. Oktober

HL. BRUNO

Ordensstifter der Kartäuser, um 1030–1101

Bruno, der alten Kölner Familie Hardefust entstammend, war bereits in jungen Jahren einer der glänzendsten geistlichen Lehrer seiner Zeit. Eine große Laufbahn schien ihm vorgezeichnet, aber als Kanzler des Erzbischofs von Reims nahm sein geradliniger Aufstieg unvermutet eine gänzlich andere Richtung.

Während für einen berühmten Kollegen die Totenmesse gehalten wurde, erhob sich plötzlich der Verstorbene im offenen Sarg und sprach: »Man ruft mich vor Gericht.« Danach sank er wieder zurück, während das Volk entsetzt aus der Kirche stob. Am nächsten Tag begann man wieder die Messe zu lesen, doch diesmal rief der Tote: »Ich werde gerecht gerichtet!« Abermals flüchteten die Gläubigen. Am dritten Tage vernahm eine ungeheure Menschenmenge die verzweifelten Worte des Toten: »Ich bin verdammt.« Nach diesem Erlebnis verließ Bruno die

Stadt seiner Triumphe und zog mit sechs Gefährten in die Gebirgswildnis Grande Chartreuse bei Grenoble.

Ein hoher Besucher, der Abt Petrus von Cluny, beschrieb staunend ihre Lebensweise: »Sie sind die ärmsten unter allen Mönchen, und schon ihr Anblick erschreckt alle Leute. Sie hausen jeder für sich in einer Zelle, tragen ein hartes Bußkleid, fasten ununterbrochen und essen nur Kleienbrot. Von Fleisch wissen sie nichts, auch Fisch kaufen sie nicht, allerdings genießen sie ihn, wenn er ihnen angeboten wird. Am Sonntag und Donnerstag leben sie von Eiern und Käse, Dienstag und Samstag von Kräutern, die übrigen Tage gibt es nur Wasser und Brot. Sie nehmen täglich nur eine Mahlzeit, außer an Festtagen. Mit dem Abschreiben vieler Bücher und mit Handarbeit gewinnen sie ihren Lebensunterhalt.« Bei alledem pflegten sie strengstes Stillschweigen; man verständigte sich nur durch Zeichensprache.

Der Ruf von Brunos Heiligkeit war bald so groß, daß sogar der Papst seinen Rat suchte. Das Beispiel der schweigenden Mönche bewegte viele zur Nachahmung, und der Orden wuchs bis zu Brunos Tod zu beachtlichem Umfang an.

Der Leichnam des Heiligen wurde 1515 noch unverwest im Grab vorgefunden. Wegen der anerkannt zahlreichen Wunder wurde auf eine förmliche Heiligsprechung verzichtet.

A: die Erdkugel zu Füßen (als Zeichen seiner Weltverachtung); mit Ölzweig, Kreuz oder Palme; im Ordenshabit, Stern auf der Brust; mit Totenkopf in der Hand oder sich selbst ein Grab schaufelnd.

P: von Köln, des Kirchenstaates; gegen die Pest.

7. Oktober

HL. GEROLD

Pilger und Märtyrer, 1201–1241

Der arme Pilger Gerold aus Köln wallfahrte durch ganz Europa. Auf dem Weg ins Heilige Land geriet er bei Cremona in einen finsteren Wald. Räuber spähten ihn aus und vermuteten unter dem schlichten Gewand große Schätze. Sie erwarteten ihn in einer Schlucht und stellten sich bei seiner Annäherung, als ob sie in wildem Streit begriffen wären. Kaum sah Gerold die scheinbar Kämpfenden, eilte er herbei und redete auf sie ein, derlei sündhaftes Treiben im Namen Christi einzustellen. Sie aber stürzten sich auf ihn und quälten ihn zu Tode.

Landleute fanden die Leiche und bei ihr eine Aufzeichnung, aus der die Geschichte des Pilgers hervorging. An seinem Grab ereigneten sich große Wunder, worauf man seine Gebeine in eine prunkvolle Marmorgruft umbettete, die bald Scharen von Wallfahrern anzog. 400 Jahre danach schenkte der Papst den Bürgern von Köln einige Reliquien des Heiligen, die seither in der Jesuitenkirche seiner Vaterstadt ruhen.

A: als Pilger von einer Lanze durchbohrt oder mit Palme.
P: gegen Räuber und Diebe.

8. Oktober

HL. THAIS

Büßerin, 4. Jahrhundert

Die Schönheit der Dirne Thais verblendete viele Jünglinge, so daß sie oft Hab und Gut verschleuderten und in Armut gerieten oder sich in ihrer Eifersucht bis aufs Blut bekämpften. Dem Abt Paphnutius kam dies zu Ohren, er zog ein weltliches Gewand an, nahm einen Beutel Geld und suchte sie auf. Er gab ihr Goldstücke und tat so, als wolle er mit ihr sündigen. Da führte sie ihn zu einem breiten Bett mit kostbaren Decken und Polstern. Er aber fragte sie, ob es noch ein verborgeneres Gemach gebe, und sie nahm ihn mit tiefer in ihre Gemächer, doch er sagte stets, er fürchte gesehen zu werden.

Als sie schließlich eine ganz abgelegene Kammer betreten hatten, sprach sie zu ihm: »Hier kommt gar niemand hin, aber wenn du Gott fürchtest, da gibt es keinen Ort, der ihm verborgen ist.« Als das der Abt vernahm, fragte er sie überrascht, ob sie denn von Gott etwas wisse. Da antwortete sie, daß sie sehr wohl über Gott, das Jenseits und die Belohnung der Guten sowie die Bestrafung der Bösen Bescheid wisse. Er erhob seine Stimme und sprach: »Und warum hast du dann so viele Seelen verdorben, wenn du weißt, daß du dereinst nicht nur für dich, sondern auch um jene Rechenschaft ablegen mußt?«

Thais erschütterten diese Worte, und tiefe Reue über ihre Taten stieg in ihr auf. Sie weinte, umfaßte die Füße des Abtes und bat ihn, ihr einen Weg zur Buße zu zeigen. Er verabredete mit ihr einen Treffpunkt. Thais trug indessen alles Gut, das sie mit dem Laster erworben hatte, auf den Marktplatz und zündete es an. Sie rief: »Kommt alle, die ihr mit mir zusammen gesündigt habt, und seht, wie der Lohn der Sünde brennt!«

Dann begab sie sich zu dem kleinen Nonnenkloster, wo der Abt sie erwartete. Er schloß sie in eine kleine Zelle ein, versiegelte die Tür mit Blei und ließ ihr nur eine winzige Öffnung, durch die man ihr Nahrung reichen konnte. Und er ordnete an, daß sie täglich nichts anderes als ein Stückchen Brot und einen Becher Wasser erhalten sollte. Als er sich verabschieden wollte, fragte ihn Thais, wo sie denn ihre Notdurft verrichten solle. Er antwortete: »In die Zelle, so wie du es wert bist.« Und sie fragte weiter: »Wie soll ich Gott anrufen?« Und er sagte: »Du bist nicht würdig, seinen Namen zu nennen noch deine Hände zu ihm zu erheben, denn deine Lippen sind voll Bosheit und deine Hände voll von Unreinheit. Deshalb wirf dich zu Boden, blicke nach Osten und sprich: »Der du mich erschaffen hast, erbarme dich meiner.«

Nach drei Jahren fühlte Paphnutius Erbarmen mit der Büßerin und fragte den hl. Antonius, ob Gott ihr die Sünden vergeben habe. Dieser erzählte es den anderen Einsiedlern in der thebaischen Wüste, und sie beteten alle um ein Zeichen. Da sah eines Nachts Paulus, der Eremit, im Himmel ein kostbar bezogenes Bett, das drei Jungfrauen bewachten. Und Paulus dachte, es sei dem Antonius bereitet. Aber eine Stimme von oben sprach: »Diese Jungfrauen heißen Furcht vor Strafe, Scham über die Sünde und Liebe zur Gerechtigkeit. Sie warten nicht auf Antonius, sondern auf die Büßerin Thais.«

Und Paphnutius holte sie aus der Zelle, und sie lebte noch 15 Tage und verschied danach in Frieden.

A: als Dirne; ihre Kleider verbrennend; in der Klause im Gebet.

P: der reuigen Dirnen.

9. Oktober

HL. GUNTER

(Günther)

Einsiedler in Niederaltaich, 955–1045

Aus höchstem Adel stammend, Vetter Kaiser Heinrichs II. und Schwager König Stephans von Ungarn, lebte Gunter lange Jahre allen weltlichen Dingen zugetan in Saus und Braus. Der Einfluß des hl. Abtes Godehard bewirkte jedoch einen Sinneswandel. Ein heftiger Drang nach Buße erfaßte ihn, und er pilgerte nach Rom und ins Hl. Land. Zurückgekehrt, verschenkte er seine Habe an die Armen und die Kirche und trat in das Kloster Niederaltaich ein.

Doch weil Gunter bisher weder Armut noch Not kennengelernt hatte, kam er oft mit zeitlichen Sorgen zum Abt und bat um Rat und Hilfe. Dieser fürchtete angesichts des unbeständigen Sinnes Gunters einen völligen Umschlag und suchte ihn bald durch Trost, bald durch liebevolle Ermahnung zu gewinnen. Manchmal allerdings beschwor und rügte er auch den Klosterneuling, und so kam es öfters zu Wortstreit und sogar zu ernsten Verstimmungen. Als Gunter einmal wieder dem Abt mit Klagen zusetzte, ging dem Manne Gottes die Galle über. Er gab den Bescheid, entweder solle Gunter nun ordentlich Gehorsam nach seinem Gelübde üben oder sein Ordenskleid wieder ablegen. Er könne jederzeit zu den Eitelkeiten der Welt zurückkehren. Der Abt teilte die ganze Angelegenheit auch heimlich dem Kaiser Heinrich mit, worauf dieser seinen Vetter zu sich zitierte und in einem milden Gespräch zur Einsicht bewegte.

Von nun an unterwarf er sich ganz dem Abt und demütigte sich noch über die Vorschriften der Regel hinaus. Sein strenger Lebenswandel ließ ihn im Laufe der Zeit zu einem Vorbild für viele werden, und sein Ruf verbreitete sich bald weit über die Landesgrenzen hinaus.

Auch der frischbekehrte Ungarnkönig Stephan hörte von dem erstaunlichen Wandel seines Schwagers und bat schließlich um dessen Entsendung als geistlicher Berater an seinen Hof. Gunter sträubte sich lange, weil er die abermalige Verstrickung in weltliche Dinge fürchtete.

Aber schließlich gelang es Godehard und seinen Mitbrüdern, ihn zur Annahme des Angebotes zu bewegen.

Auch am ungarischen Hof blieb Gunter seinen Gelübden treu. Selbst als Gast an der königlichen Tafel etwa war er nicht zum Genuß von Fleischspeisen zu überreden. Einmal wurde ein gebratener Pfau serviert, das Leibgericht Stephans, und der König war über Gunters Weigerung verstimmt. Er steigerte sich rasch in einen solchen Ärger, daß er dem Mönch den herrscherlichen Befehl gab, von dem köstlich duftenden Braten zu kosten. Gunter sah sich in die Enge getrieben und nahm seine Zuflucht zu einem Stoßgebet. Da hob der tote Vogel den Kopf, stand auf und flog mit einem dankbaren Schrei davon.

Derartige Vorkommnisse verleideten jedoch dem Mönch den Hof. Mit Erlaubnis seines Abtes zog er von dannen und begab sich in den tiefsten Böhmerwald, wo er sich eine Klause und eine Kapelle baute. Des Nachts schlief er stets auf einem harten Felsen, welcher sich mit der Zeit erweichte und dem Körper angepaßte Vertiefungen bildete. 37 Jahre lebte Gunter so in strenger Askese, ging mit den Tieren des Waldes in vertrauter Weise um und heilte Kranke und Besessene. In das einstmals abgeschiedene Tal strömten freilich im Lauf der Jahre immer mehr Bewunderer, und viele blieben. So entstand schließlich eine Klosterniederlassung, die Gunters Sehnsucht nach Stille und Beschauung nicht mehr entsprach. Er zog sich noch einmal zurück, um sich auf den Tod vorzubereiten.

Im Nordwald verbrachte er die letzten fünf Jahre seines Lebens. Aber auch hier gelang ihm nicht der völlige Rückzug aus der Welt, denn sein Rat wurde von Edlen und Niederen gesucht. Zumal Gunter die Gabe besaß, bei den bitteren Streitigkeiten zwischen Tschechen und Deutschen besänftigend zu wirken.

Als er 90jährig starb, wurde sein Leichnam ins Kloster Breznov bei Prag überführt. An seinem Grab geschahen sogleich derart viele Wunder, daß seine Verehrung als Heiliger bald allgemein wurde.

A: als Einsiedler, der dem Bischof Severus in Gegenwart des Herzogs Bratislaus die hl. Hostie reicht; als Mönch mit Buch.

P: des Böhmerwaldes.

10. Oktober

HL. CERBONIUS

Bischof von Populonia, † 575

Der Bischof Cerbonius übte gerne Gastfreundschaft. Einmal nahm er einige flüchtige oströmische Soldaten auf und versteckte sie vor einer Schar marodierender Goten. Deren König Totila erhielt davon Kunde und geriet in großen Zorn. Er ließ den Bischof verhaften und beabsichtigte, mit ihm ein öffentliches Spektakel zu veranstalten.

In einer Arena wurde Cerbonius unter großem Andrang Schaulustiger einem riesigen Bären vorgeworfen. Als das Tier aus seinem Zwinger gelassen wurde, stürzte es sich zunächst grimmig brüllend auf sein Opfer, aber mit einem Mal beugte es den Nacken und leckte dem Bischof die Füße. Da fiel das Volk in ehrfurchtsvolle Bewunderung, und sogar der Barbarenkönig zeigte sich beeindruckt. Er entließ den Bischof wieder in die Freiheit.

In späteren Jahren mußte der Bischof vor den Langobarden nach Elba flüchten. Doch bevor er starb, gab er die Anweisung, ihn nachts wieder nach Populonia zu bringen, zu begraben und sofort zurückzukehren. Das Schiff geriet in ein Unwetter mit Blitz, Donner und Wolkenbruch, aber der Transport blieb davon unberührt. Sicher kamen die Getreuen an, bestatteten den Heiligen auf dem Friedhof von Populonia und verließen das Festland schnell wieder. Kaum hatten sie ihr Fahrzeug bestiegen, marschierte der grausame Langobardenkönig in der Stadt ein. Hätten sie nicht die Weisung des Heiligen befolgt, wären sie des Todes gewesen.

A: mit einem Bären zu Füßen.
F: auch 12. und 20. Oktober.

11. Oktober

HL. GUNTMAR

(Gummarus)

Einsiedler, † um 774

Der fromme Ritter Guntmar wurde mit der schönsten und reichsten Jungfrau des Landes vermählt. Doch in der Ehe erwies sie sich als die eitelste, herrschsüchtigste und eigensinnigste Frau des ganzen Landes. Als Guntmar König Pippin auf einem Feldzug begleiten mußte, führte sie die Verwaltung sämtlicher Güter. Stolz und übermütig betrachtete sie die kleinen Leute als Lastvieh, drangsalierte sie bis aufs Blut und nahm ihnen so viel Pacht ab, daß sie gerade noch Wasser und Brot hatten. Denn auch alles Vieh beschlagnahmte sie, wenn einer nicht zahlen konnte. Statt der Ochsen und Pferde spannte sie die Armen wie Sklaven vor den Pflug.

Erst nach acht Jahren kehrte Guntmar heim. Als er das jämmerliche Los seiner Untergebenen sah, brach er in Tränen aus, bereitete eine große Mahlzeit für alle und erließ ihnen alle ausstehenden Steuern. Dann verließ er sein grausames Weib, gründete ein Kloster zu Lier und lebte bis zu seinem Tode als Büßer in einer Klause bei Nivesdonck (Ledo).

P: aller holzbearbeitenden Berufe; der Handschuhmacher; bei Auflösung oder Annullierung der Ehe; gegen böse Weiber.

12. Oktober

HL. EDUARD DER BEKENNER

(Edward)

König von England, 1003–1066

Der junge Thronfolger Eduard wurde in der Normandie erzogen, denn England war zu Beginn des neuen Jahrtausends ständig von räuberischen Überfällen der Dänen bedroht. Durch den Einfluß des Grafen von Kent, Godwin, konnte der Prinz nach vielen inneren Wirren 1042 den Thron besteigen. Der Gönner riet ihm dazu, seine Tochter Editha zu heiraten. Sie zeichnete sich durch Bildung und Tugend aus und war so schön, daß sie die Chronisten mit einer Rose verglichen, die unter Dornen blüht. Eduard, von überaus frommer Gesinnung, hatte allerdings schon lange insgeheim Keuschheit gelobt und zögerte deshalb mit seiner Zustimmung. Er bewog Editha zu einer Zusammenkunft, auf der er ihr sein Gelübde offenbarte. Sie erklärte sich sofort bereit, einen geschwisterlichen Bund fürs Leben einzugehen, und 1044 wurden die beiden vermählt.

Es traf die junge Königin tief, daß der Ruf ihrer Familie bald schwer beschädigt wurde. Ihr Bruder Sven war zu einem nichtsnutzigen Lotterbuben herangewachsen und trieb das Laster damit auf die Spitze, daß er der Äbtissin Edgiva von Leominster Gewalt antat. Vom König geächtet, wandte er sich der Seeräuberei zu und ermordete zu allem Überfluß noch seinen Vetter Beorn. Godwin selbst überfiel mit seinem Gefolge normannische Freunde Eduards und verweigerte anschließend jede Sühne. Im Gegenteil, er schmähte Eduard und zog schließlich mit einem Heer unter der Führung seiner Söhne Sven und Barold zu Felde. Eduard war bis zuletzt bereit, dem Beleidiger zu vergeben. Der plötzliche Tod Godwins wurde allgemein als Gottesurteil angesehen. Außer Sven, den er auf Lebenszeit verbannte, vergab der König allen.

Mit friedlichen Werken vollendete dieser letzte angelsächsische König der Briten seine Regierungszeit. Er baute Kirchen, spendete den Armen und Kranken, machte weise Gesetze und half den Verfolgten. Zu gern wäre er zum Grab des hl. Petrus nach Rom gepilgert, aber auf päpstlichen Rat verwandte er das Reisegeld zu einer frommen Stiftung und renovierte damit die alte, damals verfallene Abtei St. Peter, die unter dem Namen Westminster eine der glänzendsten der gesamten Christenheit werden sollte.

Sein Chronist schrieb über den frommen König: »Er besaß keine jener glänzenden Eigenschaften, welche Bewunderung erregen, während sie doch nur eine Quelle des Unglücks sind. Er konnte sich nicht rühmen, Siege erfochten und Eroberungen gemacht zu haben; allein er opferte seine persönlichen Interessen, um sich ganz dem Glück seines Volkes zu weihen. England genoß unter ihm einen so langen Frieden, wie es ihn ein halbes Jahrhundert lang vor ihm nicht mehr gehabt hatte.«

A: mit königlichen Insignien; einen Kranken tragend; mit Ring oder Taube.

P: Englands; der englischen Könige; gegen Skrofeln.

F: auch 5. Januar.

13. Oktober

HL. KOLOMAN

Märtyrer, † um 1012

Der hl. Koloman war ein irischer Pilger, der auf der Reise ins Heilige Land im Orte Stockerau bei Wien Rast machte. Damals war man in dieser Gegend durch Raubzüge der Böhmen beunruhigt. Der Reisende erregte durch sein fremdländisches Aussehen und die mangelhafte Kenntnis der Landessprache Argwohn. Die Einheimischen rotteten sich zusammen, ergriffen ihn und warfen ihn ins Gefängnis. Am folgenden Tage versuchte man durch barbarische Torturen ein Geständnis aus ihm herauszupressen, aber Koloman beteuerte immer wieder seine Unschuld. Es nützte nichts, er endete sein Leben an einem abgedorrten Baum mit einem Strick um den Hals.

Wunderbare Ereignisse bezeugten bald, daß er wahr gesprochen hatte: Anderthalb Jahre blieb der Leichnam unversehrt hängen. Als man für einen Gichtbrüchigen ein Stück Fleisch davon abschnitt, floß frisches Blut hervor, und der Kranke war bald genesen. Überdies begannen der verdorrte Baum und sogar die Schlinge im nächsten Frühling zu ergrünen. Dies öffnete den Verblendeten die Augen. Sie bestatteten seine Gebeine ordentlich und bauten ein Kapellchen darüber, später eine Kirche und ein Kloster. Viele Wunder verherrlichten den Ort.

A: Als Pilger mit Strick um den Hals; an einem Baum hängend; auch mit Zange und Rute.

P: Landespatron von Österreich bis 1663 (seither Leopold); der zum Strang Verurteilten; des Viehs; gegen Krankheit, Pest, Gewitter und andere Schäden.

14. Oktober

HL. FORTUNATUS

Bischof von Todi, 6. Jahrhundert

Bischof Fortunat von Todi war ein solch begnadeter Exorzist, daß er manchmal ganze Legionen von Teufeln aus den Besessenen austrieb. Eine vornehme Matrone hatte eine Schwiegertochter, die — gegen die damaligen Vorschriften — in der Nacht vor der Einweihung der Kirche des hl. Sebastian der Fleischeslust erlag: Sie konnte sich ihres Mannes nicht enthalten. Schlechten Gewissens wohnte sie am folgenden Tag der Zeremonie bei, doch in dem Moment, da die Gebeine des Märtyrers vorbeigetragen wurden, ergriff sie ein böser Geist und peinigte sie. Ein Priester wollte ihr beistehen, aber auch in ihn fuhr ein Dämon. Man trug die Frau nach Hause, und ihre Angehörigen suchten Rat bei einigen Magiern. Diese führten verschiedene Beschwörungen durch und tauchten die Besessene ins Wasser, aber jedesmal, wenn ein Dämon ausgetrieben wurde, fuhr eine ganze Schar in sie hinein. Sie wurde hin und her gerissen, kreischte und schrie in so vielen Stimmen, wie Geister in ihr waren.

Schließlich wandten sich die Angehörigen an Fortunat, gestanden, was geschehen war, und baten um Hilfe. Es wurde ein gewaltiger Kampf. Viele Tage und Nächte betete der Bischof gegen das Heer der bösen Geister, das sich in der Frau verborgen hielt. Unter Aufbietung all seiner Kräfte gelang es ihm, die Frau zu heilen, und des Priesters Dämon ergriff schon bei der Annäherung Fortunats die Flucht.

P: gegen böse Geister.

15. Oktober

HL. THERESIA VON JESUS

(Teresa von Avila)

Ordensgründerin, 1515–1582

Theresia ist eine der größten Mystikerinnen der Weltgeschichte. In den Jahren schwerster Krankheit erreichte sie eine wunderbare Vertrautheit mit Jesus, der sie zahlreicher Erscheinungen würdigte. Oft sprach er mit ihr, und er setzte in das hölzerne Kreuz ihres Rosenkranzes fünf Edelsteine, die allerdings nur sie allein sehen konnte. Auch sandte er ihr einen Engel, der ihr einen goldenen Pfeil mit feuriger Spitze ins Herz bohrte.

Bis zu ihrem Tode gründete sie sechzig reformierte Klöster für den Zweigorden der Unbeschuhten Karmelitinnen, schrieb viele Werke, die zu den Perlen christlicher Mystik gehören, und tat viel Gutes für Arme und Kranke.

Unmittelbar nach ihrem Tode trieb ein Baum vor der Zelle, der schon Jahrzehnte abgestorben war, neue Blätter und Blüten. Ein ungemein wohlriechender Duft nach Lilien, Jasmin und Veilchen durchdrang das gesamte Kloster. Man bestattete die Heilige in einem schlichten Holzsarg in feuchter Erde. Zwei Jahre später öffnete man das Grab. Holz und Kleidung waren verfault, mit Ausnahme des völlig unversehrten Unterkleides. Der Leib selbst war mit Moos und grünlichem Schlamm bedeckt, jedoch ohne Anzeichen der Verwesung, das Fleisch weich, glänzend weiß, duftend und biegsam. Aus allen Gliedern floß tropfenweise ein wunderbares Öl. Ein damit getränkter Gürtel bewirkte viele Wunder. Man trennte die linke Hand ab, um sie nach Avila zu bringen. Dann bestattete man sie wieder, öffnete jedoch nach einem Jahr abermals das Grab und fand alles so wie beim ersten Mal. Diesmal schnitt man den linken Arm ab und schenkte ihn dem Kloster Alba.

Erneut wurde das Grab am 1. Januar 1586 geöffnet. Der Leib war mit Ausnahme des Fehlenden noch immer unversehrt und von himmlischem Duft. Die Knochen hingen so gut zusammen, die Sehnen und Nerven waren untereinander so gut verbunden, daß sich der Körper ohne Stütze aufrecht hielt. Das Fleisch senkte sich, wenn man den Finger darauf legte, und hob sich wieder, wenn man ihn entfernte, als ob die Heilige leben würde. Bis 1604 wurde Theresia mehrmals umgebettet und jedesmal weiter verstümmelt. Abgeschnittene Teile und davon wieder getrennte kleinste Partikel dienten dem frommen Drang des Volkes als Reliquien. Einige Jahre nach ihrem Tode hatte eine arme Laienschwester die Kühnheit, die Brust der Heiligen mit einem gewöhnlichen Messer zu öffnen. Sie nahm ohne Mühe das Herz heraus und versteckte es in ihrer Zelle. Die frischen Blutstropfen und die himmlischen Ausdünstungen verrieten die Schuldige. Sie wurde streng bestraft. Wunderbar aber war das Aussehen des Herzens. Eine Wunde der Durchbohrung teilte es in horizontaler Richtung und spaltete es fast in zwei Hälften. Rings um die Wunde sah man noch die Versengungen des geheimnisvollen Feuers, welches an der Spitze des seraphischen Pfeils gebrannt hatte. 1604 und

1616 wurde der Schrein wieder geöffnet, um die Fortsetzung des Wunders der Unverweslichkeit zu bestätigen. Dabei entnahm man dem Körper eine Rippe, den rechten Fuß und mehrere Fleischstücke. 1750 fand eine abermalige Öffnung statt. Der heilige Leib war noch im gleichen Zustande, in dem er nach dem Protokoll von 1616 beigesetzt worden war. Zwei Tage wurde die Heilige öffentlich ausgestellt. Danach bettete man sie in der verschönten und reich ausgestatteten Kirche von Alba in einer Marmorgruft zur Ruhe. Ein letztes Mal bestätigte sich das Wunder der Unversehrtheit bei der Öffnung des Schreins am 14. Oktober 1760. Man stellte den heiligen Leichnam mit unverhülltem Gesicht am Chorgitter eine Nacht lang aus. Seit dieser Zeit blieb das Grab verschlossen.

A: im Ordenskleid der Karmelitinnen, mit flammendem Herz und IHS-Emblem; vor dem Kruzifix kniend; mit Engel, der ihr einen feurigen Pfeil ins Herz sticht; mit Buch und Schreibzeug; mit Taube und Spindel.

P: von Alba de Tormes, Avila, Spanien; des Karmeliterordens; der Bortenwirker; der Gnade, gut beten zu können.

16. Oktober

HL. GALLUS

Missionar und Klostergründer, um 550–641 oder 645

Der Ire Gallus war ein Schüler des hl. Columban. Ihm folgte er vom Kloster Bangor auf eine Missionsreise nach Gallien. Nach ihrer Vertreibung (siehe 21. November) von dort versuchten sie die heidnischen Helvetier zwischen dem oberen Zürichsee und Bregenz zu bekehren. Sie fanden nur wenig Gehör, nicht zuletzt weil Gallus, von Glaubenseifer ergriffen, die Statuen der lokalen Gottheiten in den See geworfen hatte. Derlei machte die Einheimischen noch halsstarriger und führte dazu, daß die Mönche oft nichts zu essen hatten. Einmal aber öffnete sich der Himmel, und es regnete drei Tage lang gebratene Wachteln. Endlich konnten sich alle wieder richtig satt essen.

Beim nächtlichen Angeln hörte Columban einmal die Unterhaltung zwischen dem Dämon des Gebirges und dem des Sees. »Komm mir zu Hilfe«, forderte der Berggeist, »gegen diese Fremdlinge, die mich aus meinem Tempel vertrieben haben.« Der Seegeist aber antwortete: »Einer von ihnen fischt immer hier, ohne daß es mir gelang, seine Netze zu zerreißen. Wir werden seiner nicht Herr.« Gallus kehrte eilends zurück und erzählte die Geschichte. Da versammelten sich die Brüder zum mitternächtlichen Gebet — und kaum hatte der Psalmengesang begonnen, da hörte man von den Gipfeln ringsumher ein furchtbares Geheule und Gebrüll der Dämonen, das sich nach und nach in der Ferne verlor.

Die Streitigkeiten mit den ansässigen Alemannen nahmen jedoch immer mehr zu, und schließlich wurden sogar zwei Mönche erschlagen. Columban beschloß, die Mission abzubrechen, und zog nach Italien, Magnus und Theodor blieben bei Gallus zurück. Wiederhergestellt, suchte dieser nach einem geeigneten Ort für eine Klause. Ein befreundeter Diakon wies sie zur Gegend der Steinachquelle — eine von dichtem Wald umgebene Ebene, wo Bären, Wölfe und Wildschweine hausten. Bei der Erkundung des Ortes fiel Gallus in einen Dornbusch, und während ihm sein Führer zu Hilfe eilen wollte, sagte er: »Laß mich, dies ist der Ort, an dem ich künftig wohnen will.« Mit Magnus und Theodor begann er bald darauf mit der Rodung. Die wilden Tiere erwiesen sich als zutraulich. Einem winselnden Bären zog der Heilige einen Dorn aus der Tatze, worauf sich dieser dadurch bedankte, daß er den Brüdern Holz brachte. Weniger angenehmes Getier wie Schlangen vertrieb Gallus durch das Kreuzzeichen.

Der Herzog Gunzo von Überlingen beschenkte den Heiligen reichlich, als dieser seine Tochter Fridburga von einem bösen Geist heilte. Er schickte Werkleute, so daß bald große, feste Gebäude und eine Kirche errichtet waren. Damit begann die Geschichte des Klosters St. Gallen, dessen Bibliothek noch heute weltberühmt ist.

A: als Einsiedler mit Pilgerstab und Brot; mit Bären, der ihn bedient.

P: der Diözese St. Gallen; der Gänse und Hühner.

17. Oktober

HL. MARGARETA MARIA ALACOQUE

stigmatisierte Nonne, 1647–1690

Mit 24 Jahren trat Margareta in das Salesianerinnenkloster Paray-le-Monial ein. Bereits nach zwei Jahren erschien ihr Jesus in einer flammenden Vision. Er öffnete seine Brust, nahm sein Herz heraus und zeigte es ihr. Es war mit einer Dornenkrone umgeben, und ein Kreuz wuchs daraus hervor. Er gab ihr zu verstehen, berichtet sie selbst, »daß vom ersten Moment seiner Menschwerdung dieses Kreuz sozusagen in sein Herz gepflanzt war«. Das große Verlangen, von den Menschen vollkommen geliebt zu werden, sagte er ihr weiter, habe »ihn bewogen, sein Herz zu zeigen, damit all jene, die ihm die vollständige Liebe erweisen wollten, verschwenderisch mit den göttlichen Schätzen bereichert würden, deren ergiebige und unversiegbare Quelle es ist«. Dann verlangte er nach Margaretas Herz. Sie bot ihm ihre Brust, und er nahm es heraus, legte es in die eigene geöffnete Brust, »wo es sich wie in einem glühenden Ofen verzehrte«. Nun zog er es als herzförmige Flamme wieder hervor, tat es an seinen alten Platz und sprach: »Obgleich ich die Wunde in deiner Brust schließe, soll doch der Schmerz für immer bleiben. Bisher warst du meine Sklavin, jetzt ernenne ich dich zur Jüngerin.«

Tagelang war Margareta wie berauscht und konnte weder schlafen noch essen. Hinfort zeigte sich ihr das Herz Jesu an jedem ersten Freitag im Monat als leuchtende Sonne, deren Strahlen senkrecht in ihr Herz fielen. Und einmal sagte der Heiland ihr traurig: »Die Menschen haben nur Kälte und Zurückweisung für all meine eifrigen Bestrebungen, ihnen Gutes zu tun. Mach wenigstens du mir die Freude und biete mir Ersatz für diesen Undank, so gut du kannst.« Er beauftragte sie, für die Einführung des Herz-Jesu-Festes zu wirken. Margareta fiel nach solchen Visionen immer in ein schweres und anhaltendes Fieber. Insgesamt sind über 60 Anfälle berichtet. Kurz vor ihrem Tod empfing sie eine weitere unvergleichliche Gnade. Es zeigten sich ihr die drei Personen der Dreifaltigkeit. Der Vater gab ihr ein Kreuz und Marterwerkzeuge, und Christus heftete sie an das Holz. Der Hl. Geist verkündete ihr, er werde sie mit Liebe durchglühen. Margareta wurde auf der Stelle von einer schweren Krankheit niedergestreckt, während der sie die spitzen Nägel fühlte und die den ganzen Karneval über bis Aschermittwoch andauerte.

Margareta starb im Rufe großer Heiligkeit. Der Siegeszug der Herz-Jesu-Verehrung in der neuzeitlichen Kirche beginnt mit ihrem Wirken und Leiden. Papst Pius IX. führte das Herz-Jesu-Fest als allgemeines Kirchenfest (am Freitag nach dem 2. Sonntag nach Pfingsten) ein.

A: mit Jesus, der ihr sein Herz zeigt.

18. Oktober

HL. LUKAS

Evangelist, † um 86

Der hl. Lukas, von Beruf Arzt, gehörte seiner Geburt nach wahrscheinlich dem gebildeten Heidentum an. Er wurde vom Apostel Paulus zum Christentum bekehrt und begleitete ihn auf seinen Missionsreisen. Auch während der Gefangenschaft des hl. Paulus in Rom blieb er in dessen Umgebung. Sein Evangelium und seine Apostelgeschichte sind Bestandteile des Neuen Testaments. Im Alter von 84 Jahren wurde er wegen seines Glaubens an einem Ölbaum in Patras aufgehängt.

Lukas wurde aber auch schon früh als Maler der Gottesmutter verehrt. Von der hl. Jungfrau, die er persönlich noch kennengelernt haben soll, fertigte er sieben Porträts an. Als 590 die Pest in Rom wütete, ordnete Papst Gregor eine dreitägige Prozession an. Dabei wurde das berühmteste Gemälde des Evangelisten, einst Besitz der hl. Kaiserin Pulcheria, von der Kirche S. Maria Maggiore aus durch die Straßen getragen.

Am dritten Tag ertönte aus den Lüften ein himmlischer Gesang, der Maria verherrlichte, und von da an erlosch die Seuche. Andere aber erzählen, erst Papst Pius V. habe das Gemälde in der Borghesischen Kapelle von S. Maria Maggiore aufstellen lassen.

A: mit Stier, zuweilen geflügelt, bzw. Ochsen (weil sein Evangelium vorzüglich von Priestertum und Opfer handelt), Buch und Feder.

P: der Ärzte, Maler, Bildhauer, Buchbinder, Chirurgen, Metzger, Notare, Sticker; des Viehs; des Wetters.

19. Oktober

HL. FREDESWITHA

(Frideswide)

Äbtissin, 680–735

Ein König namens Algar begehrte die Tochter eines Fürsten, aber diese weigerte sich zu heiraten. Als Algar versuchte, sie mit Gewalt zu holen, floh Fredeswitha. Am Ufer der Themse schien ihr Weg zu Ende, da trottete ein Ochse herbei und bot ihr seinen Rücken. Mutig setzte sie sich auf das Tier, und dieses überquerte mit ihr sicher den Fluß. Sie lief bis zum Rande eines tiefen Waldes und verbarg sich in einem mit Efeu bewachsenen ehemaligen Schweinestall. Algar und ein Haufe roher Gesellen verfolgten ihre Spur zu Fuß. Schon schien ihre Entdeckung unvermeidbar, da flehte Fredeswitha zur hl. Katharina, und augenblicks wurde Algar mit Blindheit geschlagen. Weil aber der rauhe Herrscher sein Verhalten bereute, heilte ihn das Gebet der Jungfrau.

Fredeswitha gründete nun mit Hilfe ihres Vaters das Kloster Oxford, wo sich eine große Zahl angelsächsischer Jungfrauen unter ihre Leitung stellte.

Schon zu Lebzeiten wurde ihre Heiligkeit durch mannigfache Wunder offenbar. Einmal begegnete ihr des Weges ein Aussätziger. Sobald er sie von weitem erblickte, rief er ihr zu: »Im Namen Christi, küß mich.« Die Jungfrau näherte sich ihm, überwand ihren Ekel, schlug ein Kreuz und drückte ihm einen zärtlichen Kuß auf die eitrigen Lippen. Bald darauf fiel der Schorf von der Haut des Aussätzigen, und »sein Fleisch wurde gesund und frisch wie das eines Kindes«.

A: thronend vor Blume und offenem Buch; die Themse auf dem Rücken eines Ochsen überquerend.

P: von Stadt und Universität Oxford.

20. Oktober

HL. WENDELIN

Abt von Tholey, † um 617

In der Gegend von Trier begegnete ein Gutsherr einst einem jungen Klausner, der ihn anbettelte. Er verweigerte das Almosen, bot ihm jedoch an, in seinen Dienst zu treten, wenn er sein Brot mit ehrlicher Arbeit verdienen wolle. Der fromme Einsiedler — es war der schottische Prinz Wendelin, der unerkannt in der Fremde Gott diente — willigte ein. Zuerst hütete er die Schweine, dann anderes Vieh und schließlich die Schafe. All seinen Pflichten oblag er getreulich, aber er versäumte es nicht, bei Tag auf einsamen Weiden und des Nachts in seiner Kammer zu beten und gegen die heftigen Versuchungen zu kämpfen — vor allem das Heimweh drohte ihn in seinem Weg zu beirren.

Die ihm anvertraute Herde blieb von jedem Unfall verschont und wuchs schnell. Als ihn andere Knechte einmal verleumdeten und sich sein Dienstherr überzeugen wollte, fand er Wendelin kurz vor Sonnenuntergang im Gebet versunken vor. Er schalt ihn, daß die Herde nicht mehr rechtzeitig in den Stall komme, aber der Hirte hieß ihn ruhig zurückgehen, es werde alles in rechter Weise vor sich gehen. Mißmutig ritt der Herr nach Hause. Kaum nahte er sich jedoch dem Stall, da hörte er schon laut die Schafe darin blöken. Dies brachte ihn zu der Einsicht, daß sein Diener zu Höherem berufen sei. Er baute ihm eine Klause beim Benediktinerkloster Tholey, dessen Mönche Wendelin beim Ableben ihres Abtes zum neuen Vorsteher erwählten. 20 Jahre leitete er das Kloster in vorbildlicher Weise, und Tholey wurde wegen seiner Ordenszucht weit im Lande berühmt. Erst auf dem Sterbebett offenbarte Wendelin dem Bischof von Trier seine wahre Herkunft. Sein Grab wurde schnell zu einem Wallfahrtsort, um den herum das Städtchen St. Wendel im Saarland entstand.

A: mit Hirtenstab als Mönch, Abt oder junger Prinz; Lämmer, Rinder oder Schweine hütend.

P: der Bauern, Hirten, Landleute, Schäfer; für Flur und Vieh.

21. Oktober

HL. URSULA

und die elftausend Jungfrauen

Märtyrerinnen, † um 238, 386 oder 453

Ein frommer christlicher König von Britannien, ein gewisser Nothus oder Maurus, hatte eine Tochter mit Namen Ursula. Von deren ehrbarem Wandel, ihrer Schönheit und Klugheit hörte auch der König von England, ein mächtiger Herr mit vielen Völkern unter seiner Herrschaft. Er wollte sie seinem Sohn zur Frau geben und sandte Boten nach Britannien, die geschickt schmeicheln, aber nötigenfalls auch drohen sollten. Während der Vater in Furcht geriet, weil er seine Tochter keinesfalls einem Heiden zur Frau geben wollte, willigte diese scheinbar ein. Sie forderte allerdings, der Engländer solle ihr tausend Mägde stellen, außerdem zehn Hofdamen mit ebenfalls je tausend Mägden. Dann brauche sie drei Jahre Brautzeit zur Vorbereitung, und während dieser Frist solle sich der Bräutigam taufen lassen. Überraschenderweise nahmen die Engländer die Bedingungen sofort an. Jungfrauen aus den verschiedensten Ländern kamen an Ursulas Hof, und als sie vollzählig waren und alle zum Christentum bekehrt, da gab Ursula den Befehl zum Aufbruch. Sie segelten auf vielen Schiffen durch Gallien, kamen nach Köln und fuhren auf dem Rhein nach Basel. Von dort zogen sie zu Fuß nach Rom zum Heiligen Vater. Dieser bereitete ihnen einen überaus freundlichen Empfang, segnete sie und ehrte sie sogar durch seine persönliche Begleitung auf der Rückreise. In einer Vision war ihm nämlich die Weisung zuteil geworden, sich der frommen Schar anzuschließen, um mit allen gemeinsam den Märtyrertod zu erleiden. Gegen den Willen der Kleriker in Rom hatte er deshalb einen Vertreter eingesetzt, und aus diesem Grunde wurde sein Name aus der Reihe der Päpste getilgt. Als sich ihre Schiffe Köln näherten, fanden sie die Stadt von den Hunnen belagert. Kaum hatten diese die Jungfrauen erblickt, da stürzten sie sich in wilder Gier auf sie, um ihnen Güter und Ehre zu rauben. Bereit, eher zu sterben, als ihre Unschuld entweihen zu lassen, fielen alle Mädchen dem barbarischen Gemetzel zum Opfer. Nur vor Ursula wichen die Würger scheu zurück. Ihr Fürst Julius sah ihre Schönheit und entbrannte in Liebe zu ihr. Er versuchte, sie über den Tod ihrer Gefährtinnen zu trösten, und bot ihr an, sie zum Weibe zu nehmen. Ursula jedoch wies seinen Antrag mit Abscheu zurück. Da zog der Gedemütigte einen Pfeil aus seinem Köcher und schoß ihn der Heiligen in die Brust. Ein plötzlicher Schrecken ergriff nun aber die wilde Horde und trieb sie in die Flucht. Die Bürger Kölns begruben die edlen Leichname und errichteten an dieser Stelle eine Kirche.

A: Pfeil in der Hand, mit Palme, Kreuzfahne, Krone, Mantel über die Jungfrauen breitend; Schiff neben sich; von Jungfrauen umgeben bei der Landung.

P: des Ursulinenordens, der Jugend, der Universitäten Wien und Paris, des Ehestandes, der Lehrerinnen, Tuchhändler; für günstige Heirat, seligen Tod; in Kriegszeiten; gegen Kinderkrankheiten; gegen die Qualen des Fegefeuers.

22. Oktober

HL. CORDULA

Märtyrerin, † um 238, 386 oder 453

Eine Jungfrau aus der Schar der hl. Ursula (siehe Vortag) verbarg sich voller Furcht die Nacht über in den unteren Schiffsräumen. Am Morgen aber schämte sie sich ihrer Ängstlichkeit und lieferte sich selbst den Hunnen aus. Diese schlachteten sie mit derselben Grausamkeit ab wie ihre Gefährtinnen.

Da ihr Fest jedoch nicht mit den anderen zusammen gefeiert wurde, erschien sie einer Klausnerin und tat ihr kund, daß man ihr Fest am Tage nach dem der hl. Ursula begehen sollte.

Es war vielleicht Cordula, deren Leichnam ein Kölner Abt von einer Äbtissin als Geschenk erhielt. Der Geistliche hatte versprochen, die hl. Reliquien in einem silbernen Schrein beizusetzen. Doch ein Jahr lang ließ er sie statt dessen in einem Holzsarg auf dem Altar liegen. Da geschah es während einer Frühmette, daß der Sargdeckel von innen geöffnet wurde, die Jungfrau leibhaftig vom Altar stieg und zwischen den erschrockenen Mönchen hindurch von dannen ging. Nun bereute der Abt seine Nachlässigkeit. Demütig gelobte er der Äbtissin, er werde sofort den Silberschrein in Auftrag geben, wenn er diese oder eine andere der Gefährtinnen zurückerhalte. Doch die Oberin verweigerte ihm die Bitte.

A: mit kleinem Schiff oder Pfeil in der Hand; mit Lanze, Palme, Krone.

23. Oktober

HL. IGNATIUS

Patriarch von Konstantinopel, 798–878

Als Kaiser Michael III. von Byzanz ins Mannesalter kam, ergab er sich den größten Ausschweifungen. Noch schlimmer war sein Günstling Bardas, der die Gewalt im Reiche an sich riß und sich weder um Gesetz noch um Billigkeit scherte. Zu alldem verstieß der Abenteurer auch noch seine Frau und lebte mit seiner Schwiegertochter in blutschänderischer Sünde zusammen.

Der Patriarch Ignatius verweigerte ihm deshalb während der Messe die hl. Hostie. Bardas geriet darüber so in Wut, daß er nur durch die vielen Gläubigen davon abgehalten wurde, sich mit dem Schwert auf den Bischof zu stürzen. Statt dessen hetzte er beim Kaiser und stachelte ihn mit Erfolg an, den Patriarchen auf eine Insel zu verbannen

Photius, der neuernannte Verweser des Bischofsstuhles, zeichnete sich durch glänzende Geistesgaben und schlechte Sitten aus. Gemeinsam mit Bardas intrigierte er, um die endgültige Amtsenthebung des Ignatius zu erreichen. Man brachte die Verleumdung in Umlauf, der Patriarch stünde mit Reichsfeinden in Verbindung, und Ignatius wurde gefesselt und unter brutalen Mißhandlungen in die Hauptstadt zurückgebracht. Photius organisierte eine Kirchenversammlung mit bestochenen Kreaturen, und diese erfüllten ihren Auftrag und setzten den Patriarchen ab. Ignatius hatte nun Schreckliches zu erleiden. Er wurde in eine Totengruft eingesperrt, rücklings mit Armen und Beinen auf dem kalten Steinboden ausgespannt und grausam geschlagen. Danach mußte er an eine Säule gefesselt sieben Tage lang aufrecht stehen. Und schließlich spreizten ihn die Schergen nackt über einen giebelförmigen Sarg, wobei sie ihm schwere Steine an die

Füße hängten. In einer öffentlichen Verurteilung in der Apostelkirche sollte der Patriarch erst feierlich abgesetzt, dann geblendet und an den Gliedmaßen verstümmelt werden. Bis dahin wurde er unter Hausarrest gestellt. Durch die Pflege seiner Getreuen kam er rasch wieder zu Kräften und schlüpfte als Wasserträger verkleidet unbehelligt durch die Wachen. Fortwährend wechselte er nun seinen Aufenthaltsort, und so gelang es ihm, den polizeilichen Nachforschungen zu entgehen.

Der Kaiser geriet aber in diesen Jahren mit Bardas in Streit, ließ ihn ermorden und nahm, da er sich allein zu schwach fühlte, den Makedonier Basilius als Mitregenten an. Das bereute er jedoch bald, denn dieser war ein rechtschaffener Mann, der nicht zögerte, am lasterhaften und verschwenderischen Lebenswandel Michaels Kritik zu üben. Dieser wollte ihn dafür auf der Jagd hinterhältig meucheln lassen, aber Basilius erfuhr davon. Seine Gefolgsleute erstachen den Kaiser, als er gerade berauscht bei seinen Konkubinen lag.

Das Volk jubelte dem neuen Herrscher zu, der sich schon einen guten Ruf wegen seiner Gerechtigkeit erworben hatte. Photius wurde in ein Kloster verbannt und aus der Kirche ausgeschlossen, Ignatius aber in seine Würde wieder eingesetzt. Er starb, von den Gläubigen verehrt, in seinem 80. Lebensjahr.

A: in bischöflicher Würde, bartlos, in mittlerem Alter.

24. Oktober

SEL. ARMELLA NICOLAS

Dienstmagd, 1606–1671

Schon als Kind hatte Armella ein großes Mitleid mit den armen Seelen im Fegefeuer. Wenn sie im Sommer Schafe hütete, setzte sie sich der brennenden Sonne aus und stellte sich dies als Opfer zugunsten der armen Seelen vor. Oft fastete sie auch für sie oder versagte sich kleine Freuden. Zur Jungfrau herangewachsen, konnte sie den Geselligkeiten der Dorfjugend nichts abgewinnen, weshalb sie häufig als Betschwester verlästert wurde. Schließlich nahm sie in der Stadt eine Stelle als Kindermädchen an, um den Werbungen der Burschen auszuweichen und um leichter die Kirche besuchen zu können.

An der Tafel ihrer Herrschaft war es Brauch, daß jeden Abend nach dem Essen aus den Heiligenlegenden vorgelesen wurde. Als einmal die Geschichte vom Leiden Christi an der Reihe war, geriet Armella vor Mitleid außer sich und konnte fortan nichts anderes mehr denken. Gleichzeitig wurde ihr Herz von einem schmerzhaften innerlichen Feuer erfaßt. Da sie sich diesen Zustand nicht erklären konnte, vertraute sie sich einem Karmeliterpater an. Er befand, daß in ihr der Hl. Geist am Werke war, und mahnte sie zu Demut und Gehorsam. Da sie oft geistig abwesend und von dem beständigen inneren Brennen sehr ermattet war, fiel ihr die Verrichtung ihrer Haushaltspflichten immer schwerer. Die Herrin hatte dafür kein Verständnis und schalt sie faul und närrisch. Einmal mußte sich Armella vor Schwäche zu Bett legen, aber die Herrin holte sie sofort wieder heraus und befahl ihr, mit Eimern die Jauchegrube auszuschöpfen. Dabei mußte die fromme Magd nach der damaligen Gewohnheit die vollen Kübel stets auf dem Kopf tragen. Zwei Tage lang litt sie die schrecklichsten Schmerzen, wie wenn ihre Haare lauter Dornen wären, die man ihr mit Gewalt in den Kopf drücke. Doch Armella wehklagte nicht, sondern forderte von Jesus noch mehr zu leiden. Sie fühlte immer seine Gegenwart und dachte bei allem an ihn. Wenn sie einen Hund sah, dann sann sie über vorbildhafte Treue nach; erblickte sie Lämmer, dachte sie an die Sanftmut, mit der sich Jesus zur Schlachtbank führen ließ; wiegten sich Bäume im Wind, zog sie daraus die Absicht, sich ganz dem Wehen des Hl. Geistes auszusetzen; wenn sie speiste, so dünkte es sie, alle Bissen seien in Jesu Blut eingetaucht.

In einer Vision offenbarte ihr Jesus, wie sehr er durch lasterhafte Taten beleidigt werde und wie schrecklich das Elend sei, in welches sich solche Seelen unbedacht hineinstürzten. Fortan erfüllte die Nachricht über jedwede Schandtat Armella mit tiefster Angst und heftigster Pein. Einmal war sogar ihr Bruder eines Schwerverbrechens angeklagt. Eingedenk dessen, was seine Seele erwartete, sagte sie voller Mitleid: »Ich wollte ihn gern am Galgen hängen sehen, wenn Gott dadurch versöhnt würde.«

Nach einigen Jahren erkannten die Herrschaften ihren wahren Charakter und behandelten sie besser. Jahrzehnte blieb sie die treue, aufopfernde Magd, bis sie im 65. Lebensjahr den Tod nahen fühlte. Sie litt an entsetzlichen Hals- und Leibschmerzen, die von Tag zu Tag zunahmen. Als der Beichtvater sie einmal mit der Bemerkung aufmuntern wollte, sie habe noch eine Zeit zu leben, sagte sie: »Gott sei gelobt, dann habe ich noch länger Zeit zu leiden.« Doch es waren ihre letzten Worte — kurz danach verschied sie.

25. Oktober

HLL. CRISPINUS und CRISPIANUS

Märtyrer, † 287

Die christlichen Brüder Crispin und Crispianus waren von vornehmem Stand und kamen aus Rom nach Soissons, um dort den Glauben zu verbreiten. Um eine Tarnung in jenen feindlichen Zeiten zu haben, verlegten sie sich auf das Schuhmacherhandwerk. Da sie genügsam und fleißig waren, erlangten sie rasch große Meisterschaft in ihrem Handwerk, und die Kunden strömten in die Werkstatt. Man hörte ihnen gerne zu, denn sie waren immer zu einem Scherz aufgelegt und wußten hübsche Geschichten zu erzählten. Geschickt mischten sie darin Beispiele, die zeigten, wie närrisch und abscheulich die Vielgötterei ist. Bald ließen sich Menschen aus hohem und niederem Stand für die Taufe gewinnen und bildeten eine Gemeinde.

Der stetige Erfolg rief jedoch die Götzenpriester auf den Plan, die das Treiben der beiden dem Präfekten anzeigten. Die Brüder wurden ergriffen und vor Gericht geführt, wo sie mutig ihren Glauben bekannten. Das Martyrium folgte auf dem Fuße: Man trieb ihnen Schusterahlen unter die Fingernägel und in das Fleisch und schnitt aus der Rückenhaut Riemen. Dann wurden sie gegeißelt, in einen Kessel mit siedendem Blei getaucht und schließlich den wilden Tieren vorgeworfen. Ihre Leichname barg nachts ein frommer Christ unversehrt und bestattete sie.

Darüber baute man in späteren Zeiten die Kirche von Soissons. Die Verehrung der Heiligen wurde im 17. Jahrhundert durch den Schustergesellen Heinrich Buch volkstümlich, der eine fromme Bruderschaft von Schuhmachern gründete und als Patrone Crispin und Crispianus wählte.

A: mit Hautstreifen, Schustergeräten.

P: von Osnabrück und Soissons; der Gerber, Handschuhmacher, Lederarbeiter, Sattler, Schuster, Schneider und Weber.

F: auch 8. Februar, 6. und 8. März, 20. Juni, 27. August.

26. Oktober

HL. AMANDUS

Bischof, 594–684

15 Jahre lang lebte Amandus, eingeschlossen in eine Zelle an der Stadtmauer von Bourges, in Beschauung und Askese. Er nährte sich nur von Wasser und Gerstenbrot. Als er auf diese Weise seine Sinnlichkeit überwunden hatte, pilgerte er nach Rom, wo ihm eine Stimme die Weisung gab, unter den immer noch heidnischen Volksschichten in Gallien den Glauben zu verkünden.

König Chlotar II. erkannte die Gaben des Missionars und stattete ihn mit der Bischofswürde aus. Mit mehreren Gefährten, meist Angelsachsen, die er auf den Sklavenmärkten losgekauft hatte, missionierte er im Gebiet des heutigen Gent unter dem heidnischen Volk, an dessen hartem Gemüt jedoch alle Belehrungen abglitten. Mehrfach wurde Amandus in die Schelde geworfen, beschimpft und mißhandelt, und endlich verzagte sein Gefolge und verließ ihn. Amandus errichtete sich daraufhin eine Zelle an der Stadtmauer von Tournay und nahm sein altes Eremitenleben wieder auf. Einmal bat er für einen zum Tode Verurteilten, aber dieser wurde dennoch gehängt. Da schnitt ihn der Bischof des Nachts vom Galgen, schaffte ihn in seine Zelle und betete bis zum Morgen. Beim ersten Lichtstrahl kam wieder Leben in den Toten, er begann zu atmen und verließ bald gesund die Zelle. Dieses Ereignis machte großen Eindruck auf das Volk, und von nun an wurden die Bekehrungen zahlreicher.

F: auch 6. Februar; der Heilige ist nicht zu verwechseln mit Amandus, Bischof von Worms, dessen Fest ebenfalls am 26. Oktober gefeiert wird.

27. Oktober

HL. IVO HELORY

Seelsorger und Anwalt der Armen, † 1303

Die fromme Mutter erzählte dem Knaben viele Heiligenlegenden und sagte oft zu ihm: »Ivo, du mußt auch ein Heiliger werden.« Der Vater aber flößte ihm tiefes Mitleid für die Armen ein und ermunterte ihn zu vielen Werken der Barmherzigkeit. Ivo erhielt die beste Ausbildung und konnte schon mit 14 Jahren die Universität von Paris besuchen.

Hier gab es viele verderbte Jünglinge, die es darauf abgesehen hatten, den unschuldigen Knaben zu verführen. Doch stets bewahrte ihn die Erinnerung an die Worte der Mutter im letzten Moment vor dem Straucheln in die Sünde. Als Priester kehrte er in seine Heimat, die Bretagne, zurück, wurde Vorstand des geistlichen Gerichts in Rennes, Seelsorger in verschiedenen Gemeinden und schließlich Pfarrer von Louannec. Weil er sich besonders der Rechte der Armen annahm, die Schwachen und Niedrigen schützte und sie oft unentgeltlich verteidigte, erhielt er bald den Ehrennahmen: »Anwalt der Armen«.

Sein Pfarrhaus war immer Herberge für Fremde und den Armen ein unerschöpflicher Getreidespeicher. Als ihm einmal jemand riet, mit dem Verkauf der Ernte noch zu warten, antwortete er: »Weiß ich denn, ob ich dann noch leben werde?« Und als ihm derselbe nach einiger Zeit berichtete, er habe durch Zurückhalten der Ware ein Fünftel mehr gewonnen, sagte Ivo: »Ich durch schleunigen Verkauf das Hundertfache, denn was man den Armen tut, belohnt Gott hundertfach.« Einst kam ein Aussätziger und bettelte. Ivo hieß ihn sofort an seinem eigenen Platz zu Tisch sitzen und bewirtete ihn. Plötzlich leuchtete der Fremde hell wie ein Stern auf und verschwand mit den Worten: »Friede sei mit dir.« Alle aber erkannten, daß der Gast niemand anderes als Jesus gewesen sein konnte. So befolgte Ivo den Wunsch seiner Mutter und wurde schon zu Lebzeiten als Heiliger verehrt.

A: von Armen Gesuche (Papierrollen) annehmend; auch in Bischofstracht (fälschlich) auf Lehrstuhl; mit Strick (Geißel) in der Hand.

P: der Bretagne, von Rennes und Tréguier, der Universität Nantes; der Advokaten, Gerichtsdiener, Ministerialbeamten, Notare, Pfarrer und Rechtsgelehrten, der Drechsler; der Armen und Waisen; der juristischen Fakultäten; für guten Ausgang eines Prozesses.

F: auch 19. und 22. Mai, 1. August, 17. und 29. Oktober.

28. Oktober

HL. SIMON DER EIFERER (Zelotes) und HL. JUDAS THADDÄUS

Apostel

Der Gerber Simon und der Zimmermann Judas Thaddäus (im Unterschied zum Verräter Judas Iskarioth) waren Brüder des Jacobus Minor und hatten zu Eltern Maria, des Kleophas Tochter, und den Alphäus, der ein leiblicher Bruder des hl. Joseph gewesen sein soll. Jesus nahm seine Vettern unter die zwölfe auf.

Nach dem Tod des Herrn predigte Judas in Mesopotamien, Arabien und Ponthus, Simon in Ägypten. Dann reisten sie zusammen nach Persien. Dort stand gerade der Feldherr Baradach im Begriffe, gegen Indien in den Krieg zu ziehen. Während er die Götzen über den Ausgang befragte, kamen die beiden Apostel in den Tempel und hörten die Prophezeiung, es würden in großen Schlachten viele Soldaten sterben. Die Apostel aber lachten dazu laut. Baradach stellte sie zur Rede, und sie sprachen zu ihm: »Fürchte dich nicht, mit uns ist der Friede hier eingezogen. Morgen werden die Boten der Inder eintreffen und sich deiner Gewalt freiwillig unterwerfen.« Die Götzenpriester erhoben ein Geschrei und beschuldigten die beiden Fremden als Agenten des Feindes. Diese aber sagten zum Feldherrn: »Du mußt nicht einen Monat, sondern nur einen Tag warten, und morgen bist du ohne einen Tropfen vergossenen Blutes der Sieger.« Der Feldherr folgte ihrem Rat, ließ sie jedoch bewachen. Anderntags erschienen die Gesandten aus Indien und boten wie geweissagt die Unterwerfung des Landes an. Baradach ehrte nun die Apostel und wollte ihre Gegner auf dem Scheiterhaufen verbrennen lassen. Aber die beiden sprachen: »Wir sind nicht gesandt, die Lebenden zu töten, sondern die Toten lebendig zu machen.« Dies verwunderte den Feldherrn, und er ließ sich mit vielen anderen taufen.

Die Götzenpriester aber hörten nicht auf, das Volk gegen die beiden Apostel aufzureizen, und brachten es endlich so weit, daß Judas mit dem Beil enthauptet, Simon mit einer Säge in zwei Hälften geschnitten wurde.

Die Verehrung des hl. Judas als Helfer in verzweifelten Lagen wurde besonders von den Jesuiten gefördert, weshalb er manchmal scherzhaft ihr Finanzminister genannt wird.

A (Judas): mit Buch und Keule; auch umgekehrtes Kreuz, Hellebarde oder Weihrauchbecken; mit Bild Jesu auf der Brust (wegen seiner Ähnlichkeit mit ihm); mit Beil und Winkelmaß.

A (Simon): mit Säge; manchmal mit Lanze; auch mit Spruchband: »Gemeinschaft der Heiligen, Ablaß der Sünden«.

P (Judas): für verzweifelte Anliegen.

P (Simon): von Goslar, Köln und Magdeburg; der Färber, Gerber, Lederarbeiter, Maurer, Sägearbeiter, Weber; gegen böse Frauen, welche den Mann (sic!) spielen.

F (Judas): auch 21. August.

F (Simon): 29. April, 10. Mai.

29. Oktober

HLL. ABRAHAM und MARIA VON KIDUNA

Einsiedler und *Büßerin, † um 355*

Der hl. Abraham lebte 50 Jahre lang unermüdlich fastend und sich kasteiend in der Wüste. Als sein Bruder starb und ein siebenjähriges Töchterlein als Waise hinterließ, nahm Abraham sie zu sich und richtete ihr in der äußeren Zelle seiner Felsenklause ein Lager ein. Er hauste in der inneren Zelle, verließ diese sehr selten und belehrte seine Nichte durch ein Fenster zwischen den beiden Räumen über die Hl. Schrift. Nach seiner Anleitung unterzog sie sich schon in zartem Alter allen möglichen Bußübungen. Ihr stattliches Erbe ließ Abraham an die Armen austeilen, damit sie nie auf weltliche Gedanken kommen sollte. Und er schien Erfolg zu haben.

20 Jahre lebte sie bei ihm und erblühte zu einer wunderschönen Jungfrau. In der Nähe wohnte jedoch ein junger Mönch, dem beim Anblick ihrer anmutigen Erscheinung das Blut in heftigste Wallung geriet. Zuerst kämpfte er dagegen, aber wie ein Magnet zog ihn die Klause von Abraham und Maria an. Ein Jahr lang fand

er sich fast täglich unter allen möglichen Vorwänden in der Nähe ein, um seine Augen an der Schönheit des Mädchens zu weiden. Eines Tages kam er bis ans Fenster, begann ein Gespräch mit ihr und verlockte sie durch fröhliche Reden herauszukommen. Unter dem Vorwand, mit ihr eine besondere Art des Betens üben zu wollen, brachte er sie dazu, sich ihres Kleides zu entledigen, und schließlich gelang es ihm, sie zu verführen und ihrer Unschuld zu berauben.

Kaum war es geschehen, stürzte Maria in tiefe Verzweiflung. Sie weinte, zerschlug sich das Gesicht und wollte sich selbst ersticken. Da sie es nicht wagte, ihrem Oheim noch ins Gesicht zu sehen, entfloh sie. In eine große Hafenstadt verschlagen, fand sie dort wegen ihrer schönen Gestalt Arbeit in einer zweifelhaften Schenke; und bald war es soweit, daß sie von der Hingabe ihres Körpers lebte.

Ihr Oheim flehte zwei Jahre lang Tag und Nacht zu Gott, er möge ihm ihr Schicksal offenbaren. Als er endlich von einem Reisenden erfuhr, wo sie sich aufhielt, zog er eine Soldatenrüstung an, lieh sich ein Pferd und ritt in die Stadt. Er nahm in der Schenke Herberge. Nur mit großer Mühe beherrschte er seine Gemütserregung, als er Maria im schamlosen Aufzug einer feilen Dirne erblickte, und gab ihr zu verstehen, daß er zu ihr ins Schlafgemach wolle. Als er endlich mit ihr allein war, umarmte er sie, entblößte sein Haupt und rief unter Tränen: »Erkennst du mich, Maria?« Vor Bestürzung verlor sie auf der Stelle die Sprache und lag wie ein kalter Stein an seiner Brust. Er aber redete ihr lange zu und versicherte ihr ein ums andere Mal, daß er ihre Sünde auf sich nehme. Schließlich löste sich ihre Zunge. Sie beklagte ihre Verfehlungen und folgte ihm zurück in die Einöde. Hier führten beide ihr früheres Leben fort, er nun in der äußeren, sie in der inneren Zelle. Sie überlebte ihren Oheim um fünf Jahre. Bis zu ihrem Tod blieben die Vorübergehenden oft stehen, um erschüttert ihre lauten Wehklagen zu hören und über die eigenen Sünden zu weinen.

A: Als Greis mit spitzem, langem Bart, zusammen mit seiner Nichte.

P: der reuigen Dirnen.

30. Oktober

HL. DOROTHEA VON MONTAU

Witwe, 1347–1394

Mit sieben Jahren fiel sie in einen Kessel mit kochendem Wasser. Von diesem Zeitpunkt an schätzte sie die Welt gering und setzte alle Hoffnung auf den Himmel. Beizeiten begann sie ihr Fleisch mit harter Kasteiung zu quälen, verbrannte sich oft mit siedendem Wasser oder glühenden Eisen. An ihren Knien entstanden eitrige Schwären, da sie häufig auf harten Brettern oder scharfen Spänen kniete. In die Verletzungen tat sie Nesseln oder Salzlake, damit sie nicht heilten.

Mit siebzehn wurde sie an einen Handwerker verheiratet. Ihre Ehe dauerte 26 Jahre, und sie waren für Dorothea ein einziges Martyrium. Sie hielt sich in solcher Keuschheit, daß sie dem Geiste nach Jungfrau blieb. Mit Unterstützung ihres Beichtvaters entzog sie sich den ehelichen Umarmungen, sooft sie nur konnte. Als ihr endlich eine Tochter geboren wurde, gelang es ihr, den Gemahl zum Verzicht auf seine ehelichen Rechte zu bewegen. Die Tochter wurde später Nonne.

Besonders erbitterte es den Ehemann, wenn sie während der Hausarbeit von Verzückungen überrascht wurde. Wenn er sie anrief und sie nicht antwortete, als ob sie in einem Traum sich befände, so schüttete er ihr kaltes Wasser über. Sie aber merkte es erst etliche Zeit danach, wenn sie sich naß fand, aber nicht wußte, woher.

Zuweilen setzte sie sich in einem zerrissenen Mantel und mit verhülltem Haupt unter die Bettler vor die Kirchentüre. Wenn sie dort ein Stück Brot empfing, dann empfand sie solche Lust daran, daß ihr keine Leckerei so süß und so wohl geschmeckt hätte. Ihr Mann geriet darüber manchmal so in Zorn, daß er sie tagelang ins Haus einsperrte und mit Ketten fesselte. Einmal sollte sie auf dem Markte Zwirn kaufen, war jedoch in der Kirche gewesen und hatte bei der Rückkunft ganz vergessen, weswegen sie losgegangen war. Ein andermal stillte sie ihr weinendes Töchterlein nicht, weil sie plötzlich von einer großen Verzückung heimgesucht wurde. Da schlug sie ihr Mann heftig mit dem Stuhl auf den Kopf, was sie noch Jahre danach spürte. Das aber trug sie frohen Sinnes.

Ihr Mann kaufte ein Haus, wo sie ein eigenes Zimmer hatte. Da saß sie Nächte hindurch am offenen Fenster und war entzückt in großer hitziger Liebe zum himmlischen Bräutigam. Manchmal verschwand sie einfach hinter einer Türe oder in einem Winkel und wurde sofort entrückt. Wenn der Mann sie dann fand, schlug er sie bisweilen oder beschuldigte sie vor anderen, sie sei träge und schläfrig. Öfter kochte sie Fische ungeschuppt oder nicht ausgenommen und bemerkte es gar nicht.

Ab 1378 empfing sie sogenannte Liebeswunden, die sich im Geiste vollziehen, aber auch körperlich spürbar sind. Sie wurde von Pfeilen, Lanzen und Strahlen verwundet, und dies bald täglich. Um 1390 empfing sie eine »herzbrechende Wunde«, ein tiefes Loch in der Brust, was sich bis an ihr Lebensende immer an Ostern wiederholte.

Nach dem Tode ihres Mannes trat sie in das Kloster Marienwerder ein. Während der Profeß hatte sie eine Erscheinung, in welcher Christus sie ihrem Beichtvater in geistlicher Ehe antraute. »Ihr sollt einander Sorge tragen, daß ihr zum ewigen Leben kommen könnt, und du sollst wissen, daß kein Mensch deinem Beichtvater so hoch anbefohlen wurde wie du.« 1392 ließ sich Dorothea in der Kirche als Reklusin einmauern, und der Erlöser bestätigte ihr in ihrer letzten Lebenszeit, daß sie nun wirklich seine Braut geworden sei.

A: mit dem Buch ihrer Offenbarungen, Laterne, Rosenkranz und fünf Pfeilen.

P: von Preußen.

F: auch 25. Juni.

31. Oktober

HL. WOLFGANG

Bischof von Regensburg, 924–994

Der hl. Wolfgang war ein begnadeter Erzieher. An den bischöflichen und klösterlichen Knabenschulen von Trier und Einsiedeln wirkte er mit solchem Erfolg, daß sie im ganzen Reiche berühmt wurden. Als aussichtslos erwies sich hingegen die Unternehmung des Heiligen, mit einigen Gefährten die Ungarn zu missionieren. Schon der Bischof Pilgrim von Passau hatte sich vergeblich abgemüht, die heidnische Roheit dieses Volkes zu überwinden, Um Wolfgangs Begabung sinnvoller einzusetzen, empfahl er ihn Kaiser Otto II. für den vakanten Bischofsstuhl von Regensburg.

Dort zeichnete er sich durch Gerechtigkeit und kluge Verwaltung aus.

Als der Bayernherzog Heinrich der Zänker gegen Kaiser Otto II. aufbegehrte, entzog sich Wolfgang den politischen Wirren. Auf dem Falkenstein im Salzburgischen, nahe dem Obersee, baute er sich eine Klause. Als ihn sein Gefährte wegen der Unbill der Natur verließ, bestieg er einen benachbarten Berg und warf sein Beil ins Tal. Er fand es nahe des Sees, der später ihm zu Ehren Wolfgangsee benannt wurde, und errichtete sich eine kleine Zelle, die heute noch in der Kirche St. Wolfgang zu besichtigen ist.

Ein Jäger entdeckte ihn in der Einöde und erkannte ihn, und weil die Regensburger nun nicht nachließen in ihren Bitten, kehrte er 978 unter großem Jubel des Volkes zurück. Einmal predigte er im Dom, da war plötzlich fürchterliches Krachen und Stürmen um die Kirche zu vernehmen. Der Tag verdunkelte sich, und die Gläubigen gerieten in größte Angst. Zuletzt stürzten alle hinaus — nur Wolfgang nicht. Er betete zu Christus und rief ihn gegen die Umtriebe Satans an. Kaum hatte er geendet, beruhigte sich der Sturm, es wurde wieder hell, und alles Volk eilte in die Kirche zurück.

Wegen seiner Heiligkeit gab ihm der im Alter friedfertig gewordene Herzog seine vier Kinder zur Erziehung. Wolfgang prophezeite ihnen oft: »Du, Heinrich, wirst ein König; du, Bruno, ein Bischof; du, Gisela, eine Königin und du, Brigida, eine Äbtissin.« Und so geschah es. Heinrich wurde deutscher König und nachher römischer Kaiser, Gisela Königin von Ungarn — beide werden als Heilige verehrt. Bruno, als Bischof von Augsburg, und Brigida, als Äbtissin von St. Paul in Regensburg, starben im Ruf der Seligkeit. Nach dem Tode Wolfgangs im Jahre 994 wurden sein Herz und die Eingeweide in St. Otmar im oberösterreichischen Pupping, seine Gebeine aber in St. Emeram in Regensburg beigesetzt. Beide Orte sowie die Kirchen auf dem Falkenstein und am Wolfgangsee zogen Wallfahrer aus allen deutschen Landen an, und viele Hundert Wunder sind seither bezeugt.

A: als Bischof mit Kirchenmodell; mit Schlachtbeil (weil er die Ungarn die Beilherstellung lehrte); auch mit Teufel.

P: von Bayern und Regensburg; der Hirten, Zimmerleute, Bildhauer, Köhler und Schiffer; bei Augenkrankheiten, Bauchweh, Blutfluß, Fußleiden, Gicht, Kreuzweh, Lähmungen, Ruhr, Schlaganfall, Hautjucken am After bzw. rektales Wundsein (»Wolf«).

1. November

SEL. ADALBERT und SEL. OTTOKAR (Otgarius)

Stifter des Klosters Tegernsee, † 804

Die Brüder Adalbert und Ottokar stammten aus der herzoglichen Familie der Agilolfinger. Als die Langobarden Rom bedrohten, kämpften die beiden tapfer im Dienste des Papstes. Nach ihrer Rückkehr aus Italien gründeten sie auf ihren Ländereien das Kloster Tegernsee, dessen erster Abt Adalbert wurde. Ottokar trat als Laienbruder ein. Papst Zacharias schenkte ihnen als Reliquienschatz für ihr Kloster die Gebeine des hl. Quirinus, dem ein kostbarer Altar in der Kirche errichtet wurde. Auch die beiden Brüder fanden dort unter einer Marmorplatte ihre letzte Ruhestätte.

Einst kam ein vom bösen Geist Besessener in die Kirche und setzte sich auf das Grabmahl. Sogleich fühlte er sich von seiner Plage befreit. Er lief hinaus und erzählte von seiner wunderbaren Heilung. Die Leute wollten dem hl. Quirin dafür danken und führten den Geheilten zum Reliquienaltar des Heiligen. Jener aber erklärte, er sei nicht an dieser Stelle gesund geworden. Er sah sich in der Kirche um, bis er schließlich die Marmorplatte wiedererkannte. Da wußten alle, daß nun auch die beiden Klosterstifter unter die Seligen aufgenommen waren.

A: Adalbert als Abt, Ottokar im Benediktinerhabit, beide mit Klostermodell.

F: auch 26. Februar, 4. März.

2. November

HL. WILLIBOLD

Graf von Calw, Pilger, 1207–1230

Am 2. November 1230 schleppte sich in das Dorf Berkheim im Illertal ein ausgemergelter Jüngling. Er trug ein ärmliches Pilgerkleid und bat im Gasthof »Zur Krone« um Herberge, aber der hartherzige Wirt wies ihm die Tür. Sterbensmüde schaffte es der Fremde noch bis zu einer Scheuer und brach tot auf einem Heuhaufen zusammen.

Plötzlich fingen alle Glocken in der Kirche an zu läuten. Die Leute stürzten verstört ins Freie und liefen umher, bis sie um die Scheuer einen wunderbaren Lichtglanz bemerkten. Alles strömte zu dem Ort, wo der entseelte Körper des unbekannten Jünglings lag. Ein himmlischer Wohlgeruch ging von dem Leichnam aus, und als man ihn aufhob, erschallte aus den Lüften ein Engelsgesang von unbeschreiblicher Harmonie.

Man fand heraus, daß es sich bei dem Pilger um den jungen Grafen von Calw aus dem berühmten Geschlecht der Beutelbacher handelte. Er hatte das ererbte Schloß, Ruhm und Ehre, Geld und Gut verlassen, das Pilgergewand angezogen und war heimlich ins Hl. Land aufgebrochen. Um unbekannt zu bleiben, hatte er den Namen Willibold angenommen. Was er auf seiner Reise erlebt hatte, war nicht zu ergründen, aber an seinem Grab geschahen so viele Wunder, daß ihn das Volk über die Jahrhunderte hindurch als Heiligen verehrte.

P: des Illertales in Oberschwaben.
F: auch 7. Juli, 26. November.

3. November

HL. HUBERTUS

Bischof von Lüttich, um 655–727

Wie die meisten seiner Standesgenossen aus dem aquitanischen Hochadel hatte Hubert von Jugend an nichts als Waffenspiel und Jagen im Sinn. Als ihn an einem Sonntag wieder die Jagdleidenschaft in den Wald trieb, während sich die frommen Christen zum Kirchgang aufmachten, traf er plötzlich im Gehölz auf einen Hirsch, der im Geweih ein leuchtendes Kreuz trug. Und von oben vernahm er eine Stimme, die ihm zurief: »Wenn du dich nicht wahrhaft bekehrst, wirst du bald zur Hölle fahren.« Hubert ritt sofort im Galopp zurück und eilte in die hl. Messe, wo er Buße und Einkehr gelobte.

Sieben Jahre führte er in den Ardennen ein rauhes Einsiedlerleben, da erschien ihm ein Engel und forderte ihn auf, nach Rom zu pilgern. Der Papst empfing ihn freundlich, lernte ihn bald schätzen und bestellte ihn schließlich zum Nachfolger des hl. Bischofs Lambert von Maastricht. Bei der Einkleidung fehlte die Stola. Da stieg ein Engel vom Himmel und reichte Hubert eine schöne golddurchwirkte Stola. In der Nacht vor seinem Aufbruch weckte den neuernannten Bischof eine feste Hand: Es war der hl. Petrus, der ihm einen goldenen Schlüssel überreichte.

In seinem Bistum verlegte Hubert den Bischofssitz nach Lüttich, nachdem ihm der hl. Lambert in einer Vision aufgetragen hatte, seine Gebeine dorthin zu überführen. Damit legte er den Grund für die spätere Größe der Stadt, die bis dahin nur ein unbedeutender Flecken gewesen war.

Hubert wurde nachweislich schon im 10. Jahrhundert als Heiliger der Jagd und der Hunde verehrt. Von tollwütigen Tieren Gebissenen legte man mit wunderbarem Erfolg die hl. Stola auf und brannte die Wunde mit dem Schlüssel aus. Auch Jagdhunden wurde gegen Wasserscheu mit dem Hubertusschlüssel ein Mal auf die Stirn gebrannt.

A: in Bischofs- oder Jägertracht, mit Hirsch, der ein Kreuz im Geweih trägt; mit Buch, auf dem der Kopf des Hirsches abgebildet ist; mit Jagdhorn oder Pfeilen; mit Engel, der ihm eine Stola bringt.

P: der Förster, Jäger und Hunde; von Augsburg, der Ardennen, von Jülich und Lüttich; der Drechsler, Futteralmacher, Gießer, der Hersteller mathematischer Geräte, der Kürschner, Metallarbeiter, Metzger, Optiker, Schellenmacher; gegen Tollwut und Schlangenbisse, Irrsinn und Wasserscheu.

F: auch 29. April, 30. Mai, 30. September.

4. November

HL. WINIFRED

(Wenefrida, Guenvreda, Guenwera)

Jungfrau, † um 660

Winifred stammte aus höchstem englischem Adel und gelobte unter dem Einfluß ihres Onkels, des hl. Beuno, ewige Keuschheit. Ihre Eltern verweigerten ihr nicht den Segen, als sie in ein von ihm geleitetes kleines Kloster zog. Später übersiedelte sie nach Clwyd oder Holywell.

Caradoc, der Sohn des Landesfürsten, entbrannte in sündiger Begierde zu der schönen Jungfrau und wollte sie verführen. Sie aber blieb standhaft und flüchtete schließlich vor ihm in die Kirche ihres Onkels Beuno. Da kehrte sich des Prinzen Leidenschaft in Wut: Er stürmte in das Gotteshaus, zerrte die Jungfrau heraus und schlug ihr mit seinem Schwert das Haupt ab. Er überlebte seine Untat nicht lange, denn jäh öffnete sich der Boden, und Caradoc verschwand auf immer in einer Erdspalte. Der hl. Beuno aber setzte das Haupt seiner Nichte wieder an seine Stelle und betete eine ganze Nacht. Im Morgengrauen begann Winifred zu atmen, und bald war sie völlig gesund. Nur eine rote Narbe am Halse blieb ihr zeitlebens. An der Stelle jedoch, wohin ihr abgeschlagenes Haupt gefallen war, entsprang eine Quelle, deren Boden von rotgeädertem Gestein bedeckt ist.

Unzählige Wunder geschahen durch diese Quelle bei Holywell. Beglaubigt ist neben vielen anderen etwa die Heilung des Sir Roger Bodenham von einem gräßlichen Aussatz. Aus Dank kehrte er zur katholischen Kirche zurück, ebenso wie der Quäker Roger Whetstowne, der durch das Eintauchen in die Quelle von einer schweren Lähmung geheilt wurde.

A: als Nonne mit Schwert und Buch; mit abgeschlagenem Haupt zu Füßen.

F: auch 22. und 24. Juni, 19. und 20. September, 3. und 5. November.

5. November

HL. EMERICH

(Imre, Heinrich)

königlicher Prinz in Ungarn, † 1031

Emerich war der erstgeborene Sohn des Königs von Ungarn, des hl. Stephan. Schon als Knabe zeichnete er sich durch außergewöhnliche Frömmigkeit aus. Einmal nahm ihn der Vater zu einem Klosterbesuch mit und schickte Emerich voraus, um an seiner Statt den Begrüßungszeremonien beizuwohnen. Die Mönche bezeugten dem Prinzen ihre große Ergebenheit, und er küßte sie alle der Reihe nach. Allerdings verhielt er sich nicht gleichmäßig, sondern gab unterschiedlich viele Küsse. Einen Bruder aber, mit Namen Maurus, küßte er sogar siebenmal. Stephan verwunderte das Benehmen seines Sohnes, doch Emerich erklärte ihm, er habe einfach nach dem Grade der Tugend und Reinheit geküßt. Maurus aber übertreffe darin alle anderen.

Stephan wollte genau wissen, ob das Kind einen übernatürlichen Sinn habe, und kehrte zwei Tage später ins Kloster zurück. Verhüllt wohnte er der Mitternachtsmesse bei. Da fiel ihm auf, daß manche Brüder nach der Beendigung der Messe in ihre Zelle verschwanden, um zu schlafen, andere aber blieben noch länger betend in der Kirche. Diese aber waren es, denen Emerich mehr Küsse gegeben hatte. Der König gab sich nun zu erkennen, und die frommen Männer unterbrachen ihr Gebet und begrüßten ihn. Nur einer, Maurus, kehrte sich nicht um den Besucher, sondern verharrte schweigend in seiner Andacht. Sogar als ihm der König ernstlich drohte, zeigte er keine Regung. Am andern Tag machte Stephan vor den versammelten Mönchen dem Maurus schwere Vorwürfe wegen seines Verhaltens. Dieser nahm ohne ein Wort der Verteidigung den Tadel demütig an. Nun war der König überzeugt, daß Emerich vom Hl. Geist erleuchtet sei. Er klärte die Brüder über den Zweck seines Besuches auf, lobte den Maurus vor allen und machte ihn nach einiger Zeit zum Bischof von Fünfkirchen.

Emerich verheiratete sich auf Wunsch seines Vaters, aber er lebte mit seiner Gemahlin geschwisterlich zusammen. Er hatte sie davon überzeugt, daß es besser wäre, eine an Tugenden denn an Kindern fruchtbare Ehe zu führen. Früh starb der junge Prinz, aber das Land und der Vater trösteten sich damit, daß Emerich ihnen im Himmel noch mehr Segen bringe als auf Erden. Seine Heiligkeit bezeugte sich in der Tat bald in zahlreichen Wundern.

A: als junger Ritter mit Krone und Lilie.
F: auch 3. und 4. November.

6. November

HL. LEONHARD

Eremit und Abt, † um 550

Leonhard stammte aus einem vornehmen altfränkischen Geschlecht und war zum Weltmann und Waffendienst bestimmt. Er konnte jedoch das wüste, zügellose Treiben am merowingischen Hofe nicht ertragen und zog sich als Einsiedler in einen finsteren Wald bei Limoges zurück. Bei einer Jagd entdeckte ihn dort König Theodebert von Lothringen, der für sich und seine Frau, die gerade vor einer schweren Geburt stand, seinen Segen erflehte.

Dank Leonhards Fürbitte entband die Königin glücklich, und Theodebert schenkte dem Heiligen den Wald zum Eigentum. Leonhard baute darin eine Kapelle, und langsam entstand eine große geistliche Genossenschaft, Zufluchtsort für Unglückliche, Geängstigte und Bedrängte. Leonhards besondere Liebe aber galt den Ärmsten der Armen, den Gefangenen, die in jenen Zeiten der Willkür größtenteils schuldlos in den Kerkern und Verliesen schmachteten.

Sein Grab in der von ihm gebauten Kapelle wurde zum Zufluchtsort für viele Kranke. Besondere Bedeutung gewann er auch als »Stallheiliger«. Wegen seiner Wunderkraft wurden ihm lebende — später eiserne — Pferde und Rinder geopfert. In vielen Gegenden bildete sich der Brauch des »Leonardi-Ritts« heraus, einer berittenen Prozession, bei der die geschmückten Pferde und Rinder gesegnet werden.

Das bekannteste Wunder Leonhards geschah im vierzehnten Jahrhundert. Der Ritter Martel von Bacqueville war mit zwei anderen französischen Kampfgefährten in türkische Gefangenschaft geraten und sollte hingerichtet werden. In seiner Not rief Martel die Hilfe des hl. Leonhard an und gelobte, im Falle seiner Rettung eine Kirche zu bauen. Erschöpft vom langen Gebet schlief er ein, doch als er erwachte, fand er sich am Rande des Walds von Bacqueville, die Ketten noch an Händen und Füßen.

A: mit aus Fußblock befreiten Gefangenen, gesprengten Ketten, auch mit Ochsen, Pferden und anderem Vieh.

P: der Bauern und Stallknechte, der Bergwerkskumpel, Böttcher, Butterhändler, Obsthändler, Schlosser, Schmiede: der Wöchnerinnen, der Gefangenen und Geisteskranken; des Viehs, der Pferde; gegen Kopfweh, Kindersiechtum, Syphilis.

7. November

HL. HERCULANUS

Bischof von Perugia, Märtyrer, † um 548

Herculanus, der Bischof von Perugia, war ein Mann von heiligmäßigem Rufe. Zur Zeit des irrgläubigen Königs Totila belagerte ein Gotenheer sieben Jahre lang die Stadt. Viele Bürger waren schon wegen der Hungersnot geflohen, da gelang es den Feinden, in die Mauern einzudringen. Totila befahl dem Anführer, dem Bischof erst aus der Haut einen Riemen vom Scheitel bis zur Sohle zu schneiden und ihn dann zu enthaupten. Das übrige Volk solle er einfach niedermetzeln.

Der Gotenherzog erkannte aber in Herculanus einen ehrwürdigen Mann und ließ ihn zuerst enthaupten, dann in seine Haut Einschnitte machen, damit es aussähe, als wären tatsächlich Riemen ausgeschnitten worden. Den Leichnam warf man über die Stadtmauer. Von den Einwohnern töteten die Goten nicht wenige, aber viele konnten doch entkommen. Des Nachts bargen fromme Gläubige ihren Bischof und bestatteten ihn zusammen mit einem Knaben, den man tot neben ihm aufgefunden hatte. Aus Schicklichkeit legten sie das abgeschlagene Haupt an den Hals.

40 Tage nach dem Blutbad befahl Totila allen Überlebenden, in die Stadt zurückzukehren, und sicherte ihnen Schonung zu. Langsam füllte sich Perugia wieder mit

Menschen, und einige suchten nach dem Grab des Herculanus. Als sie es gefunden hatten, machten sie sich daran, seinen Leichnam in die Kirche zu überführen. Sie öffneten den Sarg und erschraken: Der mitbeerdigte Knabe war bereits in Verwesung übergegangen und voll von Würmern, der Leib des Bischofs aber befand sich in einem Zustand, als wäre er gerade erst gestorben. Sein Haupt war mit dem Körper verbunden, als wäre es nie abgetrennt gewesen, und auch von den anderen Verletzungen fand sich nicht mehr die geringste Spur.

A: als Bischof mit Stab und Schwert.

P: von Perugia.

F: auch 1. März, 5. und 7. Mai.

8. November

HL. WILLEHAD

Bischof von Bremen, Apostel der Sachsen,
um 745–789

Willehad stammte wie Bonifatius aus England und eilte auf die Nachricht von dessen Ermordung, sehnsüchtig das Martyrium begehrend, nach Friesland. Beim Grab des Blutzeugen schlug er seinen Sitz auf und taufte in kurzer Zeit viele reumütige Heiden. Danach reiste er im Land umher und zerbrach Götzenbilder, wo immer er sie antraf.

Doch sein Eifer stieß zunehmend auf den Widerstand der heidnischen Stämme. Im Gau Hugmerke wollte man ihn gar umbringen, aber zuvor warf man das Los über ihn, in welcher Weise er den Göttern geopfert werden solle. Das Los jedoch fiel so günstig aus, daß die abergläubischen Götzendiener ihn freigeben mußten.

Einmal wurde Willehad von wütenden Kriegern angefallen, und einer versetzte ihm einen gewaltigen Schwertstreich. Die Reliquienkapsel an seiner Halskette aber fing den Schlag auf, und er blieb unverletzt. Dies machte großen Eindruck auf die Wilden, denn sie glaubten nun, daß eine höhere Macht den Missionar schütze.

Während des Sachsenaufstandes gegen Karl den Großen zog sich Willehad ins Kloster Echternach zurück, wo er sich mit Studien und dem Abschreiben von Büchern beschäftigte. Nach der Wiederherstellung des Friedens bat ihn Karl, seine Missionstätigkeit aufs neue zu beginnen, und ernannte ihn zum Bischof der Sachsen mit Sitz in Bremen. Mit ihm begann der Aufstieg der Stadt und auch ihr Wohlstand, weshalb er bis zur Reformation als Schutzheiliger Bremens verehrt wurde. Die rastlose Arbeit für den Glauben wie auch seine strenge Lebensweise hatten jedoch die Gesundheit Willehads so zerrüttet, daß er schon nach zwei Jahren starb. Er wurde im Dom zu Bremen bestattet, viele Wunder zeugten von seiner Heiligkeit.

A: als Bischof mit Modell einer Kirche; Götzenbilder zerstörend; von Kriegern angegriffen; Neubekehrte taufend.

P: von Stadt und Bistum Bremen.

F: auch 10. und 13. Juli, 9., 16. und 27. November, 22. Dezember.

9. November

HL. MALACHIAS O'MORGAIR

Erzbischof von Armagh, 1095–1148

Als Sohn einer gottesfürchtigen Mutter zeigte schon der Knabe Malachias die guten Sitten eines Greises — wie der hl. Bernhard von Clairvaux in seiner Lebensgeschichte des Freundes schreibt. Er lernte fleißig, mied Spiele und brachte es in allen Wissenschaften sehr weit. Dem Erzbischof Celsus von Armagh gefiel sein gottgefälliger Wandel, und er unterstützte ihn bei der früh gewählten geistlichen Laufbahn. Er wurde nach Lismor und Bangor geschickt und, erst dreißig Jahre alt, zum Bischof von Connor und Down geweiht.

Die Bewohner seines neuen Bistums glichen in ihrer Zügellosigkeit wilden Tieren. Die höheren geistlichen Würden wurden als das Erbe einflußreicher Familien betrachtet, die Priester scherten sich nicht um das Keuschheitsgelübde und teilten mit ihren Verwandten die Einkünfte des Bistums untereinander auf.

Malachias ließ sich von diesen Zuständen jedoch nicht beirren und rastete nicht, »bis er diese Wölfe in fromme Lämmer umgewandelt« hatte. Er besuchte die Landleute in den wildesten Einöden und unterrichtete sie. In den Städten sammelte er fromme junge Priester um sich und versuchte, das unbändige Volk für Gott zu gewinnen.

Schon begann überall in Stadt und Land christliche Zucht zu erblühen, da wurde Connor vom König von Ulster erobert. Malachias zog mit 150 Mönchen nach Mounster und erbaute das berühmte Kloster Ibrai. Dort lebte er mehrere Jahre, als Erzbischof Celsus von Armagh von einer tödlichen Krankheit befallen wurde und nach Malachias als Nachfolger verlangte. Celsus stammte aus einer vornehmen Familie, die seit zweihundert Jahren den Bischofsstuhl von Armagh besetzt hatte. Obwohl der größte Teil des Klerus ebenso wie das Volk Malachias forderten, gelang es nach dem Tode des Celsus seinem Anverwandten Maurice, den Heiligen fünf Jahre von Armagh fernzuhalten und weiterhin die Einkünfte des Bistums für die eigene Familie zu reservieren. Man beschloß sogar die Ermordung des Heiligen. Auf dessen Gebet aber — er wußte von den Plänen — sandte Gott ein fürchterliches Unwetter. Tags darauf fand man den Anführer und drei seiner Spießgesellen. Vom Blitz getroffen, hingen sie verkohlt an einem Baum. Auf dieses grauenvolle Ereignis hin lieferte Maurice die beiden kostbarsten Reliquien des Erzbistums aus, das Evangelienbuch des hl. Patrick und den Stab Jesu, und Malachias konnte endlich für drei Jahre das Amt in Armagh antreten. In dieser Zeit regelte er alle kirchlichen Angelegenheiten, dann kehrte er wieder in sein früheres Bistum zurück.

Auf einer Reise nach Rom besuchte er auf dem Hin- und Rückweg Clairvaux. In Bernhard fand er einen Freund in Christo, und am liebsten wäre er bei ihm geblieben. Doch die Pflicht — er war in Rom zum päpstlichen Legaten bestimmt worden — rief ihn nach Irland zurück, wo er mit Feuereifer an die Reformation der geistlichen Sitten ging. Es entstanden neue blühende Klöster der Zisterzienser, die seine Bemühungen nach Kräften unterstützten. Ein zweites Mal unternahm er 1148 den Weg nach Clairvaux, wo er, von Fieber ergriffen, in den Armen seines Freundes Bernhard starb.

1595 wurden unter dem Namen des Heiligen Weissagungen über die künftigen Päpste veröffentlicht. In 141 kurzen Sätzen werden die Päpste seit 1143 bis zum Weltende charakterisiert. Wiewohl die Echtheit des Textes früh angezweifelt wurde, erwiesen sich viele Mottos auf spätere Päpste als durchaus passend, so *peregrinus apostolicus* auf Pius VI., *aquila rapax* auf Pius VII. — er führte den Adler im Wappen —, *lumen in coelo* auf Leo XIII. — in dessen blauem Wappenbild ein leuchtender Stern steht. Für die Päpste des 20. Jahrhunderts bleiben 10 Titel: *ignis ardens; religio depopulata; fides intrepida; Pastor angelicus; Pastor et nauta* (Johannes XXIII.); *de meditate lunae* (Paul VI.); *de labore solis* (Johannes Paul I.); *gloria olivae* (Johannes Paul II.). Der letzte Name lautet nach Malachias *Petrus secundus,* der zweite Petrus. Demnach stünde in seiner Amtszeit — je nach Deutung — das Ende der Welt oder der Untergang der Kirche bevor.

F: auch 3. November.

10. November

HL. THEODISTIS VON PAROS

(Theoktistis)

Jungfrau, 5. Jahrhundert

Auf der Insel Lesbos wuchs in der Stille eines Landgutes die Jungfrau Theodistis auf. Sie war früh verwaist, und ihre um vieles ältere Schwester führte die Wirtschaft und sorgte für Erziehung und Frömmigkeit der Jüngeren. Einst brach um Mitternacht eines der fürchterlichsten Unwetter seit Menschengedenken über die Insel herein. In ihrer Not liefen die beiden Schwestern ans Ufer, beteten, so wie sie es in der Hl. Schrift gelernt hatten, und alsbald beruhigten sich die tobenden Elemente. Gott für die Rettung preisend, machten sich die Jungfrauen auf den Heimweg, da drang Geschrei an ihr Ohr. Ganz nahe war ein Seeräuberschiff gelandet, und an der Pforte des Landgutes rüttelten schon verwegene Gesellen. Kaum erblickten sie die beiden Frauen, rannten sie unter lüsternem Gejohle herbei. Theodistis sank ohnmächtig zu Boden, während ihre Schwester in die Nacht entfloh.

Als Theokdistis wieder zu sich kam, fand sie sich umringt von der wilden Schar, die lautstark um die Beute stritt. Die Jungfrau schickte ein verzweifeltes Stoßgebet zum Himmel, und im nächsten Augenblick trat der Piratenhäuptling hinzu und erhob seinen alleinigen Anspruch auf sie. Er versicherte ihr, daß sie keine Angst vor ihm zu haben brauche. Er werde sie in seine Heimat mitnehmen und sie vielleicht sogar heiraten. Theodistis schwieg und folgte dem Räuber aufs Schiff, zuversichtlich, daß Gott sie nicht verlassen werde.

Auf der Insel Paros machte man halt, um das geraubte Gut zu teilen. Der Jungfrau aber gelang es, unbemerkt vom Verdeck ins Schilf zu springen und durch Dornengestrüpp und Felsenschluchten zu entfliehen.

35 Jahre verbrachte Theodistis auf dem menschenleeren, öden Eiland; nährte sich von Beeren und Kräutern und wob sich jedes Jahr von einem Palmenbaum ein Blätterkleid. Als sie spürte, daß ihre Zeit sich neigte, flehte sie zum Himmel, er möge ihr vor dem Tode noch einmal einen Priester senden. Am selben Tage landete ein Jäger an der Küste, der von Euböa herübergekommen war, um seltenes Wild zu finden. Er erschrak beim Anblick der Jungfrau, denn er hielt sie für einen Geist, aber sie bat ihn in Jesu Namen zu bleiben. Staunend hörte er ihre Geschichte, und als sie ermattet aufs Moos sank, eilte der Jäger zurück, um ihren Wunsch zu erfüllen. Bald darauf kam er mit dem ersehnten Priester. Theodistis empfing die langentbehrte hl. Hostie, schleppte sich mit letzter Kraft auf einen Felsen, wo sie ein Kreuz aufgestellt hatte, umarmte es und verschied.

A: (in russischen Ikonen) als Nonne.

11. November
HL. MARTIN
Mönch und Bischof von Tours, um 316–397

Als junger römischer Legionär begegnete Martin einmal einem halbnackten Bettler, dem die Vorübergehenden kein Almosen gaben. Da er sonst nichts zu verschenken hatte, zerschnitt er mit dem Schwert seinen Soldatenmantel und schenkte dem Armen die eine Hälfte. Seine Kameraden lachten ihn dafür aus, aber in der Nacht sah er im Traum Christus mit dem Tuch, der zu den Engeln sprach: »Der, der noch nicht getauft ist, hat mich bekleidet.« Martin ließ sich daraufhin taufen und wollte den Dienst quittieren, aber sein Oberst beschuldigte ihn der

Feigheit; denn eine Schlacht gegen die Germanen stand bevor. Da versprach Martin, der Legion im Kampf voranzuschreiten — mit einer Kreuzstandarte, aber unbewaffnet. Er wurde zunächst in Ketten gelegt, doch am nächsten Morgen erschienen Boten des feindlichen Heeres und erklärten sich zum Frieden bereit. Der Oberst sah darin das Wirken des Himmels und entließ Martin aus dem Dienst.

Er zog sich auf eine kleine Insel bei Genua zurück, führte ein Einsiedlerleben nach dem Vorbild der ägyptischen Mönche und nährte sich nur von Wurzeln und Kräutern. Schließlich holte ihn der hl. Hilarius nach Poitiers, und Martin gründete dort das erste Mönchskloster in Gallien. Auf die Bitten der Gemeinde von Tours übernahm er auch das dortige Bischofsamt. Zunächst freilich wollte er der Berufung in einem Versteck entgehen, wurde aber durch das Geschrei einer Gans verraten. In seinem neuen Amt widmete er sich der Ausrottung der heidnischen Sitten auf dem Lande, zerstörte Götzenbilder und Kultstätten, heilte Kranke, erweckte Tote, trieb Dämonen aus und befreite Gefangene, weshalb seine Kirche in Tours später zu einem berühmten Asylort wurde.

Es gibt wenige Heilige, deren Leben so reich an Wundern ist. Martin verkehrte mit Engeln und Teufeln wie mit alltäglichen Menschen. Die bösen Geister erkannte er stets trotz ihrer tausendfachen Verkleidungen. Aus Ärger darüber spielte ihm der Teufel manchen Streich. Eines Tages, als der Heilige in seiner Zelle betete, erschien ihm ein König im Purpurgewand, ein Diadem von Gold und Edelsteinen auf dem Haupt und golddurchwirkten Schuhen. Sein Antlitz war gewinnend, die Züge drückten lautere Liebe aus. Die Gestalt fragte: »Martin, erkennst du mich?« Dieser schwieg. »Ich bin Christus und wollte mich dir zeigen.« Immer noch sagte Martin kein Wort. »Wie kannst du zweifeln?« fragte ihn die Gestalt. Da antwortete Martin: »Christus kehrt nicht im Purpur wieder. Ich glaube dir nur, wenn du mir deine Wundmale weist.« Da verschwand das Gespenst; Rauch und Schwefeldampf erfüllten die Zelle und offenbarten, wer der Besucher gewesen war.

Martins Schüler Sulpitius Severus berichtet in seiner Vita von einem Streit des Teufels mit Martin, wonach dieser am Ende ausrief: »Wenn du Elender endlich aufhören würdest, die Menschen zu versuchen, und am Tag des Gerichtes deine Verbrechen bereuen würdest, so hätte ich Gottvertrauen genug, durch meine Fürbitte Christi Verzeihung für dich zu erlangen.« Und der Biograph fügt hinzu: »Was für ein unerhörtes Vertrauen, etwas zu versprechen, was nicht einmal Christus versprochen hat.«

Als seine letzte Stunde nahte, rief er die Brüder zu sich, um Abschied zu nehmen. Diese flehten ihn an, sie noch nicht zu verlassen, und schließlich erklärte er sich aus Mitleid bereit, zu bleiben, wenn dies in Gottes Willen stehe. Sie dankten ihm überschwenglich, aber Gott berief ihn doch zur vorherbestimmten Stunde ab.

Unzählige Wunder geschahen auch an seinem Grab und den ihm geweihten Stätten. Die Merowinger bewahrten an ihrem Hof ein Kleidungsstück des hl. Martin auf, um für alle Zeiten seine wundertätige Kraft zu genießen. Es war dies die »Cappa«, für welche die Hofgeistlichen verantwortlich waren. Daraus entwickelte sich schließlich der Name »Kaplan«. Der Geschichtsschreiber der Merowingerzeit, Gregor von Tours, erzählt, daß er selbst Wasser getrunken habe, dem er Erde vom Grabe des Heiligen beigemischt hatte: Seine Schmerzen seien sehr gelindert worden.

A: als Ritter auf weißem Roß (Winterbeginn, im Gegensatz zu Georg auf braunem Roß, dessen Fest in die Saatzeit fällt); eine Hälfte seines Mantels einem Bettler reichend; auch als Bischof mit Hostie als feuriger Kugel über dem Haupt oder mit Gans; Kranke heilend oder Tote erweckend.

P: von Frankreich und Ungarn; Altdorf, Amberg, Amiens, Avignon, Beuron, Biberach, Bingen, Braga, Brenkhorst, Castiglione, Chur, Cleve, Colmar, Düren, Erfurt, Ettlingen, Geldern, Groningen, Hall, Heiligenstadt, Heydt, Idstein, Kaiserslautern, Kassel, Landshut, Leutkirch, Lucca, Magdeburg, Mainz, Memmingen, Montserrat, Northumberland, St. Omer, Paris, Piacenza, Erzbistum Salzburg, Kantone Schwyz, Unterwalden und Uri, Utrecht, Wangen, Worms, Ypern; der Ausrufer, Bettler, Böttcher, Bürstenbinder, Fayencefabrikanten, Gerber, Großhändler, Hirten, Hoteliers, Hufschmiede, Müller, Panzerhemdhersteller, Reiter, Schneider, Soldaten, Tuchhändler, Waffenschmiede, Weber; der Antialkoholiker; der Reisenden; der katholischen Armeen, Kavallerie; der Pferde, der Gänse und Haustiere im allgemeinen; für Fruchtbarkeit im allgemeinen und der Felder im besonderen; gegen Ausschlag, Blattern, Rotlauf und Wolf; gegen Schlangen.

F: auch 4. Juli.

12. November

HL. JOHANNES DER ALMOSENGEBER

(der Armenpfleger)

Patriarch von Alexandria, † 619

Johannes stammte aus reichem zyprischem Hause und heiratete eine vermögende Frau, mit der er einige Kinder hatte. Aber der Tod beraubte ihn mit einem Schlag seiner gesamten Familie. Da verschenkte er all sein Hab und Gut an die Armen und zog nach Alexandria.

Wegen seines heiligmäßigen Wandels wurde er nicht lange danach schon zum Bischof der Stadt gewählt. Er versammelte die Diakone der Kirche und sprach zu ihnen: »Das wichtigste vor allem anderen ist der Dienst an Christus unserem Herrn. Geht in die Stadt und zeichnet mir alle meine Herren auf, keinen ausgenommen.« Als sie nun erstaunt fragten, um welche Herren es sich da handle, antwortete er: »Die ihr Bettler und Arme nennt, die halte ich für meine Herren, denn sie können uns ins Himmelreich helfen.«

Ein reicher Herr hörte, daß der Bischof nachts sich nur mit einer alten Wolldecke einhülle. Da sandte er ihm eine prächtig verzierte warme Decke, die 36 Goldstücke gekostet hatte. Johannes gebrauchte sie nur eine Nacht, denn er konnte nicht schlafen. Immerzu dachte er: »Soll man sagen, der Bischof ruhe unter einer Decke, die 36 Goldstücke gekostet hat, während die armen Brüder Christi frieren?« Am nächsten Tag ließ er die Decke auf dem Markt verkaufen. Als der reiche Herr das hörte, erstand er die Decke und sandte sie dem Johannes aufs neue. Dieser schickte sie wieder zum Markt, der Herr erstand sie zum drittenmal und übergab sie dem Heiligen. Da sprach dieser: »Wir wollen doch sehen, wer zuerst müde wird: du oder ich.« Auf diese Weise gewann Johannes dem reichen Herrn viel Geld ab.

Als der Heilige verschied, sah ein frommer Mann namens Sabinus in einer Vision, wie Johannes seine bischöfliche Wohnung verließ und wie ihn eine majestätische Jungfrau empfing, die heller glänzte als die Sonne. Ihr Haupt war mit Ölzweigen bekränzt.

A: in bischöflicher Kleidung, mit einem Beutel in der Hand.
P: der Armen, Notleidenden und Kranken.
F: auch 30. Januar.

13. November

HL. MAURUS

Abt, 510–584

Ein junger Mönch in einem Kloster des hl. Benedikt von Nursia fiel einmal ins Wasser. Er wurde von der Strömung fast einen Pfeilschuß weit weggetrieben und drohte zu ertrinken. Benedikt aber wurde seine Not in einer Vision offenbar, und er sandte eilends den Bruder Maurus zur Rettung. Dieser lief zu dem Jüngling und zog ihn aus dem Wasser. Am Ufer bemerkte er, daß er über den Fluß wie auf festem Land geschritten war. Benedikt aber sprach: »Das ist nicht mein Verdienst, sondern der Lohn deines Gehorsams.«

Als man den hl. Benedikt bat, Mönche für die Gründung von Klöstern in Gallien bereitzustellen, schickte er seinen Lieblingsjünger Maurus an der Spitze von vier Genossen. Unterwegs heilte dieser mehrere Kranke mit einem Splitter vom hl. Kreuz, den ihm der Abt in einer Kapsel mitgegeben hatte. In Gallien angekommen, stellten sich die Mönche unter den Schutz des Königs Theodebert und erklärten ihm, daß ihre Ansiedlung vor allem »ungestörte Ruhe und Sicherheit« erfordere. Maurus konnte auf geschenkten Ländereien das Kloster Glanfeuil gründen, das später seinen Namen erhielt: St-Maur-sur-Loire.

40 Jahre stand er an der Spitze der Abtei und versuchte in meist vergeblichen Anstrengungen, die von Brudermord, Inzest, Meineid, Vielweiberei und Aberglauben verdorbenen Sitten des fränkischen Adels zu heben. Häufig wurde er in den Streitigkeiten der Edlen um Rat und Vermittlung gebeten, nicht wenige gaben ihm ihre Söhne zur Ausbildung. Zwei Jahre vor seinem Tod zog er sich in eine einsame Zelle zurück, wo ihm in einer Vision eine

bevorstehende Heimsuchung des Klosters offenbart wurde. Er mahnte die Brüder zu aufrichtiger Buße, denn viele müßten sich bald vor dem Herrn verantworten. Binnen fünf Monaten starben an einer Seuche 116 Mönche, nur 24 überlebten. Maurus selbst verschied, in einem Bußkleid vor dem Altar des hl. Martin auf dem Boden liegend.

Köln besitzt das Haupt, wenigstens aber einen Teil der Hirnschale des Heiligen unter seinen Reliquienschätzen.

A: als Abt auf dem Wasser wandelnd, mit Buch, Stab und Kreuz; einen Mönch aus dem Wasser ziehend.

P: von Badajoz; der Köhler, Kupferschmiede, Lastträger, Laternenanzünder, Lichterzieher, der belgischen Schneider und Schuster; gegen Gicht, Heiserkeit, Kopfweh, Lähmung, Rheumatismus, Schnupfen, Skrofeln; (Maurus-Segen: Krankensegen mit einer Kreuzpartikel unter Anrufung des Heiligen).

F: auch 2., 15. und 19. Januar, 5. Februar, 12. März, 10. Juni.

14. November

HL. PHILIPPUS

Apostel

Philippus war gebürtig in Bethsaida am See Genezareth, wo er das Fischerhandwerk betrieb. Er hatte mehrere Töchter, die wegen ihrer Tugendhaftigkeit und Heiligkeit von einigen alten Schriftstellern »Asiens Lichter« genannt wurden. Ihr gottgefälliger Wandel rührte nicht zuletzt von der Frömmigkeit des Vaters her, der sich von Alltags- und Familiensorgen nie daran hindern ließ, das mosaische Gesetz und die Propheten zu studieren. Es waren diese Betrachtungen, die ihn veranlaßten, in Jesus den Messias zu sehen und sich ihm ohne Verzug anzuschließen.

Philippus feierte die Hochzeit von Kana mit, wurde unter die zwölf aufgenommen und sollte später dem Erlöser während des letzten Abendmahls Gelegenheit geben, seine Stellung zu Gottvater zu erläutern. Philippus bat nämlich: »Zeig uns deinen Vater!« Jesus erwiderte: »Wer mich sieht, der sieht auch den Vater; denn ich bin in dem Vater, und der Vater ist in mir.«

Als die Apostel nach der Himmelfahrt des Herrn den Erdkreis unter sich aufteilten, predigte Philippus in

Phrygien, wo er eine große Anzahl Heiden bekehrte. Besonders beeindruckte er sie mit seiner Fähigkeit, Giftschlangen mit dem Kreuz zu bändigen. In hohem Greisenalter wurde er wegen seines Glaubens in den Kerker geworfen, öffentlich gegeißelt und, mit dem Haupt zur Erde hängend, ans Kreuz genagelt. Als man ihn noch lebend herabnehmen wollte, bat er darum, am Holze sterben zu dürfen. Man gewährte ihm seine Bitte, beschleunigte aber den Tod mit Steinwürfen. Seine Reliquien ruhen in der Zwölfapostelkirche in Rom, ein Armknochen wird in Florenz aufbewahrt.

A: trägt ein T-Kreuz; mit Vollbart; mit dem Kopf nach unten am Kreuz; häufig zusammen mit Jakob dem Jüngeren, mit dem er auch verschiedene Patronate teilt.

P: von Dieppe und Friesland; der Hutmacher, Krämer, Pastetenbäcker und Tuchwalker.

15. November

HL. ALBERT DER GROSSE
(Albertus Magnus)

Kirchenlehrer und Bischof, 1193–1280

Der 1193 in Lauingen/Schwaben geborene Rittersohn Albert trat 1223 dem Dominikanerorden bei. Er wirkte als Lehrer an den Ordensschulen von Hildesheim, Freiburg, Straßburg, Regensburg und Köln, wo Thomas von Aquin zu seinen Schülern zählte. Später hielt er an der Universität Paris Vorlesungen, die er wegen der großen Zahl der Zuhörer ins Freie verlegen mußte. Er genoß die seltene Ehre, von zeitgenössischen Gelehrten als Autorität zitiert zu werden. Von 1260 bis 62 amtierte er als Bischof von Regensburg. Dann zog er in päpstlichem Auftrag durch Deutschland und Böhmen, um für einen neuen Kreuzzug zu predigen. Die äußere Gestalt Alberts beschreibt die Geschichte, wie er dem Papst vorgestellt wurde. Dieser hatte ihn zuvor noch nie gesehen und sprach freundlich: »Erhebe dich.« »Herr Papst, ich stehe schon«, antwortete Albert.

Seine Schriften ergeben ein Gesamtwerk von etwa 50 Bänden, jeder so dick wie ein Lexikon. Er kommentierte den Aristoteles und machte ihn im Abendland wieder bekannt. Wegen seines ungeheuren Wissens auf allen Gebieten der Theologie, Philosophie und Naturwissenschaften wurde Albert von seinen Zeitgenossen *»Doctor universalis«* genannt.

Besonders bewunderte — und verdächtigte — man seine okkulten Forschungen. Man glaubte, er könne den Lauf der Jahreszeiten ändern und den Teufeln befehlen, Brücken zu bauen oder ihn selbst durch die Lüfte zu transportieren. Er selbst aber wies auf dem Totenbett den Vorwurf zurück, je ein Schwarzmagier gewesen zu sein, und bat darum, daß man sein Grab nach drei Tagen öffne. So geschah es, und man fand ihn nicht liegend, sondern kniend in seinem Sarkophag vor.

Es wird auch erzählt, Albert habe mit Alexander dem Großen die ganze Welt durchwandert, worauf er einem ihm gesandten Engel erklärte: »Jetzt kenne ich alles außer dem Fegefeuer. Laß es mich zehn Tage lang erforschen.« Manche glauben, Albert habe sich jahrelang als Frau verkleidet, um als Hebamme die Beschaffenheit und Krankheiten des weiblichen Körpers genau untersuchen zu können. Aber diese Geschichte beruht wahrscheinlich auf einer Verwechslung: Man schrieb ihm nämlich allgemein, aber fälschlich die Autorschaft an einem weit verbreiteten »Hebammenbuch« zu.

Zwei Jahre vor seinem Tod verlor der Heilige sein Gedächtnis, und seine Kenntnisse entschwanden ihm plötzlich alle in der Art, wie man mit einem Schwamm eine Kreideschrift löscht. Da erklärte er seinen Studenten, daß er immer in allen Punkten die Lehre der katholischen Kirche vertreten habe, aber nicht für das haften wolle, was er von nun an äußere. Bis zu seinem Tod besuchte er täglich sein ihm zugedachtes Grab in der Kölner Andreaskirche. Seine Hirnschale wird in der Stadtpfarrkirche von Lauingen aufbewahrt.

A: als Dominikaner oder Bischof, mit Schreibfeder bzw. Buch in der Hand.

P: der Naturwissenschaftler.

16. November

HL. EDMUND RICH

Erzbischof von Canterbury, um 1180–1240

Als Kanonikus und Schatzmeister der Kathedrale von Salisbury wurde er von Papst Gregor IX. beauftragt, zur Unterstützung des Kreuzzuges gegen die Sarazenen aufzumuntern. Dies tat er mit solchem Erfolg, daß sich auch die verstocktesten Sünder bekehrten und für die Befreiung des Heiligen Landes spendeten. Einmal predigte er im Freien, als sich ein fürchterlicher Sturm erhob. Doch soweit seine klingende Stimme reichte, blieben die Zuhörer von der Naturgewalt verschont.

Sein Lebenswandel galt bis ins ferne Rom als vorbildlich. Da er von angenehmem Äußeren und gewandtem Auftreten war, verliebte sich einst eine junge Dame der Gesellschaft in ihn. Edmund widerstand ihrer außerordentlichen Schönheit wie auch all ihren Verführungskünsten. Schließlich konnte er sich ihrer Zudringlichkeiten nicht mehr anders denn durch eine List erwehren. Er stellte sich, als ergäbe er sich ihren Absichten, und lud sie in seine Kammer ein. Dort veranlaßte er sie, sich zu entkleiden, aber anstatt sie zu berühren, griff er nach einer Peitsche und züchtigte sie bis aufs Blut. Noch lange Zeit danach waren die dick geschwollenen Striemen auf ihrer zarten Haut zu sehen.

Einstimmig zum Erzbischof von Canterbury gewählt, führte er einen unerbittlichen Kampf gegen das Laster, gegen Ämterkauf durch Kleriker und gegen die allgemeine Sittenverderbnis der weltlichen Herren. Besonders nahm er sich mittelloser junger Mädchen an, für die er eine eigene Anstalt gründete, um sie vor Gefahren zu bewahren.

Als König Heinrich III. die durch Verschwendung erschöpften Staatsfinanzen aufbessern wollte, indem er seine Hand auf die Einkünfte der Kirche legte, setzte ihm Edmund entschiedenen Widerstand entgegen. Schließlich mußte er sich vor den Nachstellungen des Monarchen ins Exil nach Frankreich flüchten, wo er in Soissy 1240 starb. Schon 20 Jahre später sprach ihn Innozenz IV. heilig.

A: als Bischof, dem das Jesuskind und die Muttergottes erscheinen.

17. November

HL. GREGOR THAUMATOURGOS

(der Wundertäter)

Bischof, um 213–270

Gregor war der Sohn heidnischer Eltern, erkannte aber bald die Nichtigkeit des Götzendienstes und wurde vom berühmten Kirchenvater Origenes zum Christentum bekehrt. Er studierte nun in Alexandria, das ebenso reich an großen Geistern wie an schlimmen Sitten war. Gregor mied besonders das Laster der Unkeuschheit, wodurch er zum Gespött vieler Gleichaltriger wurde. Einige beschlossen, dem Tugendsamen einen Streich zu spielen, und bestachen eine Dirne, daß sie Gregor in der Öffentlichkeit beschuldige, er habe ihr den Lohn für Liebesdienste vorenthalten. Die Zeugen des peinlichen Auftrittes stießen das freche Weib empört zur Seite, aber Gregor bat unbefangen einen Gefährten, ihr zu geben was sie verlange. Sie waren nämlich gerade inmitten eines theologischen Disputs, und er wollte die strittige Frage zu Ende bringen. Kaum hatte die Dirne das geforderte Geld erhalten, da trat ihr Schaum vor den Mund, sie wälzte sich im Schmutz und raufte sich die Haare. Gregor erkannte, daß es sich um einen bösen Geist handelte, betete zum Himmel, und der Dämon fuhr unter gotteslästerlichem Fluchen wieder aus. Sie aber bekannte nun laut seine Unschuld, und so ward er glänzend gerechtfertigt. Nach seinem Studium kehrte Gregor in seine Heimat Ponthus zurück, und nicht lange darauf bestimmte ihn der Metropolit zum Bischof von Neucäsarea. Diese große Stadt war noch ganz von heidnischem Geist durchdrungen. Gerade 17 Köpfe zählte die christliche Gemeinde. Mit der Macht seiner Rede und vor allem mit seiner außerordentlichen Wundertätigkeit änderte Gregor diesen Zustand. Mit dem Kreuzzeichen heilte er alle Arten von Gebrechen, bannte Unwetter, ja brachte Erdbeben ebenso zum Einhalt wie feindliche Heere. Die Erzählung aller Taten des Heiligen würde zahllose Bücher wie das vorliegende füllen, und für ihre Wahrhaftigkeit bürgen Zeugen wie der hl. Basilius oder der hl. Gregor von Nyssa. Als der hl. Bischof seine Augen für immer schloß, da lebten in der Stadt nur noch 17 Heiden.

A: zumeist Teufel aus Menschen oder Götzenbildern austreibend.
P: in verzweifelten Situationen; gegen Überschwemmung.
F: auch 3. Juli.

18. November

HL. VINCENTIUS VON LÉRINS

Priester und Mönch, † um 450

In jungen Jahren war der hl. Vincentius ein erfolgreicher, hoch angesehener Kriegsmann. Nach langen Jahren aber erkannte er die Hinfälligkeit alles Irdischen und verließ die Welt. Er wurde Mönch in einem Kloster auf den Lerinischen Inseln vor der Küste der Provence. Damals wurde die Kirche von vielen Häresien bedroht, und Vincentius litt heftig unter der Uneinigkeit zwischen den Christen. So verfaßte er 434 sein berühmtes *Commonitorium,* eine Warnschrift vor den Irrlehren. Aus Demut verschwieg er seinen Namen und setzte auf das Titelblatt als Verfasser das Pseudonym Peregrinus, also Fremder oder Pilger, da er sich als Fremdling auf der Erde ansah.

Vincentius stellte eine für seine Zeitgenossen einleuchtende Grundregel auf, nach welcher bei strittigen Glaubensfragen immer entschieden werden solle. Als allgemeine (»katholische«) Glaubenslehre habe zu gelten, »was an allen Orten, zu allen Zeiten und von allen geglaubt worden ist«. Nach Vincentius sollte keinem das Ohr geliehen werden, der eine bisher unbekannte Lehre vortrage. Wer sich unterstehe, einen einzigen Glaubensartikel umzustoßen, neige dazu, bald andere zu bezweifeln und am Ende alles in Frage zu stellen. Über die Irrlehrer schreibt er: »Sie geben sich den Schein, überall die Schrift zur Schützerin zu haben; man findet kaum eine Stelle in ihren Büchern, wo kein Schrifttext steht. Allein sie gleichen darin Marktschreiern, die, um ihre Quacksalbereien an den Mann zu bringen, unfehlbare Heilungen versprechen.«

Erst im 16. Jahrhundert wurde die Bedeutung des Werks von Vincentius wiederentdeckt. Während es zuvor fast vergessen war, urteilte nun der von Katholiken hochgeschätzte Theologe Mabillon: »Dieses Buch ist ein ewiges

Verteidigungsmittel gegen alle Irrlehren, alte, neue und zukünftige.«

F: auch 24., 26. und 28. Mai.

19. November

HL. ELISABETH VON THÜRINGEN

Witwe, 1207–1231

Als Tochter des Königs von Ungarn wurde Elisabeth als vierzehnjähriges Mädchen mit dem zehn Jahre älteren Landgrafen Ludwig von Thüringen verheiratet. Obwohl seine Verwandtschaft die junge Gräfin mit Mißgunst verfolgte, wurde ihre Ehe sehr glücklich. Elisabeth begleitete den Gemahl, wohin immer es möglich war. Zog er aber in den Krieg, legte sie ein einfaches Witwenkleid an und schmückte sich erst bei seiner Heimkehr wieder mit den fürstlichen Gewändern. Da sie gemeinsam aufgewachsen waren — Elisabeth lebte seit ihrem vierten Lebensjahr am Thüringischen Hof —, nannten sie sich stets »Bruder« und »Schwester«. Dennoch führten sie keine Ehe nach der Art des hl. Joseph, sondern hatten zusammen drei Töchter und einen Sohn.

Nur Ludwig rechenschaftspflichtig, übte sie, oft zum Verdruß ihrer Umgebung, eine verschwenderische Mildtätigkeit gegen Arme. Während einer Hungersnot ließ Elisabeth eine ungeheure Geldsumme und sämtliche fürstlichen Getreidevorräte verteilen. Einst trug sie für die Notleidenden unter ihrem Mantel Fleisch, Butter und Eier den Burgberg hinunter, als sie ihren Gemahl traf. Er griff nach ihrem Mantel, um zu sehen, was sie darunter verborgen habe, und fand einen Strauß weißer und roter Rosen.

Einen Aussätzigen, den sie gewaschen und verbunden hatte, legte sie einmal ins Ehebett, da sie Ludwig nicht mehr für die Nacht erwartete. Doch er kehrte vorzeitig zurück und wurde von den aufgebrachten Verwandten sofort über den Vorfall unterrichtet. Als der Graf die Decke aufschlug, erblickte er anstelle des Kranken ein Kruzifix. Da sagte er: »Solche Gäste, liebe Schwester, sollst du mir viele ins Bett legen.«

Das eheliche Glück fand ein jähes Ende, als Ludwig sich dem Kreuzzug anschloß und an einer Seuche starb. Elisabeths Schmerz war so groß, daß sie ausrief: »Nun ist mir alle Welt tot.« Ihr Schwager Heinrich, der so schnell wie möglich an die Macht kommen sollte, verwies sie mitsamt ihren vier Kindern des Landes. Mit Schimpf wurde die erst 20jährige Witwe von der Wartburg in die beißende Winterkälte hinausgejagt, und niemand wagte es, sie aufzunehmen, auch nicht die Armen, denen sie so viele Wohltaten erwiesen hatte.

Nach verschiedenen Wirrnissen übersiedelte sie nach Marburg und trat dem Dritten Orden des hl. Franz bei. Dieser soll ihr seinen Mantel gesandt haben, den sie immer trug, wenn sie betete. Die Haare wurden ihr abgeschnitten, mit einem Strick gürtete sie ein grobes graues Kleid und ging von nun an stets barfuß. Schon auf der Wartburg hatte Elisabeth mit Zustimmung ihres Gemahls dem Meister Konrad unbedingten geistlichen Gehorsam geschworen. Dieser war ein asketischer Priester und Kreuzzugsprediger, der den Bettelmönchen freundlich gesonnen war, den Häretikern aber ewige Feindschaft geschworen hatte. »Lieber hundert Unschuldige verbrennen, als einen Ketzer laufenlassen«, war sein Grundsatz.

Der Papst persönlich hatte Konrad die Sorge für die Gräfin übertragen, da er deren Anlage zur Heiligkeit ahnte. Konrad behandelte Elisabeth mit unerbittlicher Strenge. Schon beim kleinsten Ungehorsam wurde sie unbarmherzig bestraft. Sie mußte sich entblößen und wurde bis aufs Blut gegeißelt. Ihre Dienerin berichtete später, drei Wochen lang die Striemen einer solchen Züchtigung festgestellt zu haben. Er nahm ihr auch ihre vertrauten Dienerinnen weg und gab ihr zwei Weibspersonen ins Haus, von denen die eine grob und abgrundtief häßlich, die andere taub und tückisch war. Es wurde ihr untersagt, Aussätzige zu küssen und Armen mehr als einen Pfennig zu geben. Als Konrad einmal feststellte, daß sie nicht gehorcht hatte, ohrfeigte er sie. Sie aber sprach dazu: »Gern müssen wir das erdulden, sind wir doch wie Schilf am Ufer. Wenn das Wasser steigt, tauchen wir unter, wenn es wieder fällt, so wächst das Schilf fröhlich weiter.«

Als sie, durch härteste Askese und aufopferungsvolle Krankenpflege geschwächt, sterbenskrank darniederlag, verbreitete sie dennoch eine kindliche Heiterkeit. Ihre Habseligkeiten verschenkte sie an die Armen. Kurz darauf trug man sie zu Grabe. Sie war erst 24 Jahre alt. Der sofort angesetzte Heiligsprechungsprozeß ergab über 100 durch ihre Anrufung bewirkte Wunder, darunter neun Totenerweckungen. So konnte sie schon vier Jahre nach ihrem Tod heiliggesprochen werden.

Konrad aber wurde bald darauf von einigen Rittern überfallen und, obwohl er um sein Leben bettelte, gnadenlos abgeschlachtet. Dieser Mord setzte der Inquisition in Deutschland ein Ende.

A: Almosen verteilend; in fürstlichem Gewand Armen die Füße waschend oder mit Korb und Weinkrug; mit drei Kronen, eine auf dem Haupt, zwei in den Händen; mit Modell einer Kirche, zur Rechten ein Bettler; mit Rosen in ihrem Mantel.

P: von Hessen, Isny, Marburg, Thüringen; der Bäcker, Bettler und Spitzenmacherinnen; der Barmherzigen Schwestern, Elisabethinen, des Deutschen Ordens, der Franziskanerterziarinnen; gegen schwere Krankheiten.

20. November

HL. EDMUND

König der Angelsachsen, Märtyrer, 840–870

Mit 15 Jahren bestieg Edmund den Thron seiner Väter, und 15 Jahre lang regierte er gerecht, friedfertig und in Frömmigkeit. In seinem 30. Lebensjahr aber fielen die Dänen ins Land ein. Unter ihren Häuptlingen Hinguar und Hubba verbreiteten die grausamen Wikinger Angst und Schrecken über England, zerstörten Kirchen und Klöster und schändeten die Nonnen. Edmund stellte sich an die Spitze seiner Krieger und besiegte die Dänen in der Schlacht von Thetford. Doch als immer neue Schiffe aus dem Osten landeten, mußte er vor der beutegierigen Übermacht fliehen und geriet schließlich in die Gewalt seiner Feinde.

In Ketten wurde er vor Hinguar und Hubba geführt, die ihm das Leben versprachen, wenn er dem Christentum abschwöre. Aber Edmund wies dieses Ansinnen mit Abscheu von sich. Da ließen ihn die Barbarenhäuptlinge an einen Baum fesseln und mit Ruten bis aufs Blut peitschen. König Edmund ertrug diese Marter ohne einen Schmerzensschrei. Nachdem sie ihn als Zielscheibe für ein Pfeilschießen benutzt hatten, töteten sie ihn mit dem Schwert und warfen sein abgeschlagenes Haupt in den Wald. Dort bewachte es ein Bär, nach anderen Berichten ein Wolf, bis es unversehrt von Christen aufgefunden wurde. Das Tier begleitete sie, bis Edmund ins Grab gelegt war, und trottete dann wieder in den Wald zurück.

A: im königlichen Schmuck, an den Baum gefesselt und von Pfeilen gespickt; mit Bär oder Wolf, das abgeschlagene Haupt bewachend.

P: des englischen Königshauses; gegen Pest.

21. November

HL. COLUMBANUS

Ordensstifter und Abt von Bobbio, um 543–615

Von Kindheit an schon in den Wissenschaften unterrichtet, hatte Columban auch frühzeitig gegen die Versuchungen des Fleisches zu kämpfen. Seine außerordentliche Schönheit setzte ihn, wie sein klösterlicher Biograph Jonas schreibt, »den frechen Lockungen schamloser Irländerinnen aus«. In seiner Not besuchte er eine fromme Klausnerin, die ihm den Rat gab: »Fliehe, junger Mann, wenn du dich retten willst.« Im Kloster Bangor fand er Zuflucht, Beispiel und Gleichgesinnte.

585 zog Columban aus Irland mit zwölf Gefährten nach Gallien und gründete drei Klöster: Anegrai, Luxeuil, Fontaines. Häufig entfernte er sich von seinen Jüngern und durchstreifte die wildesten Einöden. Die Tiere liebten ihn. Vögel und Eichhörnchen ließen sich von ihm liebkosen, hungrige Wölfe verschonten ihn. Eine Höhle, die er sich als Zelle eingerichtet hatte, war ihm von einem Bären überlassen worden.

Columban führte in seinen Klöstern ein strenges Regiment. Alle, ob reich oder arm, mußten ackern, säen, Holz fällen und bauen. Sogar von Kranken verlangte er, daß sie zur Tenne gehen und dreschen sollten. Er verabreichte eigenhändig ein Dutzend Schläge auf das nackte Hinterteil, wenn er Mönche bei der geringsten Nachlässigkeit ertappte. Ein Punkt seiner Regel schreibt dem Mönch vor, er solle erst zu Bette gehen, wenn seine Müdigkeit so groß geworden sei, daß er bereits beim Gang zum Lager schlafe, und aufstehen, bevor er ausgeschlafen habe.

Mit den gallischen Bischöfen geriet der Heilige in heftigen Zwist, da er den irischen Termin des Osterfestes gegen den römischen durchsetzen wollte. Leidenschaftliche Appelle an den Papst, sich auf seine Seite zu stellen, fruchteten nichts. Streit gab es auch mit dem regierenden Haus. Da Columban nicht nachließ, das lasterhafte Treiben der Königin Brunhilde und ihres Enkels Theoderich zu rügen, wurde er schließlich des Landes verwiesen. Er missionierte am Bodensee, legte mit seinem Gefährten Gallus den Grundstein zum späteren Kloster Mehrerau bei Bregenz und fand schließlich — als sich die Bewohner der Gegend zunehmend feindlich zeigten — Zuflucht beim Langobardenkönig Agilulf. Dieser schenkte ihm Grund bei Bobbio, und Columban gründete dort sein letztes Kloster, das zu einem Hort der Rechtgläubigkeit gegen arianische und andere Irrlehren wurde. Er versuchte auch den Papst durch eifrige Briefe zu belehren — sie sind in so leidenschaftlichem Stil verfaßt, daß sich Columban dafür mit Verweis auf seine irische Herkunft entschuldigt. Die letzten Tage seines Lebens verbrachte der Heilige in einer verborgenen Höhle, wo er der Jungfrau Maria eine Kapelle einrichtete. Sie wurde nach seinem Tode zu einem berühmten Wallfahrtsort.

A: mit Bär, neben sich eine Quelle und über seinem Haupt eine strahlende Sonne (nach einem Traum seiner Mutter, bevor sie ihn gebar).

P: von Irland; gegen Überschwemmungen; gegen Geisteskrankheiten.

22. November

HL. CÄCILIA

Jungfrau und Märtyrerin, † zwischen 180 und 230

Die fromme Jungfrau Cäcilia war nicht nur außerordentlich schön, sondern beherrschte auch verschiedene Musikinstrumente, auf denen sie ihre liebliche Singstimme selbst meisterhaft und zur Ehre Gottes zu begleiten pflegte. Eines Tages verlobten ihre Eltern sie ohne ihre Einwilligung dem edlen Jüngling Valerian. In der Nacht vor der

Hochzeit klärte sie ihn darüber auf, daß ihre Keuschheit von einem Schutzengel bewacht werde. Mißtrauisch verlangte Valerian, den Engel zu sehen. Da schickte Cäcilia ihn zunächst zum Papst Urban, der sich in einem geheimen Unterschlupf vor den Verfolgern der Christen verbarg, und dieser taufte ihn. Als Valerius in einem reinen weißen Gewand zurückkehrte, fand er Cäcilia betend vor, und neben ihr stand ein leuchtender Engel. Er überreichte dem Brautpaar zwei Kränze aus Lilien und Rosen und ermahnte es, allzeit die Unschuld zu bewahren. Der Neubekehrte bat darum, daß auch sein Bruder Tiburtius den Weg zu Christus finde. Der Engel versprach dies und verhieß ihm, er werde bald zusammen mit seinem Bruder das Martyrium erleiden.

Und so geschah es. Tiburtius bekehrte sich ebenfalls zum neuen Glauben und erlitt kurz darauf zusammen mit Valerian einen grausamen Tod. Ihre Standhaftigkeit rührte jedoch den Henker Maximus so sehr, daß er selbst, seine Familie und die anderen Schergen sämtlich von Urban die Taufe erbaten. Und auch sie erlitten alle das Martyrium.

Nun schlug die Stunde für Cäcilia. Da der Präfekt wegen ihres vornehmen Standes eine öffentliche Hinrichtung vermeiden wollte, schickte er zwei Schergen auf ihr Landgut, die sie in einer Badestube einsperrten und den Ofen gewaltig anheizten, so daß sie binnen kurzer Zeit im Dampf hätte ersticken müssen. Aber am nächsten Morgen lebte sie immer noch. Daraufhin versuchte sie ein Henkersknecht mit dem Schwert zu töten, aber seine Hand war unsicher, und auch nach dem dritten Streich saß ihr Haupt trotz schwerer Halswunden noch am Rumpf. Der Scherge ließ sie bewußtlos in ihrem Blute liegen. Christen verbanden ihre Wunden und hofften sie gesund zu pflegen. Doch am Morgen verschied sie in den Armen von Papst Urban.

A: mit ihrem Verlobten und einem Engel; mit Blumenkranz; mit Dampfkessel; mit Schwert und Wunde am Hals am Boden liegend; mit Musikinstrumenten, meist Orgel; singend oder dem Gesang der Engel lauschend.

P: der Musik; von Alby, Blois, Neckarsteinach und Verden; der Dichter, Geigen- und Instrumentenbauer, Musiker, Sänger; der Orgeln.

23. November

HL. CLEMENS

Papst und Märtyrer, † 100

Clemens war ein Jünger des hl. Petrus und nach Linus und Anaklet sein dritter Nachfolger als Bischof von Rom. Als Kaiser Trajan die Christen verfolgen ließ, wurde Clemens zur Fronarbeit auf die Halbinsel Chersones (Krim) verbannt. Dort litten schon mehr als 2000 Christen in den Marmorsteinbrüchen, gequält von unablässigem Durst. Clemens aber folgte einem Lämmlein zu einem Platz und stieß seinen Stab in den Boden. Da öffnete sich eine Quelle, und alle konnten sich erquicken.

Nach einer gewissen Frist wurde Clemens jedoch zum Tode verurteilt. Man setzte ihm eine glühende Sturmhaube auf, hängte ihm einen Anker an den Hals und warf ihn ins Meer. Die Christen aber beteten, daß ihnen der Leib des Märtyrers gezeigt werden möge. Da wich das Meer drei Meilen weit zurück, und sie konnten trockenen Fußes zu einem marmornen Tempel schreiten. Dort fanden sie Clemens' Leichnam in einer Arche liegend. Einer höheren Eingebung folgend, ließen sie den Heiligen an dieser Stelle ruhen, und jedes Jahr an Clemens' Todestag gab das Meer den Zugang für die Pilger frei.

Einmal kam ein Weib mit ihrem Söhnlein, und während der Feier schlief dieses ein. Als aber das Rauschen der zurückkehrenden Wellen zu vernehmen war, vergaß die erschrockene Mutter ihr Kind und eilte ans Ufer. Dort fiel ihr der Knabe wieder ein, und sie weinte und flehte zum Himmel, doch er blieb verschwunden. Ein Jahr lang trauerte sie um ihren Sohn, dann kam sie wieder an den Ort. Da fand sie das Knäblein im marmornen Haus, unversehrt, wo sie es zurückgelassen hatte. Wegen der Sünden der Menschen aber verging eines Tages das Wunder der Öffnung des Meeres. Clemens' Gebeine und der Anker wurden viele Jahre später vom frommen Christen gefunden und nach Rom gebracht. Seither liegen sie in der Kirche seines Namens.

A: mit Anker; auch mit Lamm und Quelle.

P: von Aarhus, Compiègne, der Krim, von Sevilla; der Hutmacher, Marmorarbeiter, Mosthändler, Schiffer und Seeleute; der Kinder; gegen Gewitter, Stürme, Schiffbruch.

24. November

HL. PORTIAN

Abt in der Auvergne, † 540

Die Klöster dienten in den Wirren des sechsten Jahrhunderts für viele als Zuflucht vor Elend oder Unterdrückung. Auch Sklaven fanden manchmal in den Mauern der Abteien Schutz — so der auvergnische Sklave Portian, der vor den Mißhandlungen seines Herrn floh. Dieser verfolgte ihn und drang in die geweihte Stätte ein, um ihn davonzuschleppen. Doch auf dem Rückweg überfiel den Herrn eine jähe Blindheit. Der Schrecken gab ihm den Gedanken ein, Portian mit eigener Hand ins Kloster zurückzubringen, und tatsächlich gewann er durch das Kreuzzeichen, das sein Sklave über ihn schlug, sein Augenlicht wieder. Portian kam bei den Mönchen durch seinen strengen Lebenswandel zu großem Ansehen. Im Sommer, wenn sein Gaumen vor Hitze vollständig ausgedörrt war, pflegte er Salz zu kauen, womit er zwar das Zahnfleisch anfeuchtete, aber auch seinen Durst ins kaum mehr Erträgliche steigerte. Trotz seiner niederen Herkunft wurde Portian später sogar zum Abt bestimmt. Als der Frankenkönig Theoderich die Auvergne verheerte, trat ihm Portian mutig entgegen und bewegte durch sein würdevolles Auftreten den Herrscher, das Land zu verschonen. Das Kloster nahm ebenso wie die darum gewachsene Stadt in späteren Zeiten Portians Namen an: St-Pourçain.

P: gegen Augenleiden; der Hinkenden, Krüppel und Siechen.

25. November

HL. KATHARINA VON ALEXANDRIA
(Karin, Käthe)

Jungfrau und Märtyrerin, † um 308

Katharina war eine reiche Erbin aus Alexandria, die schon mit 18 Jahren neben unermeßlichem Reichtum über einen scharfen Verstand, große Bildung und außerordentliche Schönheit verfügte. In einem Traum erschien ihr die Jungfrau Maria und sprach: »Du bist noch nicht wirklich schön, weil du noch nicht getauft bist.« Da zögerte die Jungfrau nicht länger, das Sakrament zu empfangen. Die nächste Nacht erschien ihr Maria wieder, mit dem Jesuskind auf dem Arm, und dieses steckte ihr lächelnd einen goldenen Ring an den Finger zum Zeichen, daß sie nun seine Braut sei. Als Katharina erwachte und den Ring tatsächlich an ihrem Finger glänzen sah, gelobte sie ihrem göttlichen Bräutigam ewige Jungfräulichkeit.

Eines Tages weilte Kaiser Maximin, der Christenfeind, in Alexandria. Nach einem Tempelbesuch sprach Katharina den Kaiser am Portal an und schalt ihn für seinen Götzendienst. Der Herrscher war höchst erstaunt über das sprachgewandte Mädchen, auch beeindruckt von ihrer Schönheit, und ließ 50 gelehrte Männer versammeln, damit sie mit ihr über die Religion streiten möchten. Vor einer ungeheuren Menge Volkes fand der Disput statt. Die Jungfrau sprach so ergreifend über die Erhabenheit des christlichen Glaubens, daß alle 50 Philosophen am Ende ihre Niederlage eingestanden und sich zum Christentum bekehrten. Maximin geriet in großen Zorn. Er ließ die Philosophen allesamt auf dem Scheiterhaufen verbrennen.

Katharina sprach ihnen Trost zu und stärkte sie im Geiste so sehr, daß sie standhaft blieben und mit dem Worte »Jesus« auf den Lippen starben. Die Jungfrau versuchte der Kaiser zunächst durch Schmeicheleien vom Glauben abzubringen. Doch seine Lockungen blieben fruchtlos, und Katharina ging den Weg ihres Martyriums. Man riß ihr die Kleider vom Leibe und peitschte sie mit Ochsensehnen. Die schamlose Entblößung bereitete der keuschen Jungfrau mehr Qual als die Schläge. Dann zerfleischten die Folterknechte ihren Körper zwei Stunden lang mit eisernen Kämmen. Als auch dies Katharinas Standhaftigkeit nichts anhaben konnte, warf man sie in einen finsteren Kerker, um sie dem Hungertod preiszugeben. Aber ein Engel heilte ihre Wunden, tröstete sie und versorgte sie mit Speise und Trank.

Nach zwölf Tagen besuchte sie der Kaiser im Verlies und fand sie wohlbehalten und schön wie zuvor. Noch einmal versuchte er sie durch Versprechungen für sich zu gewinnen, aber Katharina verachtete seine Drohungen. Da ließ er vier mit spitzen Nägeln beschlagene

Räder bringen, die ihren Leib zerfleischen sollten. Schon war die Heilige an die Räder gebunden, da erschien ein Engel und zertrümmerte die Mordwerkzeuge. Dies beeindruckte den gesamten Hof, auch die Kaiserin. Sie trat vor, verwies ihrem Gemahl die Grausamheit und bekannte sich zu Christus. In grenzenloser Wut ließ Maximin auf der Stelle seiner Frau und Katharina das Haupt abschlagen. Als deren Kopf vom Rumpfe fiel, floß statt Blut Milch aus der Wunde. Und damit gottlose Hände nicht ihren Leichnam entehrten, trugen ihn Engel auf den Berg Sinai und bestatteten ihn dort. Kaiser Justin ließ über dem Grab eine prächtige Kirche bauen, die bis heute ein berühmter Wallfahrtsort ist.

Katharina wurde im Abendland zur Schar der 14 Nothelfer gezählt und besonders häufig zusammen mit Barbara und Margareta dargestellt. Der Volksmund nennt sie die *dreiheiligen Madl:* »Margareta mit dem Wurm/ Barbara mit dem Turm/ Katharina mit dem Radl/ das sind die drei heiligen Madl.«

A: mit zerbrochenem Rad; mit Buch, Schwert, Palme oder Krone; Brautring (mit Christus).

P: der Buchdrucker, Friseure, Gerber, des Lehrstandes, Müller, Notare, Philosophen, Rechtsgelehrten, Redner, Schuster, Schüler, Seiler, Spinnerinnen, Tuchhändler, Wissenschaftler; der Jungfrauen und Mädchen; der Universitäten, Bibliotheken; bei Migräne, Zungenkrankheiten; zur Auffindung Ertrunkener; für Beharrlichkeit bis zum Tode.

26. November

HL. GENOVEFA

Jungfrau, um 422–512

Als der hl. Bischof German einst in Nanterre Rast machte, bemerkte er ein siebenjähriges Mädchen, dessen künftige Heiligkeit sich ihm in einer göttlichen Eingebung mitteilte. Er wandte sich an die kleine Genovefa und fragte sie: »Meine Tochter, möchtest du als makellose Braut Christi geweiht werden?« Genovefa gestand ihm freudig überrascht, daß dies tatsächlich ihr sehnlicher Wunsch sei. German gab ihr darauf ein kleines Kupferkreuz: Nie solle sie andern Schmuck tragen, weder Gold und Silber noch Edelsteine und Perlen, dann werde ihr Wunsch in

Erfüllung gehen. Seit dieser Zeit hatte sie keine andre Begierde mehr, als in den Gottesdienst zu gehen und die hl. Sakramente zu empfangen. Die Mutter, der es mit dem Kirchengehen zu viel wurde, gab Genovefa einmal sogar eine Maulschelle, doch mußte sie dafür schwer büßen: Sie fiel in eine Blindheit, die 20 Monate währte und erst wieder durch das Waschen mit einem Wasser wich, das Genovefa mit dem Kreuzzeichen gesegnet hatte.

Nach dem Tode ihrer Eltern lebte Genovefa in größter Zurückgezogenheit. Oft überkamen sie grausame Anfälle und Lähmungen, aber einmal geriet sie dabei in eine Verzückung, in der ihr die himmlischen Dinge ganz klar geoffenbart wurden. Ihre von allen Frommen bewunderte Tugendhaftigkeit erzeugte auch Neider. Man verleumdete sie als Zauberin, Betrügerin, Heuchlerin und Schandweib, das sich im geheimen ungeheuerlichen Lastern hingebe. Zwei große Wunder retteten ihre Ehre. Als der Hunnenkönig Attila 451 in Frankreich einfiel und mordend, brennend und sengend Richtung Paris zog, wollten die Bürger vor Schrecken fliehen. Aber Genovefa prophezeite: »Nach Paris wird er nicht kommen, wohl aber in die Gegend, in die ihr fliehen wollt.« Und in der Tat änderten Attilas Horden ihre Richtung und marschierten in die von ihr bezeichnete Gegend. Einige Zeit danach belagerte der Frankenkönig Childerich die Stadt, und Tausende wurden durch Hungersnot dahingerafft. Genovefa besorgte aus der Umgebung Lebensmittel und brachte elf schwerbeladene Schiffe glücklich durch die fränkischen Linien. Als Paris aber trotzdem eingenommen wurde, ließ sich der Sieger von Genovefa zur Milde stimmen. Bestattet wurde sie in der nachmalig St-Geneviève benannten Kirche. Von ihrem Grab gingen unzählige Wunder aus. In der französischen Revolution allerdings wurde der silberne Schrein, in dem sie ruhte, eingeschmolzen und ihre Reliquien öffentlich verbrannt.

A: als Schäferin mit Hirtenstab; mit Wachskerze; mit gebundenem Teufel zu ihren Füßen; mit einem Schaf; mit Spindeln; mit zwei Schlüsseln (der Stadt Paris).

P: von Paris und Frankreich; gegen Augenleiden, Aussatz, Blatternrose, Dürre und Pest; der Frauen, Hirten, Hutmacher, Wachszieher und Weingärtner.

F: auch 3. Januar.

27. November

HL. VIRGIL

Bischof von Salzburg, Apostel von Kärnten, † 780

Der irische Mönch Virgil machte sich schon als Jüngling auf, das Evangelium zu verkünden. Zwei Jahre weilte er bei Pippin, dem späteren Frankenkönig, der ihn wegen seiner Gelehrsamkeit hochschätzte. Während dieser Zeit bekam Virgil aber großen Streit mit dem hl. Bonifatius. Dieser erklärte einmal eine Taufe für ungültig, weil der Priester die Taufformel unrichtig ausgesprochen hatte. Virgil erhob Einspruch, und der Papst gab ihm recht für den Fall, daß jener die Formel nur aus Unkenntnis falsch gesprochen habe. Ein anderer Streit ging um Virgils Ansicht, die Erde sei eine Kugel, und auf der entgegengesetzten Seite der Erde gebe es auch Menschen — Antipoden, Gegenfüßler. Bonifatius hielt diese Lehre für ketzerisch, und Virgil mußte sich in Rom rechtfertigen. Wie er dies tat, ist nicht überliefert, aber 745 wurde Virgil Bischof und Abt des Klosters St. Peter in Salzburg, was er als Ketzer schwerlich hätte werden können.

Hunderte von Werkleuten bauten unter seiner Leitung die neue viertürmige Kirche. Anfangs reichte ihnen der Bischof selbst den Lohn, doch wurde ihm dies auf Dauer zu lästig. Da stellte er einfach eine Schüssel Geld vor sie hin, und jeder nahm seinen Anteil. Wie durch eine höhere Macht in Schranken gehalten, tat keiner einen tieferen Griff, als ihm zustand. Virgil kümmerte sich auch um das weltliche Wohlergehen seines Bistums. Unter seiner Regierung wurden die heiltätigen Quellen in Gastein entdeckt, alte Erzgruben wieder in Abbau genommen und viele Schulen errichtet.

Die Nachricht vom segensreichen Wirken Virgils drang bis zu den heidnischen Slawen in Kärnten. Deren Herzog Chetimar suchte in Salzburg um christliche Lehrer an, welche die Sitten in seinem barbarischen Lande heben sollten. Virgil schickte seinen irischen Landsmann Modestus, und der christliche Glaube machte Fortschritte. Nach dem Tode des Herzogs kam es jedoch zu einem blutigen Aufstand, die Priester wurden verjagt und die Kirchen niedergebrannt. Nun rückten die Bayern in

Kärnten ein und schlugen in der mörderischen Schlacht am Lurnfeld die Heiden vernichtend. In einem erneuten Versuch gelang es diesmal Virgil selbst, wie sein Biograph schreibt, »die starren Gemüter der Kärntner durch das Evangelium zu erwärmen«.

A: als Bischof mit Kirchenmodell in der Hand; mit Geldschüssel oder Erdkugel.

P: der Bistümer Salzburg und Graz-Seckau.

F: auch 26. September.

28. November

HL. ANNA

Witwe und Märtyrerin

HL. STEPHANUS

Abt und Märtyrer, † 767

Der Abt Stephanus vom Auxentiuskloster in Chalcedon trat mutig dem vom Kaiser in Konstantinopel entfachten Bildersturm entgegen. Um die Tugend des Heiligen bei den Rechtgläubigen anzuschwärzen, verleumdete man ihn, er habe mit der frommen Witwe Anna aus dem benachbarten Nonnenkloster schändlichen Umgang. Falsche Zeugen wurden aufgeboten, aber Anna beteuerte unentwegt ihrer beider Unschuld: »Stephanus ist ein Heiliger.« Da beraubte man sie vor allem Volk ihrer Kleider und geißelte sie so scharf, daß sie kurz darauf starb.

Stephanus wurde nach demütigenden Mißhandlungen auf eine Insel verbannt, wo er in einer Felsenhöhle hauste. Bald folgten ihm seine Mitbrüder, auch Mutter und Schwester, und wunderbare Heilungen vor einem Marienbild machten die Insel zu einem Wallfahrtsort für das einfache Volk. Als der Kaiser dies hörte, befahl er, den Stephanus nach Konstantinopel zurückzuholen. Dort wurde er zunächst ins Gefängnis geworfen und, als er immer noch standhaft blieb, dem Mob ausgeliefert. Die Meute schleppte ihn in Ketten durch die Straßen, und ein Rohling erschlug ihn mit einem Feuerhaken. Sogar der Leichnam wurde noch mißhandelt, und am Ende lagen alle Glieder und Eingeweide zerstreut umher.

A: Stephanus als Abt mit Marien-Ikone.

29. November

HL. FINDANUS

(Fintan)

Rekluse auf Rheinau, 800–878

Findan stammte aus edlem irischem Hause und zeigte früh seine Berufung zum geistlichen Stand. Als Jüngling fiel er räuberischen Wikingern in die Hände und wurde auf einem Schiff in die Fremde entführt. Während eines Halts bei den Orkneyinseln gelang es ihm, zu entfliehen und sich in einem hohlen Felsen zu verbergen. Es dauerte lange, bis die Nordmänner wieder in See stachen, und Findan war völlig erschöpft. Doch der seltsame Anblick von Meeresungetümen und ungeheuren Delphinen, die friedlich entlang der Küste spielten, stärkte seinen Mut. Er gelobte, wenn er überlebe, nach Rom zu pilgern, und stürzte sich ins Meer. Da wurden seine Kleider so starr, daß sie ihn wie ein Kahn trugen und heil nach Schottland brachten.

Er wallfahrte nach Rom und anderen heiligen Orten und trat schließlich ins Kloster Rheinau ein. Dort ließ er sich nach einigen Jahren in eine Zelle einschließen, wo er noch 22 Jahre lebte und Tausenden ein Ratgeber, Lehrer und Tröster war. Er wurde gleich nach seinem Tode als Heiliger verehrt.

A: als Mönch; mit Herzogshut in der Hand; auf seinem Mantel auf dem Wasser stehend.

F: auch 15. und 25. November.

30. November

HL. ANDREAS

Apostel

Der Fischer Andreas war ein leiblicher Bruder des Petrus und ein Schüler Johannes des Täufers. Auf die Worte Jesu, der sie bei der Ausübung ihres Handwerks ansprach, ließen sie ihre Netze im Stich und folgten ihm, um »Menschenfischer« zu werden. Nach der Himmelfahrt verkündete Andreas das Evangelium in Griechenland und in den Ländern um das Schwarze Meer. In der russischen Kirche glaubt man, er habe bis in die Gegend von Kiew gepredigt.

Das Weib eines Mörders war schwanger und wollte das Kind nicht gebären. Sie hieß ihre Schwester zur Diana gehen und um einen Zauber bitten. Der Teufel aber sprach aus der Dianastatue: »Geh zu Andreas, der wird dir helfen.« Also ging sie zu dem Apostel und brachte ihn zu ihrer Schwester. Andreas sprach: »Es geschieht dir recht, denn du hast in Arglist empfangen und jetzt den Teufel angerufen. Wenn du jedoch Buße tust und an Christus glaubst, so wird dir geholfen.« Sie glaubte, gebar ein totes Kind, und aller Schmerz wich von ihr.

Andreas wurde in Patras in Griechenland gekreuzigt, und zwar an einem Kreuz, das die Form eines X hat.

A: mit dem Andreaskreuz (×).

P: von Deutschland, Griechenland, Luxemburg, Niederlande, Österreich, Preußen, Rußland, Schottland, Sizilien und Spanien; von Agde, Avanches, Bithynien, Bordeaux, Braunschweig, Brescia, Brügge, Burgund, Celle, Clausen, Flandern, Halberstadt, Hannover, Hennegau, Hohenstein, Holstein, Lavant, Limburg, Lippe, Lüneburg, Mantua, Minden, Moers, Neapel, Orange, Pesaro, Pontus, Rochester, Schleswig, Schwarzburg, Well, Wolfenbüttel; der Bergleute, Fischhändler, Metzger, Seiler, Wasserträger; der alten Jungfern (die ihn am Abend seines Gedenktages um einen Mann bitten); des Ordens vom Goldenen Vlies; in Kämpfen und Schlachten; gegen Gicht, Halsweh und eheliche Unfruchtbarkeit.

1. Dezember

HL. ELIGIUS

Bischof von Noyon, 588–660

König Chlotar II. gab dem Goldschmied Eligius den Auftrag, einen prachtvollen Thronsessel aus Gold und Edelsteinen zu fertigen. Zu seiner Überraschung erhielt er von dem braven Handwerker zwei Sessel, den Thron und ein Stück, das dieser nur aus den verbliebenen Überresten gefertigt hatte. Solche unübliche Redlichkeit erstaunte den Herrscher, und er ernannte Eligius nach weiteren Arbeiten schließlich zum Münzmeister, welches Amt dieser auch unter dem Nachfolger, König Dagobert, vorbildlich ausübte.

Eligius war nicht nur ein treuer Diener des Hofes, sondern auch ein Freund des Glaubens und der Armen. Alles Gut, das er geschenkt erhielt, legte er zugunsten der Kirche an. So gründete er ein Frauenkloster in Paris und ein

Benediktinerkloster in Solignac bei Limoges. Wenn jemand nach ihm fragte, erhielt er zur Antwort: »Er wohnt in dem Haus, vor dem die vielen Armen sind.«

Mildtätigkeit paarte sich aber bei ihm auch mit Strenge gegen die Sittenlosigkeit. Obschon er nur Laie war, wurde er im Jahre 639 zum Bischof von Noyon gewählt und führte einen harten Kampf gegen heidnische Götzen und barbarische Vergnügen. In der Gegend von Nîmes hingen die Leute leidenschaftlich an Tanz und Spiel, die sie mit abergläubischen Exzessen verbanden. Eligius' Predigten stießen auf taube Ohren, und schließlich bedrohte man ihn sogar mit dem Tod. Der Heilige betete zu Gott, und alsbald wurden fünfzig der Ärgsten vom Teufel besessen und gequält. Darüber gerieten die anderen so in Schrecken, daß sie Gehorsam gelobten. Nach einem Jahr besprengte Eligius die Besessenen mit Weihwasser und erlöste sie aus ihrem Jammer.

A: als Bischof mit Goldschmiedewerkzeug; silbernes Hufeisen schmiedend; mit Pferd.

P: der Bauern, Bergleute, Eisendreher, Gold- und Silberschmiede, Knechte, Metallarbeiter, Pächter, Schlosser, Tierärzte, Uhrmacher, Sattler; gegen Pferdekrankheiten, Epidemien, Geschwüre.

2. Dezember

HL. BIBIANA

(Viviana)

Jungfrau und Märtyrerin, um 363

Die schöne Jungfrau Bibiana hatte durch die Verfolgung der Christen unter Kaiser Julian Apostata, der das Heidentum wieder einführen wollte, schon Vater Flavian (Gedenktag 22. Dezember), Mutter Dafrosa (Gedenktag 4. Januar) und die jüngere Schwester Demetria (Gedenktag 21. Juni) verloren. Der Präfekt Apronian sperrte die standhafte Jungfrau zu Irren und Epileptikern in den Kerker, und als dies nichts bewirkte, in ein Bordell. Sie sollte wenn nicht um ihren Glauben, so doch wenigstens um ihre Unschuld gebracht werden. Aber ihr beharrliches Gebet schützte sie wunderbar gegen alle Versuchungen. Da ließ Apronian der keuschen Jungfrau alle Kleider vom Leibe reißen, sie an eine Säule binden und sie so lange mit bleibeschwerten Geißeln peitschen, bis sie leblos zusammensank. Der Henker stieß ihr noch einen Dolch in die Brust und warf ihren Leichnam wilden Hunden zum Fraß vor. Diese rührten jedoch den Leib der Märtyrerin nicht an.

A: an einer Säule, Dolch in der Brust, Palme in der Hand.

P: der Epileptiker, Trinker; gegen Kopfweh, Krampf, Unfälle.

3. Dezember

HL. FRANZ XAVER

Apostel Indiens und Japans, 1506–1552

Franz Xaver gehörte zu den ersten sechs Jüngern Ignatius von Loyolas. Er stammte aus dem Hochadel Portugals, und als der König des Landes bei dem neugegründeten Jesuitenorden um einen Missionar für Indien anfragte, wurde Franz auserwählt. 1542 landete er in Goa und begann sofort mit der apostolischen Arbeit. Mit einem Glöckchen zog er durch die Straßen und gewann dadurch die Herzen der Kinder. Die Zuneigung, die er für diese bekundete, öffnete ihm auch den Sinn der Erwachsenen. Hunderttausende bekehrte und taufte er, so daß er oft seine rechte Hand vor Müdigkeit nicht mehr heben konnte. Er reiste weiter nach Ceylon, Malakka, auf die Molukken und hinterließ überall christliche Gemeinden; selbst in Japan gelangen ihm unter widrigsten Umständen Missionserfolge.

Seine Sehnsucht aber galt China. Ein Handelsschiff sollte ihn hinbringen, aber das Reich der Mitte war damals so abgeschlossen, daß kein Fremder es betreten durfte. Man setzte ihn auf der unbewohnten Insel Sancian vor Kanton ab, wo er versuchen wollte, heimlich das Festland zu erreichen. Doch die Strapazen seines harten Reiselebens waren zuviel gewesen. Er erkrankte an einem schweren Fieber und starb 46jährig im Anblick seines Zieles.

Seinen Leichnam brachten Ordensbrüder nach Goa, wo er lange unverwest ruhte. Sein rechter Arm wurde nach Rom übertragen.

A: predigend oder sterbend mit Kreuz in der Hand; mit zwei Fakkeln in der Hand vom Himmel herabsteigend; mit Flammen, die aus seiner Brust hervorschlagen; Inder taufend; mit Seekrebs, der ein ins Wasser gefallenes Kruzifix bringt.

P: von Navarra, Ost-Indien und Portugal; von Bastia, Bologna, Cremona, Goa, Macao, Pamplona, Parma, Piacenza; der Jesuiten und Missionare; gegen die Pest; gegen Hagel und Sturm; der Seereisen.

4. Dezember

HL. BARBARA

Jungfrau und Märtyrerin, † 237

Nach der Überlieferung wurde Barbara im bithynischen Nikomedien geboren. Sie war die einzige Tochter des reichen Heiden Dioscorus. Seine väterliche Eifersucht ließ ihn auf die sonderbare Idee verfallen, Barbara in einem hohen, festen Turm einzuschließen, wohin nur er und eine alte Magd Zutritt hatten. Dennoch fand die zu vollendeter Schönheit aufgeblühte Tochter Wege, um sich im christlichen Glauben zu unterrichten. Als ihr Vater längere Zeit verreisen mußte, erbat sie sich von ihm als Abschiedsgeschenk den Einbau eines Badezimmers.

Nach seiner Rückkehr stellte er fest, daß Barbara entgegen seinem Bauplan drei statt zwei Fenster hatte einsetzen lassen. Außerdem hing an der Wand ein Kreuz. Empört erfuhr er aus ihrem Mund, daß sie eine Christin geworden war und mit den drei Fenstern ständig das Geheimnis der Dreifaltigkeit vor Augen haben wollte. Wutentbrannt zückte er sein Schwert und ging damit auf das eigene Kind los. Barbara konnte jedoch fliehen. Während er ihr nacheilte, öffnete sich auf ihrem Weg ein Felsen und schloß sich vor dem Verfolger.

Ein Hirte verriet aber ihr Versteck. Dioscorus drang in die Höhle ein und schleppte seine Tochter an den Haaren nach Hause. Als Drohungen, Schläge und Hunger nichts gegen ihre Standhaftigkeit vermochten, lieferte er sie persönlich dem Richter aus. Dieser ließ sie fürchterlich geißeln, aber nachts im Kerker erschien ihr ein Engel, stärkte sie mit dem Kelch und der Hostie und heilte ihre ihre Wunden. Am nächsten Tag fanden die Schergen sie anmutiger denn je vor. Nun befahl der Richter, ihr nach den grauenvollsten Foltern die Brüste abzuschneiden. Eine andere gottesfürchtige Jungfrau namens Juliana sah das Martyrium Barbaras, und es ergriff sie das Verlangen, ebenfalls für Christus zu leiden. Laut bekannte sie sich zu ihrem Glauben. Der Richter ließ sie ohne Umstände ebenfalls sofort geißeln und ihr die Brüste abschneiden. Dann wurden die beiden Jungfrauen dem Volk wie Tiere zur Schau vorgeführt und zum Tode verurteilt. In diesem Augenblick trat der Vater vor und bat, selbst die Tochter richten zu dürfen. Und so geschah es: Dioscorus hieb Barbara mit dem Schwert das Haupt ab. Kurz danach aber wurde er an derselben Stelle von einem Blitz erschlagen.

A: mit Palme, Schwert, Turm mit drei Fenstern oder Kelch.

P: der Architekten, der Artillerie, Bauarbeiter, Bergleute, Dachdecker, Feuerwehr, Gefangenen, Hutmacher, Köche, Totengräber, Zimmerleute, des Wehrstandes; der Untergrundbahn, Festungen, Türme; gegen Blitz, Gewitter, Feuer, Fieber, Pest; gegen jähen Tod, für glückliche Sterbestunde; zählt zur Schar der 14 Nothelfer.

5. Dezember

HL. SABBAS

Abt, 439–532

Als Jüngling verzichtete Sabbas auf sein bedeutendes Vermögen, wurde Lieblingsschüler des hl. Euthymius und bereitete sich auf dessen Rat mit der demütigen Verrichtung niederer Tätigkeiten in einem Kloster auf das Leben eines Einsiedlers vor. Als es soweit war, zog er sich in die Wüste Palästinas zurück. Jede Woche fertigte er 50 Körbe und brachte sie ins Kloster.

Neun Jahre lang kämpfte er so gegen die unablässigen Versuchungen des bösen Feindes, dann wählte er eine Höhle auf einem hohen Felsenberge, an dessen Fuß der Bach Cedron fließt. Um Nahrung und Wasser zu holen, mußte er jedesmal mühsam an einem Seil herunterklettern. Einmal fand er zu seiner großen Freude einen Apfelbaum mit reifen Früchten und pflückte einige davon. Kurz vor dem ersten Biß in die seltene Köstlichkeit wurde ihm bewußt, daß noch längst nicht Essenszeit war, und entrüstet über seine Begierde, warf er die Äpfel weg.

Nach einiger Zeit entdeckten ihn Bewohner der Gegend und brachten ihm an bestimmten Tagen Brot, Käse und Datteln. Schüler wurden vom Ruf seiner Heiligkeit angezogen und errichteten Zellen in seiner Nähe. Der Patriarch von Jerusalem machte ihn zum Vorsteher aller

Einsiedler. Aber das strenge Regiment, das er einführte, stieß bei vielen auf Ablehnung. Sie empörten sich und kündigten ihm den Gehorsam.

Aus Liebe zum Frieden entwich Sabbas in die Wüste Skytopolis und übernachtete in einer Höhle. Um Mitternacht fühlte er sich plötzlich sanft am Saum seines Gewandes gezogen. Ein Löwe, dessen Behausung der Heilige ahnungslos gewählt hatte, war im Begriff, ihn aus der Höhle zu schleppen. Sabbas aber sprach freundlich: »Geschöpf Gottes, die Höhle ist doch groß genug für uns beide.« Da schaute ihn der Löwe lange an, kehrte schweigend um und entfernte sich auf Nimmerwiedersehn.

Mit den Jahren fanden sich wieder — diesmal gehorsame — Schüler, das Ansehen des Heiligen wuchs, und sogar am Hofe von Byzanz hörte man auf sein Wort. Hochbetagt und von allen Gläubigen verehrt, starb er 532 zu Mar Saba. Seine Gebeine gelangten nach Venedig, wurden aber 1965 zurückgeleitet.

A: als Einsiedler mit Löwen, Apfel in der Hand.

6. Dezember

HL. NIKOLAUS

Bischof von Myra, † um 345

Nachdem Nikolaus' Eltern von der Pest dahingerafft worden waren, setzte der Jüngling sein reiches Erbe zur Linderung der allgemeinen Not ein. Ein verzweifelter Nachbar wollte seine drei Töchter als Dirnen ausschicken, um vom Lohn ihrer Sünde die Seinigen vor dem Hungertod zu retten. Nikolaus hörte davon, band einen Klumpen Gold in ein Tuch und schob ihn nachts heimlich durch das halboffene Fenster. Am Morgen fand der Mann das Gold, dankte Gott und richtete seiner ältesten Tochter die Hochzeit aus. Nikolaus überraschte den Nachbarn noch zweimal mit einem solchen Geschenk, aber beim letzten Mal erwachte der Mann beim Geräusch des fallenden Beutels, eilte hinaus und erwischte den Davoneilenden. Als er Nikolaus erkannte, warf er sich vor ihm zu Boden und wollte ihm die Füße küssen. Der Jüngling aber hinderte ihn daran und nahm ihm das Versprechen ab, nie darüber zu sprechen, solange er lebe.

Nikolaus wurde seiner Tugendhaftigkeit wegen auf den Bischofsstuhl von Myra erhoben. Eine Frau, der er viele Wohltaten erwiesen hatte, eilte auf die Nachricht freudig erregt in die Kirche und ließ dabei ihr kleines Kind am offenen Feuer liegen. Als sie zurückkam, fand sie es jämmerlich verbrannt. Klagend trug sie den toten Säugling in die Messe und legte ihn zu Füßen des Bischofs. Dieser segnete das Kind und gab es ihr lebendig wieder.

Der Ruf des Wundertäters verbreitete sich mit den Jahren von Myra aus über das ganze Reich. Er rettete Schiffer vor Meeresstürmen, gepeinigte Kinder aus den Händen ihrer Bedränger und Myra vor der Hungersnot, indem er einem Getreideschiffer mittels eines Traumgesichts befahl, die Stadt anzufahren.

Kaiser Konstantin hatte einst auf Grund von Verleumdungen drei Hauptleute ungerechterweise zum Tode verurteilt. Im Kerker flehten sie zu Gott, daß er ihnen den berühmten Bischof von Myra als Retter schicken solle. In derselben Nacht hatte Konstantin einen Traum, in dem ihm ein ehrwürdiger Greis mit weißem Bart im Bischofsornat erschien und das Strafgericht Gottes androhte, wenn er drei Unschuldige hinrichten lasse. Zitternd und schweißgebadet erwachte der Kaiser und ordnete an, die drei Verurteilten auf der Stelle freizugeben.

Die Verehrung des Nikolaus als Heiliger begann gleich nach seinem Tode. Die Gebeine wurden 1087 vor den Sarazenen gerettet und nach Bari gebracht. Man errichtete ihm zu Ehren eine große Kirche, wo die Reliquien in einem kostbaren Schrein ruhen. Aus einer Öffnung darin fließt eine balsamähnliche Feuchtigkeit, der viele wunderbare Wirkungen beigemessen werden.

A: mit Anker; Almosen an drei Mädchen verteilend; Buch mit sechs aufgezeichneten Kugeln in der Hand, auch mit drei Broten oder drei goldenen Kugeln auf einem Buch; mit drei Kindern, die aus einem Kübel schauen, oder mit Taufbecken; mit Schiff.

P: von Amiens, Ancona, Antwerpen, Bari, Berlin, Enghien, Feldkirch, Fribourg, Greifswald, Griechenland, Kalkar, Kampen, Korfu, Laibach, Lothringen, Lüttich, Meran, Moskau, Neapel, Paris, Pritzwalk, Rußland, Sizilien, Stendal, Stralsund, Überlingen, Venedig, Wismar, Znaim; der Apotheker, Bäcker, Bandmacher, Bierbrauer, Böttcher, Fährleute, Feuerwehrleute, Fischhändler, Flößer, Geistlichen, Grundschullehrer, Kaufleute, Knopfmacher, Kornhändler, Krämer, Leinwandhändler, Lichterfabrikanten, Matrosen, Metzger,

Müller, Notare, Rechtsanwälte, Reeder, Schiffer, Spezereihändler, Spitzenhändler, Steinbrucharbeiter, Tuchscherer, Wachszieher, Weber und Weinhändler; der Chorknaben, Kinder, heiratslustigen Mädchen, Schüler; der Pilger und Reisenden; für Befreiung der Gefangenen, gegen irrige Urteile; gegen Gefahren des Wassers, Meeres, Sturmes; für Wiedererlangung gestohlener Sachen; gegen eheliche Unfruchtbarkeit; zählt zu den 14 Nothelfern.

F: auch 9. Mai, 27. Juni.

7. Dezember

HL. AMBROSIUS

Bischof von Mailand und Kirchenlehrer, um 339–397

Ambrosius war der Sohn des Präfekten von Rom. Als Kind in der Wiege wurde er einst in den Garten des Palastes gestellt. Da flog ein Bienenschwarm daher und ließ sich auf seinem Gesicht nieder, so daß es ganz bedeckt war. Die Bienen krabbelten zu seinem Mündchen ein und aus, als wäre es ein Bienenstock. Danach flogen sie so hoch, daß man sie mit den Augen nicht mehr erkennen konnte. Der Vater erschrak, als er das sah, und sprach: »Aus dem Kind wird Großes werden.«

Ambrosius wurde Erzbischof von Mailand, Berater dreier Kaiser und einer der großen Kirchenlehrer. Er bekämpfte die Irrlehrer und taufte den hl. Augustinus.

Einmal reiste er nach Rom und nahm unterwegs Herberge bei einem reichen Mann. Den fragte er nach seinem Leben aus. Der Reiche erzählte, er besitze unermeßliche Schätze, gebiete über zahllose Knechte und Mägde, es sei ihm stets alles nach Wunsch ergangen. Da ergriff ein Schrecken den Heiligen, und er sprach zu seinen Gefährten: »Schnell, steht auf und laßt uns fliehen, so schnell wir können. Denn der Herr ist nicht an diesem Ort.« Und sie machten sich eilig davon. Kaum waren sie eine kleine Strecke weit gekommen, da tat sich die Erde auf und verschlang den Reichen und alles, was mit ihm war. Der Bischof aber sprach zu den Seinen: »Seht ihr, wie gut es Gott meint, wenn er in diesem Leben Widrigkeiten schickt, und wie fürchterlich er zürnt, wenn er allzeit Glück gibt.«

A: mit Buch und Bischofsornat; mit Geißel (wg. Züchtigung Kaiser Theodosios I. mit öffentlicher Kirchenbuße); mit Bienenkorb; manchmal mit Gebeinen in der Hand (weil er die Reliquien von Gervasius und Protasius fand).

P: von Bologna und Mailand; der Bienenzüchter, Lebkuchenbäcker und Wachszieher; der Bienen, der Gänse und aller Haustiere.

8. Dezember

HL. ZENO

Bischof von Verona, † um 372

Zeno war von Geburt Afrikaner und taufte als Bischof von Verona Tausende von Heiden. In 93 Traktaten widerlegte er die verschiedensten Irrlehren seiner Zeit.

Als etwa 200 Jahre nach seinem Tode die Etsch Hochwasser führte und große Teile der Stadt überschwemmte, geschah ein Wunder. Obwohl die Türen der Kirche, in der Zeno begraben ist, weit offenstanden, drang das Wasser doch nicht ein. Allmählich stieg das Wasser bis zu den obersten Kirchenfenstern knapp unter dem Dach. Im Innern der Kirche befand sich viel Volk, dem kein Ausweg blieb. Da sie Angst hatten zu verhungern und zu verdursten, gingen sie zur Türe, wo das flüssige Element wie eine Mauer stand, und schöpften vom Wasser zum Trinken. Es ließ sich schöpfen, konnte aber nicht fließen. Erst nach 24 Stunden kehrte der Fluß wieder in sein Bett zurück.

A: mit Bischofsstab, an dem ein Fisch hängt, oder mit Angelrute.

P: von Pistoia und Verona; für das Sprechen- und Gehenlernen der kleinen Kinder; gegen Hochwasser und Überschwemmungen.

F: auch 12. April, 21. Mai, 6. Dezember.

9. Dezember

HL. LEOCADIA

Jungfrau und Märtyrerin, † um 305

Die christliche Jungfrau Leocadia aus Toledo geriet in die Verfolgung des Diokletian. Ohne eine Klage erduldete sie die schrecklichsten Martern. Ihr Leib wurde gegeißelt, mit eisernen Haken zerfleischt und mit Fackeln gebrannt. Aus vielen Wunden blutend, wurde sie in ein Verlies geworfen. Hier zeichnete sie mit ihrem Blut ein großes Kreuz an die Wand, bevor sie darunter liegend verschied.

Ihre Reliquien wurden beim Einfall der Mauren nach Oviedo gerettet; angesichts des weiteren Vorrückens des

Islam brachte man sie in die Niederlande. 1587 ließ Papst Sixtus V. sie zurückführen und ordnete an, daß man diese Heimführung durch ein jährliches Fest begehen solle.

A: in Turm (Gefängnis).

P: von Toledo; gegen Pest.

10. Dezember

HL. SABINUS

Bischof von Canosa, † 566

Im hohen Alter hatte der Bischof Sabinus aus Canosa in Apulien sein Augenlicht verloren. Der Gotenkönig Totila hörte die Weisheit des Greises rühmen, aber er glaubte nicht daran. Als er in die Gegend kam, lud man ihn zu Sabinus' Tafel. Totila setzte sich zur Rechten des Gastgebers. Als nun der Diener dem Bischof Wein einschenken wollte, ergriff Totila geräuschlos den Kelch und reichte ihn dem Blinden; denn er wollte feststellen, ob Sabinus den Unterschied bemerkte. Dieser nahm den Becher und sprach: »Diese Hand soll leben.« Der König freute sich über den Ausspruch und war nun überzeugt von der Weisheit des Bischofs.

Dem Archidiakon währte das Leben des Sabinus zu lange, weil er selbst nach dem Amte drängte. Er mischte also Gift in den Wein. Als der bestochene Mundschenk den Kelch reichte, sprach der blinde Greis. »Trinke nur selber, was du mir da geben willst.« Der Diener fing an zu zittern, aber lieber wollte er sterben als entdeckt werden und führte den Becher an die Lippen. Im letzten Moment ließ ihn der Bischof einhalten und sprach: »Gib her, ich werde doch trinken. Aber melde dem, der den Trank gemischt hat: ›Du wirst nicht Bischof werden.‹« Damit machte er das Kreuzzeichen und trank den Giftbecher leer, ohne Schaden davonzutragen. Der Mundschenk eilte zu dem Archidiakon und richtete ihm die Botschaft aus. Im selben Augenblick begann dieser sich in Krämpfen zu winden und starb. Es war, wie wenn das Gift durch des Bischofs Mund in die Eingeweide des Archidiakons eingedrungen wäre.

P: von Canosa und Bari.

F: auch 8., 9., 12. und 17. Februar, 30. Juni, 1. August.

11. Dezember

HL. SABINUS

Bischof von Piacenza, † um 420

Sabinus war Bischof von Piacenza und eng mit dem hl. Ambrosius befreundet. Eines Tages meldete ihm sein Diakon, daß der Po über die Ufer getreten sei und zahlreiche Ländereien überschwemmt habe. Sabinus erwiderte: »Geh hin und befiehl ihm in meinem Namen, er soll wieder in sein Bett zurückkehren.« Der Diakon lachte nur spöttisch, aber Sabinus rief seinen Notar, um das folgende Schreiben zu diktieren: »Ich, Sabinus, befehle dir, Fluß Po, im Namen Christi wieder in dein Bett zurückzukehren und das Land der Kirche künftig nicht mehr zu schädigen.« Dann trug er dem Notar auf, den Brief in den Fluß zu werfen. Und der Po befolgte den Befehl, zog sich in sein Bett zurück und schädigte fortan die Ländereien der Kirche nicht mehr.

A: als Bischof mit Buch.

P: von Piacenza; gegen Überschwemmungen des Po.

F: auch 17. Januar, 3. Dezember.

12. Dezember

HL. FRANZ VON ASSISI

Stifter des Ordens der Minderbrüder, 1182–1226

Franz war ein Sohn aus reichem Kaufmannshaus und sollte dereinst des Vaters Erbe antreten. Von Kindheit an hatte er eine Abscheu vor Aussätzigen. Wenn ihm einer begegnete, hielt er sich die Nase zu. Einmal jedoch überwand er seinen Ekel, stieg vom Pferd, gab einem Kranken eine Münze und küßte seine Hand. Da verwandelte sich ihm, wie er später in seinem Testament schrieb, »das Bittere in Süßigkeit der Seele und des Leibes«. Noch stärkeres Glück empfand er, als er mit einem Aussätzigen, der blutende Wunden an den Fingern hatte, aus derselben Schüssel aß. Und ein Jahrzehnt später heilte er einen Mann, der an einem scheußlichen Krebsleiden im Gesicht erkrankt war, durch den Kuß auf das Geschwür.

Franz begann nun häufig seine Kleider mit Bettlern zu tauschen und Geld zu verschenken. Darüber kam es zu einem heftigen Streit mit seinem Vater, der ihn beschuldigte, Geld gestohlen zu haben. Es endete damit, daß Franz sich nackt auszog, das restliche Geld und die Kleider dem Vater vor die Füße warf und davonlief. Er wollte nun nichts anderes mehr tragen außer einer Unterhose, einer Kutte und einem Strick, und er beschloß, nie mehr Geld zu besitzen. Wenn er bettelte, weigerte er sich stets, Münzen zu nehmen. Auch in seiner späteren Ordensregel untersagte er den Brüdern, jemals Münzen anzunehmen. Ein Gefährte, der einen gespendeten Beutel Gold in eine Fensternische gestellt hatte, versündigte sich nach Franz' Auffassung, weil er die Hände dazu benutzte und sich so verunreinigte. Er befahl ihm, den Beutel mit dem Mund auf den Misthaufen zu befördern.

Sein Hang zur Buße war außerordentlich. Selten aß er etwas Gekochtes, und er trank nur Wasser. Erst auf dem Sterbebett bat er um einen Mandelkuchen. Gegen Regungen der Sinnlichkeit geißelte er sich unbarmherzig, und als er sich einmal nach einer blutigen Selbstzüchtigung im Schnee wälzte, fühlte er von da an nie mehr eine fleischliche Versuchung. Schon bald sammelten sich um Franz einige jüngere Leute aus Assisi. Zusammen mit einem Gefährten zog er, nur mit einer Unterhose bekleidet, in die Sonntagsmesse, stieg auf die Kanzel und rief die Kirchenbesucher zur Umkehr auf. Er erntete allgemeines Gelächter. Dennoch wuchs die Zahl der ihm folgenden Bettelbrüder unaufhaltsam an. Und bald kamen unter der Führung der hl. Clara (siehe 12. August) Schwestern hinzu.

Bevor er an die Gründung des Ordens der Minderbrüder, der Clarissinnen und des Dritten Ordens für Laien ging, wurde Franz von schweren Zweifeln befallen, ob er sich nicht nur noch dem Gebet widmen solle. Da bat er Clara und den Bruder Sylvester, in einer Andacht Gottes Willen darüber zu erforschen. Beide aber erfuhren, daß es seine Bestimmung sei, in der Welt zu wirken.

Entschlossen machte sich Franz nun auf den Weg und predigte gleich vor der ersten Burg. Zuvor hieß er die zwitschernden Schwalben schweigen, und sie gehorchten ihm, bis er geendigt hatte. Als er weiterzog, durchwanderte er eine Strecke, wo eine schier unermeßliche

Zahl von Vögeln auf den umliegenden Bäumen saß. Und er hielt an und begann den Vögeln zu predigen. Sogleich flogen die weiter entfernten herbei, um ihn besser zu hören. Sie harrten unbeweglich, bis er ihnen seinen Segen erteilt hatte. Und als er mit den Worten endete: »Hütet euch vor der Sünde der Undankbarkeit und lobt allzeit den Schöpfer!«, da schlugen sie mit den Flügeln und bezeugten mit lautem Gesang ihre Zustimmung. Vergeblich allerdings versuchte Franz in späteren Jahren vom Kaiser ein Verbot der Tötung von Singvögeln zu erreichen. Er sprach gerne mit den Tieren, redete Zikaden und Schwalben mit »Schwester«, Hasen, Lämmer und einen Fasan, den er vor dem Bratspieß rettete, mit »Bruder« an.

Kühler war sein Verhältnis zu Schweinen. Als einmal ein Schwein ein Lämmlein totbiß, verfluchte er das Tier, und drei Tage danach war es tot. Ein andermal hatte ein erkrankter Bruder Appetit auf einen leckeren Schweinsfuß und sagte es dem wegen seiner Derbheiten bekannten Bruder Ginevro. Dieser holte sich ein Messer, marschierte in den Wald, wo viele Schweine zur Eichelmast gehütet wurden, warf sich auf eines und schnitt ihm den Fuß ab. Gekocht und gut gewürzt servierte er dem Kranken den Fuß und erzählte fröhlich die Geschichte vom jämmerlich quiekenden Schwein. Als der Besitzer sich wütend bei Franz meldete, schalt dieser den Ginevro einen Dieb und befahl ihm, sich zu entschuldigen. Der Bruder weigerte sich zunächst, denn er glaubte eine gute Tat vollbracht zu haben, die Gott gewiß billige. Schließlich gehorchte er und warf sich dem Mann zu Füßen. Dieser beschimpfte ihn wüst, aber Ginevro küßte ihn, erklärte, es sei nur aus Liebe geschehen, und bat ihn um den Rest des Schweines. Da überwältigte den Mann die Rührung, er warf sich seinerseits dem Bruder zu Füßen und bat ihn um Verzeihung. Dann schlachtete er das Schwein, briet es und brachte es den Brüdern an den Tisch.

Als immer mehr Anhänger zu Franz strömten, pilgerte er nach Rom, wo er in der Wandelhalle des Laterans Innozenz III. begegnete. Franz unterbreitete ihm demütig seine Vorstellung von evangelischer Armut, aber der Papst sprach zu ihm: »Sicher findest du ein paar Schweine, die dich in ihrem Stall aufnehmen. Ihnen solltest du predigen. Einem Schwein gleichst du jedenfalls mehr als einem Menschen.« Jedoch fand der Kardinal Colonna an Franz Gefallen. Er sprach zum Papst: »Wenn wir diesen Menschen, der ein Leben nach dem Evangelium führen will, zurückweisen, weil wir es für ein mühseliges und gänzlich unerprobtes Unterfangen halten, so nehmen wir Anstoß an Jesus. Wenn einer sagt, die Befolgung des Evangeliums widerspreche der Erfahrung und dem gesunden Menschenverstand, so lästert er Christus, den Urheber des Evangeliums.« Der Papst zeigte sich diesem Argument zugänglich und erlaubte Franz, als Bußprediger durch die Lande zu ziehen.

Zehn Jahre später folgten schon 5000 Mönche der franziskanischen Regel, Sendboten missionierten in ganz Europa und Afrika, und Franz selbst begleitete ein Kreuzfahrerheer nach Palästina, wo er mit dem Sultan zusammentraf und lange Glaubensgespräche führte.

Zurückgekehrt, fand er große Mißstände in seinem Orden vor, setzte eine neue Leitung ein und zog sich auf den Berg Alverna zurück. Dort fastete er 40 Tage zu Ehren des Erzengels Michael. In einer Ekstase erschien ihm ein gekreuzigter Mann mit sechs Seraphsflügeln, und während er auf dessen Wunden schaute, spürte er einen ungeheuren Schmerz in Brust, Händen und Füßen. Zugleich begannen sich an diesen Stellen Wundmale zu bilden, aus denen Blut floß.

Zwei Jahre danach wurde dem letzten Wunsch gemäß sein Leichnam nackt auf der bloßen Erde ausgestellt. Er sah nach den Worten eines Augenzeugen aus, »als sei er frisch vom Kreuz herabgekommen, als seien seine Hände und Füße von Nägeln durchbohrt und die rechte Seite wie von einer Lanze verwundet.«

A: in Ordenshabit, mit Gekreuzigtem mit Seraphsflügeln, die Strahlen aus dessen Wunden treffen Herz, Hände und Füße von Franz; betend mit Kreuz, Nägeln, Geißel, Rosenkranz und Totenschädel; mit Erdkugel zu Füßen; mit einstürzendem Haus, das er stützt (Symbol der Kirche); mit Wolf und Lamm, den Vögeln und Fischen predigend; mit Totenkopf auf Buch.

P: Hauptpatron Italiens; von Assisi, Basel, Bologna, Castiglione, Ferrara, Gubbio, des Kirchenstaats, von Livorno, Mantua, Modena, Palermo, Pesaro, Piacenza, Umbrien, Urbino, Val-di-Taro; der Fremdsprachenkorrespondenten, Kaufleute, Posamentierer, Schneider, Tapetenhändler, Tuchhändler, Weber; der Armen; der Sozialarbeit; des Umweltschutzes; gegen Kopfweh, Pest.

F: auch 4. Oktober (Hauptfest), 17. und 25. September.

13. Dezember

HL. LUCIA

Jungfrau und Märtyrerin, † um 303

Die schöne Jungfrau Lucia war bei den Jünglingen von Syracus begehrt wie keine andere. Sie aber wies alle ab. Einer jedoch tat sich besonders hervor. Er machte ihr ihre schönen Augen zum Vorwurf, in die er sich auf den Tod verliebt habe. Da riß sich Lucia die Augen aus und sandte sie ihm auf einem Teller. Bestürzt ließ er von seiner Werbung ab; Lucia aber erhielt von der Muttergottes ein noch viel schöneres Augenpaar.

Als ihre Eltern sie schließlich doch verlobten, verschenkte sie ihr Gut unter die Armen und verminderte dadurch ihre Mitgift. Der Bräutigam erzürnte darüber und verklagte sie bei einem Richter. Dieser lud sie vor und forderte sie als erstes auf, den Göttern zu opfern. Da sie sich weigerte, verurteilte er sie zur öffentlichen Schändung in einem Freudenhaus. Die Kraft des Hl. Geistes machte Lucia aber mit einem Mal so schwer, daß weder die vereinten Kräfte von tausend Männern noch ein Ochsengespann sie vom Fleck bewegen konnten. Da der Richter Zauberei vermutete, ließ er sie mit Urin begießen, denn man glaubte, dadurch den Bann lösen zu können. Aber es half nichts. Lucia blieb wie angewurzelt.

Nun versuchte man sie mit Pech und Schwefel anzuzünden, aber das Feuer fügte ihr nicht den geringsten Schaden zu. Da stießen sie ihr endlich ein Schwert in die Kehle.

A: mit vier Ochsen; mit Halswunde und Schwert; mit Buch; mit Augen auf einem Teller; in Kessel über Feuer; mit Lampe; mit Palme und Schwert; mit Doppelkreuz.

P: von Mantua, Syrakus, Toledo, Venedig; der Bauern, der reuigen Dirnen, Glaser, Kutscher, Messerschmiede, Notare, Pedelle, Sattler, Schiffer und Seefahrer, Schneider, Schreiber, Türhüter, Weber; des Augenlichts; gegen Blindheit (auch im geistigen Sinn) und Augenkrankheiten; gegen Armut.

14. Dezember

HL. SPIRIDION

Bischof, † um 348

Spiridion wuchs als armer Schafhirte auf der Insel Zypern heran, aber seine frommen Eltern hatten ihn das Lesen gelehrt, und so lernte er auf den Weiden das ganze Evangelium auswendig. Unter der Christenverfolgung des Maximin stach man ihm ein Auge aus, schnitt die Sehne des linken Knies durch und verurteilte ihn zur Arbeit im Bergwerk.

Nach dem Tode des Kaisers kehrte er in die Heimat zurück. Bald stand er dort wegen seiner Wunderkräfte in hohem Ansehen; so beendete sein Gebet einmal eine große Dürre. Als der Bischofsstuhl frei wurde, wählten ihn die Gläubigen daher zu ihrem Hirten.

Indessen wurde Kaiser Konstantius in Byzanz gefährlich krank. Eines Nachts erschien ihm ein Engel und zeigte ihm eine glänzende Versammlung von Bischöfen. Er deutete auf zwei dem Kaiser unbekannte Männer und sagte: »Diese beiden werden dich heilen.« Der Kaiser ließ also am nächsten Tag ein Konzil einberufen, in der Hoffnung, dabei auf seine Retter zu treffen.

Mittlerweile hatte auch Spiridion durch einen Traum von der Krankheit des Kaisers erfahren und eilte mit seinem Schüler Triphylius nach Antiochia. Erst wollte man sie wegen ihrer abgerissenen Kleidung gar nicht in den Palast einlassen, aber schließlich erkannte man doch in ihnen die Amtsträger und führte sie zum Kaiser. Als die beiden das Gemach des Kranken betraten, erblickte Konstantius sie mit freudigem Schreck, denn es waren die Männer aus seinem Traum. Spiridion kniete nieder und berührte das Haupt des Kaisers — und augenblicklich wurde dieser gesund.

A: als Bischof mit Hirtenmütze oder stehend in einem Sarg; mit Stachel zum Augenausstechen in der Hand.

P: der Waisen; gegen Überschwemmung.

15. Dezember

HL. CHRISTINA

Sklavin, Anfang des 4. Jahrhunderts

Die hl. Christina wurde als Sklavin an einen wilden Bergstamm im Kaukasus verkauft, dessen grausamer Fürst dem Götzendienst sehr ergeben war. Eines Tages heilte Christina das todkranke Kind einer Nachbarin, indem sie es auf ihr härenes Bußkleid legte und zu Christus betete. Die Nachricht von diesem Wunder erreichte auch die Gemahlin des Herrschers, die samt ihrem kleinen Sohne mit einem schmerzhaften Leiden darniederlag. Und abermals wurden die beiden Kranken durch die Berührung mit dem Bußkleid und das Gebet Christinas gesund. Dies machte die Fürstin dem Christentum sehr geneigt, und sie drang in ihrem Gemahl, den wahren Glauben anzunehmen. Doch dieser befürchtete Aufstände seiner heidnischen Untertanen und ließ sich nicht dazu bewegen.

Eines Tages verirrte er sich im Gebirge auf der Jagd, und große Angst ergriff ihn, an Hunger, Kälte oder durch wilde Tiere sterben zu müssen. Vergeblich schrie er nach seinen Dienern, und ebenso vergeblich blieb die Anrufung seiner Götzen. Da versuchte er es mit dem Gott der Sklavin Christina. Er gelobte, wenn er gerettet würde, wolle er nur ihn allein anbeten. Kaum war dieser Schwur getan, da lichtete sich der Nebel, die Sonne zeigte ihm den Weg, und er fand wohlbehalten nach Hause. Er hielt sein Versprechen und ließ sich im Glauben unterrichten, und seine Untertanen folgten seinem Beispiel.

16. Dezember

HL. ADELHEID

deutsche Kaiserin, 931–999

Die burgundische Prinzessin Adelheid wurde mit dem Langobardenkönig Lothar vermählt. Aber drei Jahre später war sie bereits Witwe, denn ihr Gemahl fiel einem Giftanschlag zum Opfer. Adelheid warf der Usurpator Berengar in das Verlies eines Turmes im Gardasee und ließ sie dort mißhandeln. Ein treuer Hofkaplan half ihr jedoch, mitsamt ihrer Dienerin zu entfliehen.

Um nicht entdeckt zu werden, mußten die beiden Frauen den See durchschwimmen und sich einen ganzen Tag und eine Nacht ohne Nahrung im Wasser verborgen halten. Als sie schon, vor Kälte erstarrt, zu ertrinken drohten, kam ein Fischer des Weges und zog sie an Land. Er machte ein großes Feuer und briet einen Fisch, und währenddessen fand sich der ebenfalls geflüchtete Kaplan ein, mit der Nachricht, daß König Ottos Soldaten nach ihr suchten. So wurde Adelheid in höchster Not gerettet. Otto aber besiegte den Berengar, setzte die rechtmäßige Königin wieder ein und heiratete sie schließlich, womit er den Thron der Langobarden erwarb.

Kurz danach wurde Otto I. vom Papst zum Kaiser, Adelheid zur Kaiserin gekrönt. Doch auch der zweite Gemahl starb viel zu früh, und Adelheid ward erneut Witwe. Ihr Sohn bestieg als Knabe den Thron, und die Mutter mußte die Angelegenheiten des Reiches besorgen. Die jugendliche Gemahlin des Kaisers, die byzantinische Prinzessin Theophania, intrigierte jedoch gegen ihre Schwiegermutter. Zeitweise hörte Otto II. auf ihre und anderer Schmeichler Einflüsterungen. Er verbannte seine Mutter sogar vom Hofe, und sie mußte Zuflucht bei ihrem Bruder, dem König von Frankreich suchen.

Erst durch ihre Abwesenheit lernte man sie wirklich schätzen. Es war, als ob der gute Engel die Regierung verlassen hätte, denn viel Wirrnis und Zwietracht erschütterte nun das Reich. Der hl. Abt Majolus von Cluny trat vor den Kaiser und hielt ihm sein Unrecht vor. Diese Rede öffnete Otto endlich die Augen. Aufrichtig in Reue, rief er seine Mutter zurück. Es war fast zu spät für ihn, denn kurz danach starb er.

Der neunjährige Otto III. wurde zum König gekrönt, und abermals gerieten Theophania und Adelheid aneinander. Die Griechin wurde Regentin und drohte der alten Kaiserin mit der Faust: »Wenn ich noch ein Jahr lebe, dann wird diese Frau nicht einmal mehr über eine Handvoll Erde herrschen.« Vier Wochen nach diesem Haßausbruch war Theophania tot und Adelheid die Regentin. Jetzt hätte sie sich an allen Feinden rächen können. Aber ihre Rache bestand darin, ihnen Gutes zu tun, und bald verehrten sie alle ihrer früheren Gegner. Adelheid gründete und beschenkte Kirchen und Klöster, und sie teilte so viele Almosen unter die Armen aus, daß der hl. Odilo, Abt von Cluny, ihre grenzenlose Freigebigkeit unter die Wunder rechnete. Als sie kurz vor der Jahrtausendwende starb, trauerte ganz Europa um sie.

A: in königlichen Gewändern mit Krone; auf einem Schiff fliehend oder kleines Schiff in der Hand haltend; Almosen austeilend.

F: auch 17. Dezember.

17. Dezember

HL. HONORATUS

Abt von Fondi, 6. Jahrhundert

Schon als Knabe zeichnete sich Honoratus durch Enthaltsamkeit und Demut aus. Seine Eltern, Pächter eines Landgutes in den samnischen Bergen, gaben einst für Nachbarn ein Gastmahl, auf dem viel gebratenes Fleisch gereicht wurde. Honoratus aber verweigerte den Genuß, denn er wollte fasten. Da sagten sie zu ihm: »Iß schon, bei uns hier oben gibt es eben keinen Fisch.« Während allgemein über den Knaben gelacht und gespottet wurde, ging bei Tisch das Wasser aus. Doch als ein Sklave aus der Felsenquelle Wasser holte, schwamm ein großer Fisch in seinen Eimer hinein. Nun herrschte große Verwunderung, und das Gespött hatte ein Ende.

Honoratus wurde je älter desto frömmer, und in seinen Mannesjahren gründete er bei Fondi ein Kloster, wo er über 200 Mönchen als Abt vorstand. Eines Tages löste sich von dem Berg, der das Kloster hoch überragte, ein Felsstück und rollte mit Getöse herab, alles unter sich zermalmend. Als Honoratus den Stein kommen sah, rief er mehrmals hintereinander den Namen des Herrn an, machte das Kreuzzeichen, und der Brocken blieb an der steilen Berglehne haften.

A: als Abt mit Stab und Stadtmodell.

P: von Fondi.

F: auch 16. Januar, 30. April, 10. Oktober.

18. Dezember

HL. IGNATIUS

Bischof von Antiochia, Märtyrer, † um 110

Wegen seiner Gelehrsamkeit erhoben die Apostel Ignatius, den Schüler des heiligen Evangelisten Johannes, zum Bischof von Antiochia. 40 Jahre lang stand er in Weisheit, Frömmigkeit und Unermüdlichkeit seiner Kirche vor. Während der Christenverfolgung des Domitian hielt er seine Gemeinde zu Vorsicht und Zurückhaltung an, wodurch er ihr größere Bedrängnisse ersparen half.

Doch unter Kaiser Trajan verschärfte sich die Lage der Christen weiter. Er besaß zwar viele gute Eigenschaften, hing jedoch auch manchem schändlichen Laster an. Vor allem wollte er die unbedingte Geltung der heidnischen Götter wahren. Als er einmal in Antiochia weilte, mußte er feststellen, daß schon ein beträchtlicher Teil der Bevölkerung dem Christusglauben anhing, was der Kaiser mit Ungnade zur Kenntnis nahm. Da man ihm Ignatius als christliches Oberhaupt angegeben hatte, ließ er diesen zu sich rufen und schalt ihn sogleich: »Du also bist der böse Dämon, welcher den Göttern trotzt, die uns zum Siege verhelfen!« Der Bischof anwortete ruhig: »Du meinst die Teufel, die du als Götter anbetest? Es gibt nur einen einzigen Gott.«

Da ergrimmte der Kaiser und ordnete an, den Heiligen gefesselt unter strenger Bewachung nach Rom zu senden und ihn dort den wilden Tieren vorzuwerfen. Während seiner Reise in den Tod fand er gleichwohl noch die Gelegenheit, seine berühmten sieben Briefe an die hinterbliebenen christlichen Gemeinden zu übermitteln. Am letzten Tag der Spiele kam Ignatius in Rom an, wo ihn sogleich viele Christen in Trauer über das bevorstehende Martyrium empfingen. Er aber beschwor sie, nichts zu seiner Freilassung zu tun, sondern ihn der Gnade des Leidens zu überlassen. Als er das Brüllen der Löwen hörte, rief er aus: »Ich bin der Weizen des Herrn, ich muß von den Zähnen dieser Tiere zermalmt werden, um ein reines Brot Christi zu werden.« Kaum hatte er diese Worte gesprochen, da stürzten sich zwei Löwen auf ihn und verschlangen ihn in einem Augenblick. Nichts blieb von seinem Leibe übrig als einige der größten und härtesten Knochen. Diese wurden heimlich nach Antiochien gebracht, wo man sie als unschätzbares Kleinod aufbewahrte. Der hl. Chrysostomus empfahl später den Gläubigen dringend, die Gebeine des hl. Märtyrers zu besuchen, und beschrieb die vielen Vorteile, die sich aus ihrer Verehrung ergeben könnten.

A: als Bischof, auf dem Boden liegend, von zwei Löwen angefallen; auch mit IHS oder »Jesus« mit goldenen Buchstaben auf seinem Herzen.

P: gegen Halsweh und Grind.

F: auch 1. Februar, 17. Dezember.

19. Dezember

HL. PELAGIA

Büßerin, 4. Jahrhundert

Alexandria war während des ganzen Altertums berüchtigt wegen seiner selbstbewußten Dirnen, die hier schöner, zahlreicher und in den Künsten der Verführung erfahrener waren als irgendwo sonst auf der Welt, mit Ausnahme vielleicht Antiochiens. Hier saßen einst einige Mönche zu Füßen des Bischofs Nonnos vor der Kirche und lauschten seinen Belehrungen. Plötzlich kam die erste Schauspielerin und schönste Tänzerin am Theater mit einem großen Gefolge vorbei. Ihre bloßen Beine waren mit Perlenschnüren und Goldtressen dicht umwunden, Kopf und Schultern trug sie unbedeckt bis auf den reichen Diamantschmuck. Es umgab sie der Wohlgeruch kostbarer Duftöle.

Als sie vorüber war, fragte der Bischof die Brüder: »Hat euch eine so hohe Schönheit nicht Wohlgefallen bereitet?« Sie aber schwiegen. »Ich habe sie mit Freuden gesehen«, fuhr er fort, »denn Gott wird sie uns am Tag des Jüngsten Gerichts zeigen.« Und er erzählte ihnen, er habe sie in einem Traum als über und über besudelte Taube geschaut, die durch das reinigende Wasser der Taufe schneeweiß geworden und zum Himmel aufgestiegen sei.

Pelagia kamen die Worte des Bischofs zu Ohren, und es dauerte nicht lange, da erschien sie tief erschüttert bei

Nonnos und ließ sich von ihm taufen. Hierauf verteilte sie all ihre Reichtümer an die Armen, begab sich nach Jerusalem und ließ sich, als Mann verkleidet, unter dem Namen Pelagius in eine enge Eremitenzelle am Ölberg einschließen. Vier Jahre danach erkannte sie der Diakon Jakob von Edessa, der Zeuge des Ereignisses gewesen war, nicht mehr wieder, so sehr hatten Fasten und Bußstrenge sie entstellt. Ihr Gesicht war totenbleich, ihre verweinten Augen lagen tief in den Höhlen. Wenig später starb sie.

A: als reiche Dame vor Nonnos; als Büßerin in Zelle.

F: auch 2. Oktober, 8. Oktober.

20. Dezember

HL. PHILOGONIUS

Bischof von Antiochia, † 324

Der Rechtsanwalt Philogonius aus Antiochia übernahm nie die Verteidigung einer ungerechten Sache und kämpfte oft ohne Lohn für die Armen, Witwen und Waisen. Zudem führte er ein vorbildliches Familienleben und erzog seine einzige Tochter zu einer christlichen Jungfrau.

Die Gemeinde machte 318 einstimmig Philogonius zu ihrem Bischof, obgleich er nie zuvor ein geistliches Amt ausgeübt hatte. Er bekämpfte die Lehre des Arius, der die Göttlichkeit Christi leugnete, so standhaft und beredsam, daß jener selbst erklärte, der Bischof von Antiochia sei sein stärkster Gegner.

Die Gläubigen verehrten ihn nach seinem Tod sogleich als Heiligen.

P: der Rechtsanwälte.

21. Dezember

HL. THOMAS

Apostel

Den Apostel Thomas entmutigte die Kreuzigung seines Meisters so sehr, daß er gar nicht an die Auferstehung glauben wollte. Als Jesus ihm aber erschien und ihn seine Hände in die Wunden legen ließ, gewann Thomas seinen Glauben wieder. Er spredigte in Äthiopien, Turkestan und bei den Parthern.

Nach einer weiteren Erscheinung, in der ihm der Herr mitteilte, daß man am indischen Hof einen Baumeister suche, machte er sich auf den Weg, um dort das Evangelium zu verkünden. Er zeigte dem König einen wunderbaren Bauplan für einen neuen Palast, von dem der Herrscher so angetan war, daß er Thomas einen großen Schatz übergab, bevor er für zwei Jahre in ferne Provinzen reiste. Thomas zog in dieser Zeit durch die Lande, verteilte den Schatz unter die Armen und bekehrte viel Volk zum Glauben.

Als der Herrscher zurückkam und hörte, wo das Gold geblieben war, ließ er Thomas in den Kerker werfen. Bei lebendigem Leib sollte er gehäutet und anschließend verbrannt werden. In dieser Zeit starb jedoch des Königs Bruder, und ein prächtiges Begräbnis wurde vorbereitet. In der Nacht zuvor erschien der Tote dem Herrscher und sprach: »Thomas ist ein Freund Gottes. Die Engel zeigten mir im Paradies einen wunderbaren Palast aus Gold, Silber und Edelsteinen. Ich bat, darin Pförtner sein zu dürfen, aber sie sandten mich zurück, um dir das verbrauchte Geld dafür anzubieten, wenn du den Baumeister freigibst.« Da holte der König den Apostel aus dem Gefängnis und ehrte ihn.

Die Heidenpriester aber zürnten über seine Erfolge, und als mehrere hohe Frauen um der Reinheit willen nicht mehr bei ihren Männern schlafen wollten, nutzten jene die Unruhen und erstachen ihn.

A: seine Hand in Jesu Seitenwunde legend; mit Lanze und Winkelmaß; mit Maria, die ihm ihren Gürtel reicht.

P: von Goa, Indien, des Kirchenstaats, von Parma, Portugal, Riga, Urbino; der Architekten, Bauarbeiter, Feldmesser, Maurer, Steinhauer, Zimmerleute; gegen Rückenschmerzen und Augenkrankheiten; gegen Ungläubigkeit.

F: 3. Juli, 6. Oktober, 21. Mai.

22. Dezember

HL. PHOKAS DER GÄRTNER

Märtyrer, † um 303

Phokas aus Sinope war Gärtner und ein frommer Christ. Er lebt in Schlichtheit vom Ertrag seiner Arbeit und hatte genug, um auch den Armen Gastgeber sein zu können. Wer immer bei ihm anklopfte, der wurde freundlich aufgenommen.

Als man die Christen verfolgte, wurde er angezeigt, und der Präfekt schickte einen Trupp Soldaten los, um ihn gleich bei Ergreifen zu töten. Da es Abend wurde, kamen die vom Marsche Ermüdeten zufällig bei Phokas vorbei und baten um eine kleine Erquickung. Wie üblich hieß jener sie willkommen und setzte ihnen vor, was er hatte. Beim Essen erfuhr Phokas, daß sie auf der Suche nach ihm selbst waren. Er bot an, ihnen bei den Nachforschungen zu helfen, und lud sie ein, bei ihm zu übernachten. Gerne blieben die Soldaten unter diesem freundlichen Obdach.

Die Nachtstunden benutzte Phokas, ein Grab auszuheben, seine Angelegenheiten zu ordnen und sich Gott zu empfehlen. Am Morgen trat er vor die Soldaten hin und sagte: »Ich bin jener Phokas, den ihr sucht. Tut, was euch befohlen ist.« Sie standen wie gelähmt und konnten es nicht fassen. Doch Phokas drang in sie: »Die euch schikken, töten mich. Ihr seid nur ihre Werkzeuge und müßt ihren Befehlen gehorchen.« Nach langem Zureden enthaupteten ihn die Soldaten schließlich und senkten seinen Leichnam in das vorbestimmte Grab.

A: in Gärtnergewand mit Spaten und Schwert.
P: der Gärtner und Seeleute.
F: auch 5. März, 22. September.

23. Dezember

HL. SERVULUS

Bettler in Rom, † um 590

Servulus war von Kindheit an so schwer gelähmt, daß er sich nicht einmal im Bett aufsetzen konnte. Weder konnte er die Hand zum Mund führen noch sich auch nur auf die andere Seite drehen. Er lag meist auf seiner Bahre im Vorhof der Clemenskirche und wurde von seiner Mutter und seinem Bruder bedient, die auch Almosen für ihn sammelten. Vieles davon, was er erhielt, ließ er aber wieder an die Armen weiterverteilen.

Er hatte nie lesen gelernt, kaufte sich aber die Bücher der Hl. Schrift und ließ sich von Besuchern daraus vorlesen. Auf diese Weise kannte er sich in der Bibel so gut aus wie ein Schriftgelehrter, ohne je einen einzigen Buchstaben zu kennen.

Als der Schmerz von seinen Gliedern auf die inneren Teile schlug, merkte er, daß seine Stunde gekommen war. Er begann zu singen und bat auch die anwesenden Pilger und Gäste, in den Psalmengesang einzustimmen. Doch plötzlich unterbrach er den Gesang mit den Worten: »Seid still, hört die Lieder, die im Himmel klingen.« Während er auf die nur ihm vernehmbaren Gesänge lauschte, verschied er. Gleichzeitig verbreitete sich um ihn ein unbeschreiblich angenehmer Wohlgeruch. Bis zu seinem Begräbnis blieb dieser Duft erhalten.

A: auf einer Bahre, Almosen verteilend.

P: gegen Lähmung.

24. Dezember

HL. IRMINA

Äbtissin, † um 708

Irmina war die Tochter des Königs Dagobert von Lothringen, an dessen Hof viele fromme Männer verkehrten. Obwohl sie keine Neigung für die Ehe fühlte, widersprach sie doch nicht dem Wunsch ihrer Eltern, sie mit einem französischen Edelmann zu verheiraten. An dem Tag aber, da das Hochzeitsaufgebot bestellt war, meldete man den plötzlichen Tod des Bräutigams. Bestürzt umringten die Hofleute die Jungfrau, um sie zu trösten, sie aber ergab sich heiter und ruhig in den Verlust und beschloß nun, ihre Jungfräulichkeit immerdar zu bewahren. Mit Zustimmung ihres Vaters nahm sie den Schleier. Er schenkte ihr das Schloß Oeren bei Trier, wo sie Nonnen nach der Regel des hl. Benedikt um sich sammelte.

Einmal brach eine schreckliche Seuche unter den Frauen aus. Irmina verdoppelte die Bußstrenge, teilte reichliche Almosen aus und betete ganze Nächte hindurch. Doch die Krankheit breitete sich nur noch mehr aus. Da besuchte auf ihre Bitte hin der hl. Willibrord das Kloster. Er segnete die Nonnen, sprengte überall Weihwasser aus und gab den Frauen davon zu trinken. Alsbald genasen sie alle, und das Übel verschwand. Irmina schenkte

Willibrord dafür verschiedene Ländereien, worauf dieser das Kloster Echternach gründete.

A: Almosen austeilend; Jesuskind mit zwei Engeln über ihrem Haupt; als Nonne, auf das Kruzifix weisend, mit Urkundenrolle, Kirchenmodell.

25. Dezember

HL. PETRUS NOLASCUS

Stifter des Ordens der hl. Maria von der Erlösung der Gefangenen (Mercedarier), um 1188–1256

Am Anfang des 13. Jahrhunderts gab es in den von Arabern eroberten Ländern viele tausend armer Christensklaven, die in grenzenlosem Elend leben mußten. Über ihr Los erzählten aus Afrika zurückgekehrte Reisende Schreckliches. Beinahe nackt, an den Füßen schwere Ketten, müßten sie den Pflug ziehen und bei unerträglicher Hitze auf dem Felde arbeiten. Schimmeliger Hirsebrei sei ihre Nahrung, stinkendes Wasser ihr Trank, halbverfaultes Stroh und ein harter Stein ihr Lager. Die Schädel ihrer verstorbenen Genossen dienten als Trinkgefäße. Wenn sie vor Schwäche nicht mehr zupacken könnten, würden sie gepeitscht bis aufs Blut; würden sie krank, lasse man sie ohne Pflege und werfe sie noch lebend den wilden Tieren zum Fraß vor. Alte und Gebrechliche würden gnadenlos getötet, aber am fürchterlichsten sei, daß die Sarazenen alle Mühe aufwendeten, die Gefangenen ihrem christlichen Glauben abtrünnig zu machen.

Das hörte ein frommer Franzose, Petrus Nolascus, und ward davon aufs tiefste ergriffen. Er war 29 Jahre alt und gedachte, sein beträchtliches Vermögen zum Loskauf dieser Armen zu verwenden. Eines Nachts erschien ihm die Jungfrau Maria und sagte zu ihm: »Gott will, daß du einen Mönchsorden zur Befreiung der Gefangenen gründest.«

Petrus war nicht leichtgläubig und fragte seinen Beichtvater um Rat, den heiligen Raimund von Peñafort. Dieser erzählte dem Petrus zu dessen Verwunderung, daß auch ihm in der vergangenen Nacht die Gottesmutter erschienen sei und ihm befohlen habe, er solle seinem Beichtkind bei dem Vorhaben Mut zusprechen.

Beide gingen zum König von Aragonien und sprachen mit ihm über die Angelegenheit. Wie staunten sie, als auch er ihnen entdeckte, daß ihm die Heilige Jungfrau erschienen sei und ihm über die Pläne ausführlich berichtet habe.

So entstand der Orden der Mercedarier, die neben den drei Gelübden der Armut, Keuschheit und des Gehorsams noch ein viertes zur Regel hatten: nämlich die Verpflichtung, zur Befreiung eines Sklaven wenn nötig die eigene Person hinzugeben. Die Mercedarier sammelten in ganz Spanien Almosen und kaufen viele Sklaven frei. Petrus selbst geriet in Gefangenschaft und wurde in Ketten gelegt, aber seine Brüder konnten ihn wieder befreien. 31 Jahre stand er dem Orden vor und erlöste Tausende Gefangene, bis er hochgeehrt von seinen Ordensbrüdern das Zeitliche segnete.

A: im weißen Ordenskleid, ein Schild mit dem Wappen der Könige von Aragon auf der Brust, von befreiten Sklaven umgeben; manchmal auch mit Ketten und mit Fahne mit rotem Kreuz.

P: der Gefangenen und Sklaven; von Barcelona.

F: auch 31. Januar.

26. Dezember

HL. STEPHANUS

Erzmärtyrer, † 34

Stephan, von griechischer Abkunft, gehörte zu den ersten Christen Jerusalems. Sein Lebenswandel war so untadelig, daß ihm die Apostel die Armenpflege in der Gemeinde übertrugen. Zugleich predigte er das Evangelium mit solchem Erfolg, daß er selbst jüdische Priester zu dem neuen Glauben bekehrte. Dies schuf ihm jedoch auch viele Feinde. Er wurde im siebten Monat nach Jesu Kreuzigung vor den Hohen Rat zitiert und angeklagt, Gott gelästert und Moses beschimpft zu haben.

Er aber pries die Herrlichkeit Gottes, sprach beredt von Moses' Größe und schloß mit den Worten: »Ihr rühmt euch der Beschneidung und seid an Herz und Ohren unbeschnitten; ihr habt das Gesetz von Moses erhalten, aber nicht gehalten; eure Väter verfolgten die Propheten, die den Messias verkündeten, und ihr habt den Messias getötet.«

Dies erregte die Wut der Versammlung. Sie knirschten mit den Zähnen, stießen ihn ohne weiteres Verhör aus dem Saal und steinigten ihn. Seine letzten Worte aber waren: »Herr, rechne ihnen diese Sünde nicht an.« Die Gläubigen sammelten die von Blut geröteten Steine auf und bestatteten den Leichnam. Sowohl S. Sebastiano wie S. Lorenzo fuori le mura in Rom besitzen noch heute je einen Stein.

Im Jahre 417 wurde dem Presbyter Lucian in Jerusalem durch einen dreimaligen Traum das Grab Stephans und anderer heiliger Männer gezeigt. Als man an dem bezeichneten Ort grub, verbreitete sich sofort ein süßer Duft, von dem nicht weniger als 70 Kranke gesund wurden. Die Gebeine des Heiligen wurden gefunden, in einem Schrein aufbewahrt und später nach Konstantinopel übertragen. 557 sollten nach verschiedenen wundersamen Vorkommnissen Stephans Reliquien gegen die des Laurentius in Rom getauscht werden. Unterwegs baten die Bewohner Capuas um einen Arm des Erzmärtyrers und erhielten ihn auch. Als Stephans Gebeine aber in der Kirche S. Lorenzo ankamen, erwies sich der Sarg des Laurentius trotz aller Anstrengungen der Träger als zu schwer. Statt dessen rückte sein Leichnam auf die Seite, wie um dem Neuankömmling Platz zu machen. Und so blieb Laurentius zusammen mit Stephan in Rom.

A: mit Palme und Steinen; in Levitengewand, predigend.

P: von Bayern, Frankreich, Lothringen, Ostfriesland, Pfalz, Serbien; von Arles, Auxerre, Bellinzona, Besançon, Bourges, Breisach, Brixen, Cahors, Châlons-sur-Marne, Chalon-sur-Saône, Diepholz, Dijon, Gandersheim, Halberstadt, Helmstedt, Karlsruhe, Kotor, Leitmeritz, Limoges, Lindau, Lyon, Marsala, Metz, Mulhouse, Nimwegen, Noyon, Paris, Bistum Passau, Pavia, Perigueux, Regensburg, Bistum Speyer, Toulouse, Bistum Verdun, Wien; der Böttcher, Kutscher, Maurer, Schneider, Steinmetzen, Weber, Zimmerleute; der Schulknaben; der Pferde (ältester und hervorragendster Patron), der Tiere überhaupt; gegen Seitenstechen, Steinleiden; für guten Tod.

F: auch 7. Mai, 3. August.

27. Dezember

HL. JOHANNES

Apostel und Evangelist, † um 101

Johannes, der Lieblingsjünger Jesu, wird als der jüngste der Apostel angesehen. Er verließ seine Braut in dem

Augenblick, als er Hochzeit halten sollte, und folgte dem Ruf des Herrn, ohne sich umzusehen. Seine Taten sind durch die Hl. Schrift, die er selbst um ein Evangelium und eine Offenbarung vermehrt hat, allen Gläubigen bekannt. In der Verfolgung des Domitian wurde er verhaftet, nach Rom geschafft und vor der Lateinischen Pforte in einen Kessel siedenden Öls gesteckt. Aber was als Folter gedacht war, erwies sich als Jungbrunnen: Johannes entstieg unverletzt und wieder zum Jüngling geworden.

In seinen alten Tagen hielt er sich ein zahmes Rebhuhn, mit dem er zu seiner Erholung zu spielen pflegte. Er ließ es auf sich herumhüpfen und liebkoste es, um ihm seine Zuneigung zu zeigen. Dabei beobachtete ihn einmal ein mit Pfeil und Bogen bewaffneter Jäger, der den berühmten Apostel besuchen wollte. Er näherte sich dem unbekannten Greis und fragte ihn nach dem Aufenthalt des Johannes. Dieser gab sich zu erkennen und bemerkte die Betroffenheit des Jägers, der offensichtlich das freundliche Spiel des Alten mit seinem Huhn für einen Anflug von Wunderlichkeit hielt. Da fragte ihn Johannes, warum er seinen Bogen abgespannt trage. »Ganz einfach«, antwortete der Jäger, »weil er seine Kraft verlöre, wenn er immer gespannt wäre.« »Und aus demselben Grund lasse ich meinen Geist ruhen und sich erholen, damit er wieder Kraft gewinnt.«

Als er 95 Jahre alt geworden war, mußten ihn wegen seiner Gebrechlichkeit die Jünger stets in die Kirche führen. Er aber sprach immer nach ein paar Schritten: »Kindlein, liebet einander.« Sie verwunderten sich über die ständige Wiederholung dieser Worte und sahen sich hinter seinem Rücken zweifelnd an. Er aber merkte das sehr wohl und sprach zu ihnen: »Das ist das Gebot des Herrn, wer das erfüllt, der tut genug.«

Johannes starb zu Ephesus, wo auf seinem Grab eine prächtige Kirche erbaut wurde. Nach einigen Zeugnissen wurde er 99, nach anderen über 100 Jahre alt.

A: mit Adler; als Jüngling mit Ölkessel, doch *im* Ölkessel als Greis; mit Kelch, dem Schlange entsteigt; Maria die Hostie spendend; als Prophet, die Apokalypse schreibend; eine Frau vom Tod erweckend; in Abendmahlsszene, unter dem Kreuz, bei der Grablegung.

P: der Schriftsteller und der Freundschaft; von Besançon, Cleve, Dillenburg, Langres, Lyon, Mecklenburg, Montserrat, Pesaro, Sizilien und Spoleto; der Alchimisten, Bilderhändler, Buchbinder, Buchdrukker, Buchhändler, Flaschner, Glaser, Graveure, Kerzenmacher, Kistenmacher, Koffermacher, Kopisten, Korbmacher, Lampenmacher, Lithographen, Maler, Notare, Notenlinierer, Papierfabrikanten, Pappenmacher, Sattler, Schreiber, Schriftgießer, Spiegelmacher, Theologen, Winzer; gegen Epilepsie, Fußleiden, Vergiftung und Brandwunden; für Fruchtbarkeit der Felder und gegen Hagel.

F: auch 6. Mai.

28. Dezember

HLL. UNSCHULDIGE KINDER

Märtyrer, † 1

Als König Herodes von den drei Weisen aus dem Morgenland erfuhr, daß der Messias geboren sei, erschrak er aus Furcht um seinen Thron, Er bat sie, ihm den Aufenthaltsort mitzuteilen, wenn sie ihn fänden, und entließ sie mit falscher Freundlichkeit. Nachdem die Weisen dem Christuskind in der Krippe gehuldigt hatten, wollten sie wie versprochen an den Herrscherhof zurück, aber Gott befahl ihnen in einem Traum, sofort in ihre Heimat zurückzukehren.

Als sie ausblieben, geriet Herodes in Angst und Zorn. Doch er ersann einen grausamen Ausweg: Er bestellte alle Mütter von Bethlehem, die Säuglinge hatten, in seinen Palast. Alle außer Elisabeth, die sich mit ihrem Söhnlein Johannes, dem späteren Täufer, in den Bergen verbarg, und Maria, die mit Joseph nach Ägypten floh, folgten der Einladung. Als die Frauen versammelt waren, ließ der Tyrann die unschuldigen Kinder aus ihren Armen reißen und vor ihren Augen abschlachten.

Doch bald darauf ereilte Herodes die Strafe. Es befiel ihn eine scheußliche Krankheit, bei der jede menschliche Hilfe versagte. Innere Hitze verzehrte seine Eingeweide und erzeugte in ihm einen unaufhörlichen Brand. Unerträgliches Jucken verbreitete sich über seinen ganzen Leib; an den einzelnen Gliedern brachen die ekelhaftesten Geschwüre aus. Ein fürchterlicher Heißhunger vermehrte seine Pein, denn je mehr er in sich hineinschlang, desto heftiger wurden seine Qualen. Seine Füße schwollen, und aus seinem in Fäulnis geratenen Unterleib krochen überall Würmer hervor, so daß er schon bei lebendigem Leibe zur Speise derselben wurde. Aus seinem Mund atmete er einen Gestank aus, der für ihn selbst und alle Anwesenden unerträglich war. Er hätte sich selbst das Messer in die Kehle gestoßen, wäre er von Dienern nicht daran gehindert worden. Zu der Krankheit kam ein bohrender Argwohn, der ihn immer mehr gegen seine eigene Familie aufbrachte. Fünf Tage vor seinem Tode ließ er daher seine treue Gemahlin samt den drei Söhnen hinrichten. Herodes' letzte Tage waren grauenvoll: Tag und Nacht schwebten die ermordeten Kindlein vor seinen Augen und brachten ihn zu völliger Verzweiflung und Raserei, in welchem Zustand er endlich qualvoll verstarb.

Die Unschuldigen Kinder aber wurden durch die Bluttaufe zu den ersten Märtyrern des neuen Glaubens.

A: in Szenen mit mordenden Soldaten.

P: der Chorknaben, Findelkinder und Kinder in Gefahr; gegen Ehrgeiz und Eifersucht.

29. Dezember

SEL. WINTHIR

Einsiedler, † um 800

In Bayern wird seit unvordenklicher Zeit der sel. Winthir verehrt. Obwohl von edler Geburt, hatte er sich als Maultiertreiber bei Missionaren verdingt und war mit ihnen aus England nach Deutschland gekommen. In der Gegend des heutigen München ließ er sich nieder und verdiente seinen Unterhalt als umherziehender Krämer. Dies gab ihm Gelegenheit, den Landbewohnern Unterricht in der christlichen Lehre zu erteilen.

Wegen seiner Freundlichkeit und Freigebigkeit verehrten ihn die Leute sehr und fragten ihn bei allen Widrigkeiten um Rat. Die Bauern stellten fest, daß in ihrer Gegend kein Blitz mehr einschlug, und dies sollte bis zum Tode Winthirs so bleiben. Ebenso konnte man sich während seiner Lebzeit an keine ansteckende Krankheit oder Seuche mehr erinnern, sei es bei Menschen oder Tieren. Nach seinem Tod wurde er in der Kirche von Neuhausen begraben.

P: von Neuhausen; gegen Unwetter und Seuchen.

30. Dezember

HL. SABINUS

Bischof von Assisi

HLL. EXUPERANTIUS und MARCELLUS VENUSTIANUS und Angehörige

Märtyrer, † 303

Diokletians Mitkaiser Maximian war berüchtigt wegen seiner Ausschweifungen und Verschwendungssucht. Obwohl er keine persönliche Abneigung gegen Christen hegte, übernahm er doch ohne Zögern den Befehl zur Verfolgung der Gläubigen. Er forderte die Präfekten in den westlichen Reichsteilen zu unbedingter Strenge auf, und bald waren Italien und Afrika mit dem Blut der Märtyrer getränkt.

In Assisi wurde der Bischof Sabinus mit seinen Diakonen Exuperantius und Marcellus vor den Präfekten Venustianus geführt. Dieser forderte die Gläubigen auf, vor einer Jupiterstatue zu opfern. Doch unter dem Gebet des Sabinus zerfiel das Götzenbildnis zu Staub. Der Präfekt befahl erzürnt, dem Bischof die Hände abzuhauen, und ließ vor seinen Augen die Diakone langsam zu Tode foltern. Sabinus wurde blutend in den Kerker geworfen, aber einer frommen Frau gelang mit ihrer blinden Enkelin der Zutritt. Der Bischof streckte seine Armstümpfe über das Mädchen, und es wurde sofort sehend.

Von diesem Wunder hörte der Präfekt, der selbst an einer schmerzhaften Augenkrankheit litt. Er ließ Sabinus in sein Haus bringen, und dieser unterrichtete ihn und alle seine Angehörigen im christlichen Glauben. Als sie die Taufe empfingen, fühlte sich Venustianus mit einem Schlage von seinem Leiden befreit. Die Nachricht von den Vorgängen in Assisi gelangte rasch zu Maximian, und er schickte seinen Tribun in die Stadt mit dem Befehl, den Präfekten samt seiner ganzen Familie zu enthaupten. Sabinus aber wurde nach Spoleto gebracht und an der Geißelsäule zu Tode gepeitscht.

Wie bei allen Verfolgern der Christen blieben auch Maximians Untaten nicht ungesühnt. Mit dem Versuch, den jungen Mitkaiser Konstantin eigenhändig des Nachts in dessen Gemach zu erdolchen, bereitete sich Maximian selbst das Todesurteil. Seine Absicht war Konstantin nicht verborgen geblieben, und er hatte einen Eunuchen an seiner Statt im kaiserlichen Bett übernachten lassen. Maximian wurde an dessen Leiche mit dem blutigen Dolch in der Hand überrascht und erhielt nur noch die Wahl der Todesart freigestellt. Er erhängte sich an einem Balken im Palast.

A: mit abgeschlagenen Händen; blindes Mädchen heilend.
P: von Assisi, Fermo, Siena und Spoleto.

31. Dezember

HL. SILVESTER
(Sylvester)
Papst, † 335

Der Priester Silvester wurde wegen seines vorbildlichen Lebenswandels 314 zum Papst ernannt. Er bekehrte den Kaiser Konstantin durch ein Wunder. Der Herrscher litt nämlich an einem bösartigen Aussatz, und die Ärzte empfahlen ihm als Heilmittel ein Bad in frischem Kinderblut. Schon waren 3000 Kinder zusammengeführt, die Mütter flehten mit aufgelöstem Haar um Gnade, und die Kleinen schrien herzerweichend. Der Herrscher sah das Elend, das er anzurichten im Begriffe war, und fühlte tiefes Mitleid mit den Armen. Er hielt eine Ansprache an die bereitstehenden Truppen und erklärte, er wolle lieber sterben, als zum Mörder an römischen Kindern werden. Voller Freude zogen die Frauen und Kinder davon, die in Angst und Trauer gekommen waren. Des Nachts erschienen dem Kaiser die Apostel Petrus und Paulus, die ihm Heilung durch den Bischof Silvester versprachen. Und so geschah es: Konstantin ließ sich von diesem taufen und ward auf der Stelle vom Aussatz rein wie ein frischgeborenes Kind.

Der Kaiser machte das Christentum zur Staatsreligion, und überall entstanden neue Kirchen. Da kam seine Mutter Helena mit 141 jüdischen Gottesgelehrten nach Rom, um mit Silvester zu disputieren. Besonders kritisierten sie die christliche Vorstellung der Dreifaltigkeit Gottes. Silvester aber nahm den Mantel des Kaisers, legte drei Falten darein, glättete ihn wieder und sprach: »Seht ihr, daß es drei Falten sind, aber ein Tuch?« Als sie sahen, daß ihnen keine Gegenrede mehr einfallen wollte, da die Argumente ausgingen, tötete einer der Rabbis mit seinem Wort einen starken Stier. Silvester aber machte das Kreuzzeichen, und der Stier erhob sich wieder. Am Ende traten alle zum neuen Glauben über.

Etliche Tage danach eilten aufgeregte Götzenpriester zum Kaiser und erzählten ihm, seit seiner Bekehrung verschlinge ein Drache täglich 300 Menschen. Silvester machte sich daraufhin mit zwei Priestern auf, stieg in den Abgrund hinab, wo das Untier hauste, und rief: »Im Namen Christi befehle ich dir, an diesem Ort bis zum Weltengericht zu verharren.« Dann band er den Rachen des Untieres mit einem Faden zu und versiegelte ihn mit einem Ring, in den ein Kreuzzeichen eingraviert war. Von da an blieb der Drache bewegungslos liegen, und Silvester kehrte zur Verwunderung der Heiden unversehrt aus der Schlucht zurück. Da wurden sie alle gläubig und ließen sich taufen.

Als er den Tod nahen fühlte, versammelte der Papst die Geistlichen um sich, und verkündete ihnen als Vermächtnis drei Bitten: daß sie stets einander lieben, daß sie fleißig sein und die Herde vor Wölfen behüten sollten.

A: mit Papstkreuz und Tiara, Engeln und Buch; mit neben ihm liegendem Stier; Konstantin taufend; Drachen fesselnd; das von Kaiserin Helena aufgefundene Kreuz Christi verehrend; mit Olivenzweig.

P: der Haustiere; für gutes Futterjahr.

F: auch 2. Januar (in der griechischen Kirche).

Wie wird man heilig?
Ein Nachwort

KONTROVERSEN

»Seit einigen Jahrzehnten«, formulierte Pius XII. in einer erst nach seinem Tod veröffentlichten Rede, »kann man eine Bewegung beobachten, die sich bemüht, so weit als möglich die Bilder der Heiligen aus den Kirchen zu entfernen und auch ihre Verehrung einzuschränken. Die Kirchen, die nach dieser Einstellung erbaut und eingerichtet werden, tragen den Stempel eines ›kalten Bildersturmes‹ und erscheinen uns kahl und stumm.« Und der bei fast allen progressiv Denkenden als Reaktionär verrufene Vorgänger des glanzvollen Konzilpapstes Johannes XXIII. bewertete diese Entwicklung erwartungsgemäß außerordentlich negativ: »An der Wurzel dieser Richtung haftet etwas Ungesundes, das sich zum Schaden des christlichen Lebens und der christlichen Traditionen auswirkt.«[1] Das vorliegende Buch hat keine religiösen, und schon gar keine theologischen Absichten, weshalb es die angeführte päpstliche Meinung nur hinsichtlich ihrer Diagnose teilen kann: Die katholische Welt war unleugbar früher viel bunter und hatte dem Herzen und der Phantasie weitaus mehr zu bieten.

Der *Immerwährende Heiligenkalender* möchte ein wenig ein Schaukabinett für jene dahinschwindenden Traditionen sein. Nicht um zu trauern, geschweige gar aufgeklärt zu frohlocken, sondern mit Staunen, Neugier und dem Vergnügen an lehrreicher Unterhaltung, die manchmal erheitert und oft angenehm schaudern macht. Selbstverständlich hätte der Verlag für diesen Titel kein bischöfliches Imprimatur erhalten. Denn über den jeweiligen Stand der Heiligen-Festtage entscheidet nach wie vor niemand anderes als die päpstliche Ritenkongregation.

Da aber von allen christlichen Konfessionen und Denominationen allein die römisch-katholische Kirche »Heilige« in einem präzisen und verbindlichen Sinn kennt und sie in einem langwierigen, komplizierten Verfahren erst als solche kanonisiert, wäre die Titelbehauptung in der Tat eine mehr als bedenkliche Anmaßung, würde damit irgendein formeller Geltungsanspruch erhoben.

Der Titel soll allerdings — nicht aus religiösen, sondern aus ästhetischen Gründen — einen Abstand zum seit dem 1.1.1970 eingeführten Römischen Generalkalender deutlich machen, der einen gewaltigen Bruch mit der Tradition markierte. Die vom 2. Vatikanischen Konzil initiierte Kalenderreform der Ritenkongregation nahm derart rabiate Streichungen und Festtagsänderungen vor[2], daß es weltweit nicht nur Proteste empörter Katholiken hagelte, sondern sogar protestantische Theologen wie der Heiligenforscher Walter Nigg von »Bilderstürmerei«[3] sprachen. Seit dem Pontifikat des polnischen Papstes scheint sich zwar der Wind wieder gedreht zu haben — die Zahl der Heilig- und Seligsprechungen wächst rasant —, aber die Widerstände zeigen, daß sich die Entwicklung nicht einfach umkehren läßt. Die jahrtausendealte Volksfrömmigkeit mit ihren tiefen heidnischen Wurzeln ist in den christlichen Zentren am Austrocknen (die Ausnahmen Polen und Irland bestätigen die Regel), und ob Rom in der Lage ist, Macumba-Kulte oder außereuropäische Schamanen-Traditionen zu integrieren, um die Säkularisierungsverluste auszugleichen, daran gibt es trotz mancher multikulturellen Auflockerung in der Schar kirchlicher Würdenträger begründete historische und kulturtheoretische Zweifel. Wohl kaum einem Religionswissenschaftler würde es heute einfallen, über den Katholizismus ähnlich wie Friedrich Heiler im Jahre 1923 zu schreiben: »Alle religiösen Ideen und Empfindungen, alle Kult- und Frömmigkeitsformen, die je in der Menschheit lebendig gewesen sind, lassen sich im Katholizismus wiederfinden. Der Katholizismus hat alles, er gibt alles, er nimmt und gebraucht alles. Wer zunächst diese verwirrende Fülle widersprechender religiöser Erscheinungen auf sich wirken läßt, der [. . .] befindet sich bald in einem wilden Urwald mit wucherndem Unkraut, dann wieder in einem wundersamen Lustgarten mit wohlgepflegten Blumenbeeten. Sein Auge schaut immer Neues, Wunderbares und Häßliches, Himmlisches und Dämonisches, Erhebendes und Erschütterndes.«[4] Heute müßte Heiler seinen Gegenstand wahrscheinlich anhand eines Kirchentages anschaulich machen, wo gesittete Angehörige der Mittelschicht in Symposien, Foren und Diskussionen unter Anwesenheit des Bundespräsidenten und des ehemaligen Kultusministers von Nicaragua viele wohlgesetzte Reden geduldig ertragen, therapeutisch geschulte Animateure für mannigfaltige Gruppenerlebnisse sorgen und verschiedene folkloristische Darbietungen ein kosmopolitisches Flair verbreiten. Um im Bild zu bleiben: alles in allem mehr ein Freizeitpark für die ganze Familie denn ein wilder Dschungel.

[1] Aus einer Rede zum Gedenken von Papst Benedikt XIV., die im November 1958 gehalten werden sollte. (*Osservatore Romano,* 9. April 1959.)

[2] Eine übersichtliche Darstellung der Verschiebungen findet sich in Reclams *Lexikon der Heiligen und der biblischen Gestalten,* ab 5. Auflage (1984). Als kleine Beispiele seien nur die beiden Thomasänderungen genannt: der Apostel vom 21.12. auf den 3.7. und der Kirchenlehrer vom 7.3. auf den 28.1.; die meisten Streichungen wie die des hl. Georg, der hl. Barbara und des hl. Christophorus hat man freilich auf dem Umweg über Regionalfeste wieder rückgängig gemacht.

[3] Walter Nigg, *Die Heiligen kommen wieder.* Freiburg 1973, S. 9f.

[4] Friedrich Heiler, *Der Katholizismus.* München 1923, S. 161.

»HEILIG« – WAS IST DAS?

»Seid heilig, weil ich heilig bin«, spricht der Herr in Leviticus[1] und zielt damit wahrscheinlich auf die theologische Aussage von der Ebenbildlichkeit des Menschen, der deshalb folgerichtig nach Vollkommenheit streben soll, »wie euer Vater im Himmel vollkommen ist«.[2] In diesem Sinne nennt Paulus die Mitglieder der Gemeinde sämtlich »Heilige«.[3] Und die Mormonen reklamieren die gleiche Bedeutung des Wortes, wenn sie sich als »Heilige der letzten Tage« bezeichnen.

Daß man stets denen, die dem Guten, der Vollkommenheit, der Tugend usw. besonders nahe kamen, Verehrung entgegenbrachte, versteht sich von selbst. Ebenso, daß man Verstorbener ehrend gedachte, die sich durch einen »heiligmäßigen« Lebenswandel oder durch eine heroische Glaubenstat ausgezeichnet hatten. In diesem Sinn, etwa als Verehrung der Märtyrer der Christenverfolgungen, unterschied sich das Christentum nicht wesentlich von den anderen Religionen und Kulten der römischen Kaiserzeit. (Es sei denn, man hielte es für substantiell, daß nicht wie bei diesen der Geburtstag, sondern der Todestag gefeiert wurde.)

Die Hagiographie hat aber stets etwas anderes mit ihrem Gegenstand verknüpft — in der Formulierung eines ihrer hervorragendsten Vertreter im 19. Jahrhundert (J.E. Stadler): »Um in der triumphierenden Kirche (also im Himmel, A.C.S.) heilig zu sein, genügt die treue, bis zum Tode ausharrende Beobachtung der Gebote Gottes; um aber in der streitenden Kirche (also auf Erden, A.C.S.) als heilig anerkannt zu werden, sind neben dem ausgezeichnet heiligen Leben eines wahrhaft frommen Dieners Gottes nach seinem Tode auch noch Zeichen und Wunder erforderlich, welche Gott auf seine Fürbitte wirkt und wodurch er seinen Willen manifestiert, daß er diesen seinen Diener und Freund auch auf Erden als heilig anerkannt und verehrt wissen wolle.«[4]

Die Heiligen als Hofstaat Gottes, die als Anwälte der noch auf Erden Wallenden ihren Einfluß zu deren Gunsten einsetzen, die den Gläubigen schützend, helfend, ermutigend bei ihren Alltagsangelegenheiten zur Seite stehen — diese die Volksfrömmigkeit und mit ihr die Hagiographie und die Ikonographie beherrschende Vorstellung verbreitet sich allgemein erst im 4. Jahrhundert, als das Christentum unter Konstantin Staatsreligion geworden ist. Damit »beginnt für den Märtyrerkult die Zeit seines intensivsten Wachstums. Aus der Verborgenheit tritt er an das helle Licht der Öffentlichkeit. Hohe und Niedrige, Kleriker und Laien wetteifern in seiner Pflege. Kunst, Poesie und Beredsamkeit stellen sich in seinen Dienst. Getragen von der Gunst der Zeit, bürgert er sich in allen Kreisen der Gesellschaft ein, bildet im Laufe weniger Dezennien beinahe alle Formen aus, innerhalb welcher er sich in den folgenden Jahrhunderten bewegen sollte, und wird vielerorts zu einer Art von Volksreligion, durch die das kirchliche Christentum zwar nur selten verdrängt, um so öfter aber überwuchert worden ist.«[5]

[1] Lev. 11, 44 und 19,2.

[2] Matth. 5,48.

[3] Röm. 1,7; Eph. 1,1.

[4] Joh. Ev. Stadler in Stadler/Heim: *Vollständiges Heiligen-Lexikon.* 5 Bde., Augsburg 1858ff., Einleitung S. 1f.

[5] Ernst Lucius, *Die Anfänge des Heiligenkults in der christlichen Kirche.* Tübingen 1904, S. 75f. Der Darstellung des liberalen Straßburger Kirchenhistorikers wurde von katholischer Seite empört widersprochen; allerdings betrafen die Einwände weniger das reich ausgebreitete Material als seine theologische These, der Heiligenkult sei ein Erbe des Heidentums. Besonders H. Delehaye (*Les origines du culte des martyrs,* Brüssel 1912) und P. Dörfler (*Die Anfänge der Heiligenverehrung nach den römischen Inschriften und Bildwerken.* München 1913) wiesen die »Paganismus«-Behauptung zurück und argumentierten, es seien zwar Ähnlichkeiten und Analogien vorhanden, dennoch habe der christliche Heiligenkult originäre Wurzeln, nämlich im Kult der Märtyrergräber. Unstrittig ist jedoch, daß die Heiligenverehrung in der nachkonstantinischen Phase ihren eigentlichen Formenreichtum entfaltet und zahlreiche Elemente der religiösen Umwelt integriert.

DIE MÄRTYRER ALS PROTOTYPEN DER HEILIGENGESTALT

Die großen hagiographischen Leistungen verdanken ihre gewaltige Imaginationskraft auch einem Mangel. Aus der Zeit der Verfolgungen waren allenfalls ein paar Dutzend Geschichten namentlich identifizierter Märtyrer schriftlich fiüiert worden. Und dies war begreiflicherweise dem Verehrungsdrang der in die siegreiche neue Staatskirche strömenden Gläubigen zu wenig. Zudem waren die echten Akten der Märtyrerprozesse für den Geschmack des nach Helden und Vorbildern lechzenden breiten Publikums zu karg. »Nicht zuletzt vermißte man in ihrer Geschichte die sicheren Beweise dafür, daß Gott zu ihren Gunsten eingegriffen und durch Wunder, die er für sie und durch sie gewirkt, sie als Streiter für seine Sache dargetan hatte. Unter derartigen Umständen schien es keinem Zweifel zu unterliegen, daß die aus der schriftlichen Überlieferung bekannten Märtyrer nicht die einzigen und zumal nicht die typischen Blutzeugen sein konnten. Gewiß hatte es neben ihnen viele Tausende gegeben, die ungleich größeres erduldet, länger gestritten und dem Feinde dadurch größere Niederlagen beigebracht hatten. Wenn von dem Leiden und Sterben dieser Vielen sich nur eine mangelhafte Kunde erhalten hatte, ja mitunter selbst ihre Namen der Nachwelt entschwunden waren, so war dies noch kein Grund, sie der Vergessenheit zu überlassen.«[1]

Die Legendenerzähler verwerteten alle Elemente und Motive, die sich aus noch so vagen Überlieferungen gewinnen ließen. Die Namen boten sich als Wegweiser für die Art des Martyriums an. Hippolyt wird von Pferden zerrissen, Agnes stirbt rein wie ein Lamm, und daß glorreiche, wenn auch zuvor nicht namhafte Bekenner nun Victor und Victorinus heißen, ist verständlich.[2]

Gern verwendete Vorlagen lieferte die jüdische apokryphe Literatur, insbesondere das 2. Makkabäerbuch: Mütter, die ihre Kinder zur Standhaftigkeit bei der Folter anhalten; den heroischen Trotz, mit dem das Ausschneiden der Zunge, das Abziehen der Kopfhaut, das langsame Rösten beantwortet werden. Aber auch die Geschichten von den drei Jünglingen im Feuerofen, von Daniel in der Löwengrube und vom Tod des Jesaias regten manche Legendenverfasser an.[3]

Neben den jüdischen Vorlagen spielen die seit dem 2. Jahrhundert beliebten apokryphen Apostelgeschichten eine wichtige Rolle. Vor allem der Topos der keuschen, durch Wunder beschützten Jungfrau (Thekla, Agnes, Julitta, Julia u.a.) findet hier seine Vorbilder. Auch häufig wiederkehrende Motive wie die Verschonung der Märtyrer durch Feuer und wilde Tiere, die Unwirksamkeit von siedendem Öl und von Giften, das wunderbare Zusammenstürzen von Götzenstatuen und Heidentempeln, sowie die Umstrahlung mit himmlischem Licht sind in den Apostellegenden längst vorgefertigt.[4]

Auch verschiedentliche Entlehnungen aus der antiken Sage sind nachgewiesen, etwa bei der Hippolytuslegende und der Geschichte von Cyprian und Justina, einer Variation des antiken Faustanstoffes.[5]

Die Kirchenväter des 4. Jahrhunderts, Ephräm, Gregor von Nazianz, Basilius und Augustinus fügen der Märtyrerlegende noch den Aspekt der erquickenden Schmerzen hinzu. Chrysostomus etwa läßt Satan klagen, daß die Märtyrer über glühende Kohlen gingen, als wären es Rosenblätter, und Feuer so köstlich empfänden wie ein frisches Bad. Der Spanier Prudentius läßt den halbverkohlten Laurentius auf seinem glühenden Rost lange über die Unterschiede zwischen Heidentum und Christentum philosophieren, und Romanus, dessen Leib eine einzige Wunde ist, hält noch Reden von insgesamt 410 Versen, bis er endlich stirbt.[6]

Die geradezu behaglichen Folterqualen riefen danach, ins Gigantische vergrößert zu werden, einerseits um die Bösartigkeit der von Satan inspirierten Verfolger, andererseits die Glorie der von Gott oder seinen Engeln unterstützten Helden ins grellste Licht zu rücken. So entstanden guten Gewissens verwegene Produktionen sadistischer und masochistischer Einbildungskraft, die an Intensität dem modernen Horrorfilm in nichts nachstehen.[7] Es verwundert nicht, daß die Märtyrer mit der besseren Actionstory Realdulder mit echten Akten, die nun einmal »langweiliger« sein mußten, in der Gunst des Publikums ausstachen. Reine Fantasygestalten wie Hippolytus, Cyprian von Antiochia und seit dem 6. Jahrhundert der hl. Georg stellten historische Märtyrer wie Polykarp, Justin oder Apollonius bei weitem in den Schatten.

Trotz all dieser Imaginationsleistungen der Legende fehlte zur endgültigen Reife der Heiligengestalt jedoch noch das wunderbare Nachleben. Nur unter dieser Voraussetzung konnten der antike Götterhimmel und das Reich der Dämonen erobert werden. Erst die Kommunikation mit den Toten und deren Eingreifen in die Geschicke der Lebenden konnten die Heiligen in ihrer vollendeten Form schaffen.

[1] Lucius, ebd.

[2] Im Mittelalter identifiziert die deutsche Volksfrömmigkeit in einem vergleichbaren Vorgang den Valentin als Patron gegen Fallsucht und Augustinus als Helfer gegen Augenkrankheiten.

[3] Lucius, S. 82.

[4] Ebd.

[5] Ebd.

[6] Ebd., S. 86.

[7] Für rational denkende Gelehrte wie Lucius sind diese Elemente noch »tolle Ausgeburten der Phantasie«. »Die Beschreibung jener

grauenhaften Henkerszenen«, stellt er reserviert fest, »war ganz dazu angetan, das Gefallen von Geschlechtern zu erregen, die ihre höchste Freude an Zirkusspielen und Tierhetzen fanden und denen noch zu Anfang des 5. Jahrhunderts blutige Gladiatorenkämpfe als Schauspiel geboten werden konnten.« Ebd., S. 102f.

DIE POSTMORTALE WIRKSAMKEIT DER HEILIGEN

Das letzte fehlende Element brachte der ebenfalls seit dem 4. Jahrhundert aufstrebende Reliquienkult bei. Aus der Verehrung der Gräber wurde im Osten langsam eine sakrale Aufwertung der Gebeine der Märtyrer. Man ließ sie nicht mehr in ihren Gräbern, sondern erhob sie *(elevatio)* und überführte sie *(translatio)* in Kirchen oder heidnische Heiligtümer, die dadurch christianisiert wurden. Der erste bekannte Fall ist die Translation des hl. Babylas nach Daphne zu dem dortigen Apollotempel (351). Im Westen beginnt sich der Reliquienkult mit der Auffindung der Gebeine der bis dahin unbekannten Märtyrer Gervasius und Protasius durch Ambrosius zu verbreiten. Es wird Brauch, hl. Gebeine unter dem Altar zu verwahren, und auf dem 2. Konzil von Nicäa (787) wird diese Gepflogenheit schließlich zur allgemeinen Vorschrift.

Jetzt, wo der himmlische Heilige seine postmortale Wirksamkeit dinglich und räumlich-lokal bezeugen kann (im Gegensatz zum etwas an Popularität verlierenden Engel, der trotz mancher Michaels»reliquien« doch in der Hauptsache reines Geistwesen bleibt), wird die Vermischung des Kirchenglaubens mit dem ganzen Reichtum spätantik-heidnischer Religiosität möglich (apologetisch formuliert: die didaktische Heranführung der Heiden zu christlicher Frömmigkeit). Das Tragen von Amuletten gegen bösen Blick, Dämonenabwehr, Totenbeschwörungen, Hausgötterverehrung (Genien, Laren, Penaten), Wunderheilungen an religiösen Kurorten (wie den Asklepiusheiligtümern von Epidaurus und der Insel Kos), Wetter- und Feldzauber und geheime Mysterien, die unterschiedlichsten Sorten von Magie, dieses ganze bunte Heidentreiben, dieses vorweggenommene NewAge-Kalifornien, wird nun über den Märtyrerkult in das Christentum eingebunden. Einige besonders blutige Opferriten und sexuelle Exzesse bei traditionellen Mysterienfeiern werden ausgeschieden, aber ansonsten kann sich bis hin zur Astrologie fast jede »esoterische« Praxis und jede regionale oder ethnische Sonderbildung in der einen oder andern Form in die neue Staatskirche einschmiegen.[1]

[1] Der gleichzeitige Einbau sowohl der antiken Mutterkulte über die Marienverehrung wie die Integration jüdischer und gnostischer Engelsvorstellungen ist nicht unser Thema, gehört aber natürlich in denselben Zusammenhang.

DIE WEITERE ENTFALTUNG DES HEILIGENKOSMOS

Mit dem Ende der Verfolgungen versiegte auch der Märtyrerstrom. Dafür erschien ein neuer Typus Heiliger in der Geschichte des Christentums: der Mönch.

Genau besehen hatte ja mit Konstantins Bekehrung eine Revolution stattgefunden, zwar keine soziale und strenggenommen auch keine politische, doch in der Tat eine kulturelle. Während an der Basis der Bewegung eine wilde Vermischung der alten religiösen Kultur mit den neuen christlichen Elementen stattfand, trieben die »Kader« das alte Spiel aller erfolgreichen Revolutionäre. Die einen versuchten die Reinheit der Idee gegen den prinzipienlosen Mansch der Geschichte zu retten, die anderen redeten der Realpolitik das Wort — und darüber geriet man bald fürchterlich aneinander.

Das Ergebnis ist bekannt, und christliche Schriftsteller aus allen folgenden Zeiten klagten herzergreifend darüber. Ein meisterhaftes Beispiel dieser Lamento-Gattung findet sich etwa in der Mönchsgeschichte des französischen Hagiographen und monarchistischen Politikers Montalembert (1810–1870): »Wahrlich, wenn es in den Jahrbüchern der Grausamkeit und sittlichen Fäulnis nichts Verworfeneres gibt als das Römische Reich von Augustus bis Diokletian, so findet sich doch noch etwas Unglaublicheres und aufs tiefste Betrübendes, und das ist das Römische Reich, nachdem es christlich geworden. [...] Mit verzweiflungsvollem Schmerze müssen wir sehen, wie sich die Mehrzahl der Christen in schmachvoller Hast in die Wollüste des Heidentums stürzt. Die zügellose Leidenschaft für die blutigen oder schmutzigen Schauspiele, die Gladiatorenkämpfe, die circensischen Spiele, alle schändlichen Nichtswürdigkeiten, alle Exzesse, alle unsittlichen Greuel des alten christenverfolgenden Roms bestürmen und unterjochen die Neubekehrten, die Söhne der Märtyrer. Der politische Sieg des Christentums, weit entfernt, den Triumph der christlichen Prinzipien in der Welt herbeigeführt zu haben, hat vielmehr ein neues Aufflammen aller der Laster hervorgerufen, die der christliche Glaube vernichten soll.«[1]

Wenn aber für die nachgeborenen Frommen noch etwas fürchterlicher war als dies, dann der nun ebenfalls sofort anhebende politische und ideologische Auftrieb der großen Irrlehren, der Arianer, Manichäer, Donatisten und Pelagianer, Apollinaristen und anderer ungeheurer, aber vergessener Häresien, deren Skandal uns Heutigen leider nicht mehr zugänglich ist, da ihre Lehren mit der Asche der Papyri, auf denen sie festgehalten waren, im Wind der Geschichte zerstoben sind.

Den allergräßlichsten Abgrund in diesem irdischen Inferno stellte jedoch in den Augen der Frommen die Parteinahme der scheinbar »bekehrten« Staatsmacht für eben jene Häretiker dar. Schon Konstantin selbst wandelte auf irrgläubigen Pfaden, mit seinem Sohn Konstantius aber wurde gar die Lehre des Erzketzers Arius mit ihrer Leugnung der Göttlichkeit Christi zum herrschenden Dogma. Die Rechtgläubigen wurden wieder verfolgt und zu allem Überfluß in der Regel nicht einmal — wie zu Zeiten der Heidenkaiser — mit ehrlichem Martyrium bedroht. Vom Imperator Valens schreibt Bossuet, einer der großen Rhetoriker der Kirchengeschichte, er sei »noch viel grausamer« als seine Vorgänger gewesen, weil er den Verfolgten nicht die Chance des Martyriums gab, sondern sie nur in die Verbannung schickte.[2]

Als auch noch der Papst Liberius sich — in der Verbannung mürbe geworden — dem Kaiser unterwarf und ein arianisches Glaubensbekenntnis unterschrieb, daß nämlich der Sohn dem Vater wesensähnlich *(homoiusios)* sei und nicht wesensgleich *(homousios)* sei, da schien der Katholizismus am Ende. Es war der streitbarste und schmähsüchtigste in der langen Reihe der Kirchenväter, der das Ruder herumriß — Athanasius, der Patriarch von Alexandria. Mit seinem schließlich erfolgreichen Widerstand rettete er nicht nur die Kirche vor der Unterjochung durch einen sich abzeichnenden Cäsaropapismus, einer absoluten Herrschaft des Kaisers über die Religion. Er bewahrte der Theologie auch die Entwicklungsmöglichkeit wunderbarer dogmatischer Artefakte[3], und er leitete einen der mächtigsten religiösen Ströme der Antike in das katholische Flußbett um, indem er dem ägyptischen Mönchtum den Rang beispielhafter Heiligkeit zumaß. Mit einem hagiographischen Bestseller, der propagandistisch meisterhaften Lebensbeschreibung des koptischen Anachoreten Antonius, besiegelte er das Bündnis mit den Wüstenmönchen, seinen alten kirchenpolitischen Freunden. Sie hatten ihm dreimal Zuflucht gewährt, als er vom Kaiser (insgesamt fünfmal) verbannt worden war. Athanasius fügte der Gestalt des christlichen Heiligen ein bis dahin fremdes Element hinzu, die radikale Askese, die »heroische Tugendübung«, die nun mit dem Martyrium gleichgesetzt wurde.

Radikale Askese hatte sich in den heidnischen Religionen[4] und in der hellenistischen »Philosophie« entwickelt, die mehr Lebensstil als Theoriearbeit war[5]; im Judentum tauchte sie erst nach der Begegnung mit dem Hellenismus auf; am bekanntesten wurden die Essener mit ihrem Zentrum in Qumran und die »Therapeuten« von Alexandria[6]. Das Christentum hatte von Anfang an gemäßigte Formen der Askese kultiviert (sexuelle Enthaltsamkeit der Bischöfe, später z.T. auch der Priester und verschiedener Wanderprediger). Allerdings gerieten mit der Zeit radikalere Formen in Häresieverdacht, da sie oft im Gefolge rigoristischer sektiererischer Abweichungen auftauchten (Marcioniten, Enkratiten, verschiedene andere gnostische Strömungen, Valentinianer, Novatianer, Montanisten und noch zu Zeiten des Athanasius die Eustathianer).

Clemens von Alexandrien (um 212), der wie später Athanasius in der griechisch-koptisch-jüdischen Metropole alle Spielarten das antiken Asketismus kennenlernte, stellt den frommen Verheirateten über den einsamen Asketen, weil jener »sich in der Ehe und beim Aufziehen von Kindern und in der Fürsorge für das Hauswesen unbeeinflußt von Freud und Leid bewährt hat und trotz der Mühe, die die Sorge der Familie mit sich bringt, von der Liebe zu Gott ungeschieden geblieben und siegreich aus allen Proben hervorgegangen ist, die durch seine Kinder und sein Weib, durch seine Diener und durch seinen Besitz an ihn herankommen«. Er ist daher für Clemens geradezu ein »Abbild der wahren Vorsehung«.[7] Selbst der radikalste Befürworter der Askese unter den Kirchenvätern, Clemens' Schüler Origenes, der sich in seiner Jugend selbst entmannt hatte, lehnte eine Bedingung des späteren Mönchtums noch entschieden ab: die äußere Trennung von der Welt, die ihm sogar eine zu bekämpfende Versuchung ist[8].

Auf diesem Hintergrund wird die ganze Größe der athanasianischen Intervention deutlich. In der ägyptischen Wüste hatten sich seit dem ausgehenden 3. Jahrhundert immer mehr Weltflüchtlinge in Anachoretenkolonien (als deren charismatischer Meister Antonius galt) und zu Beginn des 4. Jahrhunderts schon in ersten Klöstern gesammelt, deren Leiter der mit Athanasius befreundete Pachomius war. Im Kampf gegen Kaiser und Arius hatten die Mönche den bedrängten Patriarchen unterstützt, der sich dafür nach dem Ableben des Antonius mit jener berühmten Biographie »revanchierte«. Das Buch, schreibt Campenhausen, »machte die neue Erscheinung mit einem Schlage in der Kirche bekannt und regte allenthalben zur Nachahmung und Nacheiferung an. Noch in der Geschichte der Bekehrung Augustins (der nach seiner Taufe ein priesterliches Mönchsleben wählte, A.C.S.) spielt die *Vita Antonii* eine Rolle, und unzählige griechische Heiligenviten sind nach ihrem Vorbild entworfen«.[9] Zu ähnlichem Erfolg gelangen eine *Vita Pachomii,* ebenfalls aus dem Umkreis des Athanasius stammend, und schließlich die für den Westen so wichtige, weil stilbildende Martinsbiographie des Sulpicius Severus, die den Typus des aktivistischen Mönchsbischofs, der Askese, Mission und Gemeindeleitung in souveräner Weise verbindet, zu einem neuen Ideal macht.

Eine dubiose extremistische Bewegung ist durch sakrale Glorifizierung gezähmt und zum Energiespender für eine an Dekadenzerscheinungen krankende Institution geworden. Von nun an sollte sich dieser Vorgang immer aufs neue wiederholen, über die keltischen Mönchsmissionare, die cluniazensische Reform, die religiöse Frauenbewegung des Mittelalters und die Bettelorden, schließlich die Jesuiten und die anderen Schul-, Propaganda- und Pflegeorden der Gegenreformation.

In der propagandistischen Darstellung des Athanasius wird Antonius zum Prototyp einer neuen Heiligengestalt, die das Erbe der Märtyrer antritt (und bis heute den Heiligenhimmel bevölkert; vgl. die Kanonisation von Edith Stein und Maximilian Kolbe). Mit apologetischem Unterton, aber sachlich doch treffend, schreibt Campenhausen: »In seinem asketischen Eifer bewirkt der Anachoret die größten Dinge, er empfängt Erleuchtungen und wird bis ins Leibliche seines Wesens zum Träger überirdischer Kräfte. So tritt das asketische Ideal dem Gebildeten wie dem Ungebildeten als eine neue und lockende Lebensmöglichkeit in den Blick und bleibt doch eindeutig auf Christus und auf die rechte Lehre der Kirche begründet. In diesem Sinne hat Athanasius das Mönchtum und die nicänische (antiarianische) Rechtgläubigkeit zu verbinden gesucht und beide in der Tiefe des Volksempfindens und des kirchlichen Bewußtseins miteinander verbunden.«[10] Er hat aber damit ebenso die leibfeindlichen und weltflüchtigen heidnischen Traditionen endgültig im Christentum verankert. Auch hier wird der Katholizismus zum Haupterben der spätantiken Religiosität.

Die Botschaft des Athanasius wird nicht zuletzt im Westen des Reiches begeistert aufgenommen. Allerorten bricht man in die Einsamkeit auf, Damen aus höchstem römischem Adel gründen die ersten Frauenklöster, und bald wird paradoxerweise die radikale Weltflucht — begünstigt vom Niedergang des Reiches und dem Einbruch der Barbaren — zum Charakteristikum gerade der aktivistischen Strömungen im Christentum.

Von Irland bis in die arabischen Wüsten, von Armenien bis Spanien entstehen Eremitenkolonien und klösterliche Gemeinschaften, und vor der »magischen« Kraft der Mönchsmissionare strecken auch die wilden Völkerschaften die Waffen, die das Imperium verwüsten und erobern.

Mit der Bekehrung der Franken, der Langobarden, der Kelten, Sachsen und Baiern wandern auch deren Quell-, Wald-, Wetter-, Fruchtbarkeits-, Berg- und Höhlengötter in das Christentum ein, und sie werden über die charismatischen Mönche, Äbte und Bischöfe, die oft schon zu Lebzeiten als Heilige verehrt wurden, gezähmt und eingemeindet.[11] Die sakralen Kräfte aus heidnischer Zeit »wirken« aber auch bei den christlichen Adeligen in vertrauter Weise weiter. Schon zu Lebzeiten heilen mehr oder weniger fromme Könige wie Guntram Kranke, und volle Wundermacht entfalten die Gräber und Reliquien von Radegunde, Oswald, Stephan und Kasimir.[12] Die alte Ärzteweisheit »Wer heilt, hat recht« gilt ebenso für die Volksreligion.

Kräftig »wirkt es« außerdem bei Klausnern, die in Höhlen oder Wäldern hausen, bei Erweckungspredigern, bei mit Entzückungen und Erleuchtungen begnadeten Mystikerinnen. Mit Franz von Assisi kommt dazu noch als pittoreske Kategorie die Schar der Stigmatisierten, der Träger und Trägerinnen der Wundmale Jesu.[13]

Immer größer wird im Mittelalter der religiöse Bedarf an Heiligen: Wallfahrtsorte machen sich den Ruf um die besseren Heilchancen streitig wie in modernen Zeiten Kurbäder; Zünfte, Städte, Klöster und Länder unterstellen sich dem Schutz von hl. Patronen. Die bemerkenswerteste Kuriosität unter unzähligen anderen Sonderbarkeiten[14] ist sicher die zeitweilige Verehrung eines hl. Hundes, auf welche zumindest die protestantische und die Aufklärungsliteratur gerne zu sprechen kommt, z.B. Karl von Hase, der Leipziger liberale Kirchenhistoriker mit den milden Worten: »Die Naivetät des Volks in Südfrankreich hat den Hund, der im Walde das schlafende Kind seines Herrn gegen eine große Schlange beschützt, und nachdem er sie getödtet sich aus seinen Wunden blutend über das Kind hingestreckt hatte, den der Vater als er kam für den Mörder des Kindes gehalten und im Jähzorn erschlagen hatte, als Sanct Guinefortis zum Märtyrer und Kinderheiligen gemacht, den die Mütter besonders für schwächliche Kinder anriefen.«[15]

[1] Charles Forbes René Graf von Montalembert, *Die Mönche des Abendlandes vom hl. Benedikt bis zum hl. Bernhard.* Regensburg 1860, Bd. 1, S. 4ff.

[2] Jacques-Bénigne Bossuet (1627–1704), wegen seiner glänzenden Schriften als »Adler von Meaux« gerühmt, Gegner der Jesuiten und der päpstlichen Unfehlbarkeit, in *Cinquième avertissement aux Protestants,* zit. nach Montalembert, I., S. 10.

[3] Ohne die Durchsetzung der Wesensgleichheit wären etwa das Dogma von der Zweinaturenlehre, der Zweiwillenlehre, ja die Dreieinigkeit und vor allem die dogmatischen Scharfsinnigkeiten Maria betreffend nicht denkbar gewesen.

[4] Fasten hat im antiken Heidentum einerseits apotropäischen Charakter, d.h. es soll Dämonen abwehren, so das Verbot, Bohnen zu essen, andererseits ist es die Voraussetzung für mantische und magische Praktiken. Vgl. Bernhard Lohse, *Askese und Mönchtum in der Antike und in der alten Kirche.* München/Wien 1969, S. 18ff.

[5] Lohse führt die Orphiker an (Vegetarismus und Bohnenverbot), die Pythagoräer (Verzicht auf Wein, Vegetarismus, Geschlechtsverkehr nur zu Zeugungszwecken), die Stoa (Armutsideal, Fastenpraktiken, auch z.T. Ablehnung der Ehe, Kampf »gegen die Begierden«), Apollonius von Tyana (sexuelle Enthaltsamkeit, freiwillige Armut, seine Anhänger lebten z.T. in Gütergemeinschaft), sowie den Neuplatonismus (Leibfeindlichkeit).

[6] Vgl. Lohse, S. 79ff.: Die Rekabiter und Nasiräer kennen zwar das Verbot des Weingenusses, das Gebot, in Zelten zu wohnen und [...] ihr Haar frei wachsen zu lassen, aber erst Qumran und die Essener praktizieren Askese im eigentlichen Sinn (Zölibat, Armut, Gehorsam). In der Umgebung von Alexandria wirken die »Therapeuten«, die Familie und Besitz verlassen haben und nun in einer losen Siedlung eine Mischung aus Einsamkeit und Gemeinschaftsleben realisieren. Sie essen nur nach Sonnenuntergang, enthalten sich des Weins und des Geschlechtsverkehrs. Sechs Tage studiert und arbeitet jeder für sich, am siebten treffen sie sich zur Feier des Gottesdiensts. Unter den Therapeuten gibt es auch Frauen — bei den Feiern sind sie durch Sichtblenden von den Männern getrennt. Alle sieben Wochen allerdings wird eine gemeinsame Vigilie begangen. »An dem Fest nehmen auch Frauen teil, von denen die meisten betagte Jungfrauen sind, welche die Keuschheit nicht gezwungenermaßen, wie einige der griechischen Priesterinnen, sondern freiwillig bewahrt haben, aus großem Verlangen nach der Weisheit; um mit ihr zusammenzuleben, haben sie keine Rücksicht auf die leiblichen Freuden genommen, tragen auch nicht nach sterblichen, sondern nach unsterblichen Nachkommen Verlangen.« (Philo, *De vita contemplativa,* zit. nach Lohse, S. 99.)

[7] Lohse, S. 99.

[8] Ebd., S. 173.

[9] Hans Freiherr von Campenhausen, *Griechische Kirchenväter.* Stuttgart 1955, S. 83f.

[10] Ebd., S. 84.

[11] Für die Franken weist dies anschaulich nach die brillante Monographie von Carl Albrecht Bernoulli, *Die Heiligen der Merowinger.* Tübingen 1900 (Nachdruck Hildesheim 1981).

[12] Für Deutschland gibt es das Standardwerk von Stephan Beissel S.J., *Die Verehrung der Heiligen und ihrer Reliquien in Deutschland.* Freiburg 1890.

Einen bunt bebilderten Wegweiser durch die Volksfrömmigkeit bietet Manfred Brauneck, *Religiöse Volkskunst. Votivgaben, Andachtsbilder, Hinterglas, Rosenkranz, Amulette.* Köln 1978.

Einen neueren informativen Bildband hat Alfred Läpple mit *Reliquien. Verehrung, Geschichte, Kunst.* Augsburg 1990, vorgelegt.

Zahlreiche Abbildungen von Reliquien, Votivgaben, Altarschreinen und Gräbern sowie reiches Informationsmaterial und viele Heiligenbildnisse enthält *Heilige und Namenspatrone im Jahreslauf* von Vera Schauber und Hanns Michael Schindler, Augsburg 1992.

[13] Vgl. Johannes Maria Höcht, *Träger der Wundmale Christi.* 4. Auflage, Stein am Rhein 1966. Der Autor führt über 50 Namen auf.

[14] Die größte Materialsammlung von in antiklerikaler Perspektive dargestellten Skandalen und Kuriositäten der Kirchengeschichte ist natürlich Karlheinz Deschners Monumentalwerk *Kriminalgeschichte des Christentums,* deren 3. Band einschlägige Kapitel über »Wunder- und Reliquienbetrug«, »Wallfahrtsschwindel« und »Ausbruch des christlichen Geisterwahns« enthält. (Reinbek bei Hamburg 1990.)

[15] Karl von Hase, *Handbuch der Protestantischen Polemik gegen die Römisch-Katholische Kirche.* 7. Auflage, Leipzig 1900, S. 296.

DIE HEILIG- UND SELIGSPRECHUNG

Derart phantastischer Wildwuchs verärgerte die Hierarchie und forderte den kontrollierenden Ordnungsblick heraus. Schließlich ging es auch um viel Geld und Ruhm. Strengere Überprüfungen wurden eingeführt. Zuerst nahmen dies die Bischöfe für ihre Diözesen in Angriff. »Als aber im Laufe der Zeit einige Bischöfe es mit der Aufnahme in das Verzeichnis der Heiligen etwas zu leicht nahmen, und auch das Volk durch seine Wallfahrten einige als Heilige verehrte, die ohne jegliches Merkmal der Heiligkeit verstorben waren, da fing man an, Canonisationen nur mehr auf allgemeinen Concilien vorzunehmen.«[1]

Im Gefolge der großen Bilderstürme im Bereich der Ostkirche wurde, nicht zuletzt unter der verständigen

Formulierungshilfe Karls des Großen, der Status des Kultes, der den Heiligen zukommt, näher präzisiert. Nach der bis heute gültigen Formel werden Heilige, wie auch ihre Bilder und Reliquien verehrt (lat. *venerare,* griech. *dulein,* weshalb man vom »dulischen« Kult spricht), wohingegen Maria die *Hyperdulie* und dem Dreieinigen Gott allein die *Latria,* Anbetung (lat. *adoratio*) zuerkannt wird. Der oder die Heilige wird auch nicht um ein Wunder aus eigener Machtvollkommenheit angerufen, sondern um Fürbitte bei Gott, daß dieser ein Wunder geschehen lasse.

Die erste päpstliche Kanonisation ist die Heiligsprechung des Bischofs Ulrich von Augsburg auf Bitte Kaiser Ottos III. durch Johannes XV. (993). Da sie jedoch auf einer römischen Synode vorgenommen wurde, ist sie formell eine Entscheidung der Bischofsversammlung unter dem Vorsitz des Papstes.[2]

Mit dem Dekretale *Audivimus* Alexanders III. (1159 bis 1181), das allerdings erst 1234 durch die Veröffentlichung einer leicht veränderten Fassung in den Dekretalen Gregors IX. formelle Gültigkeit erlangte, wurde der päpstliche Alleinanspruch auf die Kanonisation erhoben. Es sollte nicht zu einer Inflationierung des Heiligentitels kommen. Dennoch waren damit die Verhältnisse noch längst nicht geklärt. Gelegentlich prallten die Gegensätze noch harsch aufeinander, wie das Vorgehen Bonifaz' VIII. (1294–1303) zeigt, der einen unerlaubt als heilig Verehrten Ermanno aus Ferrara kurzerhand exhumieren und seinen Leichnam verbrennen ließ.[3]

Vor allem die Schwelle der Wunderanerkennung hob man durch die Beiziehung beeidigter Zeugen an. Im Prozeß um die Heiligsprechung des Nikolaus von Tolentino unter Papst Eugen IV. (1431–1447) wurden schon 371 Zeugen vernommen.[4] Im wesentlichen ging es bei dem Verfahren immer noch hauptsächlich darum, die Rechtmäßigkeit der öffentlichen Verehrung eines bestimmten »Dieners Gottes« zu bestätigen. Da auch die Bischöfe darauf bestanden, weiterhin für »Diener Gottes« einen öffentlichen Kult zu gestatten, bildete sich allmählich der Unterschied heraus zwischen »selig« *(beatus),* was die Bischöfe in einer »Beatifikation« feststellten, und

»heilig« *(sanctus)*, was im päpstlichen Kanonisationsverfahren festgestellt wurde.

Mit dem Breve *Coelestis Hierusalem* von Papst Urban VIII. (1634) trat ein entscheidender Wandel ein, und zwar in zweierlei Hinsicht. Der spontanen Volksfrömmigkeit wurde ein starker Damm entgegengesetzt mit der Bestimmung, daß die öffentliche Verehrung erst nach einem Prozeß einsetzen dürfe. Dies bedeutete juristisch, daß eine vorherige Verehrung (worunter im einzelnen auch die Ausstattung von Bildern der »Kandidaten« mit Heiligenscheinen, Strahlen etc. zu verstehen ist, die Veröffentlichung von Lebensbeschreibungen, die nicht vorher vom apostolischen Stuhl genehmigt sind, sowie das Aufstellen von Votivtafeln oder Kerzen am Grab) geradezu zum Ausschluß der Möglichkeit einer Kanonisation führte.

Der radikale Bruch mit der bisherigen Praxis ließ sich jedoch nicht mit einem Schlag realisieren. So wurden jene Fälle von den neuen Bestimmungen ausgenommen, in denen ein »unvordenklicher« (präzisiert: ein über hundertjähriger) Kult vorlag. Damit durften alle Heiligen, deren Kult schon vor 1534 bestand, auch ohne päpstliche Genehmigung weiter verehrt werden. Die zweite Bestimmung reservierte die Zuerkennung des Titels »Heiliger« oder »Seliger« allein dem Papst. Der ursprüngliche Unterschied von universaler und regionaler Verehrung blieb jedoch erhalten.

Urbans Konzeption wurde von dem großen Gelehrten Prosper Lambertini, der als Benedikt XIV. (1740–1758) selbst den Hl. Stuhl bestieg, weiter ausgefeilt, später auch mit leichten Modifikationen in das seit 1917 bestehende kirchliche Gesetzbuch, den *Codex Iuris Canonici* (C.I.C.) übernommen. Trotz mancher Änderungen seit dem II. Vaticanum[5] und durch Johannes Paus II. (1983) blieb das waltende Prinzip doch erhalten.

[1] Stadler, op. cit., S. 4f. (Einleitung).

[2] Bernhard Kötting, »Entwicklung der Heiligenverehrung und Geschichte der Heiligsprechung«, in: *Die Heiligen in ihrer Zeit.* Hg. von Peter Manns. 3. Auflage, Mainz 1967, S. 27.

[3] Winfried Schulz, *Das neue Selig- und Heiligsprechungsverfahren.* Paderborn 1988, S. 30.

[4] Stadler, op. cit., S. 6.

[5] Hauptsächlich die Verbesserung der historisch kritischen Überprüfung, die Straffung des Verfahrens sowie die Zulassung so revolutionärer Hilfsmittel wie Schreibmaschine und Fotokopiergeräte betreffend.

DAS PROZESSVERFAHREN VON URBAN VIII. BIS JOHANNES PAUL II.

Vorbedingung der Heiligsprechung ist die Seligsprechung eines »Dieners (einer Dienerin) Gottes«. Eine weitere Voraussetzung des Verfahrens ist, daß mindestens fünf Jahre nach dem Tod verflossen sein müssen.[1]

1. Der Prozeß beginnt auf der Ebene der Diözese. Ein *Aktor,* der früher auch *Promotor* hieß (einzelne Gläubige oder Zusammenschlüsse von Gläubigen, Priester, Laien oder Orden bzw. andere kirchliche Vereinigungen) beauftragt einen *Postulator* mit der Führung der *causa.* Der Postulator wird in der Regel ein theologisch versierter Anwalt oder ein kirchenrechtlich beschlagener Theologe oder Kirchenhistoriker sein. Auf seinen Antrag hin tritt unter Leitung des Bischofs nun ein Gerichtshof zusammen, der neben dem Postulator aus einem *Promotor justitiae* (einem amtlichen »Bedenkenträger«), verschiedenen Sachverständigen und einem Notar besteht. Der Promotor justitiae trug früher den Namen *Promotor fidei* und wurde im Volksmund scherzhaft »Teufelsadvokat« *(advocatus diaboli)* genannt, weil es seine Aufgabe war und immer noch ist, alle moralischen, sittlichen oder theologischen Zweifel vorzutragen, die gegen einen Kandidaten bestehen. In einem ersten Schritt werden veröffentlichte und unveröffentlichte Schriften des Kandidaten geprüft, ob sie Verstöße gegen die Glaubens- und Sittenlehre enthalten. Dann ist festzustellen, ob der Diener Gottes im Ruf der Heiligkeit gestorben ist und die christlichen Tugenden im heroischen Grad geübt oder gar ein Martyrium erlitten hat; außerdem, ob ungewöhnliche Gebetserhörungen, also Wunderberichte, vorliegen. Dazu werden alle erreichbaren Zeugen aus dem Familien- oder Bekanntenkreis, aus Berufs- oder Amtsumfeld, sowie alle Personen befragt, die über wunderbare Vorgänge zu berichten haben.

Letzter Schritt dieser Phase ist die Klärung der Kultfrage, also ob einem Kandidaten noch keine amtliche Verehrung zuteil wurde (die gegebenen Falles sofort untersagt werden muß).

Bei günstigem Entscheid wird das bischöfliche Erhebungsverfahren abgeschlossen und an die neugebildete Hl. Kongregation für die Heiligsprechungen (bis 1983 an die »Ritenkongregation«) nach Rom weitergeleitet. Es beginnt der eigentliche Prozeß.

2. Den Vorsitz führt ein Kardinalpräfekt, dessen operative Aufgaben in einer *causa* ein voll stimmberechtigter Sekretär vertritt. Dieser wird von einem Untersekretär unterstützt, dessen Aufgabe es ist, über die korrekten Verfahrensabläufe zu wachen sowie die Kommission der medizinischen Sachverständigen zur Prüfung ungewöhnlicher Heilungen zu berufen.

Der C.I.C. von 1917 verlangte für die Seligsprechung zwei Wunder von Augenzeugen *(testes a videntibus)*, aber drei, wenn nur Zeugen vorhanden waren, die ihrerseits über die Wunder nur von Augenzeugen gehört hatten. Vier Wunder schließlich waren erforderlich, falls nur noch schriftliche Zeugnisse vorlagen. Für eine Heiligsprechung verlangte das C.I.C. von 1917 zwei nach der Seligsprechung gewirkte Wunder. Die neuen Verordnungen von 1983 hingegen, die auf Beschleunigung des Verfahrens setzen, fordern für die Seligsprechung nur ein ordnungsgemäß approbiertes Wunder, für die Heiligsprechung ein weiteres, das sich nach der Seligsprechung ereignet.

Bis 1983 fanden die Verhandlungen im wesentlichen als Streitsache zwischen einem von den Postulatoren beauftragten *Prokurator* und dem Glaubensanwalt *(Promotor fidei)* statt. Nach dem nun gültigen Verfahren wird die *causa* einem Kollegium von *Relatoren* übergeben, die von einem *Generalrelator* geleitet werden. Sie studieren die Angelegenheit zusammen mit den auswärtigen Mitarbeitern, die vor Ort recherchieren, und bereiten eine *positio* über den heroischen Tugendgrad oder das Martyrium vor. Dazu gehört auch die Erstellung kritischer hagiographischer Untersuchungen bei historischen oder schon länger anhängigen Fällen.

Der Glaubensanwalt, der zum *Praelatus Theologus* umbenannte Promotor fidei, beruft eine Theologenkommission ein, die wie schon auf der unteren Ebene die Schriften und Tugenden des Kandidaten noch einmal überprüft.

Wenn das Gutachten der Mediziner, der Theologen und der Historiker unter mehrfacher Prüfung von Konsultatoren aus den entsprechenden Gebieten erarbeitet sind, legt der Glaubensanwalt die Angelegenheit der Kongregation der vom Papst ernannten Kardinäle und Bischöfe vor. Diese entscheidet über die *causa* in der Vollversammlung ihrer Mitglieder *affirmative,* also positiv nur mit Zweidrittelmehrheit.

Eine *causa* gilt als abgelehnt, wenn mehr als ein Drittel *negative* stimmt. Möglicherweise werden weitere Gutachten in Auftrag gegeben — dann ist das Urteil *suspensive* — wonach sich der Vorgang so lange wiederholt, bis das Kollegium eine Entscheidung trifft.

3. Letzter Schritt ist die päpstliche Entscheidung. Der Sekretär fertigt einen Bericht über die Ergebnisse des Verfahrens an den Papst, »dem allein das Recht zusteht, darüber zu befinden, ob den Dienern Gottes in der Kirche eine amtliche Verehrung erwiesen werden darf«.

Eine seliggesprochene Person kann innerhalb einer Teilkirche (Diözese, Nation, Region, Ordensgemeinschaft) öffentlich, d.h. auch liturgisch verehrt werden. Auf Bildern steht ihr nicht der flächige Heiligenschein (Nimbus), sondern nur der Strahlenkranz (Gloriole) zu.

4. Der Heiligsprechungsprozeß verläuft ähnlich. Nach erneuter Überprüfung sämtlicher bisheriger Ergebnisse und dem Vorliegen eines nach der Seligsprechung erfolgten Wunders verkündet der Papst öffentlich die Kanonisierung.

Die heiliggesprochene Person darf uneingeschränkt in der ganzen Kirche öffentlich verehrt werden (Messe, Brevier, Reliquien, Weihe von Kirchen und Altären). Sie trägt auf Bildern den flächigen Heiligenschein (Nimbus).

Die Heiligsprechung geschieht in besonders feierlicher Form nach der festen Formel:

»Im Namen der Heiligen und Ungeteilten Dreifaltigkeit, zur Mehrung des katholischen Glaubens und zur Förderung des christlichen Lebens, in der Autorität unseres

Herrn Jesus Christus, der Apostel Petrus und Paulus und Unserer eigenen, nach vorhergehender gehöriger Abwägung und Überlegung und oftmaliger Anrufung des göttlichen Beistandes, wie auch unter Beiziehung des Rates vieler Unserer Brüder, erklären und definieren Wir, daß N.N. ein Heiliger ist. Wir schreiben ihn in das Verzeichnis der Heiligen ein und bestimmen, daß er in der ganzen Kirche unter den Heiligen mit geziemender Andacht verehrt werden soll. Im Namen des Vaters und des Sohnes und des Heiligen Geistes. Amen.«

[1] Die Darstellung folgt, wenn nicht weiter angegeben, den Ausführungen von Winfried Schulz, op. cit., und Otto Wimmer/Hartmann Melzer, *Lexikon der Namen und Heiligen.* Innsbruck/Wien 1984.

Albert Christian Sellner, geboren 1945 in Leitmeritz, lebt in Frankfurt am Main. Er ist seit 1987 Herausgeber und Lektor für Politik, Geschichte und Religion im Eichborn Verlag.

Register der Heiligen

Kursivierungen bezeichnen Heilige, die wegen ihrer Patronate von Bedeutung sind, aber nicht eigens im Kalender behandelt werden.

Hl. Abraham von Kiduna 29. Okt.
Hl. Abraham der Patriarch 9. Okt.
Hl. Abundius 26. Aug.
Hl. Achatius 22. Juni
Hl. Achilleus 7. Mai (12. Mai)
Sel. Adalbert 1. Nov. (26. Feb., 4. März)
Hl. Adelgundis 30. Jan.
Hl. Adelheid 16. Dez. (17. Dez.)
Hl. Afra 5. Aug.
Hl. Agape 5. April (1. April, 2. Dez.)
Hl. Agapitus I., Papst, 17. April (18. April, 28. April, 20. Sept.)
Hl. Agapitus 18. Aug.
Hl. Agatha 5. Feb.
Hl. Ägidius 1. Sept.
Ägilius siehe Eigil
Hl. Agnes 21. Jan.
Hl. Aidan 31. Aug.
Aigilis siehe Eigil
Hl. Albert der Große 15. Nov.
Albertus Magnus siehe Albert der Große
Aldegundis siehe Adelgundis
Hl. Alexander 29. Mai
Hl. Alexander und Gefährten 24. April
Hl. Alexius 17. Juli
Hl. Alferius 12. April
Alma siehe Amalia
Hl. Aloysius von Gonzaga 21. Juni
Sel. Amadeus 30. März
Amalberga siehe Amalia
Hl. Amalia 10. Juli
Hl. Amandus 26. Okt. (6. Feb.)
Hl. Ambrosius 7. Dez.
Hl. Ammon 4. Okt.
Hl. Andreas 30. Nov.
Hl. Andreas Corsini 30. Jan.
Hl. Anektus 27. Juni
Sel. Angela von Foligno 4. Jan.
Hl. Angela Merici 27. Jan. (21. Feb., 31. Mai)
Hl. Anna 26. Juli
Hl. Anna von Chalcedon 28. Nov.
Hl. Antonius von Ägypten 17. Jan.
Hl. Antonius von Padua 13. Juni
Hl. Apollonia 9. Feb.
Hl. Arbogast 21. Juli
Hl. Arcadius 12. Jan.
Sel. Armella Nicolas 24. Okt.
Hl. Arnold 18. Juli
Hl. Athanasia 14. Aug.
Hl. Athanasius 2. Mai
Hl. Audrey 23. Juni (22. Juni)
Hl. Augustinus von Canterbury 27. Mai (26. Mai, 28. Mai, 25. Juli)
Hl. Augustinus 28. Aug.

Hl. Babylas 24. Jan.
Balbulus siehe Notker

Hl. Baldomer 27. Feb.
Hl. Barbara 4. Dez.
Hl. Bartholomäus 24. Aug. (25. Aug.)
Hl. Basilides 28. Juni (7. Juni)
Hl. Basilissa 9. Jan. (21. Juni)
Hl. Basilius von Ancyra 22. März
Hl. Basilius der Große 14. Juni (1. Jan., 16. Juni)
Hl. Beatus 9. Mai
Hl. Benedikt von Aniane 11. Feb.
Hl. Benedikt von Nursia 11. Juli (21. März, 4. Dez.)
Hl. Benedikt-Josef Labre 16. April
Hl. Benjamin 31. März
Hl. Bernhard von Aosta 15. Juni
Hl. Bernhard von Clairvaux 20. Aug.
Hl. Bernhardin von Siena 20. Mai
Sel. Berthold 20. Juni (13. Juli)
Hl. Bibiana 2. Dez.
Birgit siehe Brigida
Hl. Birgitta von Schweden 23. Juli (8. Okt.)
Hl. Blandina 2. Juni
Hl. Blasius 3. Feb.
Hl. Bonifatius 5. Juni (30. Nov.)
Hl. Bonifatius von Tarsus 14. Mai
Hl. Botwin 28. Juli
Hl. Brigida von Kildare 1. Feb.
Hl. Bruno 6. Okt.

Hl. Cäcilia 22. Nov.
Hl. Camillus 14. Juli (15. Juli, 18. Juli)
Hl. Ceadda 2. März
Cedda siehe Ceadda
Hl. Cerbonius 10. Okt. (12. Okt., 20. Okt.)
Chad siehe Ceadda
Hl. Chionia 5. April (1. April, 22. Dez.)
Hl. Christina, Märt. 15. Dez.
Hl. Christina 24. Juli
Hl. Christophorus 3. Aug.
Hl. Clara von Assisi 12. Aug.
Hl. Clara vom Kreuze 17. Aug.
Hl. Clemens 23. Nov.
Hl. Clemens Maria Hofbauer 15. April
Hl. Columbanus 21. Nov.
Hl. Comgall 10. Mai
Hl. Conon und Sohn 29. Mai
Hl. Constantia 18. Feb.
Hl. Cordula 22. Okt.
Corrado siehe Konrad
Hl. Crescentia 15. Juni
Hl. Crispianus 25. Okt. (8. Feb., 6. März, 8. März, 20. Juni, 27. Aug.)
Hl. Crispinus 25. Okt. (8. Feb., 6. März, 8. März, 20. Juni, 27. Aug.)
Hl. Cuthbert 20. März
Hl. Cyprian von Antiochia 26. Sept.
Hl. Cyprian von Karthago 16. Juni (14. Juni, 31. Aug., 14. Sept., 16. Sept.)
Hl. Cyriacus 8. Aug.
Hl. Cyrill 29. März

Hl. Damian 27. Sept. (1. Juli, 17. Okt., 1. Nov.)
Hl. David, König 29. Dez.
Hl. Desiderius 23. Mai
Dietbald siehe Theobald
Dionysius 3. Okt. (9. Okt.)
Hl. Dioscoros 18. Mai
Hl. Dominikus von Silos 20. Dez.
Hl. Donatian 24. Mai
Dora, Doris, Dorit siehe Dorothea
Hl. Dorothea 6. Feb.
Hl. Dorothea von Montau 30. Okt. (25. Juni)
Hl. Dula 25. März
Hl. Dunstan 19. Mai
Hl. Dwynwen 25. Jan.
Hl. Dympna 15. Mai

Eadbert siehe Edbert
Hl. Ebba die Ältere 25. Aug.
Hl. Ebba die Jüngere 5. Okt. (2. April, 25. Aug.)
Hl. Eberward, 3. Mai
Hl. Edbert 6. Mai

Hl. Edgar der Friedfertige
8. Juli (24. Mai)
Sel. Edigna 26. Feb.
Ediltrudis siehe Audrey
Hl. Editha 16. Sept.
Hl. Edmund 20. Nov.
Hl. Edmund Rich 16. Nov.
Hl. Eduard der Bekenner
12. Okt. (5. Jan.)
Efraid siehe Brigida
Egil siehe Eigil
Sel. Eigil 6. Aug. (28. Nov.)
Hl. Elias, Patriarch 20. Juli
Hl. Eligius 1. Dez.
Hl. Elisabeth von Thüringen
19. Nov.
Elisabeth siehe Isabella
Elmo siehe Erasmus
Hl. Elphegus 19. April
Hl. Emerich 5. Nov. (3. Nov.,
4. Nov.)
Emilie siehe Amalia
Hl. Equitius 11. Aug. (7. März)
Hl. Erasmus 3. Juni (2. Juni)
Ermo siehe Erasmus
Etheldreda siehe Audrey
Hl. Eulalia 12. Feb.
Hl. Euphrasia 13. März
Hl. Eustachius 20. Sept.
Hl. Exuperantius 30. Dez.

Hl. Febronia 25. Juni
Hl. Felicitas 6. März
Hl. Felix in Pincis 14. Jan.
Hl. Felix von Nola 14. Jan.
Hl. Ferdinand III. 30. Mai
Hl. Fiacrius 30. Aug.
Hl. Fina 12. März
Hl. Findanus 29. Nov. (15. Nov.,
25. Nov.)
Hl. Fintan von Clonenagh
17. Feb.
Hl. Flavia Domitilla 7. Mai
(12. Mai)
Hl. Florian 4. Mai
Hl. Fortunatus 14. Okt.
Hl. Francisco Fernández de
Capillas 15. Jan.
Hl. Franz von Assisi 12. Dez.
(4. Okt., 17. Sept., 25. Sept.)
Hl. Franz von Paula 2. April
Hl. Franz von Sales 29. Jan.
Hl. Franz Xaver 3. Dez.
Hl. Franzisca Cabrini 22. Dez.
Hl. Franziska von Rom 9. März
Hl. Fredeswitha 19. Okt.
Hl. Friardus 1. Aug.
Hl. Fridolin 6. März
Sel. Friedrich 8. Mai (19. Feb.)
Hl. Fulgentius 1. Jan.

Hl. Gabriel, Erzengel 24. März
Hl. Gabriel Lallemand 16. März
(26. Sept.)
Hl. Gallus 16. Okt.
Galmier siehe Baldomer
Hl. Gangolf 11. Mai
Gennaro siehe Januarius
Hl. Genovefa 26. Nov. (3. Jan.)
Hl. Georg 23. April
Hl. Georgia 25. Sept. (15. Feb.,
11. März)
Hl. Gerasimus 5. März (20. März)
Hl. Gerbert 15. Mai
Hl. Germanus 28. Mai
Hl. Gerold 7. Okt.
Hl. Gervasius 19. Juni
Hl. Gilbert 4. Feb.
Hl. Goar 21. Juli (6. Juli, 9. Juli)
Hl. Godoleva 6. Juli
Hl. Godric 21. Mai
Hl. Gordius 3. Jan.
Hl. Gregor I., der Große, Papst
12. März
Hl. Gregor von Nazianz 11. Juni
Hl. Gregor Thaumatourgos
17. Nov. (3. Juli)
Guenvreda siehe Winifred
Guenwera siehe Winifred
Guido siehe Vitus
Gummarus siehe Guntmar
Günther siehe Gunter
Hl. Gunter 9. Okt.
Hl. Guntmar 11. Okt.
Hl. Guntram 28. März
Gutmann siehe Homobonus

Sel. Heinrich Amandus Seuse
(Suso) 11. März (25. Jan.,
2. März)

Sel. Heinrich von Treviso 10. Juni
Heinrich siehe Emerich
Hl. Heliodorus 3. Juli
Hl. Heraklides 28. April (7. Juni)
Hl. Herculanus 7. Nov. (1. März, 5. Mai, 7. Mai)
Sel. Herluka 18. April (18. März)
Sel. Hermann der Lahme 24. Sept. (21. Juli)
Hl. Hermann Joseph 7. April (4. April, 24. Mai)
Hl. Hermippus 27. Juli
Hl. Hermokrates 27. Juli
Hl. Hermolaos 27. Juli
Hl. Heron 28. Juni (7. Juni)
Hias siehe Mathias
Hl. Hieronymus 30. Sept. (9. Mai)
Hl. Hieronymus Aemiliani 8. Feb. (20. Juli)
Hl. Hilarius 13. Jan. (14. Jan., 31. Jan., 19. Feb., 26. Juni 22. Aug., 1. Nov.)
Hl. Hildegard von Bingen 17. Sept. (22. Juni)
Hl. Hildegundis von Schönau 20. April
Hl. Homobonus 13. Nov.
Hl. Honoratus von Arles 16. Jan.
Hl. Honoratus von Fondi 17. Dez. (16. Jan., 30. April, 10. Okt.)
Hl. Hubertus 3. Nov. (29. April, 30. Mai, 30. Sept.)
Hl. Hugo 29. April (13. Mai, 5. Juli)

Hl. Ida von Boulogne 13. April
Hl. Ignatius von Antiochia 18. Dez. (1. Feb., 17. Dez.)
Hl. Ignatius von Konstantinopel 23. Okt.
Hl. Ignatius von Loyola 31. Juli
Imre siehe Emerich
Hl. Irenäus 26. Aug.
Hl. Irene 5. April (1. April, 22. Dez.)
Hl. Irmina 24. Dez.
Hl. Isabella 4. Juli, (8. Juli)
Hl. Isidor von Sevilla 4. April
Hl. Isidor von Madrid 10. Mai
Hl. Ivo Helory 27. Okt. (19. Mai, 22. Mai, 1. Aug., 17. Okt., 29. Okt.)

Hl. Jakobus der Ältere 25. Juli (1. April, 12. April, 30. Juni, 15. Nov., 27. Dez., 28. Dez.)
Hl. Jakobus der Jüngere 4. Juni (11. Mai)
Hl. Januarius 19. Sept. (1. Mai)
Hl. Jean de Brébeuf 16. März
Jeanne d'Arc siehe Johanna
Jiři siehe Georg
Hl. Johanna von Orléans 30. Mai
Hl. Johanna Franziska von Chantal 21. Aug. (13. Dez.)
Hl. Johannes, Apost. u. Evang. 27. Dez. (6. Mai)
Hl. Johannes der Almosengeber 12. Nov. (30. Jan.)
Hl. Johannes Chrysostomus 14. Sept. (27. Jan.)
Hl. Johannes von Gott 8. März
Hl. Johannes Gualbertus 12. Juli
Hl. Johannes Nepomuk 16. Mai
Hl. Johannes der Täufer 24. Juni
Jörg siehe Georg
Hl. Joseph 19. März
Hl. Joseph Oriol 23. März
Hl. Joseph von Copertino 18. Sept.
Hl. Judas Thaddäus 28. Okt. (21. Aug.)
Hl. Julia 22. Mai
Hl. Julian von Antinoë 9. Jan. (21. Juni)
Hl. Julitta 30. Juli
Hl. Julius I., Papst 12. April
Hl. Justina von Nikomedien 26. Sept.
Hl. Justus 4. Aug.

Hl. Kasimir 4. März
Karin siehe Katharina
Hl. Karl der Große 28. Jan.
Hl. Kassian 13. Aug.
Hl. Kastulus 26. März

Hl.Katharina von Alexandria 25. Nov.
Hl. Katharina von Siena 30. April
Käthe siehe Katharina
Hl. Kilian 8. Juni (8. Juli)
Hl. Koloman 13. Okt.
Hl. Konrad von Piacenza 19. Feb.
Hl. Konrad von Parzham 21. April
Konrad siehe Nantovin
Hl. Korbinian 8. Sept. (20. Nov.)
Hl. Kosmas 27. Sept. (1. Juli, 17. Okt., 1. Nov.)
Hl. Kunigunde 3. März.

Laumer siehe Launomar
Hl. Launomar 19. Jan.
Hl. Laurentius 10. Aug.
Hl. Laurentius von Canterbury 2. Feb.
Hl. Laurentius Giustiniani 5. Sept.
Hl. Leocadia 9. Dez.
Sel. Leodegar 21. Feb.
Hl. Leonhard 6. Nov.
Hl. Lidwina 14. April
Hl. Longinus 15. März
Lorenz siehe Laurentius
Lorenzo siehe Laurentius Giustianiani
Hl. Lucia 13. Dez.
Hl. Ludanus Peregrinus 16. Feb. (12. Feb.)
Hl. Ludwig der Heilige 25. Aug.
Hl. Lukas 18. Okt.
Lydia siehe Lidwina

Maginold, Magnoald siehe Magnus
Hl. Magnus 6. Sept.
Hl. Makrina die Jüngere 19. Juli
Hl. Malachias O'Morgair 9. Nov. (3. Nov.)
Mang siehe Magnus
Hl. Marcella 31. Jan.
Marcellus 30. Dez.
Hl. Margareta Maria Alacoque 17. Okt.
Hl. Margareta 20. Juli
Hl. Margareta von Cortona 25. Feb. (22. Feb.)
Hl. Margareta von Ungarn 18. Jan.
Hl. Maria von Ägypten 3. April (2. April, 4. April, 28. März, 29. März, 31. März)
Hl. Maria Magdalena 22. Juli
Hl. Maria Magdalena dei Pazzi 25. Mai
Hl. Maria von Kiduna 29. Okt.
Hl. Marina 18. Juni (17. Juli 12. Feb.)
Hl. Markus 25. April (2. Jan., 11. Jan., 14. Jan., 31. Jan., 26. März, 9. April, 25. Juni, 23. Sept., 3. Okt., 8. Okt.)
Hl. Martha 29. Juli
Hl. Martin 11. Nov. (4. Juli)
Hl. Martinian 13. Feb.
Hl. Martyrius 29. Mai
Hl. Marzella 28. Juni (7. Juni)
Mathes siehe Mathias
Hl. Mathias 24. Feb.
Hl. Mathilde 14. März
Hl. Matthäus 21. Sept.
Hl. Mauritius und die Thebäische Legion 22. Sept.
Hl. Maurus 13. Nov. (2. Jan., 15. Jan., 19. Jan., 5. Feb., 12. März, 10. Juni)
Hl. Mechthild von Hackeborn 12. Sept. (26. Feb., 10. April, 15. Aug., 19. Nov.)
Hl. Mechthild von Magdeburg 15. Aug.
Hl. Menrich 20. Juni
Hl. Michael, Erzengel, und alle heiligen Engel 29. Sept (8. Mai)
Hl. Milburga 23. Feb.
Hl. Mildreda 13. Juli
Hl. Modestus 15. Juni
Hl. Monika 27. Aug. (9. April, 20. April, 4. Mai)
Moritz siehe Mauritius

Hl. Nantovin 7. Aug.
Hl. Narcissus 18. März

Hl. Nereus 7. Mai (12. Mai)
Hl. Niklas von Flüe 21. März
Hl. Nikolaus 6. Dez. (9. Mai, 27. Juni)
Hl. Nilammon 6. Jan.
Hl. Norbert 6. Juni (11. Juli)
Hl. Notburga 13. Sept.
Sel. Notker der Stammler 6. April (7. Mai, 19. Mai)

Hl. Odilo 2. Jan.
Hl. Onuphrius 12. Juni
Hl. Opportuna 22. April, (22. Juni)
Osgyth siehe Ositha
Hl. Ositha 2. Okt. (27. April, 3. Juni, 7. Okt.)
Hl. Oswald 9. Aug. (5. Aug., 7. Aug., 8. Aug., 8. Okt.)
Otgarius siehe Ottokar
Hl. Otto 2. Juli (30. Juni, 3. Juli, 30. Sept., 2. Okt.)
Sel. Ottokar 1. Nov. (26. Feb., 4. März)

Hl. Pachomius der Ältere 14. Mai (9. Mai)
Hl. Pankratius 12. Mai
Hl. Pantaleon 27. Juli
Pascal siehe Paschalis
Hl. Paschalis Baylon 17. Mai
Hl. Paternus 10. April
Hl. Patrick 17. März
Hl. Paula 26. Jan.
Hl. Paulus, Apostel 30. Juni (25. Jan., 16. April, 29. Juni, 6. Juli, 1. Sept., 18. Nov.)
Hl. Paulus von Theben 5. Jan.
Hl. Pelagia von Alexandria 19. Dez. (2. Okt., 8. Okt.)
Hl. Pelagia von Antiochia 9. Juni
Hl. Peregrinus 26. April, 6. April
Hl. Perpetua 6. März
Hl. Petronilla 31. Mai
Hl. Petrus, Apost. 29. Juni (18. Jan., 22. Feb., 16. April, 1. Aug., 16. Aug., 18. Nov.)
Hl. Petrus Claver 9. Sept.
Hl. Petrus Damiani 22. Feb.
Hl. Petrus Nolascus 25. Dez. (31.1.)
Hl. Philipp Neri 26. Mai
Hl. Philippus, Apost. 14. Nov.
Hl. Philogonius 20. Dez.
Hl. Phokas der Gärtner 22. Dez. (5. März, 22. Sept.)
Hl. Plutarchus 28. Juni (7. Juni)
Hl. Porphyrius 15. Sept.
Hl. Portian 24. Nov.
Hl. Potamiäna 28. Juni (7. Juni)
Hl. Praejectus 25. Jan.
Hl. Procopius 1. April (23. März, 4. Juli, 5. Juli, 8. Juli)
Hl. Procopius von Cäsarea 7. Juli (8. Juli)
Hl. Protasius 10. Juni
Hl. Pulcheria 10. Sept.

Hl. Quirilla 15. Mai

Hl. Radegunde 13. Aug.
Hl. Raimund von Peñafort 7. Jan.
Rainalda siehe Reineldis
Hl. Raphael, Erzengel 24. Okt.
Rasmus siehe Erasmus
Hl. Redemptus 8. April
Hl. Regina 7. Sept.
Hl. Reineldis 16. Juli
Reinilde siehe Reineldis
Hl. Remigius 1. Okt. (13. Jan., 15. Jan., 29. März, 30. Dez.)
Hl. Rhais 28. Juni (7. Juni)
Robert siehe Rupert
Hl. Rochus 16. Aug.
Hl. Rogatian 24. Mai
Hl. Romanus 28. Feb. (29. Feb.)
Hl. Romuald 7. Feb.
Hl. Rosa von Lima 30. Aug.
Hl. Rosa von Viterbo 4. Sept.
Hl. Rosalia 15. Juli
Hl. Rupert 27. März (24. Sept.)
Ruprecht siehe Rupert

Hl. Sabbas 5. Dez.
Hl. Sabina 29. Aug.
Hl. Sabinus von Canosa 10. Dez. (8. Feb., 9. Feb., 12. Feb., 17. Feb., 30. Juni, 1. Aug.)

Hl. Sabinus von Assisi 30. Dez.
Hl. Sabinus von Piacenza 11. Dez. (17. Jan., 3. Dez.)
Sadoc siehe Sadoth
Hl. Sadoth und Gefährten 20. Feb.
Saint-Denis siehe Dionysius
Saint-Remi siehe Remigius
Hl. Salamanes 23. Jan.
Hl. Salvius 26. Juni
Schadost siehe Sadoth
Hl. Scholastika 10. Feb.
Sciadustus siehe Sadoth
Hl. Sebald 19. Aug.
Sebaste, die vierzig hll. Märtyrer von 10. März (9. März)
Hl. Sebastian 20. Jan.
Hl. Serapia 29. Aug. (3. Sept.)
Hl. Serenus 28. Juni (7. Juni)
Hl. Servatius 13. Mai
Hl. Servulus 23. Dez.
Hl. Severin 8. Jan.
Hl. Sidonius Apollinaris 23. Aug. (11. Juli)
Hll. Siebenschläfer von Ephesus 2. Aug. (27. Juni, 27. Juli, 2. Aug., 22. Okt., 23. Okt.)
Hl. Sigfrid 15. Feb.
Hl. Silvester 31. Dez., 2. Jan.
Hl. Simeon von Trier 1. Juni
Hl. Simon der Eiferer, Apostel 28. Okt. (29. April, 10. Mai)
Hl. Sisinnius 29. Mai
Hl. Sophia 15. Mai
Hl. Spiridion 14. Dez.
Hl. Stanislaus 11. April (7. Mai, 8. Mai)
Hl. Stephanus 26. Dez. (7. Mai, 3. Aug.)
Hl. Stephanus, Abt 28. Nov.
Hl. Suitbert 1. März
Suitbrecht siehe Suitbert
Hl. Superius 26. Juni
Swibert siehe Suitbert
Swodberd siehe Suitbert
Sylvester siehe Silvester
Hl. Symeon Stylites der Ältere 2. Sept. (25. Juli)
Hl. Symeon Stylites der Jüngere 3. Sept. (24. Mai, 1. Sept.)
Hl. Symphorian 22. Aug.
Hl. Symphorosa u. ihre sieben Söhne 18. Juli

Hl. Tarasius 7. Juni (25. Feb., 9. März)
Hl. Tarbo und ihre Leidensgefährtinnen 5. Mai (22. April)
Hl. Tatiana 12. Jan.
Teresa von Avila siehe Theresia von Jesus
Hl. Thais 8. Okt.
Hl. Thekla 23. Sept.
Hl. Thekusa und Gefährtinnen 17. Juni (18. Mai)
Hl. Theobald 1. Juli (30. Juni)
Hl. Theodistis 10. Nov.
Hl. Theodora 11. Sept. (12. Juli, 17. Juli)
Hl. Theodosius 11. Jan.
Hl. Theodotus 17. Juni (18. Mai)
Theodula siehe Dula
Theoktistis siehe Theodistis
Hl. Theresia von Jesus 15. Okt.
Thibaut siehe Theobald
Hl. Thomas, Apostel 21. Dez. (21. Mai, 3. Juli, 6. Okt.)
Hl. Thomas von Aquin 7. März

Hll. Unschuldige Kinder 28. Dez.
Hl. Urban I., Papst 25. Mai
Hl. Ursula und die elftausend Jungfrauen 21. Okt.

Václav siehe Wenzeslaus
Hl. Valentin 14. Feb.
Hl. Valentin zu Terni in Umbrien 14. Feb.
Hl. Valeria 28. April
Veit siehe Vitus
Hl. Veronica Giuliani 9. Juli
Hl. Vincentius von Lérins 18. Nov. (24. Mai, 26. Mai, 28. Mai)
Hl. Vinzenz von Saragossa 22. Jan.
Hl. Virgil 27. Nov. (26. Sept.)
Hl. Vitalis 28. April
Vito siehe Vitus

Hl. Vitus 15. Juni
Viviana siehe Bibiana
Sel. Volkmar 9. Mai

Hl. Walburga 1. Mai (25. Feb.)
Waldetrudis siehe Waltraud
Walpurgis siehe Walburga
Sel. Walter 1. Juli
Hl. Waltraud 9. April
Hl. Wendelin 20. Okt.
Wenefrida siehe Winifred
Wenzel siehe Wenzeslaus
Hl. Wenzeslaus 28. Sept. (4. März, 27. Juni)
Hl. Wilhelm von Antiochia 26. April (6. April)
Hl. Wilhelm von Bourges 10. Jan.
Hl. Willehad 8. Sept. (10. Juli, 13. Juli, 9. Nov., 16. Nov., 27. Nov., 22. Dez.)
Hl. Willibold 2. Nov. (7. Juli, 26. Nov.)
Hl. Winifred 4. Nov. (22. Juni, 24. Juni, 19. Sept., 20. Sept., 3. Nov., 5. Nov.)
Sel. Winthir 29. Dez.
Wjatscheslaw siehe Wenzeslaus
Hl. Wolfgang 31. Okt.
Hl. Wolstan 19. Jan.

Hl. Zeno 8. Dez. (12. April, 21. Mai, 6. Dez.)
Hl. Zita 27. April
Zaduk siehe Sadoth
Hl. Zoa 5. Juli

Register der Patronate

ohne Länder Städte, und Regionen

Der Advokaten: Ivo Helory
der Alchimisten: Johannes Evangelist
der Alpinisten: Bernhard von Aosta
der Ammen: Agatha, Anna, Hermippus, Hermokrates, Hermolaos, Kosmas und Damian, Margareta, Pantaleon
gegen Anfechtungen: Cyriacus
gegen Angina: Blasius
gegen falsche Anschuldigungen: Dorothea
der Anstreicher: Antonius von Ägypten
der Antialkoholiker: Martin
für Gedeihen der Äpfel: Christophorus, Jakobus der Ältere,
der Apotheker: Crescentia, Jakobus der Ältere, Kosmas und Damian, Modestus, Nikolaus, Rochus, Vitus
der Arbeiter: Jakobus der Ältere
der Arbeiterinnen: Anna, Martha, Paulus
der Arbeitsruhe: Notburga
der Architekten: Barbara, Johannes der Täufer, Thomas
der Armbrustschützen: Sebastian
der Armen: Franz von Assisi, Ivo Helory, Johannes der Almosengeber, Laurentius
gegen Armschmerzen und Prellungen: Amalia
gegen Armut: Lucia
der Artillerie: Barbara
der Artisten: Georg
der Ärzte: Blasius, Hermippus, Hermokrates, Hermolaos, Kosmas und Damian, Lukas, Pantaleon, Rochus
zur Auffindung Ertrunkener: Katharina von Alexandria
bei Auflösung oder Annullierung der Ehe: Guntmar
gegen Aufregung: Crescentia, Modestus, Vitus
der Augen: Aloysius von Gonzaga, Audrey, Augustinus, Clara von Assisi, Crescentia, Felix von Nola, Genovefa, Hieronymus, Longinus, Lucia, Modestus, Nantovin, Portain, Thekla, Vitus, Wolfgang
der Ausrufer: Martin
bei Aussaat und Ernte: Crescentia, Modestus, Vitus
gegen Aussatz: Ägidius, Genovefa, Radegunde
gegen Ausschlag: Martin
der Auswanderer: Erzengel Raphael
gegen Auszehrung: Hermippus, Hermokrates, Hermolaos, Pantaleon
der Autofahrer: Christophorus, Franziska von Rom

der Bäcker: Antonius von Padua, Blasius, Elisabeth von Thüringen, Erzengel Michael, Nikolaus
der Bademeister: Kosmas und Damian
der Bader: Erzengel Michael
der Bandagisten: Kosmas und Damian
der Bandmacher: Nikolaus
der Bankangestellten: Erzengel Michael
der Barbiere: Kosmas und Damian, Patrick
der Barfüßer-Orden: Maria Magdalena dei Pazzi
der Barmherzigen Schwestern: Elisabeth von Thüringen, Martha
der Bauarbeiter und -handwerker: Barbara, Mathias, Thomas
gegen Bauchweh: Agapitus, Wolfgang
der Bauern: Amalia, Antonius von Ägypten, Eligius, Friardus, Georg, Isidor von Madrid, Leonhard, Lucia, Margareta, Notburga, Rochus, Walburga, Wendelin
für Beharrlichkeit bis zum Tode: Katharina von Alexandria
für gute Beichte: Ägidius
der Beichtväter: Johannes Nepomuk
gegen Beinleiden: Ludanus Peregrinus
für Bekehrung verstockter Sünder: Joseph von Copertino
der Benediktiner und Benediktinerinnen: Scholastika
des Bergbaus: Anna, Rupert
der Bergleute: Andreas, Antonius von Padua, Barbara, Benedikt von Nursia, Crescentia, Eligius, Leonhard, Modestus, Patrick, Vitus
der Berufswahl: Aloysius von Gonzaga
gegen Beschimpfungen: Georg
der Besenbinder: Anna
der Besessenen: Dympna, Gerbert
gegen Besessenheit: Crescentia, Johannes Gualbertus, Mauritius, Modestus, Petrus, Vitus
der Bettler: Ägidius, Alexius, Elisabeth von Thüringen, Martin
gegen Bettnässen: Crescentia, Modestus, Vitus
der Bewahrer des königlichen Banners: Dionysius
der Bibelgesellschaften: Hieronymus
der Bibliothekare und der Bibliotheken: Katharina von Alexandria, Laurentius
der Bienen (-züchter): Ambrosius, Bernhard von Clairvaux, Valentin zu Terni
der Bierbrauer: Augustinus, Bonifatius, Bonifatius von Tarsus, Crescentia, Dorothea, Florian, Laurentius, Modestus, Nikolaus, Vitus
der Bilderhändler: Johannes Evangelist
der Bildhauer: Lukas, Martha, Wolfgang
gegen Blähungen: Blasius
gegen Blattern: Elias, Martin, Mathias
gegen Blatternrose: Genovefa
der Bleigießer: Maria Magdalena, Erzengel Michael
der Bleistiftfabrikanten: Thomas von Aquin
gegen Blindheit: Clara von Assisi, Crescentia, Lucia, Mechthild von Hackeborn, Modestus, Vitus
gegen Blitz und Gewitter: Agape, Agatha, Barbara, Chionia, Clemens,

Crescentia, Irene, Kastulus, Koloman, Erzengel Michael, Modestus, Paulus, Scholastika, Thomas von Aquin, Vitus
der Blumengärtner: Dorothea
gegen Blutfluß: Fiacrius, Martha, Sabina, Serapia, Wolfgang
der Bogenschützen: Ägidius, Christina (Märt.), Christophorus
der Bortenwirker: Theresia von Jesus
der Boten: Erzengel Gabriel
der Böttcher: Florian, Georg, Johannes der Täufer, Leonhard, Maria Magdalena, Martin, Erzengel Michael, Nikolaus, Patrick, Stephanus
gegen Brandwunden: Johannes Evangelist, Laurentius
der Bräute: Dorothea
der Briefmarkensammler: Erzengel Gabriel
der Briefträger: Erzengel Gabriel
der Brotverwalter: Vinzenz von Saragossa
gegen Bruchleiden: Konrad von Piacenza
der Brückenbauer: Petrus
gegen Brückeneinsturz: Johannes Nepomuk
der Brunnen: Gangolf
gegen Brustkrankheiten: Agatha
der Buchbinder: Bartholomäus, Christophorus, Johannes Evangelist, Lukas
der Buchdrucker: Augustinus, Johannes Evangelist, Johannes von Gott, Katharina von Alexandria, Ludwig der Heilige
der Buchhalter: Matthäus
der Buchhändler: Bonifatius, Johannes Evangelist, Thomas von Aquin
der Büchsenmacher: Antonius von Ägypten, Georg, Sebastian
der katholischen Burschenvereine: Konrad von Parzham
der Bürstenbinder: Antonius von Ägypten, Martin, Rochus, Sebastian
der Büßer: Petrus
der Büßerinnen: Margareta von Cortona, Maria von Ägypten
der Butterhändler: Leonhard

der Camaldulenser: Romuald
der Chirurgen: Kosmas und Damian, Lukas, Rochus
gegen Cholera: Rochus
der Chorknaben: Nikolaus
der Clarissen: Clara von Assisi

der Dachdecker: Barbara, Vinzenz von Saragossa
gegen Dämonen und böse Geister: Christophorus, Cyriacus, Fortunatus
des Deutschen Ordens: Elisabeth von Thüringen
des Deutschen Ritterordens: Georg
der Dichter: Cäcilia, Gregor von Nazianz
gegen Diebe: Petrus
aller Dienenden: Anna, Notburga
der Dienstmägde: Basilides, Blandina, Dula, Heraklides, Heron, Martha, Marzella, Plutarchus, Potamiäna, Rhais, Serenus, Zita
der reuigen Dirnen: Abraham und Maria von Kiduna, Afra, Lucia, Margareta von Cortona, Maria von Ägypten, Maria Magdalena, Thais

der Dominikaner: Thomas von Aquin
der Drechsler: Anna, Erasmus, Hubertus, Ivo Helory, Erzengel Michael
der Drogisten: Jakobus der Ältere, Kosmas und Damian, Maria Magdalena
gegen Drüsenkrankheiten: Kosmas und Damian
gegen Dürre: Ägidius, Florian, Genovefa, Isidor von Madrid

gegen Ehebruch: Gangolf
der Eheleute: Anna, Antonius von Padua, Joseph
gegen Ehrgeiz: Unschuldige Kinder
der Eichmeister: Erzengel Michael
gegen Eifersucht: Unschuldige Kinder
der Einsiedler: Franz von Paula, Onuphrius
der Einwanderer: Franzisca Cabrini
der Eisendreher: Eligius
der Eisenhändler: Petrus, Sebastian
der Elisabethinen: Elisabeth von Thüringen,
der Emigranten: Franzisca Cabrini, Erzengel Raphael
der englischen Könige: Eduard der Bekenner, Oswald
des englischen Königshauses: Edmund
für glückliche Entbindung: Antonius von Padua, Dominikus von Silos
gegen Epidemien: Eligius, Kosmas und Damian, Remigius, Rochus
gegen Epilepsie: Ägidius, Antonius von Ägypten, Johannes Evangelist, Johannes Chrysostomus, Johannes der Täufer, Petrus, Valentin zu Terni
gegen Erdbeben: Agatha, Philipp Neri
der Erdbeerverkäufer von Rom: Antonius von Padua
für Erhaltung des ehrlichen Namens: Goar
für gute Ernte: Gregor von Nazianz, Markus
der Erstkommunikanten: Pankratius
der Esperantisten: Hildegard von Bingen
der Essigbrauer: Vinzenz von Saragossa
aller eucharistischen Vereinigungen und Bruderschaften: Paschalis Baylon
der Exerzitienhäuser: Ignatius von Loyola

der Fährleute: Nikolaus
gegen schweren Fall: Georg
der christlichen Familie: Joseph
bei traurigen Familienschicksalen: Eustachius
der Färber: Christophorus, Mauritius, Simon der Eiferer
der Fayencefabrikanten: Antonius von Padua, Martin
der Fechter: Erzengel Michael
gegen die Qualen des Fegefeuers: Antonius von Ägypten
der Feilenhauer: Bonifatius, Theodosius
der Feldfrüchte: Walburga
der Feldmesser: Thomas
der Fellhändler: Bartholomäus
des Fernsehens: Clara von Assisi

der Festungen: Barbara, Christophorus
gegen Feuer: Agape, Agatha, Ägidius, Barbara, Benedikt von Aniane, Chionia, Florian, Germanus, Irene, Laurentius, Ositha
der Feuerwehr: Anna, Barbara, Florian, Laurentius, Nikolaus
gegen Fieber: Antonius von Padua, Barbara, Clara von Assisi, Desiderius, Friardus, Germanus, Godoleva, Hugo, Ignatius von Loyola, Laurentius, Maria von Ägypten, Otto von Bamberg, Petrus, Praejectus, Radegunde, Remigius, Servatius, Theobald
der Finanz-, Steuer- und Zollbeamten: Matthäus
der Findelkinder: Unschuldige Kinder
der Fischhändler: Andreas, Nikolaus
der Flaschner: Johannes Evangelist
der Fleischselcher: Antonius von Ägypten
gegen Flöhe und Läuse: Ignatius von Loyola
der Flößer: Christophorus, Johannes Nepomuk, Nikolaus
für Flur und Vieh: Wendelin
der Förster: Eustachius, Hubertus
der Franziskaner: Antonius von Padua
der Franziskanerterziarinnen: Elisabeth von Thüringen
der französischen Könige: Dionysius
der Frauen: Antonius von Padua, Genovefa, Franziska von Rom, Margareta, Maria Magdalena, Monika, Sebastian
der Fremdsprachenkorrespondenten: Franz von Assisi
der Freundschaft: Johannes Evangelist
der Friedhofkapellen und Kirchhöfe: Erzengel Michael
der Friseure: Katharina von Alexandria, Kosmas und Damian, Maria Magdalena
für Fruchtbarkeit: Margareta, Martin
für eheliche Fruchtbarkeit: Anna
für Fruchtbarkeit der Felder: Agatha, Johannes Evangelist, Paulus
für Fruchtbarkeit der Weinstöcke: Severin
gegen Furcht: Antonius von Ägypten, Ägidius, Johannes der Täufer, Paulus
gegen Furunkel: Antonius von Ägypten
gegen Fußleiden: Clara vom Kreuze, Johannes Evangelist, Ludanus Peregrinus, Petrus, Rochus, Servatius, Wolfgang
der Futteralmacher: Hubertus, Maria Magdalena

der Gänse: Ambrosius, Gallus, Martin
der Gärtner: Agnes, Christophorus, Maria Magdalena, Phokas, Rochus, Sebastian
der Gastwirte: Goar, Johannes der Täufer, Laurentius, Martha, Theodotus
der Gebärenden, gegen Geburtsschmerzen: Erasmus, Hilarius
der Gebirgsreisenden: Bernhard von Aosta, Christophorus
gegen Gefahren für Vieh: Salvius, Superius
der Gefangenen: Barbara, Germanus, Georg, Leonhard, Nikolaus, Petrus Nolascus, Rochus, Severin
der Geflügelhändler: Christophorus
der Geflügelhöfe: Brigida von Kildare

des Geflügels: Crescentia, Modestus, Vitus
der Geigenbauer: Cäcilia
gegen Geisteskrankheiten: Columbanus, Dympna, Gerbert, Leonhard
der Geistlichen: Ivo Helory, Johannes Nepomuk, Nikolaus
der geistlichen Übungen: Ignatius von Loyola
gegen Gelbsucht: Odilo
der Gelehrten: Papst Gregor I., Hieronymus
für gutes Gelingen: Servatius
der Gerber: Bartholomäus, Blasius, Crispianus und Crispinus, Gangolf, Martin, Sebastian, Simon der Eiferer, Theobald
der Gerichtsdiener: Ivo Helory
gegen Geschlechtskrankheiten: Fiacrius, Regina
der Geschmeidemacher: Agatha
gegen Geschwüre: Eligius, Kosmas und Damian, Radegunde
der Gesellenvereine: Clemens Maria Hofbauer
gegen Gesichtskrankheiten: Margareta
der Gewichtemacher: Erzengel Michael
gegen Gewissensbisse: Blasius, Ignatius von Loyola
gegen Gicht: Andreas, Papst Gregor I., Kilian, Mauritius, Maurus, Philipp Neri, Papst Urban I., Valentin zu Terni, Wolfgang
der Gießer: Hubertus
der Gipser: Bartholomäus
gegen Glasbruch: Odilo
der Glaser: Clara von Assisi, Johannes Evangelist, Laurentius, Lucia, Erzengel Michael, Petrus
der Glasmaler: Clara von Assisi, Mauritius
gegen religiöse Gleichgültigkeit: Remigius
gegen Gliederkrankheiten: Philipp Neri
der Glockengießer: Agatha
der Glöckner: Antonius von Ägypten
für die Gnade des guten Gebetes: Remigius, Theresia von Jesus
der Gold- und Silberschmiede: Anna, Dunstan, Eligius, Januarius
der Graveure: Johannes Evangelist
gegen Grind: Ignatius von Antiochia, Regina
der Großhändler: Martin
der Grundschullehrer: Nikolaus
der Gürtelmacher: Alexius

gegen Hagelschlag: Christophorus, Franz Xaver, Johannes Evangelist, Johannes der Täufer, Paulus
gegen Halsweh: Andreas, Blasius, Ignatius von Antiochia, Remigius
gegen Hämorrhoiden: Fiacrius
der Handelsmakler: Karl der Große
der Handschuhmacher: Antonius von Ägypten, Bartholomäus, Crispianus und Crispinus, Guntmar, Maria Magdalena
der Handwerker: Joseph
gegen Harn- und Blutfluß: Gervasius, Protasius
der Hausfrauen: Anna, Martha, Sabina, Serapia
der Haushälterinnen: Anna, Zita
der Häuslichkeit: Martha

der Haustiere: Ambrosius, Antonius von Ägypten, Antonius von Padua, Crescentia, Erasmus, Felix von Nola, Hermippus, Hermokrates, Hermolaos, Martin, Modestus, Pantaleon, Silvester, Vitus
gegen Hautkrankheiten: Antonius von Ägypten
der Heere: Georg, Mauritius
für gute Heirat: Ursula, Valentin zu Terni
der heiratslustigen Mädchen: Nikolaus
gegen Heiserkeit: Bernhardin von Siena, Maurus
der Hersteller mathematischer Geräte: Hubertus
für reiche Heuernte: Anna
der Heumacher: Gervasius, Protasius
gegen Heuschrecken: Hermippus, Hermokrates, Hermolaos, Pantaleon
gegen Hexenschuß: Laurentius
der Hinkenden, Krüppel und Siechen: Crescentia, Modestus, Portian, Servatius, Vitus
der Hirten: Antonius von Ägypten, Ägidius, Cuthbert, Genovefa, Martin, Paschalis Baylon, Symeon Stylites der Ältere, Wendelin, Wolfgang
der Höhlenforscher: Benedikt von Nursia
gegen die Hölle: Patrick
der Holzfäller: Joseph, Heinrich von Treviso, Vinzenz von Saragossa
aller holzbearbeitenden Berufe: Guntmar
der Hospitalverwalter: Martha
der Hoteliers: Abraham der Patriarch, Martha, Martin
der Hufschmiede: Dunstan, Martin
der Humoristen: Philipp Neri
der Hunde: Hubertus
gegen bissige Hunde: Walburga
gegen Hungersnot: Agatha, Christophorus, Severin
gegen Husten: Blasius, Walburga
der Hutmacher: Barbara, Christophorus, Clemens, Genovefa, Jakobus der Ältere, Jakobus der Jüngere, Mauritius, Erzengel Michael, Philippus
gegen Hysterie: Crescentia, Modestus, Vitus

der Infanterie: Mauritius
gegen Infektionskrankheiten: Rochus
gegen Insekten: Dominikus von Silos
gegen Irrsinn: Ägidius, Hubertus

der Jäger: Ägidius, Eustachius, Hubertus, Konrad von Piacenza
der Jesuiten: Franz Xaver, Ignatius von Loyola
gegen Juckreiz: Antonius von Ägypten, Laurentius
der Jugend: Aloysius von Gonzaga, Crescentia, Joseph, Kasimir, Modestus, Ursula, Valentin zu Terni, Vitus
der verwahrlosten Jugendlichen: Hieronymus Aemiliani
der alten Jungfern: Andreas
der Jungfrauen: Agnes, Blandina, Joseph, Katharina von Alexandria, Petrus
der juristischen Fakultäten: Ivo Helory

gegen Kälte: Sebald
der Kaminkehrer: Florian, Johannes der Täufer
der Kammacher: Maria Magdalena
im Kämpfen und Schlachten: Andreas, Dionysius, Kasimir, Mauritius und die Thebäische Legion, Stanislaus
der Karmeliter: Andreas Corsini, Theresia von Jesus
der Karrenführer: Rochus
der Käsehändler: Erzengel Michael
der ganzen katholischen Kirche: Joseph
der katholischen Armeen: Martin
der Kaufleute: Franz von Assisi, Homobonus, Erzengel Michael, Nikolaus
der Kavallerie: Georg, Martin
der Kerzenmacher: Johannes Evangelist, Maurus
der Kesselschmiede: Crescentia, Modestus, Vitus
der Kettenschmiede: Jakobus der Ältere
gegen Ketzerei und Religionsfeinde: Georg, Kasimir, Sebastian,
der Keuschheit: Agnes, Crescentia, Joseph, Kasimir, Modestus, Thomas von Aquin
der Kinder: Clemens, Gervasius, Ignatius von Loyola, Kunigunde, Nikolaus, Protasius
der Kinder in Gefahr: Unschuldige Kinder
der kranken Kinder: Agapitus, Brigida von Kildare, Mauritius
der schwächlichen Kinder: Christophorus
für Kinder, die schwer gehen lernen: Hilarius, Maria Magdalena, Sabina, Serapia, Wilhelm
der unehelichen Kinder: Brigida von Kildare
gegen Kinderkrämpfe: Rupert von Salzburg
gegen Kinderkrankheiten: Johannes der Täufer, Leonhard, Ursula
der Kinderschutzvereine: Philipp Neri
der Kirchenrechtler: Raimund von Peñafort
der Kistenmacher: Johannes Evangelist
der Knechte: Eligius
bei schweren Knechtsarbeiten: Cyriacus
gegen Knieschmerzen: Rochus
der Knopfmacher: Nikolaus
der Köche: Barbara, Laurentius, Paschalis Baylon
der Köchinnen: Martha
der Koffermacher: Johannes Evangelist
der Köhler: Maurus, Theobald, Wolfgang
gegen Kolik: Agapitus
des Königreichs Navarra: Raimund von Peñafort
gegen Kopfweh: Antonius von Ägypten, Athanasius, Bibiana, Dionysius, Franz von Assisi, Katharina von Siena, Leonhard, Maurus, Pankratius, Petrus Damiani
der Kopisten: Johannes Evangelist
der Korbmacher: Antonius von Ägypten, Johannes, Markus, Paulus, Paulus von Theben
für Gedeihen des Korns: Jakobus der Ältere
der Kornhändler: Nikolaus, Sebastian

der Kornträger: Bartholomäus
gegen Körperschwäche und Krankheiten der Eingeweide: Vinzenz von Saragossa
der Krämer: Anna, Eustachius, Jakobus der Jüngere, Kosmas und Damian, Mauritius, Erzengel Michael, Nikolaus, Philippus, Rochus
gegen Krämpfe: Bibiana, Johannes der Täufer, Pankratius, Paulus
der Kranken: Camillus, Johannes der Almosengeber, Johannes von Gott, Lidwina
der Krankenhäuser: Georg, Rochus
aller in der Kranken- und Krüppelpflege Arbeitenden: Johannes von Gott, Camillus
gegen Krankheit: Koloman
gegen schwere Krankheiten: Achatius, Elisabeth von Thüringen, Praejectus
gegen Krätze: Antonius von Ägypten, Markus, Radegunde, Regina, Rochus
gegen Krebs: Adelgundis, Ägidius, Beatus
der Kreuzfahrer: Oswald
gegen Kreuzweh: Wolfgang
der Krieger: Georg, Ignatius von Loyola, Jakobus der Ältere
gegen Kriegsgefahr: Georg, Isabella, Ursula
gegen Kropf: Blasius
der Küfer: Vinzenz von Saragossa
der Kunsthändler: Rochus
der Kunsttischler: Anna
der Kupferschmiede: Benedikt von Nursia, Maurus
der Kürschner: Hubertus, Johannes der Täufer
der Kutscher: Lucia, Stephanus

gegen Lähmungen: Maurus, Servulus, Wolfgang
der Lampenmacher: Johannes Evangelist
der Landleute: Wendelin
der Landstreicher, Bettler und Heimatlosen: Benedikt-Josef Labre
der Lastträger: Christophorus, Jakobus der Ältere, Maurus
der Laternenanzünder: Maurus
der Laternenmacher: Markus
der Latrinenreiniger: Papst Julius I.
der Lebkuchenbäcker: Ambrosius
der Lederarbeiter: Bartholomäus, Crispianus und Crispinus, Simon der Eiferer
der Lehrer: Benedikt von Nursia, Papst Gregor I., Hieronymus, Karl der Große
des Lehrstandes: Katharina von Alexandria
der Leichenträger: Sebastian
der Leinwandhändler: Nikolaus
der Leinweber: Severin
der Lichterfabrikanten: Nikolaus
der Liebenden: Antonius von Padua
der Liebenden von Wales: Dwynwen
der Lithographen: Johannes Evangelist

der Luftschiffer: Patriarch Elias
des Luftverkehrs: Christophorus

der Mädchen: Katharina von Alexandria, Philipp Neri, Rosa von Viterbo (kath. Mädchen in Italien)
der Maler: Johannes Evangelist, Lukas, Martha, Erzengel Michael
der Matrosen: Nikolaus
der Mattenmacher: Markus, Paulus von Theben
der Maurer: Blasius, Papst Gregor I., Johannes der Täufer, Markus, Petrus, Simon der Eiferer, Stephanus, Thomas
gegen Mäuse: Magnus
der medizinischen Fakultäten: Kosmas und Damian
des Meeres: Christophorus, Nikolaus
gegen Meineid und falsches Zeugnis: Felix von Nola, Pankratius
gegen Menstruationsbeschwerden: Fiacrius
der Messerschmiede: Johannes der Täufer, Lucia, Mauritius
der Metallarbeiter: Eligius, Hubertus
der Metzger: Andreas, Antonius von Ägypten, Bartholomäus, Hubertus, Lukas, Mathias, Nikolaus
gegen Migräne: Katharina von Alexandria, Petrus Damiani
für die Erlangung von Milch: Comgall
der Ministerialbeamten: Ivo Helory
der Missionare: Franz Xaver
der Mosthändler: Clemens
der Müller: Anna, Christina (Märt.), Johannes Nepomuk, Katharina von Alexandria, Martin, Nikolaus
der Musik: Cäcilia
der Musiker: Cäcilia (auch der Instrumentenbauer), König David, Dunstan, Papst Gregor I., Johannes der Täufer
der Mütter und der christlichen Müttervereine: Monika
der stillenden Mütter: Ägidius

für Nachkommenschaft: Franz von Paula
des Nachrichtendienstes: Erzengel Gabriel
der Nadler: Sebastian
der Näherinnen: Anna
der Naturwissenschaftler: Albert der Große
der Negermissionen: Petrus Claver
gegen Nervenkrankheiten: Bartholomäus
der Neuvermählten: Dorothea
gegen Niedergeschlagenheit: Arbogast
gegen Nierenleiden: Friardus
der Notare: Ivo Helory, Johannes Evangelist, Katharina von Alexandria, Lucia, Lukas, Markus, Nikolaus
bei allen Nöten: Konrad von Parzham
gegen alle Nöte der Landwirtschaft: Notburga
der Notenlinierer: Johannes Evangelist
der Notleidenden: Johannes der Almosengeber

der Obsthändler: Christophorus, Leonhard
gegen Ohnmachten: Valentin zu Terni
gegen Ohrenleiden: Mauritius, Thomas
der Optiker: Hubertus
des Ordens vom Goldenen Vlies: Andreas
der Organisten: Arnold
der Orgeln: Cäcilia

der Pächter: Antonius von Ägypten, Eligius
der Packpferde: Blasius
der Panzerhemdhersteller: Martin
der Papierfabrikanten: Johannes Evangelist, Erzengel Michael
der Papierhändler: Petrus
der Papiermüller: Johannes von Gott
der Pappenmacher: Johannes Evangelist
der Parfum- und Puderfabrikanten: Maria Magdalena
der Pastetenbäcker: Jakobus der Jüngere, Erzengel Michael, Philippus
der Pedelle: Lucia
gegen Pest: Agatha, Ägidius, Aloysius von Gonzaga, Barbara, Bruno, Christophorus, Cuthbert, Cyprian von Karthago, Edmund, Franz von Assisi, Franz von Paula, Franz Xaver, Genovefa, Papst Gregor I., Kasimir, Katharina von Siena, Koloman, Leocadia, Maria Magdalena, Martha, Rosalia von Palermo, Sebastian, Valentin zu Terni, Walburga
der Pferde: Leonhard, Martin, Mauritius, Stephanus
gegen Pferdediebe: Kastulus
der Pferdehändler: Ägidius
gegen Pferdekrankheiten: Eligius, Kosmas und Damian (speziell gegen Druse)
der Pflasterer: Rochus
der Pförtner: Konrad von Parzham
der Philologen: Hildegard von Bingen
der Philosophen: Katharina von Alexandria
der Physiker: Kosmas und Damian
des piemontesischen Königshauses: Amadeus IX.
der Pilger: Alexius, Birgitta von Schweden, Jakobus der Ältere, Nikolaus, Petronilla
der Piloten: Christophorus
der amerikan. Piloten im Zweiten Weltkrieg: Joseph von Copertino
der Plätterinnen: Laurentius
der Politik: Johanna von Orléans
der politischen Frauen: Johanna von Orléans
der Posamentierer: Franz von Assisi
der Postbeamten: Erzengel Gabriel
der Prämonstratenser: Norbert
der katholischen Presse: Franz von Sales, Erzengel Michael, Paulus
für guten Ausgang eines Prozesses: Ivo Helory
der Prüfungskandidaten: Joseph von Copertino

gegen Qualen: Markus
gegen die Qualen des Fegefeuers: Antonius von Ägypten, Franziska von Rom, Ursula
der Quellen: Crescentia, Modestus, Vitus

des Radios: Johanna von Orléans
der Radiofachleute: Erzengel Michael
der Raketenmacher: Rochus, Sebastian
gegen Räuber und Diebe: Gerold
gegen Räude: Regina
gegen Raupen: Magnus
der Rechtsanwälte: Philogonius, Nikolaus,
der Rechtsgelehrten: Ivo Helory, Katharina von Alexandria
der Redner: Katharina von Alexandria
der Reeder: Nikolaus
für Regen: Eulalia von Barcelona, Honoratus von Arles, Paulus, Scholastika
gegen Regen: Agatha, Honoratus von Arles
der Reisenden: Antonius von Padua, Eulalia, Joseph, Martin, Nikolaus, Petronilla, Valentin zu Terni
der Reiter: Georg, Martin
gegen rektales Wundsein: Agatha, Martin, Wolfgang
der Restaurateure: Johannes der Täufer
gegen Rheumatismus: Jakobus der Ältere, Kilian, Maurus
der Rinder- und Schweinehirten: Blasius
der Ritter: Georg, Erzengel Michael, Paulus
der Rotgießer: Benedikt von Nursia
gegen Rotlauf: Antonius von Ägypten, Kastulus, Martin, Rupert, Servatius
gegen Rückenschmerzen: Laurentius, Thomas
gegen Ruhr: Eulalia, Wolfgang

der jungen Saat und der Blüten: Pankratius
der Sägearbeiter: Simon der Eiferer
der Salbenbereitung: Maria Magdalena
der Salbenhändler: Maria Magdalena
der Salzarbeiter: Rupert von Salzburg
der Salzträger: Bartholomäus
der Sänger: Cäcilia, Papst Gregor I.
gegen die Macht Satans: Georg
der Sattler: Crispianus und Crispinus, Eligius, Georg, Johannes Evangelist, Johannes der Täufer, Paulus
der Schatzgräber: Christophorus
der Schauspieler: Crescentia, Modestus, Vitus
der Schellenmacher: Hubertus
der Scherenschleifer: Erzengel Michael
der Schiffer: Anna, Christophorus, Clemens, Erasmus, Goar, Johannes Nepomuk, Lucia, Nikolaus, Petrus, Wolfgang
gegen Schlaganfall: Wolfgang
gegen Schlangen und -biß: Crescentia, Hilarius, Hubertus, Magnus, Martin, Modestus, Paulus, Petrus, Remigius, Vitus

der Schleifer: Ägidius
der Schleppenträger der Kardinäle: Anna
der Schlosser: Baldomer, Dunstan, Eligius, Leonhard, Petrus
der Schmiede: Leonhard, Longinus, Mathias, Patrick, Petrus
der Schneider: Anna, Bartholomäus, Blasius, Bonifatius, Crispianus und Crispinus, Franz von Assisi, Fridolin, Johannes der Täufer, Lucia, Martin, Mathias, Maurus (in Belgien), Erzengel Michael, Stephanus
der Schnitter: Oswald
gegen Schnupfen: Maurus
der Schreiber: Johannes Evangelist, Lucia, Markus
der Schreiner: Joseph, Petrus, Rochus
der Schriftgießer: Johannes Evangelist
der Schriftsteller: Johannes Evangelist, Franz von Sales
der Schuhmacher: Bartholomäus, Gangolf, Theobald
der Schulen: Papst Gregor I., Hieronymus
der Schüler: Benedikt von Nursia, Papst Gregor I., Hieronymus, Katharina von Alexandria, Laurentius, Maria Magdalena, Nikolaus, Vinzenz von Saragossa
der Schulknaben: Mathias, Stephanus
der Schuster: Blasius, Crispianus und Crispinus, Joseph von Copertino, Katharina von Alexandria, Maurus (in Belgien)
der Schützen: Dionysius, Sebastian
der Schwangeren: Agapitus, Anna, Eulalia, Johannes der Täufer, Kunigunde, Margareta
der Schweine: Antonius von Ägypten, Blasius
der Schweinehändler: Antonius von Ägypten
der Schweizer: Beatus
der Schweizer Eidgenossenschaft: Niklas von Flüe
der Schwertfeger: Erzengel Michael
gegen Schwindel: Johannes der Täufer
der armen Seelen im Fegefeuer: Laurentius, Erzengel Michael, Odilo von Cluny
der Seeleute: Amalia, Christina (Märt.), Christophorus, Clemens, Cuthbert, Erasmus, Lucia, Phokas, Vinzenz von Saragossa
in seelischer Not und Verlassenheit: Ägidius
der Seereisen: Franz Xaver
der Seifensieder: Blasius, Florian
der Seiler: Andreas, Anna, Katharina von Alexandria, Paulus
gegen Seitenstechen: Stephanus
des Seraphischen Liebeswerks: Konrad von Parzham
gegen Seuchen: Antonius von Ägypten, Erasmus, Sebastian, Winthir
der Sklaven: Petrus Nolascus
gegen Skorbut: Antonius von Ägypten
gegen Skrofeln: Eduard der Bekenner, Maurus
gegen Skrupel: Ignatius von Loyola
der Soldaten: Georg, Martin, Mauritius, Erzengel Michael, Sebastian
der Sozialarbeit: Antonius von Padua, Franz von Assisi
gegen spastische Gebrechen: Ägidius, Crescentia, Modestus, Vitus
der Spezereihändler: Erzengel Michael, Nikolaus

der Spiegelmacher: Johannes
der Spinnereibesitzer: Blasius
der Spinnerinnen: Katharina von Alexandria
der Spitzenhändler: Nikolaus
der Spitzenmacherinnen: Anna, Elisabeth von Thüringen
für Sprechen- und Gehenlernen kleiner Kinder: Zeno
der Stallknechte: Anna, Leonhard
der armen Stände: Anna
der Steinbrucharbeiter: Nikolaus
der Steinhauer: Blasius, Rochus, Thomas
gegen Steinleiden: Stephanus
der Steinmetzen: Petrus, Sebastian, Stephanus
der Sterbenden: Benedikt von Nursia, Camillus, Erzengel Michael, Joseph, Katharina von Siena, Martha, Sebastian, Thekla
für gute Sterbestunde: Barbara, Birgitta von Schweden, Christophorus, Markus, Erzengel Michael, Stephanus
der Sticker: Clara von Assisi, Lukas
der zum Strang Verurteilten: Koloman
der Strumpfwirker: Anna, Blasius, Eustachius, Jakobus der Ältere
der Studenten: Aloysius von Gonzaga, Papst Gregor I., Hieronymus, Laurentius, Maria Magdalena, Thomas von Aquin
gegen Stummheit: Crescentia, Modestus, Vitus
gegen Sturm: Ägidius, Blasius, Clemens, Franz Xaver, Nikolaus, Thomas von Aquin
der Sünder: Bartholomäus
gegen Syphilis: Leonhard

gegen Tanzwut: Johannes der Täufer
der Tapetenhändler: Franz von Assisi
gegen Taubheit: Crescentia, Modestus, Paulus, Vitus
des Telefon- und Fernmeldewesens: Erzengel Gabriel
der Teppichknüpfer: Paulus
gegen teuflische Mächte: Antonius von Padua
der Theologen: Hieronymus, Johannes Evangelist, Paulus
der theologischen Fakultäten: Hieronymus
der Tierärzte: Eligius
der Tiere: Stephanus
gegen Todesangst: Achatius, Servatius
gegen Tollwut: Crescentia, Dionysius, Hubertus, Modestus, Otto, Petrus, Rochus, Vitus, Walburga
der Töpfer: Goar, Petrus, Radegunde, Sebastian
der Totengräber: Antonius von Ägypten, Barbara, Rochus
der Totgeborenen: Hilarius
gegen Totgeburten: Ignatius von Loyola
der Trinitarier: Agnes
der Trinker: Bibiana
gegen Trunkenheit: Papst Urban I.
der Tuchhändler: Eustachius, Franz von Assisi, Katharina von Alexandria, Martin, Ursula
der Tuchmacher: Blasius, Erzengel Michael, Sebastian

der Tuchscherer: Antonius von Ägypten, Nikolaus
der Tuchwalker: Erzengel Michael, Jakobus der Jüngere, Philippus
der Tuchweber: Mauritius, Petrus
der Türhüter: Lucia
der Türme: Barbara

gegen Überschwemmung: Columbanus, Gregor Thaumatourgos, Margareta von Ungarn, Spiridion, Zeno
der Übersetzer: Hieronymus
der Uhrmacher: Eligius, Petrus
des Umweltschutzes: Franz von Assisi
gegen Unfälle: Bibiana
gegen Unfruchtbarkeit: Antonius von Padua
gegen Unfruchtbarkeit: Crescentia, Florian, Modestus, Vitus
gegen eheliche Unfruchtbarkeit: Ägidius, Andreas, Erzengel Gabriel, Mathias, Nikolaus
gegen ungesunde Säfte: Kosmas und Damian
gegen Ungeziefer und andere Schädlinge auf den Feldern: Magnus
gegen Ungläubigkeit: Thomas
gegen Unglück jeglicher Art: Agatha, Ägidius, Brigida von Kildare, Eulalia, Georg, Honoratus von Arles, Rochus
der Universitäten: Katharina von Alexandria
der Untergrundbahn: Barbara
gegen Unwetter: Christophorus, Crescentia, Erzengel Michael, Modestus, Winthir, Vitus
der Ursulinen: Angela Merici, Ursula
gegen irrige Urteile: Nikolaus

der Verbannten: Joseph
gegen Verfolgung: Brigida von Kildare
gegen Vergiftung: Johannes Evangelist
der Vergolder: Clara von Assisi, Erzengel Michael
der Verlobten: Agnes, Valentin zu Terni
der Verschwiegenheit: Johannes Nepomuk
gegen Versuchungen des Teufels: Remigius
der Verwalter: Laurentius
gegen Verzagtheit: Remigius
in verzweifelten Situationen: Eustachius, Gregor Thaumatourgos, Joseph, Judas Thaddäus
des Viehes: Ägidius, Brigida von Kildare, Georg, Koloman, Leonhard Lukas, Onuphrius, Oswald, Patrick
gegen Viehseuchen: Antonius von Ägypten, Antonius von Padua, Erasmus, Rochus, Sebastian
der Vogelkäfigmacher: Erzengel Michael
der Volksschullehrer: Kassian
gegen Vulkanausbrüche: Agatha, Januarius

der Waagenhersteller: Erzengel Michael
der Wachszieher: Ambrosius, Bernhard von Clairvaux, Genovefa, Jakobus der Ältere, Kosmas und Damian, Nikolaus

der Waffelbäcker: Erzengel Michael
der Waffenmeister: Erzengel Michael
der Waffenschmiede: Georg, Martin, Mauritius
der Wagenschmiede: Dunstan
der Wagner: Joseph
der Waisen: Hieronymus Aemiliani, Ivo Helory, Spiridion
des Waldes: Ägidius
gegen Warzen: Antonius von Ägypten
der Wäscherinnen: Clara von Assisi, Katharina von Siena, Laurentius Martha, Mauritius
gegen Wassergefahr: Christophorus, Florian, Johannes Nepomuk, Nikolaus
gegen Wasserscheu: Hubertus
der Wasserträger: Andreas
der Weber: Agatha, Antonius von Ägypten, Anna, Blasius, Crispianus und Crispinus, Franz von Assisi, Johannes der Täufer, Lucia, Martin, Nikolaus, Onuphrius, Paulus, Radegunde, Simon der Eiferer, Stephanus
der Wechsler: Matthäus
des Wehrstandes: Barbara
gegen böse Weiber: Guntmar, Simon der Eiferer
der Weinhändler: Maria Magdalena, Nikolaus
der Weinstöcke: Laurentius, Mauritius
der Weißgerber: Maria Magdalena
der Weltraumfahrer: Joseph von Copertino
der Werftarbeiter: Christophorus
für gutes Wetter: Agatha, Bonifatius von Tarsus, Georg, Jakobus der Ältere, Lukas, Oswald, Sabina, Serapia
gegen allgemeine Widrigkeiten: Christophorus
für Wiederfinden verlorener oder gestohlener Gegenstände: Anna, Antonius von Padua, Edigna, Nikolaus, Vinzenz von Saragossa
gegen Wildfeuer: Kastulus
der Windmüller: Blasius
der Winzer: Bartholomäus, Crescentia, Friardus, Goar, Johannes Evangelist, Johannes der Täufer, Kilian, Maria Magdalena, Modestus, Severin, Vinzenz von Saragossa, Vitus
der katholischen Wissenschaft: Thomas von Aquin
der Wissenschaft: Katharina von Alexandria, Ludwig der Heilige
der Wöchnerinnen: Brigida von Kildare, Dorothea, Eulalia, Leonhard, Margareta, Norbert
in Wohnungsnöten: Joseph
gegen Wölfe: Ignatius von Loyola
der Wollkämmer: Rochus
der Wollweber: Bernhardin von Siena, Maria Magdalena
der Wundärzte: Kosmas und Damian
gegen Wunden: Christophorus, Margareta, Reineldis

der Zahnärzte: Apollonia, Kosmas und Damian
gegen Zahnweh: Apollonia, Blasius Christophorus
gegen Zauberei: Ignatius von Loyola

der Zeitungsausträger: Erzengel Gabriel
der Zeltmacher: Paulus
der Ziegelbrenner und Ziegeleiarbeiter: Goar, Petrus, Vinzenz von Saragossa
der Zimmerleute: Barbara, Christophorus, Joseph, Mathias, Regina, Stephanus, Thomas, Wolfgang
der Zinngießer: Karl der Große, Erzengel Michael, Sebastian
der Zisterzienser: Bernhard von Clairvaux
der Zitherspieler: Arnold
der Zuckerbäcker: Antonius von Ägypten, Kosmas und Damian, Laurentius, Mathias
gegen Zuckungen: Bartholomäus, Johannes der Täufer
bei Zungenkrankheiten: Katharina von Alexandria
der Zwangsarbeiter: Cyriacus
für Stärkung in Zweifeln: Achatius

Albert Christian Sellners Immerwährender Heiligenkalender ist im Juli 1993 als einhundertdritter Band der Anderen Bibliothek im Eichborn Verlag, Frankfurt am Main, erschienen.

Dieses Buch wurde in der Buchdruckerei Greno in Nördlingen aus der Korpus Modern Nr. 1 Monotype gesetzt und auf einer Condor-Schnellpresse gedruckt. Das holz- und säurefreie mattgeglättete 100g/qm Bücherpapier stammt aus der Papierfabrik Niefern. Den Einband besorgte die Buchbinderei G. Lachenmaier in Reutlingen.

1. bis 8. Tausend, Juli 1993. Einmalige, limitierte Ausgabe im Buchdruck vom Bleisatz.

ISBN 3-8218-4103-6. Printed in Germany.

Von jedem Band der Anderen Bibliothek gibt es eine Vorzugsausgabe mit den Nummern 1–999.